入选"十四五"时期国家重点图书出版专项规划

2022 年度国家出版基金资助项目

刑法百罪
疑难问题精析

—— 下 ——

主　编　胡云腾

副主编　万　春

ANALYSIS OF DIFFICULT
PROBLEMS IN 100 CRIMES OF
CRIMINAL LAW

人民法院出版社

CONTENTS 目 录

下 册

四十九、抢夺罪

第二百六十七条 抢夺公私财物，数额较大的，或者多次抢夺的，处三年以下有期徒刑、拘役或者管制，并处或者单处罚金；数额巨大或者有其他严重情节的，处三年以上十年以下有期徒刑，并处罚金；数额特别巨大或者有其他特别严重情节的，处十年以上有期徒刑或者无期徒刑，并处罚金或者没收财产。

携带凶器抢夺的，依照本法第二百六十三条的规定定罪处罚。

（一）概述

1. 概念和构成要件

抢夺罪，是指以非法占有为目的，公然夺取公私财物，数额较大，或者多次抢夺的行为。

抢夺罪的构成要件和主要特征是：

（1）本罪的客体是公私财产的所有权。犯罪对象仅限于有形的、作为动产的公私财物。如果行为人所抢夺的对象是《刑法》分则中明确规定的特定物品，如枪支、弹药、爆炸物或者公文、证件、印章等，虽然作案的手段是相同的，但因犯罪目的、动机、对象、客体的不同，所以犯罪性质也不相同，应以特定罪名论处，而不能认定构成抢夺罪。

（2）客观方面表现为公然夺取公私财物，数额较大，或者多次抢夺的行为。所谓公然夺取，是指行为人当着公私财物所有人、管理人或者其他人的面，强行夺取他人控制之下的公私财物，据为己有或者给第三人所有。公然夺取财物，但不对人身使用暴力或者以暴力相威胁，这是抢夺罪区别于其他侵犯财产犯罪的本质特征。"数额较大"，根据 2013 年

11 月 11 日颁布的《最高人民法院、最高人民检察院关于办理抢夺刑事案件适用法律若干问题的解释》（以下简称《办理抢夺刑事案件解释》）第 1 条的规定，以 1000 元至 3000 元为起点，具体标准由各地高级人民法院、省人民检察院根据本地实际自定，具备《办理抢夺刑事案件解释》第 2 条规定的特定情形的，按照第 1 条规定标准的 50% 确定。"多次抢夺"，一般指 2 年内抢夺 3 次以上。

（3）犯罪主体为一般主体，即年满 16 周岁并具有刑事责任能力的自然人，都可以构成本罪。

（4）主观方面由直接故意构成，且故意的内容是以非法占有公私财物为目的。过失不能构成本罪。

2. 法定刑

依照《刑法》第 267 条的规定，犯抢夺罪的，处三年以下有期徒刑、拘役或者管制，并处或者单处罚金；数额巨大或者有其他严重情节的，处三年以上十年以下有期徒刑，并处罚金；数额特别巨大或者有其他特别严重情节的，处十年以上有期徒刑或者无期徒刑，并处罚金或者没收财产。

司法机关在适用本条规定处罚时，应当注意以下几个问题：

（1）严格执行抢夺罪的"数额较大""数额巨大""数额特别巨大"的标准。按照《办理抢夺刑事案件解释》第 1 条的规定：①抢夺公私财物价值人民币 1000 元至 3000 元以上的，为"数额较大"；②抢夺公私财物价值人民币 3 万元至 8 万元以上的，为"数额巨大"；③抢夺公私财物价值人民币 20 万元至 40 万元以上的，为"数额特别巨大"。《办理抢夺刑事案件解释》之所以如此规定，是因为在《刑法》规定的财产犯罪中，抢夺罪的社会危害性和盗窃罪大体相当，其定罪量刑的数额标准理应平衡一致，同时，在以往的司法实践中，各地司法机关也基本上是如此掌握的。另外，《办理抢夺刑事案件解释》第 2 条规定，具有下列情形之一的，"数额较大"的标准按照规定标准的 50% 确定：①曾因抢劫、抢夺或者聚众哄抢受过刑事处罚的；②一年内曾因抢夺或者哄抢受过行政处罚的；③一年内抢夺三次以上的；④驾驶机动车、非机动车抢夺的；⑤组织、控制未成年人抢夺的；⑥抢夺老年人、未成年人、孕妇、携带婴幼儿的人、残疾人、丧失劳动能力人的财物的；⑦在医院抢夺病人或者其亲友财物的；⑧抢夺救灾、抢险、防汛、优抚、扶贫、移民、救济款物的；⑨自然灾害、事故灾害、社会安全事件等突发事件期间，在事件发生地抢夺的；⑩导致他人轻伤或者精神失常等严重后果的。

另外，我国幅员辽阔，各省、自治区、直辖市之间，以及各省、自治区、直辖市内不同地区之间的经济发展状况、社会治安状况差异较大，对抢夺罪的数额标准也不应规定得绝对划一。为此，《办理抢夺刑事案件解释》规定，各省、自治区、直辖市高级人民法院、人民检察院可以在解释第1条规定的数额幅度内，分别确定本地区执行的具体标准，并报最高人民法院、最高人民检察院批准。

（2）正确把握抢夺罪"犯罪情节轻微"的出罪或者免罚情形。按照《办理抢夺刑事案件解释》第5条的规定，抢夺公私财物数额较大，但未造成他人轻伤以上伤害，行为人系初犯，认罪、悔罪，退赃退赔，且具有下列情形之一的，可以认定为犯罪情节轻微，不起诉或者免予刑事处罚；必要时，由有关部门依法予以行政处罚：①具有法定从宽处罚情节的；②没有参与分赃或者获赃较少，且不是主犯的；③被害人谅解的；④其他情节轻微、危害不大的。这些抢夺行为虽然已经构成犯罪，但行为体现的犯罪人的主观恶性相对较小，根据主客观相统一的刑法适用原则，对这些社会危害性比较轻微的犯罪行为，可以认为不需要判处刑罚。

（3）正确把握抢夺罪的"其他严重情节""其他特别严重情节"。根据《办理抢夺刑事案件解释》第3条的规定，抢夺公私财物，具有下列情形之一的，应当认定为"其他严重情节"：①导致他人重伤的；②导致他人自杀的；③具有该解释第2条第3项至第10项规定的情形之一，数额达到该解释第1条规定的"数额巨大"50%的。根据《办理抢夺刑事案件解释》第 4 条的规定，抢夺公私财物，具有下列情形之一的，应当认定为"其他特别严重情节"：①导致他人死亡的；②具有该解释第 2 条第 3 项至第 10 项规定的情形之一，数额达到该解释第 1 条规定的"数额特别巨大"50% 的。

（4）根据最高人民法院、最高人民检察院 2003 年 5 月 15 日施行的《关于办理妨害预防、控制突发传染病疫情等灾害的刑事案件具体应用法律若干问题的解释》第 9 条的规定，在预防、控制突发传染病疫情等灾害期间，聚众"打砸抢"，对毁坏或者抢走公私财物的首要分子，以抢劫罪定罪，从重处罚。

（二）疑难问题精析

1. 如何划清罪与非罪的界限

抢夺罪是以数额较大为构成要件的。因此，对于抢夺财物数额不大，情节显著轻微的，如因生活无着，偶尔抢夺少量食物等行为，不能以抢夺罪论处。

此外，抢夺罪的构成还要求行为人主观上具有非法占有公私财物的目的。如果行为人主观上无此目的，也不构成本罪。比如，债权人为抵债而夺取债务人财物的行为，为临时急用而抢夺他人财物用后归还的行为，属于民事财产纠纷，不宜以犯罪论处。

2. 如何认定在被害人有防备情况下公然夺取财物的性质

司法实践中，抢夺罪大多表现为"乘人不备"夺取财物，但也确实存在明知财物所有人或保管人有防备，仍然夺取财物的情形。比如，唐某由于欠下赌债，便来到某医院住院部伺机"搞点钱"。几经转悠，唐某发现 235 病房一张病床床头的柜子上放着一个精致的提包，便不时在门口朝提包瞅，伺机下手。这引起了几个躺在病床上的病人的注意，提醒被害人宋某注意其提包，宋某便将提包压在褥子底下。唐某见状，直接冲进病房，将压在褥子底下的提包夺走，由于宋某及其他病人都是手术后的重症病人，不便行动，唐某未遇到任何阻拦便逃之夭夭。[①]

我们认为，当前刑法学界和实务部门基本上达成共识，均认为抢夺罪的成立不以"乘人不备"为必要条件。对于被害人有防备，行为人仍当面夺取但未针对人身使用暴力或者以暴力相威胁的，也应认定为抢夺行为。因此，前述案例中，唐某的行为符合抢夺罪的主客观要件，构成抢夺罪。在财物所有人对行为人抢夺财物的意图已有所觉察、有所防备的情况下，行为人利用当时的客观条件（如在偏僻无人的地方，在治安不好、无人敢出面干涉的情况下，在财产所有人或保管人因患病、轻中度醉酒等原因丧失或者基本丧失防护财物能力但神志清醒的情况下），公然用强力夺走或者拿走被害人财物，但未对被害人的人身使用暴力或者以暴力相威胁的，仍应以抢夺罪论处。[②]

3. 如何划清抢夺罪与盗窃罪的界限

抢夺罪的主要特征体现为"公然夺取"，而盗窃罪的主要特征体现为"秘密窃取"，二者的界限比较明显，一般不会发生混淆，但在行为人取得财物的方式兼有"公然"和"秘密"两种特征的情形下，也容易产生定性方面的争议。实践中，要区分是"公然夺取"还是"秘密窃取"，应注意结合主客观相一致的原则，把握以下几点：

（1）"公然"是相对于财物所有人或保管人而言的，但在行为人对财物所有人或保管人发生误认的情况下，应以行为人的主观认识为准。比如，行为人林某在火车站广场转悠时，看见一条石凳上坐着一个老太太和一个中年男子，他们面前地上放着一个皮包。老太太正在瞌睡，林某以为皮包是中年男子的，便以迅雷不及掩耳之势将该提包抢走。事后查明，该老太太是皮包的主人，中年男子是一名与其素不相识的旅客。本案中，林某误把中年男子当作皮包的所有人，以"公然夺取"的意识将

---

① 参见《抢夺罪若干问题新论》，载《中南政法学院学报》1987 年第 2 期。

② 另可参见被告人奚林抢夺案，载国家法官学院、中国人民大学法学院编：《中国审判案例要览（2003 年刑事审判案例卷）》，人民法院出版社 2004 年版，第 279~286 页。

皮包拿走，应以抢夺罪论处，而不能以财物所有人事实上没有察觉而定盗窃罪。

（2）"公然"是指行为人自以为所有人或保管人在其行为当时会发觉，基于抢夺的主观意志而实施犯罪，如果行为人误以为财物所有人或保管人不会发觉，基于"秘密窃取"的心态取得财物，虽然很快暴露，也应以盗窃罪论处。比如，行为人王某在公园游玩时，发现被害人杨某正在独自垂钓，其身后放了一个手提包。王某认为被害人正专心钓鱼，便蹑手蹑脚走到其身后，将提包拿走，刚走出 20 米，即被回头取鱼饵的杨某发觉，在其他游人的协助下将王某抓获，提包内有现金 5000 余元。本案中，王某的行为性质就属于盗窃，而不是抢夺。

4. 如何划清抢夺罪与诈骗罪的界限

抢夺罪的主要特征体现为"夺取"，而诈骗罪的主要特征体现为"骗取"。司法实践中，比较容易混淆的是，行为人既使用欺骗手法又公然夺取财物的行为，究竟应定诈骗罪还是抢夺罪。例如，行为人刘某到一手机商店，假意购买手机，欺骗售货员将手机从柜台拿出交其查看，刘某拿到手机后，即迅速跑离商店，手机价值 4000 余元。本案中，刘某先是骗得被害人信任使被害人"自愿"交付财物，取得财物后公然从被害人处夺路而逃。对此，我们认为，刘某从售货员处骗得手机时仍身处商店，其随后公然携带手机逃走的行为才是非法占有财物的关键手段，因此，刘某的行为应以抢夺罪论处。

5. 如何划清抢夺罪与抢劫罪的界限

两者虽然都是"抢"，犯罪的目的也相同，但有着本质的区别：一是侵犯的客体不同。抢夺罪侵犯的是单一客体，即公私财产的所有权，而抢劫罪则是双重客体，即不仅侵犯了公私财产的所有权，还侵犯了被害人的人身权利。二是实施犯罪的方法、手段不同。抢夺罪不使用暴力，而使用强力，并作用于被抢夺的财物，而抢劫罪则是使用暴力，并施加于被害人，强制其身体，以排除被害人的抵抗。三是抢夺罪以"数额较大"为构成要件，而抢劫罪则不以数额较大为构成要件。四是犯罪主体不尽相同。抢夺罪的主体是年满 16 周岁以上的人，而抢劫罪的主体则可以是年满 14 周岁的人。

司法实践中，有以下两类案件，在认定是构成抢劫罪还是抢夺罪的问题上，往往存在争议：

（1）从被害人手里或身上抢夺财物，因用力过大或用力不当造成被害人伤亡后果的案件。例如，行为人猛力夺包致使被害人摔倒、跌伤甚至死亡，从被害人手腕上扯夺手表而将被害人手腕抓伤或者表链将手腕挂伤等。对此，存在四种观点：第一种观点认为，行为人放任被害人伤亡结果的发生，具有侵犯人身权利和财产权利双重客体的主观故意和客观行为，应以抢劫罪论处。第二种观点认为，如果抢夺财物过程中因用力过猛而无意中造成被害人轻伤的，应按抢夺罪从重处罚；如果造成被害人重伤甚至死亡的，则构成抢夺与过失致人重伤或者过失致人死亡的牵连；如果抢夺财物数额小尚不构成抢夺犯罪，则按照过失致人重伤罪或者过失致人死亡罪从重处罚；如果抢夺行为本身也构成犯罪，则应按照从一重罪定罪从重处罚的原则，以抢夺罪"情节特别严重"的规定处罚。第三种观点认为，如果抢夺数额达到定罪标准，并且造成被害人重伤或者死亡的，应按抢夺罪和过失致人重伤罪或者过失致人死亡罪两罪并罚。

我们基本上同意第二种观点。对于因强抢物品导致被害人伤亡的案件，首先应该根据客观情况判定行为人对于被害人伤亡后果的主观罪过，如果能够推定行为人对于伤亡后果存在主观故意，则应认定构成抢劫罪而不是抢夺罪。例如，行为人王某开摩托车尾随骑自行车的被害人张某，伺机飞车抢夺，因看到张某的背包套头斜挎肩上，怕出事故而一度犹豫，随后却横下决心将车加速并猛拽张某的背包，王某抢得了背包但却导致张某头部撞地而死亡。本案就应认定王某构成抢劫罪。其次，如果不能推定行为人对于伤亡后果具有主观故意，则应结合行为人取得财物的数额大小和被害人伤亡的具体情况，确定构成抢夺罪还是过失致人重伤罪或者过失致人死亡罪。最高人民法院 2002 年 7 月 16 日施行的《最高人民法院关于审理抢夺刑事案件具体应用法律若干问题的解释》（已失效）第 5 条规定，实施抢夺公私财物行为，构成抢夺罪，同时造成被害人重伤、死亡等后果，构成过失致人重伤罪、过失致人死亡罪等犯罪的，依照处罚较重的规定定罪处罚。该解释虽然已经废止，但该条规定精神仍可适用。在行为人并无侵犯人身故意而抢取财物时，因过失或者意外造成被害人伤亡的，对行为人应以抢夺罪定罪处罚。在抢取财物的数额达不到"数额较大"标准的情况下，因为抢夺罪的法定定罪标准以数额为基础，故应考虑以过失致人重伤罪、过失致人死亡罪论处。

（2）对于实践中经常发生的驾驶机动车、非机动车夺取他人财物的案件，最高人民法院、最高人民检察院 2013 年发布的《办理抢夺刑事案件解释》第 6 条明确规定："驾驶机动车、非机动车夺取他人财物，具有下列情形之一的，应当以抢劫罪定罪处罚：（一）夺取他人财物时因被害人不放手而强行夺取的；（二）驾驶车辆逼挤、撞击或者强行逼倒他人夺取财物的；（三）明知会致人伤亡仍然强行夺取并放任造成财物持有人轻伤以上后果的。"也就是说，一般情况下，驾驶机动车、非机动车夺取他人财物的案件，以抢夺罪论处，符合《办理抢夺刑事案件解释》规定情形的，应以抢劫罪论处。

（3）利用被害人不能反抗或不能有效反抗的条件，从被害人处取得财物的案件。例如，行为人趁火车开动之机，在站台上从车厢窗户处夺取他人手表、提包等财物，被害人因火车启动无法从行为人处取回财物。对此，有观点认为应定抢劫罪，理由是，行为人利用了被害人不能反抗或不能有效反抗的状态，可视为抢劫罪的"其他方法"。我们认为，这种情形应定抢夺罪。理由是，这种情况下，行为人取得财物，只是利用了被害人不能有效反抗的条件，而这个条件并不是行为人通过积极行为造成的。只有行为人通过积极作为，制造被害人不能反抗的状态并由此占有财物的，才符合抢劫罪"其他方法"的要求，构成抢劫罪。比如，行为人对他人实施麻醉后，利用被害人因受麻醉而不知反抗或不能有效反抗的状态拿走财物的，属于抢劫罪；如果行为人是利用对方患病无力反抗之机当面拿走其财物，则只能构成抢夺罪。

6. 如何划清抢夺罪与其他抢夺性质的犯罪的界限

抢夺性质的犯罪，是公然夺取一定物品但并不使用暴力或暴力威胁侵犯人身权利的一种犯罪。我国《刑法》除了规定抢夺罪，还规定了其他几种抢夺性质的犯罪，即抢夺枪支、弹药、爆炸物罪，抢夺国家机关公文、证件、印章罪，抢夺武装部队公文、证件、印章罪，抢夺国有档案罪和抢夺武器装备、军用物资罪。抢夺罪与其他抢夺性质犯罪的客观行为表现形式一样，都是抢夺，但在犯罪对象以及侵犯客体方面存在着明显区别。对于抢夺特定物品对象的行为，只要《刑法》规定了单独的罪名，就不能再以抢夺罪论处。

司法实践中，有时会发生行为人实施抢夺行为，夺得的物品中既有一般财物，也有枪支、弹药、爆炸物、国有档案、国家机关公文、证件、印章等物品的情形，对此，可考虑根据以下原则处理：

（1）如果行为人基于概括故意即抢到什么东西都可以，客观上实施了抢夺行为的，应按实际抢得的是一般财物还是特定物品决定构成抢夺罪还是其他抢夺性质的犯罪。如果抢得的物品既有一般财物又有特定物品的，应按照一个行为触犯数个罪名的想象竞合犯的处理原则，择一重罪定罪处罚。

（2）如果行为人基于抢夺一般财物的故意而实施夺财行为，但在夺得的财物中却夹有枪支、弹药、爆炸物的，对此，因行为人并无抢夺特定财物的故意，不能认定其行为构成抢夺特定物品的犯罪即抢夺枪支、弹药、爆炸物罪。但是枪支、弹药、爆炸物不允许私人非法持有，如果行为人抢得枪支、弹药、爆炸物后持有或者私藏的，则构成抢夺罪与非法持有、私藏枪支、弹药、爆炸物罪的牵连犯，应择一重罪从重处罚。

（3）如果行为人基于抢夺一般财物的故意而实施夺财行为，但在夺得的财物中夹带有公文、证件、印章或者国有档案的，对此，因《刑法》并未将持有、私藏公文、证件、印章或者国有档案的行为规定为独立的犯罪，因此，只有在行为人抢夺财物达到定罪标准时，才能以抢夺罪定罪，其抢得特定物品的后果可作为量刑情节考虑。

7. 如何把握抢夺罪转化为抢劫罪的法定条件

根据《刑法》第 269 条和第 267 条第 2 款的规定，抢夺罪在以下两种情况下转化为抢劫罪：一是犯抢夺罪，为窝藏赃物、抗拒抓捕或者毁灭罪证而当场使用暴力或者以暴力相威胁的，应当依照《刑法》第 263 条规定的抢劫罪定罪处罚；二是携带凶器抢夺的，也应当依照《刑法》第 263 条规定的抢劫罪定罪处罚。"携带凶器"，是指在实施抢夺行为时，随身携带枪支、爆炸物、管制刀具等国家禁止个人携带的凶器，并显露在外的行为。携带凶器的行为本身就是一种违法行为。携带凶器，并显露在外往往会使被害人产生恐惧感或者精神受到强制，从而不敢进行反抗，这实质上就是一种胁迫行为。由于携带凶器抢夺不仅侵犯了公私财产的所有权，而且对被害人的人身也构成了威胁，具有一定的抢劫罪的特征。因此，对于携带凶器实施抢夺的，《刑法》明确规定依照抢劫罪定罪处罚。

五十、侵占罪

第二百七十条　将代为保管的他人财物非法占为己有，数额较大，拒不退还的，处二年以下有期徒刑、拘役或者罚金；数额巨大或者有其他严重情节的，处二年以上五年以下有期徒刑，并处罚金。

将他人的遗忘物或者埋藏物非法占为己有，数额较大，拒不交出的，依照前款的规定处罚。

本条罪，告诉的才处理。

（一）概述

1.概念和构成要件

侵占罪，是指以非法占有为目的，将代为保管的他人财物、他人的遗忘物或者埋藏物非法占为己有，数额较大，拒不退还或者拒不交出的行为。

侵占罪的构成要件和主要特征是：

（1）本罪侵犯的客体是他人财产所有权，包括返还请求权、占有权、使用权、收益权和处分权。侵占罪的对象是代为保管的他人财物或者他人的遗忘物、埋藏物，既包括私人所有财物，也包括公共财物。

（2）客观方面表现为将代为保管的他人财物或者将他人的遗忘物、埋藏物非法占为己有，数额较大，拒不退还或交出的行为。

（3）犯罪主体为特殊主体，即年满16周岁，具有刑事责任能力，持有他人财物的自然人。在侵占罪中，持有他人财物不仅是侵占罪客观方面的一个内容，同时，也包含了侵占罪主体的内容，即他人之物的持有人。持有人即行为人，持有他人之物是侵占罪成立的基础和前提，非持有人不能独立构成侵占罪，也就是说，并非任何年满16周岁具有刑事责任能力的人都可以构成侵占罪，只有在具有一般主体条件基础之上，还必须具备对他人之物的持有关系即持有他人之物。持有可以基于某种合法行为，也可以基于某种事实或非法行为，但在行为人实施侵占罪之前，行为人持有他人之物，即作为持有人的状态是客观存在的。同时，由于侵占罪中行为人持有他人之物不享有所有权，因而依法负有无条件返还义务，是具有特定法律义务的人。因此，行为人既具有基于某种事实（或法律行为）形成的自然身份即他人财物的持有人，同时，又具有基于法律规定的法定身份即依法负有返还他人财物义务的持有人。并且，持有人的身份对于认定行为是构成侵占罪还是其他犯罪具有重要意义。持有人将他人财物非法占为己有构成侵占罪，而非持有人将他人财物非法占为己有，可能构成盗窃罪、抢劫罪、诈骗罪等，但不构成侵占罪。可见，持有人这一身份对于区分罪与非罪、此罪与彼罪具有重要意义。因此，侵占罪的主体是特殊主体而非一般主体。

（4）主观方面表现为故意，且只能由直接故意构成，并具有非法占有目的。即明知自己持有的财物为他人合法所有，自己有义务将该财物交还他人，但为非法占为己有，故意拒不退还或者拒不交出。

2. 法定刑

依照《刑法》第270条的规定，犯侵占罪的，处二年以下有期徒刑、拘役或者罚金；数额巨大或者有其他严重情节的，处二年以上五年以下有期徒刑，并处罚金。

依照本条第2款规定，将他人的遗忘物或者埋藏物非法占为己有，数额较大，拒不交出的，依照前款的规定处罚。

依照本条第3款规定，犯侵占罪，告诉的才处理。

（二）疑难问题精析

1. 如何划清侵占罪与非罪的界限

正确区分侵占罪与非罪的界限，应当把握如下几个方面：（1）从罪过形式上区分。侵占罪主观上的罪过形式是直接故意，如果行为人主观上没有将自己持有的他人之物非法占为己有的目的，则不能构成侵占罪。

（2）从主体特征上区分。侵占罪的主体是特殊主体，即持有他人之物，年满16周岁，具有刑事责任能力的自然人。如果不是已经持有他人之物的自然人，则不能构成侵占罪。（3）从犯罪对象上区分。侵占罪的犯罪对象是代为保管的他人之物，他人的遗忘物或者埋藏物，即自己持有的他人之物。如果行为人非法占有的财物不属于上述特定财物，则不能构成侵占罪。（4）从行为方式上区分。行为人不仅实施了将代为保管的他人财物或者他人的遗忘物、埋藏物非法占为己有的行为，而且拒不退还或拒不交出他人数额较大的财物。如果行为人非法占有的他人财物虽然数额较大，但在他人的一再索要下并没有拒不退还或交出的，或者虽然拒不退还或交出，但财物未达数额较大的，均不能构成侵占罪。行为人持有他人财物是实施侵占行为的前提。

实践中，有些遗忘物的所有权人为找回财物而悬赏承诺给予酬金，或者拾得者向所有权人要求给予一定报酬，或者要求给予相应的保管费用，如不给则拒不交还遗忘物。对这类情形，一般不宜以犯罪处理。毕竟，这是行为人因行使权利而与所有权人发生的民事纠纷。《民法典》第314条规定："拾得遗失物，应当返还权利人……"《民法典》第121条规定："没有法定的或者约定的义务，为避免他人利益受损失而进行管理的人，有权请求受益人偿还由此支出的必要费用。"《民法典》第317条规定："权利人领取遗失物时，应当向拾得人或者有关部门支付保管遗失物等支出的必要费用。权利人悬赏寻找遗失物的，领取遗失物时应当按照承诺履行义务。拾得人侵占遗失物的，无权请求保管遗失物等支出的费用，也无权请求权利人按照承诺履行义务。"当然，如果索要报酬超出合理范围，拒不归还的财物数额较大构成犯罪的，可以侵占罪论处。

2. 如何认定侵占罪的犯罪对象

侵占罪的犯罪对象包括两类：一是行为人代为保管的他人财物；二是行为人持有的他人的遗忘物或者埋藏物。由于侵占罪要求行为人在将他人财物非法占为己有之前必须已经事实上控制了该物也即持有该物，因而持有行为（或曰代为保管）是实施侵占行为的基本前提，属于侵占罪的客观方面。所以，我们在论述侵占罪的对象时仅涉及他人财物、遗忘物或者埋藏物，对于"代为保管"则作为客观方面的内容进行阐释。

（1）他人财物。所谓他人财物，是指他人拥有所有权或占有权的财物。他人是相对于行为人而言，泛指行为人以外的其他单位及自然人。现代社会，行为人（私人）占有公有财产的机会增多，如通过加工承揽、寄存、托运等合同方式取得对单位财产的占有或者因不当得利或无因管理取得对公有财产的占有，如公民因银行错误支付而占有多支付的货币；公民因无因管理控制单位的牲畜；公民无意间挖出无主的埋藏物而占有等。在单位前去索要时，行为人拒不退还或者拒不交出，数额较大的，必定给公有财产造成损失，有些情况还可能导致企业的严重亏损或破产，影响经济发展和社会稳定。由于行为人既非国家工作人员，也非公司、企业或者其他单位的人员，对其侵占行为既不能以贪污罪论处，也不能按职务侵占罪处理，只有以侵占罪论处，才能有效地保护公有财产所有权。因此，侵占罪的犯罪对象包括单位财物甚至公共财物。

财物在性质上可以分为动产和不动产、有形物和无形物、特定物和种类物。实践中，对于动产、特定物、有形物、合法财物作为侵占对象无太大争议，但对于不动产、无形物、种类物、智力成果、赃物、违禁品等能否作为侵占罪的对象则存在较大分歧，有必要深入探讨。

①不动产。不动产是指在空间上具有固定位置，不能移动或移动后会引起性质和经济价值改变的财物，如土地、房屋等。从侵占行为的特点来看，侵占行为的实施不以移动他人财物为必要，行为人完全可以将他人委托其管理的不动产（如房屋）非法占为己有，如行为人基于某种关系管理他人房屋，通过伪造契约的方式如伪造赠与合同，将房屋转到自己名下，拒不退还的，应当以侵占罪论处。因此，不动产可以成为侵占罪的对象。

②种类物。种类物又称不特定物、可代替物，是指具有共同特征，可以用品种、规格、数量、长度、容积、重量等加以确定并且可以用同种类、同质量的物代替的财物。行为人不享有所有权或者占有权的种类物能否成为侵占对象，取决于如下两个条件：一是行为人对他人之种类物是否具有保管义务，如果行为人不对他人之种类物负有保管义务，则该种类物不能成为侵占对象，所有权转移、消费借贷中的种类物即是如此。只有负有保管义务的种类物才有可能成为侵占对象。二是主观上是否具有非法占有种类物之意图。对于行为人负有保管义务的种类物，其所有权没有转移，行为人擅自处分，越权使用或者违背委托意思消费的，尚不能确定其是否侵占对象，如果行为人在他人请求返还时没有拒不退还，而是予以返还或以相同品种、质量、数量的种类物返还或者予以赔偿的，则无非法占有的意图，否则就应以侵占罪论处，该种类物才能成为侵占对象。

③无形物。无形物是指视觉无法感觉却实体存在的物，实践中主要是指电力、煤气、天然气等无形能源。无形能源的财产属性是其可能成为侵占对象的前提。问题是电、气等无形能源在何种情况下可以成为侵占对象。基于电、气生产消费的特殊性，我们认为，无形能源在生产使用过程中均不可能成为侵占对象。只有无形能源被贮存于特定物体（如将电力存于电瓶或蓄电池、将煤气存于钢瓶中）并且可以随意移动时，才有可能成为侵占对象。

④知识产品。知识产品作为知识产权的客体，是指经过人的创造性劳动所产生的精神产品或智力成果，包括商标、专利、发明、发现、作品、技术秘密、技术成果、商业秘密等。从知识产品的特点及我国现行立法状况看，不加分析地一概承认或者否认知识产品可以成为侵占对象的观点都是错误的。首先，商标、专利权的获得只能通过法律赋予的方式，商标、专利本身须经过公示才能获得承认，否则，就失去了代为保管的必要性和可能性。因此，商标、专利不能成为侵占对象。其次，我

国《刑法》第219条将以盗窃、利诱、胁迫或者以其他不正当手段获取权利人的商业秘密的行为规定为侵犯商业秘密行为，行为人将代为保管的他人商业秘密非法占为己有拒不交出的行为实际上属于以其他不正当手段获取权利人的商业秘密。[①]该行为以侵犯商业秘密罪论处，而不以侵占罪论处，所以商业秘密不是侵占罪的对象。再次，我国《刑法》第217条对作品著作权的保护作了专门规定，但从其行为方式看，侵犯著作权的行为不包括将代为保管的他人作品非法占为己有，拒不退还的行为，如果行为人实施该行为但又没有复制、发行、出版的不构成侵犯著作权罪，如果作品价值较大，则应以侵占罪论处。如某作家与出版社签订出版合同，作家为出版社创作一部20万字的作品交由出版社出版，出版社付稿酬20万元，如果违约，支付违约金20万元。作家完成作品后，交由乙代为转交出版社，乙在转交过程中将作品隐匿下来，经作家多次催要仍拒不交出，导致作家违约，支付出版社违约金20万元。对于乙的行为应以侵占罪论处。可见，在一定的条件下，作品可以成为侵占罪的对象。最后，除作品外，其他知识产品的载体要么不具有价值或者其价值是载体的物质价值，与知识产品的价值不同，即使构成侵占罪，也是侵占了其载体物，而非知识产品，如将代为保管的他人价值数额较大的商标标识非法占为己有，拒不退还的构成侵占罪，其侵占对象是商标标识而非商标权。因此，在知识产品中，只有作品才能成为侵占罪的主体。当然，从统一保护知识产品的角度出发，可以考虑将侵占作品的行为规定在侵犯著作权罪中，这只有通过立法完善的方式来实现了。

⑤非法财物。非法财物是指基于不法原因而持有的财物，如赃物、用于犯罪的财物等。非法财物能否成为侵占罪的对象，理论上和实践中存在分歧。我们认为，从我国立法现状及司法实践的要求来看，非法财

[①] 在权利人要求行为人返还商业秘密后行为人拒不返还的，其获得商业秘密应认为是不正当手段获得的。

物可以成为侵占罪的犯罪对象。理由是：非法财物并非无主物，任何人不得非法侵占。根据我国《刑法》规定，非法财物如果是赃物，应当没收归公或者返还被害人，如果是用于犯罪的物品，则应当追缴上缴国库。可见，非法财物实际上是公私财物的一种特殊种类。因此，对于侵占非法财物的行为以侵占罪论处，并不是保护了非法财物获得者的所有权，而是保护了公财物的所有权。在现实生活中，较为常见的侵占非法财物的有以下两种情形：一是介绍贿赂或者行贿共犯中，行为人私自侵吞贿赂款，如甲欲向国家工作人员乙行贿，而将财物委托给丙转交，丙将该财物据为己有，拒不退还的。二是侵占盗窃或者其他财产犯罪所得赃物的行为。如盗窃、抢劫、诈骗犯罪分子将其犯罪所得委托行为人代为保管，如果行为人非法占为己有拒不退还的，则构成侵占罪。应当注意的是，如果行为人明知是赃物而予以保管销售的，则构成窝藏销赃罪，但如果在销赃之后侵占销赃款的，构成侵占罪，与销赃罪并罚。如果明知是赃物，为了侵占销赃款而代为销赃的，则按牵连犯的处理原则，从一重罪处断。三是在他人犯罪之后或者犯罪过程中代为保管用于犯罪的财物，不知该物的非法性质，将该财物据为己有，不构成其他罪的共犯的，只能以侵占罪论处。

⑥违禁品。违禁品是指法律禁止私人所有、占有和持有的物品，如毒品、假币、枪支弹药、淫秽物品、国家秘密文件资料、专用间谍器材等。行为人将代为保管的违禁品非法占为己有，拒不退还的，能否构成侵占罪？也即违禁品能否成为侵占罪的对象？理论上存在不同观点。我们认为，判断某一财物能否成为侵占罪的对象，除了要考虑侵占对象的基本特征即财产性、代为保管性、非法占有性之外，还应当考虑侵占罪的立法目的，《刑法》设立侵占罪的目的在于保护公私财产所有权。国家对违禁品的管制，重于维护公共安全和社会秩序，而非对公私财产所有权的保护。由于违禁品涉及国家和社会安全，属于高度危险物品，所以《刑法》规定持有某些违禁物品本身就是犯罪，不以非法占为己有为

必要，行为人将代为保管的违禁品如枪支、弹药、毒品、假币等非法占为己有拒不退还的，各成立相应的持有型犯罪，不以侵占罪论处。即使《刑法》没有规定相应的其他性质的犯罪，也不宜以侵占罪论处，如侵占淫秽物品的行为。因此，违禁品不能成为侵占罪的对象。

（2）遗忘物。所谓遗忘物，是指本应携带因遗忘而没有带走的财物。遗忘物不同于遗失物，前者一般是刚刚遗忘，随即想起的财物，遗忘者还记得财物被遗忘的具体地点与时间，拾得者一般也知道失者是谁。而遗失物一般为失主大意丢失的财物，一般失主也不知道财物丢失的具体时间与地点，且丢失财物的时间相对较长。拾得者一般也不知道失主具体是谁。区分遗忘物与遗失物的目的在于正确划定侵占罪的对象范围。由于《刑法》第270条没有规定侵占遗失物，因此，对于捡到遗失物据为己有的，不论数额多大，都只能作为不当得利，依照民事法律的规定处理，不能定罪处刑。从我国《刑法》现有规定与历次刑法草案及刑法修改草案的对比中可以看出，立法者是肯定遗忘物与遗失物的区别，将遗忘物而不是将遗失物规定为侵占罪的对象并非立法疏漏，而是特意为之，尽量避免刑法打击面过大带来的负面效应。对某些案件，如果确实难以区分行为人侵占的是究竟是遗忘物还是遗失物时，就应当本着疑罪从无的原则，以侵占遗失物对待，不以犯罪论处。

（3）埋藏物。埋藏物是指埋藏于地下或隐藏于他物中不能判明其权属的动产。具有如下特征：一是埋藏物系动产。二是须埋于地下、水中或隐藏于他物中。导致物被埋藏的原因不影响埋藏物的认定。他人埋于地下的财物是埋藏物，不是他人埋于地下而是由于其他原因将他人之物埋于地下，如因地震、泥石流等自然力破坏造成公私财物多年被埋于地下的，也应认为是埋藏物。地下文物也是埋藏物。在我国《民法典》中，埋藏物与隐藏物是并列的，但作为隐藏于他物之中所有权归属不明的动产，隐藏物属于广义埋藏物的一种。三是其所有权属不能判明。从权属上讲，该埋藏物不属于行为人。至于埋藏物的真正所有者或占有者是国家、集体还是公民个人均不影响。行为人侵占他人之埋藏物，不论该埋藏物的权属是属于国家、集体还是个人，都是对他人财产所有权的侵害。虽然埋藏物的权属对于埋藏物的认定没有意义，但埋藏物的权属是否明确对于行为人是否构成侵占罪至关重要。行为人在发现埋藏物时如果明知该物的权属即所有人是谁而予以侵占的，如果采用秘密窃取的方式，则构成盗窃罪而非侵占罪。行为人只有在发现埋藏物时对该物所属何人不明确时才能成为本罪对象。[①]对所有人不明的判断是由行为人在发现埋藏物时所作的一种事实判断。即使事后发现该埋藏物明确的所有人，也不影响侵占罪的成立。

3. 如何认定侵占罪中的"代为保管"

"代为保管"行为是构成侵占罪的必要前提，也是侵占罪区别于其他财产犯罪的显著特征之一，是指行为人即非财物所有人基于一定原因而对财物的一种法律上或者事实上的控制。这种控制的本质是非所有人基于一定原因对他人财物的持有，即对财物具有事实上或者法律上的支配力的状态。在侵占罪中，代为保管并不限于合法保管，因而代为保管的根据，除委托信任关系外，还存在其他方面的根据。司法实践中常见的有：

（1）委托合同。委托合同是委托人和受托人约定，由委托人处理委托人事务的合同。受托人由此获得了在委托期间对他人财物的保管权。委托既可以采用书面形式，也可以采用口头形式，在现实生活中极为常见。如委托他人代购代售某种物品，代为保管某种物品，代为转交、接收某种物品等。如果行为人背信弃义，将受委托而持有的他人财物占为己有，拒不退还的，就是一种典型的侵占。

（2）租赁合同。租赁合同是指出租人将出租财产交付给承租人有偿使用，承租人按照约定向出租人支付租金，并在租赁关系终止时将所租财产交还给出租人的协议。根据租赁合同，承租人在租赁期间对租赁物

---

① 对自己埋藏物的认识错误属于例外情形。

拥有占有、使用和收益权，并负有支付租金和在租赁期满返还出租物的义务。如果承租人违反上述义务，非法地将承租物据为己有拒不退还的，就属于侵占行为。

（3）担保合同。担保合同是债权人与担保人签订的促使债务人履行其债务，保障债权人的债权得以实现的协议，包括保证、抵押、质押和留置合同。在保证、抵押合同中，因不转移担保物的占有，所以不发生侵占问题。质押、留置都是以向债权人转移一定的财产作担保。在担保期间债权人即行为人根据质押合同、留置合同获得对他人财物的占有，在担保关系解除后，行为人就负有返还财物的义务，如果行为人非法占为己有，拒不返还的，就属于侵占。应当注意的是，如果债权人是单位，实施上述拒不退还行为的，虽然侵犯了债务人之所有权，但由《刑法》没有规定单位可以作为侵占罪的主体，根据《刑法》罪刑法定原则之要求，不能构成侵占罪。在市场经济发展的今天，从加强所有权保护和促进经济健康发展的角度出发，有必要考虑在《刑法》修改时增加侵占罪的单位主体。

（4）典当合同。在典当合同中，承典人支付典价而占有、使用、收益出典人的财产，出典人在一定期间内有权回赎典物。因此，典物的所有权并未转移给承典人。当出典人在约定期间内回赎典物，承典人拒不返还的，应视为侵占。当然，如果出典人超过典期要求回赎或者丧失回赎权的，应视为"死当"，典物所有权转移给承典人，出典人要求回赎而承典人拒绝的，不发生侵占问题。

（5）借用合同。借用合同是出借人将出借物无偿地交给借用人使用，借用人在一定期限内或使用完毕后将原物返还给出借人的协议。如果借用人在使用完毕或者借用期满以后，拒不返还借用物的，就是侵占行为。应当注意的是，使用他人之物造成物的价值自然损耗，这在当事人之间是应当预见的事情，即使出借人要求赔偿而使用人拒绝的也不发生侵占问题。如果过失导致出借物部分毁损或者全部毁损的，仍属民事侵权赔偿范畴。如果以不归还借用物为目的故意毁坏借用物的，构成故意毁坏公私财物罪与侵占罪的牵连犯，择一重罪处断。对于借用物的天然孳息，使用人有义务返还，如果拒不返还的，也属侵占。当然，如果借用人在借用前就不想归还借用物的，应以诈骗论处。另外，应当区分借用与借贷的不同。借用不转移借用物的所有权，而借贷则转移标的物的所有权和处分权，目的在于消耗借用物，借用人只需返还同值的货币或等质等量的实物，因而只有在借用中才存在侵占问题，而在借贷关系中即使借贷人拒不归还或无力归还的，也只是属于债务纠纷，不能按侵占处理。

（6）无因管理。无因管理是指没有法定的或约定的义务，为避免他人利益受损失自愿管理他人事务或者为他人提供服务的行为。如天降大雨而邻居家里无人，行为人将其晾在屋外的大衣等贵重衣物代为收回屋内等。在无因管理的情况下，行为人对他人之物形成事实上的管理和支配关系，但所管理之物的所有权并未转移给管理人，因而，其只有保管和返还的义务而无处分的权利，如果管理人对其管理之物非法占为己有拒不返还的，则符合侵占罪的特征。

（7）不当得利。不当得利是指没有合法根据，使他人受到损失而自己获得的利益。正因为不当得利没有合法根据，因此，虽属既成事实也不能受到法律的保护，不当利益应返还给受到损失的人。如在买卖关系中，买方因卖方错误而多收的货物或者少付的钱，即为不当得利。应当注意的是，既然在不当得利中应当返还的是不当利益，自然不以返还原物为必要，如果不能返还原物或无物可返时，应返还其价额。对于因物而得的利益，也应一并返还。行为人拒不返还的，构成侵占罪。

（8）违法行为。行为人可以因为他人的违法行为或自己的违法行为持有他人财物。如代为保管他人的赃款、赃物、占有行贿人委托交付的财物、持有销赃后的款项等。但行为人自己实施财产犯罪而持有的行为不另定侵占罪。

4. 如何认定"拒不退还"和"拒不交出"

拒不退还或交出是指行为人非法占有他人财物或者遗忘物、埋藏物，经权利人要求其退还或交出时，拒不退还或交出的行为。拒不退还或交出是侵占罪成立的要件，也是侵占行为的核心要件。

司法实践中认定拒不退还或交出，应当注意以下几个问题：

（1）行为人向财物所有权人或占有权人表达拒不退还或交出的意思时即应认定为拒不退还或交出。具体认定时，应当区分不同情况：一是行为人向受所有权人或者占有权人委托的人表示拒不退还或交出的，由此产生的法律效果直接归属于被代理人，因此，应当认为行为人是向所有权人或者占有权人表达拒不退还或交出。二是行为人向受所有权人或者占有权人委托的单位表示拒不退还或交出的，不可一概而论。如果单位依法可以接受代理的，则应认定为拒不退还或交出；如果单位依法不能接受代理，则应看单位的职能（或职责）。如果根据其职能（职责）可以通过采取向行为人索要财物的方式保护他人财产所有权的，在该单位接受他人请求向行为人索要而行为人表示拒不退还或交出的，应当认为拒不退还或交出；如果没有这项职能或职责，或者虽有此职能或职责但他人未向其请求帮助索回的，即使行为人向其表示拒不退还或交出的，也不能认为构成拒不退还或交出。这是由侵占罪是亲告罪的性质决定的。如他人财物被侵占，经索要无果后，请求公安机关介入，[①] 如果行为人在公安人员面前拒不退还或交出的，应当认为构成侵占罪，因为此时，他

---

① 这里不能将公安机关根据权利人请求和职责介入的行为认为是对民事纠纷的干涉，因为在此之前，财物已被行为人非法占为己有，已由民事法律关系转向刑事法律关系了。

人的请求与公安机关的职责是吻合的。如深圳机场女工梁丽侵占案。[①] 如果公安机关未经请求，仅依职权要求行为人退还或交出财物，行为人拒不退还的或交出的，不能认为构成侵占罪。三是行为人向占有人表示拒不退还或交出的，应区分占有权人和非占有权人两种情形判断，即对非法占有人表示拒不退还或交出的，还不能认为是拒不退还或交出，只有向所有权人或占有权人及其代理人（包括单位和自然人）以及接受请求的负有特定职责的单位（主要是国家机关和一些基层组织）表示拒不退还或交出的，才能认为构成拒不退还或交出。

应当注意的是，他人向行为人提出返还请求的，应当提供证据证明

---

① 检察机关认定的案情：2008年12月9日8时20分许，东莞某珠宝公司员工王某来到深圳机场B号候机楼19号柜台前办理行李托运手续。由于托运行李内装有黄金饰品，值机员徐某即告知需要到10号柜台找值班主任才能办理。王某即前往距离19号柜台22米远的10号柜台。王某离开时，一个装有14555.37克黄金首饰的小纸箱放在行李手推车上方的篮子内，行李手推车单独停放在19号柜台前1米的黄线处，其他行李均放在安检传送带上。此时，机场清洁工梁丽经过19号柜台，看见柜台前停放的行李手推车上有一小纸箱，遂将小纸箱搬到其清洁手推车底层，后将小纸箱存放大厅北侧16号男洗手间供体弱人士使用的厕所内。约4分钟后，王某返回19号柜台，发现行李手推车及车上的纸箱不见了，经向机场工作人员询问无果后，即向公安机关报警。当天9时40分许，梁丽吃早餐时告诉同事，捡到一个比较重的纸箱。随后，经梁丽同意，同事马某、曹某两人来到16号洗手间将纸箱打开，见到是黄金首饰后分两次从中取走两包。10时许，曹某告诉梁丽纸箱内可能是黄金首饰，梁丽便来到16号洗手间察看。随后，梁丽将纸箱放到自己的清洁手推车底层后离开，并从纸箱内取出一件首饰交由同事韩某到候机楼的黄金首饰店鉴别。后韩某告知梁丽是黄金首饰。当天14时许，梁丽下班，将该纸箱带回住处放置于床底下，另取出一部分黄金首饰放入其丈夫放在床边的衣服口袋内。16时许，曹某找到梁丽，告知机场有旅客丢失黄金并已报警。18时许，民警到梁丽家中询问其是否从机场带回物品，梁丽否认，民警遂对其进行劝说。直到床下存放的纸箱被民警发现，梁丽才承认该纸箱就是从机场带回的。接着，民警发现箱子已被打开，内装物品不完整，继续追问是否还有首饰未交出，梁丽仍予否认。民警随后从梁丽丈夫的衣服口袋内查获另一部分黄金首饰。从梁丽处查获的黄金首饰总重13599.1克，价值人民币2893922元。同日，公安机关又先后从曹某、马某家中查获二人拿走的黄金首饰，共重819.78克，价值人民币172152元。尚有136.49克黄金首饰去向不明。经查，梁丽在这个过程中违反了机场管理规定：一是清洁工不能推机场的行李小推车，不能拿小推车上的物品；二是在机场发现和拾得遗失物应上交，不能带出机场。梁丽本人参加过培训，应该知晓这两个规定。

宝安区检察院在审查起诉阶段发现：根据当时的事实和证据，经对全案的事实证据进行审查研究，认为梁丽的行为虽然也有盗窃的特征，但构成盗窃罪的证据不足，更符合侵占罪的构成特征。根据"刑疑惟轻"的原则，从有利于梁丽的角度出发，该院认定梁丽不构成盗窃罪。由于侵占罪不是检察机关管辖的公诉案件，属于自诉案件。根据《刑事诉讼法》和《人民检察院刑事诉讼规则》的有关规定，宝安区检察院决定解除对梁丽的取保候审，将本案退回公安机关，并建议公安机关将相关证据材料转交自诉人，并告知自诉人相关的权利义务。是否对梁丽的行为提出自诉由自诉人（受害人）决定，是否构成犯罪由人民法院依法判决。参见朱香山、林俊杰：《梁丽"捡"黄金被定性"侵占罪"检察机关不予公诉》，载正义网，http://news.jcrb.com/jxsw/200909/t20090925_266322.html。

行为人所持有之物属于自己在法律上享有支配权之物，即证明自己是行为人所持之物的所有权人或占有权人。代理人还应当提交有关代理证明。如果没有提供相关证据，即使是向真正的所有权人或占有权人表示拒不退还或交出的，也不应认为构成拒不退还或交出。这一点也是他人在诉讼中所负证明责任的体现。

（2）拒不退还或交出的对象是否仅限于原物，抑或包括对原物的等价赔偿？我们认为，在原物已不能退还或交出时，行为人愿意就原物进行等价赔偿，表面上看似乎使他人财产所有权受到侵犯，但他人财产所有权体现的价值和使用价值所拥有的占有、使用、收益和处分的权利在赔偿的条件下得到恢复和保护。我国《民法典》规定的民事责任除返还原物外，还包括原物灭失后的补偿或赔偿损失。可见，拒不退还或交出的对象不仅限于原物，还包括对原物的等价赔偿。即行为人在原物不能退还或交出时拒不赔偿的，应认为构成拒不退还或交出。

（3）在能够退还原物的情况下，行为人拒不退还或交出，但愿意支付对价的，能否认为是拒不退还或交出？我们认为，侵占罪中行为人主观上非法占为己有，不应仅理解是将原物非法占为己有，还应理解为实质上是将原物所体现的使用价值或价值非法占为己有。因此，对于这种情况，不应认为行为人具有非法占为自己所有的目的，从而不应认为其拒不退还或交出原物的行为构成了侵占罪。对于所有人或占有人同意接受等价补偿时，应作此理解，即使对于所有人或占有人不同意接受等价补偿而执意索回原物的，也不应追究行为人侵占罪的刑事责任，而应依民事纠纷处理。对于行为人拒绝作等价补偿，数额较大的，可以依侵占罪处理。但在他人获知行为人占有原物，行为人采用暴力、胁迫等手段强迫他人接受对价的，如果情节严重，可按强迫交易罪论处，否则应按一般违法行为处理。

（4）拒不退还或交出的表示方式。行为人不退还或交出的行为方式，既可以采取直接明确的方式，也可以采取间接隐晦的方式，但无论采用何种方式，只要行为人的行为在客观上足以表现其具有拒不退还或交出的意思，就应认定为拒不退还或交出。在认定拒不退还或交出的表示方式时，应当严格区分客观上无能力退还的情形是否属于拒不退还或交出的。所谓客观上无能力退还的情形，是指行为人在将自己持有的他人之物处分掉之后，虽然主观上愿意对所有人或占有人进行补偿，但在客观上却不能返还原物，也根本不能对所有人或占有人进行补偿时，能否视为拒不退还或交出，而以侵占罪论处？对此我们认为，在这种情况下，对行为人处分他人财物时主观上具有补偿（包括在将来进行补偿）愿望的，尽管后来已无偿还能力，也不应认为是拒不退还或交出，只有对那些在处分他人财物时主观上不想偿还客观上无偿还能力的，才能认定为拒不退还或交出。

（5）行为人在何时表示拒不退还或交出才能认定为拒不退还或交出？理论上和实践中存在较大争议。如有的认为以行为人第一次以某种方式明确地向他人表示其拒不退还或交出侵占物的意思时为准；有的认为以自诉人告诉时或人民法院立案时为准；有的认为以开庭审理时为准；有的认为以立案后实体审理前为准；有的认为以一审判决前为准；还有的认为以二审终审以前为准。我们认为，应当将认定拒不退还或交出的时间确定在人民法院立案前为准，因为侵占罪是自诉案件，自诉人提起自诉时须有犯罪构成之事实，如果起诉前或者人民法院在审查自诉期间行为人退还或交出侵占财物的，人民法院通常会以缺乏罪证说服自诉人撤回自诉或者裁定驳回；如果人民法院立案时仍不退还或交出的，则应当依法受理自诉。至于行为人在立案后宣判前退还或交出的，不影响拒不退还或交出的认定，但可作为不予追究行为人刑事责任的条件，但不能作为认定行为人是否拒不退还或交出的条件。行为人第一次以某种方式明确地向他人表示其拒不退还或交出侵占物意思的时间虽然也在法院立案前，但这一标准太过机械和严厉，毕竟行为人在拒绝后也可能还会有所反复，即退还或交出所持之物。只要在立案前退还或交出的，即不应认为其属于拒不退还或交出。

5. 如何适用侵占罪"告诉的才处理"

《刑法》规定侵占罪"告诉的才处理",表明其属于自诉案件范围,实行"不告不理"的原则。即使需要侦查的侵占案件,如拾得人不明的侵占遗忘物的案件,是否提起告诉的权利仍在被害人即财物所有人或合法占有人手中,如果被害人不愿告诉,公安机关、检察机关就不能以其已介入处理为由,违背被害人的意志提起公诉。在被害人因受强制、恐吓无法告诉,检察机关告诉的,根据《刑法》第98条规定,属于检察机关代被害人告诉,仍应认为是自诉,不能因为告诉的是检察机关就简单认为是公诉案件。在刑事诉讼中,司法机关如果发现办理的案件属于自诉的侵占案件,则应当根据《刑事诉讼法》第16条第4项的规定,不追究刑事责任,已经追究的,应当撤销案件,或者不起诉,或者终止审理,或者宣告无罪。是否追究刑事责任,则应告知被害人由被害人决定是否告诉。行为人同时犯有侵占罪和其他公诉罪的,人民法院可以合并审理,即由受理公诉案件的法院审理。

6. 如何计算侵占罪的诉讼时效

根据《刑法》第89条第1款规定:"追诉期限从犯罪之日起计算;犯罪行为有连续或者继续状态的,从犯罪行为终了之日起计算。"犯罪之日即犯罪成立之日。侵占罪的成立以行为人拒不退还或交出所持有的他人财物为条件。如前所述,认定拒不退还或交出的时间标准应确定在人民法院立案前为准。但法院立案前还是一个较为宽泛的时间概念,具体说,应当以行为人第一次以某种方式明确地向他人表示其拒不退还或交出侵占物的意思时为准。这似乎与前述拒不退还或交出的时间标准相矛盾,但对作为自诉罪的侵占罪而言,当被害人知道其财物被行为人侵占也即行为人第一次以某种方式明确向其表示拒不退还或交出时即应采取刑事或者民事措施恢复对财物的占有,如果将追诉期限自法院立案时计算,则无异于说侵占罪无追诉时效限制,即不论经过多长时间,只要被害人愿意，在任何时候都可以追究行为人的刑事责任，这显然与追诉时效的立法宗旨相悖。此外，还应当注意的是，在刑事追诉期限内，即使被害人在民事诉讼时效即3年内未提出退还或交出请求的，也不影响其提起刑事自诉。

7. 如何区分侵占罪与盗窃罪的界限

盗窃罪是指以非法占有为目的，秘密窃取数额较大或者多次盗窃公私财物的行为。侵占罪与盗窃罪同属侵犯财产罪，在许多方面有相同或相似之处，如侵犯的客体，都是公私财产所有权，在犯罪客观方面，都不是以暴力或以暴力相威胁作为其行为手段，都要求以情节严重，特别是以非法占有财物数额较大作为区分罪与非罪的标准；在犯罪主观方面，都是出于直接故意，并具有非法占有他人财物的目的。但侵占罪与盗窃罪仍有许多不同之处。掌握这些不同之处，对于划分二者之间的界限具有重要意义。

第一，犯罪对象不同。侵占罪的对象仅限于行为人代为保管的他人财物或者他人的遗忘物、埋藏物，行为人在实施侵占行为之前，已经持有他人财物；而盗窃罪的对象仅限于他人持有的动产，行为人在实施盗窃行为之前，尚未持有他人财物。即侵占罪的对象是"自己持有的他人之物"，盗窃罪的对象是"他人持有的他人之物"。

第二，犯罪客观方面的表现不同。侵占罪非法占有财物时，被占有的财物已在行为人持有和控制之下，行为人只要采取欺骗、抵赖等手段使持有变为非法占有，即可取得财物的所有权。侵占罪的手段，既可以是秘密的，也可以是公开的或半公开的。而盗窃罪在非法取得财物之前，财物并不在自己实际控制之下，行为人须通过秘密窃取的手段才能实现非法占有，取得财物的所有权。构成侵占罪，除数额较大外，还要求具有拒不退还或拒不交出这一情节。如果被告人即行为人在判决宣告之前退还或交出他人财物的，不构成犯罪。盗窃罪非法占有他人财物，只要数额较大或有其他严重情节，如多次盗窃，即使未达到数额较大也可构成犯罪。即使在盗窃他人财物之后，又退还他人的，也不影响犯罪的成立。

第三，犯罪主体不同。侵占罪的主体是特殊主体，即持有他人之物的已满16周岁，具有刑事责任能力的自然人；而盗窃罪的主体是一般主体，即凡年满16周岁，具有刑事责任能力的自然人均可成为盗窃罪的主体。

第四，犯罪故意形成的时间不同。侵占罪既然是将自己已经持有的他人财物转归己有，其犯罪故意多产生于持有他人财物之后，特殊情况下，也可形成于持有他人财物之时，但不能产生于持有他人财物之前。而盗窃罪是将自己没有持有和控制的他人财物转归己有，其犯罪故意只能产生于持有、控制他人财物之前。

在雇佣关系中，雇工非法占有雇主财产构成侵占罪还是盗窃罪？如某甲雇用三轮车工人某乙，用三轮车将彩电拉到修理店修理，乙蹬车在前走，甲骑车在后跟随。路过一小商店，甲让乙停车，自己进店买香烟，乙乘甲暂时离开，蹬车逃跑，将彩电据为己有。又如，乙在火车站内从事搬运工作。一天，乙为乘客甲提行李出站，由于站内人多拥挤，甲自己也提着太多行李，乙乘甲不注意，提着甲的行李离去。我们认为，行为人均构成侵占罪。理由是：雇主雇用雇工运送货物，双方之间成立雇佣合同，雇主即财物的所有人有义务将托运的货物交付雇工并支付报酬，雇工则有义务将托运的货物按雇主的要求安全送达目的地。因此，从双方合同内容来看，雇工履行自己的义务首先要占有（或持有）所托运的货物；其次，为保证义务履行雇工必须要对财物实施必要的保管措施，确保托运财物安全送达。如果雇工因保管不善致财物丢失、损毁的，应当承担赔偿责任。在不同场合下，行为人对托运财物的占有程度不同。如果财物所有人雇用行为人将其财物由甲地搬到乙地，自己并不跟随行为人临场监督，则行为人对财物具有独立的占有保管权，并可以此对抗第三人。如果财物的所有人跟随行为人临场监督，则他人以所有人的身份对财物具有支配权、管理权，行为人则根据他人的雇用在其义务履行范围内对财物拥有占有保管权，只是行为人的这种权利相对于所有权人的权利而言是一种从属性权利。但是，行为人对财物的占有保管权不因其权利程度较弱而不存在。因此，在他人跟随行为人监督时，他人与行为人对财物处于共同持有控制状态。认定雇用场合下行为人具有保管关系符合刑事立法精神，如《刑法》第91条将在国家机关、国有公司、企业、集体企业和人民团体运输中的私人财产，以公共财产论。之所以以公共财产论，是因为上述国有单位对运输中的私人财物享有占有管理权，可以对抗第三人，如果私人财物受到损失，则以公共财产赔偿。同理，行为人接受委托提供服务，对托运财物享有占有管理权，如不尽合同义务，致使财产发生损失的，也应承担赔偿责任。因此，说行为人对他人财物具有保管关系符合刑事立法基本精神。当然，承认代为保管关系存在，并不意味着在财物丢失时行为人必须承担全额赔偿之责，而是在其收取劳务费的范围内承担赔偿之责，这也正好说明了行为人与所有人之间存在代为保管关系。

8. 如何区分侵占罪与诈骗罪的界限

根据《刑法》第266条的规定，诈骗罪是指以非法占有为目的，使用欺骗的方法，骗取数额较大的公私财物的行为。侵占罪与诈骗罪同属于侵犯财产犯罪，因而，两个犯罪在犯罪构成上具有许多相似之处。在犯罪客体方面，两罪都侵犯了他人的财物所有权，而且侵犯的对象均为他人的财物；在犯罪的主观方面，两个犯罪的犯罪人在主观上均持有非法占有他人财物的目的，都是目的犯，这两个犯罪都是直接故意犯罪，尽管侵占罪与诈骗罪具有这些相似之处，但是这两个犯罪还是有着很大的不同之处。

首先，两罪的犯罪对象不完全相同。侵占罪的犯罪对象仅限于在侵占行为实施之前，行为人业已占有的代为保管的他人财物或他人的埋藏物、遗忘物。诈骗罪的犯罪对象并没有此种限制，并且在犯罪行为实施前并未被犯罪人所占有。

其次，两罪的犯罪客观方面不相同。（1）从危害行为的表现形式上看，侵占罪以拒不退还或拒不交出所占有的他人财物为必要，是不作为犯罪；而诈骗罪则属于作为犯罪。（2）在侵占罪中，行为人的犯罪行为表现为拒不退还或者拒不交出自己所占有的他人财物的行为，只要行为人将所占有的财物在一定时间之前返还给有关人员则不构成侵占罪；而诈骗犯罪在客观方面表现为以虚构事实或者隐瞒事实真相的方法将他人的财物非法转归自己所有，即使行为人再主动将财物返还给受害人，也不影响诈骗罪的成立以及诈骗罪的既遂。

最后，两罪的主观方面不完全相同。主要区别在于，在侵占罪中，行为人非法占有的目的产生于业已持有他人的财物之后；而在诈骗罪中，行为人的非法占有的目的则产生于占有他人的财物之前。

侵占罪与诈骗罪的界限一般来讲是比较明显的，不会发生定性上的错误。但在有些情况下，两罪也容易发生混淆。

行为人对委托人谎称其委托自己代为保管的财物被盗或被抢等，但是这种欺骗手段只是为了掩盖其侵占行为而已，可以视为是拒不退还或者拒不交出行为的表现形式。因为行为人并不是依靠欺骗行为获得对他人的财物的占有，因此，尽管行为人也有欺骗行为，仍定侵占罪，不定诈骗罪。

对于利用代为保管的他人的存折、支票、提货单等取款、提货等行为的定性问题。对该类行为的定性，关键要看行为人对于自己所持有的他人的存折、支票、提货单等票证所记载的财物是否在法律上占有，具体而言，如果行为人所持有的他人的存折未留密码，且取款时不须出示存款人的身份证明；以及所持有的他人的支票、提货单等票证用以提取财物时，也不须出示其他证明文件和财物所有人的身份证明，那么在这种情况下，行为人仅凭自己所持有的他人的存折、支票、提货单等票证就可以实现该票证所记载的权利的现实化，我们可以认定行为人对于该票证上所记载的财物已经在法律上持有。尽管行为人也有骗取存款、骗购或者骗提货物等行为，但这只是行为人将其在法律上所占有的他人财物非法占为己有的行为的表现形式而已，对行为人的行为不定诈骗罪，只能以侵占罪论处。反之，如果行为人持有的他人存折留有密码，或者取款时须出示存款人的身份证明；以及所持有的他人的支票、提货单等票证用以提取财物时，须出示其他证明文件或财物所有人的身份证明，那么在这种情况下，我们不能依行为人仅持有这些票证而认定其对该票证所记载的财物在法律上占有。当然，在事实上也没有占有，行为人正是通过其他种种欺骗手段才取得对该票证上所记载的财物在事实上的占有以及实现非法占为己有，对行为人的行为自然应当以诈骗罪论处。当然，对于行为人涂改、变造自己持有的他人的有价票证的，自然也应当以诈骗罪论处。

对于以欺骗手段获取对他人的财物的受托占有并将该财物非法占为己有的行为的定性问题。行为人正是以隐瞒自己并不打算真实替他人保管财物的事实真相来取得对他人财物的非法占有的，其行为完全符合诈骗罪的特征，对行为人应以诈骗罪论处。如果委托人向行为人表达了请求行为人替自己保管财物之后，但委托人尚未将财物交付行为人占有之前，行为人产生了非法占有的目的，尽管行为人并未采用任何欺骗手段骗取他人的委托，但是行为人的非法占有目的却是产生于对他人的财物的占有之前，行为人隐瞒了自己已对委托人尚未交付自己占有的委托财物产生了非法占有的目的，使委托人误以为其愿意真心地替自己保管财物，应当说这是一种消极的欺骗，因而，行为人是通过欺骗手段取得对他人财物的占有的，对行为人亦应以诈骗罪论处。

9. 如何认定侵占罪的既遂与未遂

根据《刑法》第270条规定，侵占罪是将自己持有的他人之物非法占为己有，数额较大，拒不退还或交出的行为。可见，拒不退还或交出是侵占罪成立的必备条件。拒不退还或交出他人之物必然给他人造成财物损失的结果，但这并不意味着给他人财物造成了损失就必然构成侵占罪。因为在给他人财产造成损失的情况下，如将他人财物变卖、消费、毁坏等，权利人索要时，行为人愿意赔偿的，就不能认为是拒不退还或交出。因此，成立侵占罪，核心问题在于行为人是否拒不退还或交出，至于是否造成他人财物损失的结果，对于侵占罪的认定不具有决定性意义。因此，应当以行为人实施拒不退还或交出行为作为认定侵占罪既遂的标志。

从理论上讲，侵占罪可能存在犯罪预备、中止、未遂等未完成形态，但就司法实践而言，没有处罚侵占罪预备、中止、未遂的余地。即使行为人对财物价值的错误认识，如将他人数额较小（大）的财物误认为较大（小）而拒不退还或交出的，也不能认定为侵占未遂。因为数额较大是侵占罪成立的必备条件，而不是区分既遂未遂的标准。对于数额的认定不以行为人的意志为转移，应以犯罪的实际数额认定。行为人将他人数额较小的财物误认为数额较大而侵占的，综合全案事实及情节，属于情节显著轻微危害不大的行为，不以犯罪论处，因而，对侵占罪没有处罚未遂的余地。

五十一、职务侵占罪

第二百七十一条 公司、企业或者其他单位的工作人员，利用职务上的便利，将本单位财物非法占为己有，数额较大的，处三年以下有期徒刑或者拘役，并处罚金；数额巨大的，处三年以上十年以下有期徒刑，并处罚金；数额特别巨大的，处十年以上有期徒刑或者无期徒刑，并处罚金。

国有公司、企业或者其他国有单位中从事公务的人员和国有公司、企业或者其他国有单位委派到非国有公司、企业以及其他单位从事公务的人员有前款行为的，依照本法第三百八十二条、第三百八十三条的规定定罪处罚。

（一）概述

1. 概念和构成要件

职务侵占罪，是指公司、企业或者其他单位的人员利用职务上的便利，将本单位财物占为己有，数额较大的行为。

职务侵占罪的构成要件和主要特征是：

（1）本罪的客体是公司、企业或者其他单位的财产所有权。犯罪对象是上述单位所有的各种财物，包括有形物与无体物；包括已在单位控制之中的财物与应归单位所有的财物，后者如单位在银行存款应得的利息。在本单位管理、使用或者运输中的他人财产，应以本单位财产论，也属于本罪的对象。

（2）客观方面表现为利用职务上的便利，将本单位财物非法占为己有，数额较大的行为。利用职务上的便利是构成本罪的要件之一。所谓"利用职务上的便利"，一般是指行为人利用自己在本单位所具有的一定职务，如董事、监事、经理、会计等，并因这种职务所产生的方便条件，即主管、管理、经手本单位财物的便利。对于不是利用职务上的便利，而是利用工作上的便利，侵占本单位财物的行为，不能认定构成本罪。侵占财物实质上就是将财物非法占为己有，实践中一般表现为侵吞、盗窃、骗取等非法手段。数额较大也是构成本罪的要件之一，这是认定行为人侵占单位财物行为的社会危害性已达到应依法追究其刑事责任的标准。

（3）犯罪主体为特殊主体，即公司、企业或者其他单位的人员才能构成，而且这些人员不属于从事公务的国家工作人员。公司，主要是指依照我国《公司法》，经过国家主管机关批准设立的各种有限责任公司和股份有限公司。企业，是指依照我国企业登记法规，经过国家主管机关批准设立的，以营利为目的的各种经济组织。其他单位，是指公司、企业以外的其他组织，如农村的村民委员会、城镇的居民委员会、医院、学校、文艺单位等。

（4）主观方面由故意构成，且故意的内容具有将本单位财物非法占为己有的目的。

2. 法定刑

依照《刑法》第271条的规定，犯职务侵占罪的，处三年以下有期徒刑或者拘役，并处罚金；数额巨大的，处三年以上十年以下有期徒刑，并处罚金；数额特别巨大的，处十年以上有期徒刑或者无期徒刑，并处罚金。

为体现对非公经济的平等保护和对侵犯非公经济财产利益犯罪活动的同等惩处，《刑法修正案（十一）》修改了本罪的法定刑规定，将法定刑幅度由两个改为三个，将法定最高刑由有期徒刑十五年提高至无期徒刑，将第三个法定刑幅度对应的财产刑由没收财产改为罚金。关于"数额巨大""数额特别巨大"的标准，在有关新的司法解释出台之前，可参照《最高人民法院、最高人民检察院关于办理贪污贿赂刑事案件适用法律若干问题的解释》第2条、第3条所规定的数额标准的二倍掌握。

根据《最高人民法院、最高人民检察院关于办理妨害预防、控制突发传染病疫情等灾害的刑事案件具体应用法律若干问题的解释》，①侵占用于预防、控制突发传染病疫情等灾害的款物，构成犯罪的，依照《刑法》第271条的规定，以职务侵占罪，从重处罚。

（二）疑难问题精析

1. 国有公司、企业以及其他国有单位中的人员能否成为职务侵占罪的主体

职务侵占罪主体只能是公司、企业或者其他单位的人员。从所有性质上看，上述公司、企业或者其他单位，包括私营公司、企业、外资公司、企业、中外合资经营或者合作经营公司、企业，以及集体所有制的公司、企业、事业单位，在理论上没有疑义，但是，是否包括国有公司、企业以及其他国有单位，却存在分歧。持否定观点的根据是，《刑法》第271条第2款规定：国有公司、企业或者其他国有单位中从事公务的人员和国有公司、企业或者其他国有单位委派到非国有公司、企业以及其他单位从事公务的人员有前款行为的，依照《刑法》第382条、第383条的规定定罪处罚，即以贪污罪论处。持肯定观点的认为，上述规定说明，国有公司、企业以及其他单位中从事公务的国家工作人员，不能成为职务侵占罪的主体，但是，不能由此得出结论，国有单位中的非国家工作人员（即非从事公务的人员）都不能成为职务侵占罪的主体。

我们认为，后一种观点是正确的。国有公司、企业或者其他国有单位中的从事劳务的人员，如售货员、售票员、司机、机关勤杂人员等，由于不属于从事公务的人员，因此不是国家工作人员。同时，该类人员亦不能认定为《刑法》第382条所规定的"受委托管理、经营公共财物的人员"，因为，受委托对国有财产进行的管理、经营活动，也要求具有一定的公务性，区别于国有单位中非国家工作人员所从事的不具有公务性质的生产、服务等劳务活动。当然，国有单位中的非国家工作人员，

---

① 载《中华人民共和国最高人民法院公报》2003年第3期。

虽然不符合贪污罪的主体要件，但其利用从事劳务的职务之便，侵占本单位财物的，完全可以职务侵占罪论处。

例如，1998年7月，被告人张某与某国有储运有限公司签订临时劳务合同，受聘担任储运公司承包经营的海关验货场的门卫，当班时负责验货场内货柜及物资安全、凭已缴费的缴费卡放行货柜车辆，晚上还代业务员、核算员对进出场的车辆打卡、收费。受聘用期间，张某多次萌生纠集他人合伙盗窃验货场内货柜的念头。后张某结识被告人黄某，两人密谋商定：由张某寻机（当班及验货场有货）通知黄某联系拖车前来偷运其看管的货柜，告知货柜箱型、货柜号，利用当班的便利放行并利用其与保税区门岗熟悉的条件，寻机将拖车驶出保税区时交给门岗验收的货柜出场单和相关登记表偷出并销毁；被告人黄某则负责联系拖车、窃取货柜并偷运出保税区大门及销赃事宜。1999年4月29日，张某与黄某内外勾结，采用前述手法将所在公司负责保管的总价值计人民币65万余元的3个集装箱货柜和3个车架偷出并销赃。本案检察机关以贪污罪起诉，人民法院认定张某既不是国家工作人员，也不是受委托经营、管理国有财产的人员，不符合贪污罪的主体要件，其利用职务上的便利，与他人勾结共同将本单位的财物占为己有的行为，成立职务侵占罪的共同犯罪。

2. 国家控股、参股的公司中的管理人员能否成为职务侵占罪的主体

国有公司，包括国有独资公司和几个国有投资主体设立的公司，其中从事管理活动的人员，属于国家工作人员，不能成为职务侵占罪的主体。但是，国家控股、参股的混合所有制公司包括有限责任公司和股份有限公司，既可能是国家、集体共同投资的，也可能是国家、集体和外商投资的，还可能是国家、集体、外商、私人共同投资组建的。这类公司不属于国有公司，其中的管理人员包括董事长、董事、经理、监事、财务负责人等，情况比较复杂，有的属于国家工作人员，有的不属于国家工作人员，后者可以成为职务侵占罪主体。

对此，《最高人民法院关于在国有资本控股、参股的股份有限公司中从事管理工作的人员利用职务便利非法占有本公司财物如何定罪问题的批复》规定："在国有资本控股、参股的股份有限公司中从事管理工作的人员，除受国家机关、国有公司、企业、事业单位委派从事公务的以外，不属于国家工作人员。对其利用职务上的便利，将本单位财物非法占为己有，数额较大的，应当依照刑法第二百七十一条第一款的规定，以职务侵占罪定罪处罚。"《最高人民法院关于如何认定国有控股、参股股份有限公司中的国有公司、企业人员的解释》规定："国有公司、企业委派到国有控股、参股公司从事公务的人员，以国有公司、企业人员论。"按照前述两个司法解释的规定，国家控股、参股的公司中的管理人员，除受委派从事公务的人员之外，其他人员利用职务便利占有本单位财物的，当然应以职务侵占罪论处。

3. 单位临时工等正式职工之外的人员能否成为职务侵占罪的主体

"公司、企业或者其他单位的人员"，一般包括正式职工、合同工和临时工三种。当前，单位的劳动人事用工方式日趋多元化，有些单位还可能存在学徒工、实习生和兼职人员等。单位正式职工之外的人员能否构成职务侵占罪，一度存在争议。

我们认为，行为人能否成为职务侵占罪的主体，关键在于其非法占有单位财物是否利用了职务上的便利，而不在于其在单位的"身份"类型。单位正式职工作案，没有利用职务上的便利非法占有单位财物的，依法不能认定职务侵占罪；即使是临时工，有职务上的便利，并利用职务上的便利非法占有单位财物的，也应当认定属于职务侵占行为。《刑法》第271条第1款关于职务侵占罪的规定，并没有对单位工作人员的成分作出划分，并未将临时工等排除在职务侵占罪的犯罪主体之外。当然，认定是否具有职务上的便利，应当从其所在岗位和所担负的工作上看其有无主管、管理、经手本单位财物的权力。对单位临时工等能否构成职务侵占罪产生疑问，主要是受1997年《刑法》修订前认定特定主体的"身份论"观点的影响,这种观点已经被修订《刑法》所明确否定。因此,只要经公司、企业或者其他单位聘用,并赋予主管、管理或者经手本单位财物的权力,无论是正式职工、合同工还是临时工,都可以成为职务侵占罪的犯罪主体。

例如,被告人于某 2001 年 3 月被北京市联运公司海淀分公司聘用为公司临时工,后被任命为上站业务员,具体负责将货物从本单位签收后领出、掌管货票、持货票到火车站将领出的货物办理托运手续等发送业务。2001 年 9 月 21 日,于某从单位领出货物后,与同事一同去北京站办理货物托运。在北京站,于某与同事一起将所托运的货物搬入行李车间后,独自去办理货物托运手续。于某对北京站行李车间工作人员谎称,有 4 件货物单位让其取回,不再托运了,并将这 4 件价值 2 万余元的货物暂存在行李车间。23 日,于某持上述 4 件货物的货票将货物从北京站取出,占为己有。当日,于某找来三个纸箱,充填上泡沫和砖头,到北京站用原货票将其发出,将货物交接证交给了北京市联运公司海淀分公司。

本案中,检察机关以被告人于某犯盗窃罪提起公诉,认为于某只是单位雇用的临时工,不存在利用职务上的便利的问题,其非法占有财物是利用工作之便,应以盗窃罪追究刑事责任。最终,人民法院对于某以职务侵占罪定罪量刑。裁判理由主要有两条:一是不能以被告人是正式工还是临时工,来确定其是否具有职务上的便利,因此,不能排除临时工可以成立职务侵占罪;二是职务侵占罪所要求的"利用职务之便",包括利用劳务的职务之便(该问题下文详细分析)。显然,法院的处理是更为准确的。

4. 个体工商户、个人独资企业、一人有限责任公司所雇用的人员能否成为职务侵占罪的主体

私营企业是指企业资产属于私人所有,雇工 8 人以上的营利性组织。按照 1987 年《城乡个体工商户管理暂行条例》的规定,个体工商户是指

个人经营或者家庭经营的，有一定数量的资金，一定的经营范围和经营方式等营利性的经济组织。个体工商户可以根据经济情况请1~2个帮手；有技术的可以带3~5个徒弟。因此，个体工商户与私营企业的主要区别在于雇用的人数不同，个体工商户雇用人员不能超出8人。按照《个人独资企业法》的规定，个人独资企业是指在中国境内设立，由一个自然人投资，财产为投资人个人所有，投资人以其个人财产对企业债务承担无限责任的经营实体。设立个人独资企业要具备必要的从业人员，但并没有人员的数额限制，所雇人员可以超过8人也可以少于8人，超过8人的属于私营企业，少于8人的与个体工商户有相似之处，但两者的设立条件登记、营业执照、法律地位等都不相同。按照《公司法》的规定，在我国，自然人和法人可以设立一人有限公司，并且只能设立有限责任公司而不能设立股份有限公司。一人有限责任公司，是指只有一个自然人股东或者一个法人股东的有限责任公司。

一般认为，在法律地位上，个体工商户的身份相当于自然人，不能认定为企业或者单位，其雇用的人员不可以成为职务侵占罪的主体，他们利用从业的便利侵占雇主财物的，可以构成侵占罪。个人独资企业和一人有限责任公司均是企业组织形式，虽然这类企业、公司的财产属于投资人个人所有，且很容易出现投资人个人财产与单位财产的混同，但其雇用人员毕竟属于"公司、企业的工作人员"，是可以成立职务侵占罪的。进一步讲，如果个人独资企业和一人有限责任公司的投资人自身不通过正常的程序和途径，从本单位占有财物的，能否按职务侵占罪论处？对此问题，我们认为，要充分考虑这类企业投资主体和利益归属的特殊性、自然人人格与单位人格混同的实际情况，不宜对投资人以职务侵占罪论处，如果构成逃税等其他犯罪的，可以其他罪论处。

5. 如何认定"利用职务上的便利"

"利用职务上的便利"是职务侵占罪在客观方面的必备构成要件之一，其与"利用工作条件便利"有何区别，是一个经常困扰司法人员的争点与难点问题。例如，被告人王某原系某手机生产企业组装车间的工人，其在工作中多次将组装完毕的手机成品私自藏匿，然后秘密运出厂区、非法出售牟利。对其行为如何定性？如果认为王某的窃取行为系"利用职务上的便利"实施的，则应认定职务侵占罪；倘若认为王某的窃取行为只是"利用工作条件便利"实施的，则应认定盗窃罪。由于两罪构成犯罪的起刑点标准不尽相同，法定刑轻重也有明显差异。因此，正确界定"利用职务上的便利"，不仅涉及此罪与彼罪的界限，而且关系罪与非罪的问题。

（1）"利用职务上的便利"，不仅包括"利用职权的便利"还包括"利用基于职位而从事劳务的便利"。根据《现代汉语词典》的解释，"职务"是指职位规定应当担任的工作。[①]职务既然是一项工作，就不能与"职权"画等号，不仅应包括基于职权的管理型职务，还应包括基于职位的劳务型职务。如果将"利用从事劳务的职务便利"排除在"利用职务上的便利"之外，则同样是侵占合法持有的本单位财产，单位中的管理人员定职务侵占罪，而劳务人员则定盗窃罪、诈骗罪等，其定罪量刑标准并不统一，显然有违法律面前人人平等的原则，且与从严惩治特定主体的立法精神相悖。值得注意的是，《刑法》第382条贪污罪中的"利用职务上的便利"，与本罪中"利用职务上的便利"含义并不相同，贪污罪的"利用职务上的便利"，应是基于"公务"，当然不应包括"劳务"在内。前述王某秘密窃取手机的行为，虽然利用的不是管理手机的职权，而是利用的从事具体组装工作的劳务之便，但仍应认定为"利用职务上的便利"，构成职务侵占罪。

（2）"利用职务上的便利"之"职务"，应是由单位分配给行为人持续地、反复地从事的工作，往往具有相对稳定性。如果是单位临时一次性地委托行为人从事某项事务，行为人乘机实施侵占行为的，一般不宜认定为"利用职务上的便利"而实施的职务侵占罪。例如，被告人阳某

---

① 《现代汉语词典》，商务印书馆2002年版，第1616页。

原系某公司司机，平时经常驾车送公司出纳员赴银行提取单位的工资款。一次，公司出纳员因身体不适请阳某代为提取，阳某提款 40 余万元以后卷款而逃。对其行为如何定性，一种意见认为，阳某是上述公司人员，其所从事的驾车及提款事务都是单位的工作，其乘机实施的侵占行为，应当认定职务侵占罪。我们认为，尽管阳某系公司人员无疑，但提取单位的工资款不是阳某的本职工作，而是公司出纳员的工作职责；实际上阳某系临时一次性地接受出纳员的个人委托而代领单位的工资款，不属于利用了本人职务上的便利条件而实施侵占，因而其行为不应认定为职务侵占罪。王某将临时代为保管的他人财物非法据为己有，依法可以认定侵占罪。

（3）"利用职务上的便利"以行为人担负相应的单位职责为基础。就"职务"的外延来说，一般认为包括主管、管理、经手单位财物几种情形。"主管"是指行为人虽不具体管理、经手单位财物，但对单位财物的调拨、安排、使用具有决定权。如公司的总经理在一定范围内拥有调配、处置单位财产的权力。"管理"是指行为人对单位财物直接负有保管、处理、使用的职责，亦即对单位财物具有一定的处置权。如企业的会计负有管理单位财务的职责。"经手"是指行为人虽不负有管理、处置单位财物的职责，但因工作需要，单位财物一度由其经手，行为人对单位财物具有临时的实际控制权。如前述被告人王某窃取单位手机的行为，就是利用了负责组装手机过程中"经手"单位财物的"职务便利"而实施的。由此不难看出，无论是行为人对单位财物的支配、决定权，一定的处置权，还是临时的实际控制权，均以行为人所担负的单位职责为基础，均因行为人所担负的单位职责而产生；申言之，只有行为人利用本人职责范围内的、对单位财物的一定权限而实施的侵占行为，才属于"利用职务上的便利"而实施的侵占单位财物的犯罪，因而应当认定职务侵占罪。如果行为人与非法占有的单位财物没有职责上的权限或直接关联，仅仅只是利用了工作中易于接触他人管理、经手中的单位财物，或者熟悉作案环境的便利条件，则属于"利用工作条件便利"，由此实施的财产犯罪，应当根据行为人具体采用的非法占有单位财物的不同手段，分别认定为盗窃、诈骗或者侵占罪。[①]

6. 如何认定"将本单位财物占为己有"

职务侵占罪的客观方面，要求行为人将本单位财物非法占为己有。司法实践中，对于如何理解《刑法》第 271 条规定中的"占为己有"，一度存在疑惑。例如，某公司推销员与其兄经事先共谋，采用伪造被劫现场并向公安人员报案的欺骗方法，将已收取的公司销售货款 17 万元非法占有，全部由其兄归还欠债。对此，有观点认为，推销员将职务行为过程中收取的销售款转归其兄非法占有，尽管具有严重的社会危害性，但不符合职务侵占罪中非法"占为己有"的构成特征。依据罪刑法定原则，目前此类行为尚没有完全相符合的犯罪构成，因而不能定罪。[②]

我们认为，对刑法条文中罪状的理解，不应仅仅局限于文字本身的字面含义，在必要时候还应结合刑法的立法目的作适度的扩张或者限制解释。如果我们将《刑法》第 271 条规定中的"占为己有"，仅仅理解为财物归行为人自己占有，则意味着单位工作人员利用职务之便非法处分本单位财物，只要不是自己占有，在很多情况下就不能定罪，这显然不利于保护单位的财产所有权，也容易为不法分子提供可乘之机。因此，从法条中"占为己有"的逻辑含义出发，应当将其解释为不仅指归"自己、本人"非法占有，同时也包含归"其他个人"或"他人"非法占有。前述推销员的行为，理应构成职务侵占罪。

复举一例，某有限责任公司（非国有公司）总裁及三位副总裁（均非受委派从事公务的人员），明知公司章程中规定行政管理人员不享受月度绩效工资，如需增加工资需报董事会批准，但为了多得报酬，四人有意规避董事会，擅自通过总裁办公会的形式制定了《行政管理人员绩效

---

① 黄祥青：《刑法适用疑难破解》，法律出版社 2007 年版，第 282 页。

② 黄祥青：《刑法适用疑难破解》，法律出版社 2007 年版，第 283 页。

考核办法》，决定给包括四人在内的管理人员发放绩效工资。2008年1月至2009年8月，公司对包括四人在内的60余名管理人员发放了总数额为655万余元的月绩效工资，并分别计入"应付工资"或"应付职工薪酬"会计项目。其中，总裁领取87万余元，其他三名副总裁分别领取62万余元。本案中，有两个问题值得研究：一是行为人的行为是单位行为还是个人行为？二是行为人决策致本单位60余名管理人员非法取得了公司财产，而行为人取得了655万余元中的270多万元，能否认定为"占为己有"？我们认为，我国《刑法》虽然规定了国有单位的私分国有资产罪，但并未规定非国有单位私分本单位财产的犯罪，对于那些严重违反单位规定，损公肥私，假借单位名义实施的私分单位财产的情形，可以认定构成职务侵占罪。

7. 如何划清职务侵占罪与盗窃罪、诈骗罪的界限

职务侵占罪与盗窃罪、诈骗罪，都是侵犯财产权的财产犯罪，主观上都要求具有非法占有的目的，犯罪手段也有相同之处。它们的主要区别是：（1）职务侵占罪的对象只能是公司、企业或者其他单位的财产，盗窃、诈骗罪的对象可以是任何公私财物。但是，如果在公司、企业或其他单位保管、使用或者运输中的他人财产，行为人利用职务上的便利，非法占有这类财产，应构成职务侵占罪。（2）职务侵占罪的主体，是特殊主体，而盗窃罪、诈骗罪主体是一般主体。（3）职务侵占罪只能是利用职务上的便利实施，包括利用职务上持有本单位财产的便利和其他职务上的便利，而盗窃罪、诈骗罪之实施与职务无关。（4）职务侵占罪的方法包括窃取、骗取、侵吞等多种，而盗窃、诈骗罪分别只能窃取和骗取。

实践中，这三类犯罪一般较容易区分，易出现混淆的是公司、企业或者其他单位中的人员，实施窃取或者骗取本单位财物的行为，究竟应认定构成职务侵占还是盗窃、诈骗。对此，区别的关键在于行为人是否利用了职务上的便利，而"利用职务上的便利"的判定，前文已作详述，

在此不赘。另需注意的是，行为人利用了本身的职务便利，但伪造未利用职务便利的表象，仍应认定为利用职务上的便利。例如，行为人看管单位仓库，趁无人之机，用改锥撬开仓库大门而不用自己手中的钥匙打开仓库，进行盗窃，是定盗窃罪还是职务侵占罪？有观点认为，行为人作案时并没有利用掌管钥匙的便利条件，不符合职务侵占罪的构成，应定盗窃罪。我们认为，职务侵占罪中的利用职务上的便利，主要是指管理、合法持有单位财物的便利。不能表面地理解是掌管钥匙的便利，仓库财产实际在行为人合法看管（持有）下，为伪造现场不用钥匙而用改锥撬开仓库，这并不能改变行为的性质，应定职务侵占罪。但是，如果甲与乙轮流值班看护仓库，某日甲趁乙值班，秘密撬开仓库，盗走其中财物，应定盗窃罪，因为，财物当时并不在行为人保管之中。

8. 如何划清职务侵占罪与侵占罪的界限

职务侵占罪与侵占罪，都属于侵占犯罪的范畴，两者主观上都以非法占有为目的，客观上往往表现为变合法持有为非法所有等。二者的主要区别是：（1）前者是特殊主体，只有公司、企业或者其他单位的人员才能构成；后者是一般主体，即年满16周岁，具备刑事责任能力的自然人。（2）前者侵犯的对象，是公司、企业或其他单位的财物，后者是代为保管的他人财物，以及他人的遗忘物、埋藏物。（3）前者持有单位财物的根据是职务上的需要，后者是因他人委托而持有他人财物或者基于某种事实而合法持有。（4）前者犯罪方法有多种，后者只是将自己合法持有的财物，据为己有，拒不交出。（5）前者利用职务上的便利实施，可以表现为利用自己的职权，采用欺骗手段，骗取不在自己持有中的单位财物，后者实施侵占行为与职务无关，只能以自己业已合法持有的他人财物为前提。

司法实践中，这两类犯罪亦较易区分，易混淆的是行为人因身在公司、企业或者其他单位，以及因受委托经手公司、企业或者其他单位的财物，而与公司、企业或者其他单位发生关联，在这种情况下，行为人利用经手单位财物的便利，侵占单位财物的，究竟是认定构成职务侵占罪还是侵占罪？我们认为，两者区别的关键，还是在于把握行为人的非法占有行为是否利用了职务上的便利。值得注意的是，我国《刑法》第382条规定，受国有单位委托管理、经营国有财产的人员可以构成贪污罪。但《刑法》第271条并未明确规定受非国有单位委托管理、经营本单位财物的人员能否构成职务侵占罪，我们认为，对此，应区分二者之间委托关系的具体情况，以决定受委托人能否构成职务侵占罪。如果受委托人基于承包、租赁、临时聘用等与公司、企业或者其他单位之间形成隶属关系，则受委托人可以成立职务侵占罪；如果委托单位与被委托人之间不具备上述关系，双方只是平等民事权利主体的关系，比如企业在商品交易中与经纪人或中介人之间的关系，企业在劳务承揽合同中与提供劳务一方的关系等，则受委托人将单位委托其保管的财产非法占为己有的，就不应认定构成职务侵占罪，一旦其拒不返还，则可以考虑按侵占罪论处。

9. 不同身份者共同侵占单位财物行为如何定性

司法实践中，不同身份者相互勾结、共同侵占单位财物的行为主要有两种表现：一种是单位人员与外部人员相勾结，利用单位人员的职务便利，共同实施非法占有单位财物的行为。另一种是单位内部的不同身份者，通常是受委派到非国有单位从事管理工作的国家工作人员与单位内的其他工作人员相勾结，分别利用各自的职务便利，共同实施非法占有单位财物的行为。前者俗称"内外勾结"型共同侵占单位财物行为，后者俗称"内内勾结"型共同侵占单位财物行为。由于共同犯罪人的身份不同，相互勾结犯罪的形式多样，因此，长期以来在刑法理论与实务界，一直存在定性上的分歧意见。[①]

关于"内外勾结"类型的案件，《最高人民法院关于审理贪污、职务侵占案件如何认定共同犯罪几个问题的解释》第2条规定："行为人与公

---

① 黄祥青：《刑法适用疑难破解》，法律出版社2007年版，第287页。

司、企业或者其他单位的人员勾结，利用公司、企业或者其他单位人员的职务便利，共同将该单位财物非法占为己有，数额较大的，以职务侵占罪共犯论处。"

关于"内内勾结"类型案件的定性，《最高人民法院关于审理贪污、职务侵占案件如何认定共同犯罪几个问题的解释》第3条规定："公司、企业或者其他单位中，不具有国家工作人员身份的人与国家工作人员勾结，分别利用各自的职务便利，共同将本单位财物非法占为己有的，按照主犯的犯罪性质定罪。"司法实践中，争议较大的是，在无法区分主犯时，是分别定罪还是定职务侵占罪或贪污罪。《全国法院审理经济犯罪案件工作座谈会纪要》第2条第3项中规定："对于在公司、企业或者其他单位中，非国家工作人员与国家工作人员勾结，分别利用各自的职务便利，共同将本单位财物非法占有的，应当尽量区分主从犯，按照主犯的犯罪性质定罪。司法实践中，如果根据案件的实际情况，各共同犯罪人在共同犯罪中的地位、作用相当，难以区分主从犯的，可以贪污罪定罪处罚。"综上，在职务侵占的"内内勾结"类型案件中，原则上按照主犯的犯罪性质定罪，无法区分主从犯的，可以按照贪污罪定罪。

五十二、挪用资金罪 [①]

第二百七十二条第一款　公司、企业或者其他单位的工作人员，利用职务上的便利，挪用本单位资金归个人使用或者借贷给他人，数额较大、超过三个月未还的，或者虽未超过三个月，但数额较大、进行营利活动的，或者进行非法活动的，处三年以下有期徒刑或者拘役；挪用本单位资金数额巨大的，处三年以上七年以下有期徒刑；数额特别巨大的，处七年以上有期徒刑。

第三款　有第一款行为，在提起公诉前将挪用的资金退还的，可以从轻或者减轻处罚。其中，犯罪较轻的，可以减轻或者免除处罚。

（一）概述

1. 概念和构成要件

挪用资金罪，是指公司、企业或者其他单位的工作人员，利用职务上的便利，挪用本单位资金归个人使用或者借贷给他人，数额较大、超过3个月未还的，或者虽然未超过3个月，但数额较大、进行营利活动的，或者进行非法活动的行为。

挪用资金罪的构成要件和主要特征是：

（1）本罪的客体为复杂客体，不仅包括公司、企业或者其他单位财产权中的占有权、使用权和收益权，还包括公司、企业或者其他单位与

---

① 本罪与挪用公款罪均为挪用型犯罪，由于二罪在类型化上高度相似，在进行有权解释时理应遵循相同的原理。例如，全国人大常委会法制工作委员会刑法室，在答复公安部经济犯罪侦查局关于挪用资金罪有关问题时，就称挪用资金罪的"归个人使用"与挪用公款罪的"归个人使用"含义基本相同。因此，针对挪用公款罪作出的立法解释、司法解释和指导案例，可以在挪用资金罪的法律适用中予以参照。

员工之间的委托信任关系。[①] 本罪的犯罪对象是公司、企业或者其他单位的资金。其他单位是指公司、企业以外的事业单位、社会团体、经济组织、村民委员会、居民委员会、村民小组等。需要注意的是，这里的公司、企业或者其他单位并不限于非国有公司、企业或者其他国有单位。[②] 资金，是指以货币形式表现的单位财产，包括人民币、外币及股票、支票、债券、国库券等金融票证和有价证券等。根据《最高人民检察院关于挪用尚未登记注册成立公司资金的行为适用法律问题的批复》，"准备设立的公司在银行开设的临时账户上的资金"也属于资金。此外，资金除了单位所有的以外，还包括单位合法占有或持有的资金。[③]

（2）客观方面表现为行为人利用职务上的便利，实施了挪用本单位资金归个人使用或者借贷给他人的行为。利用职务上的便利，是指利用本人在职务上主管、经管或经手单位资金的方便条件，例如单位领导利用主管财物的职务，出纳员利用保管现金的职务，以及其他工作人员利用经手单位资金的便利条件。[④] 挪用，是指未经合法批准，擅自用单位资金归个人使用或者借贷给他人，并准备用毕归还的行为。挪用通常是秘密进行的，但也不排除半公开甚至是公开进行的情形。根据《最高人

[①] 与挪用公款罪相类似，本罪除了侵犯公司、企业或者其他单位财产权中的占有权、使用权和收益权外，还侵犯了公司、企业或者其他单位与员工之间的委托信任关系。事实上，单位是基于对员工的诚实信用，即履行劳动合同或劳务合同的信赖而将资金交由其主管、管理或经手，而单位的工作人员则应忠实地维护这种委托信任关系，恪守职业道德，切实履行工作职责，确保资金的用途符合单位的目的和利益。马克昌主编：《百罪通论（下）》，北京大学出版社 2014 年版，第 859 页。有观点认为，本罪还侵犯了单位的财经管理制度。公司、企业或者其他单位如果要使用单位资金开展正常的生产、经营等活动，必然需要制定和遵守财经管理制度，因此，单位的财产权与财经管理制度为表里关系。在侵犯财产权的同时，必然侵犯了财经管理制度，但侵犯财经管理制度的，未必侵犯了财产权。质言之，将单位财产权中的占有权、使用权和收益权作为客体，就足以说明本罪的罪质特征，无需再将单位的财经管理制度作为客体。

[②] 根据《最高人民法院关于对受委托管理、经营国有财产人员挪用国有资金行为如何定罪问题的批复》规定，对于受国家机关、国有公司、企业、事业单位、人民团体委托，管理、经营国有财产的非国家工作人员，利用职务上的便利，挪用国有资金归个人使用构成犯罪的，也构成本罪。

[③] 《刑法》第 185 条。

[④] 高铭暄、马克昌主编：《刑法学》（第 7 版），北京大学出版社 2016 年版，第 513 页。职务上的便利不包括熟悉作案环境、易于接近单位资金等方便条件。如果行为人未利用职务上便利的，不构成本罪。

民法院关于如何理解刑法第二百七十二条规定的"挪用本单位资金归个人使用或者借贷给他人"问题的批复》，"挪用本单位资金归个人使用或者借贷给他人"是指挪用本单位资金归本人或者其他自然人使用，或者挪用人以个人名义将所挪用的资金借给其他自然人和单位的。[1] 具体的挪用类型有三种：①挪用本单位资金，数额较大、超过3个月未还的。此类型称为"超期未还型"，构成犯罪必须同时具备两个条件，一是数额较大，二是挪用时间超过3个月。[2] 本类型的挪用人挪用资金后，多用于生活开支等方面，例如，购买房屋、车辆、旅游观光、治病、偿还个人债务、挥霍等。[3] 如果挪用人挪用资金后尚未投入实际使用，即"挪而未用"的，也可以构成本类型的挪用资金罪。[4] ②挪用本单位资金，数额较大、进行营利活动的。此类型称为"营利活动型"，没有挪用时间和是否归还的限制，但数额较大和进行营利活动是必备要件。营利活动，是指挪用单位资金进行生产、经营或者其他谋取利润、利益的行为，如集资、经商、投资、炒股、炒楼、购买国债、存入银行获取利息或用于信贷，担保，注册公司、企业等。[5] ③挪用本单位资金，进行非法活动的。此类型称为"非法活动型"，没有挪用资金数额和时间的限制，只要是挪用资金进行非法活动的，即构成犯罪。非法活动，是指法律法规禁止的一切活

---

① 根据《全国人大常委会关于〈中华人民共和国刑法〉第三百八十四条第一款的解释》规定，将挪用公款"归个人使用"分为三种情况：（1）将公款供本人、亲友或者其他自然人使用；（2）以个人名义将公款供其他单位使用；（3）个人决定以单位名义将公款供其他单位使用，谋取个人利益的。反观该《批复》，未明确"个人决定以单位名义将挪用的资金供其他单位使用，谋取个人利益的"是否属于"挪用本单位资金归个人使用或者借贷给他人"。此后《最高人民检察院、公安部关于公安机关管辖的刑事案件立案追诉标准的规定（二）》弥补了这一不足，明确"归个人使用"是指：（1）将本单位资金供本人、亲友或者其他自然人使用的；（2）以个人名义将本单位资金供其他单位使用的；（3）个人决定以单位名义将本单位资金供其他单位使用，谋取个人利益的。

② 案发前是否归还不影响本罪的成立。

③ 如果挪用人并无财产来源，也缺乏偿还能力，其挥霍行为不应认定为挪用，而是职务侵占行为。

④ 参照《全国法院审理经济犯罪案件工作座谈会纪要》"四、关于挪用公款罪（七）挪用公款后尚未投入实际使用的行为性质的认定"。在司法实务中也有相关案例，参见上海市闵行区人民法院审理的王宣东挪用资金案。

⑤ 是否实际获取利润、利益不影响本罪的成立，案发前是否归还也不影响本罪的成立。

动，包括违法行为和犯罪行为，如非法经营、走私、贩毒、赌博、嫖娼、行贿等。"超期未还型""营利活动型"和"非法活动型"是构成本罪的三种不同类型，只要行为人实施了上述三种类型之一的，即可构成本罪。

（3）犯罪主体为特殊主体，即公司、企业或者其他单位中的非国家工作人员。[①]非本单位工作人员不能构成本罪主体。公司、企业或者其他单位中的非国家工作人员[②]，既可以是从事管理活动的人员，也可以是从事劳务活动的人员，合伙企业的合伙人也可以成为本罪主体。[③]个人独资企业中的工作人员虽然可以成为本罪主体，但投资人不能成为本罪主体。[④]

（4）主观方面只能由故意构成，且具有非法使用单位资金的目的。[⑤]

2. 法定刑

依照《刑法》第 272 条的规定，犯挪用资金罪的，处三年以下有期徒刑或者拘役；挪用本单位资金数额巨大的，处三年以上七年以下有期徒刑；数额特别巨大的，处七年以上有期徒刑。在提起公诉前将挪用的资金退还的，可以从轻或者减轻处罚。其中，犯罪较轻的，可以减轻或者免除处罚。

（二）疑难问题精析

1. 如何界定"营利活动"的范围

营利活动，通常是指挪用本单位资金进行生产、经营或者其他谋取

[①] 如果是国有公司、企业或者其他国有单位中从事公务的人员和国有公司、企业或者其他国有单位委派到非国有公司、企业以及其他单位从事公务的人员，利用职务之便挪用本单位资金的，构成挪用公款罪。

[②] 非国家工作人员不限于正式工作人员，合同工、临时工、实习兼职人员等均可归入非国家工作人员的范围。

[③] 根据《合伙企业法》的相关规定，对合伙财产的支配和处分须经全体合伙人的同意。因此，如果未经其他合伙人的同意而擅自挪用合伙企业的资金，侵犯合伙企业财产所有权的，可以构成本罪。

[④] 根据《个人独资企业法》的相关规定，个人独资企业的财产为投资人个人所有，而且投资人对企业债务承担无限责任。因此，投资人挪用企业资金属于其处分自己财产的合法行为，不构成犯罪。

[⑤] 本罪是目的犯，非法使用单位资金只能是暂时使用，而且准备用毕归还。如果行为人并不准备用毕归还，显然不是非法使用单位资金的目的，而是非法占有单位资金的目的，应构成职务侵占罪。

利润、利益的行为，如集资、经商、投资、炒股、炒楼、购买国债、存入银行获取利息或用于信贷，担保，注册公司、企业等。营利活动一般指合法的营利活动，不包括非法的营利活动。[①]但需要注意的是，营利活动是合法还是非法具有相对性，例如，挪用资金进行炒股的，对普通民众来说，属于挪用资金进行合法的营利活动。但根据《证券法》的规定，证券从业人员禁止参与股票交易。因此，如果是证券从业人员挪用资金进行炒股的，就是挪用资金进行非法的营利活动，应当视为挪用资金进行非法活动。有观点认为，挪用公款罪中"营利活动"的范围应大于挪用资金罪中"营利活动"的范围。此观点值得商榷。二罪皆为挪用型犯罪，虽然挪用公款罪还侵犯了国家工作人员职务的廉洁性，但挪用资金罪中挪用人也严重背离了投资人和股东等的信赖，也具有背信的一面。此外，《宪法》经修正后，在宣示社会主义公共财产神圣不可侵犯的同时，也规定公民合法的私有财产不受侵犯。因此，法律规范不能在对公、私财产保护方面存在明显的差异。挪用公款罪虽然有从严治吏的一面，但"从严"已经体现在量刑档次和法定刑的设置上，不能以此为由降低法网的严密程度。

2. 挪用单位物品的，能否构成本罪

本罪中的"资金"，通常认为只包括人民币、外币及股票、支票、债券、国库券等金融票证和有价证券等，并不包括物品，例如机器设备、办公设备、车辆等。但在特定情况下，挪用物品也能构成本罪。例如，根据《最高人民法院、最高人民检察院关于办理妨害预防、控制突发传染病疫情等灾害的刑事案件具体应用法律若干问题的解释》的相关规定，挪用用于预防、控制突发传染病疫情等灾害的款物归个人使用的，不仅可以构成本罪，还要依法从重处罚。[②]此外，在挪用公款案件中，挪用公

---

① 非法的营利活动就是非法活动。

② 在《最高人民法院、最高人民检察院、公安部、司法部关于依法惩治妨害新型冠状病毒感染肺炎疫情防控违法犯罪的意见》中也规定，挪用用于防控新型冠状病毒感染肺炎的款物归个人使用的，以挪用资金罪定罪处罚。

物予以变现归个人使用的，也能构成挪用公款罪。例如，王正言挪用公款案。[①] 挪用单位物品构成本罪的，在司法实务中也有相关案例。例如，张有亮挪用资金、徐州工程机械保税有限公司、张有亮虚开增值税专用发票案。[②] 因此，挪用单位物品变现或者作为交换手段支付、抵偿相关款项等的，也可以构成本罪。

3. 如何划分罪与非罪的界限

本罪是数额犯，应将本罪与违反财经纪律的行为相区分。根据《最高人民法院、最高人民检察院关于办理贪污贿赂刑事案件适用法律若干问题的解释》的相关规定，[③] 挪用单位资金归个人使用或者借贷给他人，进行营利活动或者超过 3 个月未还，数额在 10 万元以上的，应当认定为"数额较大"；数额在 400 万元以上的，应当认定为"数额巨大"。挪用单位资金归个人使用或者借贷给他人，进行非法活动，数额在 6 万元以上的，应当追究刑事责任；数额在 200 万元以上，应当认定为"数额巨大"。未达以上数额标准的应作为违反财经纪律的行为予以处理。

4. 挪用人对挪用资金的用途发生错误认识时，如何处罚

当挪用人利用职务上的便利，挪用单位资金归他人使用或者借贷给他人时，由于挪用人与使用人出现了分离，因此就可能出现挪用人对挪用资金的用途发生错误认识的情况。挪用人挪用单位资金交予使用人欲进行营利活动或非法活动，但使用人最终将资金用于其他用途的，如果挪用资金的数额达到了"营利活动型"或"非法活动型"挪用行为的入罪标准，挪用人构成挪用资金罪的未遂。挪用人挪用单位资金交予使用人欲进行营利活动，但使用人用于非法活动的，或者相反的情形，由于"营利活动型"和"非法活动"型的挪用行为，无论将挪用的资金用于营利活动还是非法活动，均构成本罪。因此，挪用人对挪用资金的具体用

---

① 上海市静安区人民法院（1999）静刑初字第 176 号。

② 江苏省徐州市泉山区人民法院（2005）泉刑初字第 101 号。

③ 《最高人民法院、最高人民检察院关于办理贪污贿赂刑事案件适用法律若干问题的解释》第 5 条、第 6 条以及第 11 条。

途是营利活动还是非法活动产生错误认识时，不影响犯罪的成立。但需要注意的是，由于"营利活动型"和"非法活动型"挪用行为的入罪数额并不一致，当出现错误认识时，如果达不到入罪数额的，不构成犯罪。例如，挪用人挪用单位资金 8 万元给使用人从事营利活动，但使用人将资金用于非法活动的，挪用人不构成"营利活动型"的挪用资金罪。挪用人挪用单位资金交予使用人欲用于除营利活动和非法活动之外的其他用途时，如果使用人最终将资金用于营利活动或非法活动的，挪用人不构成"营利活动型"和"非法活动型"的挪用资金罪，但如果数额较大，超过 3 个月未还的，构成"超期未还型"的挪用资金罪。① 如果使用人最终虽未将资金用于营利活动或非法活动，但在具体用途上与挪用人的认识不一致的，例如，挪用人挪用单位资金给使用人治病，但使用人将之用于旅游观光的。由于"超期未还型"挪用行为并不强调资金的用途，因此，挪用人对挪用资金的具体用途发生错误认识的，不影响犯罪的成立。②

5. 如何计算挪用资金的数额

挪用单位资金的，应以挪用的实际数额作为挪用资金的数额，因挪用给单位造成的利息损失、违约损失等经济损失，不能计入挪用资金的数额。③ 挪用单位资金进行营利活动或非法活动，所获取的利息、收益等违法和犯罪所得，不能计入挪用资金的数额。多次挪用单位资金，未经处理的，挪用资金数额累计计算。多次挪用单位资金，并以后次挪用的资金归还前次挪用的资金的，挪用资金数额以案发时未还的实际数额认定。④

6. 行为人多次挪用单位资金，分别涉及不同挪用类型的，如何处理

如果行为人多次挪用单位资金，用于非法活动、营利活动和个人生

---

① 《最高人民法院关于审理挪用公款案件具体应用法律若干问题的解释》第 2 条。

② 如果行为人对于挪用资金的用途具有概括故意的，不影响犯罪的成立。

③ 利息损失、违约损失等经济损失可作为量刑情节，在判处刑罚时予以酌情考虑。

④ 《最高人民法院关于审理挪用公款案件具体应用法律若干问题的解释》第 4 条。

活等的，应按挪用的三种类型，即"超期未还型""营利活动型"和"非法活动型"，分别计算数额。无论哪一种类型达到入罪标准，构成本罪，其他类型的挪用数额作为量刑情节。如果三种类型均未达到入罪标准的，应根据不同的情况进行处理：（1）如果行为人只实施了"超期未还型"和"营利活动型"，或"超期未还型"和"非法活动型"的挪用行为，而"超期未还型"已达3个月的，应将挪用资金的数额相加，如果达到"超期未还型"数额标准的，构成本罪；如果"超期未还型"未达3个月的，即使挪用资金的数额相加，已经达到"超期未还型"数额标准的，也不构成本罪。（2）如果行为人只实施了"营利活动型"和"非法活动型"的挪用行为，应将挪用资金的数额相加，如果达到"营利活动型"数额标准的，构成本罪。（3）如果行为人实施了三种类型的挪用资金行为，而"超期未还型"已达3个月的，应将挪用资金的数额相加，如果达到"超期未还型"数额标准的，构成本罪；如果"超期未还型"未达3个月的，即使挪用资金的数额相加，已经达到"超期未还型"数额标准的，也不构成本罪，但如果将"营利活动型"和"非法活动型"挪用资金数额相加，达到"营利活动型"数额标准的，构成本罪。

7. 如何处理纠纷型挪用资金案件

所谓纠纷型挪用资金案件，是指挪用人以与被害单位存在经济纠纷为由，利用职务上的便利，擅自将单位的资金予以挪用的案件。挪用人以与被害单位存在经济纠纷为由将公司资金予以挪用的，并不是《刑法》中的自救行为，也不能以成立民事法律关系中的自助行为为由正当化。所谓自救行为，是指法益受到侵害的人，在通过法律程序、依靠国家机关不可能或者明显难以恢复的情况下，依靠自己的力量救济法益的行为。[1] 由于自救行为是将法益的保护依赖于个人实力的行使，因此有违依赖《刑法》规范和国家机关予以保护的近代国家的原则。[2] 质言之，欲

---

[1] 张明楷：《刑法学（下）》（第5版），法律出版社2016年版，第236页。

[2] ［日］野村稔：《刑法总论》，全理其、何力译，法律出版社2000年版，第252页。

肯定自救作为违法性阻却事由，就必须对之要求比正当防卫更为严格的成立条件。因此，只有通过法律程序并依靠国家机关不可能或者明显难以恢复权利时，才允许进行自救。[①]但挪用人与被害单位存在的经济纠纷，不但不属于通过法律程序并依靠国家机关不可能或者明显难以恢复权利的情形，反而只能是通过法律程序并依靠国家机关来处理的民事案件。虽然《民法典》规定，合法权益受到侵害时，受害人可以采取扣留侵权人财物的合理措施。[②]如果的确情况紧迫不能及时获得国家机关保护，而且不立即采取措施将使合法权益受到难以弥补的损害，受害人在保护自己合法权益的必要范围内扣留侵权人财物，扣留后也立即请求有关国家机关处理的，应成立民事自助行为，不构成犯罪。但"扣留侵权人财物"显然不能包括将侵权人财物归自己使用或者借贷给他人的"挪用"行为。因此，挪用人以与被害单位存在经济纠纷为由将单位资金予以挪用的，应以本罪定罪处罚。[③]至于挪用人与被害单位之间存在的经济纠纷，可作为量刑情节酌情予以考虑。

8.如何对既未遂形态进行认定

本罪不能将挪用人或者他人对资金的控制与否作为判断既未遂的标准。"挪用"一词由"挪"和"用"两种行为结合而成。"挪"是指利用职务上的便利，将本单位的资金转移到本人或者他人的控制之下。"用"是指将资金用于本人或者他人的某种需要。"挪"是前提，而"用"是目的。[④]因此，本罪为复行为犯，原则上应当将使用单位资金的行为实施完毕与否，作为既未遂的标准。但本罪在犯罪构成上较为复杂，应结合以上标准，针对"超期未还型""营利活动型"和"非法活动型"挪用资金犯罪的各自特点，进行具体地判断。一方面，对于"营利活动型"和

---

① 欲成立自救，还必须存在如下条件：对法益造成了侵害、限于财产性利益、自救的意思、具有相当性。《外国刑法原理（大陆法系）》，中国人民大学出版社 2000 年版，第 138 页。

② 《民法典》第 1177 条。

③ 可以注意《刑法》第 238 条，为索取债务非法扣押、拘禁他人的，并不能阻却非法拘禁罪的成立。

④ 高铭暄、马克昌主编：《刑法学》（第 7 版），北京大学出版社 2016 年版，第 515 页。

"非法活动型"，虽然挪用人挪用资金后尚未进行营利活动或非法活动，但由于资金已脱离单位的控制，挪用行为的社会危害性处于继续之中，因此，存在成立未遂的法益侵害。另一方面，对于"超期未还型"，挪用人挪用资金后在3个月内予以归还的，其挪用行为的社会危害性未达应判处刑罚的程度，不具有成立未遂的余地。因此，"营利活动型"和"非法活动型"存在未遂的情形，而"超期未还型"不可能存在未遂。[①]

详言之，对于"超期未还型"，如果挪用资金尚未超过3个月的，不构成犯罪，也不能成立未遂；对于"非法活动型"和"营利活动型"，应以挪用资金后是否进行营利活动或非法活动作为既遂的标准。如果行为人挪用单位资金归个人使用或者借贷给他人，欲进行非法活动，或者数额较大，并欲进行营利活动，但由于行为人意志以外的原因而未得逞的，成立犯罪未遂。

9. 如何区分本罪与挪用公款罪

本罪与挪用公款罪同为挪用型犯罪，在犯罪构成的客观方面和主观方面具有相同之处，但二罪的犯罪对象不同，本罪的犯罪对象为公司、企业或者其他单位的资金，而挪用公款罪的犯罪对象为公共财产。需要注意的是，公司、企业或者其他单位的资金既可以是私人财产也可以是公共财产，例如，对于受国家机关、国有公司、企业、事业单位、人民团体委托，管理、经营国有财产的非国家工作人员，利用职务上的便利，挪用国有资金归个人使用的，以挪用资金罪定罪处罚。[②]同样地，作为挪用公款罪犯罪对象的公共财产，也存在包括私人财产的情形。例如，国有公司、企业或者其他国有单位委派到非国有公司、企业以及其他单位从事公务的人员，利用职务之便挪用本单位财物的，以挪用公款罪定罪处罚。因此，通过犯罪对象并不能有效区分本罪和挪用公款罪，二罪的

---

① 在这一意义上说，"超过3个月未还"属于客观的处罚条件。
② 参见《最高人民法院关于对受委托管理、经营国有财产人员挪用国有资金行为如何定罪问题的批复》。

根本区别在于行为人的身份。公司、企业或者其他单位中的非国家工作人员，利用职务上的便利挪用单位资金或国有资金的，构成本罪。国家工作人员，利用职务上的便利挪用公款或单位资金的，构成挪用公款罪。例如，根据《最高人民法院研究室关于挪用退休职工社会养老金行为如何适用法律问题的复函》，对于挪用退休职工养老保险金的行为，构成犯罪时，应当按照行为人身份的不同，分别以挪用资金罪或者挪用公款罪追究刑事责任。

10. 如何区分本罪与职务侵占罪

本罪与职务侵占罪都是公司、企业或者其他单位中的人员，利用职务上的便利侵犯本单位财产的行为。虽然二罪在犯罪对象上存在差异，[①] 但仅仅根据犯罪对象并不能有效区分二罪。由于本罪侵犯的客体是单位财产权中的占有权、使用权和收益权，不包括处分权，而职务侵占罪侵犯的客体是单位财产所有权的整体。因此，在犯罪的主观方面，本罪不存在非法占有的目的，而是非法使用单位资金并准备用毕归还的目的，行为人只是将本单位资金暂时挪归自己使用。而职务侵占罪主观方面只能基于非法占有的目的，即行为人欲彻底改变本单位财物的性质，实现永久性非法占有的目的。对于挪用本单位资金数额较大不退还的，认定构成本罪还是职务侵占罪，应重点分析判断行为人不退还的原因。如果行为人因客观原因在一审宣判前不能退还的，例如，因天灾人祸或因从事非法活动被没收，而无力退还的，应构成本罪。如果行为人有能力退还而拒不退还或者携款潜逃的，应以职务侵占罪论处。

11. 如何认定挪用人与使用人形成的共同犯罪关系

参照《最高人民法院关于审理挪用公款案件具体应用法律若干问题的解释》的相关规定，使用人与挪用人共谋，指使或者参与策划取得挪

---

① 本罪的犯罪对象是资金，而职务侵占罪的犯罪对象除资金之外，还包括其他具有经济价值的有形和无形的财物。高铭暄、马克昌主编：《刑法学》（第 7 版），北京大学出版社 2016 年版，第515 页。

用款的，成立共同犯罪。但该规定并非法律拟制，而是注意规定。因此，应根据《刑法》的规定并结合相关刑法理论来准确认定挪用人与使用人之间形成的共同犯罪关系。如果挪用人与使用人通过意思联络形成了共同故意，而且使用人还实施了教唆、帮助等行为的，挪用人与使用人成立共同犯罪。如果挪用人与使用人之间没有共同故意，挪用人挪用单位资金给使用人使用的，因为使用人并不知情，二人不能成立共同犯罪。如果使用人事后知道该资金系挪用而仍然予以使用的，需要针对挪用的类型来判断使用人是否与挪用人成立共同犯罪。对于"超期未还型"的挪用犯罪，如果已超过3个月未还的，由于挪用人挪用资金的行为已经构成犯罪，使用人属于"事后共犯"，不能再与挪用人成立共同犯罪；如果尚未超过3个月的，由于此时挪用人尚不构成犯罪，使用人与挪用人可以成立承继的共同犯罪。对于"营利活动型"和"非法活动型"的挪用犯罪，如果使用人在进行营利活动或非法活动之前获悉挪用人挪用单位资金给其使用的，与挪用人成立承继的共同犯罪；如果使用人在进行营利活动或非法活动之后，才获悉挪用人挪用单位资金给其使用的，由于挪用人挪用资金的行为已经构成犯罪，使用人不能再与挪用人成立共同犯罪。

12. 在共同犯罪中，挪用人与使用人对挪用资金的用途认识不一致时，如何处理

如果挪用人与使用人已经形成挪用单位资金的共同故意，但在具体的用途上认识不一致时，需要根据各自的具体认识并结合案件的客观情况予以处理。如果挪用人认为使用人将挪用的单位资金用于营利活动或非法活动之外的其他用途，但使用人将资金用于营利活动或非法活动的，挪用人成立"超期未还型"的挪用资金罪，使用人成立"营利活动型"或"非法活动型"的挪用资金罪；如果"超期未还型"未达入罪标准，挪用人不构成犯罪，使用人成立挪用资金罪的间接正犯。[①] 如果挪用人认

---

① 这种情形中，如果事后挪用人认识到使用人使用资金的真实用途时，其负有立即归还挪用资金的义务，行为人如果违反义务表示默许或者不积极归还的，构成不作为的挪用资金罪。

为使用人将挪用的资金用于营利活动或非法活动，但使用人未将资金用于营利活动或非法活动的，挪用人成立"营利活动型"或"非法活动型"的挪用资金罪，由于使用人并未将资金用于营利活动或非法活动，犯罪形态应为未遂，使用人则成立"超期未还型"的挪用资金罪；如果"超期未还型"未达入罪标准，而使用人对挪用人欲将资金用于营利活动或非法活动有所认识时，应与挪用人成立挪用资金罪未遂的共同犯罪。例如，使用人事前表示将挪用的资金用于非法活动谋取利益，结果挪用人挪用资金后，使用人改变想法将资金使用在其他用途上，尽管未达"超期未还型"的入罪标准，但行为人在资金的最初用途上与挪用人有共同故意，应构成挪用资金罪未遂的共同犯罪。[①]

13. 公司、企业或其他单位中非国家工作人员与其他人员共同挪用本单位资金的，如何处理

通常认为，无身份者与有身份者共同实施有身份者才能构成之罪的，可以构成共同犯罪。例如，行为人与国家工作人员勾结，利用国家工作人员的职务便利，共同侵吞、窃取、骗取或者以其他手段非法占有公共财物的，以贪污罪共犯论处。因此，公司、企业或其他单位中非国家工作人员与本单位其他人员，或非本单位人员，共谋利用非国家工作人员职务上的便利挪用单位资金的，成立挪用资金罪的共同犯罪。如果国有公司、企业或者其他国有单位委派到非国有公司、企业以及其他单位从事公务的人员，与该非国有公司、企业以及其他单位的非国家工作人员，共同挪用单位资金的，或者国有资本控股、参股的股份有限公司中受国家机关、国有公司、企业、事业单位委派从事公务的人员，与该公司中非国家工作人员，共同挪用单位资金的。由于不同身份的行为人将构成不同的犯罪，因此，应以利用职务便利者的身份来确定具体的罪名。例如，如果利用了委派从事公务人员职务上便利的，构成挪用公款罪。反

---

① 在这种情形中，如果认定行为人无罪将有违罪责刑相适应的刑法基本原则。例如，挪用人与使用人、某甲共谋挪用单位资金从事非法活动，某甲负责提供帮助。

之，如果利用了非国家工作人员职务上便利的，构成挪用资金罪。如果各行为人均利用了职务上便利的，应按照主犯的犯罪性质定罪。如果各行为人在共同犯罪中作用、地位相当，难以区分主从犯的，由于各行为人均利用了职务上的便利，既构成挪用公款罪也构成挪用资金罪，鉴于两罪为想象竞合关系，应择一重罪论处，构成挪用公款罪。需要注意的是，尽管非国家工作人员构成挪用公款罪的共同犯罪，但不宜因罪名被确定为挪用公款罪，就将非国家工作人员认定为从犯，因为非国家工作人员也利用了其职务上的便利，应根据其在共同犯罪中的地位、作用来确定主从犯，以避免罪责刑的不相适应。

14. 挪用人在提起公诉前将挪用的资金退还的，如何处罚

《刑法修正案（十一）》对本罪进行了修改，在增设"数额特别巨大"的量刑档次之外，不仅将"数额较大不退还"从法定刑升格条件中删除，同时还明确规定了退赔退赃情节具有减轻或免除处罚的量刑功能，即挪用人在提起公诉前将挪用的资金退还的，可以从轻或者减轻处罚。其中，犯罪较轻的，可以减轻或者免除处罚。

五十三、敲诈勒索罪

第二百七十四条　敲诈勒索公私财物，数额较大或者多次敲诈勒索的，处三年以下有期徒刑、拘役或者管制，并处或者单处罚金；数额巨大或者有其他严重情节的，处三年以上十年以下有期徒刑，并处罚金；数额特别巨大或者有其他特别严重情节的，处十年以上有期徒刑，并处罚金。

（一）概述

1. 概念和构成要件

敲诈勒索罪，是指以非法占有为目的，对被害人采用威胁或者要挟的方法，强行索取数额较大的公私财物或者多次敲诈勒索的行为。

本罪 1979 年《刑法》第 154 条作了规定。1997 年《刑法》对原条文作了修改，增加了"数额较大"这一犯罪构成要件。2011 年 5 月 1 日实施的《刑法修正案（八）》对敲诈勒索罪作了如下三个方面的修改：一是调整了敲诈勒索罪的入罪门槛，将"多次敲诈勒索的"行为规定为犯罪，增加和完善了敲诈勒索罪的构成标准；二是提高了敲诈勒索罪的法定刑，增加了"数额特别巨大或者有其他特别严重情节的"法定刑幅度；三是增设了罚金刑，根据敲诈勒索罪的不同情节，并处或者单处罚金。

敲诈勒索罪的构成要件和主要特征是：

（1）本罪客体是公私财产的所有权，有时也同时侵犯被害人的人身权利或者其他权益。但这种对人身权利的侵犯是使用威胁、要挟手段的结果。侵犯的对象可以是各种具有经济价值的财物或者是能给行为人带来一定利益的物品，包括动产、不动产，有形财产和无形财产，或者是将能给行为人带来一定利益，或者是可以兑现的各种票证、单据，如提单、债券等。既包括被害人合法所有或持有的财物，也包括其非法占有的财物。

（2）客观方面的一个表现是行为人对被害人采用威胁或者要挟的方法，迫使其当场或者限期交付较大数额的公私财物的行为。从威胁或者要挟的方式上看，是多种多样的：有口头的、书面的；有明示的，也有暗示的；有的直接当面向当事人提出，也有的通过第三人转达等。从内容上看，有对被害人及其亲属以杀、伤相威胁的；有以揭发、张扬被害人的违法行为、隐私进行要挟的；有以毁坏被害人及其亲属的财物相威胁的；还有以凭借、利用某种权势损害被害人切身利益进行要挟的；等等。损害的对象，既可以是被害人本人，也可以是被害人的近亲属，或者是其他与被害人有某种利害关系的人。从时间上看，既可以侵害当场实施相威胁或要挟，也可以侵害将来实施相威胁或者要挟。从取得他人财物的时间上看，既可以是迫使被害人当场交出，也可以是限期交出。从取得他人财物的方式上看，既可以是行为人本人取得，也可以由行为人指定的第三人取得；既可以是要求被害人将行为人尚未控制的财物交付行为人或其指定的第三人控制或者持有，也可以是要求被害人将行为人已经控制的财物予以放弃。总之，行为人是通过威胁或者要挟对被害人实行精神强制，使其产生恐惧、害怕心理，不得已交付较大数额的公私财物。

本罪客观方面的另一表现是多次实施敲诈勒索行为，通常是指虽然每次敲诈勒索的财物未达数额较大的标准，但在特定的时间内敲诈勒索三次以上的行为。

（3）犯罪主体为一般主体，即年满16周岁并具有刑事责任能力的人，都可以成为本罪的主体。

（4）主观方面由直接故意构成，并且具有非法占有公私财物的目的。如果行为人主观上不存在非法占有他人财物的目的，则不构成本罪。

2.法定刑

依照《刑法》第274条的规定，敲诈勒索公私财物，数额较大或者多次敲诈勒索的，处三年以下有期徒刑、拘役或者管制，并处或者单处罚金；数额巨大或者有其他严重情节的，处三年以上十年以下有期徒刑，并处罚金；数额特别巨大或者有其他特别严重情节的，处十年以上有期徒刑，并处罚金。

根据《最高人民法院、最高人民检察院关于办理敲诈勒索刑事案件适用法律若干问题的解释》（以下简称《办理敲诈勒索刑事案件解释》）第1条规定，敲诈勒索公私财物价值2000元至5000元以上、3万元至10万元以上、30万元至50万元以上的，应当分别认定为刑法第274条规定的"数额较大""数额巨大""数额特别巨大"。各省、自治区、直辖市高级人民法院、人民检察院可以根据本地区经济发展状况和社会治安状况，在前款规定的数额幅度内，共同研究确定本地区执行的具体数额标准，报最高人民法院、最高人民检察院批准。根据《办理敲诈勒索刑事案件解释》第2条规定，敲诈勒索公私财物，具有下列情形之一的，"数额较大"的标准可以按照本解释第1条规定标准的50%确定：（1）曾因敲诈勒索受过刑事处罚的；（2）一年内曾因敲诈勒索受过行政处罚的；（3）对未成年人、残疾人、老年人或者丧失劳动能力人敲诈勒索的；（4）以将要实施放火、爆炸等危害公共安全犯罪或者故意杀人、绑架等严重侵犯公民人身权利犯罪相威胁敲诈勒索的；（5）以黑恶势力名义敲诈勒索的；（6）利用或者冒充国家机关工作人员、军人、新闻工作者等特殊身份敲诈勒索的；（7）造成其他严重后果的。

根据《办理敲诈勒索刑事案件解释》第4条规定，敲诈勒索公私财物，具有本解释第2条第3项至第7项规定的情形之一，数额达到本解释第一条规定的"数额巨大""数额特别巨大"80%的，可以分别认定为《刑法》第274条规定的"其他严重情节""其他特别严重情节"。

根据《办理敲诈勒索刑事案件解释》第8条规定："对犯敲诈勒索罪的被告人，应当在二千元以上、敲诈勒索数额的二倍以下判处罚金；被告人没有获得财物的，应当在二千元以上十万元以下判处罚金。"

（二）疑难问题精析

1. 财产性利益能否成为本罪对象

《刑法》规定敲诈勒索罪的对象是公私财物，但在司法实践中，行为人除了敲诈勒索金钱和实物外，还使用威胁、要挟方法，强迫他人为自己或者第三人提供房屋装修或者无偿劳务，如开荒、种地、修建房屋等，或者强迫他人让自己或者第三人无偿使用某项财产，或者强迫他人将某项工程或者经营活动无偿或低价转让给自己或者第三人等。上述情况下，行为人敲诈勒索的实际上属于财产性利益。财产性利益是否属于《刑法》中的"财物"，理论上还存在争议，但司法实践中实际上采取了肯定的做法。《最高人民法院、最高人民检察院关于办理商业贿赂刑事案件适用法律若干问题的意见》规定，商业贿赂中的财物，既包括金钱和实物，也包括可以用金钱计算数额的财产性利益，如提供房屋装修、含有金额的会员卡、代币卡（券）、旅游费用等。具体数额以实际支付的资费为准。虽然是针对商业贿赂的规定，但其精神适用于《刑法》中的财物。由此可见，财产性利益能够成为敲诈勒索罪的对象。当然，在具体认定中，并非所有敲诈勒索非财产性利益的行为都按本罪论处，构成其他犯罪的，应当以其他犯罪处理。如根据《刑法修正案（八）》的规定，对于强迫他人为自己或者第三人提供无偿劳务，如开荒、种地、修建房屋等，或者强迫他人将某项工程或者经营活动无偿或低价转让给自己或者第三人等，构成犯罪的，应当以强迫劳动罪、强迫交易罪论处。

2. 如何认定多次敲诈勒索

《刑法修正案（八）》将"多次敲诈勒索的"规定为犯罪，体现了对敲诈勒索罪依法从严惩处的立法精神。但何为"多次"，如何具体计量敲诈勒索的次数，《刑法修正案（八）》并未作出明确规定。对此，《办理敲诈勒索刑事案件解释》第3条明确规定："二年内敲诈勒索三次以上的，应当认定为刑法第二百七十四条规定的'多次敲诈勒索'。"在理解和适用时，应当注意把握以下几个方面：

（1）多次敲诈勒索应当是指敲诈勒索三次以上。《刑法》中虽然多次出现"多次"这一用语，但对其所指的数量并未予以界定。理解《刑法》中"多次"的数量，应当结合"多次"在定罪量刑中的地位予以确定。《刑法》中的"多次"，通常在以下两种情形下使用：一是作为犯罪成立的条件，即"多次"作为构成要件而使用。在作为犯罪构成要件的"多次"中，既有作为基本罪构成要件的"多次"，也有作为重罪构成要件的"多次"。前者除本罪外，还包括构成盗窃罪的"多次"盗窃、构成聚众淫乱罪的"多次"参加；后者适用的情形较多，是法定刑升格的条件，也即重罪构成要件，如"多次"抢劫、"多次"聚众斗殴、"多次"组织他人偷越国（边）境、"多次"实施运送他人偷越国（边）境、"多次"盗掘古文化遗址、古墓葬、"多次"强迫他人卖淫等即为适例。二是表明行为数量的"多次"，与量刑相关，行为未经处理的，其数额或数量累计计算，如"多次"走私、"多次"逃税、"多次"走私、贩卖、运输、制造毒品、"多次"贪污等。作为构成要件的"多次"，司法实践中通常将其掌握在"三次"以上（含本数）。如 1992 年《最高人民法院、最高人民检察院关于执行〈全国人民代表大会常务委员会关于严禁卖淫嫖娼的决定〉的若干问题的解答》（已失效）第 9 条中规定："《决定》和本解答中的'多人'、'多次'的'多'，是指'三'以上的数（含本数）。"[①]其后的刑事规范性文件沿袭了这一认定。如 1998 年《最高人民法院关于审理盗窃案件具体应用法律若干问题的解释》（已失效）第 4 条规定，对于一年内入户盗窃或者在公共场所扒窃三次以上的，应当认定为"多次盗窃"，以盗窃罪定罪处罚。[②]《最高人民法院关于审理抢劫、抢夺刑事案件适用法律若干问题的意见》规定"多次抢劫"是指抢劫三次以上。而表

---

① 该《解答》虽已失效，但反映了司法实践中对这一问题的认识和认识的连续性。

② 《刑法修正案（八）》对盗窃罪作了修改，将"多次盗窃"与"入户盗窃、携带凶器盗窃、扒窃"并列，作为盗窃罪的构成条件，因而，《刑法修正案（八）》实施后，关于"多次盗窃"的解释将面临修改，但其确立的"多次"的数量标准符合司法实践的一贯做法。

明行为数量的"多次"，仅仅是意味着行为的数量大，多"一"次也可认定为多次，如"两次"走私，"两次"逃税，"两次"走私、贩卖、运输、制造毒品，"两次"贪污，应当认定为"多次"走私，"多次"逃税，"多次"走私、贩卖、运输、制造毒品，"多次"贪污，未经处理的，其数额或数量累计计算。可见，作为构成要件的"多次"与表明行为数量的"多次"的数量标准并不完全相同。因此，作为敲诈勒索罪的构成要件，"多次敲诈勒索"中的"多次"，应当认定为三次以上。

（2）多次敲诈勒索应当是指二年内敲诈勒索三次以上。《刑法修正案（八）》对"多次敲诈勒索"没有规定时间限制，但在具体认定时显然不是无期限的，而是应当有所限制，问题在于究竟确定多长的时间限制比较适当。从有关司法规范性文件的规定看，对"多次"的时间限制，既有确定为"一年内"的，[①]也有确定为"二年内"的。[②]我们认为，从依法严惩敲诈勒索和保持行政执法与刑事司法衔接的角度出发，将多次敲诈勒索限定在"二年内"是适当的。主要理由是：《行政处罚法》规定行政违法行为超过两年的，除法律另有规定外，不再给予行政处罚。因此，在认定多次敲诈勒索行为时应当考虑行政立法的这一规定，同时，将多次敲诈勒索限定为二年内而不是一年内也有利于体现严惩敲诈勒索的立法精神。

（3）多次敲诈勒索中的每一次敲诈勒索行为不要求独立构成敲诈勒索罪。在《刑法修正案（八）》实施前，构成敲诈勒索罪必须达到"数额较大"标准。《刑法修正案（八）》实施后，"敲诈勒索公私财物数额较大"与"多次敲诈勒索"并列同为敲诈勒索罪的构成要件。从处罚根据看，二者各有侧重，前者侧重敲诈勒索行为的客观危害即敲诈勒索"数

---

① 《最高人民法院关于审理盗窃案件具体应用法律若干问题的解释》(已失效) 第4条规定："对于一年内入户盗窃或者在公共场所扒窃三次以上的，应当认定为'多次盗窃'，以盗窃罪定罪处罚。"

② 《最高人民法院、最高人民检察院、公安部关于办理侵犯知识产权刑事案件适用法律若干问题的意见》中规定："二年内多次实施侵犯知识产权违法行为，未经行政处理，累计数额构成犯罪的，应当依法定罪处罚。实施侵犯知识产权犯罪行为的追诉期限，适用刑法的有关规定，不受前述二年的限制。"

额较大"的公私财物；后者则侧重敲诈勒索行为人的主观恶性或曰人身危险性，即使行为人敲诈勒索的财物未达"数额较大"也应追究刑事责任。从体系解释的要求看，二者作为敲诈勒索罪的认定标准应当相互补充，避免雷同或交叉，"多次敲诈勒索"的数额原则上不能超过"数额较大"的范围，否则，适用敲诈勒索罪基本犯的法定刑显然罪刑不相适应。由于现实生活的复杂多样，行为人多次敲诈勒索的，其中一次或者几次均有可能符合敲诈勒索"数额较大"的标准。不论行为人的每一次敲诈勒索行为是否符合"数额较大"的标准，只要行为人多次实施敲诈勒索行为的，即可认定构成敲诈勒索罪。从司法实践看，《最高人民法院、最高人民检察院、公安部、司法部关于办理实施"软暴力"的刑事案件若干问题的意见》第 8 条明确规定，《办理敲诈勒索刑事案件解释》第 3 条中"二年内敲诈勒索三次以上"，包括已受行政处罚的行为。从而进一步明确了多次敲诈勒索中的每一次敲诈勒索行为不要求独立构成敲诈勒索罪。应当注意的是，行为人多次实施敲诈勒索行为，其多次敲诈勒索的数额累计达到"数额巨大""数额特别巨大"标准的，应当在数额对应的法定刑幅度内从重处罚，"多次"已由敲诈勒索罪基本犯的构成要件转化为量刑情节。

（4）连续实施敲诈勒索行为并非都属于多次敲诈勒索。司法实践中，行为人在特定时间、特定地点针对不特定多人或者特定个人连续实施敲诈勒索行为的能否认定为多次敲诈勒索？认识上存在较大分歧。我们认为，在行为人连续实施敲诈勒索行为的情况下，判断是否多次敲诈勒索，应结合行为人敲诈勒索的犯罪故意、犯罪行为是否相对独立、行为发生的时间间隔等因素综合判断。每次的敲诈勒索行为都应当是基于相对独立的犯罪故意而独立实施，不能单纯以自然敲诈勒索行为的单复或者敲诈勒索对象的多寡作为认定敲诈勒索行为次数的标准。只有出于数个独立的敲诈勒索故意、在明显间隔的时段里反复实施的，才能认定为多次敲诈勒索。否则，行为人基于一个明确或者概括的犯罪故意连续敲诈勒索多人或者同一人的，应作为敲诈勒索重复侵害行为予以评价，认定为一次敲诈勒索。

（5）已受行政处罚的敲诈勒索行为不能计入敲诈勒索次数。在多次敲诈勒索的认定中，能否将受过公安机关行政处罚的敲诈勒索行为计入敲诈勒索次数，认识上不无分歧。我们认为，《刑法修正案（八）》将"多次敲诈勒索的"行为规定为犯罪，确立了"多次"在敲诈勒索罪成立中的构成要件地位，意味着构成犯罪的每一次敲诈勒索行为都应当具有相对独立性和应受行政处罚性（如果每次敲诈勒索数额较大，则无须适用"多次敲诈勒索"的入罪标准）。行政处罚与刑罚处罚属于不同的责任类型，已经受过行政处罚的行为或者事实如果要纳入刑事追究的范围，必须得有法律的明确规定。如《刑法修正案（八）》增加规定的"一年内曾因走私被给予二次行政处罚后又走私的"构成走私罪，又如1997年《刑法》规定但被《刑法修正案（七）》废止的"因偷税被税务机关给予二次行政处罚又偷税"构成偷税罪等。如果缺乏《刑法》的明确规定，在解释上将已受行政处罚的敲诈勒索行为纳入多次的认定中，实际上是将本质上属于行政违法行为且已受行政法评价的行为予以刑法评价，有失法的公正性。此外，尽管在多次敲诈勒索行为中不要求每一次的敲诈勒索行为的数额，但在具体处理时仍然有一个数额累计的问题，如果将已受行政处罚的行为的数额累计计算，则明显背离刑事立法和司法精神。如对多次实施违法犯罪行为需要累计计算数额或数量的，《刑法》均明确规定须"未经处理"方可累计，对构成"多次盗窃"的数额累计，司法解释规定亦须"未经处理"方可累计。因此，基于法的公正性和刑事立法司法精神，已受行政处罚的敲诈勒索行为不能计入敲诈勒索次数。

（6）敲诈勒索的既遂和未遂行为应当计入敲诈勒索次数。在多次敲诈勒索的认定中，将敲诈勒索既遂计入敲诈勒索次数并无争议，但能否将敲诈勒索预备、未遂、中止等未完成形态的行为计入敲诈勒索次数，认识上不尽一致。我们认为，"多次敲诈勒索"入罪的重点主要是针对每次敲诈勒索数额不大，但行为人具有较大人身危险性，多次实施敲诈勒索的行为，因此，计入敲诈勒索次数的行为，应当是那些能够体现和揭示行为人人身危险性的行为。数额不大的敲诈勒索预备行为通常没有刑事处罚的必要，敲诈勒索中止行为没有造成损害的，依法应当免除处罚，更无必要将其计入敲诈勒索次数。敲诈勒索未遂足以反映行为人的人身危险性，且司法实践中抓获的敲诈勒索不少属于未遂形态，因此，将敲诈勒索的既遂和未遂行为计入敲诈勒索次数符合《刑法》修改的意旨，有利于宽严相济刑事政策的贯彻落实。

3. 如何把握敲诈勒索罪与非罪的界限

区分敲诈勒索罪与非罪的界限，应当注意区分以下几个问题：

（1）本罪与敲诈勒索一般违法行为的界限。敲诈勒索罪与《治安管理处罚法》规定的敲诈勒索行为在本质上有一定的联系，其区别关键在于社会危害性的大小。如果行为人的敲诈勒索行为属于情节显著轻微危害不大的，就不属于犯罪行为，依照《治安管理处罚法》给予行政处罚。判断行为人的行为是否属于情节显著轻微危害不大，主要应综合考虑敲诈勒索行为的对象、危害结果、勒索数额、恐吓内容的现实可能性等因素。如果敲诈勒索行为并未造成损害结果，且勒索数额不是很大，恐吓人的现实危险性也很小，一般宜按敲诈勒索违法行为处理；如果勒索数额很大，且恐吓内容的现实危险性较大，不论其是否实际索得财物，均应以犯罪论处。根据《办理敲诈勒索刑事案件解释》第5条规定，敲诈勒索数额较大，行为人认罪、悔罪，退赃、退赔，并具有下列情形之一的，可以认定为犯罪情节轻微，不起诉或者免予刑事处罚，由有关部门依法予以行政处罚：①具有法定从宽处罚情节的；②没有参与分赃或者获赃较少且不是主犯的；③被害人谅解的；④其他情节轻微、危害不大的。根据《办理敲诈勒索刑事案件解释》第6条规定："敲诈勒索近亲属的财物，获得谅解的，一般不认为是犯罪；认定为犯罪的，应当酌情从宽处理。被害人对敲诈勒索的发生存在过错的，根据被害人过错程度和案件其他情况，可以对行为人酌情从宽处理；情节显著轻微危害不大的，不认为是犯罪。"

应当注意的是，《刑法修正案（八）》将"多次敲诈勒索的"行为规定为犯罪，对于二年内敲诈勒索不满三次且累计数额未达到数额较大标准的，应按一般违法行为处理。

（2）本罪与一般恐吓行为的界限。实践中，行为人不以非法占有公私财物为目的，而是出于其他目的对被害人进行威胁或者要挟的，被害人出于摆脱困难的愿望主动给行为人财物即所谓破财免灾的，不论行为人是否收受财物，均不能以本罪论处。如行为人与某人恋爱关系破裂，经多次请求恢复恋爱关系不成，遂恼羞成怒，多次公开扬言若某人敢找他人就要杀掉某人出气。某人因此害怕请行为人放过自己并赔偿行为人损失费10万元，行为人见对方如此就收下钱款不再纠缠对方。尽管行为人收取了他人财物，但因其主观上并无非法占有他人财物的目的，客观上又无勒索财物的行为，因此，不能认定为本罪。

（3）本罪与权利行使行为的界限：

第一，在索债纠纷中，行为人因对方欠债不还而使用威胁、要挟方式逼迫对方尽快履行还债义务，尽管行为人的行为给对方当事人心理上造成了不应有的压力，应予以制止，但由于行为人主观上仅是想尽快追回债务，不论该债务是合法债务还是高利贷、赌债等不受法律保护的债务，也不论该债务及债务数额是客观存在还是仅仅为行为人的错误认识，由于行为人不存在勒索他人财物的目的，与主观上非法占有他人财物的目的不同。在"索取债务"的主观目的支配下实施威胁、要挟，只要在客观上未造成实际的危害后果，按照主客观相一致的原则，不宜以本罪论处。但是，如果行为人对债务人实施威胁、要挟后又将威胁、要挟的内容付诸实施，则其行为性质发生变化，如果构成其他犯罪的，应依法追究刑事责任。另外，行为人与被害人之间确实存在债权债务关系，但在实施威胁、要挟索要债务过程中，行为人要求债务人支付超过债务数额的钱财。对超出债务数额部分能否以本罪论处，实践中应当把握以下原则：行为人索要数额大大超过原债务数额，但在获取与原债务数额相近的财物后，主动停止索要其他财物的，可以认定其主观上并不具备非法占有他人财物的目的，不宜认定为犯罪。索要数额超过原债务数额不大，或者虽然索要的数额超过原债务数额较大，但超出的部分是用于弥补讨债费用或由此带来的其他损失，行为人主观上认为这些费用和损失应由他人承担，主要目的仍是索取债务而非勒索财物，按照主客观相一致原则，也不宜认定为犯罪。索要数额大大超过原债务数额，且与其他情节相结合，足以证明行为人的主观目的已经由索取债务转化为勒索财物，对超过部分可以本罪论处。在"套路贷"犯罪活动中，这种情形的敲诈勒索较为常见。如果双方之间不存在债权债务关系，假借借贷名义非法占有公私财物的，则是有可能构成敲诈勒索罪。《最高人民检察院关于强迫借贷行为适用法律问题的批复》中规定："以非法占有为目的，以借贷为名采用暴力、胁迫手段获取他人财物，符合刑法第二百六十三条或者第二百七十四条规定的，以抢劫罪或者敲诈勒索罪追究刑事责任。"

第二，在侵权纠纷中，行为人为了获得赔偿或者得到尽可能多的赔偿，采用威胁、要挟方式逼迫对方予以赔偿的，因属于民事纠纷引发，原则上不以犯罪论处。如行为人因产品质量问题要求对方赔偿，对方不予赔偿或者给予的赔偿行为人不满意，行为人威胁在网上或其他媒体上曝光此事，虽然客观上会影响对方声誉，但曝光纠纷并非法律禁止的行为，因而不能以犯罪论处。如果行为人利用该纠纷，提出超越法律范围的无理要求，进而以不满足该无理要求就要采取法律禁止的行为时，行为人主观上不再是解决民事纠纷，而是具有了非法占有他人财物的目的，可以本罪论处。

第三，为个人利益而采用合法手段威胁、要挟他人予以满足的，如在拆迁中以举报开发商违法行为为手段索取巨额补偿款，或者以向法院起诉为手段要求对方给予自己巨额赔偿等，因客观上存在要求赔偿的合法事由，原则上不以本罪论处，如果行为人要求的赔偿大大超出法律允许的范围，则可以本罪论处。特别需要注意的是，如果客观上缺乏要求赔偿或获取一定财物的合法事由，以举报犯罪等方式威胁索取他人较大数额财物的，应当以本罪论处。如行为人发现某人实施走私犯罪，以举报相威胁要求对方给予较大数额财物以作"掩口费"，即可构成本罪。

第四，因拾得遗失物或在无因管理中要求受益人给予一定报酬，否则不予归还的，一般不宜以犯罪处理。《民法典》第314条规定："拾得遗失物，应当返还权利人……"《民法典》第121条规定："没有法定的或者约定的义务，为避免他人利益受损失而进行管理的人，有权请求受益人偿还由此支出的必要费用。"《民法典》第317条规定："权利人领取遗失物时，应当向拾得人或者有关部门支付保管遗失物等支出的必要费用。权利人悬赏寻找遗失物的，领取遗失物时应当按照承诺履行义务。拾得人侵占遗失物的，无权请求保管遗失物等支出的费用，也无权请求权利人按照承诺履行义务。"如果索要报酬超出合理范围，拒不归还的财物数额较大构成犯罪的，可以侵占罪论处。

4. 如何把握敲诈勒索罪与绑架罪中绑架勒索行为的界限

敲诈勒索罪与绑架罪中的绑架勒索行为均以非法占有为目的，均有勒索财物的行为，均侵犯了公私财产所有权和公民人身权利，有着较多相似之处。但二者毕竟是不同的犯罪，有着本质区别：一是侵犯的主要客体不同。前者侵犯的主要客体是公私财产所有权，因而归属于侵犯财产罪；后者侵犯的主要客体则是公民人身权利，因而归属于侵犯公民人身权利罪。二是客观特征不同。前者是以暴力加害被害人及其亲属或者以揭发被害人的隐私、毁坏其财产等相威胁、要挟，逼迫被害人当场交出财物，或者限期送交财物，一般直接从被害人手中取得财物；而后者则是通过绑架人质，以交换人质为条件勒索财物，其取得财物是从被绑架人的亲友或有关组织处取得，而不是从被害人处取得。如果绑架过程中又当场劫取被害人随身携带的财物的，同时触犯绑架罪和抢劫罪两罪名，应择一重罪定罪处罚。

5. 如何把握敲诈勒索罪与抢劫罪的界限

敲诈勒索罪与抢劫罪均属侵犯财产罪，在犯罪客体、犯罪目的和客观方面存在相同或相似之处，因而其区分一直是理论界和实务界的重要问题。从客观方面看，两罪可能都使用当场威胁的方式，恐吓被害人，迫使其立即交出财物，如何区分，主要应当把握以下几点：一是从实施威胁的方式看，敲诈勒索罪的威胁可以面对被害人公开实行，也可以利用书信、通讯设备或者通过第三人的转告间接实施；而抢劫罪的威胁，只能当场直接向被害人公开实行。二是从威胁的内容看，敲诈勒索罪威胁的内容较广泛，既可以是针对人身实施暴力、伤害相威胁，也可以是以揭发隐私、毁人名誉和前程、设置困境、毁坏财产等相威胁；而抢劫罪的威胁都是直接侵害被害人的生命、健康的暴力威胁。三是从威胁内容可能实现的时间看，敲诈勒索罪的威胁是在将来某个时间将所威胁的具体内容付诸实施；而抢劫罪则是在威胁的当场予以实施。四是从威胁的程度看，敲诈勒索罪中的威胁是为了使被害人产生恐惧感和压迫感，但是并没有达到使被害人不能反抗的地步，被害人在决定是否交出财物上尚有考虑和选择的余地；而抢劫罪的威胁则是为了使被害人当场受到精神强制，使其完全丧失反抗的意志，除财物当场交出外，没有考虑和选择的余地。这也是抢劫罪法定刑高于敲诈勒索罪的重要根据之一。五是从威胁索取的财物看，敲诈勒索罪索取的财物可以是动产，也可以是不动产，还可以是财产性利益；而抢劫罪劫取的财物，只能是动产。六是从非法占有财物的时间看，敲诈勒索罪既可以当场取得，也可以在犯罪后罪犯指定或者同意的时间内取得；而抢劫罪只能在当场取得财物。

司法实践中关于敲诈勒索罪与抢劫罪界限争议较大的问题主要有两个：一是暴力能否成为敲诈勒索的手段；二是在当场使用暴力和其他威胁并当场非法占有财物的情况下，如何定罪？或者说，暴力程度上的差别是否为敲诈勒索罪与抢劫罪的本质界限？

关于第一个问题，从前述分析中不难看出，暴力能够成为敲诈勒索的手段，是暴力威胁的内容之一，当然这种情形只限于非当场取得财物的场合。如果是当场使用暴力并当场取得财物，应当以抢劫罪论处。如某甲发现某乙与其妻通奸。一日甲找到乙，要求乙在一周内向其支付5万元"爱情损失费"，乙拒绝，于是甲对乙进行拳打脚踢，直到乙被迫答应其要求才停止。事后，乙向公安机关报案。甲虽然使用了暴力，但并非当场占有财物，因此，甲不构成抢劫罪，而是构成敲诈勒索罪。认定的关键在于暴力所起的作用。如果使用暴力是为了排除被害人反抗，当场占有其财物，则应当定抢劫罪。但是，如果使用暴力的目的是迫使被害人答应在日后某个时间、地点交付财物，其暴力实际起的是与以实施暴力相威胁一样的威胁作用，只是因为其不是作为当场占有他人财物的手段，所以，不能定抢劫罪。但是，如果其暴力造成严重伤残或者死亡，则应根据案件的具体情况定故意伤害罪或者故意杀人罪。[1]如果甲要求乙当场给其5万元，并殴打乙，乙被迫同意，但因无钱或钱不够给甲写下欠条，事后甲向乙索此欠条债务，且威胁如不给还要殴打乙，属于抢劫行为的延续，应当认定为抢劫罪。

关于第二个问题，在当场使用暴力和其他威胁并当场非法占有财物的情况下，如何定罪，实际上涉及敲诈勒索罪与抢劫罪的界限问题。有学者认为，在敲诈勒索罪的手段包含暴力的前提下，是否当场使用暴力并非敲诈勒索罪与抢劫罪的根本区分，其区别在于暴力的程度是否达到足以使被害人不能反抗或者不敢反抗。而且，当场取得财物也不是敲诈勒索罪与抢劫罪的根本区分，关键在于是违反被害人的意思取得财物还是基于被害人的意思交付财物。[2]我们认为，将暴力程度视为敲诈勒索罪与抢劫罪的根本区别，实际上是混淆了暴力在敲诈勒索罪和抢劫罪中的

---

① 王作富主编：《刑法分则实务研究（中）》，中国方正出版社2007年版，第1071页。

② 陈兴良：《敲诈勒索罪与抢劫罪之界分——兼对"两个当场"观点的质疑》，载《法学》2011年第2期。

不同地位和作用。在抢劫罪中，暴力是被害人交出财物的原因，如果不交出财物，被害人将当场面临行为人的暴力侵害，在暴力侵害和交出财物之间只能是二者择一的关系；而在敲诈勒索罪中，暴力只是威胁的内容或者表现形式之一，在当场取得财物的情况下，除暴力威胁外，必还有其他威胁，如果当场不交出财物，被害人则将受到其他威胁，其他威胁则是将来实现的威胁，是被害人交出财物的原因，在这种情况下，暴力不管程度如何，本身不具有独立意义，在暴力和交出财物之外，还有第三种选择，即不交出财物，不会再受到暴力，却会被送往派出所，而第三种选择对其是否交出财物具有根本意义。以论者用以论证自身观点的案例为例：2003 年 3 月，秦某某等人共谋由秦某某利用其在治安联防队的工作之便，伺机将手铐带出，去路边发廊，佯装要求提供色情服务，待发廊内女青年上钩后冒充公安人员，取出手铐将女青年的双手铐住，然后以带到公安派出所处理相要挟，索要财物。关于本案的定性，法院的判决及论者均认定为敲诈勒索罪，但理由不同，法院认为用手铐铐住这种暴力是敲诈勒索罪的威胁方法之一。而论者则认为构成本罪系暴力程度轻缓。论者进而认为，具体到本案，使用手铐将被害人的双手铐住，如果是借机直接将被害人的财物据为己有，那么即使被告人冒充公安人员进行威胁，由于双手被铐住处于不能反抗的境地，因此，应当认定为抢劫罪而不是敲诈勒索罪。如果先使用手铐将被害人的双手铐住，冒充公安人员进行威胁，然后打开手铐，迫使被害人交付财物，则应当认定为敲诈勒索罪。[①] 我们认为，这种论断值得商榷。本案中，被害人之所以交出财物，不在于其受到了暴力对待，因为，这里的暴力实际上是行为人用以证明其在执行公务并使被害人相信的手段，也不在于暴力程度轻微，而是担心被送往派出所，则其隐私、前程、家庭均会受影响，这种

① 陈兴良：《敲诈勒索罪与抢劫罪之界分——兼对"两个当场"观点的质疑》，载《法学》2011 年第 2 期。应当注意的是，本案例系 2005 年前判决，根据法发〔2005〕8 号《最高人民法院关于审理抢劫、抢夺刑事案件适用法律若干问题的意见》的规定，本案定性将发生变化。抛开主体方面的不同，或者将本罪主体改造为冒充治安联防队员，在客观方面还是具有研究和比较价值的。

影响只有其到了派出所之后才能产生，这才是其交出财物的真正原因。如果要说差别，不是暴力程度的差别，而是威胁实现时间的差别，是当场就能实现的威胁，还是在将来实现的威胁。如果当场就能实现，则应认定为抢劫，反之，则应认定为敲诈勒索。如果将其认定为暴力程度的差别，则在同种情形下，根据论者的观点可能会得出截然相反的结论：如被害人仍然被铐住，但同意交出财物，在被继续铐住的情况下，由行为人自己从其口袋中取出，其受到暴力的程度与论者提到的第一种情形相同，但性质与第二种情形无异，定性却与第二种情形不同，显然难以令人信服。因此，敲诈勒索罪与抢劫罪的界限，客观上体现为前述六个方面的内容，本质上却是行为人非法占有财物所用的手段。因此，"两个当场"作为区分敲诈勒索罪与抢劫罪界限的重要标准还是应当坚持。

6. 如何把握敲诈勒索罪与诈骗罪的界限

敲诈勒索罪与诈骗罪都以非法占有公私财产为目的，二者的根本区别在于非法占有他人财物的手段不同：敲诈勒索罪通过威胁或者要挟的方法，迫使被害人因恐惧而被迫交出财物；而诈骗罪则是通过虚构事实或者隐瞒真相的方法，使被害人受蒙蔽而自愿地交付财物。

7. 冒充正在执行公务的人员非法占有违法犯罪分子财物的行为如何定性

根据《最高人民法院关于审理抢劫、抢夺刑事案件适用法律若干问题的意见》的规定，行为人冒充正在执行公务的人民警察"抓赌""抓嫖"，没收赌资或者罚款的行为，构成犯罪的，以招摇撞骗罪从重处罚；在实施上述行为中使用暴力或者暴力威胁的，以抢劫罪定罪处罚。行为人冒充治安联防队队员"抓赌""抓嫖"，没收赌资或者罚款的行为，构成犯罪的，以敲诈勒索罪定罪处罚；在实施上述行为中使用暴力或者以暴力威胁的，以抢劫罪定罪处罚。

8. 如何区分敲诈勒索罪一罪与数罪的界限

在敲诈勒索过程中，行为人因被害人拒绝交付财物而将威胁、要挟内容付诸实施，如杀害、伤害被害人，诽谤被害人，毁坏被害人财物的，如何处理，则应区分不同情况：

第一，如果敲诈勒索的财物尚未达到"数额较大"的标准，且仅造成被害人轻微伤，诽谤被害人尚未达到情节严重的程度等而未构成犯罪的，或者采用抢夺的方式获得该财物的，不以犯罪论处。如果上述行为实施三次以上的，则应以敲诈勒索罪追究刑事责任。

第二，如果敲诈勒索的财物达到"数额较大"的标准，但伤害、诽谤被害人等行为尚不构成犯罪的，则应以敲诈勒索罪（未遂）论处，其伤害、诽谤等行为作为从重情节在量刑时予以考虑。如果上述行为实施三次以上的，则应以敲诈勒索罪（既遂）追究刑事责任。

第三，如果敲诈勒索的财物尚未达到"数额较大"的标准，但杀害、伤害、诽谤被害人等行为构成犯罪的，应以故意杀人罪、故意伤害罪、诽谤罪等一罪论处，敲诈勒索行为作为从重情节在量刑时予以考虑。

第四，如果敲诈勒索的财物达到"数额较大"的标准，且杀害、伤害、诽谤被害人等行为构成犯罪的，或者以抢劫、绑架、抢夺等方式获得该项财物的，应以敲诈勒索罪（未遂）和故意杀人罪、故意伤害罪、诽谤罪、抢劫罪、绑架罪、抢夺罪等进行并罚。

9. 如何认定利用信息网络实施的敲诈勒索犯罪

近年来，信息技术快速发展，以计算机互联网为主体的包括以电视机、固定电话机、移动电话机等电子设备为终端的广播电视网、固定通信网、移动通信网等信息网络，以及向公众开放的局域网络在内的信息网络日益普及，已成为人民群众工作、学习、生活不可缺少的组成部分。由于信息网络具有公共性、匿名性、便捷性等特点，一些不法分子将信息网络作为一种新的犯罪平台，恣意实施敲诈勒索等犯罪，侵犯公民的财产权等合法权益，扰乱公共秩序，破坏市场秩序，具有严重的社会危害性，人民群众十分痛恨，社会各界反应强烈。为保护公民、法人和其他组织的合法权益，维护社会秩序，最高人民法院、最高人民检察院于

2013 年 9 月 6 日联合发布了《关于办理利用信息网络实施诽谤等刑事案件适用法律若干问题的解释》(以下简称《办理利用信息网络诽谤刑事案件解释》)。其中明确规定了利用信息网络实施敲诈勒索的认定及处罚问题,为依法准确惩治此类犯罪提供了法律依据。

《办理利用信息网络诽谤刑事案件解释》第 6 条规定:"以在信息网络上发布、删除等方式处理网络信息为由,威胁、要挟他人,索取公私财物,数额较大,或者多次实施上述行为的,依照刑法第二百七十四条的规定,以敲诈勒索罪定罪处罚。"该规定明确了利用信息网络实施敲诈勒索犯罪的两种行为方式,即"发帖型"敲诈勒索和"删帖型"敲诈勒索。所谓"发帖型"敲诈勒索,是指行为人通过各种途径收集被害人的负面信息,然后主动联系被害人,以在信息网络上发布相关负面信息为由,威胁、要挟被害人,进而索取财物。所谓"删帖型"敲诈勒索,是指行为人先将收集到的有关被害人的负面信息在信息网络上发布,然后主动联系被害人,以删除上述负面信息或者将负面信息"沉底"为条件威胁、要挟被害人,进而索取财物。与"发帖型"敲诈勒索相比,"删帖型"敲诈勒索通常要借助一定的网络平台,有的行为人是与网络平台工作人员相互勾结共同实施,有的甚至是自己建立或者经营所谓的"维权网站",收集不利于被害人的负面信息后,发布在该网站,然后与被害人联系并告知该网站上有不利于被害人的负面信息,要求对方将特定数额的钱款存入指定的账户,否则就要继续在网络上发布或者炒作相关的负面信息,由此达到索取财物的非法目的。但不论采用哪种方式,其实质都是行为人以非法占有为目的,借助信息网络对他人实施威胁、要挟,被害人基于恐惧或者因为承受某种压力而被迫交付财物,符合敲诈勒索罪的构成要件,应当以敲诈勒索罪定罪处罚。

应当注意的是,《办理利用信息网络诽谤刑事案件解释》第 6 条采用了"索取公私财物"的表述,意味着认定敲诈勒索罪,要求行为人必须有主动向被害人实施威胁、要挟并索要财物的行为。尤其是对于"删帖型"敲诈勒索，如果行为人没有主动与被害人联系删帖事宜，未实施威胁、要挟，而是在被害人主动上门联系请求删帖的情况下，以"广告费""赞助费""服务费"等名义收取被害人费用的，不认定为敲诈勒索罪。如果被害人主动上门联系请求删帖，但并不同意支付费用，而行为人以不支付费用，或者不支付指定数额的费用就不删帖甚至将对负面信息进一步炒作为由，威胁、要挟被害人，进而索取费用的，应认定为敲诈勒索罪。此外，行为人据以敲诈勒索的"网络信息"，可能是真实信息，也可能是虚假信息，但不论信息真假，只要行为人出于非法占有目的，以发布、删除该网络信息为由索取公私财物的，均应认定为敲诈勒索罪。

实践中，行为人利用信息网络实施敲诈勒索犯罪可能面临资金、场所、技术等方面的困难，进而寻求他人的帮助，从而涉及共同犯罪问题。根据《办理利用信息网络诽谤刑事案件解释》第8条规定，明知他人利用信息网络实施敲诈勒索犯罪，为其提供资金、场所、技术支持等帮助的，以共同犯罪论处。认定共同犯罪，必须以行为人明知他人利用信息网络实施敲诈勒索犯罪为前提。如果不明知他人利用信息网络实施敲诈勒索犯罪活动，即使客观上提供了资金、场所、技术等帮助，也不能认定为共同犯罪。

此外，利用信息网络实施敲诈勒索犯罪，可能同时构成《刑法》第221条规定的损害商业信誉、商品声誉罪，第278条规定的煽动暴力抗拒法律实施罪，第291条之一规定的编造、故意传播虚假恐怖信息罪等犯罪，根据《办理利用信息网络诽谤刑事案件解释》第9条规定，对于上述情形应依照处罚较重的规定定罪处罚。

10. 如何认定利用"软暴力"实施的敲诈勒索罪

近年来，黑恶势力等一些犯罪组织或者个人利用"软暴力"实施敲诈勒索等犯罪的情形日益增多，已成为当前扫黑除恶专项斗争中亟待重点治理的问题之一。《最高人民法院、最高人民检察院、公安部、司法部关于办理实施"软暴力"的刑事案件若干问题的意见》(以下简称《办理实施"软暴力"刑事案件意见》),其中明确规定了利用"软暴力"实施敲诈勒索的认定及处罚问题,为依法准确惩治此类犯罪提供了法律依据。

《办理实施"软暴力"刑事案件意见》第8条第1款规定:"以非法占有为目的,采用'软暴力'手段强行索取公私财物,同时符合《刑法》第二百七十四条规定的其他犯罪构成要件的,应当以敲诈勒索罪定罪处罚。"根据《办理实施"软暴力"刑事案件意见》第1条至第3条规定,"软暴力"是指行为人为谋取不法利益或形成非法影响,对他人或者在有关场所进行滋扰、纠缠、哄闹、聚众造势等,足以使他人产生恐惧、恐慌进而形成心理强制,或者足以影响、限制人身自由、危及人身财产安全,影响正常生活、工作、生产、经营的违法犯罪手段。"软暴力"违法犯罪手段通常的表现形式有:(1)侵犯人身权利、民主权利、财产权利的手段,包括但不限于跟踪贴靠、扬言传播疾病、揭发隐私、恶意举报、诬告陷害、破坏、霸占财物等;(2)扰乱正常生活、工作、生产、经营秩序的手段,包括但不限于非法侵入他人住宅、破坏生活设施、设置生活障碍、贴报喷字、拉挂横幅、燃放鞭炮、播放哀乐、摆放花圈、泼洒污物、断水断电、堵门阻工,以及通过驱赶从业人员、派驻人员据守等方式直接或间接地控制厂房、办公区、经营场所等;(3)扰乱社会秩序的手段,包括但不限于摆场架势示威、聚众哄闹滋扰、拦路闹事等;(4)其他符合《办理实施"软暴力"刑事案件意见》第1条规定的"软暴力"手段。应当注意的是,通过信息网络或者通讯工具实施,符合《办理实施"软暴力"刑事案件意见》第1条规定的违法犯罪手段,应当认定为"软暴力"。行为人实施"软暴力",具有下列情形之一,可以认定为足以使他人产生恐惧、恐慌进而形成心理强制或者足以影响、限制人身自由、危及人身财产安全或者影响正常生活、工作、生产、经营:(1)黑恶势力实施的;(2)以黑恶势力名义实施的;(3)曾因组织、领导、参加黑社会性质组织、恶势力犯罪集团、恶势力以及因强迫交易、非法拘禁、敲诈勒索、聚众斗殴、寻衅滋事等犯罪受过刑事处罚后又实施的；（4）携带凶器实施的；（5）有组织地实施的或者足以使他人认为暴力、威胁具有现实可能性的；（6）其他足以使他人产生恐惧、恐慌进而形成心理强制或者足以影响、限制人身自由、危及人身财产安全或者影响正常生活、工作、生产、经营的情形。由多人实施的，编造或明示暴力违法犯罪经历进行恐吓的，或者以自报组织、头目名号、统一着装、显露文身、特殊标识以及其他明示、暗示方式，足以使他人感知相关行为的有组织性的，应当认定为"以黑恶势力名义实施"。由多人实施的，只要有部分行为人符合前述第1项至第4项所列情形的，该项即成立。虽然具体实施"软暴力"的行为人不符合前述第1项、第3项所列情形，但雇用者、指使者或者纠集者符合的，该项成立。

司法实践中，采用"软暴力"手段，同时构成敲诈勒索罪和其他犯罪的，依法按照处罚较重的犯罪定罪处罚，法律另有规定的除外。雇用、指使他人采用"软暴力"手段敲诈勒索，构成敲诈勒索罪的，对雇用者、指使者，一般应当以共同犯罪中的主犯论处。

11. 如何认定敲诈勒索罪的既遂与未遂

敲诈勒索罪是侵犯财产的犯罪，通常情况下，其既遂的认定应以行为人实际取得他人财物为标准。行为人虽然对被害人采取了威胁或者要挟的方法索取财物，但由于意志以外的原因未取得财物，如被害人并不惧怕行为人的敲诈而不交出财物，或者被害人及时报案在交付财物前被抓获，或者被害人委托他人交付财物但委托人未能及时交付行为人的，等等，即应认定敲诈勒索未遂。应当注意的是，如果被害人受到敲诈后向公安机关报案，公安机关为抓获行为人而授意被害人携款前往行为人指定地点并在该地点周围布控，如果行为人在前去取款时被当场抓获，其构成犯罪既遂还是未遂应区别情况确定：如果行为人一进入布控地点即被抓获，还未取得财物的，应当认定为未遂；如果在收取财物后被当场抓获的，应当认定为犯罪既遂。因为，犯罪人基于意志自由实施犯罪是其承担刑事责任的根据之一，尽管属于警察控制下的交付，但行为人有选择继续实施的自由和放弃犯罪的自由，其基于意志自由继续实施犯罪并取得勒索财物的，自应以既遂论处。

在多次敲诈勒索的情况下，只要行为人实施敲诈勒索三次以上的，即构成敲诈勒索罪既遂。该种情形下，敲诈勒索罪未完成形态即预备、未遂、中止等，倒无存在的可能和必要。

五十四、故意毁坏财物罪

第二百七十五条　故意毁坏公私财物，数额较大或者有其他严重情节的，处三年以下有期徒刑、拘役或者罚金；数额巨大或者有其他特别严重情节的，处三年以上七年以下有期徒刑。

（一）概述

1. 概念和构成要件

故意毁坏财物罪，是指故意毁灭或者损坏公私财物，数额较大或者有其他严重情节的行为。

故意毁坏财物罪的构成要件和主要特征是：

（1）本罪的客体是公私财物的效用价值。[①]

（2）客观方面表现为行为人实施了非法毁灭或者损坏公私财物，数额较大或者有其他严重情节的行为。根据《最高人民检察院、公安部关于公安机关管辖的刑事案件立案追诉标准的规定（一）》[以下简称《立案追诉标准（一）》]的相关规定，故意毁坏公私财物，涉嫌下列情形之一的，应予立案追诉：①造成公私财物损失5000元以上的；②毁坏公私财物三次以上的；③纠集三人以上公然毁坏公私财物的；④其他情节严重的情形[②]。

（3）犯罪主体为一般主体。

（4）主观方面只能由故意构成。[③]

[①] 传统观点认为，本罪侵犯的客体是公私财物的所有权。但所有权说缺陷明显，而且故意毁坏财物罪是不具有不法领得意思，单纯地侵害他人财物的行为。因此，将本罪的客体理解为公私财物的效用价值是妥当的。参见陈兴良：《刑法各论精释（下）》，人民法院出版社2015年版，第615页。

[②] "其他情节严重的情形"，是指社会危害性与前三种情节相当的情形。例如，毁坏手段特别恶劣、毁坏行为引起严重后果、毁坏动机特别卑劣等。

[③] 除直接故意外，间接故意也能构成本罪。此外，本罪不是目的犯，不需要行为人具有毁坏财物的目的，更不需要具有非法占有的目的。

2. 法定刑

依照《刑法》第275条的规定，犯故意毁坏财物罪的，处三年以下有期徒刑、拘役或者罚金；数额巨大或者有其他特别严重情节的，处三年以上七年以下有期徒刑。

（二）疑难问题精析

1. 如何把握"毁坏"的含义

关于"毁坏"的含义，理论上存在有形侵害说、物质的毁弃说（物理毁弃说）、效用侵害说等多种学说。有形侵害说认为，毁坏的根本特征是手段的有形力和破坏性，至于破坏的对象和效果，既可以是财物的实体完整性，也可以是财物无形的价值或效用。物质的毁弃说认为，毁坏的本质特征不在于手段的有形力或破坏性，而在于对财物造成物理性毁损。因此，所谓毁坏，是指通过对物的全部或者部分进行物质性破坏、毁损，以致全部不能或者部分不能遵从该财物的本来用法进行使用的行为。效用侵害说认为，凡是有害财物的效用的行为，都属于毁坏。效用侵害说又分为一般的效用侵害说和本来的用法侵害说。前者认为有损财物的效用的一切行为，都是毁坏；后者认为毁坏是指物质性地损害财物的全部或者一部，或者使物达到不能遵从其本来的用法进行使用的状态的行为。有形侵害说和物质的毁弃说并没有实质区别，二说和本来的用法侵害说一样，虽然着眼于对刑罚处罚范围进行限制，有可取的一面，但事实上却是不当地缩小了处罚范围，不利于对公私财物的刑法保护。因此，为充分实现刑法的法益保护机能，在司法实务中以采一般的效用侵害说为宜。

详言之，虽然"毁坏"的具体方法多种多样，不能一一列举，但并不限于从物理上变更或者消灭财物的形体，应包括使财物的效用减少或者丧失的一切行为。所谓财物效用的减少或者丧失，不仅包括因为物理上、客观上的损害而导致财物的效用减少或者丧失（如使他人鱼池的鱼游走，将他人的戒指扔入海中，低价抛售他人股票），而且包括因为心理上、感情上的缘故而导致财物的效用减少或者丧失（如将粪便投入他人餐具，使他人不再使用餐具）；不仅包括财物本身的丧失，也包括被害人对财物占有的丧失（如将他人财物隐藏，为了报复泄愤将他人的现金扔入水沟）。① 此外，"效用"还应包括美观方面的效用，使财物外观发生变化的，也可能是毁坏财物。② 但遵从财物的用途进行消费或者利用的行为，不能认为是毁坏行为。③

2. 如何界定"公私财物"的范围

公私财物，既可以是国家、集体所有的财物，也可以是个人所有的财物，但财物必须具有价值。这里的价值包括客观价值，例如某些物理性效能；也包括主观价值，例如蕴含所有者心理情感的照片、情书等。具有客观价值的财物一般能够用金钱来衡量，毁坏行为的严重性可以根据财物的数额大小确定；具有主观价值的财物通常无法用金钱来衡量，毁坏行为的严重性只能根据行为的情节来确定。④

通常来说，公私财物包括动产和不动产，也包括有体物、无体物、债权凭证、虚拟财产等。无体物虽然无体，但只要具有经济价值的，便可以对之进行管理，也应成为财物。⑤ 债权凭证是财产性利益的物质表现和载体，所谓财产性利益，是指财物以外的有财产价值的利益，可以是永久的利益，也可能是一时的利益；可以是积极利益，也可能是消极利

---

① 根据一般的效用侵害说，行为人对被害人财物的隐匿，也是故意毁坏财物的行为。行为人将被害人财物进行隐匿的，只要被害人失去对财物的占有，就可以认为失去了财物的效用价值，行为人理当构成本罪。

② 参见陈兴良：《刑法各论精释（下）》，人民法院出版社 2015 年版，第 611~614 页；张明楷：《刑法学（下）》（第 5 版），法律出版社 2016 年版，第 1025~1036 页。

③ 例如，将被害人价值不菲的腊肉偷偷食用的，就应构成盗窃罪而非本罪。

④ 需要注意的是，对于具有消极价值的财物，例如饮料厂收回已经兑奖的瓶盖，对饮料厂没有积极价值，但一旦落入他人之手依然可能再次兑奖，虽然可以成为取得型财产犯罪的保护对象，但不能成为本罪的保护对象。

⑤ 根据《最高人民法院、最高人民检察院关于办理盗窃刑事案件适用法律若干问题的解释》的相关规定，盗窃电力、燃气、自来水等财物，盗窃数量能够查实的，按照查实的数量计算盗窃数额。既然无体物可以被盗窃，自然也能被毁坏。

益。①虽然财产性利益能否成为财物尚未形成统一的认识，但根据《刑法》的规定，股份、股票、债券等属于公民私人所有的财产。②既然财产性利益能作为财产，就说明其具有客观价值，从一般的效用侵害说出发，没有理由不能被"毁坏"，而且将财产性利益视为刑法的保护对象也是有法律依据的，③在司法实务中也不乏承认的案例。④但需要注意的是，并非所有的债权凭证都可以成为本罪中的公私财物，这需要针对不同的情况进行具体分析。有的债权凭证一旦丧失，就丧失了该凭证所记载的财产，例如，加油站出售的不具名、不挂失的加油卡。有的债权凭证一旦丧失，并不意味着该凭证所记载的财产性利益的丧失，例如，房产证被毁坏后，可以通过补办进行救济。因此，对于前者可以构成本罪的公私财物，但对于后者就不能成为公私财物。虚拟财产具备财物的本质属性，即使用价值和交换价值的，也应当成为本罪的公私财物。此外，财物不必须是无生命的物体，因此，作为他人财产的动物也是财物，⑤但人的身体不能成为财物，"毁坏"他人身体的，不成立本罪，应成立故意伤害罪。但从人身上分离出来的部分，例如血液，可以成为财物。人的假肢、假牙等也属于财物。尸体、尸骨、骨灰不属于本罪的财物，如果行为人故意毁坏尸体、尸骨、骨灰的，构成故意毁坏尸体、尸骨、骨灰罪。⑥

3. 如何划分罪与非罪的界限

行为人故意毁坏公私财物，数额较大或者有其他严重情节的，才构成犯罪，过失毁坏财物的，不构成本罪。行为人是否占有该财物，不影

---

① 例如，使他人负担某种债务（使自己或第三者取得某种债权），使他人免除自己的债务等。参见张明楷：《刑法学（下）》，法律出版社2016年版，第932页。

② 参见《刑法》第92条。

③ 《最高人民法院、最高人民检察院关于办理贪污贿赂刑事案件适用法律若干问题的解释》第12条明确规定，贿赂犯罪中的"财物"，包括货币、物品和财产性利益。财产性利益包括可以折算为货币的物质利益如房屋装修、债务免除等，以及需要支付货币的其他利益如会员服务、旅游等。后者的犯罪数额，以实际支付或者应当支付的数额计算。可结合该司法解释来理解财产性利益的范围。

④ 参见蔡玥琳故意毁坏财物案，上海市黄浦区人民法院（2008）黄刑初字第119号。

⑤ 参见北京市西城区人民法院审理的刘海洋故意毁坏财物案。

⑥ 参见陈兴良：《刑法各论精释（下）》，人民法院出版社2015年版，第616~619页。

响本罪的成立。行为人毁坏自己所有的财物，不构成本罪。行为人毁坏自己财物的，是依法行使权利的行为[①]。权利行为可以阻却违法性，因此不构成犯罪，但如果行为人滥用权利，特别是危害了公共安全或者损害了他人合法权益的，应构成相应的犯罪。例如，行为人焚毁自己所有的车辆时，因过失引发火灾危害公共安全的，构成失火罪。毁坏家庭成员或者近亲属财物，获得谅解的，可不按犯罪处理，需要追究刑事责任的，也应酌情从宽处罚。[②]由于所有权人与公私财物的效用价值是可以分离的，故意毁坏他人非法所得或非法占有物的，构成本罪。如果故意毁坏无主物的，也能构成本罪，但如果系被所有权人抛弃的财物，不构成犯罪。财物是否能够修复，不影响本罪的成立，如果行为人在犯罪后主动将被毁坏财物修复的，可在判处刑罚时酌情予以考虑。

4. 行为人非法毁灭或者损坏的公私财物价值与其认识不一致时，如何处罚

行为人非法毁灭或者损坏的公私财物价值与其认识不一致的，属于事实认识错误。对于事实错误可以阻却犯罪故意的成立，如果有过失的则可能构成过失犯罪。但过失并不能构成本罪，因此，如果行为人非法毁灭或者损坏的公私财物价值与其认识不一致时，可能影响犯罪故意的存在与否及具体内容，并进而对定罪量刑产生影响。详言之，如果行为人认为其非法毁灭或者损坏的公私财物数额较小，但实际上已达数额较大的，由于行为人不具备故意毁坏财物的犯罪故意，即使其行为客观上造成了数额较大的公私财物被毁坏的危害后果，也不能构成本罪。如果行为人认为其非法毁灭或者损坏的公私财物数额较大或巨大，但实际上未达数额较大的，由于行为人欲故意毁坏数额较大或巨大的公私财物，

---

① 也可以理解为自损行为。

② 根据《最高人民法院、最高人民检察院关于办理盗窃刑事案件适用法律若干问题的解释》的相关规定，偷拿家庭成员或者近亲属的财物，获得谅解的，一般可不认为是犯罪；追究刑事责任的，应当酌情从宽。故意毁坏财物罪和盗窃罪均为侵犯公私财物的犯罪，二罪相比，盗窃罪为重罪，欲出罪或从宽处罚时可举重以明轻。

仅仅由于意志以外的原因而未得逞，应成立故意毁坏财物罪的犯罪未遂。如果行为人认为其非法毁灭或者损坏的公私财物数额较大，但实际上已达数额巨大的，或者刚好相反，由于行为人均具备故意毁坏财物的犯罪故意，构成本罪。行为人对于财物价值的认识错误，应在判处刑罚时予以考虑。①

如果行为人对于非法毁灭或者损坏的公私财物价值并无确定认识，但具有一定程度的概括认识的，需要结合行为人的意志因素，并根据公私财物的具体价值来确定刑事责任。虽然行为人对非法毁灭或者损坏公私财物的价值没有确定的认识，但如果行为人能够认识到这个公私财物总是具有一定价值，而且这个价值或大或小时，就形成了一种概括的认识，这种概括的认识与意志因素相结合，就形成了概括的故意。概括的故意是不确定的故意的一种，虽然并非确定的故意，但由于行为人对各种可能的结果均有认识。因此，尤论哪一种结果出现时均认为行为人有故意。如果行为人的意志特征为积极的希望时，应查明其对哪一种结果抱有积极的希望，然后根据公私财物的具体价值来确定刑事责任。如果行为人的意志特征为消极的放任时，此时行为人的故意样态为间接故意。根据间接故意的理论，仅有行为而无危害结果时，尚不能认定行为人构成此种犯罪，只有发生了特定危害结果的才能认定构成特定的犯罪。②因此，如果行为人故意毁坏的公私财物数额较小的，行为人不构成犯罪；如果数额较大的，行为人构成犯罪；如果数额巨大的，行为人不仅构成犯罪，而且需要在"数额巨大"量刑档次内判处刑罚。③

---

① 根据主客观相一致原则，如果行为人认为其非法毁灭或者损坏的公私财物数额较大的，但实际上已达数额巨大的，不能在"数额巨大"量刑档次内判处刑罚；如果行为人认为其非法毁灭或者损坏的公私财物数额巨大的，但实际上仅为数额较大的，也不能在"数额巨大"量刑档次内判处刑罚，但可在"数额较大"量刑档次内酌情从重处罚。

② 参见高铭暄、马克昌主编：《刑法学》，北京大学出版社2016年版，第112页。

③ 如果非法毁灭或者损坏的公私财物价值明显超过行为人认识范围的，不能根据公私财物的价值确定行为人的刑事责任。此时，应结合行为人的认识范围综合进行判断，以确定其刑事责任。

5. 行为人非法毁灭或者损坏的公私财物性质与其认识不一致时，如何处罚

行为人非法毁灭或者损坏的公私财物性质与其认识不一致的，例如，行为人误将国家机关公文、证件当作普通文件非法毁坏的，属于事实认识错误中的客体错误。从主客观相一致的原则出发，对于客体错误，应当按照行为人意图侵犯的客体定罪，而不能按其实际侵犯的客体定罪。如果行为人存在过失的，例如，行为人基于过失误将易燃易爆设备当作普通设备进行毁坏的，应构成故意毁坏财物罪和过失损坏易燃易爆设备罪。鉴于数罪为一行为所触犯，为想象竞合关系，应择一重罪论处。如果行为人非法毁坏的公私财物具有两种以上不同性质的，例如，普通物品中又混杂有珍贵文物、国家机关公文、证件、印章等的。对此，如果行为人存在概括故意的，应构成故意毁坏财物罪、故意损毁文物罪、毁灭国家机关公文、证件、印章罪等。[①] 如果行为人确实缺乏认识也没有过失的，只能根据行为人认识到的公私财物定罪处罚，例如，行为人对普通物品有认识，但对珍贵文物、国家机关公文、证件、印章没有认识也没有过失的，只构成故意毁坏财物罪。如果行为人对非法毁坏公私财物的法律评价发生了错误认识，例如，行为人误认为破坏武器装备、军事设施等行为仍构成故意毁坏财物罪的，不属于事实错误或法律错误，而是包摄的错误，[②] 不阻却犯罪故意也不阻却刑事责任的实现。

6. 行为人是否需要认识到"毁坏公私财物三次以上"

根据《立案追诉标准（一）》的相关规定，故意毁坏公私财物三次

---

① 数罪之间虽然为想象竞合关系，但不宜择一重罪论处。为全面评价行为人的故意毁坏行为，应数罪并罚。参见《最高人民法院、最高人民检察院关于办理走私刑事案件适用法律若干问题的解释》第22条，在走私的货物、物品中藏匿《刑法》第151条、第152条、第347条、第350条规定的货物、物品，构成犯罪的，以实际走私的货物、物品定罪处罚；构成数罪的，实行数罪并罚。

② 包摄的错误，又称涵摄的错误，是指行为人对于不法构成要件与事实之间在解释上对应关系的认知错误。行为人所认识的事实在解释上是否足以该当不法构成要件，是一个法律上的价值判断问题，是专属于适用法律的法官所要处理的事情。参见黄荣坚：《基础刑法学》，中国人民大学出版社2009年版，第271~275页。

以上的，应予立案追诉。行为人故意毁灭或者损坏数额较小公私财物的，并不能构成本罪，但如果故意毁坏公私财物三次以上的，说明其故意毁坏公私财物行为的社会危害性已经发生了质变，达到了应予刑罚处罚的程度。因此，"毁坏公私财物三次以上"并不是构成要件要素，[①]自然不需要行为人有所认识。如果行为人对毁坏公私财物的次数出现认识错误，不属于事实错误。例如，行为人误认为其毁坏公私财物只有两次，但实际上有三次的，不影响犯罪的成立。如果行为人误认为其毁坏公私财物三次，但实际上只有两次的，由于其行为尚未达到刑罚处罚的程度，不构成犯罪。如果行为人对毁坏公私财物三次以上构成犯罪产生错误认识的，不属于事实错误或法律错误，而是包摄的错误。

7. 如何对既未遂形态进行认定

本罪为结果犯，应以财物效用的减少或者丧失作为判断既未遂的标准。但本罪也是数额犯和情节犯，因此，行为人非法毁灭或者损坏财物造成财物效用减少或者丧失的，还需要具有数额较大或者其他严重情节时，方能构成既遂。如果行为人故意毁坏公私财物造成财物效用减少或者丧失，但尚未达到数额较大或者具有其他严重情节时，不能认为构成本罪未遂。只有行为人欲非法毁灭或者损坏数额较大公私财物，或者欲通过故意毁坏行为实现其他严重情节，但由于行为人意志以外的原因而未得逞的，才成立犯罪未遂。行为人故意毁坏财物既有既遂，又有未遂的，全案应认定为既遂，既遂和未遂的数额累计计算，但判处刑罚时，应考虑未遂情节。

8. 如何区分本罪与盗窃罪

本罪与盗窃罪除了在犯罪构成的客观方面存在差异外，在犯罪故意上也有显著的不同，而且本罪不是目的犯，但盗窃罪是目的犯。因此，在以剥夺被害人对财物占有的方法毁坏财物的场合，二罪区分的关键就

[①] 可以理解为客观的处罚条件。

在于行为人的主观方面。① 如果行为人以非法占有为目的，剥夺被害人对财物的占有时，构成盗窃罪。如果行为人只是意图剥夺被害人对财物的占有实现对财物毁坏的，构成本罪。如果行为人以故意毁坏的方法盗窃财物的，或者盗窃过程中导致其他财物被毁坏的，应构成数罪，但鉴于数罪之间为想象竞合或牵连关系，应以盗窃罪从重处罚。② 如果行为人盗窃后，又萌生新的犯意，故意毁坏盗窃所得财物的。由于故意毁坏财物行为为不可罚的事后行为，只构成盗窃罪。③ 如果行为人以故意毁坏财物为目的，通过盗窃方式获得他人财物后，将财物非法毁灭或者损坏的，行为人在构成故意毁坏财物罪的同时，其手段行为构成盗窃罪，鉴于二罪具有牵连关系，应择一重罪论处，仍只构成盗窃罪。如果行为人通过盗窃方式获得他人财物后，又产生了非法占有的目的，从而对该财物加以使用、利用的，构成盗窃罪。④

9. 如何区分本罪与破坏生产经营罪、寻衅滋事罪

破坏生产经营罪客观方面的毁坏机器设备、残害耕畜，以及寻衅滋事罪客观方面的任意毁损公私财物，与本罪客观方面的非法毁灭或者损坏公私财物完全一致，在主观方面的毁坏意思上也别无二致，但破坏生产经营罪的成立要求行为人具有泄愤报复或其他个人目的，寻衅滋事罪

---

① 实际上，这也是区分本罪与诈骗罪、职务侵占罪等取得型财产犯罪的关键。参见江苏省南京市雨花台区人民法院审理的孙静故意毁坏财物罪。

② 当然，如果不构成盗窃罪，应以故意毁坏财物罪论处。参见西安铁路运输法院审理的苗某为盗窃塑料管而砍断光电缆故意毁坏财物案。

③ 参见福建省建宁县人民法院审理的朱有根、朱金光、黄汉斌盗窃、故意毁坏财物案。如果行为人先侵占他人财物，后又加以毁坏的，应构成侵占罪和故意毁坏财物罪。鉴于二罪存在吸收关系，应由重罪吸收轻罪，构成故意毁坏财物罪。

④ 在这种情形中不可能构成侵占罪，因为行为人剥夺被害人对财物的占有后，并不能取得对该财物的合法占有，其对他人财物的占有仍然是非法占有。有观点认为，如果行为人计划先盗后毁，但得手后犯意由毁变为非法占有的，则构成盗窃罪。但如果行为人没有将财物带离而是当场毁坏的，临时占有行为被毁坏行为吸收，应以故意毁坏财物罪定罪处罚。此观点值得商榷。既然行为人在盗窃故意的支配下取得了财物，就应成立盗窃罪，其随后实施的故意毁坏财物行为，仍然属于不可罚的事后行为。需要注意的是，由于行为人系当场毁坏财物，此前的盗窃罪未必构成既遂，也可能存在未遂形态。如果行为人在取得财物之前临时改变犯罪故意，将盗窃意思变更为毁坏意思，然后取得财物当场毁坏的，构成故意毁坏财物罪。

的成立则要求具有寻求刺激、发泄情绪、逞强耍横等犯罪动机。因此，本罪与破坏生产经营罪、寻衅滋事罪的区别就在于行为人是否具备特定的犯罪目的或犯罪动机。① 非目的犯或非动机犯，是指无论行为人基于什么目的或动机均构成本罪，而非行为人若基于特定目的或动机将不构成本罪。因此，在认定是否构成犯罪时，非目的犯或非动机犯不需要特别考虑犯罪目的或犯罪动机。有鉴于此，非目的犯与目的犯、非动机犯与动机犯之间不是排斥关系，而是包容关系，非目的犯与非动机犯并不排斥具有特定目的者或特定动机者构成非目的犯与非动机犯之罪。② 质言之，如果行为人具有特定犯罪目的或犯罪动机的，既构成本罪，也构成破坏生产经营罪或寻衅滋事罪。由于数罪间为想象竞合关系，应择一重罪处罚，构成破坏生产经营罪或寻衅滋事罪。③ 如果行为人不具有特定犯罪目的或犯罪动机的，不构成破坏生产经营罪或寻衅滋事罪，而应构成本罪。

10. 如何区分本罪与毁坏特定财物犯罪

并非所有故意毁坏公私财物的行为，都构成本罪。如果行为人故意毁坏《刑法》另有规定的特定公私财物，应依特别规定处理。这是因为故意毁坏财物罪与毁坏特定财物犯罪为法条竞合关系，故意毁坏财物罪为普通法，毁坏特定财物犯罪为特别法，根据法条竞合的处理原则，特别法应优于普通法。④ 例如，行为人故意毁灭国家机关公文、证件、印章，损毁文物，毁坏国家重点保护植物等，应构成毁灭国家机关公文、证件、

---

① 有观点认为，本罪与破坏生产经营罪、寻衅滋事罪的区别不在于特定的犯罪目的和犯罪动机。如果破坏生产经营罪、寻衅滋事罪不需要具备特定的犯罪目的和犯罪动机，那么行为人所有毁坏机器设备、残害耕畜以及任意毁损公私财物的行为，只要构成数罪的，根据想象竞合理论，都只能以破坏生产经营罪、寻衅滋事罪定罪量刑。这样的直接后果就是使故意毁坏财物罪在一定程度上虚置，不利于罪刑均衡的实现。

② 在这个意义上说，将不要求行为人具备特定犯罪目的或犯罪动机理解为消极要素是不妥当的。

③ 鉴于故意毁坏财物罪和破坏生产经营罪、寻衅滋事罪，在犯罪构成上存在交叉关系，也可以认为三罪存在法条竞合关系，依据重罪优于轻罪的原则定罪处罚。但无论是法条竞合还是想象竞合，在最终的处理结论上是一致的。

④ 需要注意的是，在适用特别法优于普通法原则时，如果按特别法反而比按普通法判处刑罚要轻时，应该接受重法优于轻法的修正，以实现罪刑的均衡。在这个意义上说，将本罪和毁坏特定财物犯罪间的数罪理解为想象竞合关系，可能要更妥当些。

印章罪、故意损毁文物罪、危害国家重点保护植物罪等。再如，行为人破坏交通工具、电力设备、广播电视设施、公用电信设施等，危害公共安全的，应构成破坏交通工具罪、破坏电力设备罪、破坏广播电视设施、公用电信设施罪等。如果行为人主观上具有过失的，不能构成本罪，但可能构成与以上故意犯罪相对应的过失犯罪。[①] 如果行为人不构成毁坏特定财物犯罪的，构成本罪。[②]

11. 如果行为人使用危害公共安全等方法故意毁坏财物的，或者行为人在实施其他犯罪时，又涉及故意毁坏公私财物的，如何处罚

行为人使用危害公共安全等方法故意毁坏财物的，可能会触犯其他罪名。例如，行为人用放火、爆炸等危险方法非法毁灭或者损坏公私财物的。再如，行为人通过骗取的方式获得财物后，再进行故意毁坏的。行为人在实施其他犯罪时，也可能会造成公私财物被毁坏的危害结果。例如，行为人未经许可擅自采矿，造成矿产资源被破坏的，或者采取破坏性开采方法开采矿产资源的。再如，行为人实施完犯罪后，为掩盖罪行或者报复等，又故意毁坏公私财物的。在这些情形中，行为人应构成数罪，[③] 如果数罪间存在想象竞合或牵连关系的，应择一重罪论处，如果《刑法》另有规定的，依照特别规定论处；[④] 如果不存在想象竞合或牵连关系的，应数罪并罚。

---

① 需要注意的是，有些毁坏特定财物的犯罪也只能由故意构成，没有过失犯罪。例如，故意损毁国家保护的名胜古迹的，构成故意损毁名胜古迹罪。但过失损毁国家保护的名胜古迹的，不构成犯罪。

② 如果行为人不构成毁坏特定财物犯罪的，构成本罪。虽然只有《最高人民法院关于审理破坏公用电信设施刑事案件具体应用法律若干问题的解释》《最高人民法院关于审理破坏广播电视设施等刑事案件具体应用法律若干问题的解释》对此作出明确规定，但该规定为注意规定。因此，在法条竞合的其他情形中也应照此原则处理。

③ 如果行为人不构成其他犯罪的，以故意毁坏财物罪定罪处罚。参见江苏省无锡县人民法院（1993）锡刑初字第 132 号。

④ 例如，根据《最高人民法院、最高人民检察院关于办理盗窃刑事案件适用法律若干问题的解释》的相关规定，采用破坏性手段盗窃公私财物，造成其他财物损毁的，以盗窃罪从重处罚。

五十五、拒不支付劳动报酬罪

第二百七十六条之一　以转移财产、逃匿等方法逃避支付劳动者的劳动报酬或者有能力支付而不支付劳动者的劳动报酬，数额较大，经政府有关部门责令支付仍不支付的，处三年以下有期徒刑或者拘役，并处或者单处罚金；造成严重后果的，处三年以上七年以下有期徒刑，并处罚金。

单位犯前款罪的，对单位判处罚金，并对其直接负责的主管人员和其他直接责任人员，依照前款的规定处罚。

有前两款行为，尚未造成严重后果，在提起公诉前支付劳动者的劳动报酬，并依法承担相应赔偿责任的，可以减轻或者免除处罚。

（一）概述

1. 概念和构成要件

拒不支付劳动报酬罪，是指以转移财产、逃匿等方法逃避支付劳动者的劳动报酬或者有能力支付而不支付劳动者的劳动报酬，数额较大，经政府有关部门责令支付仍不支付的行为。

《刑法修正案（八）》第41条增设《刑法》第276条之一，规定了拒不支付劳动报酬罪。

拒不支付劳动报酬罪的构成要件和主要特征是：

（1）本罪的客体是劳动者的劳动报酬获取权和正常的劳动秩序。一段时期以来，部分地方用工单位拒不支付劳动者的劳动报酬的现象比较突出，广大劳动者，特别是农民工成为拒不支付劳动报酬行为的主要受害者。拒不支付劳动者的劳动报酬，不仅侵害了劳动者的合法权益，而且导致大量社会矛盾，甚至引发群体性事件，成为影响社会和谐稳定的重要隐患。为保障劳动者依法获取劳动报酬的权益，维护正常的劳动秩序，《刑法修正案（八）》增设了拒不支付劳动报酬罪。

（2）客观方面表现为以转移财产、逃匿等方法逃避支付劳动者的劳动报酬或者有能力支付而不支付劳动者的劳动报酬，数额较大，经政府有关部门责令支付仍不支付的行为。具体表现为两种行为方式：一是以转移财产、逃匿等方法逃避支付劳动者的劳动报酬；二是有能力支付而不支付劳动者的劳动报酬。本罪是数额犯，要求未支付的劳动报酬达到"数额较大"的标准。需要注意的是，无论以何种形式不支付劳动者的劳动报酬，都要求经政府有关部门责令支付仍不支付的要件，才可能构成拒不支付劳动报酬罪。如果行为人以转移财产、逃匿等方法逃避支付劳动者的劳动报酬或者有能力支付而不支付劳动者的劳动报酬，但在政府有关部门责令支付后，在规定的期限内支付所拖欠的劳动报酬的，不成立本罪。

（3）犯罪主体为一般主体，包括自然人和单位。

（4）主观方面由故意构成，且必须是直接故意。

2. 法定刑

依照《刑法》第276条之一的规定，犯拒不支付劳动报酬罪的，处三年以下有期徒刑或者拘役，并处或者单处罚金；造成严重后果的，处三年以上七年以下有期徒刑，并处罚金。单位犯前款罪的，对单位判处罚金，并对其直接负责的主管人员和其他直接责任人员，依照前款的规定处罚。有上述行为，尚未造成严重后果，在提起公诉前支付劳动者的劳动报酬，并依法承担相应赔偿责任的，可以减轻或者免除处罚。

根据2013年1月16日公布的《最高人民法院关于审理拒不支付劳动报酬刑事案件适用法律若干问题的解释》(以下简称《审理拒不支付劳动报酬刑事案件解释》）的规定：

（1）具有下列情形之一的，应当认定为《刑法》第276条之一第1款规定的"数额较大"：①拒不支付1名劳动者3个月以上的劳动报酬且数额在5000元至2万元以上的；②拒不支付10名以上劳动者的劳动报酬且数额累计在3万元至10万元以上的。

各省、自治区、直辖市高级人民法院可以根据本地区经济社会发展状况，在前述规定的数额幅度内，研究确定本地区执行的具体数额标准，报最高人民法院备案。

（2）拒不支付劳动者的劳动报酬，符合《审理拒不支付劳动报酬刑事案件解释》第3条的规定，并具有下列情形之一的，应当认定为《刑法》第276条之一第1款规定的"造成严重后果"：①造成劳动者或者其被赡养人、被扶养人、被抚养人的基本生活受到严重影响、重大疾病无法及时医治或者失学的；②对要求支付劳动报酬的劳动者使用暴力或者进行暴力威胁的；③造成其他严重后果的。

（3）拒不支付劳动者的劳动报酬，尚未造成严重后果，在刑事立案前支付劳动者的劳动报酬，并依法承担相应赔偿责任的，可以认定为情节显著轻微危害不大，不认为是犯罪；在提起公诉前支付劳动者的劳动报酬，并依法承担相应赔偿责任的，可以减轻或者免除刑事处罚；在一审宣判前支付劳动者的劳动报酬，并依法承担相应赔偿责任的，可以从轻处罚。对于免除刑事处罚的，可以根据案件的不同情况，予以训诫、责令具结悔过或者赔礼道歉。拒不支付劳动者的劳动报酬，造成严重后果，但在宣判前支付劳动者的劳动报酬，并依法承担相应赔偿责任的，可以酌情从宽处罚。

（4）单位拒不支付劳动报酬，构成犯罪的，依照《审理拒不支付劳动报酬刑事案件解释》规定的相应个人犯罪的定罪量刑标准，对直接负责的主管人员和其他直接责任人员定罪处罚，并对单位判处罚金。

（二）疑难问题精析

1. 如何把握拒不支付劳动报酬罪的犯罪对象

根据《刑法》第276条之一的规定，拒不支付劳动报酬罪的犯罪对象是"劳动者的劳动报酬"。对此处"劳动者的劳动报酬"的界定，直接影响到拒不支付劳动报酬罪的适用范围，影响到对相关案件能否适用拒不支付劳动报酬罪予以刑事惩治。关于"劳动者的劳动报酬"的范围，司法实践中存在争议。《审理拒不支付劳动报酬刑事案件解释》第 1 条规定："劳动者依照《中华人民共和国劳动法》和《中华人民共和国劳动合同法》等法律的规定应得的劳动报酬，包括工资、奖金、津贴、补贴、延长工作时间的工资报酬及特殊情况下支付的工资等，应当认定为刑法第二百七十六条之一第一款规定的'劳动者的劳动报酬'。"据此，需要注意以下问题：

（1）"劳动者的劳动报酬"限于劳动报酬，不包括劳务报酬在内。如果认为拒不支付劳动报酬罪的犯罪对象包括劳务报酬，则实践中拒不支付个人从事设计、讲学、演出、广告、介绍服务、经纪服务、代办服务以及其他劳务取得的所得，都可能构成拒不支付劳动报酬罪。《审理拒不支付劳动报酬刑事案件解释》第 1 条规定拒不支付劳动报酬罪的犯罪对象仅限于劳动报酬，不包括劳务报酬，主要考虑如下：①从拒不支付劳动报酬罪的立法背景来看，拒不支付劳动报酬罪旨在通过对拒不支付劳动报酬行为的查处保护相对弱势地位的劳动者的劳动报酬权，而非对平等民事主体之间劳务报酬纠纷的解决。劳动报酬是指劳动者为用人单位提供劳动而获得的各种报酬，是基于用人单位和劳动者之间建立劳动关系所产生的工资收入等报酬；而劳务报酬并非基于劳动关系产生的，是指提供劳务所获得的报酬，一方向他方提供劳务，他方给付报酬的合同，双方是平等主体关系，属于普通民事关系调整的范围。②构成拒不支付劳动报酬罪的前提条件是经政府有关部门责令支付仍不支付。根据《劳动保障监察条例》规定，通常情况下，只有形成劳动关系，劳动监察部门才有权进行责令支付。对于一般的劳务报酬，劳动监察部门无法进行责令支付，自然不宜纳入拒不支付劳动报酬罪的范围。

（2）"劳动者的劳动报酬"不包括用人单位应当支付给劳动者的社会保险福利、劳动保护等方面的费用。劳动者报酬指劳动者为用人单位提供劳动而获得的各种报酬。用人单位在生产过程中支付给劳动者的报酬包括三部分：一是货币工资，用人单位以货币形式直接支付给劳动者的各种工资、奖金、津贴、补贴等；二是实物报酬，即用人单位以免费或低于成本价提供给劳动者的各种物品和服务等；三是社会保险，指用人单位为劳动者直接向政府和保险部门支付的失业、养老、人身、医疗、家庭财产等保险金。①从增设拒不支付劳动报酬罪的背景来看，本罪主要打击危及劳动者基本生活保障的行为，而社会保险福利、劳动保护等方面的费用主要是用以保障劳动者的社会保险福利、劳动保护等方面的权利，拒不支付此部分费用尚不会危及劳动者的基本生活，故不应将此部分费用纳入拒不支付劳动报酬罪的行为对象。

（3）"劳动者的劳动报酬"是指劳动报酬。1995年8月4日劳动部《关于贯彻执行〈中华人民共和国劳动法〉若干问题的意见》对"劳动法中的'工资'"作了界定，即"劳动法中的'工资'是指用人单位依据国家有关规定或劳动合同的约定，以货币形式直接支付给本单位劳动者的劳动报酬，一般包括计时工资、计件工资、奖金、津贴和补贴、延长工作时间的工资报酬以及特殊情况下支付的工资等"。参照上述界定，《审理拒不支付劳动报酬刑事案件解释》第1条将"劳动者的劳动报酬"规定为"劳动者依照《中华人民共和国劳动法》和《中华人民共和国劳动合同法》等法律的规定应得的劳动报酬"。

2. 如何认定"以转移财产、逃匿等方法逃避支付劳动者的劳动报酬"

根据《刑法》第276条之一第1款的规定，以转移财产、逃匿等方法逃避支付劳动者的劳动报酬系拒不支付劳动报酬罪的行为方式之一。《审理拒不支付劳动报酬刑事案件解释》第2条对"以转移财产、逃匿等方法逃避支付劳动者的劳动报酬"的认定标准作了进一步明确，规定："以逃避支付劳动者的劳动报酬为目的，具有下列情形之一的，应当认定为刑法第二百七十六条之一第一款规定的'以转移财产、逃匿等方法逃避支付劳动者的劳动报酬'：（一）隐匿财产、恶意清偿、虚构债务、虚

---

① 信春鹰主编：《中华人民共和国劳动合同法释义》，法律出版社2007年版，第99页。

假破产、虚假倒闭或者以其他方法转移、处分财产的；（二）逃跑、藏匿的；（三）隐匿、销毁或者篡改账目、职工名册、工资支付记录、考勤记录等与劳动报酬相关的材料的；（四）以其他方法逃避支付劳动报酬的。"①

针对行为人逃匿情况下拒不支付劳动报酬的数额确定，《最高人民法院、最高人民检察院、人力资源社会保障部、公安部关于加强涉嫌拒不支付劳动报酬犯罪案件查处衔接工作的通知》规定："由于行为人逃匿导致工资账册等证据材料无法调取或用人单位在规定的时间内未提供有关工资支付等相关证据材料的，人力资源社会保障部门应及时对劳动者进行调查询问并制作询问笔录，同时应积极收集可证明劳动用工、欠薪数额等事实的相关证据，依据劳动者提供的工资数额及其他有关证据认定事实。调查询问过程一般要录音录像。"

3. 如何把握《刑法》第 276 条之一规定的"数额较大"

拒不支付劳动者的劳动报酬须"数额较大"，才可能构成拒不支付劳动报酬罪。关于"数额较大"的把握，涉及拒不支付劳动报酬罪入罪标准。《审理拒不支付劳动报酬刑事案件解释》第 3 条关于"数额较大"的规定，主要有如下三点考虑：（1）考虑到我国幅员辽阔，各地经济社会发展不平衡，应当设置了幅度标准，以便于各地在幅度范围内设置地方标准。（2）由于不同领域、不同行业的劳动者的劳动报酬差距悬殊，单纯以数额作为入罪标准，则意味着一些案件中，仅拖欠单个劳动者一月、半月甚至更短时间的劳动报酬就有可能构成犯罪，势必存在打击面过宽、刑法介入过度的问题。因此，对于拒不支付单个劳动者的劳动报酬"数

---

① 实践中，还存在"逃而不匿"导致"逃匿"难以认定的情况。对此，《最高人民法院、最高人民检察院、人力资源社会保障部、公安部关于加强涉嫌拒不支付劳动报酬犯罪案件查处衔接工作的通知》规定："行为人拖欠劳动者劳动报酬后，人力资源社会保障部门通过书面、电话、短信等能够确认其收悉的方式，通知其在指定的时间内到指定的地点配合解决问题，但其在指定的时间内未到指定的地点配合解决问题或明确表示拒不支付劳动报酬的，视为刑法第二百七十六条之一第一款规定的'以逃匿方法逃避支付劳动者的劳动报酬'。但是，行为人有证据证明因自然灾害、突发重大疾病等非人力所能抗拒的原因造成其无法在指定的时间内到指定的地点配合解决问题的除外。"

额较大"的情形，采用"期限+数额"的模式。从实践来看，一些地区职工最低工资标准为 1000 多元，而职工月平均工资一般要高于最低工资标准。5000 元至 2 万元以上的标准大致相当于一般地区 3 个月的职工月工资标准。基于上述考虑，关于拒不支付单个劳动者的劳动报酬入罪，不仅要求数额在 5000 元至 2 万元以上，且要求拒不支付的是 3 个月以上的劳动报酬。(3) 基于刑法谦抑性的考虑，对于拒不支付多个劳动者的劳动报酬构成犯罪的标准，采用"人数+数额"的模式。3 万元至 10 万元以上的标准，大致相当于一般地区 10 个以上劳动者的劳动报酬，因此，拒不支付多个劳动者的劳动报酬入罪，不仅要求被拖欠的劳动者人数在 10 个以上，而且要求数额累计在 3 万元至 10 万元以上。

4. 如何把握"经政府有关部门责令支付仍不支付"

根据《刑法》第 276 条之一的规定，拒不支付劳动者的劳动报酬，只有经政府有关部门责令支付仍不支付的，才构成拒不支付劳动报酬罪。这一规定的目的在于限缩本罪的范围。正如有论者所指出的："不支付劳动者报酬在很多国家是通过民事诉讼程序解决的，我国刑法虽然将其增加规定为犯罪，但追究行为人的刑事责任不是目的，促使行为人支付劳动者报酬才是最终目的。因此，首先应当让现有的劳动争议解决机制充分发挥行政程序简便、快捷的长处和作用，促使劳动者尽早拿到劳动报酬。我国劳动法、劳动合同法以及劳动保障监察条例等法律、法规中都明确规定，对不支付劳动者报酬的行为，由政府有关部门责令支付。本条规定对'经政府有关部门责令支付仍不支付的'，才追究刑事责任，有助于敦促行为人尽快履行支付义务，同时，也为劳动监察等部门责令行为人支付劳动报酬提供了坚强有力的法律后盾。如果行为人经责令支付后履行了支付义务，就不追究其刑事责任，不仅缩小了打击面，也有利于建立更加和谐的劳动关系。"①《审理拒不支付劳动报酬刑事案件解释》

---

① 黄太云：《刑法修正案解读全编——根据刑法修正案（八）全新阐释》，人民法院出版社 2011 年版，第 70~71 页。

第 4 条对"经政府有关部门责令支付仍不支付"作了进一步解释。据此，司法实务中应当注意如下问题：

（1）"政府有关部门"的范围？对此大致存在如下观点：①"政府有关部门"仅指人力资源社会保障部门。②"政府有关部门"包括人力资源社会保障部门和政府其他部门。③"政府有关部门"包括人力资源社会保障部门和政府其他部门，还包括各级工会组织。④"政府有关部门"包括政府有关部门，也包括人民法院，对于人民法院作出生效判决，判决行为人支付劳动报酬，行为人仍不支付的，也构成本罪。《审理拒不支付劳动报酬刑事案件解释》第 4 条将其解释为"人力资源社会保障部门或者政府其他有关部门"，实际上采纳了第二种观点，主要考虑如下：其一，根据相关法律规定，人力资源社会保障部门的劳动保障监察机关负有责令用人单位支付劳动报酬的义务，当然属于责令支付的主体范围。其二，建筑、农业等相关主管部门，在各自业务范围内，也可以依法责令用人单位支付劳动者的劳动报酬，也属于责令支付主体的范畴。其三，由于工会不属于政府有关部门，对于工会要求用人单位向劳动者支付劳动报酬的，不能认定为"政府有关部门责令支付"。其四，人民法院依法作出的支付劳动报酬的判决、裁定有能力执行而拒不执行，可以适用拒不执行判决、裁定罪，因此，没有必要将人民法院和劳动争议仲裁委员会纳入责令支付主体的范围。①

（2）"责令支付"的形式。对于责令支付的形式，存在不同认识，有观点认为政府有关部门必须以书面形式责令支付，也有观点认为政府有关部门可以通过书面和口头形式责令支付。对于这里的责令支付形式，宜从严把握，限于书面形式，以更好地体现责令支付行为的法律严肃性。根据《劳动保障监察条例》及 2004 年 12 月 31 日《劳动部关于实施〈劳动保障

---

① 根据《劳动争议调解仲裁法》第 51 条的规定，当事人对发生法律效力的调解书、裁决书，应当依照规定的期限履行。一方当事人逾期不履行的，另一方当事人可以依照民事诉讼法的有关规定向人民法院申请执行。受理申请的人民法院应当依法执行。因此，劳动争议仲裁委员会作出的生效调解书、裁决书也可以转换为人民法院的裁定，可以成为拒不执行判决、裁定罪的对象。

监察条例〉若干规定》的规定，对于用人单位拒不支付劳动报酬的行为，人力资源社会保障部门可以根据具体情形分别作出劳动保障监察限期整改指令书、劳动保障行政处理决定书等法律文书，故将上述法律文书均视为责令支付文书。因此，《审理拒不支付劳动报酬刑事案件解释》第4条规定，责令支付应当以限期整改指令书、行政处理决定书等文书进行。

（3）责令支付文书的送达。从司法实践来看，绝大多数拒不支付劳动报酬的案件以转移财产、逃匿等方法实施，容易引发群体性事件。根据广东、浙江等地的调研情况，在行为人以逃匿方法逃避支付劳动者的劳动报酬的情况下，政府有关部门如何责令支付并送达责令支付文书，困扰具体办案部门。各地普遍建议明确此种情形下"经政府有关部门责令支付仍不支付"的具体内涵，以便于司法实践操作。基于此，《审理拒不支付劳动报酬刑事案件解释》第4条特别作出第2款规定，明确行为人逃匿，无法将责令支付文书送交其本人、同住成年家属或者所在单位负责收件的人的，如果有关部门已通过在行为人的住所地、生产经营场所等地张贴责令支付文书等方式责令支付，并采用拍照、录像等方式记录的，应当视为"经政府有关部门责令支付"。①

（4）"经政府有关部门责令支付仍不支付"的认定。通常情况下，在责令支付文书指定的期限内仍不支付的，应当认定为"经政府有关部门责令支付仍不支付"。但是，行为人因身患重病、自然灾害等正常理由未知悉责令支付，或者虽然知悉责令支付但在指定期限内无法及时支付劳动报酬的，不能认定为"经政府有关部门责令支付仍不支付"。

5. 如何把握《刑法》第276条之一规定的"造成严重后果"

拒不支付劳动者的劳动报酬，造成严重后果的，处三年以上七年以

---

① 据此，《最高人民法院、最高人民检察院、人力资源社会保障部、公安部关于加强涉嫌拒不支付劳动报酬犯罪案件查处衔接工作的通知》进一步强调："经人力资源社会保障部门调查核实，行为人拖欠劳动者劳动报酬事实清楚、证据确凿、数额较大的，应及时下达责令支付文书。对于行为人逃匿，无法将责令支付文书送交其同住成年家属或所在单位负责收件人的，人力资源社会保障部门可以在行为人住所地、办公地、生产经营场所、建筑施工项目所在地等地张贴责令支付文书，并采用拍照、录像等方式予以记录，相关影像资料应当纳入案卷。"

下有期徒刑，并处罚金。因此，对"严重后果"的认定，直接影响到对行为人的量刑，需要慎重把握。《审理拒不支付劳动报酬刑事案件解释》第5条作了明确规定。司法实践中需要注意以下两个问题：

（1）"造成严重后果"应当以符合拒不支付劳动报酬罪的基本犯罪构成为前提。关于结果加重犯的成立是否以符合基本犯罪构成为前提，理论界和实务界均存在不同认识。从刑法的谦抑性角度出发，宜认为结果加重犯的成立以符合基本犯罪构成为前提。因此，《审理拒不支付劳动报酬刑事案件解释》第5条规定，构成拒不支付劳动报酬"造成严重后果"，必须首先符合《审理拒不支付劳动报酬刑事案件解释》第3条的规定。因此，如果行为人拒不支付劳动报酬，数额未达到入罪标准，虽然经政府有关部门责令支付仍不支付，即使使用暴力方式拒不支付劳动报酬，造成被害人重大疾病无法及时医治等严重后果的，也不能认定为拒不支付劳动报酬罪，更不能认定为拒不支付劳动报酬"造成严重后果"。构成其他犯罪的，可以依照其他犯罪处理。

（2）"造成严重后果"的具体情形。根据《审理拒不支付劳动报酬刑事案件解释》第5条的规定，"造成严重后果"具体包括如下情形：①造成劳动者或者其被赡养人、被扶养人、被抚养人的基本生活受到严重影响、重大疾病无法及时医治或者失学的。②对要求支付劳动报酬的劳动者使用暴力或者进行暴力威胁的。③造成其他严重后果的。从司法实践来看，根据案件具体情况，造成劳动者或者其近亲属自杀、自残、精神严重失常等严重后果；引发劳动者实施犯罪或者严重扰乱社会秩序的违法行为；引发集体上访等群体性事件，严重影响社会秩序等情形，可以纳入兜底条款的范围。

6. 不具备用工主体资格的单位或者个人违法用工且拒不支付劳动者的劳动报酬行为如何定性

《审理拒不支付劳动报酬刑事案件解释》第1条将拒不支付劳动报酬罪的行为对象限定为劳动报酬，故拒不支付劳动报酬罪的行为人与受害人之间以存在劳动关系为前提条件。不具备用工主体资格的单位或者个人，违法用工且拒不支付劳动者的劳动报酬的，行为人与被害人之间并未建立起劳动关系。但是，如果将此种情形排除在拒不支付劳动报酬罪的调整范围之外，则会形成合法用工拒不支付劳动报酬构成犯罪，而非法用工拒不支付劳动报酬不构成犯罪的不合理现象。鉴此，《审理拒不支付劳动报酬刑事案件解释》第7条专门规定："不具备用工主体资格的单位或者个人，违法用工且拒不支付劳动者的劳动报酬，数额较大，经政府有关部门责令支付仍不支付的，应当依照刑法第二百七十六条之一的规定，以拒不支付劳动报酬罪追究刑事责任。"

此外，《劳动保障监察条例》第33条规定："对无营业执照或者已被依法吊销营业执照，有劳动用工行为的，由劳动保障行政部门依照本条例实施劳动保障监察，并及时通报工商行政管理部门予以查处取缔。"根据该条规定，对于不具备用工主体资格的违法用工行为，人力资源社会保障部门可以而且应当进行劳动保障监察，对未支付劳动报酬的应当责令其支付劳动报酬，故而，将此类情形纳入拒不支付劳动报酬罪的调整范围，在司法实践中也是可以操作的。

7. 建筑施工领域不具备用工主体资格的组织或者个人（小包工头）可否构成拒不支付劳动报酬罪的犯罪主体

在建筑施工领域，普遍存在工程总承包企业违法发包、分包给不具备用工主体资格的组织或者个人（小包工头）的现象，这也是农民工工资被拖欠的"重灾区"。《国务院办公厅关于切实解决企业拖欠农民工工资问题的紧急通知》规定："因工程总承包企业违反规定发包、分包给不具备用工主体资格的组织或个人，由工程总承包企业承担清偿被拖欠的农民工工资责任。"实践中经常发生的案件是，总承包企业已将工程款（工资是其中的一小部分）支付给小包工头，小包工头却未支付给农民工，甚至卷款潜逃。此种情形下，可以依照《国务院办公厅关于切实解决企业拖欠农民工工资问题的紧急通知》的相关规定，要求违反规定发包、分包的工程总承包企业支付劳动报酬。但是，如果工程总承包企业拒绝再次支付农民工劳动报酬的，由于其已经履行过支付劳动报酬的义务（只是由于小包工头非法扣留、挪用，甚至卷款潜逃），故不宜追究其拒不支付劳动报酬罪的刑事责任。需要注意的是，此种情形下，小包工头虽然不具备用工主体资格，但是政府有关部门仍然应当责令其支付劳动报酬，在政府有关部门责令支付后，小包工头仍然不支付的，应当依照《刑法》第276条之一第1款的规定，以拒不支付劳动报酬罪追究刑事责任。而且，即使工程总承包企业已再次支付农民工劳动报酬的，其在性质上属于垫付，并不影响对小包工头以拒不支付劳动报酬罪追究刑事责任。基于此，《最高人民法院、最高人民检察院、人力资源社会保障部、公安部关于加强涉嫌拒不支付劳动报酬犯罪案件查处衔接工作的通知》规定："企业将工程或业务分包、转包给不具备用工主体资格的单位或个人，该单位或个人违法招用劳动者不支付劳动报酬的，人力资源社会保障部门应向具备用工主体资格的企业下达限期整改指令书或行政处罚决定书，责令该企业限期支付劳动者劳动报酬。对于该企业有充足证据证明已向不具备用工主体资格的单位或个人支付了劳动者全部的劳动报酬，该单位或个人仍未向劳动者支付的，应向不具备用工主体资格的单位或个人下达限期整改指令书或行政处理决定书，并要求企业监督该单位或个人向劳动者发放到位。"

8. 如何把握实际控制人拒不支付劳动报酬行为的定性问题

从司法实践来看，不少用人单位的实际控制人并未担任用人单位的法定代表人，而是在幕后控制、操纵企业。此种情形下，用人单位的实际控制人实施拒不支付劳动报酬行为，构成犯罪的，亦应适用拒不支付劳动报酬罪追究刑事责任。因此，《审理拒不支付劳动报酬刑事案件解释》第8条专门规定："用人单位的实际控制人实施拒不支付劳动报酬行为，构成犯罪的，应当依照刑法第二百七十六条之一的规定追究刑事责任。"

9. 如何界分拒不支付劳动报酬罪与拒不执行判决、裁定罪

由于拒不支付劳动报酬罪的法定最高刑为七年有期徒刑，而拒不执行判决、裁定罪的法定最高刑为三年有期徒刑，二者之间确实存在刑罚不相均衡的问题。这一问题的解决，关键在于把握劳动报酬争议民事案件与拒不支付劳动报酬刑事案件的界限，人民法院对于涉案劳动报酬争议民事案件，如果拒不支付劳动报酬事实清楚、符合拒不支付劳动报酬罪规定的，不应当作为民事案件受理，应当建议有关部门依照拒不支付劳动报酬罪查处。这样一来，就能有效避免拒不执行行政机关作出的责令支付劳动报酬的法律文书最高可以处七年有期徒刑，而拒不支付人民法院关于支付劳动报酬的判决、裁定最高只能处三年有期徒刑的不合理现象。

但是，司法实践中仍然可能存在拒不执行判决、裁定罪和拒不支付劳动报酬罪相交叉的情形。例如，行为人拒不支付劳动报酬，有关部门责令支付后，行为人仍不支付但以劳动报酬数额争议为由提起民事诉讼的，在人民法院生效裁判判决行为人支付劳动报酬后，行为人拒不支付劳动报酬的，此种情况下行为人所拒不执行的是人民法院支付劳动报酬的判决，而非之前政府有关部门的责令支付，应当以拒不执行判决、裁定罪定罪处罚。

五十六、妨害公务罪

第二百七十七条第一款　以暴力、威胁方法阻碍国家机关工作人员依法执行职务的，处三年以下有期徒刑、拘役、管制或者罚金。

第二款　以暴力、威胁方法阻碍全国人民代表大会和地方各级人民代表大会代表依法执行代表职务的，依照前款的规定处罚。

第三款　在自然灾害和突发事件中，以暴力、威胁方法阻碍红十字会工作人员依法履行职责的，依照第一款的规定处罚。

第四款　故意阻碍国家安全机关、公安机关依法执行国家安全工作任务，未使用暴力、威胁方法，造成严重后果的，依照第一款的规定处罚。

（一）概述

1. 概念和构成要件

妨害公务罪，是指以暴力、威胁方法阻碍国家机关工作人员依法执行职务，阻碍人大代表依法执行代表职务，阻碍红十字会工作人员依法履行职责的行为，或者故意阻碍国家安全机关、公安机关依法执行国家安全工作任务，虽未使用暴力、威胁方法，但造成严重后果的行为。

妨害公务罪的构成要件和主要特征是：

（1）本罪的客体是国家机关、人民代表大会和红十字会的公务活动。这里的“公务活动”，是指国家机关工作人员、人民代表大会代表、红十字会工作人员依照法律、法规等的规定所进行的职务活动。侵犯的对象是依法正在执行职务或者履行职责的国家机关工作人员、人大代表、红十字会工作人员。阻碍前述三类人员之外的人从事某种活动的，或者虽是前述三类人员，但所从事的活动不是依法正在进行的职务或者职责范围内的活动的，不构成本罪。

（2）客观方面具体表现为以下四种情形：

一是以暴力、威胁的方法阻碍国家机关工作人员依法执行职务。"暴力"，主要是指对正在依法执行职务的国家机关工作人员的身体实行打击或者强制，如捆绑、殴打、非法拘禁、限制人身自由、伤害等，也包括对执行公务所使用的交通工具等物使用暴力的情形。"威胁"主要是指以杀害、伤害、毁坏财产、损坏名誉等进行精神上的恐吓。如果行为人不是采取前述暴力、威胁的方法，或者采取暴力、威胁的程度明显不足以妨害公务正常开展，比如以一般的争吵、纠缠等方法，给执行职务或履行职责造成一定影响的，一般不以妨害公务罪论处，可视情况给予行政或者治安处罚。

二是以暴力、威胁的方法阻碍人民代表大会代表依法执行代表职务。根据我国《宪法》和《全国人民代表大会和地方各级人民代表大会组织法》的规定，各级人大代表的权利、职责主要有：出席人民代表大会，参与对国家重大问题或地方性重大事务的讨论和决定；根据法律规定的程序提出议案，或者提出建议、批评和意见；提出质询案或者提出询问；参加诸如代表视察等活动；宣传法制，带头执法，协助宪法和法律的实施；联系群众和原选举单位，倾听意见，列席原选举单位的人民代表大会。值得注意的是，人大代表属于国家权力机关的工作人员，本罪第2款的规定，是1997年《刑法》吸收1992年颁布的《全国人民代表大会和地方各级人民代表大会代表法》第39条的规定而形成的，意在提示阻碍人大代表执行公务的行为也可构成妨害公务罪。如果发生该类案件，司法人员在文书中应同时援引第1款和第2款。

三是在自然灾害和突发性事件中，以暴力、威胁的方法阻碍红十字会工作人员依法履行职责。所谓自然灾害，是指由于自然力的破坏作用而发生的致使人的生命、财产遭受重大损害或者危险的情况，如地震、洪水、山崩等；突发性事件，是指由于人为的因素而发生的严重危及不特定多数人生命、健康的紧急状态，如战争、动乱等。根据我国《红十字会法》第11条的规定，红十字会工作人员的职责主要有：根据我国

《红十字会法》（2017年修订）第11条的规定，红十字会工作人员的职责主要有：开展救援、救灾的相关工作，建立红十字应急救援体系。在战争、武装冲突和自然灾害、事故灾难、公共卫生事件等突发事件中，对伤病人员和其他受害者提供紧急救援和人道救助；开展应急救护培训，普及应急救护、防灾避险和卫生健康知识，组织志愿者参与现场救护；参与、推动无偿献血、遗体和人体器官捐献工作，参与开展造血干细胞捐献的相关工作；组织开展红十字志愿服务、红十字青少年工作；参加国际人道主义救援工作；宣传国际红十字和红新月运动的基本原则和日内瓦公约及其附加议定书；依照国际红十字和红新月运动的基本原则，完成人民政府委托的事宜；依照日内瓦公约及其附加议定书的有关规定开展工作；协助人民政府开展与其职责相关的其他人道主义服务活动。

根据2003年5月14日《最高人民法院、最高人民检察院关于办理妨害预防、控制突发传染病等灾害的刑事案件具体应用法律若干问题的解释》第8条，以暴力、威胁方法阻碍国家机关工作人员、红十字会工作人员依法履行为防治突发传染病疫情等灾害而采取的防疫、检疫、强制隔离、隔离治疗等预防、控制措施的，以妨害公务罪定罪处罚。

四是故意阻碍国家安全机关、公安机关的工作人员依法执行国家安全工作任务，未使用暴力、威胁的方法，造成严重后果。"造成严重后果"，主要是指国家安全机关、公安机关执行国家安全工作任务受到严重妨害，如犯罪嫌疑人逃跑，侦查线索中断，犯罪证据灭失，赃款赃物转移，严重妨害对危害国家安全犯罪案件的侦破，或者造成严重的政治影响等情形。如果行为人使用暴力、威胁方法阻碍国家安全机关、公安机关依法执行国家安全工作任务，无论是否造成严重后果，均应以妨害公务罪论处。

根据我国《国家安全法》的规定，国家安全机关、公安机关的工作人员执行国家安全工作任务的职权、职责主要有：依法行使侦查、拘留、预审和执行逮捕以及法律规定的其他职权；因侦查危害国家安全行为的需要，根据国家有关规定，经过严格的批准手续，采取技术侦查措施；依法执行国家安全工作任务时，经出示证件，查验中国公民或者境外人员的身份证明，向有关组织或人员调查、询问有关情况；依法执行国家安全任务时，经出示相应证件，进入有关场所；根据国家有关规定，经过批准，出示相应证件，进入限制进入的有关地区、场所、单位，查看或者调阅有关的档案、资料、物品；依法执行紧急任务的情况下，经出示相应证件，优先乘坐公共交通工具，遇交通阻碍时，优先通行；必要时，按照国家有关规定，优先使用机关、团体、企事业组织和个人的交通工具、通信工具、场地和建筑物；为维护国家安全的需要，查验组织和个人的电子通信工具、器材等设备、设施；因国家安全工作的需要，根据国家有关规定，提请海关、边防等检查机关对有关人员和资料、器材免检。

（3）犯罪主体为一般主体。即已满16周岁、具有刑事责任能力的自然人均可成为本罪的主体。实践中，对于某些单位责任人员为了本单位利益，组织本单位或本单位以外的人员，以暴力、威胁方法妨害国家机关工作人员依法执行公务的情况，可对单位直接负责的主管人员和其他直接责任人员以本罪论处。

（4）主观方面只能由故意构成。即必须是明知对方系正在依法执行职务的国家机关工作人员、人大代表，或者正在依法履行职责的红十字会工作人员，而故意对其实施暴力或者威胁，或者明知国家安全机关、公安机关正在依法执行国家安全工作任务，而故意加以阻挠、妨害。如果行为人不明知对方正在依法执行职务或者履行职责，加以阻挠的，不构成本罪。

2.法定刑

依照《刑法》第277条的规定，犯妨害公务罪的，处三年以下有期徒刑、拘役、管制或者罚金。

（二）疑难问题精析

1. 如何划清罪与非罪的界限

妨害公务罪与非罪的界限主要在于行为方式和危害后果，对于《刑法》第 277 条第 1 款、第 2 款、第 3 款、第 5 款之妨害公务罪而言，使用暴力、威胁方法是其必备要件，如果行为人未使用暴力、威胁方法而只是采用顶撞、争执等方法或者使用显著轻微的暴力、威胁方法的，应认为是一般的妨害公务行为，不能以本罪论处。[①] 同时，要坚持主客观相一致的原则，注意处理好两种情形：一是要把群众中由于对某些管理措施不理解，而出现的发牢骚、谩骂，与国家机关工作人员争吵、拉扯等行为同本罪加以区别。二是要把有正当理由的人，在要求有关部门解决问题时，因情绪激动而与国家机关工作人员发生冲突、顶撞的行为同本罪加以区别。因为上述行为虽然会影响国家机关工作人员顺利执行公务，但行为人并不是故意使国家机关工作人员不能执行公务，或者针对的是国家机关工作人员的不当履职行为，所以不构成本罪。

2. 如何处理以自残、自杀方式抗拒执法的情形

对于实践中发生的行为人以自残、自杀方式抗拒执法的情形，处理起来一直存在争议。有的认为属于暴力妨害公务；有的认为属于以威胁的方式妨害公务；有的认为不属于暴力妨害公务，但在公共场合实施属于以威胁方式妨害公务，如果不是在公共场合实施，则既不属于暴力也不属于威胁，不能认定为妨害公务。我们认为，对于此类情形的处理，一定要稳妥审慎，把握好法律与政策的尺度。从本质上讲，自残、自杀方式属于"威胁"，只是与通常发生的直接针对执法人员的威胁相比，这种方式借助行为人自己的身体向执法人员施压。由于自残、自杀行为方式的特殊性，对于即使从形式上看符合妨害公务罪要件的，也要仔细分析案事件发生的来龙去脉，自残、自杀行为自身的程度和后果，对公务

---

① 王作富主编：《刑法分则实务研究》，中国方正出版社 2010 年版，第 1158 页。

活动的实质影响及社会危害，通过综合判断，以确定是否追究行为人的刑事责任。尤其对于假借自残、自杀抗拒执法，引起群体性事件等严重后果的要严厉打击。

3. 如何把握本罪的犯罪对象

妨害公务罪的犯罪对象为依法执行职务的国家机关工作人员、全国人大代表和地方各级人大代表、红十字会工作人员以及警察。实践中，有争议的是事业编制人员或者不具有国家机关工作人员身份的人员在依法执行职务时，能否成为本罪的犯罪对象。最高人民检察院 2000 年 4 月 24 日出台的《关于以暴力、威胁方法阻碍事业编制人员依法执行行政执法职务是否可对侵害人以妨害公务罪论处的批复》规定：对于以暴力、威胁方法阻碍国有事业单位人员依照法律、行政法规的规定执行行政执法职务的，或者以暴力、威胁方法阻碍国家机关中受委托从事行政执法活动的事业编制人员执行行政执法职务的，可以对侵害人以妨害公务罪追究刑事责任。

笔者赞同最高人民检察院批复的规定，上述人员虽然编制上不属于国家机关工作人员，但在依法从事行政执法活动时行使的是国家机关工作人员的职权，履行的是国家机关工作人员的职责。行为人以暴力、威胁方法阻碍他们依法执行职务，与阻碍国家机关工作人员行政执法本质上并无区别。2002 年 12 月 28 日《全国人民代表大会常务委员会关于〈中华人民共和国刑法〉第九章渎职罪主体适用问题的解释》规定：在依照法律、法规规定行使国家行政管理职权的组织中从事公务的人员，或者在受国家机关委托代表国家机关行使职权的组织中从事公务的人员，或者虽未列入国家机关人员编制但在国家机关中从事公务的人员，在代表国家机关行使职权时，有渎职行为，构成犯罪的，依照《刑法》关于渎职罪的规定追究刑事责任。该立法解释虽然没有明示是对"国家机关工作人员"的解释，但渎职罪的主体均为国家机关工作人员，因此等于肯定了国有事业单位人员、事业编制人员以及不在编人员代表国家机关行使职权时的"国家机关工作人员"地位。据此，事业编制人员或者不具有国家机关工作人员身份的人员在依法执行公务时，可以成为妨害公务罪的对象。

4. 如何处理以暴力、威胁方法抗拒违法执行职务的情形

妨害公务罪所规定的四种行为类型，均要求针对"依法"执行职务或者履行职责。严格意义上讲，相关人员依法执行职务或者履行职责，不仅要实体合法，而且要程序合法。对于阻碍违法执行职务的情形，包括实体违法和程序违法的情形，一般不应以犯罪论处。实践中，存在较大争议的是，以暴力、威胁方法抗拒程序上存在一定瑕疵的执行职务行为，应该如何处理？笔者认为，应将一般错误的公务行为与违法的公务行为区别开来，对于程序有瑕疵但不影响合法性的一般错误公务行为，仍应通过刑法手段加以适当保护。如唐某等妨害公务案。[①]

2007 年 11 月 26 日上午，唐氏煤矿发生一起矿井塌方事故，矿工李某在事故中死亡。县安监局纪委书记文某和易某等人闻讯后随即赶到煤矿进行善后处理。文某等人到达时，死者亲属的情绪十分激动，文某喊道："我是县安监局的，是来处理矿难事故的，你们要冷静。"被告人邓某喊："你是县安监局的，人死了这么久你们才来，你们和煤矿是一起的，要打就打你们这些人！"然后，被告人唐某、邓某和邓某某对文某一顿拳打脚踢。事后经法医鉴定，文某的伤情属轻伤，系九级伤残。关于本案，有观点认为，唐某等人不构成妨害公务罪，理由之一就是依照《安全生产违法行为行政处罚办法》第 13 条的规定，安全生产行政执法人员在执行公务时，必须出示省级以上安全生产监督管理部门或者县级以上地方人民政府统一制作的有效行政执法证件。而文某当时没有出示有效证件。笔者认为，文某依法行使监督安全生产的职权，虽然其执法行为存在未出示执法证件这一程序瑕疵，但该瑕疵属于一般错误的公务行为，不影响文某职务行为整体上的合法性。文某已经表明了自己身份，

---

① 参见陈兴良主编：《刑法各论精释（下）》，人民法院出版社 2015 年版，第 924~925 页。

其未出示执法证件的行为并未侵犯执法对象的权利，且三被告人系指名道姓殴打安监局工作人员，故唐某等人的行为构成妨害公务罪。

5. 如何把握本罪的时空条件

构成本罪，要求行为人妨害公务的行为必须发生在依法执行公务时。一般来讲，执行公务要经过准备、实施和完成等阶段。因此，对依法执行公务的时空把握，不能过分拘泥于某一个时空节点，而应以有效保障职务行为的正常进行为着眼点来考虑。比如，江某某等妨害公务案。1999 年 11 月 10 日上午，云南省公安厅、诏安县政法委、县检察院、县工商局、县技术监督局、县烟草局等单位组成的联合打假车队，在诏安县岭下溪二级水电站查获了被告人江某某、黄学某、黄海某的装载有两台制假烟机及一台接嘴机的三辆农用车。江某某得知后，即以每人 50 元报酬聚集数百名不明真相的群众，在诏安县霞葛镇庄溪桥头拦截、围攻打假车队，将查扣的载有制假烟机器的农用车上的执法人员董某某等人拉出驾驶室进行殴打。黄学某与江某等人乘机开走三辆农用车。随后，江某某又聚集鼓动黄学某、黄海某等一群人，四处寻找打假队的摄像、照相资料，欲毁灭证据。后在诏安县烟草局的工具车内发现摄像机、照相机时，有人带头用石头砸破车门玻璃，抢走并砸坏摄像机和照相机，执法人员进行制止时，遭到黄海某等人殴打，直至公安人员赶到现场时才逃离。被劫走的三辆装有制假烟机器的农用车于同年 12 月 14 日被追回。经法医鉴定，执法人员董某某等人的伤情为轻微伤。[①]

本案中，公诉机关以抢劫罪起诉，一审法院以聚众哄抢罪定罪，其主要理由是：（1）联合打假队依法查扣了被告人的制假设备后在返回途中，此时职务行为已经执行完毕，因此妨害公务行为无从谈起。（2）联合打假队已经依法查扣了被告人的制假设备，根据《刑法》第 91 条第 2 款"在国家机关、国有公司、企业、集体企业和人民团体管理、使用或

---

① 参见中华人民共和国最高人民法院刑事审判第一庭、第二庭编：《刑事审判参考》（总第 28 集），法律出版社 2002 年版，第 56~58 页。

者运输中的私人财产，以公共财产论"的规定，该制假设备应当以公共财产论，被告人聚众以暴力方法公然夺回上述应以公共财产论的制假设备，是不法占有公共财产。（3）本案以妨害公务罪定罪量刑较之以抢劫罪或者聚众哄抢罪定罪量刑，有轻纵被告人之嫌，难以做到罪刑相适应。

二审法院改判各被告人构成妨害公务罪，主要理由是：（1）判断职务行为是否执行完毕，应根据职务行为的具体执行状况和内容，从整体上把握，而不宜将具有一体性和连续性的公务执行活动分割开来判断。本案中，联合打假队从查扣被告人制假设备到案发时止，公务行为仍在连续中。被告人从得知制假设备被查扣到聚众中途拦截执行公务车辆夺回制假设备这一期间，其目的直接指向于对抗打假执法的公务活动。（2）联合打假队依法查扣被告人的制假设备，是一种执法强制措施，被告人的行为是对抗执法强制措施，不是为了"不法占有公私财产"。（3）被告人欲强行夺回的制假设备，是犯罪工具，虽属不法财产，但毕竟为被告人自有。抢回自有物品与强占他人所有或公有财物显然不同，被告人不具有非法占有目的。

6. 如何划清本罪与其他犯罪的界限

本罪的伤害后果应以轻伤为限，对于以暴力阻碍国家机关工作人员、人大代表、红十字会工作人员依法执行职务或者履行职责，造成执行职务或履行职责人员重伤或者死亡的，应按处理牵连犯的原则，以故意伤害罪或者故意杀人罪处罚。

妨害公务罪之"公务"的范围广泛，其犯罪手段为使用暴力、威胁方法，因而本罪与其他扰乱公共秩序的犯罪以及某些侵犯人身权利的犯罪之间存在着法条竞合、想象竞合、牵连等关系。比如，本罪与拒不执行判决、裁定罪，扰乱法庭秩序罪，破坏选举罪，聚众阻碍解救妇女、儿童罪等犯罪之间即为法条竞合关系，应按照特别法优于普通法的原则处理。本罪与故意杀人罪、故意伤害罪之间即可能存在想象竞合的情况，应按照择一重处断的原则处理。对于妨害公务罪的牵连犯，一般应按照择一重处断的原则处理，但有两种情况需加以注意：（1）《刑法》第157条第2款规定，以暴力、威胁方法抗拒缉私的，以走私罪和本法第二百二十七条规定的阻碍国家机关工作人员依法执行职务罪，依照数罪并罚的规定处罚。因此，以暴力、威胁方法抗拒缉私的，构成妨害公务罪与走私罪的牵连犯，依法应数罪并罚，而不是择一重处断。（2）《刑法》第318条组织他人偷越国（边）境罪第1款第5项规定"以暴力、威胁方法抗拒检查的"，处七年以上有期徒刑或者无期徒刑，并处罚金或者没收财产。第321条运送他人偷越国边境罪第2款规定，在运送他人偷越国（边）境中，以暴力、威胁方法抗拒检查的，处七年以上有期徒刑，并处罚金。因此，以暴力、威胁方法抗拒检查的组织他人偷越国（边）境及运送他人偷越国（边）境的行为，直接构成组织他人偷越国（边）境罪或运送他人偷越国（边）境罪的情节加重犯，不再按妨害公务罪的牵连犯论处。

五十七、招摇撞骗罪

第二百七十九条 冒充国家机关工作人员招摇撞骗的，处三年以下有期徒刑、拘役、管制或者剥夺政治权利；情节严重的，处三年以上十年以下有期徒刑。

冒充人民警察招摇撞骗的，依照前款的规定从重处罚。

（一）概述

1. 概念和构成要件

招摇撞骗罪，是指冒充国家机关工作人员进行招摇撞骗活动，损害国家机关的形象、威信和正常活动，扰乱社会公共秩序的行为。

招摇撞骗罪的构成要件和主要特征是：

（1）本罪的客体是国家机关的形象、威信和社会公共秩序。国家机关工作人员代表国家机关对社会依法进行管理。冒充国家机关工作人员招摇撞骗，必然损害国家机关的形象、威信，同时，也必然扰乱国家对社会的正常管理活动。

（2）客观方面表现为冒充国家机关工作人员进行招摇撞骗活动。"冒充国家机关工作人员"，是指非国家机关工作人员假冒国家机关工作人员的身份、职位，或者某一国家机关工作人员冒用其他国家机关工作人员的身份、职位的行为。行为人冒充的对象必须是国家机关工作人员，如果冒充的是非国家机关工作人员，如高干子弟、港商、华侨、烈士子女、劳动模范等骗取非法利益的，不构成本罪。"招摇撞骗"，是指行为人以假冒的国家机关工作人员的身份进行炫耀，利用人们对国家机关工作人员的信任，以骗取非法利益。

（3）犯罪主体为一般主体，既可以是普通公民，也可以是国家机关工作人员。

（4）主观方面由故意构成，一般具有谋取非法利益的目的，如骗取某种荣誉称号、政治待遇、职位、学位、经济待遇、城市户口以及钱财等情形。

2. 法定刑

依照《刑法》第279条规定，犯招摇撞骗罪的，处三年以下有期徒刑、拘役、管制或者剥夺政治权利；情节严重的，处三年以上十年以下有期徒刑。

冒充人民警察招摇撞骗的，依照前款的规定从重处罚。

（二）疑难问题精析

1. 如何认定招摇撞骗行为

招摇撞骗是指冒充国家机关工作人员，骗取非法利益的行为，具体说：

第一，行为人冒充国家机关工作人员。被冒充的对象必须是国家机关工作人员。这里的国家机关，是指从事国家管理和行使国家权力的机关，包括国家元首、立法机关、行政机关、监察机关、审判机关、检察机关和军事机关。冒充国家机关工作人员表现为以下几种情形：一是非国家机关工作人员冒充国家机关工作人员（包括离职的国家机关工作人员冒充在职的国家机关工作人员）；二是此种国家机关工作人员冒充他种国家机关工作人员，如行政机关工作人员冒充司法工作人员；三是职务低的国家机关工作人员冒充职务高的国家机关工作人员（也不能绝对排除相反的情形）。此外，冒充已被撤销的国家机关的工作人员，足以使对方信以为真的，也可能构成本罪。

第二，行为人实施了骗取非法利益的行为。如果行为人出于虚荣心仅仅实施了冒充国家机关工作人员的行为，但并未借此骗取非法利益的，可不认定招摇撞骗罪。

例如张某某被控招摇撞骗案：2011年2月至2013年3月，被告人张某某在锦州某某房地产开发有限公司工作期间，负责动迁工作。张某某多次身着警服、佩戴警衔、警用标志，出示伪造的警察证、军官证。2013 年 8 月 24 日，公安机关对张某某位于锦州市松山新区南山一村的住宅进行搜查，发现张某某伪造的警察证、军官证和警服、警衔、警用标志、电棍枪。据此，检察机关指控被告人张某某犯招摇撞骗罪。一审法院经审理后以招摇撞骗罪判处张某某有期徒刑一年。一审宣判后，张某某提出上诉。二审法院经审理认为，招摇撞骗罪的犯罪构成要求主观方面应具有牟取非法利益的目的，而本案现有证据仅能证实张某某实施了着警服、佩戴警用标志的行为，无证据证实张某某着警服、佩戴警用标志系为了牟取非法利益，更无证据证实其实际牟取了非法利益，故不宜认定张某某构成招摇撞骗罪，遂宣判张某某无罪。[①] 当然，如果行为人的冒充行为本身符合伪造国家机关公文、证件、印章罪等罪构成要件的，可以相关罪名来认定。

第三，行为人骗取非法利益与其冒充国家机关工作人员的行为之间具有关联性。换言之，冒充国家机关工作人员的行为对其骗取非法利益以及受害人受骗起到了决定性作用。如果行为人骗取非法利益并未以冒充国家机关工作人员为手段的，即两行为之间不存在有机联系的，则不宜认定招摇撞骗罪，但其骗取数额较大财物的行为依法可构成诈骗罪。

例如任某某诈骗案：被告人任某某待业期间，在龙江二手车网站发现有人把没有手续的车自己做一套假手续后当作手续齐全的车出卖，便在网上联系。2007 年 4 月，任某某从哈尔滨市呼兰区刘某手里花 17000 元买了一台捷达轿车，花 18500 元买了一台捷达王轿车。后任某某花 2000 元让做假证件的人分别给这两台车各做了一套齐全的假手续，后在龙江二手车网上联系出卖。同年 6 月 10 日，被害人王某在网上看到任某某卖车的信息，便与其联系，约定次日中午在哈尔滨市公安局南岗分局门前看车。王某如约到南岗分局门前给任某某打电话，此时任某某身着警察制服在南岗分局一楼大厅等候，接王某的电话后从南岗分局走出来。

---

① 参见辽宁省锦州市中级人民法院（2015）锦刑二终字第 00176 号。

王某问其身份，任某某答是南岗公安分局经侦民警，并自称叫王伟。经协商，捷达车以28000元每辆成交，双方签订了合同，王某付款28000元。法院经审理认为，被告人任某某为骗取他人钱财而身着警服实施诈骗活动，冒充人民警察的行为对于受害人陷入认识错误不起决定作用，受害人陷入认识错误是其虚构的其他事实导致的，因此对被告人应认定诈骗罪而非招摇撞骗罪。[①]

第四，招摇撞骗行为具有公开性。招摇撞骗罪是扰乱公共秩序的行为，而这里的公共秩序，主要是指国家机关工作人员及其公务活动的公信力。招摇撞骗行为就是将自己的冒充身份公开，能够让他人相信自己是国家机关工作人员，从而用国家机关工作人员的公信力去骗取非法利益，由此对公共秩序造成损害。可见，即使存在冒充国家机关工作人员的行为，行为人并没有到处炫耀，只是针对特定个人宣称自己是国家机关工作人员，可不认定招摇撞骗罪。

例如张某被控招摇撞骗案：2015年3月至4月期间，被告人张某为维持熊某的信任和继续保持情侣关系等目的，在网上购买了伪造的人民警察证、警服等警用装备，给熊某看后谎称自己通过关系成了正式警察。据此，检察机关指控被告人张某犯招摇撞骗罪。法院经审理认为，被告人张某利用伪造的人民警察证、警服等装备仅用于骗取熊某的信任，并未以牟取非法利益为目的到处炫耀，实施损害国家机关形象、威信和正常活动的行为，故张某不构成招摇撞骗罪，公诉机关指控的罪名不成立。[②]

2. 行为人冒充实际上并不存在的国家机关的工作人员骗取非法利益的，能否构成招摇撞骗罪

我们持基本肯定的立场。冒充国家机关工作人员侵害的法益是公民对于国家机关的信任，只要行为人的冒充行为，足以让被害人误认其为

---

① 参见黑龙江省哈尔滨市南岗区人民法院（2008）南刑初字第541号。
② 参见重庆市万州区人民法院（2016）渝0101刑初1172号。

国家机关工作人员，此情形下仍可能构成招摇撞骗罪。当然，行为人虚构并不存在的国家机关，被害人能否辨析其真实性，与被害人受教育程度和认知能力有关，对此还应当坚持按一般人的认识标准进行综合判断。

3. 行为人实施招摇撞骗行为是否必须对应其假冒的具体身份

例如行为人假冒交通警察，取得被害人的信任。被害人听信其能消除交通违法记录的说辞，遂出钱委托其消除违法记录被骗；或者被害人听信其与刑事警察熟悉，可以帮助对案件不立案，遂出钱被骗；或者被害人听信其与检察官、法官熟悉，可以帮助对案件从轻处理，遂出钱被骗；等等。这些情形均不影响认定行为的招摇撞骗性质。招摇撞骗罪的实质是冒充国家机关工作人员，取得他人信任，并基于这种信任骗取非法利益。其骗取非法利益的基础是信任，而信任的基础是国家机关工作人员的身份。至于取得被害人信任后，从事获取非法利益的特定行为，是否直接对应其假冒的具体身份，应不影响行为的性质认定。

4. 如何认定招摇撞骗谋取的"非法利益"

犯招摇撞骗罪的行为人一般具有骗取非法利益的目的。所谓骗取非法利益，既包括骗取钱财，也包括骗取荣誉称号、政治待遇、职位、学位、经济待遇、城市户口等。在具体认定上要注意几个问题：

第一，这里的非法利益一般是指可以量化的具体利益，既可以是财物，也可以是学位、经济待遇、政治待遇，甚至是冒充国家机关工作人员欺骗他人与其发生性关系等。如果不能认定或推定行为人系在谋取可以量化的某种非法利益，则认定招摇撞骗罪应当慎重。如其行为符合其他犯罪构成要件的，可以相关罪名来认定。

例如石某被控冒充军人招摇撞骗案：被告人石某在接受盘查时向治安员出示了伪造的军官证以冒充军人。据此，检察机关指控被告人石某犯冒充军人招摇撞骗罪。法院经审理认为，被告人石某冒充军人的主观目的只是为了逃避检查，并非为了获取非法利益，故其行为不符合冒充军人招摇撞骗罪的主观要件，依法不构成冒充军人招摇撞骗罪。[①]

第二，行为人出于招揽业务而非谋取非法利益的目的，冒充国家机关工作人员，一般也应当慎重认定招摇撞骗罪。如其行为符合其他犯罪构成要件的，可以相关罪名来认定。

例如吴某被控招摇撞骗案：2013 年 12 月份，王某甲联系刘某甲帮其办理入户深圳的手续。经刘某甲的介绍，王某甲与被告人吴某、丁某（另案处理）在广东省深圳市罗湖区东湖公园附近见面。被告人吴某持伪造的人民警察证冒充广东省深圳市公安局南山分局人民警察，从而取得被害人王某甲的信任。见面后，吴某和王某甲双方约定好由吴某帮一名为柳某的女子办理积分入户深圳的手续，事后由王某甲支付吴某 4 万元人民币的费用。之后，吴某将被害人提供的相关材料交由陈某帮忙办理，陈某则将上述证件转交给刘某乙办理入户手续。其间，丁某先行垫付了 1 万元的手续费。因在双方约定的时间内未能办理好相关手续，王某甲于 2014 年 2 月初联系吴某，让其归还相关材料，无需继续办理入户手续，而吴某则要求王某甲交付已经支付的 1 万元人民币手续费。王某甲报案后，公安人员于 2014 年 3 月 3 日在深圳市罗湖区凤凰路麦当劳餐厅内将吴某抓获，并在其身上缴获伪造的其本人姓名的人民警察证一张。据此，检察机关指控被告人吴某犯招摇撞骗罪。法院经审理认为，被告人吴某虽然冒充警察得到被害人的信任，从而获取了代理被害人积分入户的业务，但之后吴某确实委托他人办理入户事宜并让其朋友垫付了人民币 1 万元，可见吴某冒充警察的目的是获取业务而非骗取非法利益。因此吴某的行为不构成招摇撞骗罪。吴某伪造警察证件并用于招揽业务，严重影响国家机关的信誉，侵犯了国家机关的威信，社会危害性较大，其行为已构成伪造国家机关证件罪，遂以该罪判处吴某有期徒刑七个月。

第三，非法利益应不包括数额巨大的财物。有观点认为，招摇撞骗获取的非法利益不包括数额较大的财产利益，一旦涉及的财产利益数额

---

① 参见广东省广州市中级人民法院（2014）穗中法刑一终字第 750 号。

较大，就不应再认定招摇撞骗罪，而应直接认定诈骗罪。我们不同意此观点。首先应明确招摇撞骗罪中的非法利益包括财产利益。其次，考虑到具体认定上招摇撞骗罪与诈骗罪的协调问题，从保持罪刑均衡的角度，可将财产利益限定在尚未达到数额巨大的情形。因为，如果招摇撞骗行为人骗取财物的数额巨大，通常属于"情节严重"的情形，其法定刑为三年以上十年以下有期徒刑。此类招摇撞骗行为本身也符合诈骗罪的构成要件，而诈骗他人财物数额巨大的，其法定刑为三年以上十年以下有期徒刑，并处罚金。比较而言，诈骗罪属于重罪名，按照法条竞合犯从一重罪处罚的原则，一般应当以诈骗罪论处，而不再认定招摇撞骗罪；如果招摇撞骗取得的财物数额特别巨大，由于此情形下认定诈骗罪最高可以判处无期徒刑，更应以诈骗罪来论处。所以，以骗取财物为目的的招摇撞骗行为，对其以招摇撞骗罪论处的限制条件一般应是针对骗取少量或数额较大财物的情形，对骗取了数额巨大或特别巨大财物的招摇撞骗行为，从罚当其罪的角度，应以诈骗罪论处。

5. 招摇撞骗罪"情节严重"如何认定

"情节严重"是招摇撞骗罪的加重处罚情节，目前尚无司法解释规定。按照罪责刑相适应原则，在实践中可从招摇撞骗罪的犯罪构成要件、侵犯的客体、造成的后果等方面着手，以犯罪行为的社会危害性程度作为衡量指标。据此，我们认为，该罪情节严重应包括以下几种情形：一是多次招摇撞骗，参照司法实践，这里的"多次"可界定为三次或三次以上；二是造成恶劣社会影响，严重损害国家机关形象和威信；三是造成被害人及其近亲属自杀、自残导致死亡、严重残疾或者精神失常的；四是情节严重的其他情形。

6. 如何划清招摇撞骗罪与诈骗罪的界限

冒充国家机关工作人员招摇撞骗，客观上也是采用欺骗手段，而且谋取的非法利益也可能是财物，容易与诈骗罪混淆。两者的主要区别是：

（1）侵犯的对象与客体。招摇撞骗罪谋取的非法利益，不限于财物，还包括地位、待遇、荣誉以及玩弄女性等，侵犯的客体主要是国家机关的威信和形象；而诈骗罪骗取的对象仅限于财物，侵犯的是公私财物的所有权。

（2）行为手段不同。招摇撞骗罪的行骗手段必须以冒充国家机关工作人员的身份来进行，即利用国家机关工作人员的特殊身份及其所代表的公信力来骗取他人的信任，以达到行骗目的；而诈骗罪的行骗手段则无此限制，可以是采用任何虚构事实或者隐瞒真相的方式来实施。

（3）犯罪目的不同。招摇撞骗罪行为人的目的是追求非法利益，这种非法利益包括爱情、职位、荣誉、资格等利益以及一些财产性的利益等，其犯罪目的的内涵较之诈骗罪要广泛得多；而诈骗罪行为人的犯罪目的就是直接从他人那里骗取财物。

（4）构成犯罪有无数额限制不同。招摇撞骗罪中的非法利益并不限于财物，所以，其犯罪构成在骗取财物数额方面没有特别的要求，其社会危害性主要表现在对国家机关威信和社会公共秩序所造成的破坏和恶劣影响上；而诈骗罪既遂的成立则要求骗取的财物必须达到"数额较大"的程度。

7. 冒充国家机关工作人员进行诈骗，同时构成诈骗罪和招摇撞骗罪的如何定罪处罚

如果行为人冒充国家机关工作人员骗取他人数额较大的财物，此时应同时符合招摇撞骗罪和诈骗罪的构成要件，此情形属于法条竞合。按照刑法基本原理，应当从一重罪处罚。对此，《最高人民法院、最高人民检察院关于办理诈骗刑事案件具体应用法律若干问题的解释》第8条已作出规定："冒充国家机关工作人员进行诈骗，同时构成诈骗罪和招摇撞骗罪的，依照处罚较重的规定定罪处罚。"《最高人民法院、最高人民检察院、公安部关于办理电信网络诈骗等刑事案件适用法律若干问题的意见》在全面惩处关联犯罪中第3项亦规定："冒充国家机关工作人员实施电信网络诈骗犯罪，同时构成诈骗罪和招摇撞骗罪的，依照处罚较重的规定

定罪处罚。"

需要注意的问题是，当以骗取财物为目的的招摇撞骗罪与诈骗罪出现交叉竞合时，如何适用重法条优于轻法条的原则？我们认为，应当区分不同情况加以处理：

（1）骗取财物数额较大的情形。此时，招摇撞骗罪有两档法定刑：情节一般的，法定刑为三年以下有期徒刑、拘役、管制或者剥夺政治权利；情节严重的，法定刑为三年以上十年以下有期徒刑。而诈骗罪的法定刑为三年以下有期徒刑、拘役和管制，并处或者单处罚金，重于情节一般的招摇撞骗罪的法定刑，又轻于情节严重的招摇撞骗罪的法定刑。由此，根据具体案情，如判定属于情节严重的招摇撞骗行为应以招摇撞骗罪论处，反之，则应以诈骗罪论处。通常而言，招摇撞骗罪同时又是一种破坏国家机关威信的行为，当行为人冒充国家机关工作人员招摇撞骗的同时骗取数额较大的财物时，从责任评价上理应重于不是采用冒充国家机关工作人员的方法骗取同等数额财物的普通诈骗罪。因此，在这种情况下，可视为招摇撞骗情节严重，适用招摇撞骗罪的第二档法定刑来定罪量刑。

（2）骗取财物数额巨大的情形。此时，诈骗罪的法定刑为三年以上十年以下有期徒刑，并处罚金，而招摇撞骗罪没有罚金的规定，因此，诈骗罪属于重法条，应以诈骗罪论处。

（3）骗取财物数额特别巨大的情形，由于对应的诈骗罪的法定刑最高为无期徒刑，按照从一重罪处罚原则，应当以诈骗罪论处。

当然，如果行为人招摇撞骗行为骗取的财物没有达到数额较大的程度，自然也就没有交叉竞合以及适用诈骗罪的余地。如需要定罪处罚的话，则直接以招摇撞骗罪论处即可。

8.冒充国家机关工作人员骗取财物的同时又骗取其他非法利益的行为应如何定罪处罚

对于行为人冒充国家机关工作人员骗取财物的同时又骗取其他非法

利益的，由于多次行骗是基于一个概括故意支配下的连续性行为，故一般以一罪论处，不实行数罪并罚。如果以招摇撞骗罪处罚为重，则认定招摇撞骗罪；反之，则认定诈骗罪。

例如被告人李某某招摇撞骗、诈骗案：1999年4月，被告人李某某经人介绍认识了居住在西安市冶金厂家属区的郭某某（女），李某某谎称自己是陕西省法院处级审判员，可帮郭某某的两个儿子安排到省法院汽车队和保卫处工作，骗取了郭某某的信任，不久两人非法同居几个月。其间，李某某还身着法官制服，将郭某某带到陕西省法院及渭南市的公检法机关，谎称办案，使郭某某对其深信不疑。1999年7月初，被告人李某某认识了某法院干部（已亡两年）的遗孀周某某，李某某谎称自己是陕西省法院刑庭庭长，因吸烟烧毁了法官制服，遂从周某某处骗取法官制服2件及肩章、帽徽。随后李某某因租房认识了房东邵某某（女），李某某身着法官制服自称是陕西省法院刑一庭庭长并谎称和陕西省交通厅厅长关系密切，答应将其女儿调进陕西省交通厅工作，以需要进行疏通为名，骗取了邵某某人民币4000元。1999年8月，王某某（女）因问路结识了身着法官制服的被告人李某某，李某某自称是陕西省法院刑一庭庭长，可帮王某某的表兄申诉经济案件，骗得王某某的信任，并与王某某非法同居。1999年9月18日，被告人李某某身着法院制服到陕西省蓝田县马楼镇玉器交易中心，因躲雨与该中心经理郭某某闲聊，李某某自称是陕西省法院刑一庭庭长，骗得郭某某的信任，答应可帮郭某某的妹夫申诉经济案件，骗取了郭某某的玉枕一个、项链一条（价值共计240元）。1999年9月22日，与李某某非法同居的王某某到陕西省法院询问李某某的情况，得知李某某骗人的真相，遂向公安机关报案并协助公安机关将李某某抓获。据此，检察机关指控被告人李某某犯诈骗罪、招摇撞骗罪。法院经审理认为，对被告人李某某应以招摇撞骗罪一罪进行处罚而不适用数罪并罚，遂以招摇撞骗罪判处李某某有期徒刑四年。[①]

我们认为，法院的判决是正确的。首先，从本案案情来看，被告人李某某是基于一个概括的故意，在前后不长的几个月时间内，频频冒充国家机关工作人员，连续对多人进行多次行骗，既骗财骗物，又骗色。所骗的内容固然不同，但均未超出招摇撞骗罪行骗内容的范围。虽然在李某某一系列的行骗行为中，骗财骗物的行为符合诈骗罪的构成，骗取其他非法利益的行为也符合招摇撞骗罪的构成，但由于行为人是基于一个概括的故意，实施的都是以冒充国家机关工作人员为同样手段的连续性的招摇撞骗行为，故属于刑法理论上所讲的连续犯的情形，在处断上应作为一罪处理。其次，李某某冒充国家机关工作人员招摇撞骗骗取他人财物的行为，虽然既符合招摇撞骗罪的犯罪构成，又符合诈骗罪的犯罪构成，形成交叉竞合关系，但其所骗取财物的数额仅仅达到较大的程度，故依照交叉竞合情况下重法条优于轻法条的适用原则，也应按招摇撞骗罪定罪，其中骗取他人财物的行为可视为情节严重，依该罪第二档法定刑处罚。换言之，被告人所骗内容不同的两部分行为均构成招摇撞骗罪，属于同种数罪。根据司法实践，判决前的同种数罪不适用数罪并罚。总之，就本案实际情况而言，没有数罪并罚的充分理由和必要性。故人民法院以招摇撞骗罪在三到十年有期徒刑的法定刑幅度内判处其有期徒刑四年，是适当的。

9. 冒充正在执行公务的人民警察、联防人员非法占有他人财物的行为定性

根据《最高人民法院关于审理抢劫、抢夺刑事案件适用法律若干问题的意见》的规定，行为人冒充正在执行公务的人民警察"抓赌""抓嫖"、没收赌资或者罚款的行为，构成犯罪的，以招摇撞骗罪从重处罚；在实施上述行为中使用暴力或者暴力威胁的，以抢劫罪定罪处罚。行为

---

① 参见中华人民共和国最高人民法院刑事审判第一庭、第二庭编：《刑事审判参考》（总第24集），法律出版社2002年版。

人冒充治安联防队员"抓赌""抓嫖"、没收赌资或者罚款的行为，构成犯罪的，以敲诈勒索罪定罪处罚；在实施上述行为中使用暴力或者暴力威胁的，以抢劫罪定罪处罚。

10. 如何划清招摇撞骗罪与冒充军人招摇撞骗罪的界限

《刑法》对招摇撞骗罪与冒充军人招摇撞骗罪的规定存在法条竞合关系。两者的主要区别在于：其一，侵犯的客体不同。前者侵犯的直接客体主要是国家机关的声誉及其正常活动，后者侵犯的直接客体主要是军队的声誉及其正常活动。其二，犯罪对象不同。前者的犯罪对象是除军事机关外的国家机关工作人员身份，后者的犯罪对象是现役军人身份。

11. 如何理解"冒充人民警察招摇撞骗从重处罚"的规定

根据《刑法》第279条第2款的规定，冒充人民警察招摇撞骗的，应当从重处罚。这是指对冒充人民警察招摇撞骗，情节一般的，在三年以下有期徒刑、拘役、管制或者剥夺政治权利的量刑幅度内，处以较重的刑罚；情节严重的，在三年以上十年以下有期徒刑的量刑幅度内，处以较重的刑罚。《刑法》之所以规定对冒充人民警察招摇撞骗的从重处罚，主要是考虑到人民警察肩负着维护国家安全，维护社会治安秩序，保护公民的人身和财产安全的职责，国家法律赋予其各种带强制性的特殊权力，而且与社会治安和人民群众的生活秩序有着特别密切的联系。冒充人民警察招摇撞骗，既损害了人民警察的形象和威信，又严重损害了人民群众和社会利益，必须依法严厉惩处。

五十八、伪造、变造、买卖国家机关公文、证件、印章罪

第二百八十条第一款　伪造、变造、买卖或者盗窃、抢夺、毁灭国家机关的公文、证件、印章的，处三年以下有期徒刑、拘役、管制或者剥夺政治权利，并处罚金；情节严重的，处三年以上十年以下有期徒刑，并处罚金。

（一）概述

1. 概念和构成要件

伪造、变造、买卖国家机关公文、证件、印章罪，是指伪造、变造、买卖国家机关公文、证件、印章的行为。

本罪的主旨是保护国家机关公文、证件、印章的公共信用及其管理秩序，惩治伪造、变造、买卖此类信物的犯罪行为。它是从1979年《刑法》第167条规定的伪造、变造公文、证件、印章（妨害公文、证件、印章罪），吸收改为1997年《刑法》具体规定的，并增加"买卖"行为。2015年8月29日通过的《刑法修正案（九）》第22条对本罪增加了罚金刑。

伪造、变造、买卖国家机关公文、证件、印章罪的构成要件和主要特征是：

（1）本罪的客体是国家机关的公文、证件、印章的管理秩序和信誉。国家机关制作的公文，使用的证件和印章，是其行使职权、管理社会的重要凭证和手段。任何伪造、变造、买卖国家机关公文、证件、印章的行为，都会影响其管理秩序，损害其声誉，从而破坏社会管理秩序。

本罪侵犯的对象仅限于国家机关的公文、证件、印章。"国家机关"，是指各级国家权力机关、行政机关、监察机关、司法机关、军事机关、中国共产党的机关、中国人民政治协商会议机关及其下设机构、派出机构、临时机构；"公文"，是指国家机关在其职权范围内，以其名义制作

的用以指示工作、处理问题或者联系事务的各种书面文件，如决定、命令、决议、指示、通知、报告、信函、电文等；"证件"，是指国家机关制作颁发的用以证明身份、权利义务关系或者有关事实的凭证，主要包括证件、证书等；"印章"，是指刻有国家机关组织名称的公章或者某种特殊用途的专用章。公文、证件、印章是国家机关行使职权的符号和标志。用于国家机关公务活动的私人印鉴、图章也应视为公务印章。国家机关中使用的与其职权无关的印章，不属于公务印章，如收发室的印章等，不能成为本罪的对象。

（2）客观方面表现为实施伪造、变造、买卖国家机关公文、证件、印章的行为。"伪造"，是指非法假造应当由国家机关制作的公文、证件、印章的行为；"变造"，是指用涂改、涂抹、拼接等方法，对真实的公文、证件、印章进行改制，变更其原来真实内容的行为；"买卖"，是指以金钱为交换条件，非法购买或者销售国家机关公文、证件、印章的行为。

（3）犯罪主体为一般主体。

（4）主观方面为故意。过失不构成本罪。行为人的犯罪动机可能是多种多样的，有的是牟利，有的是为实施其他犯罪作准备，等等。但动机不影响本罪的成立。

2. 法定刑

依照《刑法》第280条第1款规定，犯伪造、变造、买卖国家机关公文、证件、印章罪的，处三年以下有期徒刑、拘役、管制或者剥夺政治权利，并处罚金；情节严重的，处三年以上十年以下有期徒刑，并处罚金。

司法机关在适用本条第1款规定处罚时，应当注意以下问题：

（1）本罪中的"情节严重"是加重处罚情节。司法实践中，一般是指多次或者大量伪造、变造、买卖国家机关公文、证件、印章的；伪造、变造、买卖国家机关重要的公文、证件、印章的；造成恶劣政治影响或者重大经济损失等严重危害后果的；动机、目的十分恶劣，如出于打击报复或者诬陷他人的，等等。

（2）买卖伪造、变造的国家机关公文、证件、印章的，以本罪论处。1998 年 12 月 29 日公布施行的《全国人民代表大会常务委员会关于惩治骗购外汇、逃汇和非法买卖外汇犯罪的决定》（以下简称《惩治骗购外汇、逃汇和非法买卖外汇立法解释》）第 2 条规定，买卖伪造、变造的海关签发的报关单、进口证明、外汇管理部门核准件等凭证和单据或者国家机关的其他公文、证件、印章的，依照《刑法》第 280 条的规定定罪处罚。

（3）注意本罪牵连犯的处罚。伪造、变造、买卖国家机关公文、证件、印章进行其他犯罪活动，如伪造证件，骗取数额较大的财物；有配偶的人伪造国家机关的印章制作假证明，骗取结婚登记而重婚的，等等，属于牵连犯，应按处理牵连犯的原则，从一重罪处罚。

（4）注意伪造、变造、买卖机动车行驶证、登记证书的解释。根据 2007 年 5 月 11 日施行的《最高人民法院、最高人民检察院关于办理与盗窃、抢劫、诈骗、抢夺机动车相关刑事案件具体应用法律若干问题的解释》第 2 条的规定，伪造、变造、买卖机动车行驶证、登记证书，累计 3 本以上的，依照《刑法》第 280 条第 1 款的规定，以伪造、变造、买卖国家机关证件罪定罪，处三年以下有期徒刑、拘役、管制或者剥夺政治权利。伪造、变造、买卖机动车行驶证、登记证书，累计达到上述规定数量标准 5 倍以上的，属于《刑法》第 280 条第 1 款规定中的"情节严重"，处三年以上十年以下有期徒刑。

（5）注意伪造、变造、买卖机动车证明文件的规定。根据 1998 年 5 月 8 日公布的《最高人民法院、最高人民检察院、公安部、国家工商行政管理局关于依法查处盗窃、抢劫机动车案件的规定》第 7 条规定，伪造、变造、买卖机动车牌证及机动车入户、过户、验证的有关证明文件的，依照《刑法》第 280 条第 1 款的规定处罚。

（6）注意涉及林业、野生动物的犯罪和处罚。根据《最高人民法院关于审理破坏森林资源刑事案件具体应用法律若干问题的解释》第 13 条规定，对于伪造、变造、买卖林木采伐许可证、木材运输证件，森林、林木、林地权属证书，占用或者征用林地审核同意书、育林基金等缴费收据以及其他国家机关批准的林业证件构成犯罪的，以伪造、变造、买卖国家机关公文、证件罪定罪处罚。对于买卖允许进出口证明书等经营许可证明，同时构成《刑法》第225条、第280条规定犯罪的，依照处罚较重的规定定罪处罚。根据2000年12月11日施行的《最高人民法院关于审理破坏野生动物资源刑事案件具体应用法律若干问题的解释》（已失效）第9条规定，伪造、变造买卖国家机关颁发的野生动物允许进出口证明书、特许猎捕证、狩猎证、驯养繁殖许可证等公文、证件构成犯罪的，以伪造、变造、买卖国家机关公文、证件罪定罪处罚。实施上述行为构成犯罪，同时构成非法经营罪的，依照处罚较重的规定定罪处罚。

（7）注意虚假诉讼、妨害信用卡管理涉及本罪的处罚。2018年10月1日起施行《最高人民法院、最高人民检察院关于办理虚假诉讼刑事案件适用法律若干问题的解释》第7条规定，采取伪造证据等手段篡改案件事实，骗取人民法院裁判文书，构成犯罪的，依照《刑法》第280条、第307条等规定追究刑事责任。2018年11月28日经修正的《最高人民法院、最高人民检察院关于办理妨害信用卡管理刑事案件具体应用法律若干问题的解释》第4条第1款规定，为信用卡申请人制作、提供虚假的财产状况、收入、职务等资信证明材料，涉及伪造、变造、买卖国家机关公文、证件、印章，或者涉及伪造公司、企业、事业单位、人民团体印章，应当追究刑事责任的，依照《刑法》第280条的规定，分别以伪造、变造、买卖国家机关公文、证件、印章罪和伪造公司、企业、事业单位、人民团体印章罪定罪处罚。

（8）伪造、变造、买卖政府设立的行使行政管理权的临时性机构的公文、证件、印章的，以本罪论处。2003年6月3日《最高人民检察院法律政策研究室关于伪造、变造、买卖政府设立的临时性机构的公文、证件、印章行为如何适用法律问题的答复》指出，伪造、变造、买卖各级人民政府设立的行使行政管理权的临时性机构的公文、证件、印章行为，构成犯罪的，应当依照《刑法》第280条第1款的规定，以伪造、变造、买卖国家机关公文、证件、印章罪追究刑事责任。

（9）注意伪造国家机关公文、证件担任国家工作人员职务并利用职务上的便利实施犯罪的并罚。2004年3月20日《最高人民法院研究室关于对行为人通过伪造国家机关公文、证件担任国家工作人员职务并利用职务上的便利侵占本单位财物、收受贿赂、挪用本单位资金等行为如何适用法律问题的答复》指出，行为人通过伪造国家机关公文、证件担任国家工作人员职务以后，又利用职务上的便利实施侵占本单位财物、收受贿赂、挪用本单位资金等行为，构成犯罪的，应当分别以伪造国家机关公文、证件罪和相应的贪污罪、受贿罪、挪用公款罪等追究刑事责任，实行数罪并罚。

（二）疑难问题精析

1. 如何理解和认定本罪中的伪造、变造

尽管外国刑法的伪造有伪造、变造、制作虚伪文书等多种含义，①但根据我国《刑法》有关规定，本罪中的伪造是指非法假造应当由国家机关制作的公文、证件、印章的行为，包含伪造、变造、擅自制作虚伪公文等，可以分为有形伪造和无形伪造。这是广义和通常意义的伪造，就是制作虚假公文等。有形伪造是指没有制作权限的人，冒用国家机关的名义制作不真正文书（即名义人与制作人不一致的），即狭义的伪造，与无形伪造相对应；无形伪造是指有制作权限的人，擅自以国家机关的名义制作与事实不相符合的虚伪公文、证件。有形伪造和无形伪造还分别包括变造。最狭义的伪造是指除变造外的伪造，一般与变造并列。伪造一般包括变造，因为变造是在真实公文基础上对非本质部分的伪造。对此，2000年11月15日通过的《最高人民法院关于对变造、倒卖变造邮

---

① 参见张明楷：《外国刑法纲要》，清华大学出版社2007年版，第678页。

票行为如何适用法律问题的解释》指出：对变造或倒卖变造的邮票数额较大的，应当依照《刑法》第270条第1款的规定（伪造、倒卖伪造的有价票证罪）定罪处罚。2005年1月17日公布的《全国人大常委会法工委刑法室关于对变造、出售变造普通发票行为的定性问题的意见》中指出："伪造、擅自制造，或者出售伪造、擅自制造的前款规定以外的其他发票"的行为，包括变造、出售变造的普通发票的行为。伪造的程度必须达到在外观形式上足以使一般人误认是真实的。如果伪造达到这种程度，即使在形式上或要件上并不完备，也认为是伪造。伪造行为达到这种程度就是既遂，是否发生实害不影响伪造成立。伪造的手段和方法没有限制，可以冒用他人名义制作新文书，也可以对已有未完成或失效的文书进行加工。

变造是指对真实的公文、证件、印章，用涂改、涂抹、拼接等方法，改变其非本质内容，变更其原来真实内容的行为。变造包括两类：一是有形伪造中的变造，是指没有制作权限的人，冒用国家机关的名义非法变更已有文书的非本质部分；二是无形伪造中的变造，是指有制作权限的人，擅自以国家机关的名义非法变更已有文书的非本质部分。如果在权限内制作文书时出现错误，不是故意更改内容的，不成立变造。变造的成立有以下三个要件：一是变造的主体是无权更改者。有更改权的人或无权的人事先得到有更改权人的授权或同意，在其权限内更改，不成立变造。公文证件的制作者在制作过程中有对与事实不符的更改权，在其完成后就没有了对原来制作的公文证件的更改权，这时更改内容的，也可以构成本罪。二是变造的对象是国家机关已完成制作的真正公文、证件。如果更改的是未完成的或伪造的，则是伪造。三是变造的程度必须是对非本质部分的更改，使人误认已有的公文、证件具有新的证明力。达到使一般人对更改后的内容信以为真的程度，就构成变造的既遂，不要求产生实害后果。如更改本质部分的，属于伪造。区别伪造与变造的关键在于，是否对本质部分进行更改，更改前与更改后的物之间是否具有同一性。具有同一性的就是对非本质部分的更改，是变造；丧失了同一性的，则是伪造。如对证件中的姓名的更改属于本质部分更改，因而是伪造。变造的方法没有限制，可以消除不利或增添有利部分，也可以将不利部分替换为有利部分。

2. 有制作权的人擅自以国家机关名义制作与事实不符的公文、证件、印章的，是否构成本罪

对此情形我国刑法学界有不同认识，有许多学者把伪造理解为无制作权人冒用名义非法制作的有形伪造，而将此种情形的无形伪造排除在外，认为此种情形下是一种滥用职权行为，一般人无法判断其内容的真假，国家机关的制作权未受侵犯，不符合本罪的构成特征。[①]这一问题涉及该罪的保护对象范围，各国刑法规定不同。德国刑法采取形式主义，即伪造文书罪的保护对象是制作名义的真实性、形式上的真实性。只有没有制作权限的人冒用他人名义制作的，才成立伪造文书罪。法国刑法采取实质主义，即伪造文书罪的保护对象是文书内容的真实性、实质的真实性。有制作权限的人制作内容违反真实性的，也成立伪造文书罪。日本、瑞士刑法采取折中主义，即以形式主义为基础，同时对文书的真实性进行保护。没有制作权限的人冒用他人名义制作的，有制作权的人制作内容虚假的文书的，都成立伪造文书罪。[②]

笔者认为，折中主义符合我国刑法伪造包括有形伪造和无形伪造的实际，此种情形构成本罪。因为保护公文等的公共信用首先应当保证其形式真实，制裁冒用名义制作形式虚假的行为；同时一定要保护文书内容的真实性，制裁制作内容虚假的行为，而这正是刑法规定伪造文书犯罪的初衷和目的。有制作权的人擅自以国家机关名义制作与事实不符的公文、证件、印章的行为，也破坏了国家机关的公共信用，影响人们对

---

① 参见苏惠渔主编：《刑法学》，中国政法大学出版社1997年版，第687页；郭立新等主编：《刑法分则适用典型疑难问题新释新解》(第2版)，中国检察出版社2010年版，第457页。

② 张明楷：《外国刑法纲要》，清华大学出版社1999年版，第704~705页。

国家机关公文、证件、印章的信赖程度，进而影响国家机关维护社会秩序和发挥职能作用。司法实践中，对此情形也是以伪造、变造、买卖国家机关公文、证件、印章罪处罚的。例如，舒某某受贿、伪造公文案。[①] 舒某某作为武装部参谋，非法印制空白入伍通知书和批准书，被以伪造公文罪判处有期徒刑三年。

3. 伪造虚构的国家机关公文、证件、印章的，是否构成本罪

伪造虚构的国家机关公文、证件、印章的，是否构成犯罪，刑法学界有不同认识。有的认为，群众难以分辨某个具体国家机关是真实还是虚构的，国家机关是个整体概念，伪造虚构的国家机关公文、证件、印章的行为会对真实的国家机关信誉和正常活动造成侵害，使国家机关威信降低，还危害国家正常管理秩序，客观上侵犯了国家机关的公共信用，对此行为应以本罪论处。[②] 有的认为，虚构的国家机关根本不存在，也就谈不上侵犯其管理活动和信誉，这种伪造行为不构成本罪。[③]

笔者认为，对此情况应当具体分析。一般而言，伪造国家机关公文、证件、印章罪侵害的是国家机关的公共信用，成立的前提是该公文、证件、印章有真实的国家机关存在。如果以虚构的国家机关之名伪造其公文、证件、印章的，不会侵害真实国家机关的信誉，一般不构成伪造公文、证件、印章罪。同时从体系解释来看，同一条文规定的"盗窃、抢夺、毁灭国家机关公文、证件、印章罪"中的国家机关必须是真实存在的国家机关，对同一条文中的"国家机关"应当作前后一致的理解。但是，本罪既保护已由国家机关制作的公文等，又保护应由国家机关制作的公文等。如果虚构的机构在现实中有与其名称（含简称）近似、职能对应的国家机关或者其所属单位为真实的国家机关，容易让社会公众混淆误认，往

---

① 参见法信码 A6.H11221，数罪。
② 参见王作富主编：《刑法分则实务研究（中）》，中国方正出版社 2010 年版，第 1172 页；张明楷：《刑法学》，法律出版社 2003 年版，第 802 页。
③ 参见郭立新等主编：《刑法分则适用典型疑难问题新释新解》（第 2 版），中国检察出版社 2010 年版，第 458 页。

往会使一般社会公众信以为真，进而对特定的国家机关信誉产生直接影响和危害，相当于伪造了特定的国家机关的公文等，则可以伪造国家机关公文、证件、印章罪论处。例如，张某某伪造国家机关公文案。[①] 当然如果行为人利用伪造虚构的国家机关公文等进行某种犯罪的，则应当按其触犯的相应罪名定罪处罚。

4. 伪造、变造、买卖外国国家机关公文、证件的，是否构成本罪

对此关键看是否经我国有关机关认可、认证。外国国家机关的公文、证件不属于本罪的对象，未经我国政府机关认可、认证的，在我国境内也没有法律效力。因此，仅伪造、变造、买卖外国国家机关的公文、证件而没有伪造、变造我国国家机关对其认可、认证的，不能构成本罪。但是，伪造、变造、买卖外国国家机关的公文、证件的同时，又伪造、变造我国国家机关对其认可、认证的，可以本罪论处。[②] 因为这种情形下的外国公文、证件已同时具有我国国家机关公文、证件的性质和作用，应当视同我国国家机关的公文、证件。

5. 伪造、变造、买卖私人文书、印章的，是否构成本罪

对这一问题，我国刑法学界有不同认识。有的认为加盖在国家机关公文、证件上能起到机关证明作用的私人印章，用于国家机关公务，应视为国家机关印章。[③] 私人文书中的领导批示如果属于领导职权范围内的，也应当以伪造国家机关公文罪论处。[④] 有的认为伪造、变造、买卖私人文书、印章的，不是本罪的犯罪对象，不构成犯罪。[⑤]

笔者认为，本罪的犯罪对象是国家机关的公文、证件、印章，我国《刑法》没有规定伪造、变造、买卖私人文书、印章罪。因此，根据罪刑法定原则和严格解释要求，伪造、变造、买卖私人文书、印章的行为，

---

① 参见北京市朝阳区人民法院（2008）朝刑初字第 3218 号；法信码 A6.G7712，罪与非罪的界限。

② 参见谢望原主编：《伪造变造犯罪研究》，中国人民公安大学出版社 2010 年版，第 434 页。

③ 参见王作富主编：《刑法分则实务研究（中）》，中国方正出版社 2010 年版，第 1171 页。

④ 参见谢望原主编：《伪造变造犯罪研究》，中国人民公安大学出版社 2010 年版，第 429 页。

⑤ 参见《中国刑法适用》，河南人民出版社 2001 年版，第 1034 页。

不构成本罪，也不构成独立的犯罪。伪造、变造领导批示、印章，一般体现在国家机关公文、证件上，而且往往作为盖有公章的公文、证件的附属部分，完全可以视为对公文、证件的伪造、变造。如果行为人实施上述行为往往为进行其他犯罪作准备，可以预备犯或后续行为触犯罪名处理。

6.公文、证件、印影原本的复印件是否属于本罪中的公文、证件、印章

国外刑法理论和判例对此有肯定说与否定说两种对立观点。肯定说认为，复印件是原本的再现，证明了原本的客观真实性，伪造公文、证件原本复印件属于伪造公文、证件。否定说认为，公文、证件只限于原本，不包括复印件。① 我国学者多倾向肯定说，认为复印件与原本具有同样的社会机能和信用。② 司法实践中，有的判决认为，复印件不具有原件的形式要件和法律要件，不能起到证明作用，从而没有追究变造国家机关证件复印件的刑事责任。如陈某某等伪造国家机关印章、伪造人民团体印章案。③

笔者认为，肯定说正确合理，符合科技发展实际。一方面，随着彩色复印、扫描、照相、传真等科技发展，很容易制作与原本无异的复印件，复印件具有与原本同样的意思内容和外观形式，复印已成为伪造的重要方法；另一方面，社会生活中经常用复印件代替原件来证明资格等事实，复印件作为证明文件与原本具有同样的社会信用和证明作用，伪造复印件同样侵害公共信用。司法实践中，对将公文复印件扫描套印为红头红章文件，进行彩色复印，即扫描、复印副本的，以伪造公文罪论处。例如，谭某某、崔某某等招摇撞骗、伪造国家机关公文、印章、伪造公司印章案。④

---

① 参见〔日〕西田典之：《刑法各论》，日本弘文堂1999年版，第333页。
② 参见谢望原主编：《伪造变造犯罪研究》，中国人民公安大学出版社2010年版，第428页。
③ 参见上海市长宁区人民法院（1998）长刑初字第235号；法信码A6.K5423，证件。
④ 参见法信码A6.J8822，伪造。

7. 伪造、变造、买卖国家机关未盖章的公文、证件的空白格式、公用格式、证件外皮的，是否构成本罪

这种情况在现实生活中比较常见，问题的实质是国家机关未加盖印章的公文、证件的空白格式、公用格式、证件外皮这些材料形式，是否包括在国家机关公文、证件的范围内。对此，尚无明确司法解释，2000年5月16日《公安部关于盗窃空白因私护照有关问题的批复》指出，空白护照既是国家机关的证件，也是出入境证件。盗窃（空白）护照应按照刑法第280条规定处理。

笔者认为，伪造、变造、买卖国家机关未盖章的公文、证件的空白格式、公用格式、证件外皮等用于制作公文、证件的材料，一般不能以本罪论处，情节严重的可以本罪的预备犯论处。主要理由如下：一是国家机关公文、证件往往具有固定统一的格式，只有添加有关内容并加盖公章才能对社会公众发挥效力。公文、证件的空白格式等，虽有公文、证件的部分外观形式，但没有公文、证件的实质内容，且未加盖国家机关印章，不能发生法律效力，与国家机关公文、证件有本质区别，不属于国家机关公文、证件的范围。这也是我国刑法学界的主流观点。[1]二是《最高人民检察院研究室关于买卖尚未加盖印章的空白〈边境证〉行为如何适用法律问题的答复》指出，对买卖尚未加盖发证机关的行政印章或者通行的空白边境证的行为，一般不以买卖国家机关证件罪追究刑事责任，但如果国家机关工作人员实施上述行为构成犯罪的，可以按滥用职权等相关犯罪追究刑事责任。最高人民法院在四川某城市信用社与广东某商业银行存单纠纷提审案中也指出，空白存单并不代表确定内容的权利而不具备票据的本质特点，不能申请公示催告。[2]三是司法实践中，也有案例认为计划生育部门的空白批复不是公文，在盗得的空白批复上填

① 参见王作富主编：《刑法分则实务研究（中）》，中国方正出版社2010年版，第1172页；谢望原主编：《伪造变造犯罪研究》，中国人民公安大学出版社2010年版，第432页。

② 参见最高人民法院（2003）民二提字第12号；法信码A7.F2185，申请公示催告案件的情形。

写虚假情况才构成伪造公文罪。例如，刘某伪造公文、盗窃、变造证件案。① 四是实际上这种行为一般是为下一步伪造等犯罪准备制作材料，危害达到严重程度的，可以视为伪造、变造、买卖国家机关公文、证件的预备行为，以其犯罪预备论处。

8. 如何区分伪造、变造、买卖国家机关公文、证件、印章罪与非罪的界限

《刑法》第280条对伪造、变造、买卖国家机关公文、证件、印章的行为，在犯罪成立上没有作情节上的限制，但本罪情节一般的法定最高刑是三年有期徒刑，《治安管理处罚法》第52条对伪造、变造、买卖国家机关公文、证件、印章或买卖、使用伪造、变造的国家机关公文、证件的有拘留、罚款的规定，在司法实践中仍应考虑《刑法》第13条"但书"的规定，注意区分罪与非罪。如果该行为"情节显著轻微、危害不大"的，不认为是犯罪。

判断该行为是否属于"情节显著轻微、危害不大"，应当综合考虑行为的动机、次数、手段、对象、后果（数量、危害和影响）等情节及其危害社会的程度。例如，仅涉及单一的一个公文、证件、印章的情形下，内容真实，用于正当用途的，或出于收藏、入学、就业等个人生活、学习、工作需要，未造成严重后果或他人损失的，或符合法定结婚、生育等资格条件的申请人，遭遇工作人员滥用职权或玩忽职守，无理刁难，故意拖延，被逼无奈的，或刻字业人员违反承制公章管理规定，接受无权委托人员的要求制作印章，尚未造成严重后果的等。对这些尚未构成犯罪的行为，依法予以治安处罚。

9. 如何区分伪造、变造、买卖国家机关公文、证件、印章罪一罪与数罪的界限

本罪是选择性罪名，只要实施伪造、变造、买卖国家机关公文、证件印章行为之一的，就构成本罪，实施本罪名内多种行为的仍以一罪论

---

① 参见法信码 A6.J8822，伪造。

处。司法实践中，认定本罪的罪数问题时，应当注意以下问题：

（1）本罪与其他犯罪的法条竞合。《刑法》规定了针对国家机关特定的公文、证件、印章的犯罪，如伪造、变造、买卖武装部队公文、证件、印章罪，伪造、变造、买卖身份证件罪，伪造、变造、转让金融机构经营许可证、批准文件罪，伪造、变造金融票证罪，伪造、变造国家有价证券罪，伪造、出售、购买伪造的增值税专用发票罪，提供伪造、变造的出入境证件罪等。由于国家机关公文、证件、印章概念外延比较广泛，本罪与上述这些犯罪为包容竞合关系，一般应按照特别法优于普通法的原则，以特别法的罪名论处，不能以本罪论处，更不能数罪并罚。

（2）本罪与其他犯罪的牵连关系。行为人往往为了实现诈骗等其他犯罪目的，而把本罪作为实施其他犯罪的手段，即实施本罪后又用该公文、证件、印章实施其他犯罪，从而形成本罪与其他犯罪的牵连关系。对此，参照《惩治骗购外汇、逃汇和非法买卖外汇立法解释》第1条第2款"买卖伪造、变造海关签发的报关单、进口证明、外汇管理部门核准件等凭证和单据，并用于骗购外汇的，依照前款的规定从重处罚"的规定，一般从一重罪并从重处罚，不实行数罪并罚。例如，卢苏州诈骗案。[1]卢使用伪造的证件进行诈骗，被以诈骗罪判处无期徒刑。

10. 买卖伪造、变造的国家机关公文、证件、印章的，是否构成买卖国家机关公文、证件、印章罪

对此问题，刑法学界存在争议，有肯定、否定和区分是否明知等不同观点。肯定说认为，刑法对此未作出规定，应将该行为排除刑罚之列。否定说认为，从现实情况和立法本意来看，对此应以本罪论处。区分说认为，明知是伪造的国家机关公文等而买卖的，有通谋的，以本罪的共犯论处；没有共谋的，应以本罪论处；不知是伪造的而购买，不构成本罪。[2]

---

① 参见山东省高级人民法院（1994）鲁法刑二终字第11号。
② 参见谢望原主编：《伪造变造犯罪研究》，中国人民公安大学出版社2010年版，第439页。

笔者认为，肯定说的意见正确，即买卖伪造、变造的国家机关公文、证件、印章的，能够构成买卖国家机关公文、证件、印章罪。

首先，为明确该问题，《惩治骗购外汇、逃汇和非法买卖外汇立法解释》第2条明确规定，买卖伪造、变造的海关签发的报关单、进口证明、外汇管理部门核准件等凭证和单据或者国家机关的其他公文、证件、印章的，依照《刑法》第280条的规定定罪处罚。这就以单行刑法明确规定了买卖伪造、变造的国家机关的公文、证件、印章的，以本罪论处。

其次，1998年9月1日施行的《最高人民法院关于审理骗购外汇、非法买卖外汇刑事案件具体应用法律若干问题的解释》第2条规定，伪造、变造、买卖海关签发的报关单、进口证明、外汇管理部门核准件等凭证或者购买伪造、变造的上述凭证的，按照《刑法》第280条第1款的规定定罪处罚。1999年6月21日《最高人民检察院法律政策研究室关于买卖伪造的国家机关证件行为是否构成犯罪的问题的答复》指出，对买卖伪造的国家机关证件的行为，可以买卖国家机关证件罪追究刑事责任。

再次，从立法目的来看，本罪规定买卖行为的立法目的在于保护国家机关的信誉。买卖伪造、变造的比买卖真实的国家机关公文、证件、印章的危害严重，同样侵犯了国家机关的信誉，如果不以本罪论处，就使本罪对买卖行为的规定形同虚设。

最后，从司法实践来看，对这种行为也是以买卖国家机关公文、证件、印章罪论处的。如牛某某买卖国家机关证件案。[①]

11. 使用伪造、变造、买卖的国家机关公文、证件、印章的，如何处理

我国刑法对使用伪造、变造、买卖的国家机关公文、证件、印章的，没有单独规定为犯罪，在司法实践中应当区分不同情况进行处理：

（1）如果使用者与伪造、变造、买卖者事前有通谋的，构成共同犯

---

① 参见法信码 A6.H11204，伪造、变造、买卖机动车行驶证、登记证书，累计三本以上的。

罪，以伪造、变造、买卖国家机关公文、证件、印章罪的共犯论处。

（2）如果行为人伪造、变造、买卖国家机关公文、证件、印章后，又自己使用的，当然构成伪造、变造、买卖国家机关公文、证件、印章罪。如果通过非法使用又构成诈骗等犯罪的，按照牵连犯从一重罪处断。

（3）如果使用者明知是伪造、变造、买卖的国家机关公文、证件、印章而非法使用，且没有参与伪造、变造、买卖的，不构成伪造、变造、买卖国家机关公文、证件、印章罪，可以依法予以行政处罚，但通过非法使用又构成诈骗等其他犯罪的，按其构成的诈骗等刑罚较重的犯罪处罚。

（4）如果使用者确实不明真相而单纯使用了他人伪造、变造、买卖的国家机关公文、证件、印章，使用者无过错，则不构成犯罪。

12. 伪造、变造、买卖民用机动车号牌的，是否构成本罪

对此问题，刑法学界和司法实践中存在争议。有的认为民用机动车号牌是国家机关颁发的法定标志，能证明机动车车主的身份，属于国家机关证件。[①]1998年5月8日《最高人民法院、最高人民检察院、公安部、国家工商行政管理局关于依法查处盗窃、抢劫机动车案件的规定》第7条规定：伪造、变造、买卖机动车牌证及机动车入户、过户、验证的有关证明文件的，依照《刑法》第280条第1款的规定处罚。

笔者认为，该问题的关键是能否把机动车号牌认定为国家机关证件，从刑法立法原意看不能把机动车号牌认定为国家机关证件，伪造、变造、买卖民用机动车号牌的，也不能构成本罪。理由如下：

（1）从司法解释来看，2007年5月11日施行的《最高人民法院、最高人民检察院关于办理与盗窃、抢劫、诈骗、抢夺机动车相关刑事案件具体应用法律若干问题的解释》第1条规定，明知是盗窃、抢劫、诈骗、抢夺的机动车，提供、出售真实的或者伪造、变造的机动车号牌及机动车的其他证明和凭证的，以掩饰、隐瞒犯罪所得、犯罪所得收益罪定罪；

---

① 参见孙道萃：《国家机关、公文、证件、印章的司法认定》，载《天津法学》2013年第1期。

第 2 条规定,伪造、变造、买卖机动车行驶证、登记证书,累计三本以上的,依照《刑法》第 280 条第 1 款规定,以伪造、变造、买卖国家机关证件罪定罪。该司法解释效力高于前述规范性文件,仅将行驶证、登记证归属于国家机关证件,没有再明示机动车号牌属于国家机关证件。2009 年 1 月 1 日《最高人民法院研究室〈关于伪造、变造、买卖民用机动车号牌行为能否以伪造、变造、买卖国家机关证件罪定罪处罚问题的请示〉的答复》进一步明确指出,不能将机动车号牌认定为国家机关证件,伪造、变造、买卖民用机动车号牌不能以伪造、变造、买卖国家机关证件罪定罪处罚。

(2)从立法原意和体系解释来看,刑法未将车辆号牌视为证件。《刑法》第 280 条第 1 款规定了伪造、变造、买卖国家机关公文、证件、印章罪,第 281 条规定了非法生产、买卖警用装备罪,把警用车辆号牌归属于警察专用标志,属于警用装备的范围。《刑法》第 375 条第 1 款规定了伪造、变造、买卖武装部队公文、证件、印章罪,第 3 款规定了伪造、盗窃、买卖、非法提供、非法使用武装部队专用标志罪,专用标志包括部队车辆号牌。由此可见,车辆号牌与证件不具有同一性。反之,如果二者具有同一性,《刑法》第 280 条中的证件包括车辆号牌,就没有必要再在第 281 条单独列举警用号牌了。同样的道理也适用于《刑法》第 375 条的规定。《刑法》对警车和军车号牌进行保护,目的在于维护警用、军用标志的专用权,而没有将警用、军用车辆号牌作为国家机关证件来保护。

(3)从罪责刑相适应的角度来看,如果把车辆号牌认定为国家机关证件,则会罪责刑明显不相适应。《刑法》规定的前述警车、军车号牌犯罪的法定刑明显低于伪造、变造、买卖国家机关公文、证件、印章罪,如果把民用机动车号牌认定为国家机关证件,对伪造、买卖民用机动车号牌的处罚反而重于伪造、买卖警车、军车号牌,明显罪责刑不相适应。

此外,需要注意的是,如果反复伪造、买卖民用机动车号牌,情节严重的，违反了《道路交通安全法》有关规定，可以非法经营罪论处。临时行驶机动车号牌是车辆的临时行驶证明，由公安机关交通部门盖章制发，记载机动车所有人、车辆信息，兼具行驶证的属性和作用。上述司法解释明确机动车行驶证属于国家机关证件，故伪造、买卖临时行驶车号牌的构成伪造、买卖国家机关证件罪。如胡某甲等伪造、买卖国家机关证件案。①

---

① 参见上海市松江区法院（2016）沪 0117 刑初 2252 号，上海市第一中级人民法院（2017）沪 01 刑终 535 号。

五十九、伪造公司、企业、事业单位、人民团体印章罪

第二百八十条第二款 伪造公司、企业、事业单位、人民团体的印章的，处三年以下有期徒刑、拘役、管制或者剥夺政治权利，并处罚金。

（一）概述

1. 概念和构成要件

伪造公司、企业、事业单位、人民团体印章罪，是指假造公司、企业、事业单位、人民团体印章的行为。

本罪主旨是保护企事业单位、人民团体的印章的公共信用及其管理秩序，惩治伪造其印章的犯罪行为。它是从1979年《刑法》第167条规定的妨害公文、证件、印章罪经修改而来，当时规定的是伪造、变造或者盗窃、抢夺、毁灭公文、证件、印章。1997年《刑法》在第280条第2款仅保留规定了伪造公司、企业、事业单位、人民团体印章罪。2015年8月29日，《刑法修正案（九）》第22条对本罪增加了罚金刑。

伪造公司、企业、事业单位、人民团体印章罪的构成要件和主要特征是：

（1）本罪的客体是公司、企业、事业单位、人民团体印章的信用和管理秩序。犯罪对象是公司、企业、事业单位、人民团体的印章。"印章"，是指公司、企业、事业单位、人民团体刻制的以文字、图记表明主体同一性的公章、专用章，包括印形和印影。它是公司、企业、事业单位、人民团体行使管理本单位事务、对外进行活动和承担法律后果的符号和标记。

（2）客观方面表现为伪造公司、企业、事业单位、人民团体印章的行为。"伪造"，是指非法假造公司、企业、事业单位、人民团体的印章的行为。

（3）犯罪主体是一般主体。

（4）主观方面只能由直接故意构成。间接故意和过失不构成本罪。

2. 法定刑

依照《刑法》第280条第2款规定，犯伪造公司、企业、事业单位、人民团体印章罪的，处三年以下有期徒刑、拘役、管制或者剥夺政治权利，并处罚金。

（二）疑难问题精析

1. 省略文书是否属于印章

这一问题涉及省略文书与印章的区分和罪与非罪，刑法学界存在不同认识。有的学者认为，只要一般人会把省略文书看作某个单位的标识，表明省略文书代表的单位存在，就应理解为印章，作为伪造印章犯罪处理。[①] 有的学者认为，省略文书不是重在证明单位的同一性，不能认定为印章。[②]

笔者认为，省略文书也称为简易文书，就是将一定的意思简略表述的文书，不属于印章。区别省略文书与印章的关键是，省略文书重在表示一定意思，印章重在表示单位的同一性。现实生活中，国家机关和企事业单位为处理某项需要反复书写的简单文字而将其制作成"印章"式极简文书，通过加盖的方式使用。如骑缝章、校对章、注册章、现金收讫、验讫、检讫等。这些东西称之为章，外形有的也似印章，但其重在表达意思，而不是证明单位的同一性，无法代表特定单位，故属于省略文书，而不是印章。

2. 村（居）民委员会是否属于人民团体，伪造村委会印章是否以伪造人民团体印章罪论处

这一问题涉及伪造村（居）民委员会印章的罪与非罪，由于法律及

---

① 参见杜文俊、陈洪兵：《文书伪造犯罪的构成要件解释论》，载《国家检察官学院学报》2011年第5期。

② 参见张明楷：《外国刑法纲要》，清华大学出版社2016年版，第1041页。

其解释对此问题尚无明确规定，刑法学界有的认为村民委员会（下称村委会，包含同样性质的居民委员会）服务范围仅限于行政村，很难将其利益上升到社会公益的高度，不可归入模糊不清的人民团体中。[①] 对于"人民团体"也存在认识分歧。有的学者认为，它是指为公众利益而进行政治活动、社会活动的各党派、团体，包括各党派、政协、各级工会、共青团、妇联等。[②] 有的学者认为，它是指由若干成员为了共同目的自愿组成的，经政府核准登记并由政府划拨经费、依法登记成立的社团组织。[③] 有的学者认为，它是指人民群众自愿参加组成的，为实现一定目的而成立的各种团体和组织。[④]

笔者认为，村委会属于人民团体，伪造村委会印章的应以伪造人民团体印章罪论处。主要理由如下：

（1）从文义来看，人民团体可以包含村委会。根据《现代汉语词典》的解释，人民是指以劳动群众为主体的社会基本成员，团体是指有共同目的、志趣的人所组成的集体，人民团体即指民间的群众性组织，如红十字会、中华医学会、中国人民外交学会等。根据《村民委员会组织法》规定，村民委员会是村民自我管理、自我教育、自我服务的基层群众性自治组织，当然属于人民团体中的群众性组织。

（2）从历史渊源来看，村委会也属于人民团体。中华人民共和国成立前，人民团体是指除政府机构、企事业单位外的团体组织总称，包括职业团体、社会团体和政治团体。中华人民共和国成立后一直沿用人民团体的提法。1989 年 10 月 25 日，国务院发布《社会团体登记管理条例》，首次界定社会团体指公民自愿组成，为实现会员共同意愿，按照其章程开展活动的非营利性社会组织，内涵上接近人民团体。我国台湾地区 2002 年 12 月 11 日公布的"人民团体法"规定，人民团体分为职业团

---

① 参见谢望原主编：《伪造变造犯罪研究》，中国人民公安大学出版社 2010 年版，第 481 页。
② 周道鸾等主编：《刑法的修改与适用》，人民法院出版社 1997 年版，第 255 页。
③ 参见敬大力主编：《刑法修订要论》，法律出版社 1997 年版，第 149 页。
④ 参见黄明儒：《伪造变造犯罪的定罪与量刑》，人民法院出版社 2002 年版，第 364 页。

体、社会团体和政治团体三种。职业团体是以协调同业关系，增进共同利益，促进社会经济建设为目的，由同一行业的单位、团体或同一职业的从业人员组成的团体。社会团体是以开展文化、学术、医疗卫生、宗教、慈善、体育、联谊、社会服务或其他以公益为目的，由个人或团体组成的团体。政治团体是以共同民主政治理念，协助形成国民政治意志，促进国民政治参与为目的，由国民组成的团体。村委会既是非营利性社会组织，又是职业团体，能够包含于人民团体中。

（3）从法律体系协调来看，伪造村委会印章应以伪造人民团体印章论处。2001年7月22日，国务院办公厅转发民政部、公安部《关于规范村民委员会印章制发使用和管理工作的意见》指出，村委会印章是村级公共权力的象征，在办理村公共事务和公益事业方面具有重要作用。使用已作废的村委会印章的，按私刻公章行为处理。对不按程序刻制村委会印章，或者违反印章使用管理规定，造成严重后果的，要追究法律责任。伪造人民团体印章，尚未达到刑事处罚标准的，依据《治安管理处罚法》予以治安处罚。对危害严重的，如不以伪造人民团体印章罪论处，则造成法律体系的不协调。

（4）从村委会职责和作用来看，伪造其印章的应以伪造人民团体印章罪处罚。根据《村民委员会组织法》规定，村委会办理本村的公共事务和公益事业，协助乡镇人民政府开展工作。根据全国人大常委会关于《刑法》第93条第2款"其他依照法律从事公务的人员"解释，村委会等基层组织人员协助政府从事救灾、抢险、防汛、优抚、扶贫、移民、救济、捐助款物、土地补偿、代征税款、计划生育、户籍、征兵等行政管理工作，属于《刑法》第93条第2款规定的"其他依照法律从事公务的人员"。可见村委会作用之重要，不仅办理公共事务和公益事业，而且协助政府从事特定行政管理工作，将其印章排除在刑法保护之外，与《刑法》第93条第2款规定的内在逻辑不符，与村委会的法定职责不相协调。

（5）从法律地位和社会危害性来看，伪造其印章应以伪造人民团体印章罪处罚。《民法典》第96条规定，基层群众性自治组织法人，为特别法人。第101条第1款规定，村委会具有基层群众性自治组织法人资格。这说明村委会与公司、企业、事业单位和其他人民团体具有同等法律地位，理应受到刑法的同等保护。举轻以明重。刑法对不具有法人资格的企业印章都予以保护，对危害更为严重的伪造村委会印章更要保护。

3. 伪造、贩卖伪造的高等学校学历、学位证明的，如何处理

对此问题，2001年7月5日施行的《最高人民法院、最高人民检察院关于办理伪造、贩卖伪造的高等院校学历、学位证明刑事案件如何适用法律问题的解释》规定：对于伪造高等院校印章制作学历、学位证明的行为，应当依照《刑法》第280条第2款的规定，以伪造事业单位印章罪定罪处罚。明知是伪造高等院校印章制作的学历、学位证明而贩卖的，以伪造事业单位印章罪的共犯论处。

对于伪造高等院校印章制作学历、学位证明的，以伪造事业单位印章罪处理，是正确可行的。因为1979年《刑法》规定伪造事业单位的公文、证件、印章的行为均构成犯罪，1997年《刑法》考虑到公司、企业、事业单位、人民团体的文件、证件、印章与国家机关不同，只规定了伪造印章的行为构成犯罪。伪造高等院校印章而制作学历、学位证明的，当然能够以伪造事业单位印章罪处理。例如，沈某某伪造事业单位印章案。[①]沈某某伪造北京师范大学印章制作毕业证，被以伪造事业单位印章罪判处有期徒刑一年四个月。又如，刘某某伪造事业单位印章、伪造居民身份证案。[②]刘伪造胡某、余某某合法取得的毕业证，被以伪造事业单位印章罪判处有期徒刑六个月；胡某、余某某提供本人照片、姓名、专业等真实信息，找刘帮忙共同制作假毕业证，但伪造本人合法取得、信

[①] 参见北京市第一中级人民法院（2013）一中刑终字第4475号；法信码A6.H20237，伪造高等院校印章制作学历、学位证明的。

[②] 参见法信码A6.G14463，罪与非罪的界限。

息真实的毕业证，情节显著轻微，可不认为是犯罪。

对贩卖伪造的高等学校学历、学位证明的，是否一律以伪造事业单位印章的共犯处理存在不同认识。有的学者认为，只要行为人明知是伪造印章制作的学历、学位证明，并贩卖的，就成立伪造事业单位印章罪的共犯，并不要求行为人与伪造者有共同故意，也不要求其与伪造者有共同的伪造行为，更不要求必须抓获伪造者。[①] 有的学者认为，只有事前与伪造者通谋，才能认定为伪造事业单位印章罪的共犯；如果在伪造者伪造学历、学位证明后再贩卖的，即使明知为伪造的学历、学位证明，也不能认定为伪造事业单位印章罪的共犯。[②]

笔者认为，后一种意见比较妥当。贩卖是指商人买进货物再卖出以获取利润，是以营利为目的的商业经营行为，与自用为目的的购买明显不同。明知是伪造高等院校印章制作的学历、学位证明而贩卖的情况下，贩卖者与伪造者一般有事前通谋和犯意交流，有订货与供货的分工合作关系，符合共同犯罪成立条件，应当以伪造事业单位印章罪的共犯论处。个别特殊情况下，如果行为人与假文凭制作者事前没有任何犯意联络，且在行为人知道是假文凭前，伪造文凭行为已经完成，伪造事业单位印章罪已既遂，不可能构成本次伪造的共同犯罪，不能以伪造事业单位印章罪的共犯论处，但因其明知是伪造犯罪所得而收购、代为销售，构成犯罪的，可以掩饰、隐瞒犯罪所得罪论处。

4. 伪造学生证或贩卖、使用伪造学生证的，如何处理

这一问题与伪造、贩卖伪造的高等学校学历、学位证明有类似之处，根据 2002 年 6 月 26 日发布的《公安部关于对伪造学生证及贩卖、使用伪造学生证的行为如何处理问题的批复》，应当分别作出如下处理：

（1）对伪造高等院校等事业单位印章制作学生证的行为，因有伪造学校印章行为，应以伪造事业单位印章罪处理。

---

① 参见刘四新主编：《刑法实务与案例评析（下）》，中国工商出版社 2002 年版，第 541 页。
② 参见张明楷：《刑法学》，法律出版社 2016 年版，第 1041 页。

（2）对明知是伪造高等院校等事业单位印章制作的学生证而贩卖，构成共同犯罪的，应以伪造事业单位印章罪的共犯论处；如不构成共同犯罪的，但需要刑事处罚的，因其明知是伪造犯罪所得而收购、代为销售，构成犯罪的可以掩饰、隐瞒犯罪所得罪论处；对贩卖伪造的学生证，既不构成共同犯罪，又不够刑事处罚的，应就其明知是伪造的学生证而购买的行为，以明知是赃物而购买予以治安处罚。

（3）对使用伪造的学生证进行诈骗等违法犯罪，因我国《刑法》没有规定使用伪造证件罪，可根据其具体实施的违法犯罪进行处理。如使用伪造的学生证购买半价火车票，数额较大的，以诈骗罪处理；尚不够刑事处罚的，以诈骗予以治安处罚。如黄强伪造事业单位印章案，① 黄强使用模具在照片上按压出学校印章的部分字样，将假学生证在网上出售，被以伪造事业单位印章罪，判处有期徒刑八个月。

---

① 参见法信码 A6.I19840，伪造的认定。

六十、伪造、变造、买卖身份证件罪

第二百八十条第三款 伪造、变造、买卖居民身份证、护照、社会保障卡、驾驶证等依法可以用于证明身份的证件的，处三年以下有期徒刑、拘役、管制或者剥夺政治权利，并处罚金；情节严重的，处三年以上七年以下有期徒刑，并处罚金。

（一）概述

1. 概念和构成要件

伪造、变造、买卖身份证件罪，是指伪造、变造、买卖身份证件的行为。

本罪主旨是保护身份的真实性、身份证件的公共信用及其管理秩序，惩治伪造、变造、买卖身份证件的犯罪行为。1979 年《刑法》和单行刑法均没有规定此罪名，居民身份证包含于国家机关证件之中。1997 年《刑法》增设了伪造、变造居民身份证罪。《刑法修正案（九）》扩大了身份证件的范围，增加"买卖"行为和罚金刑。

伪造、变造、买卖身份证件罪的构成要件和主要特征是：

（1）本罪的客体是身份证件的公共信用和管理制度。犯罪对象是居民身份证、护照、社会保障卡、驾驶证等依法可以用于证明身份的证件。身份证件可以是长期性的，也可以是临时性的。

"居民身份证"，是指公安机关依法制作的，用以证明具有中华人民共和国国籍并定居在中国境内的中国公民身份的证件。随着居民身份证在社会各方面的广泛运用，一些不法分子伪造、变造居民身份证的违法犯罪活动越来越突出，影响了社会治安秩序。1997 年修订《刑法》时根据实际需要，将《居民身份证条例》（《居民身份证法》自 2004 年 1 月 1 日施行后，该条例于同日废止）第 16 条的规定纳入《刑法》，规定了伪造、变造居民身份证罪。"护照"是由公民国籍所在国发给公民的能在国外证明自己身份的证件，是公民出入本国国境口岸和到国外旅行、居留时的必备证件。这里的护照，既包括中国公民申领的由中国有关主管部门发放的护照，又包括外国人持有的相关国家主管部门发放的护照。"社会保障卡"是社会保障部门依照规定向社会保障对象发放的拥有多种功能的证件。社会保障卡以公民身份证号码为统一的信息标识，公民持卡可以进行医疗保险个人账户结算，领取社会保险金，享受其他社会保险待遇等。社会保障卡既是公民享受社会保障待遇的权利凭证，也同时具有社会保障权利人身份证明的属性。"驾驶证"是指道路交通管理部门依照《道路交通安全法》发放的，用于证明持证人具有机动车驾驶资格的凭证。驾驶证采用全国统一的公民身份证号码作为身份识别标识，除作为驾驶资格证明外，在与交通管理有关的场合也被作为身份证明使用，也属于依法可以用于证明身份的证件。

（2）客观方面表现为伪造、变造、买卖身份证件的行为。"伪造"，是制作虚假的身份证件的行为；"变造"，是指用涂改、抹擦、拼接等方法，对真实的身份证件进行改制，变更其原有真实内容的行为；"买卖"是指非法购买或者销售身份证件的行为。对身份证件的本质部分如姓名、照片进行更改的，属于伪造身份证件。

（3）犯罪主体为一般主体。

（4）主观方面只能由故意构成。犯罪动机是多种多样的，有的是为了牟利，有的是为了逃避打击，有的是为了进行其他违法犯罪活动，等等。不论出于何种动机，均不影响本罪的成立。

2.法定刑

依照《刑法》第280条第3款规定，犯伪造、变造、买卖身份证件罪的，处三年以下有期徒刑、拘役、管制或者剥夺政治权利，并处罚金；情节严重的，处三年以上七年以下有期徒刑，并处罚金。

该款规定的"情节严重"，是本罪的加重处罚情节，司法实践中，一般是指伪造、变造、买卖身份证件的次数多、数量大的；非法牟利数额大的；给他人造成严重经济损失；因本人或他人使用伪造、变造、买卖的身份证件进行犯罪活动或逃避法律追究，造成严重后果的情形。

（二）疑难问题精析

1. 如何理解和认定本罪中的身份证件的范围

对现实生活中一些实际起到证明身份作用的证件，如工作证、学生证、出入证、上岗证、会员证等，特别是工作证能否认定为本罪中的身份证件，存在争议。有的学者认为，身份证件虽由相关国家机关制发，但主要用于证明公民身份，并进而明确公民在办理私人事项时与相应机关之间的权利义务。有些证件兼具公文书和私文书的性质，工作证即是，但其证明身份的用途更大些，因而工作证属于身份证。[①] 有的学者认为，证明身份的证件必须由国家机关制作，并且在外部具有证明身份的作用。仅在机关内部具有证明作用的，如国家机关工作人员的工作证、出入证等，不是身份证件。[②]

笔者认为，《刑法》第280条第3款明确列举的身份证件目前仅限于居民身份证、护照、社会保障卡、驾驶证这4类证件。由于刑法在驾驶证之后又用"等依法可以用于证明身份的证件"进行概括性规定，采用了列举加兜底的立法模式，目的在于严密刑事法网，能够适应新的发展。对"等依法可以用于证明身份的证件"，应当理解为是等外规定，仅限于与明确列举的身份证等4类证件属性和作用具有相当性的证件。有人认为，这4类证件具有权威性、统一性和持证人的广泛性共同属性。[③] 笔者认为，根据《刑法》"依法可以用于证明身份的证件"的规定，这4类证件同时具有两个基本特征和属性：一是法定权威性。该4类证件都有相关法律法规作为依据，法律认可其在社会生活中的证明效力，并由国家

---

① 参见法信码A6.L6729，工作证的性质认定。
② 参见张明楷：《刑法学》（第五版），法律出版社2016年版，第1041页。
③ 参见王爱立主编：《中华人民共和国刑法解读》（第五版），中国法制出版社2018年版，第665页。

有关主管部门采用全国统一标准和格式统一制发。如身份证有《居民身份证法》，护照有《护照法》，社会保障卡有《社会保险法》，驾驶证有《道路交通安全法》。二是身份证明性。这类证件以具有唯一性的居民身份证号码作为识别信息，有姓名、照片等重要身份信息，能够用于证明身份。身份证和护照是专门用于证明身份的证件，社会保障卡和驾驶证兼具证明身份的作用。凡不具有这两大属性，没有法律法规依据、非由统一权威机关制发、不能在社会上广泛使用的证件，不属于本罪的保护对象，如各机关、单位、社区制作的工作证、出入证、居住证、停车证、会员卡等。因此，如果在法定权威性和身份证明性方面与《刑法》明确列举的4类证件具有相当性，确属应当作为其他"依法可以用于证明身份的证件"的，从刑法谦抑性和严格限制解释考虑，可以通过法律解释、司法解释等予以明确。

需要说明的是，尽管对身份证件的范围严格依法掌握，但并非对伪造、变造、买卖这4类证件之外的其他证件的不能追究刑事责任。对伪造、变造、买卖这4类证件之外的其他证件的行为，多数可以伪造、变造、买卖国家机关证件、印章罪或伪造公司、企业、事业单位、人民团体印章罪追究。

2. 有身份证件制作权的人是否可以构成伪造、变造身份证件罪

对此问题存在争议，有的学者认为伪造是无身份证制作权的人制作虚假的身份证，有制作权的人在其职权范围内制作的身份证，即使内容虚假，但仍是真身份证，因而不属于伪造、变造。[①] 有的学者认为，伪造居民身份证，既可以是无身份证制作权的人制作虚假的证件的行为，也可以是有身份证制作权的人制作虚假的证件的行为。[②]

笔者认为，这一类似问题已在前述伪造、变造国家机关公文、证件、

---

① 参见《新刑法典分则实务丛书·扰乱公共秩序罪》，中国人民公安大学出版社2003年版，第112页。

② 参见谢望原主编：《伪造变造犯罪研究》，中国人民公安大学出版社2010年版，第537页。

印章罪中论述，后一种意见妥当。我国刑法同时保护身份证件形式上的真实性和内容实质上的真实性，伪造包括有形伪造和无形伪造，此种情形构成本罪。因为保护身份证件的公共信用首先应当保证其形式真实，制裁冒用名义制作形式虚假的行为；同时一定要保护其内容的真实性，制裁制作内容虚假的行为，而这正是我国刑法规定伪造文书犯罪的初衷和目的。有制作权的人擅自以国家机关名义制作与事实不符的身份证件的行为，也破坏了对国家机关的公共信用和身份证件的信赖。即使是公安等主管机关的工作人员，如果其不是负责身份证件制作的人非法制作，或者虽然是负责身份证件制作的人，故意制作内容虚假的身份证件，也同样构成本罪。同样的道理也适用于变造。我国《居民身份证法》第20条第2项就规定，人民警察非法变更公民身份证号码，或者在居民身份证上登载该法第3条第1款规定项目以外的信息或者故意登载虚假信息的，给予行政处分；构成犯罪的，依法追究刑事责任。

3. 买卖伪造、变造的虚假身份证件是否构成本罪

买卖身份证件既包括买卖真证，又包括买卖伪造、变造的假证，买卖伪造、变造的虚假身份证件的，能够构成买卖身份证件罪。这一问题在前述买卖国家机关公文、证件、印章罪中已有论述，同样道理也适用于从中独立出来的伪造、变造身份证件罪。

首先，1998年12月29日发布施行的《全国人大常委会关于惩治骗购外汇、逃汇和非法买卖外汇犯罪的决定》第2条明确规定，买卖伪造、变造的海关签发的报关单、进口证明、外汇管理部门核准件等凭证和单据或者国家机关的其他公文、证件、印章的，依照《刑法》第280条的规定定罪处罚。这一规定精神同样适用于本条第3款的伪造、变造身份证件。

其次，《最高人民法院关于审理骗购外汇、非法买卖外汇刑事案件具体应用法律若干问题的解释》第2条规定、《最高人民检察院法律政策研究室关于买卖伪造的国家机关证件行为是否构成犯罪的问题的答复》对买卖伪造的国家机关证件的，可以买卖国家机关证件罪追究刑事责任的

解释，同样适用于本罪类似情形。

最后，从立法目的来看，本罪规定买卖行为的立法目的在于保护身份证件的信誉和身份的真实性。买卖伪造、变造的虚假身份证件比买卖真实的身份证件危害更严重，如果不以本罪论处，就使本罪对买卖行为的规定形同虚设，明显违背立法目的。

4. 提供身份信息、照片并出资让他人伪造身份证件的如何处理

对此类案件的处理存在不同认识：有的学者认为，提供照片对伪造起到帮助作用，让人伪造是一种指使行为，应以伪造居民身份证的共犯追究刑事责任。有的学者认为，提供本人照片者没有直接参与伪造，伪造者犯意不是提供照片者提起的，提供者作用有限，情节显著轻微，不能以犯罪论处。[①] 还有的学者认为，甲将身份信息提供给乙，让乙伪造居民身份证件，并给予乙报酬的，对甲、乙均应以买卖身份证件罪论处。[②]

笔者认为，对此情形中的提供信息、出资行为人，特别是经常提供照片、一次提供多人照片，准备用于实施犯罪或隐瞒身份逃避法律追究的，应以伪造、买卖身份证件罪论处，因为该行为人能够构成伪造、买卖身份证件的共犯。

首先，行为人可以构成伪造身份证件的帮助犯、教唆犯。行为人提供照片、身份信息，给伪造者提供了必要条件，对伪造行为起到辅助作用，属于帮助犯。如王某某伪造身份证件案。[③] 王某某提供身份信息、照片和资金，找人伪造虚假的居民身份证，被认定为伪造身份证件的帮助行为，不属于单纯的购买，以伪造身份证件罪判处有期徒刑七个月，缓刑一年，并处罚金。如果行为人提起犯意，出资利诱没有犯意的他人伪造身份证件的，属于教唆犯。如果伪造者是营利的从业者，伪造者或中

---

① 张新宪、冯英菊：《提供照片并出资让他人伪造身份证的行为如何定性》，载《人民检察》2001 年第 7 期。

② 参见张明楷：《刑法学》(第五版)，法律出版社 2016 年版，第 1042 页。

③ 参见北京市海淀区法院（2016）京 0108 刑初 767 号；法信码 A6.I22296，伪造、变造、买卖居民身份证、护照、社会保障卡、驾驶证等依法可以用于证明身份的证件。

介人主动做广告，在行为人让其伪造前已有伪造的故意，行为人不是伪造者犯意的引起者，则行为人不是教唆犯。

其次，行为人可以构成买卖伪造的身份证件的实行犯。买卖身份证件属于对合犯，出资购买者与出售者均构成买卖身份证件罪。

再次，如果行为人没有教唆他人伪造身份证件，或者伪造者没有到案，考虑到参与伪造的作用有限和证据问题，也可以把提供照片和出资作为订购，以买卖身份证件罪论处。因为本罪是选择性罪名，这样对其定罪量刑没有明显影响，只是买卖比源头的伪造危害性小些。

最后，如果行为人仅让他人伪造、买卖身份证件属于情节显著轻微的，可不以犯罪论处。《刑法》第280条对伪造、变造、买卖身份证件的行为，在犯罪成立上没有作情节上的限制，但本罪情节一般的法定最高刑是三年有期徒刑，《治安管理处罚法》第52条对伪造、变造、买卖证件的有拘留、罚款的规定，《居民身份证法》第17条对购买、出售、使用伪造、变造的居民身份证的有罚款、拘留的规定。因此，在司法实践中仍应考虑《刑法》第13条"但书"的规定，注意区分罪与非罪。如果该行为"情节显著轻微、危害不大"的，不认为是犯罪。判断该行为是否属于"情节显著轻微、危害不大"，应当综合考虑行为的动机、次数、手段、对象、后果（数量、危害和影响）等情节及其危害社会的程度。例如，在仅涉及一本身份证件的情形下，证件内容真实，用于合法正当用途的，或出于个人收藏、入学、就业等个人生活、学习、工作需要，未造成严重后果或他人损失的，或符合法定资格条件的申请人，遭遇工作人员滥用职权或玩忽职守，无理刁难，故意拖延，被逼无奈的等。如张某某伪造居民身份证案。[①]张某某伪造并使用伪造的身份证是为解决遗失后带来的不便，仅用于正常的个人生活，且身份证记载的姓名、住址等信息真实，由此被认定为属于"情节显著轻微、危害不大"。

---

① 参见最高人民法院办公厅编：《中华人民共和国最高人民法院公报》（2004年卷），人民法院出版社2005年版，第347~350页。

六十一、组织考试作弊罪

第二百八十四条之一第一款 在法律规定的国家考试中，组织作弊的，处三年以下有期徒刑或者拘役，并处或者单处罚金；情节严重的，处三年以上七年以下有期徒刑，并处罚金。

第二款 为他人实施前款犯罪提供作弊器材或者其他帮助的，依照前款的规定处罚。

（一）概述

1. 概念和构成要件

组织考试作弊罪，是指在法律规定的国家考试中，组织作弊，或者为他人实施组织考试作弊犯罪提供作弊器材或者其他帮助的行为。

《刑法修正案（九）》第25条增设《刑法》第284条之一，第1款、第2款规定了组织考试作弊罪。

组织考试作弊罪的构成要件和主要特征是：

（1）本罪侵犯的客体为国家公平、公正的考试制度。在法律规定的国家考试中实施作弊，违反考试的公平、公正原则，对于其他考生的合法权益和国家考试制度造成了严重侵害，必须依法予以惩治。

（2）客观方面表现为在法律规定的国家考试中，组织作弊，或者为他人实施组织考试作弊犯罪提供作弊器材或者其他帮助的行为。根据《最高人民法院、最高人民检察院关于办理组织考试作弊等刑事案件适用法律若干问题的解释》（以下简称《办理组织考试作弊刑事案件解释》）第1条的规定，"法律规定的国家考试"仅限于全国人民代表大会及其常务委员会制定的法律所规定的考试。组织作弊，是指领导、策划、指挥他人在法律规定的国家考试中实施作弊行为或者为实施有关行为创造条件、提供便利。此外，为他人在法律规定的国家考试中实施组织考试作弊犯罪提供作弊器材或者其他帮助的行为，也属于组织作弊罪的客观行为方式之一。

（3）犯罪主体为一般主体，包括自然人。

（4）主观方面由故意构成，而且只能是直接故意。从实践来看，行为人主观上通常表现为牟利的目的，但这并非本罪的成立要件。

2. 法定刑

依照《刑法》284条之一第1款、第2款的规定，犯组织考试作弊罪的，处三年以下有期徒刑或者拘役，并处或者单处罚金；情节严重的，处三年以上七年以下有期徒刑，并处罚金。

根据《办理组织考试作弊刑事案件解释》第2条的规定，在法律规定的国家考试中，组织作弊，具有下列情形之一的，应当认定为"情节严重"：（1）在普通高等学校招生考试、研究生招生考试、公务员录用考试中组织考试作弊的；（2）导致考试推迟、取消或者启用备用试题的；（3）考试工作人员组织考试作弊的；（4）组织考生跨省、自治区、直辖市作弊的；（5）多次组织考试作弊的；（6）组织30人次以上作弊的；（7）提供作弊器材50件以上的；（8）违法所得30万元以上的；（9）其他情节严重的情形。

根据《办理组织考试作弊刑事案件解释》第8条的规定，单位实施组织考试作弊行为的，依照该解释规定的相应定罪量刑标准，追究组织者、策划者、实施者的刑事责任。

（二）疑难问题精析

1. 如何把握"法律规定的国家考试"的范围

根据《刑法》第284条之一的规定，组织考试作弊罪，非法出售、提供试题、答案罪和代替考试罪的适用范围是"法律规定的国家考试"。[1]

---

[1] 在《刑法修正案（九）（草案）》研拟和审议过程中，曾采用过"依照国家规定举办的考试""依照国家规定举办的考试或者国务院有关主管机关举办的考试""国家规定的考试"等表述，最终的表述为"法律规定的国家考试"。参见喻海松：《刑法的扩张——〈刑法修正案（九）〉及新近刑法立法解释司法适用解读》，人民法院出版社2015年版，第214~217页。

据此，《刑法》只惩治在法律规定的国家考试中作弊的行为，对于在其他考试中作弊的行为，不以组织考试作弊罪，非法出售、提供试题、答案罪论处；特别是对于代替考试的行为，不以犯罪论处。因此，明确"法律规定的国家考试"的范围，是确保考试作弊犯罪准确适用的前提和基础，也是考试作弊犯罪司法适用亟待解决的核心问题。为统一司法适用，《办理组织考试作弊刑事案件解释》第1条对"法律规定的国家考试"的内涵与外延作了明确。

《办理组织考试作弊刑事案件解释》第1条第1款对"法律规定的国家考试"作了概括规定，即"刑法第二百八十四条之一规定的'法律规定的国家考试'，仅限于全国人民代表大会及其常务委员会制定的法律所规定的考试。"需要注意的问题有二：一是"法律规定的国家考试"限于法律有规定的考试。目前，许多领域都存在国家考试，且分属不同部门主管，大致可分为教育类考试、资格类考试、职称类考试、录用任用考试四大类，共计200多种。经梳理，目前二十余部法律对"法律规定的国家考试"作了规定，包括《教育法》《高等教育法》《公务员法》《法官法》《警察法》《教师法》《医师法》《注册会计师法》《道路交通安全法》《海关法》《动物防疫法》《旅游法》《证券投资基金法》《统计法》《公证法》等。其他考试，如护士执业资格考试，只有《护士条例》对此有规定，缺乏法律规定，不属于"法律规定的国家考试"。二是"法律规定的国家考试"不限于由中央有关主管部门依照法律统一组织的全国性考试，也包括地方主管部门依照法律规定组织的考试。例如，《公务员法》第24条规定："中央机关及其直属机构公务员的录用，由中央公务员主管部门负责组织。地方各级机关公务员的录用，由省级公务员主管部门负责组织，必要时省级公务员主管部门可以授权设区的市级公务员主管部门组织。"再如，普通高等学校招生考试既有全国统一考试，也有各省（区、市）

组织的考试。[①]

《办理组织考试作弊刑事案件解释》第 1 条第 2 款对"法律规定的国家考试"的外延作了列举。具体而言，根据有关法律规定，下列考试属于"法律规定的国家考试"：（1）普通高等学校招生考试、研究生招生考试、高等教育自学考试、成人高等学校招生考试等国家教育考试；（2）中央和地方公务员录用考试；（3）国家统一法律职业资格考试、国家教师资格考试、注册会计师全国统一考试、会计专业技术资格考试、资产评估师资格考试、医师资格考试、执业药师职业资格考试、注册建筑师考试、建造师执业资格考试等专业技术资格考试；（4）其他依照法律由中央或者地方主管部门以及行业组织的国家考试。需要注意的是，随着法律的修改，"法律规定的国家考试"的范围也可能发生变化，特别是一些国家考试可能会在法律中增设或者调整，对此司法机关应当根据法律的规定准确把握。

《办理组织考试作弊刑事案件解释》第 1 条第 3 款进一步规定："前款规定的考试涉及的特殊类型招生、特殊技能测试、面试等考试，属于'法律规定的国家考试'。"而《普通高等学校招生违规行为处理暂行办法》第 18 条规定："本办法所称特殊类型招生，是指自主选拔录取、艺术类专业、体育类专业、保送生等类型的高校招生。"因此，普通高等学校招生考试中的自主选拔录取、艺术类专业、体育类专业、保送生等类型的高校招生考试，以及相关招生、公务员录用、专业技术资格等考试涉及的特殊技能测试、面试等考试，均属于"法律规定的国家考试"。

此外，从实践来看，以下几个涉及"法律规定的国家考试"范围的问题须作进一步厘清，以解决司法适用中的争议：

其一，如何理解《教育法》第 21 条的规定?《教育法》第 21 条规定："国家实行国家教育考试制度。""国家教育考试由国务院教育行政

---

① 参见雷建斌主编、全国人大常委会法制工作委员会刑法室编著：《中华人民共和国刑法修正案（九）》释解与适用》，人民法院出版社 2015 年版，第 270 页。

部门确定种类，并由国家批准的实施教育考试的机构承办。"经研究认为，不宜依据《教育法》第21条的笼统规定认定只要是教育部组织的考试均属于"法律规定的国家考试"，而应限于法律有相对明确具体规定的考试，否则恐会导致"法律规定的国家考试"范围过于宽泛。例如，高等教育自学考试属于"法律规定的国家考试"，其依据在于《高等教育法》第21条明确规定："国家实行高等教育自学考试制度，经考试合格的，发给相应的学历证书或者其他学业证书"；而大学英语四、六级考试虽然由教育部组织实施，但相关法律未作明确规定，故不宜纳入"国家规定的考试"范畴。对此，《国家教育考试违规处理办法》第2条明确规定："本办法所称国家教育考试是指普通和成人高等学校招生考试、全国硕士研究生招生考试、高等教育自学考试等，由国务院教育行政部门确定实施，由经批准的实施教育考试的机构承办，面向社会公开、统一举行，其结果作为招收学历教育学生或者取得国家承认学历、学位证书依据的测试活动。"据此，目前看来，属于"法律规定的国家考试"的国家教育考试主要是指普通高等学校招生考试、研究生招生考试、高等教育自学考试、成人高等学校招生考试等四种考试。

其二，《建筑法》第14条是否属于"法律规定"？《建筑法》第14条规定："从事建筑活动的专业技术人员，应当依法取得相应的执业资格证书，并在执业资格证书许可的范围内从事建筑活动。"经研究认为，上述规定虽未出现"考试"表述，但执业资格证书主要通过考试取得，且《注册建筑师条例》第7条进一步规定："国家实行注册建筑师全国统一考试制度。注册建筑师全国统一考试办法，由国务院建设行政主管部门会同国务院人事行政主管部门商国务院其他有关行政主管部门共同制定，由全国注册建筑师管理委员会组织实施。"《注册建造师管理规定》第3条第1款规定："本规定所称注册建造师，是指通过考核认定或考试合格取得中华人民共和国建造师资格证书，并按照本规定注册，取得中华人民共和国建造师注册证书和执业印章，担任施工单位项目负责人及从事相关活动的专业技术人员。"因此，注册建筑师考试、建造师执业资格考试均属于"法律规定的国家考试"。

又如，《药品管理法》第22条规定："医疗机构必须配备依法经过资格认定的药学技术人员。非药学技术人员不得直接从事药剂技术工作。"《执业药师职业资格制度规定》第2条规定："国家设置执业药师准入类取业资格制度，纳入国家取业资格目录。"第6条规定："执业药师资格实行全国统一大纲、统一命题、统一组织的考试制度。原则上每年举行一次。"同理，执业药师职业资格考试也属于"法律规定的国家考试"

其三，《职业教育法》第11条，特别是《劳动法》第69条是否属于"法律规定"？《职业教育法》第11条第1款规定："实施职业教育应当根据经济社会发展需要，结合职业分类、职业标准、职业发展需求，制定教育标准或者培训方案，实行学历证书及其他学业证书、培训证书、职业资格证书和职业技能等级证书制度。"《劳动法》第69条规定："国家确定职业分类，对规定的职业制定职业技能标准，实行职业资格证书制度，由经备案的考核鉴定机构负责对劳动者实施职业技能考核鉴定。"经研究认为，上述规定过于原则，且相关考核不能等同于考试，故不宜成为认定资格类考试属于"法律规定的国家考试"的依据，而应看各类资格类考试有无法律的具体规定。

又如，《行政许可法》第54条第1款规定："实施本法第十二条第三项所列事项的行政许可，赋予公民特定资格，依法应当举行国家考试的，行政机关根据考试成绩和其他法定条件作出行政许可决定……"该法第12条第3项事项为"提供公众服务并且直接关系公共利益的职业、行业，需要确定具备特殊信誉、特殊条件或者特殊技能等资格、资质的事项"。同理，《行政许可法》第54条同样不能直接成为"法律规定的国家考试"的认定依据。

2. 如何把握作弊器材的认定标准与程序

根据《刑法》第284条之一第2款的规定，组织考试作弊罪涉及为他人实施组织作弊犯罪提供作弊器材或者其他帮助的情形。基于此,《办理组织考试作弊刑事案件解释》第 3 条第 1 款对"作弊器材"的认定标准作了明确。具体而言,从功能上将"作弊器材"限定为具有避开或者突破考场防范作弊的安全防范措施(如纽扣式数码相机、眼镜式密拍设备通过伪装,以规避考场检查),并具有获取、记录、传递、接收、存储试题、答案等功能(如密拍设备、数据接收设备可以发送、接收相关信息)。据此,对于普通的手机、相机,不宜认定为"作弊器材"。此外,随着技术发展,未来有可能出现新型作弊器材。例如,在机动车驾驶员考试中,目前实行电子路考,即摒弃原先的考试员监考评分,取而代之的是电脑监控评判,扣分等工作也全部由电脑控制。如果研制相关作弊程序,从而控制电子路考设备,使其失去相应功能,无法进行扣分的,也应当认定为"作弊器材"。基于此,从主观动机角度,将"专门设计用于作弊的程序、工具"规定为"作弊器材"的情形。

《办理组织考试作弊刑事案件解释》第 3 条第 2 款明确了作弊器材的认定程序,规定:"对于是否属于刑法第二百八十四条之一第二款规定的'作弊器材'难以确定的,依据省级以上公安机关或者考试主管部门出具的报告,结合其他证据作出认定;涉及专用间谍器材、窃听窃照专用器材、'伪基站'等器材的,依照相关规定作出认定。"据此,需要注意的是,有些考试作弊器材可能属于专用间谍器材、窃听窃照专用器材、"伪基站"等器材,应当根据相关规定作出认定,如《反间谍法实施细则》第 18 条第 2 款规定:"专用间谍器材的确认,由国务院国家安全主管部门负责",《禁止非法生产销售使用窃听窃照专用器材和"伪基站"设备的规定》规定"公安机关负责对窃听窃照专用器材……的认定工作",《最高人民法院、最高人民检察院关于办理扰乱无线电通讯管理秩序等刑事案件适用法律若干问题的解释》第 9 条第 1 款规定:"对案件所涉的有关专门性问题难以确定的,依据司法鉴定机构出具的鉴定意见,或者下列机构出具的报告,结合其他证据作出认定:(一)省级以上无线电管理机构、省级无线电管理机构依法设立的派出机构、地市级以上广播电视主管部门就是否系'伪基站''黑广播'出具的报告……"

3. 如何把握为他人实施组织作弊犯罪提供"其他帮助"的情形

对于《刑法》第284条之一第2款规定的为他人实施组织作弊犯罪提供的"其他帮助",应当根据案件的具体情况加以把握。从实践来看,为他人组织作弊犯罪实施的下列帮助行为可以认定为"其他帮助":(1)帮助安排作弊考点、考场或者考位的;(2)帮助控制考场视频监控系统和无线通讯信号屏蔽系统的;(3)帮助传递考试试题、答案、作弊器材或者通讯设备的;(4)帮助违规招录监考人员的;(5)帮助更换答题卡;(6)其他为实施组织考试作弊犯罪提供帮助的行为。

4. 如何把握组织考试作弊罪既遂的认定标准

从实践来看,组织考试作弊的案件不少在考试开始之前即被查处,此种情形之下组织考试作弊的目的未能实现,究竟应当认定为犯罪既遂还是未遂,实践中存在不同认识。经研究认为,组织考试作弊罪的构成要件行为是组织作弊以及为他人实施组织作弊犯罪提供作弊器材或者其他帮助,而作弊目的是否实现不应当影响犯罪既遂的成立。基于严厉惩治组织考试作弊犯罪的考虑,《办理组织考试作弊刑事案件解释》第4条规定:"组织考试作弊,在考试开始之前被查获,但已经非法获取考试试题、答案或者具有其他严重扰乱考试秩序情形的,应当认定为组织考试作弊罪既遂。"需要注意的是,对于组织考试作弊,在考试开始之前被查获,未达到犯罪既遂的,可以组织考试作弊罪(未遂)定罪处罚;情节严重的,在相应的法定刑幅度内,结合未遂犯的处罚原则量刑。

5. 如何把握考试作弊犯罪的罪数处断规则

司法实践中,往往存在行为人非法获取试题、答案,而后组织考试作弊或者向他人非法出售、提供试题、答案的情形,是否应当数罪并罚,存在不同认识。经研究认为,此种情形实际上是数个行为触犯数个罪名,应当予以数罪并罚,以体现对此类行为的严惩立场。基于此,《办理组织考试作弊刑事案件解释》第9条规定："以窃取、刺探、收买方法非法获取法律规定的国家考试的试题、答案，又组织考试作弊或者非法出售、提供试题、答案，分别符合刑法第二百八十二条和刑法第二百八十四条之一规定的，以非法获取国家秘密罪和组织考试作弊罪或者非法出售、提供试题、答案罪数罪并罚。"①

6.如何把握在法律规定的国家考试以外的其他考试中实施考试作弊犯罪的处理规则

根据《刑法》第284条之一的规定，组织考试作弊罪，非法出售、提供试题、答案罪和代替考试罪的适用范围限于"法律规定的国家考试"，但这并非意味着对在其他考试中作弊的行为一律不予刑事追究。为统一法律适用，《办理组织考试作弊刑事案件解释》第10条规定："在法律规定的国家考试以外的其他考试中，组织作弊，为他人组织作弊提供

---

① 例如，王学军、翁其能等非法获取国家秘密、非法出售、提供试题、答案案。被告人王学军系某大学教授，自2004年起参加一级建造师执业资格考试的命题工作。2017年7月，翁其能提出、授意王学军利用参加命题便利，获取非其出题的市政专业的试题、答案，由其在培训机构中讲课使用，并约定四六分成。同月8日至16日，王学军利用参加命题的便利，在命题现场通过浏览打字员电脑中市政等专业的考卷的方式，对关键词、知识点等进行记忆，于休息时间通过回忆，结合自己的专业知识和出题经验，将所获取的市政等专业的考卷内容整理在随身携带的笔记本电脑上，后在教材上对照电脑中整理的内容进行勾画、标注。翁其能在王学军住处，在自带教材上进行对照勾画、标注和补充。事后王学军从翁其能处获取120万元。翁其能非法获取信息后，先后联系被告人许智勇、杨伟全、刘伟，商定采用封闭式小班培训的手段，通过麦克风传话不见面的授课方式，对市政等专业的考生学员进行培训，并收取每名学员数万元以上高额费用。被告人翁学荣参与培训活动，并替翁其能收取报酬。2017年9月，参加培训的被告人王辉意识到该培训班上讲课的内容可能系考题、答案，以照片形式，通过微信发给被告人洪奕轩。洪奕轩将该资料发给被告人洪浩并收取6000元，洪浩以1万元出售给被告人刘向阳，刘向阳为分摊购买费用，向被告人江莉等人提供、出售，获利1450元。在上述流程中，上下线均要求保密、不得外泄。江莉等人将该加工过的资料以1200元的价格出售给他人，宣称"考前绝密""不过退款"。经有关部门认定，上述内容与考试真题高度重合。江苏省如东县人民法院判决认为：被告人王学军作为命题组成员，受被告人翁其能的授意，非法获取属于国家秘密的试题、答案，并提供给翁其能在对外培训中使用获利。被告人王学军、翁其能构成非法获取国家秘密罪和非法出售、提供试题、答案罪，数罪并罚，对王学军决定执行有期徒刑五年六个月，并处罚金人民币150万元，对翁其能决定执行有期徒刑五年三个月，并处罚金人民币120万元。被告人翁学荣、许智勇等八人构成非法出售、提供试题、答案罪，综合考虑案件情况，分别判处有期徒刑三年三个月到八个月不等，并处罚金，对被告人刘伟、王辉、洪奕轩、洪浩、刘向阳、江莉依法宣告缓刑。同时，对被告人王学军、翁其能、许智勇、杨伟全依法宣告职业禁止，对被告人刘伟、刘向阳、江莉依法宣告禁止令。该判决已发生法律效力。参见《考试作弊犯罪典型案例》，载最高人民法院官网，http://www.court.gov.cn/zixun-xiangqing-181082.html，最后访问时间：2020年3月21日。

作弊器材或者其他帮助,或者非法出售、提供试题、答案,符合非法获取国家秘密罪、非法生产、销售窃听、窃照专用器材罪、非法使用窃听、窃照专用器材罪、非法利用信息网络罪、扰乱无线电通讯管理秩序罪等犯罪构成要件的,依法追究刑事责任。"

此外,司法实践中,不少组织考试作弊行为被以非法获取国家秘密罪等涉密犯罪追究刑事责任。在考试开始前,相关试题、答案属于国家秘密,对此不存在疑义。司法适用中,对于法律规定的国家考试以外的考试而言,相关试题依照有关规定被认定为国家秘密的,考前作弊(即行为人在考前通过盗窃试卷、贿买特定知悉人员等方式非法获取考试试题、参考答案、评分标准等,而后实施组织考试作弊行为)可以适用侵犯国家秘密类犯罪。具体而言,可能同时构成非法获取国家秘密罪、故意泄露国家秘密罪等罪名,应当根据牵连犯的处断原则,择一重罪处断。①

但是,考试开始后结束前,相关试题是否仍属于国家秘密,则存在不同认识:相关考试主管部门和公安机关通常认为属于国家秘密,应当适用非法获取国家秘密罪等涉密犯罪;但是,也有意见持相反观点,认为开考后对相关试题的管理难以达到相关保密规定,认定为国家秘密值得商榷,故不宜适用非法获取国家秘密罪等涉密犯罪。经研究认为,此种情形下,考中作弊(即行为人通过雇用"枪手"进入考场,将试题非法发送给场外人员,进而作弊的行为)能否认定为侵犯国家秘密类犯罪,则取决于依照相关规定能否将开考后、结束前考的试题认定为国家秘密。

---

① 张某在云南昆明某大学教务处工作,姚某是该校老师。2015年9月12日,国家注册安全工程师考试在该校开考,考试题能在提前一天拿到,张某就和同事姚某商量,把试卷偷出来挣点钱。2015年国家注册安全工程师试题到达学校保密室后,张某秘密进入该校保密室窃取考题,带往姚某家中,用事先准备好的相机拍照,而后由张某将试题送回保密室。两人在QQ群中出售考试试题,从中获利8万元。2015年12月14日,张某因出售2015年国家注册安全工程师考试试题被公安机关抓获。法院经审理认为,被告人张某犯非法获取国家秘密罪,一审判处其有期徒刑一年六个月。参见《监守自盗出售国家注册安全工程师考试试题公安机关顺藤摸瓜破获考前泄题案》,载《法制日报》2016年9月20日第3版。就本案而言,非法获取国家注册安全工程师考试试题的行为无疑构成非法获取国家秘密罪,但此后出售试题的行为也可能构成故意泄露国家秘密罪。

对此，2012年9月28日人力资源和社会保障部人事考试中心《关于对〈人事工作中国家秘密及其密级具体范围的补充规定〉中"启用前"一词解释的通知》明确："'启用'一词包含'启封'和'使用完毕'两层涵义。'启用前'即'启封并使用完毕前'，特指应试人员按规定结束考试离开考场之前的时间段。"按照上述理解，以各种方式泄露或者获取相关考试从命题到考试结束之前的试题、答案的行为，都属于侵害国家秘密的行为，可以视情适用非法获取国家秘密罪等侵犯国家秘密类犯罪。① 当然，稳妥起见，司法机关在办案过程中可以商请有关考试主管部门对相关考试试题在开考后、结束前是否属于国家秘密出具认定意见。

---

① 具体而言，原则上应当以非法获取国家秘密罪定罪处罚，不应适用故意泄露国家秘密罪。对此，有论者指出："场外舞弊行为是一种必要共犯行为，无论是考场内的'枪手'，还是考场外的答题人以及答案传输人，均在共同犯罪中扮演着特定的角色。""将知悉面控制在团伙成员之间不能认为试题的知悉面被扩大了，只有将试题内容让团伙成员之外的无关人员知悉，方属泄露行为。""如果将把试题透露给场外同伙的行为单独评价，并视为泄露国家秘密的行为，实际上是机械地割裂了共犯成员之间的相互关系，共同犯罪的主观故意、犯罪目的、实行行为等均被不当肢解，这就从根本上动摇乃至否定了共同犯罪的理论基础。"参见孙建保：《非法获取国家统一考试试题行为之定性》，载《人民司法》2014年第12期。而在考前作弊情形中，行为人非法获取国家秘密后进一步扩大了知悉范围，应当认为同时有泄露国家秘密的行为。

六十二、非法获取计算机信息系统数据、非法控制计算机信息系统罪

第二百八十五条第二款 违反国家规定，侵入前款规定以外的计算机信息系统或者采用其他技术手段，获取该计算机信息系统中存储、处理或者传输的数据，或者对该计算机信息系统实施非法控制，情节严重的，处三年以下有期徒刑或者拘役，并处或者单处罚金；情节特别严重的，处三年以上七年以下有期徒刑，并处罚金。

第四款 单位犯前三款罪的，对单位判处罚金，并对其直接负责的主管人员和其他直接责任人员，依照各该款的规定处罚。

（一）概述

1. 概念和构成要件

非法获取计算机信息系统数据、非法控制计算机信息系统罪，是指违反国家规定，侵入国家事务、国防建设、尖端科学技术领域以外的计算机信息系统或者采用其他技术手段，获取该计算机信息系统中存储、处理或者传输的数据，或者对该计算机信息系统实施非法控制的行为。

《刑法修正案（七）》第9条增设《刑法》第285条第2款，规定了非法获取计算机信息系统数据、非法控制计算机信息系统罪。《刑法修正案（九）》第26条增加了单位犯罪的规定。

非法获取计算机信息系统数据、非法控制计算机信息系统罪的构成要件和主要特征是：

（1）本罪侵犯的客体为复杂客体，包括国家对计算机信息系统安全的管理秩序、计算机信息系统的正常运行秩序及计算机信息系统中存储、处理或者传输的数据的安全。犯罪对象为国家事务、国防建设、尖端科学技术领域以外的计算机信息系统及其存储、处理或者传输的数据。所谓计算机信息系统，是指具备自动处理数据功能的设备，包括计算机、

网络设备、通信设备、自动化控制设备等。而计算机信息系统中存储、处理或者传输的数据则为非法获取计算机信息系统数据罪的犯罪对象。

（2）客观方面表现为违反国家规定，侵入国家事务、国防建设、尖端科学技术领域以外的计算机信息系统或者采用其他技术手段，获取该计算机信息系统中存储、处理或者传输的数据，或者对该计算机信息系统实施非法控制的行为。"违反国家规定"，是指违反《网络安全法》《计算机信息系统安全保护条例》《计算机信息网络国际联网安全保护管理办法》等规定。行为方法上表现为侵入或者采取其他技术手段。所谓侵入，是指未经授权或者超越授权，获得删除、增加、修改或者获取他人计算机信息系统存储、处理或者传输的数据的权限的行为。所谓其他技术手段，是指侵入以外的技术手段，如通过设置钓鱼网站、中途劫持等技术手段，非法获取他人计算机信息系统存储、处理或者传输的数据或者对计算机信息系统实施非法控制的行为。所谓"非法获取数据"，是指行为人通过上述手段方法，获取了计算机信息系统中存储、处理或者传输的数据。而所谓"非法控制"，是指未经授权或者超越授权控制他人计算机信息系统执行特定操作。

（3）犯罪主体为一般主体，已满16周岁且具有刑事责任能力的自然人可以构成本罪主体。根据《刑法修正案（九）》增设的《刑法》第285条第4款的规定，单位可以成为本罪的主体。

（4）主观方面由故意构成，即行为人明知是他人的计算机信息系统，仍然故意获取该计算机信息系统中存储、处理或者传输的数据，或者对计算机信息系统实施控制。

2. 法定刑

依照《刑法》第285条第2款的规定，犯非法获取计算机信息系统数据、非法控制计算机信息系统罪的，处三年以下有期徒刑或者拘役，并处或者单处罚金；情节特别严重的，处三年以上七年以下有期徒刑，并处罚金。

根据《最高人民法院、最高人民检察院关于办理危害计算机信息系统安全刑事案件应用法律若干问题的解释》（以下简称《办理危害计算机信息系统安全刑事案件解释》）：

（1）违反国家规定，侵入《刑法》第285条第1款规定以外的计算机信息系统或者采用其他技术手段，获取该计算机信息系统中存储、处理或者传输的数据，或者对该计算机信息系统实施非法控制，具有下列情形之一的，应当认定为《刑法》第285条第2款规定的"情节严重"：①获取支付结算、证券交易、期货交易等网络金融服务的身份认证信息10组以上的；②获取《办理危害计算机信息系统安全解释》第1条第1款第1项以外的身份认证信息500组以上的；③非法控制计算机信息系统20台以上的；④违法所得5000元以上或者造成经济损失1万元以上的；⑤其他情节严重的情形。

（2）实施《办理危害计算机信息系统安全刑事案件解释》第1条第1款规定行为，数量或者数额达到《办理危害计算机信息系统安全刑事案件解释》第1条第1款第1项至第4项规定标准5倍以上或者具有其他情节特别严重的情形的，应当认定为《刑法》第285条第2款规定的"情节特别严重"。

（3）明知是他人非法控制的计算机信息系统，而对该计算机信息系统的控制权加以利用的，依照前两款的规定定罪处罚。

（二）疑难问题精析

1. 如何准确认定"国家事务、国防建设、尖端科学技术领域的计算机信息系统"

非法获取计算机信息系统数据、非法控制计算机信息系统罪的犯罪对象为国家事务、国防建设、尖端科学技术领域以外的计算机信息系统及其存储、处理或者传输的数据。因此，有必要对"国家事务、国防建设、尖端科学技术领域的计算机信息系统"予以准确界定。司法实践一直反映，"国家事务、国防建设、尖端科学技术领域的计算机信息系统"的概念较为模糊，难以系统性地准确把握。比如"尖端科学技术"包括哪些领域的科学技术，难以一一列举，且科学技术发展迅速，当前尖端的科学技术在未来不一定属于尖端科学技术，未来也可能出现新的目前并无法预见到的尖端科学技术。因此，有必要对三大领域的计算机信息系统的范围予以明确。由于各方对这一术语的内涵和外延认识分歧较大，《办理危害计算机信息系统安全刑事案件解释》没有对这一术语作出界定，但是第10条规定，对于是否属于"国家事务、国防建设、尖端科学技术领域的计算机信息系统"难以确定的，应当委托省级以上负责计算机信息系统安全保护管理工作的部门检验。司法机关根据检验结论，并结合案件具体情况认定。我们认为，司法实践中，对"国家事务、国防建设、尖端科学技术领域的计算机信息系统"的认定，要注意几下几点：

（1）对于非法侵入计算机信息系统罪的适用，应当坚持慎用、少用的原则。对于"三大领域的计算机信息系统"的范围界定，如果坚持体系解释的观点，则应当尽量限缩其范围。主要考虑如下：①《刑法》第285条第1款和第2款的适用范围之间存在此消彼长的关系。根据《刑法》第285条第1款、第2款的规定，非法获取计算机信息系统数据、非法控制计算机信息系统罪的对象是国家事务、国防建设、尖端科学技术领域的计算机信息系统以外的计算机信息系统。如果某个计算机信息系统被认定为国家事务、国防建设、尖端科学技术领域的计算机信息系统，则侵入该计算机信息系统即构成犯罪，但如果继续实施了非法获取计算机信息系统数据、非法控制计算机信息系统的行为，无法适用《刑法》第285条第2款的规定。②《刑法》第285条第1款与第2款之间的罪刑均衡问题，需要特别把握。根据《刑法》第285条第1款的规定，非法侵入三大领域的计算机信息系统的，只能处三年以下有期徒刑或者拘役；而根据第2款的规定，非法侵入三大领域以外的计算机信息系统并不构成犯罪，但是进而非法获取数据或者非法控制计算机信息系统，情节特别严重的，可处三年以上七年以下有期徒刑，并处罚金。可见，从立法精神看，必须严格限缩三大领域计算机信息系统的范围，确保侵入三大领域计算机信息系统并进而实施其他行为的能够在《刑法》中找到其他可以适用的条款，如非法获取国家秘密罪，为境外窃取、刺探、收买、非法提供国家秘密、情报罪等条款，以免出现罪刑失衡。总之，《刑法》第285条第1款在立法上应当属于保留条款，即备用条款，不应当大范围地适用，案件能够认定其他罪名的，就不应当适用非法侵入计算机信息系统罪。

（2）严格适用《办理危害计算机信息系统安全刑事案件解释》第10条的程序性规定。对于一些案件，涉嫌构成非法侵入计算机信息系统罪的，主要问题就是判断行为人所侵入的计算机信息系统是不是属于三大领域的计算机信息系统。要严格适用《办理危害计算机信息系统安全刑事案件解释》第10条的程序性规定，委托省级以上负责计算机信息系统安全保护管理工作的部门检验，并将检验结论移送司法机关，由司法机关依法最终作出认定。

（3）非法侵入国家事务、国防建设、尖端科学技术领域的计算机信息系统，并进而实施其他行为，同时构成非法侵入计算机信息系统罪和其他犯罪的，依照处罚较重的规定定罪处罚。

2.如何认定"侵入计算机信息系统"

侵入计算机信息系统是本罪的行为方式之一，需要准确把握。所谓侵入计算机信息系统，是指未经授权或者超越授权，获得删除、增加、修改或者获取计算机信息系统存储、处理或者传输的数据的权限。对于侵入计算机信息系统，应当注意把握如下几点：

（1）侵入的本质特征是未经授权或者超越授权。获得对计算机信息系统存储、处理或者传输的数据进行删除、增加、修改或者获取的权限是否具有违法性，能否称为"侵入"，就在于是否获得授权。如果未经授权或者超越授权，取得对计算机信息系统存储、处理或者传输的数据进行删除、增加、修改或者获取的权限，则属于"侵入"。

（2）侵入的后果是获得操作权限。侵入是指未经授权或者超越授权，获得删除、增加、修改或者获取计算机信息系统存储、处理或者传输的数据的权限，也可以是通过对数据的增、删、改，进而执行计算机信息系统的特定功能或者对功能进行增、删、改。需要注意的是，这里的操作权限不限于全部权限，也应当包括部分权限。也就是说，侵入行为在很多时候并不能获取对全部数据的增、删、改权限，也可能是获得对部分数据的增、删、改权限，而这并不妨碍将其认定为"侵入"。

（3）超越授权的具体情形。从司法实践来看，对于超越授权的具体情形，要注意把握以下几个问题：①通过技术手段提高权限，获得对计算机信息系统存储、处理或者传输的数据的更高的增、删、改权限的，属于超越授权，应当认定为侵入。例如，在网络攻击中，很多攻击方法属于"提升权限"的攻击方法，也即通过合法渠道获得某个系统的一般权限后，利用系统的漏洞将自己的权限提升到管理员的权限以获得对系统的控制权。②违反授权的权限范围或者时间范围，删除、增加、修改或者获取计算机信息系统存储、处理或者传输的数据，属于超越授权，应当认定为侵入。例如，有的公司雇员在辞职后仍然使用在原公司拥有的登录权限获取原公司计算机中存储的数据，即属于违反授权的时间范围超越授权进行访问。

3. 如何认定"非法控制计算机信息系统"

所谓"非法控制计算机信息系统"，是指未经授权或者超越授权控制计算机信息系统执行特定操作。在非法侵入计算机信息系统后，并未破坏计算机信息系统的功能或者数据，而是通过控制计算机实施特定的操作获利的行为被称为"非法控制计算机信息系统"。为了严惩上述行为，《刑法修正案（七）》增设非法控制计算机信息系统罪，将非法控制计算机信息系统，情节严重的行为规定为犯罪。对此，应当着重把握以下几点：

（1）关于"非法控制计算机信息系统"的本质。根据《刑法》第285条第2款的规定，非法控制计算机信息系统的方法包括侵入或者其他技术手段。如前所述，侵入是未经授权或者超越授权获得对计算机信息系统存储、处理或者传输的数据增、删、改或者获取的权限，其本质在于未经授权或者超越授权。而采用其他技术手段非法控制他人计算机信息系统，其本质也在于未经授权或者超越授权，否则就无所谓非法。因此，非法控制的本质在于未经授权或者超越授权。

（2）控制的后果是控制计算机信息系统执行特定的操作。需要注意的是，这里的控制是指使用了控制权的行为，如取得网站管理员账号密码后实施了登录行为，在计算机上植入木马并控制这些计算机反向连接到某个中心控制服务器（如僵尸网络）或者控制这些计算机实施点击网站等操作。如果仅仅持有控制权，即控制权的"持有"状态，如取得网站的管理员和账号密码，攻击者随时可以登录到该网站上的行为，就不能认定为"控制"。控制不限于人直接使用了控制权，也可以是通过"计算机程序"等媒介使用了控制权，比如取得账号密码后登录到计算机上属于"人"直接使用控制权，而在计算机上植入木马程序后该木马程序自动回连到某台计算机上或者自动执行攻击者预设的操作，此时是程序使用了计算机的控制权，也应当属于"控制"的范围。

4. 盗窃网络虚拟财产的行为应当如何定性

关于网络盗窃虚拟财产案件的定性，理论界存在不同认识，司法实务中也有不同判决。我们认为，盗窃网络虚拟财产的行为目前宜以非法获取计算机信息系统数据罪定罪处罚。[①] 主要考虑如下：

第一，虚拟财产的财物性质不明。我国台湾地区地方法院的部分法

---

① 对于非法获取虚拟财产的案件，究竟适用非法获取计算机信息系统数据罪还是破坏计算机信息系统罪，需要进一步判断行为方式。需要注意的是，破坏计算机信息系统罪在客观上要求行为人要对计算机信息系统功能进行删除、修改、增加、干扰，造成计算机信息系统不能正常运行，或者是对系统中存储、处理或传输的数据和应用程序进行删除、修改、增加的操作。因此，如果行为人并未实施上述行为，仅仅是非法获取计算机信息系统数据的，只能适用非法获取计算机信息系统数据罪。

官认为，玩家盗窃虚拟的"天币"或"宝物"的行为，充其量只能被评为"干扰他人游戏之游戏违规行为"罢了，而且"天币""宝物"在现实社会中并无客观上的价值，就像玩大富翁盖房子游戏，这些房子在现实社会并无客观价值。因此盗窃此类物品并未侵害实际的"财产法益"。而在我国大陆，有论者进一步指出，虚拟财产实际上不具有稀缺性，不能成为刑法中的"财物"。针对被告人吴某非法获取网络游戏"画皮世界"游戏币案，[①] 该观点认为："虚拟财产特点是只要程序设置完毕，可以无限产出，游戏币不像真的货币那样存在发行量的限制，网络服务上的虚拟财产的损失与现实财产的损失有明显不同。即使被告人吴某非法获取了《画皮世界》100 亿个游戏币，《画皮世界》依旧可以满足其他所有用户对游戏币的需求，并不代表麒麟公司就损失了 100 亿元财产，也并不代表别的游戏玩家就无法再购买游戏币。实际上被害单位麒麟公司本身注册资本是 9000 万元，可能正常经营 10 年，在《画皮世界》这个游戏中也不可能卖出 100 亿个游戏币。"因此，不宜将本案中的游戏币认定为财产犯罪中的财物，本案不能以诈骗、盗窃等财产犯罪论处。经综合考虑全案情节，法院以非法获取计算机信息系统数据罪判处被告人吴某有期徒刑一年零九个月，并处罚金人民币 5000 元。一审宣判后，被告人未上诉，公诉机关亦未提起抗诉，判决已生效。[②] 总之，包括虚拟货币在内的虚拟财产不是财物，而《刑法》第 264 条明确规定"盗窃公私财物的"才构成盗窃罪，因此盗窃虚拟财产的行为不构成盗窃罪。

第二，虚拟财产的法律属性是计算机信息系统数据。虚拟财产不是

---

① 2014 年 8 月，被告人吴某发现网络游戏《画皮世界》的充值系统存在漏洞，可利用火狐浏览器及相关插件对该系统数据进行修改，致使充入 0.01 元人民币即可获得 5000 游戏币（游戏内规则为充值 1 元人民币获得 1 游戏币）。2014 年 8 月至 2014 年 9 月间，被告人吴某利用上述漏洞进行反复操作，多次向 8 个《画皮世界》游戏账号充值，并通过他人在互联网上变卖上述账号内的部分游戏币，获利人民币 21000 元。参见游涛、杨茜：《应对网络新型犯罪：做足功课拿出对策》，载《人民法院报》2017 年 3 月 5 日第 3 版。

② 参见游涛、杨茜：《应对网络新型犯罪：做足功课拿出对策》，载《人民法院报》2017 年 3 月 5 日第 3 版。

财物，本质上是电磁记录，是电子数据，这是虚拟财产的物理属性。但是，电磁记录、电子数据在法律上、在刑法上应当有特定的法律属性。举一个例子，企业的商业秘密可能就是一组数据，这组数据的物理属性是数据，但法律属性却是知识产权，非法获取这组数据可能构成侵犯知识产权罪中的侵犯商业秘密罪。回到虚拟财产的概念上来，电磁记录、电子数据在刑法上的法律属性是计算机信息系统数据，故而，盗窃虚拟财产的行为应当适用非法获取计算机信息系统数据罪。

第三，对盗窃网络虚拟财产的行为适用盗窃罪会带来一系列棘手问题。如果承认了非法获取虚拟财产的行为构成盗窃罪，等于承认了虚拟财产的价值，最为困难的一个问题就是价格认证问题。正如有论者所指出的："游戏用户花了 500 元人民币买游戏币，玩到一定级别，可以拥有游戏商赠送的虚拟财产——价值 5000 元的屠龙刀，如果屠龙刀被窃，被盗窃虚拟财产的价值如何计算？是价值 500 元，还是 5000 元？对整天沉湎于游戏的玩家来说，头盔、战甲、屠龙刀等虚拟财产价值千金，但对局外人来说可能一文不值。对于虚拟财产能否有一个能够被普遍接受的价值计算方式？"[①] 我们认为，虚拟财产没有、也不可能有一个能够被普遍接受的价值计算方式。一个五位数的 QQ 号到底值多少钱？游戏装备值多少钱？这些问题恐难有统一答案。

第四，不适用盗窃罪同样能够而且能够更好地解决问题。如果换一个思路，不要往盗窃罪方面靠，而往非法获取计算机信息系统数据罪方面靠，则问题好解决得多。盗窃一个五位数的 QQ 号，卖了之后获利 5 万元，这个时候要认定为盗窃罪，则必须认定这个 QQ 号的价值是多少，谁来作出这个认定都会有争议，都不合适。而如果按照非法获取计算机信息系统数据罪办理，根据前述司法解释的规定，违法所得 5000 元以上的就可以入罪了，适用非法获取计算机信息系统数据罪没有问题。

[①] 参见黄太云：《知识产权与网络犯罪立法完善需认真研究的几个问题》，载《中国刑事法杂志》2007 年第 3 期。

第五，对盗窃网络游戏虚拟货币的行为适用非法获取计算机信息系统数据罪，符合罪责刑相适应原则。非法获取计算机信息系统数据，情节严重的，处三年以下有期徒刑或者拘役，并处或者单处罚金；情节特别严重的，处三年以上七年以下有期徒刑，并处罚金。可见，适用非法获取计算机信息系统数据罪，并不会放纵盗窃网络游戏虚拟货币的行为，仍然能够对其罚当其罪。

第六，不承认虚拟财产的财物性质符合世界惯例。从域外刑事立法和司法来看，鲜有将盗窃网络虚拟财产的行为以盗窃罪论处的。如前所述，从目前掌握的资料来看，其他国家和地区关于网络盗窃虚拟财产的定性也处于探索尝试阶段，很少有直接按照盗窃罪定罪处罚的。以德国为例，2007年《关于打击网络犯罪的第41部刑法修正案》针对非法获取计算机信息系统数据的行为增设了刑法第202b获取数据，规定通过运用技术手段，无权为自己或者他人从非公开的数据传输或者数据处理装置中获取不属于行为人的数据（同202a第2款的界定），如果其他条款没有规定更重的刑罚的，处二年以下自由刑或者罚金刑。可见，对于盗窃网络虚拟财产的行为，德国刑法没有将其作为诸如盗窃等财产犯罪处理，而是单独规定为获取数据，以更为有效地打击此类犯罪。而我国台湾地区1997年修正"刑法"时，在第323条将"电磁记录"增设为动产，对窃取电磁记录的行为适用盗窃罪，但是2003年修正"刑法"时，又将"电磁记录"从动产的范围内删除，实际上是否定了1997年的"刑法"修正，对窃取电磁记录的行为规定适用专门的获取计算机信息系统数据等计算机犯罪来处理。这种否定之否定的探索历程令人深思。

综上所述，对盗窃网络游戏虚拟货币的行为，目前宜适用非法获取计算机信息系统数据罪、破坏计算机信息系统罪等定罪量刑。当然，如果未来相关民事法律明确虚拟财产的财物性质①，作为其他部门法的保障法的《刑法》再行跟上，对于盗窃虚拟财产的行为适用盗窃罪等财产犯罪，我们亦持支持态度。②

5. 对于明知是他人非法获取的计算机信息系统数据，而予以倒卖或者使用的行为，应当如何定性

危害计算机信息系统犯罪活动的一个重要特点是分工细化。例如，在非法获取数据活动中，制作非法获取数据的程序、传播用于非法获取数据的程序、非法获取数据、获取数据后销赃获利、使用数据等行为通常由不同人员实施。在这些行为中，由于行为人之间事前无通谋，欠缺共犯犯罪故意，难以依据共同犯罪予以打击。目前，收购、代为销售或者以其他方法掩饰、隐瞒非法获取数据、非法控制计算机信息系统控制权的行为已经非常泛滥，甚至形成了大规模的网上交易平台。《办理危害计算机信息系统安全犯罪刑事案件解释》规定，对于明知是他人非法获取的计算机信息系统数据，而予以倒卖或者使用的行为，应当适用掩饰、隐瞒犯罪所得罪。

6. 对于明知是他人非法控制的计算机信息系统，而倒卖或者使用该计算机信息系统的控制权的行为，应当如何定性

在非法控制计算机信息系统活动中，制作非法控制计算机信息系统的程序、传播用于控制计算机信息系统的程序、销售计算机信息系统控制权、使用被控制的计算机信息系统的资源等行为通常由不同人员实施。对于非法控制他人计算机信息系统的行为理应适用非法控制计算机信息系统罪。那么，对于倒卖或者使用他人控制的计算机信息系统的控制权

---

① 在确实无法适用非法获取计算机信息系统数据罪等罪名的情况下，比如没有使用技术手段而是直接敲诈勒索、抢劫虚拟货币的，也可以考虑通过手段行为予以评价；在极个别法益侵害程度高、社会危害大，手段行为确实难以罚当其罪的情况下，作为例外，可以考虑将行为对象解释为财产性利益，尝试适用财产犯罪定罪处罚。当然，这样一个处理路径实属当下的"权宜之计"，系统妥当解决相关问题只能寄希望于前置法的不断完善。

② 《民法典》对此也采取了回避态度，第127条规定："法律对数据、网络虚拟财产的保护有规定的，依照其规定。"

的行为应当如何定性，认识不一。我们认为，对于倒卖控制权和使用控制权的行为应当适用不同的罪名：

（1）明知是他人非法控制的计算机信息系统，而倒卖该计算机信息系统的控制权的，应当以掩饰、隐瞒犯罪所得罪追究刑事责任。

（2）明知是他人非法控制的计算机信息系统，而使用该计算机信息系统的控制权的，使得该计算机信息系统继续处于被控制状态，实际上是对该计算机信息系统实施控制，应当认定为非法控制计算机信息系统，故应当依据非法控制计算机信息系统罪定罪量刑。

7. 如何处理僵尸网络相关行为

从实践来看，很多攻击者通过控制大量计算机形成僵尸网络（Botnet）。僵尸网络，是指采用一种或者多种传播手段，将大量主机感染 bot 程序（僵尸程序），从而在控制者和被感染主机之间形成的一个可一对多控制的网络。僵尸网络具有如下三个特征：僵尸网络是一个可控制的网络；僵尸网络是采用一定的恶意传播手段形成的；僵尸网络可以一对多地执行相同的恶意行为，充当攻击平台的角色，如对某目标网络进行拒绝服务攻击。[①] 因此，有必要准确把握对僵尸网络相关行为的处理问题：

（1）形成僵尸网络行为的定性问题。僵尸网络的工作过程包括传播、加入和控制三个阶段[②]：①僵尸网络首先需要具有一定规模的被控计算机，而这个规模是逐渐地随着采用某种或某几种传播手段的僵尸程序而形成的，在这个传播过程中主要有主动攻击漏洞、邮件病毒、即时通讯软件、恶意网站脚本、特洛伊木马等几种手段。②在加入阶段，每一个被感染主机都会随着隐藏在自身上的僵尸程序的发作而加入僵尸网络中去，加入的方式根据控制方式和通信协议的不同而有所不同。③在控制阶段，攻击者通过中心服务器发送预先定义好的控制指令，让被感染主机执行

---

① 金双民等：《僵尸网络研究概述》，载《中国教育网络》2006 年第 6 期。
② 金双民等：《僵尸网络研究概述》，载《中国教育网络》2006 年第 6 期。

恶意行为，如发起拒绝服务攻击等。通过上述过程不难看出，形成僵尸网络的过程实际上是非法控制他人计算机信息系统的过程，行为人通过侵入他人计算机信息系统或者采用其他技术手段，对计算机信息系统实施非法控制，从而形成僵尸网络，对此行为应以非法控制计算机信息系统罪定罪处罚。

（2）倒卖僵尸网络行为定性。如前所述，明知是他人非法控制的计算机信息系统，而倒卖该计算机信息系统的控制权的，应当以掩饰、隐瞒犯罪所得罪追究刑事责任。那么，倒卖通过控制大量计算机形成的僵尸网络的行为，亦应按照掩饰、隐瞒犯罪所得罪定罪处罚。

（3）利用僵尸网络实施其他违法犯罪行为的处理。僵尸网络构成了一个攻击平台，利用这个平台可以有效发起各种攻击行为，目前发现的利用僵尸网络发起的攻击行为的类型主要包括：拒绝服务攻击、发送垃圾邮件、窃取秘密、滥用资源等。[1] 对于这些行为，应当根据所涉及的罪名定罪处罚：对于拒绝服务攻击行为按照破坏计算机信息系统罪处理；对于窃密的行为按照可能涉及的非法获取国家秘密罪，为境外窃取、刺探、收买、非法提供国家秘密、情报罪，非法获取计算机信息系统数据罪处理；对于利用僵尸主机搭建假冒的银行网站从事网络钓鱼等非法活动，按照非法获取计算机信息系统数据罪等罪名处理。

8. 如何处理《刑法》第 285 条第 1 款、第 2 款与第 3 款相交织的情形

如前所述，《刑法》第 285 条第 3 款实际上是《刑法》第 285 条第 1 款、第 2 款的工具犯。该款规定，提供专门用于侵入（包括通过侵入计算机信息系统实施的非法获取数据）、非法控制计算机信息系统的程序、工具，或者明知他人实施侵入（包括通过侵入计算机信息系统实施的非法获取数据）、非法控制计算机信息系统的违法犯罪行为而为其提供程序、工具，情节严重的，以提供侵入、非法控制计算机信息系统的程序、工具罪论处。在司法实践中，要注意把握《刑法》第 285 条第 1 款、第 2

---

① 金双民等:《僵尸网络研究概述》，载《中国教育网络》2006 年第 6 期。

款与第 3 款相交织的几种情形：

（1）明知他人实施侵入（包括通过侵入计算机信息系统实施的非法获取数据）、非法控制计算机信息系统的违法犯罪行为，而为其提供程序、工具的。《刑法修正案（七）》增设了《刑法》第 285 条第 3 款，将非法侵入计算机信息系统、非法获取计算机信息系统数据、非法控制计算机信息系统共同犯罪中的提供工具行为独立化，单独规定为犯罪，并配置了独立的法定刑。在此背景下，对于明知他人实施侵入（包括通过侵入计算机信息系统实施的非法获取数据）、非法控制计算机信息系统的违法犯罪行为，而为其提供程序、工具的，无论是否构成共同犯罪，均应以提供侵入、非法控制计算机信息系统的程序、工具罪论处。

（2）明知他人实施侵入（包括通过侵入计算机信息系统实施的非法获取数据）、非法控制计算机信息系统的违法犯罪行为，而为其提供程序、工具，并参与实施了非法侵入计算机信息系统、非法获取计算机信息系统数据、非法控制计算机信息系统的具体犯罪行为的。我们认为，行为人实施的行为既符合了非法侵入计算机信息系统罪或者非法获取计算机信息系统数据、非法控制计算机信息系统罪，也符合了提供侵入、非法控制计算机信息系统的程序、工具罪，但是考虑到两个行为之间前后相连，密不可分，不宜再数罪并罚。较为妥善的处理方案是，按照"从一重处断"原则，比较两罪轻重，按照重罪处断。

六十三、破坏计算机信息系统罪

第二百八十六条 违反国家规定，对计算机信息系统功能进行删除、修改、增加、干扰，造成计算机信息系统不能正常运行，后果严重的，处五年以下有期徒刑或者拘役；后果特别严重的，处五年以上有期徒刑。

违反国家规定，对计算机信息系统中存储、处理或者传输的数据和应用程序进行删除、修改、增加的操作，后果严重的，依照前款的规定处罚。

故意制作、传播计算机病毒等破坏性程序，影响计算机系统正常运行，后果严重的，依照第一款的规定处罚。

单位犯前三款罪的，对单位判处罚金，并对其直接负责的主管人员和其他直接责任人员，依照第一款的规定处罚。

（一）概述

1. 概念和构成要件

破坏计算机信息系统罪，是指违反国家规定，对计算机信息系统功能进行删除、修改、增加、干扰，造成计算机信息系统不能正常运行，或者对计算机信息系统中存储、处理或者传输的数据和应用程序进行删除、修改、增加的操作，或者故意制作、传播计算机病毒等破坏性程序，影响计算机系统正常运行，后果严重的行为。

1997年《刑法》规定了破坏计算机信息系统罪，《刑法修正案（九）》第27条增加了单位犯罪的规定。

破坏计算机信息系统罪的构成要件和主要特征是：

（1）本罪侵犯的客体为计算机信息系统安全。犯罪对象为计算机信息系统及其中存储、处理或者传输的数据和应用程序。

（2）客观方面表现为违反国家规定，破坏计算机信息系统，后果严重的行为。"违反国家规定"，是指违反《网络安全法》《计算机信息系统安全保护条例》《计算机信息网络国际联网安全保护管理办法》等规定。具体破坏行为表现为如下三种形式：①对计算机信息系统功能进行删除、修改、增加、干扰，造成计算机信息系统不能正常运行。②对计算机信息系统中存储、处理或者传输的数据和应用程序进行删除、修改、增加的操作。③故意制作、传播计算机病毒等破坏性程序，影响计算机系统正常运行。

（3）犯罪主体为一般主体，已满16周岁且具有刑事责任能力的自然人可以构成本罪主体。根据《刑法修正案（九）》增设的《刑法》第286条第4款的规定，单位可以成为本罪的主体。

（4）主观方面由故意构成，即行为人明知自己的行为会发生破坏计算机信息系统的后果，仍然希望或者放任这种危害结果发生。

2. 法定刑

依照《刑法》第286条的规定，犯破坏计算机信息系统罪的，处五年以下有期徒刑或者拘役，并处或者单处罚金；后果特别严重的，处五年以上有期徒刑。

根据《最高人民法院、最高人民检察院关于办理危害计算机信息系统安全刑事案件应用法律若干问题的解释》（以下简称《办理危害计算机信息系统安全刑事案件解释》）：

（1）违反国家规定，对计算机信息系统功能进行删除、修改、增加、干扰，造成计算机信息系统不能正常运行，或者对计算机信息系统中存储、处理或者传输的数据和应用程序进行删除、修改、增加的操作，具有下列情形之一的，应当认定为《刑法》第286条第1款和第2款规定的"后果严重"：①造成10台以上计算机信息系统的主要软件或者硬件不能正常运行的；②对20台以上计算机信息系统中存储、处理或者传输的数据进行删除、修改、增加的操作；③违法所得5000元以上或者造成经济损失1万元以上的；④造成为100台以上计算机信息系统提供域名解析、身份认证、计费等基础服务或者为1万以上用户提供服务的计算机信息系统不能正常运行累计 1 小时以上的；⑤造成其他严重后果的。

（2）实施《办理危害计算机信息系统安全刑事案件解释》第 4 条第 1 款规定行为，具有下列情形之一的，应当认定为破坏计算机信息系统罪"后果特别严重"：①数量或者数额达到第 4 条第 1 款第 1 项至第 3 项规定标准 5 倍以上的；②造成为 500 台以上计算机信息系统提供域名解析、身份认证、计费等基础服务或者为 5 万以上用户提供服务的计算机信息系统不能正常运行累计 1 小时以上的；③破坏国家机关或者金融、电信、交通、教育、医疗、能源领域等提供公共服务的计算机信息系统的功能、数据或者应用程序，致使生产、生活受到严重影响或者造成恶劣社会影响的。④造成其他特别严重后果的。

（3）故意制作、传播计算机病毒等破坏性程序，影响计算机系统正常运行，具有下列情形之一的，应当认定为《刑法》第 286 条第 3 款规定的"后果严重"：①制作、提供、传输《办理危害计算机信息系统安全刑事案件解释》第 5 条第 1 项规定的程序，导致该程序通过网络、存储介质、文件等媒介传播的；②造成 20 台以上计算机系统被植入《办理危害计算机信息系统安全刑事案件解释》第 5 条第 2 项、第 3 项规定的程序的；③提供计算机病毒等破坏性程序 10 人次以上的；④违法所得 5000 元以上或者造成经济损失 1 万元以上的；⑤造成其他严重后果的。

（4）实施《办理危害计算机信息系统安全刑事案件解释》第 6 条第 1 款规定行为，具有下列情形之一的，应当认定为破坏计算机信息系统罪"后果特别严重"：①制作、提供、传输《办理危害计算机信息系统安全刑事案件解释》第 6 条第 1 项规定的程序，导致该程序通过网络、存储介质、文件等媒介传播，致使生产、生活受到严重影响或者造成恶劣社会影响的；②数量或者数额达到《办理危害计算机信息系统安全刑事案件解释》第 6 条第 1 款第 2 项至第 4 项规定标准 5 倍以上的；③造成其他特别严重后果的。

（二）疑难问题精析

1. 如何准确界定"计算机信息系统"与"计算机系统"

《刑法》第286条关于破坏计算机信息系统罪的规定使用了"计算机信息系统"与"计算机系统"两个概念。其中，《刑法》第286条第3款有关制作、传播计算机病毒等破坏性程序的条款中使用"计算机系统"的概念，其他条款使用"计算机信息系统"的概念。

《办理危害计算机信息系统安全刑事案件解释》第11条对二者未作区分，而进行统一解释。这是适当的，主要考虑如下：一是区分这两个概念不存在实质意义。立法区分这两者的原意可能是考虑侵入计算机信息系统、破坏计算机信息系统的对象应当是数据库、网站等提供信息服务的系统，而传播计算机病毒如果只影响计算机操作系统（计算机系统）本身，即使不对系统上的信息服务造成影响也应当受到处罚。但实质上，对这两者作出区分并无实质意义，因为随着计算机技术的发展，计算机操作系统自身与提供信息服务的系统自身已密不可分。如很多操作系统自身也提供 WEB（互联网）服务、FTP（文件传输协议）服务，而侵入操作系统也就能够实现对操作系统上提供信息服务的系统实施控制，破坏操作系统的数据或者功能也就能够破坏操作系统上提供信息服务的系统的数据或者功能，从立法的角度上无法准确划分出提供信息服务的系统和操作系统。二是从保护计算机信息系统安全这一目的出发，对这两个概念进行区分没有必要。不管破坏的是计算机信息系统本身或者是破坏提供信息服务的信息系统，只要造成严重后果或者有严重的情节，都应当受到同等的处罚。三是经对美国、德国等发达国家网络犯罪立法调研，这些国家都在立法中使用单一的计算机系统、计算机等名词，而未对计算机信息系统和计算机系统作出区分。

而且，"计算机信息系统"和"计算机系统"两个概念被统一界定为"具备自动处理数据功能的系统"，原因如下：具备自动处理数据功能的设备都可能成为被攻击的对象，有必要将其纳入刑法保护范畴。随着信息技术的发展，各类内置有可以编程、安装程序的操作系统的数字化设备广泛应用于各个领域，其本质与传统的计算机系统已没有任何差别。这些设备都可能受到攻击破坏：互联网上销售的专门用于控制手机的木马程序，可以通过无线网络获取手机中的信息；通过蓝牙、Wi-Fi（将电脑、手持设备等终端以无线方式互相连接的技术）等无线网络传播病毒的案件也呈现快速增长态势；在工业控制设备中可能植入破坏性程序，使得工业控制设备在特定条件下运行不正常；在打印机、传真机等设备中可以内置程序秘密获取相关数据。总之，任何内置有操作系统的智能化设备都可能成为入侵、破坏和传播计算机病毒的对象，因此，应当将这些设备的安全纳入刑法保护范畴。

2. 如何界分破坏计算机信息系统罪（计算机信息系统数据）与非法控制计算机信息系统罪

根据《刑法》第286条的规定，与其他两种破坏计算机信息系统的行为方式不同，破坏计算机信息系统数据和应用程序构成破坏计算机信息系统罪，并不要求达到"造成计算机信息系统不能正常运行"或者"影响计算机系统正常运行"的结果。但是，这并不意味着对数据进行删除、修改、增加的行为，可以一律认定为破坏计算机信息系统罪的行为方式。从技术原理上而言，对数据进行删除、修改、增加的行为范围较宽，几乎所有危害计算机信息系统安全犯罪都会涉及。作此理解，将无法界分破坏计算机信息系统罪与其他危害计算机信息系统安全犯罪。基于此，张竣杰等非法控制计算机信息系统案（指导案例145号）的裁判要点提出："通过修改、增加计算机信息系统数据，对该计算机信息系统实施非法控制，但未造成系统功能实质性破坏或者不能正常运行的，不应当认定为破坏计算机信息系统罪，符合刑法第二百八十五条第二款规定的，应当认定为非法控制计算机信息系统罪。"据此，可以认为：对于破坏系统运行的主要数据或者基本数据的行为，应当适用破坏计算机信息系统罪；但是，并非对数据的增删改一律适用破坏计算机信息系统罪（该罪处刑较重），对于通过对非主要数据的破坏进而实施非法控制等操作的，完全可以适用非法控制计算机信息系统罪。

3. 如何准确认定"故意制作、传播计算机病毒等破坏性程序，影响计算机系统正常运行"

根据《刑法》第286条的规定，故意制作、传播计算机病毒等破坏性程序是破坏计算机信息系统的典型情形。对此，要注意把握如下几个问题：

（1）制作、销售计算机病毒等破坏性程序的行为应否适用破坏计算机信息系统罪？《刑法》第286条第3款对制作、传播计算机病毒等破坏性程序作出了规定，但这一规定有别于《刑法》第285条第3款关于提供侵入、非法控制计算机信息系统的程序、工具罪的规定，后者是独立的提供工具犯，对于提供侵入、非法控制计算机信息系统的程序、工具的行为可予以独立打击，而前者并非独立的工具犯罪，对于制作、销售计算机病毒等破坏性程序的行为是否构成犯罪取决于是否"影响计算机系统正常运行"。故意制作、传播计算机病毒是破坏计算机信息系统罪的一种行为方式，仅仅故意制作计算机病毒而未传播，不可能给计算机信息系统造成影响，不能依照破坏计算机信息系统罪定罪处罚。因此，对于互联网上制作、销售计算机病毒等破坏性程序的行为无法类似制作、提供专门用于非法控制计算机信息系统、非法获取数据的程序进行独立打击，只对其中制作、提供的计算机病毒等破坏性程序最终被使用并产生影响计算机信息系统正常运行后果的行为，才能依据破坏计算机信息系统罪予以打击。例如，备受社会各界关注的"熊猫烧香"病毒案，被认定为破坏计算机信息系统罪。

（2）向他人提供（也即人到人的"传播"）计算机病毒等破坏性程序的行为是否属于"传播"的范畴？基于危害计算机信息系统犯罪的特殊性，宜将一对一的情形也理解为"传播"，即针对某个计算机实施病毒破坏行为，也应视为"故意传播计算机病毒等破坏性程序"。但是上述行为必须最终导致"影响计算机信息系统正常运行"，即其制作、提供的计算机病毒等破坏性程序最终被使用并产生后果，否则不能认定为破坏计算机信息系统罪。

4. 如何准确界分"计算机病毒等破坏性程序"与"专门用于侵入、非法控制计算机信息系统的程序、工具"

《刑法》第286条第3款涉及计算机病毒等破坏性程序，而《刑法》第285条第3款的提供侵入、非法控制计算机信息系统程序、工具罪中涉及"专门用于侵入、非法控制计算机信息系统的程序、工具"的概念，因此，有必要对这两个概念予以准确界分。

（1）计算机病毒等破坏性程序的具体范围。根据《办理危害计算机信息系统安全刑事案件解释》的规定，计算机病毒等破坏性程序涵括了如下三类程序：①能够通过网络、存储介质、文件等媒介，将自身的部分、全部或者变种进行自我复制、传播，并破坏计算机系统功能、数据或者应用程序的程序（计算机病毒）。此类程序的危害性主要是其传播方式容易引起大规模传播，而且一经传播即无法控制其传播面，也无法对被侵害的计算机逐一取证确认其危害后果。②能够在预先设定条件下自动触发并破坏计算机系统数据、功能的程序（逻辑炸弹）。此类程序一旦被触发即可破坏计算机信息系统功能或者程序，但在未触发之前仍存在潜在的破坏性。③其他专门设计用于破坏计算机系统功能、数据或者应用程序的程序。

（2）专门用于侵入、非法控制计算机信息系统的程序、工具的具体范围。根据《办理危害计算机信息系统安全刑事案件解释》的规定，在司法实践中，要着重把握如下几个问题：

①《刑法》第285条第3款规定的"专门用于侵入、非法控制计算机信息系统的程序、工具"实质上是指专门用于实施《刑法》285条规定之罪的程序、工具。根据《刑法》285条规定的犯罪行为，可以将"专门用于侵入、非法控制计算机信息系统的程序、工具"分为三类：一是专

门用于实施非法侵入计算机信息系统的程序、工具。二是通过非法侵入计算机信息系统而非法获取数据的专门性程序、工具。这里需要专门说明的是："所谓'专门用于侵入计算机系统的程序、工具'，主要是指专门用于非法获取他人登录网络应用服务、计算机系统的账号、密码等认证信息以及智能卡等认证工具的计算机程序、工具。"[①] 很显然，除专门用于实施非法侵入计算机信息系统的程序、工具外，通过非法侵入计算机信息系统而非法获取数据的专门性程序、工具也应当纳入"专门用于侵入计算机信息系统的程序、工具"的范畴。三是专门用于非法控制计算机信息系统的程序工具。

②"专门"一词的具体含义。《刑法》第285条第3款的"专门用于侵入、非法控制计算机信息系统的程序、工具"，"是指行为人所提供的程序、工具只能用于实施非法侵入、非法控制计算机信息系统的用途"。[②] 可见，其区别于一般的工具之处在于此类工具专门是用于违法犯罪目的，而不包括那些既然可以用于违法犯罪目的又可以用于合法目的的"中性程序"。因此，"专门"是对程序、工具本身的用途非法性的限定，是通过程序、工具本身的用途予以征表的。而程序、工具本身的用途又是由其功能所决定的，如果某款程序、工具在功能设计上就只能用来违法地实施控制、获取数据的行为，则可以称之为"专门工具、程序"。我们认为，从功能设计上可以对"专门、程序工具"作如下限定：第一，程序、工具本身具有获取计算机信息系统存储、处理、传输的数据，控制计算机信息系统的功能。由于专门用于实施非法侵入计算机信息系统的程序、工具较为少见，而通过非法侵入计算机信息系统而非法获取数据的专门性程序、工具也应当纳入"专门用于侵入计算机信息系统的程序、工具"的范畴，这里主要强调了程序、工具本身的获取数据和控制功能。第二，

---

① 黄太云:《〈刑法修正案（七）〉解读》，载《人民检察》2009年第6期。
② 全国人大常委会法工委刑法室编:《〈中华人民共和国刑法〉条文说明、立法理由及相关规定》，北京大学出版社2009年版，第592页。

程序、工具本身具有避开或者突破计算机信息系统安全保护措施的功能。有不少木马程序既可用于合法目的也可用于非法目的，属于"中性程序"，比如 Windows 系统自带的 Terminal Service（终端服务）也可以用于远程控制计算机信息系统，商用远程控制程序也被一般用户广泛用于远程维护计算机信息系统。通常情况下，攻击者使用的木马程序必须故意逃避杀毒程序的查杀、防火墙的控制，故此类木马程序区别于一般商用远程控制程序的主要特征是其具有"避开或者突破计算机信息系统安全保护措施"的特征，如自动停止杀毒软件的功能、自动卸载杀毒软件功能等，在互联网上广泛销售的所谓"免杀"木马程序即属于此种类型的木马程序。因此，将"专门用于避开或者突破计算机信息系统安全保护措施"作为界定远程控制程序合法和非法的标准。第三，程序、工具获取数据和控制功能，在设计上即能在未经授权或者超越授权的状态下得以实现。这是专门程序、工具区别于"中性程序、工具"的典型特征，是该类程序违法性的集中体现。①

基于上述考虑，"专门用于侵入、非法控制计算机信息系统的程序、工具"的具体范围包括：具有避开或者突破计算机信息系统安全保护措施，未经授权或者超越授权获取计算机信息系统存储、处理、传输的数据的功能的程序、工具；具有避开或者突破计算机信息系统安全保护措施，未经授权或者超越授权对计算机信息系统实施控制的功能的程序、工具；其他专门设计用于侵入、非法控制计算机信息系统、非法获取计算机信息系统数据的程序、工具。关于第三类程序、工具，并不是通过程序的客观特性界定违法程序的范围，而是通过设计者的主观动机界定

① 例如"网银大盗"程序，其通过键盘记录的方式，监视用户操作，当用户使用个人网上银行进行交易时，该病毒会恶意记录用户所使用的账号和密码，记录成功后，程序会将盗取的账号和密码发送给行为人。该程序在功能设计上即可在无需权利人授权的情况下获取其网上银行账号、密码等数据。再如，网络人（Netman）是一款"中性"的远程控制软件，该程序需要通过输入对方的 IP 和控制密码才能实现远程监控。可见，从功能设计上而言，该程序不具备在未经授权或超越授权的情况下控制他人计算机信息系统的功能。而不法分子如果通过其他途径获取了权利人计算机信息系统的控制密码，则可以非法控制该计算机信息系统，但这并非程序功能设计本身属性，属于"中性程序"被用作非法用途。

违法程序的范围，具体哪些程序属于这一范畴应当具体情形具体分析。在黑客攻击破坏活动中还存在很多专门为实施违法犯罪活动而专门设计的程序、工具，比如攻击者针对某类网吧管理系统的漏洞专门设计的侵入程序，针对某个网络银行系统专门设计专用的侵入程序，此类程序难以进行详细分类并一一列举，也难以准确地概括其违法性的客观特征。

③关于木马程序的准确认定。木马（英文名为 Trojan Horse，全称为特洛伊木马）程序，是指潜伏在电脑中，受外部用户控制以窃取本机信息或者控制权的程序。木马程序对计算机信息系统的破坏十分有限，难以纳入"计算机病毒等破坏性程序"的范围。对于其中的恶意木马程序，应当认定为"专门用于侵入、非法控制计算机信息系统的程序、工具"。需要注意的是，与制作、传播病毒等破坏性程序构成破坏计算机信息系统罪要求出现"影响计算机信息系统正常运行"不同，根据《刑法》第285条第3款的规定，提供侵入、非法控制计算机信息系统的程序工具，只要情节严重的，即可构成犯罪，无须判断是否出现影响计算机信息系统正常运行的结果。对于此类案件，主要是从提供的程序工具的人次、违法所得和经济损失数额等方面判断其行为的情节严重程度，从而判断是否构成提供侵入、非法控制计算机信息系统程序、工具罪，而是否影响计算机信息系统正常运行并非该罪的构成特征。

（3）"计算机病毒等破坏性程序"与"专门用于侵入、非法控制计算机信息系统的程序、工具"的具体认定问题。对于这两类程序，由于专业性较强，应当委托省级以上负责计算机信息系统安全管理工作的部门检验，司法机关根据检验结论，并结合案件具体情况认定。必要时，为了确保司法认定的准确性，也可以委托具有相关鉴定资质的司法鉴定机构进行鉴定，检验部门结合鉴定结论综合判断后出具检验意见。最终，司法机关根据检验结论，并结合案件具体情况认定。

5. 如何处理 DDoS（分布式拒绝服务）攻击行为

随着信息技术的不断发展，计算机与网络处理能力的不断加大，攻击者开始通过很多"僵尸主机"，采用了分布式对单个或者多个目标同时发起拒绝服务攻击，这被称为分布式拒绝服务（Distributed Denial of Service，简称 DDoS）攻击。① 作为一种新型的、大规模的网络攻击方式，DDoS 攻击被广泛应用于攻击计算机信息系统，对计算机信息系统的安全构成了极大的威胁。因此，有必要对 DDoS 攻击行为定罪处罚的相关问题予以专门研究。

（1）获取"僵尸主机"行为的定性问题。攻击者获取"僵尸主机"大致有三种途径：①攻击者本人通过扫描程序和各种渗透技术，寻找安全性差的计算机，然后在那些未受保护的计算机上安装控制软件和攻击软件，形成"僵尸主机"；②购买他人控制的计算机信息系统的控制权，即从他人手中购买"僵尸主机"；③直接从电信运营商手中租用服务器。从实践来看，攻击者一般会根据准备攻击的目标主机的具体情况选择上述一种或者多种途径准备攻击手段。而从司法实践来看，由于租用服务器进行拒绝服务攻击更容易实现目的，已经日益成为大型拒绝服务攻击的手段，值得特别关注。例如，在"5·19"断网事件中，行为人花费了28万元租用了81台服务器，于2009年5月18日对目标主机进行攻击，最终导致多个省份网络域名解析服务瘫痪，进而在江苏、安徽、浙江等6省份互联网出现严重网络故障。我们认为，行为人所实施的上述获取"僵尸主机"的行为可能构成《刑法》中的相应犯罪：攻击者本人通过对他人计算机信息系统植入控制软件和攻击软件，形成"僵尸主机"的行为，虽然未破坏计算机信息系统的功能或者数据，但是通过控制计算机信息系统实施特定操作的行为，属于对计算机信息系统实施非法控制，可能构成非法控制计算机信息系统罪；而从他人手中购买"僵尸主机"并使用的行为，明知是他人非法控制的计算机信息系统，而使用该计算机信

---

① DDoS 攻击原理大致如下：攻击者可以是自己获取"僵尸主机"，也可以从他人手中购买大量"僵尸主机"；这些"僵尸主机"在短时间内同时向攻击目标主机发送海量服务请求，使得目标主机无法及时对这些海量请求进行处理，从而造成网络堵塞或者服务器资源耗尽而拒绝服务。

息系统的控制权，使得该计算机信息系统继续处于被控制状态，实际上是对该计算机信息系统实施控制，应当认定为非法控制计算机信息系统，对此种行为以非法控制计算机信息系统罪论处。

（2）DDoS 攻击行为的定性问题。我们认为，DDoS 攻击行为符合破坏计算机信息系统罪的犯罪构成，应当认定为破坏计算机信息系统罪。主要考虑如下：①根据《刑法》第286条的规定，破坏计算机信息系统罪的客观方面主要表现为破坏计算机信息系统功能、破坏计算机信息系统数据或者应用程序、利用计算机病毒等破坏性程序影响计算机信息系统正常运行等三种行为方式。对于破坏计算机信息系统功能的行为，具体包括删除、修改、增加、干扰四种具体方式。具体就 DDoS 攻击行为而言，攻击者没有侵入目标主机，没有删除、修改、增加目标主机的系统功能。但是，攻击者在短时间内向目标主机发出海量的服务请求，过多占用了其网络资源，使其不能提供正常的服务，属于干扰计算机信息系统功能的行为。②准确理解"造成计算机信息系统不能正常运行"。我们认为，这里的"计算机信息系统不能正常运行"是指计算机信息系统的硬件功能或者主要软件功能不能正常发挥作用。DDoS 攻击所造成的结果是目标主机无法在短时间内处理海量服务请求，占用有限的服务资源，从而造成网络或者服务瘫痪，使得合法用户无法得到服务的响应，明显属于"计算机信息系统不能正常运行"。

（3）对特定类型或者特定领域计算机信息系统实施 DDoS 攻击行为的问题。针对特定类型或者特定领域计算机信息系统的攻击是互联网上危害最为严重的攻击行为，应当予以重点打击。对此，根据《办理危害计算机信息系统安全刑事案件解释》第4条第1款的规定，要特别注意把握如下两类案件：①针对特定类型计算机信息系统的拒绝服务攻击。在网络上存在很多为其他计算机信息系统提供基础服务的系统，如域名解析服务器、路由器、身份认证服务器、计费服务器等，对这些服务器实施攻击可能导致大量的计算机信息系统瘫痪，比如一个域名解析服务器可能为数万个网站提供域名解析服务，对其实施拒绝服务攻击将可能导致数万个网站无法访问，表面上其攻击行为仅破坏了一台服务器的功能，但其间接引发的效果是导致数万个网站无法访问。因此，对于针对基础服务计算机信息系统的拒绝服务攻击行为，《办理危害计算机信息系统安全刑事案件解释》确定单独的定罪量刑标准，予以重点打击。②针对特定领域计算机信息系统的拒绝服务攻击。国家机关或者金融、电信、交通、教育、医疗、能源领域的计算机信息系统主要用于提供公共服务，破坏其功能或者数据会致使生产、生活受到特别严重影响或者造成特别恶劣社会影响。因此，针对上述领域的计算机信息系统的拒绝服务攻击，致使生产、生活受到严重影响或者造成恶劣社会影响，《办理危害计算机信息系统安全刑事案件解释》直接认定为破坏计算机信息系统"后果特别严重"。

（4）在处理 DDoS 攻击案件中，要注意把握罪数相关问题：①方法行为与目的行为的牵连问题。如前所述，DDoS 攻击案件往往涉及获取"僵尸主机"与实施拒绝服务攻击两个阶段，前一阶段可能构成非法控制计算机信息系统罪，后一阶段可能构成破坏计算机信息系统罪。对此，应当根据牵连犯的处断原则，择一重处断。②破坏计算机信息系统罪与敲诈勒索罪的犯罪竞合问题。在司法实践中，行为人通过对特定计算机信息系统实施拒绝服务攻击，进而对计算机信息系统所有者实施敲诈勒索。对于此种行为，同时构成破坏计算机信息系统罪与敲诈勒索罪，应当从一重处断。

6. 如何正确适用《刑法》第 287 条的规定

《刑法》第 287 条规定："利用计算机实施金融诈骗、盗窃、贪污、挪用公款、窃取国家秘密或者其他犯罪，依照本法有关规定定罪处罚。"在此，《刑法》第 287 条主要强调的是以"计算机"作为犯罪工具实施诈骗、盗窃等传统犯罪的，与传统犯罪并无实质差异，仍然应当依照《刑法》规定定罪量刑。对此，不能作如下理解：对于利用计算机实施金融诈骗、盗窃、贪污、挪用公款、窃取国家秘密或者其他犯罪，属于牵连犯，《刑法》第287条已对此作出了特别规定，对此种情况只能依据目的行为或者结果行为所触发的罪名定罪处罚，司法实践中无须再判断重罪，应当直接适用目的行为或者结果行为所涉及的罪名。如果作这种理解，在通过危害计算机信息系统安全犯罪进而实施敲诈勒索、破坏生产经营等犯罪的情形下，可能会出现罪刑失衡的问题。例如，在2011年4月30日之前，行为人通过实施拒绝服务攻击，对他人实施敲诈勒索的，结果导致出现了大规模网络瘫痪的情况。此种情况下，如果按照敲诈勒索罪定罪处罚，最高只能处十年有期徒刑，而如果按照破坏计算机信息系统罪定罪处罚，最高可以处十五年有期徒刑。更为极端的情况是，行为人实施拒绝服务攻击性行为，以实现破坏他人生产经营的目的，按照破坏生产经营罪最高只能处七年有期徒刑，更为不合理。因此，此种情况下，仍然依据刑法理论和《刑法》规定，按照"从一重处断"原则处理，以免出现罪刑失衡的明显不合理之处。

六十四、聚众扰乱社会秩序罪

第二百九十条第一款　聚众扰乱社会秩序，情节严重，致使工作、生产、营业和教学、科研、医疗无法进行，造成严重损失的，对首要分子，处三年以上七年以下有期徒刑；对其他积极参加的，处三年以下有期徒刑、拘役、管制或者剥夺政治权利。

（一）概述

1. 概念和构成要件

聚众扰乱社会秩序罪，是指聚众扰乱社会秩序，情节严重，致使工作、生产、营业和教学、科研、医疗无法进行，造成严重损失的行为。

1979 年《刑法》第 158 条规定："禁止任何人利用任何手段扰乱社会秩序。扰乱社会秩序情节严重，致使工作、生产、营业和教学、科研无法进行，国家和社会遭受严重损失的，对首要分子处五年以下有期徒刑、拘役、管制或者剥夺政治权利。"现行《刑法》对 1979 年《刑法》作了较大幅度的修改：一是删除了"禁止任何人利用任何手段扰乱社会秩序"；二是将"扰乱社会秩序"修改为"聚众扰乱社会秩序"，明确了构成本罪的前提方式；三是将其他积极参加者增加为犯罪主体；四是提高了法定刑上限，并对犯罪主体及其法定刑作了区分。《刑法修正案（九）》第 31 条对 1997 年《刑法》的规定又进行了修改，将医疗秩序明确为社会秩序的一种，与工作、生产、营业和教学、科研秩序并列，意在提示。

聚众扰乱社会秩序罪的构成要件和主要特征是：

（1）本罪的客体为社会秩序，即正常的工作、生产、营业、教学、科研和医疗秩序。社会秩序是一种有序化的社会生活状态，包括生产秩序、交通秩序、公共场所秩序等，工作、生产、营业和教学、科研、医疗秩序都是社会秩序的具体体现，是社会秩序中较为重要的组成部分。

（2）本罪客观方面表现为聚众扰乱社会秩序，情节严重，致使工作、生产、营业和教学、科研、医疗无法进行，造成严重损失的行为。"聚众扰乱社会秩序"，是指首要分子纠集、教唆、授意、组织、策划、指挥多人，或者利用聚集的多人，于工作、生产、营业或者教学、科研、医疗的某一地点或者场所，进行扰乱其正常秩序的行为。"情节严重"，一般是指纠集的人数众多，声势浩大，社会影响恶劣，或者采用围攻、殴打有关人员，强占工作、生产、营业场所，砸毁、破坏工作、生产用财物、工具等较为极端、易于造成严重后果的方式扰乱相关秩序。"致使工作、生产、营业和教学、科研、医疗无法进行"，是指由于情节严重的扰乱秩序行为，致使工作人员无法办公、生产停滞、营业停止、教学活动不能进行、科研无法继续、诊疗、手术等医疗活动无法开展。"造成严重损失"，是指由于工作、生产、营业等无法进行而造成的严重损失，如重要公务无法办理，生产停滞造成严重财产损失，学校停课，医院手术无法进行、危重病人不能得到及时治疗，工作、生产、营业、医疗等长时间难以恢复等。"聚众"是成立本罪的前提形态，是指包括首要分子在内三人以上。本罪在客观方面要求聚众扰乱社会秩序、情节严重，致使工作、生产、营业和教学、科研、医疗无法进行以及造成严重损失三个条件同时具备，缺一不可。

（3）犯罪主体为一般自然人主体。达到刑事责任年龄、具有刑事责任能力的自然人均可成为本罪的主体，单位不能成为本罪的犯罪主体。实施聚众扰乱社会秩序行为，仅首要分子和积极参加者可构成本罪，成为本罪的犯罪主体，其他参加者、围观者等不能成为本罪的主体。

（4）本罪主观方面为故意。本罪的故意内容为明知自己的行为会造成社会秩序混乱的结果，仍放任或者追求这一结果的发生。同时，本罪为必要的共同犯罪，参与人员多，各参与人的主观故意内容并不完全相同。首要分子的主观故意内容为聚集或者利用多人进行扰乱社会秩序的行为；积极参与者的主观故意内容是明知自己的行为是扰乱社会秩序的行为而仍然积极实施。由于各参与人的主观心态以及在扰乱社会秩序行为中的地位各异，成立本罪不需要各参与人在主观方面存在意思联络，但各参与人应当认识到还有其他人同时在进行扰乱社会秩序的行为。

2. 法定刑

依照《刑法》第290条第1款的规定，犯聚众扰乱社会秩序罪的，对首要分子，处三年以上七年以下有期徒刑；对其他积极参加的，处三年以下有期徒刑、拘役、管制或者剥夺政治权利。

（二）疑难问题精析

1. 如何把握本罪罪与非罪的界限

（1）认定本罪要将群众以一些过激行为表达合理利益诉求的行为区别开来。对于因严重污染环境、非法开采矿山、非法拆迁、村集体等违规使用集体资金等严重侵犯群众合法权益的行为，群众有时会聚集起来，采用拉横幅、喊口号等方式到相关机关、单位静坐、示威，以表达其正当合理诉求。对此类行为，如没有造成严重的社会危害和后果，一般不以犯罪论处，以批评教育和行政处罚为主予以处置。

（2）对于当前扰乱社会秩序较为典型的"医闹"行为，认定是否构成聚众扰乱社会秩序罪，相关规范性文件虽有规定的，但仍然要在《刑法》规定的框架内、严格依照《刑法》的规定条件认定。

根据《最高人民法院、最高人民法院检察院、公安部、司法部、国家卫生和计划生育委员会关于依法惩处涉医违法犯罪维护正常医疗秩序的意见》的规定，在医疗机构私设灵堂、摆放花圈、焚烧纸钱、悬挂横幅、堵塞大门或者以其他方式扰乱医疗秩序，尚未造成严重损失，经劝说、警告无效的，要依法驱散，对拒不服从的人员要依法带离现场，依照《治安管理处罚法》的有关规定处罚；聚众实施的，对首要分子和其他积极参加者依法予以治安处罚；造成严重损失或者扰乱其他公共秩序情节严重，构成寻衅滋事罪、聚众扰乱社会秩序罪、聚众扰乱公共场所秩序罪、交通秩序罪的，依照刑法有关规定定罪处罚。在医疗机构的病房、抢救室、重症监护室等场所及医疗机构的公共开放区域违规停放尸体，影响医疗秩序，经劝说、警告无效的，依照治安管理处罚法的有关规定处罚；严重扰乱医疗秩序或者其他公共秩序，构成犯罪的，依照《刑法》的有关规定定罪处罚。

2. 如何把握本罪的罪数形态

在实施聚众扰乱社会秩序行为过程中，故意殴打、侮辱、强制猥亵有关人员，造成他人伤亡或者有其他严重情节的，可能构成故意杀人、故意伤害等犯罪；严重毁坏办公用品等财物或者生产设施设备，可能构成故意毁坏财物罪或者破坏生产经营罪等，这些行为与聚众扰乱社会秩序行为具有想象竞合关系。如聚众扰乱社会秩序行为不构成犯罪，可直接以故意杀人、故意伤害等犯罪定罪处罚；如聚众扰乱社会秩序的行为也构成了犯罪，可以处罚较重的规定定罪处罚。

3. 如何把握本罪中的"聚众"

我国《刑法》规定有不少聚众型犯罪，除本罪外还有聚众冲击国家机关罪，聚众扰乱公共场所秩序、交通秩序罪，聚众斗殴罪，聚众哄抢罪等，还有一些虽无明确的"聚众"字样表述，但必须聚众才能实施的犯罪，如分裂国家罪、武装叛乱、暴乱罪等。就本罪而言，把握本罪中的"聚众"，应注意以下几点：一是"聚众"须三人以上。二是本罪不必须是共犯型聚众，也就是说，不要求各行为人之间具有共同犯罪的意思联络。三是"聚众"是成立本罪的前提形态，但不是具体行为人构成本罪的实行行为。四是在实施本罪过程中，行为人分头或者个别行为人单独实施的暴力、胁迫、打砸等扰乱社会秩序行为，如单独不构成其他犯罪，也属于聚众扰乱社会秩序的行为。

4. 依法严格区别犯罪主体和一般参与者

根据《刑法》规定，实施聚众扰乱社会秩序行为，仅首要分子和积极参加者可能构成本罪，除对首要分子和积极报参加者依法严格区别外，对围观人员和一般参加者不能以本罪定罪处罚。对在聚众扰乱社会秩序行为中围观或者虽不积极主动参与，但为泄愤报复或者发泄不满，乘机殴打他人、抢砸财物构成其他犯罪的，依照其他犯罪处罚，参与聚众扰乱社会秩序的行为作为量刑情节考虑。

六十五、聚众斗殴罪

第二百九十二条 聚众斗殴的，对首要分子和其他积极参加的，处三年以下有期徒刑、拘役或者管制；有下列情形之一的，对首要分子和其他积极参加的，处三年以上十年以下有期徒刑：

（一）多次聚众斗殴的；

（二）聚众斗殴人数多，规模大，社会影响恶劣的；

（三）在公共场所或者交通要道聚众斗殴，造成社会秩序严重混乱的；

（四）持械聚众斗殴的。

聚众斗殴，致人重伤、死亡的，依照本法第二百三十四条、第二百三十二条的规定定罪处罚。

（一）概述

1. 概念和构成要件

聚众斗殴罪，是指出于私仇、争霸或者其他不正当目的，纠集多人成帮结伙地进行打架斗殴，破坏公共秩序的行为。

本罪主旨是维护社会公共秩序，惩治黑社会性质组织、恶势力组织及其他聚众斗殴的首要分子和积极参加者。本罪是从 1979 年《刑法》第160 条规定的流氓罪中分解出来的，是《刑法》分则第 6 章妨害社会管理秩序罪中扰乱公共秩序罪中一种严重侵犯公共秩序的犯罪。

聚众斗殴罪的构成要件和主要特征是：

（1）本罪的客体是社会公共秩序。所谓公共秩序，是指人们在社会公共生活中应当遵守的共同准则，而不仅仅是公共场所的秩序。聚众斗殴行为往往发生在公共场所，同时造成对公民人身权利和公私财产的侵犯，但其侵犯的主要不是特定个人或者特定财物，而是由于行为人公然藐视法纪和社会公德，主要破坏社会公共秩序。

（2）客观方面表现为纠集众人结伙殴斗的行为，由聚众和斗殴两个相互关联的行为复合构成。"聚众斗殴"的行为，包括纠集多人的聚众行为和暴力攻击的斗殴行为，属于必须3人以上的众合犯。聚众是指纠集3人以上，拉帮结伙。斗殴中的暴力具有损害人身健康或者剥夺生命的性质，即使有时仅造成对方身体短暂的疼痛而没有达到轻伤或轻微伤的，如果情节严重或者影响恶劣的，也可以构成本罪。如果行为人仅用语言相互辱骂、威胁，不能认定为殴斗行为。斗殴须双方同在犯罪现场，至于采用的暴力方式，可以拳脚相加，可以持械、持枪攻击。斗殴即暴力攻击对方身体，一般是对立双方聚集多人打斗，也包括单方聚集多人与另一方打斗或者多方混斗。聚众斗殴一般表现为双方主动攻击，或者一方主动攻击，另一方积极应对；如果一方主动攻击，另一方没有斗殴故意，仅被动应付或者逃离的，则另一方不构成聚众斗殴罪。

（3）犯罪主体是一般主体，即已满16周岁具有刑事责任能力的自然人。但只有聚众斗殴的首要分子和其他积极参加者才以本罪论处。参与斗殴态度一般或者尾随参与，且在斗殴中作用不大的，不构成本罪。

（4）主观方面是直接故意。间接故意和过失不构成本罪。聚众斗殴罪是从1979年《刑法》中的流氓罪分解而来，其犯罪动机一般是寻求刺激、争强斗狠、炫耀武力、公然蔑视国家法纪和社会公共秩序。

2. 法定刑

依照《刑法》第292条的规定，犯聚众斗殴罪的，对首要分子和其他积极参加者，处三年以下有期徒刑、拘役或者管制；有下列情形之一的，对首要分子和其他积极参加的，处三年以上十年以下有期徒刑：（1）多次聚众斗殴的；（2）聚众斗殴人数多，规模大，社会影响恶劣的；（3）在公共场所或者交通要道聚众斗殴，造成社会秩序严重混乱的；（4）持械聚众斗殴的。

聚众斗殴，致人重伤、死亡的，依照《刑法》第234条、第232条的规定定罪处罚。

司法机关适用本条规定时，应当注意以下问题：

一是注意量刑指导意见有关规定。根据 2021 年 7 月 1 日施行的《最高人民法院、最高人民检察院关于常见犯罪的量刑指导意见（试行）》的有关规定，构成聚众斗殴罪的，根据下列情形在相应的幅度内确定量刑起点：（1）犯罪情节一般的，在二年以下有期徒刑、拘役幅度内确定量刑起点。（2）有下列情形之一的，在三年至五年有期徒刑幅度内确定量刑起点：聚众斗殴 3 次的；聚众斗殴人数多，规模大，社会影响恶劣的；在公共场所或者交通要道聚众斗殴，造成社会秩序严重混乱的；持械聚众斗殴的。在量刑起点的基础上，根据聚众斗殴人数、次数、手段严重程度等其他影响犯罪构成的犯罪事实增加刑罚量，确定基准刑。

二是注意加重处罚的情形。关于《刑法》第 292 条第 1 款规定的加重处罚四种情形，尚无司法解释明确规定。司法实践中，"多次聚众斗殴的"，一般是指聚众斗殴 3 次或者 3 次以上；"聚众斗殴人数多，规模大，社会影响恶劣的"，主要是指 10 人以上大规模的斗殴，在群众中造成很坏影响，应当综合考虑对当地社会治安的影响程度、是否间接造成政治、经济等方面损失、当地公众反映情况和影响范围等；"在公共场所或者交通要道聚众斗殴，造成社会秩序严重混乱的"，是指在人员聚集的场所或者车辆、行人频繁通行的道路上聚众斗殴，造成公共场所秩序和交通秩序严重混乱；"持械聚众斗殴的"，是指有参加聚众斗殴的人员实际使用或显示刀枪、棍棒等器械进行斗殴。

三是注意转化犯的处罚。依据《刑法》第 292 条第 2 款规定，如果聚众斗殴，致人重伤、死亡的，包括将参加聚众斗殴人员或者周围群众打成重伤或者死亡，则应当依照《刑法》第 234 条、第 232 条规定的故意伤害罪或者故意杀人罪定罪处罚，而不能再按本罪处罚。

四是注意罪与非罪的界限。本罪是行为犯，原则上只要实施了聚众斗殴的行为，组织、策划、指挥的首要分子和其他积极参加聚众斗殴的人，就构成犯罪既遂。但是根据《刑法》第 13 条规定，情节显著轻微危害不大的，不认为是犯罪，依照《治安管理处罚法》第 43 条予以拘留和罚款。根据 2008 年 6 月 25 日印发的《最高人民检察院、公安部关于公安机关管辖的刑事案件立案追诉标准的规定（一）》第 36 条规定，组织、策划、指挥或者积极参加聚众斗殴的，应予立案追诉。

（二）疑难问题精析

1. 如何正确理解聚众斗殴中的"聚众"？是否要求双方人数都在 3 人以上

由于我国自古以来就有三人为众的说法，"聚众"是指纠集、召集 3 名以上的人，包括纠集者，并非指构成本罪必须有 3 个以上的犯罪人。聚众可以事先纠集，也可以临时形成。在理解"聚众"时，有个问题值得研究，即聚众斗殴是否要求双方或者相对方达到 3 人以上？

对此问题，有的学者认为，聚众斗殴是指双方或多方人数均在 3 人以上的相互施加暴力攻击人身的行为。[①] 有的学者认为，对于双方都有斗殴故意的，无论人数是否均为 3 人以上，每一方均应以聚众斗殴罪论处。[②] 有的学者认为，构成聚众斗殴罪要求己方人数为 3 人或者 3 人以上，人数不足 3 人的一方不构成此罪，可按寻衅滋事罪、故意伤害罪处罚。[③] 从司法实践来看，也有不同做法，有的即使一方只有 1 人或者 2 人（且没有斗殴故意），对另一方（具有斗殴故意）也按聚众斗殴罪论处；有的则按其他罪如故意伤害罪论处。[④]

笔者认为，本罪是必要共同犯罪中的众合犯，又称为共行犯，要求聚众一方 3 人或 3 人以上，而不包括"二对一"或"一对一"的情况。"3 人或 3 人以上"既包括首要分子、积极参加者，又包括其他一般参加

[①] 参见何秉松主编：《刑法教科书》，中国法制出版社 1997 年版，第 882 页。
[②] 参见张明楷：《刑法学》（第二版），法律出版社 2003 年版，第 811 页。
[③] 参见王作富主编：《刑法分则实务研究（中）》，中国方正出版社 2007 年版，第 1270 页；周光权：《刑法各论讲义》，清华大学出版社 2003 年版，第 394 页。
[④] 参见刘树德：《实践刑法学·个罪Ⅱ》，中国法制出版社 2009 年版，第 215 页。

者。斗殴双方实施聚众斗殴行为的，应认定双方构成本罪；斗殴的一方实施聚众斗殴行为的，应认定一方构成本罪。聚众斗殴往往人数众多，双方通常同时构成犯罪，但对方参与斗殴的人数不足3人，也不影响聚众方构成本罪。因为定罪的根据在于行为符合刑法规定的犯罪构成，一方有斗殴故意，并纠集3人以上进行斗殴的，就符合聚众斗殴罪的主客观要件，就构成本罪。如果因为对方人数不足3人，就认为人数在3人以上的一方也不能构成聚众斗殴罪，实际上是把该罪犯罪构成要件以外的条件也作为该罪的构成要件，况且这种条件并非人数在3人以上一方本身所具有的，而是斗殴对方所具有的情况，这显然不符合刑法学定罪的根据在于其犯罪构成的基本理论。因此，构成本罪并不要求斗殴的双方人数均在3人以上，斗殴时一方3人以上，另一方不足3人的，对3人以上的一方，认定为聚众斗殴；对不足3人的一方，因其没有聚众，不认定为聚众斗殴，如构成故意伤害、故意杀人、寻衅滋事等其他犯罪的，以其他犯罪追究刑事责任。

2. 如何认定聚众斗殴中的首要分子

根据《刑法》第97条规定，首要分子是指在聚众或者斗殴活动中起组织、策划、指挥作用的犯罪分子。司法实践中，有人认为，首要分子是指聚众斗殴的纠集组织者、策划者、指挥者，其中纠集行为包含在组织行为之中。

笔者认为，首要分子是指在聚众或者斗殴活动中起组织、策划、指挥作用者。"组织"主要是指纠集、组合其他共同参与人；"策划"主要是指出谋划策，拟订犯罪实施办法、方案；"指挥"主要是指在犯罪各个阶段指使、命令、调遣、安排、指点或示意其他人去实施犯罪行为。[1] 在幕后起组织、策划、指挥作用的，即使没有直接实施斗殴行为，也应认定为首要分子。由于首要分子是根据其在聚众斗殴犯罪中所起作用而认定，首要分子可以是一人，也可以是多人。对于被纠集者又纠集他人的

---

[1] 详见吴光侠：《主犯论》，中国人民公安大学出版社2007年版，第203页。

是否认定为首要分子，应区别不同情况。对参与策划、指挥并纠集他人的，认定为首要分子；对被纠集者仅按策划者要求通知个别人，尚未起到组织作用的，一般可不认定为首要分子，因为其纠集行为只是落实首要分子对其他共同犯罪人的一种犯罪分工。

3. 如何认定聚众斗殴中的积极参加者

何谓积极参加者，《刑法》和司法解释没有明确规定。有的学者认为，"积极"强调行为人对聚众斗殴活动持热心态度。其他参加者是否负刑事责任，是根据他们在聚众斗殴活动中体现出来的主观恶性大小来决定的，而不是根据其所起作用大小来考虑的。[1]有的学者认为，聚众犯罪中积极参加者相当于共同犯罪中起主要作用的主犯，不能包括从犯。否则，就无法区分积极参加者与一般参加者。[2]有的认为，积极参加者不仅指主犯，不等于均为起主要作用者，立法上只是将从犯中作用不大的人划出犯罪主体之外，并不是将所有从犯不予追究刑事责任。故积极参加者包括主犯和部分从犯。

笔者认为，认定积极参加者，既看其主观上是否积极主动参加，又看客观上是否起到重要作用，以实际行动表现出积极，其可能是主犯，也可能是从犯。这样认定符合刑法主客观相统一原则要求，也是贯彻宽严相济刑事政策的需要，有利于打击极少数，教育挽救大多数。《刑法》规定的"其他积极参加者"是指首要分子以外，在聚众斗殴中行为积极，起重要作用或直接致死、致伤他人者。行为人以实际行动参加聚众斗殴并发挥积极作用或直接致人死伤者，可认定为积极参加者；虽未直接实施斗殴行为，但在聚众、斗殴准备过程中行为积极，起重要作用的，也可认定为积极参加者。同时，要注意防止对积极参加者认定门槛偏低，导致打击面扩大的情况。对没有参与斗殴，或者被胁迫、诱骗、裹胁参

① 参见高铭暄、马克昌主编：《中国刑法解释（下卷）》，中国社会科学出版社2005年版，第2027页。
② 参见王作富主编：《刑法分则实务研究（中）》，中国方正出版社2010年版，第1241页。

与，主动性不强、作用不大、恶性小的一般参与者，不能认定为积极参加者。

4. 如何区分聚众斗殴罪与非罪的界限

认定聚众斗殴罪与非罪，应当注意以下问题：

（1）本罪属于行为犯，只要实施了聚众斗殴行为，首要分子和积极参加者就构成犯罪既遂。但是情节显著轻微、危害不大，尚未造成严重后果的，不以犯罪论处，可以按照《治安管理处罚法》的有关规定处罚。非聚众的斗殴，如两三人之间互殴，不应按本罪处理。司法实践中，要注意不能把一些轻微的打架行为认定为聚众斗殴罪，也不能把一些未达到轻伤程度以上的伤害行为，因不能认定为故意伤害罪，而认定为聚众斗殴罪。

（2）对聚众斗殴罪的认定，必须正确界定行为人在聚众斗殴中的地位和作用。只有聚众斗殴的首要分子和其他积极参加者才构成本罪，聚众斗殴的一般参加者不构成犯罪。

（3）注意本罪与因民事纠纷、邻里纠纷引发的互相斗殴甚至结伙械斗的行为区别。后者一般事出有因，不具有争霸一方、寻求刺激等动机，后果不严重的以及其他情节显著轻微的，一般不应认定为聚众斗殴罪，构成故意伤害等其他犯罪的，以其他犯罪处理。

（4）注意本罪与防卫行为的区分问题。聚众斗殴是不法行为之间的争斗，行为人主观上出于寻求刺激、争强斗狠、炫耀武力等公然蔑视国家法纪和社会公德的动机；而防卫行为是与不法行为的抗争和自我防卫措施，是合法行为对正在进行的不法侵害行为，防卫人主观上是为了保护国家、公共利益、本人或者他人的人身、财产和其他权利免受正在进行的不法侵害。最高人民检察院指导案例 48 号侯秋雨正当防卫案指出，单方聚众斗殴的，属于不法侵害，没有斗殴故意的一方可以进行正当防卫。单方持械聚众斗殴，对他人的人身安全造成严重危险的，应当认定为《刑法》第 20 条第 3 款规定的"其他严重危及人身安全的暴力犯罪"。

5. 如何区分聚众斗殴罪与故意伤害罪、故意杀人罪的界限

聚众斗殴罪与故意伤害罪、故意杀人罪有一定联系，对聚众斗殴过程中，故意以暴力造成他人重伤、死亡的，根据《刑法》第 292 条第 2 款规定，应以故意伤害罪、故意杀人罪定罪处罚。对于单方聚众，针对特定对象有明确的伤害和杀人故意的行为，则应直接认定为故意伤害罪、故意杀人罪。

聚众斗殴罪与多人实施的故意伤害罪、故意杀人罪也有明显区别：（1）犯罪的直接客体不同。前者的直接客体是社会公共秩序，针对的对象往往不是特定的个人；后者则直接侵害特定的人的生命或者身体健康。（2）客观方面表现不同。前者客观方面既包括聚众行为，又包括斗殴行为，必须有一个拉帮结伙的聚众形式；后者的行为不包括聚众行为，但也可能在共同犯罪的情形下，有一个犯意沟通和纠集的过程。（3）主体年龄要求不同。前者的主体是年满 16 周岁的自然人；后者可以是年满 14 周岁的自然人。（4）主观动机不同。前者行为人主观上是出于逞强斗狠、炫耀武力、称王争霸等蔑视社会公德和法律秩序的动机；后者行为人的动机则较为复杂，往往由一定的矛盾引起，有明确的犯罪对象，目的是伤害或者杀害对方。

6. 如何区分聚众斗殴罪一罪与数罪的界限

聚众斗殴致人重伤、死亡的，容易产生罪数认定问题。对于参加聚众斗殴多起，其中一起或者数起中致人重伤、死亡的，以故意伤害罪、故意杀人罪定罪；对其他未造成重伤、死亡后果的，以聚众斗殴罪定罪，依法予以数罪并罚。司法实践中，对以下情形是否数罪并罚往往存在争议。

（1）对于一次聚众斗殴中同一行为人造成不同对象重伤和死亡的，如何定罪、是否数罪并罚，有两种相反意见。一种意见认为，行为人致不同对象重伤、死亡，是两个相对独立的行为，不能以重罪吸收轻罪，应分别定罪，依法数罪并罚。另一种意见认为，此种情形下，行为人出

于一个概括故意，实施了一个聚众斗殴行为，造成了轻重不同的损害结果，应以重罪故意杀人罪或者故意伤害罪转化定罪。①

笔者认为，后一种意见合理。一次聚众斗殴致人重伤、死亡的，都在行为人概括故意范围之内，对同一行为人的转化定罪，采取重行为吸收轻行为的原则，认定为故意杀人罪或者故意伤害罪一罪，不实行数罪并罚。同理，如果一次聚众斗殴中既致人死亡，又致人轻伤的，由于致人轻伤仍认定为聚众斗殴罪，同时致人死亡按照转化定罪，也采取重行为吸收轻行为的原则，认定为故意杀人罪或者故意伤害罪一罪，不实行数罪并罚。

（2）一起聚众斗殴案件中部分积极参加者转化为故意杀人罪，部分积极参加者转化为故意伤害罪，如果重伤、死亡的后果均在其概括故意范围内的，对首要分子，如何定罪、是否数罪并罚，也有两种相反意见。一种意见认为，对首要分子应当数罪并罚；另一种意见认为应以重罪故意杀人罪定罪处罚。

笔者认为，聚众斗殴极易致人伤亡，首要分子能够预见到可能致人伤亡，首要分子应当对其组织、指挥或参与的全部犯罪承担刑事责任，只要致人重伤、死亡的后果不属于实行过限，采取重行为吸收轻行为的原则，认定为故意杀人罪或者故意伤害罪一罪，不实行数罪并罚。

7. 如何正确理解和把握聚众斗殴的转化定罪条件

《刑法》第292条第2款规定，聚众斗殴致人重伤、死亡的，依照故意伤害罪、故意杀人罪定罪处罚。对此，在适用法律上存在较大分歧。一种意见认为，《刑法》第292条第2款的规定是法律拟制（创设性规定），即只要聚众斗殴致人重伤、死亡，就应认定为故意伤害罪、故意杀人罪。聚众斗殴致人重伤、死亡的法益侵害性，与故意伤害罪、故意杀人罪的法益侵害性相同，因而具有将其解释为法律拟制的实质根据。既

---

① 参见中华人民共和国最高人民法院刑事审判第一、二、三、四、五庭主办：《刑事审判参考》（总第60集），法律出版社2008年版，第134~135页。

然是斗殴，行为人主观上便没有杀人的故意，客观上也不得是杀人行为；如果具有杀人故意与行为，就理当直接适用《刑法》第232条，《刑法》第292条就没有设置第2款的必要。[①] 例如，黄某某等故意伤害案。[②] 这就是说，斗殴致人重伤、死亡的，可以不管犯罪人是故意，还是过失，都以结果论，造成重伤的认定为故意伤害罪，造成死亡的认定为故意杀人罪。另一种意见认为，《刑法》第292条第2款的规定是注意规定（重申性规定），应当按照理论界与司法实践中区分故意伤害罪与故意杀人罪的界限的通行观点去分析。聚众斗殴行为人具有杀人故意，实施了杀人行为，即使仅造成被害人重伤的，也可以故意杀人定罪处罚；行为人仅具有伤害故意，致人死亡的，应以故意伤害定罪处罚；行为人对杀人和伤害后果均有预见，并持放任态度的，可以以结果定罪。

笔者认为，后一种观点合理。聚众斗殴致人重伤、死亡的，以故意杀人罪、故意伤害罪定罪处罚，必须符合两罪各自犯罪构成要件，不能简单地以结果定罪。根据《刑法》第292条第2款规定，构成聚众斗殴的转化犯，须具备以下三个条件：一是造成了致人重伤、死亡的后果；二是重伤、死亡后果是在聚众斗殴过程中发生的；三是主观上出于故意，包括直接故意和间接故意，但不包括过失。因此，聚众斗殴致人重伤、死亡的，应当根据主客观相统一原则，结合犯罪构成要求，看行为人主观故意是否由斗殴转化为故意伤害、故意杀人的故意，是否超出聚众斗殴的行为界限并造成致人（包括本方、对方、无辜他人）重伤、死亡的后果，不能简单以结果定罪，不能致人死亡的都定故意杀人。如果行为人仅有伤害故意而没有剥夺他人生命故意的，应认定为故意伤害罪。如果不管行为人是故意，还是过失，都以结果论，会造成客观归罪的后果，显然违背现代刑罚责任主义的要求。

---

① 参见张明楷：《刑法分则的解释原理》，中国人民大学出版社2004年版，第272页。
② 参见广东省广州市中级人民法院（2010）穗中法刑一终字第433号，法信码A12.E7888，聚众斗殴致人重伤、死亡的。

例如，被告人任某（未满18周岁）、佘某、丁某某在饭店用餐时，因隔壁烧烤店用餐的顾某某两次来骚扰，佘某提议教训顾某某。三被告人闯入烧烤店，佘、丁殴打顾，任某持匕首划伤颜某（轻伤）并刺韩某某数刀，致韩死亡。三被告人后对阻拦其逃离的谭某某殴打，致谭轻伤。当日三被告人投案自首。江苏省扬州市中级人民法院以故意伤害罪判处被告人任某有期徒刑十四年，判处佘某有期徒刑八年；以聚众斗殴罪判处被告人丁某某有期徒刑五年。江苏省高级人民法院二审维持原判。① 本案中，任某具有伤害韩某某的故意，但被害人死亡结果出乎预料，其行为符合故意伤害致人死亡的犯罪构成，应依法转化认定为故意伤害罪。佘某是首要分子，在事先提议和斗殴现场均未对斗殴后果进行明确限制，应当对由其召集的任某实施的伤害致死后果承担刑事责任，依法转化认定为故意伤害罪。丁某某积极参与斗殴，其行为应认定为聚众斗殴罪。

8. 聚众斗殴致人重伤、死亡的，首要分子如何承担刑事责任

对于聚众斗殴中致人重伤、死亡的，情况复杂，具体如何来承担刑事责任，司法实践中存在认识分歧。笔者认为，解决这一问题必须以共同犯罪的刑法规定为指导，具有共同故意和共同行为的共同犯罪人必须对共同犯罪的后果承担刑事责任。在聚众斗殴中，尤其是黑恶势力聚众斗殴情况下，致人重伤、死亡的后果是在共同的故意（概括故意或放任故意）和共同的行为下造成的，应认定为共同故意杀人或共同故意伤害，共同犯罪人都应对重伤、死亡的后果承担刑事责任。在特殊情况下，如果重伤、死亡的后果，是一个或几个行为人超出共同故意犯罪人明确犯意范围之外的行为造成，确实属于实行过限的，则由直接实施者自负罪责。一般情况下首要分子应当对聚众斗殴的所有后果负全部责任，但对确实明显超出共同故意、个别实行过限行为人的过限行为不承担责任。下面结合不同情形进行具体分析：

---

① 参见黄志、朱纲：《聚众斗殴致人伤亡应依据行为人的主观犯意转化定罪》，载《人民司法·案例》2011年第4期。

（1）造成对方人员重伤、死亡结果的情形下，首要分子是否转化定罪？一种意见认为，首要分子应对其组织、策划、指挥的全部犯罪负责，只要其同伙在斗殴中致对方人员重伤、死亡，即应转化定罪。另一种意见认为，对首要分子是否转化定罪，不能一概而论，有证据表明，重伤、死亡结果在首要分子概括故意之内的，应转化定罪。重伤、死亡结果在首要分子故意之外，是直接实施者实行过限的，首要分子不转化定罪，而以聚众斗殴罪从重处罚。

笔者认为，后一种意见比较妥当。根据共同犯罪理论和罪责刑相适应原则，聚众斗殴的首要分子应对其组织、策划、指挥的全部犯罪承担刑事责任。首要分子在组织、策划、指挥聚众斗殴犯罪中，未明确禁止参加者不能携带器械、不能致人伤亡，结果致人重伤、死亡的，因为存在概括的或放任的故意，甚至临时形成新的犯意，不论首要分子是否直接实施致人重伤、死亡行为，对首要分子都应转化定罪。例如，被告人郑某、马某某为夺取他人承包的水面，纠集多人持械斗殴，致二人死亡。首要分子郑某虽然没有实施直接致人死亡的行为，但是其是殴斗的纠集和指挥者，放任致人死亡后果，仍然应当承担故意杀人罪的责任。[1] 在个别情况下，如果首要分子明确要求不能持械，不能致人伤亡，结果出乎意料致人重伤、死亡的，对首要分子可不转化定罪，以聚众斗殴罪从重处罚。如甲纠集乙、丙、丁与另一方聚众斗殴，甲明确提出不能持械，并制止了丙携带器械，但在斗殴过程中，丙在现场就地捡了一块砖，将对方一人头部砸破，致其死亡。丙的行为属于实行过限，对其应以故意杀人罪处罚，对其他人包括纠集者甲应以聚众斗殴罪处罚。

（2）双方都构成聚众斗殴罪，对方致本方人员重伤、死亡的，本方的首要分子是否转化定罪？对此，一种意见认为，聚众斗殴是双方成群结伙斗殴破坏公共秩序的行为，斗殴双方对可能发生人员伤亡结果都有

① 参见最高人民法院（2010）刑五复60157376号；任能能、王田：《聚众斗殴致人重伤、死亡案件中首要分子的罪责》，载《人民司法·案例》2011年第14期。

预见并持放任态度，故无论重伤、死亡结果是否本方人员造成，首要分子均应转化定罪。① 另一种意见认为，承担刑事责任以犯罪行为与危害结果之间有刑法上的直接因果关系为基础，本方首要分子的组织、策划、指挥行为与对方造成的本方人员重伤、死亡结果之间没有直接因果关系，只是后果发生的条件，故不应转化定罪。②

笔者认为，后一种意见比较合理，符合刑法因果关系原理。首要分子仅应对其组织、策划、指挥的共同犯罪成员造成的危害结果承担责任，本方首要分子与对方造成的本方人员重伤、死亡结果之间没有直接因果关系，不应对他方人员造成本方人员重伤、死亡的结果承担责任。如安某故意伤害案。③

（3）聚众斗殴中本方人员造成本方人员重伤、死亡的，首要分子是否转化定罪？一种意见认为，本方积极参加者造成本方人员重伤、死亡的，属于对象认识错误，该对象认识错误不影响犯罪性质，故本方首要分子对该后果应当承担责任，也应转化定罪。另一种意见认为，首要分子没有致本方人员重伤、死亡的故意，本方积极参加者造成本方人员重伤、死亡的，超出了首要分子的故意内容，首要分子对此不应承担责任，也不应转化定罪。

笔者认同后一种意见，因为本方积极参加者造成本方人员伤亡，属于具体目标的错误，仍应由本方具体行为人承担责任，首要分子没有致本方人员重伤、死亡的故意，本方人员造成自身内部人员伤亡出乎其意料，不应对此行为后果承担刑事责任。

（4）斗殴中第三人主动参与，帮助本方殴打对方，造成对方人员重伤、死亡的，本方首要分子是否转化定罪？一种意见认为，第三人已以实际行动加入本方，对本方首要分子应当转化定罪。另一种意见认为，

---

① 参见张明楷：《刑法学》，法律出版社 2003 年版，第 812 页．

② 中华人民共和国最高人民法院刑事审判第一、二、三、四、五庭主办：《刑事审判参考》（总第 60 集），法律出版社 2008 年版，第 136 页。

③ 参见法信码 A6.G10577，故意伤害罪与聚众斗殴罪的界限。

如首要分子明知行为人主动参与而不加阻止的，应转化定罪；如首要分子不知道行为人主动参与帮助殴打对方的，则不能转化定罪。[1]

笔者认为，后一种意见符合主客观相统一的定罪原则，更为合理。首要分子明知第三人主动参与、帮助殴打对方而不加阻止，说明首要分子已默认第三人加入共同犯罪，并放任其可能致人伤亡的后果，故应对造成的伤亡后果负责，应当转化定罪。

9. 聚众斗殴致人重伤、死亡的，积极参加者如何承担刑事责任？无法查明何人的行为是直接致人重伤、死亡原因的如何处理

聚众斗殴中对于直接造成他人重伤、死亡结果的行为人，应按照故意伤害罪、故意杀人罪定罪处罚。如不能查清直接造成重伤、死亡结果的行为人和共同加害人的，对积极参加者，因证据原因，均不能转化定罪，应以聚众斗殴罪定罪处罚，仅对首要分子以故意伤害罪或者故意杀人罪论处。对此，司法实践中没有异议。但是在直接致人重伤、死亡的加害人明确的情形下，对没有直接造成重伤、死亡结果的积极参加者，如何承担刑事责任，则有分歧意见。一种意见认为，积极参加者如没有直接造成重伤、死亡结果，其行为与该结果没有直接因果关系，不应转化定罪。只有直接致人重伤、死亡的直接凶手才能以故意伤害罪或者故意杀人罪定罪处罚。[2]例如，熊某某、尹某某聚众斗殴、徐某某等故意伤害案。[3]另一种意见认为，对其他积极参加者，应考察其主观上是否具有与其他行为人共同伤害或者杀人的故意，客观上其行为与重伤、死亡后果之间是否具有因果关系。如果同时具备这两个因素，就以故意伤害罪或故意杀人罪论处。[4]

笔者认为，后一种意见符合共同犯罪规定和主客观相统一原理。对

① 中华人民共和国最高人民法院刑事审判第一、二、三、四、五庭主办：《刑事审判参考》（总第60集），法律出版社2008年版，第136页。

② 参见李宇先：《聚众犯罪研究》，湖南人民出版社2004年版，第346页。

③ 参见江西省南昌市高新技术产业开发区法院（2010）高新少刑初字第12号，法信码A6.H5248，聚众斗殴，致人重伤、死亡的。

④ 参见王作富主编：《刑法分则实务研究（中）》，中国方正出版社2007年版，第1242页。

被害人有共同加害故意和共同行为的积极参加者，均应以故意伤害罪、故意杀人罪转化定罪。共同故意包括直接故意和间接故意，共同行为包括直接致人重伤、死亡的行为，也包括互相配合的组织、帮助行为。具体讲，聚众斗殴中部分积极参加者致人重伤、死亡，其他积极参加者对被害人有共同加害行为的，应当认定为共同犯罪中相互配合、支持行为，对共同加害的其他积极参加者也一并转化定罪，但应根据各共同加害人致人重伤、死亡的作用和原因力大小等情节，区别对待。在聚众斗殴中致人重伤、死亡，无法查明何人的行为是直接致人重伤、死亡原因的情形下，不能查清直接加害人，但能够查清共同加害人的，对共同加害人均可转化定罪；聚众斗殴致人重伤、死亡，既不能查清直接加害人，又不能查清共同加害人的，根据《刑法》第26条第4款规定，仅对首要分子按故意伤害罪、故意杀人罪转化定罪，对其他积极参加者以聚众斗殴罪从重处罚。

例如，被告人杨某、刘某、张某、陈某在舞厅跳舞，张某碰见曾与其有矛盾的高某。当高某等人离开舞厅时，张某持携带的一把折叠刀追到舞厅门外，杨某、刘某、陈某也一起追出。双方在舞厅门外发生争执并殴斗。刘某见同伙陈某被高某打了一拳，遂向张某要来折叠刀，交给杨某，并与张某等人与对方殴打。互殴中，杨某对高某胸腹部猛刺数刀，致高某死亡。本案中，对杨某直接刺死被害人，定故意杀人罪，没有异议。但对张某等三人是否转化定罪有不同意见。笔者认为，张某把刀给刘某，刘再传给杨某，说明各被告人对用刀刺杀对方是明知的，至于后果是死或是伤，都在行为人故意范围之内；客观上，当刀给杨某后，四被告人一起追上被害人殴打，使被害人难以脱身而被刺身亡，各被告人的行为与被害人死亡结果之间具有因果关系。因此，均构成故意杀人罪。

10. 如何认定聚众斗殴中的"多次"

关于聚众斗殴中的"多次"，是指3次或者3次以上，并不要求每次均构成犯罪，但已受过刑事处罚的聚众斗殴行为不应再计入"多次"之内，否则，有悖"禁止重复评价"的原则。对此没有异议，但对如何具体认定"一次"、时间限制多长有不同意见。有的认为，参照盗窃罪中"多次盗窃"的司法解释，一年内实施未被刑罚处罚的聚众斗殴行为3次以上，可认定为"多次"。[①]

笔者认为，对于"一次"，只要聚众斗殴的时间、地点、犯罪对象均不同，不论是否可独立构成聚众斗殴罪，都可认定为不同的"次"。参照《最高人民法院关于审理抢劫、抢夺刑事案件适用法律若干问题的意见》，"次"的认定，应综合考虑犯罪故意的产生、犯罪行为实施的时间、地点等因素。对于行为人基于一个犯意实施犯罪的，如在同一地点同时对在场的多人殴打的；或基于同一犯意在同一地点实施连续殴打的，如在同一地点连续对多人进行殴打的，一般认定为"一次"。对于"多次"，包括未受行政处罚的行为，也包括已受行政处罚的行为。根据《最高人民法院、最高人民检察院关于办理寻衅滋事刑事案件适用法律若干问题的解释》第6条规定，纠集他人3次以上实施寻衅滋事犯罪，未经处理的，应当依照《刑法》第293条第2款的规定处罚。

11. 如何认定聚众斗殴中的"持械"

笔者认为，聚众斗殴中的持械是适用三年以上法定刑的一种加重刑罚情形，审判实践中应结合具体案情，分析犯罪人在斗殴中是否使用器械，使用器械造成的客观危害及其主观认识如何，考虑是否认定为"持械"。认定"持械"，应当注意把握以下问题：

（1）关于"械"的范围，司法实践中有不同意见。第一种意见认为，对于"械"的范围，应当严格限制在匕首、刮刀等治安管制刀具和枪支的范围内。第二种意见认为，械的范围应当大于凶器，除管制刀具、枪支以外，棍棒等足以致人伤亡的工具，也应认定为"械"。持这两种意见的一致认为，对于"械"的范围的认定，不能依据造成的实际损害结果

---

① 参见高铭暄、马克昌主编：《中国刑法解释（下卷）》，中国社会科学出版社2005年版，第2029页。

认定被告人使用的工具是否属于"械"的范围。对于被告人使用"械"以外的工具致人重伤、死亡的，应适用《刑法》第 292 条第 2 款转化定罪，不应认定为持械聚众斗殴。第三种意见认为，在认定"械"的范围时，既要考虑物体的物理性质，更重要的是要结合案情，考虑这一物体在犯罪中实际起到的作用大小。对于通常情况下不会致人伤亡，但在斗殴过程中被用作伤人工具的，如果造成对方轻伤以上后果，即可认定为"械"。

笔者认为，第一种意见限制了"械"的范围，第三种意见扩大了"械"的范围，第二种意见比较合理，体现了原则性与灵活性的统一，有利于解决具体案件中"械"的认定问题。"械"是指能够对人身进行打击且通常可以造成人身伤亡的器物。《最高人民法院关于审理抢劫案件具体应用法律若干问题的解释》第 6 条指出，携带凶器抢夺是指行为人随身携带枪支、爆炸物、管制刀具等国家禁止个人携带的器械进行抢夺或者为了实施犯罪而携带其他器械进行抢夺的行为。由此，根据器械的通常用途，可将器械分为性质上的器械和用法上的器械两种。性质上的器械是指国家禁止个人携带的枪支、爆炸物、管制刀具等；用法上的器械是指为实施犯罪而携带的其他具有杀伤性的器械，此类器械通常用于日常生活，但其物理属性也可用于杀伤他人，如钢管、棍棒、砖石块等。"械"本身应当是较为坚硬、能被人把握的固体物，不能将一切用于犯罪的器物都包括到"械"中。如领带、皮带、衣物、电线、筷子、沙包、硫酸、毒气等，虽具有杀伤性，可用于犯罪，但不能归入"械"中。

（2）关于"持械"应否理解为实际使用器械，存在争议。第一种意见认为，携带器械且主观上有使用故意的，增强了行为人的斗殴决意，其行为造成严重后果的危险性也随之增强，行为人携带器械，即使没有实际使用器械，也应认定为持械聚众斗殴。第二种意见认为，持械应理解为行为人斗殴时实际使用了器械，携带器械但斗殴中未使用的，不宜认定为持械聚众斗殴。^①第三种意见认为，持械应理解为使用器械进行斗殴，包括使用器械殴打和威胁对方，对于携带器械而没有用于斗殴且没有显露的，不认定为持械。

笔者认为，第三种意见比较合理。参照《最高人民法院关于审理抢劫案件具体应用法律若干问题的解释》第 5 条对持枪抢劫的解释，持械不仅包括实际使用器械斗殴，也应当包括在斗殴中有意显示、能为他人觉察到所持器械但未实际使用的情形。根据"持"所包含的实际使用、显示的含义，以下情形可认定为行为人实际使用、显示：一是携带器械并在斗殴中实际用于殴打对方；二是在现场临时寻获器械，或者夺取对方器械，实际用于斗殴；三是为了斗殴携带器械到现场，虽未实际使用，但向对方或本方展露、显示，使他人能够察觉，用于威吓对方，或给本方壮胆，也是变相使用器械。

（3）关于部分行为人持械时，如何认定"持械聚众斗殴"人员的范围。司法实践中一致认为，对于一方持械，另一方未持械的，对未持械的一方，不能认定为持械聚众斗殴；对于事前预谋共同持械斗殴的，由于各参加人对"持械"具有共同认识，形成了持械的共同故意，不论个别参加者在斗殴中是否实际持械，对持械一方的首要分子和积极参加者，均应认定为持械聚众斗殴。

对于事前未预谋持械的聚众斗殴，部分持械人自行携带器械或者临时起意在斗殴现场寻找器械与他人斗殴的，则存在不同意见。第一种意见认为，应认定首要分子和实际持械者为持械聚众斗殴，其他积极参加者不认定持械聚众斗殴；第二种意见认为，如果首要分子明知有人持械参加聚众斗殴而不加阻止的，首要分子和实际持械人均属于持械聚众斗殴，其他积极参加者不认定为持械聚众斗殴；^②第三种意见认为，未预先

① 参见高铭暄、马克昌主编：《中国刑法解释（下卷）》，中国社会科学出版社 2005 年版，第 2030 页。

② 中华人民共和国最高人民法院刑事审判第一、二、三、四、五庭主办：《刑事审判参考》（总第 60 集），法律出版社 2008 年版，第 139~140 页。

准备器械或者未谋划利用现场器物，仅个别成员独自携带或者利用现场器物斗殴的，不宜视为持械聚众斗殴；[1]第四种意见认为，斗殴中可能存在有人使用器械，有人未使用器械的情况，考虑到他们系共同犯罪关系，应认定他们属于持械斗殴。[2]

笔者认为，以上后两种意见有合理之处，但均有表述不准确之处，对此情况关键看行为人对持械这一加重情节是否具有故意（包括概括或放任故意），如无过错，就不应对此持械情节承担刑事责任。持械聚众斗殴既包括事先准备器械并持械参与斗殴，也包括斗殴过程中就地取得器械并持械进行斗殴。如果参与预谋持械聚众殴斗，或者明知本方部分人员为斗殴而持械，由于他们属于共同犯罪，持械可以给予精神帮助，即使本人未携带和使用器械，也应认定为属于持械聚众斗殴。例如，张松松聚众斗殴案。[3]但对于未携带和使用器械的人，考虑其客观上没有直接持械，量刑时一般应较持械的人处罚轻些。如果没有预谋持械，也不知道本方有人持械，斗殴过程中个别参加者自行"就地取材"或者突然拿出随身隐藏携带的器械并使用，该持械情节只适用于该个别持械人，而对其他未持械的，属共犯的实行过限，可不以"持械"处罚。

12. 聚众斗殴是否存在未遂等未完成形态

对于聚众斗殴罪，是否存在未遂等未完成形态，有不同意见。第一种意见认为，聚众斗殴是行为犯，斗殴行为是本罪的实行行为，只要一着手实施犯罪，就构成犯罪既遂，不存在未遂。[4]第二种意见认为，行为人在聚众斗殴故意下着手实施聚众行为时，就已经开始着手实施犯罪行为，只有完成了聚众行为并着手斗殴时，才构成聚众斗殴的既遂。如果

---

[1] 参见王作富主编：《刑法分则实务研究（中）》，中国方正出版社 2007 年版，第 1239 页。

[2] 参见高铭暄、马克昌主编：《中国刑法解释（下卷）》，中国社会科学出版社 2005 年版，第 2030 页。

[3] 参见江西省南昌县人民法院（2011）南刑初字第 109 号，法信码 A6.F1648，刑罚。

[4] 参见高铭暄、马克昌主编：《中国刑法解释（下卷）》，中国社会科学出版社 2005 年版，第 2028 页。

仅实施了聚众行为就因意志以外的原因而终止，应属于犯罪未遂。[①]

笔者认为，后一种意见合理。聚众斗殴罪是直接故意犯罪，存在犯罪预备、未遂、中止等未完成形态。聚众斗殴的实行行为由"聚众"和"斗殴"两部分行为构成，"聚众"是手段行为，"斗殴"是目的行为。这与抢劫罪、强奸罪有相同之处，都是复行为犯。只要开始实行"聚众"这一手段行为，开始实施聚集人员，就意味着已经着手实施犯罪，如果因意志以外原因而未斗殴的，就应当认定为犯罪未遂。如果还没有开始人员的实际聚集，仅是为聚集而联系、相约，没有实施斗殴行为的，应认定为犯罪预备或者中止。

13. 聚众斗殴中的积极参加者是否都是主犯

对于首要分子应认定为主犯，没有异议，但对于聚众斗殴的积极参加者是否区分主从犯，则有不同认识。一种意见认为，积极参加者相当于在共同犯罪中起主要作用的主犯，不能包括起次要或辅助作用的从犯，否则，将无法区分积极参加者和一般参加者。[②]另一种意见认为，本罪的积极参加者不只指主犯，包括主犯和部分从犯，因为积极参加者不等于均为起主要作用者，立法上将积极参加者纳入主体范围，只是将从犯中作用不大的人划出犯罪主体之外，并不是将所有从犯不予追究刑事责任。

笔者认为，后一种意见比较合理。聚众犯罪是共同犯罪的一种形式，聚众斗殴犯罪是共同犯罪，共同犯罪就可能存在主从犯。《刑法》第292条所规定的首要分子、积极参加者，是聚众斗殴罪的主体特征，这与《刑法》总则规定的首要分子、主犯不是同一个概念，不能认为积极参加者都是主犯。因此，积极参加者在聚众斗殴共同犯罪中可能起主要作用，也可能起次要作用，应当根据其实际所起作用大小，认定为主犯或从犯，不应当不加区别地一律认定为主犯或一律认定为从犯。区分主犯与从犯，也有利于贯彻落实罪责刑相适应原则的要求，做到罚当其罪。司法实践

---

① 参见黄生林等：《论聚众斗殴罪的若干问题》，载《人民检察》2002年第3期。

② 参见王作富主编：《刑法分则实务研究（中）》，中国方正出版社2007年版，第1241页。

中，一般根据积极参加者实际发挥作用大小，分别认定为主犯或从犯。例如，张某等聚众斗殴案。①

14. 聚众斗殴受伤或死亡的能否提起刑事附带民事诉讼，如何承担民事赔偿责任

司法实践中，对于聚众斗殴参与者是否可以提起刑事附带民事诉讼存在不同意见。一种意见认为，聚众斗殴的参加者，有的构成犯罪，有的违法不构成犯罪，有的在斗殴中死亡，依法不追究刑事责任，但他们在民事权利的保护上应当是一致的。只要在聚众斗殴中遭受物质损失的，不论是否系刑事被告人，其本人或近亲属都可以作为附带民事诉讼原告人提起附带民事诉讼。第二种意见认为，根据《刑事诉讼法》第 101 条规定，只有被害人有权提起附带民事诉讼。聚众斗殴的参加者如系刑事被告人，不是附带民事诉讼的适格原告，不能提起附带民事诉讼。第三种意见认为，聚众斗殴的参加者，损伤程度在轻伤以下的，不论是否为刑事被告人，均不能提起附带民事诉讼；受重伤或者死亡的，其本人或者亲属可以提起附带民事诉讼。②

笔者认为，第三种意见比较合理。该意见符合 2004 年 11 月 11 日《最高人民法院研究室关于对参加聚众斗殴受重伤或者死亡的人及其家属提出的民事赔偿请求能否予以支持问题的答复》，全面考虑了刑事附带民事诉讼的规定和聚众斗殴案件的特殊性，也有利于实践中处理这一问题。根据该答复，《刑法》第 292 条第 1 款规定的聚众斗殴的参加者，无论是否首要分子，均明知自己的行为有可能产生伤害他人以及自己被他人的行为伤害的后果，其仍然参加聚众斗殴的，应当自行承担相应的刑事和民事责任。根据《刑法》第 292 条第 2 款的规定，对于参加聚众斗殴，造成他人重伤或者死亡的，行为性质发生变化，应认定为故意伤害罪或

---

① 参见法信码 A6.G3810，共同犯罪。
② 参见中华人民共和国最高人民法院刑事审判第一、二、三、四、五庭主办：《刑事审判参考》（总第 60 集），法律出版社 2008 年版，第 140 页。

者故意杀人罪。聚众斗殴中受重伤或者死亡的人，既是故意伤害罪或者故意杀人罪的受害人，又是聚众斗殴犯罪的行为人。对于参加聚众斗殴受重伤或者死亡的人及其家属提出的民事赔偿请求，依法应予支持，并适用混合过错责任原则，根据双方过错大小综合分析认定赔偿比例。

15. 聚众斗殴致人重伤、死亡的，聚众斗殴的参加人如何承担民事赔偿责任

由于法律和前述答复没有对此作出明确具体规定，司法实践中存在不同意见。

第一种意见认为，聚众斗殴的一方参加者之间相互配合，相互联系，都是共同侵权人，应共同对所造成的物质损失承担赔偿责任。聚众斗殴致人重伤或者死亡的，由构成故意伤害罪或者故意杀人罪的被告人承担主要赔偿责任，其他刑事被告人和共同致害人承担次要赔偿责任。同一罪名的被告人之间承担连带赔偿责任。

第二种意见认为，应区别案件具体情形处理：（1）对于致人重伤、死亡的共同加害人明确的案件，首要分子和共同加害人应共同承担赔偿责任，其他参加聚众斗殴者不承担赔偿责任。各共同加害人应按其过错程度及其行为与损害结果的原因力大小分担赔偿份额，且互负连带责任。其中，首要分子与直接致害人应承担主要责任，其他没有直接造成伤亡结果的共同加害人应承担次要赔偿责任，且各责任人之间应互负连带责任。（2）对于致人重伤、死亡的加害人不明确的案件，致人伤亡一方的所有参加者是共同危险行为人，应共同承担赔偿责任；共同危险行为人能够证明损害后果不是由其造成的，不承担赔偿责任。但对于如何具体分担赔偿责任，又有两种不同意见。一种意见认为，可由致害方的参加者对赔偿总额平均承担赔偿责任，并互负连带责任，但参加者如果能够证明损害后果不是由其造成的，则不承担赔偿责任。另一种意见认为，此种情形下无法确定各行为人的过错程度及其行为与损害结果之间的原因力大小，可由首要分子对损害结果承担主要责任，其他参加者对剩余

份额平均承担赔偿责任。

　　笔者认为，第一种意见简便可行。根据《民法典》和《最高人民法院关于审理人身损害赔偿案件适用法律若干问题的解释》有关规定及前述答复精神，聚众斗殴致人重伤、死亡的，首要分子和直接致害人均转化为故意伤害罪或者故意杀人罪，应当承担主要赔偿责任，其他不转化罪名的被告人的斗殴行为与重伤、死亡后果之间也有一定因果关系，应当承担次要赔偿责任。由于参加聚众斗殴受害人也有过错，应当适用混合过错原则处理。如转化罪名的被告人或者不转化罪名的被告人均有两人以上的，同一罪名的被告人之间应当承担连带赔偿责任。对于无法查清直接责任人的，可由首要分子承担主要责任，其他参加者对剩余份额承担同等责任。例如，倪以刚等聚众斗殴案。① 聚众斗殴受伤亡一方的被告人，由于与本方人员伤亡没有因果关系，对本方人员的重伤、死亡后果不承担赔偿责任。

---

　　① 参见法信码 A6.G10577，故意伤害罪与聚众斗殴罪的界限。

六十六、寻衅滋事罪

第二百九十三条 有下列寻衅滋事行为之一，破坏社会秩序的，处五年以下有期徒刑、拘役或者管制：

（一）随意殴打他人，情节恶劣的；

（二）追逐、拦截、辱骂、恐吓他人，情节恶劣的；

（三）强拿硬要或者任意损毁、占用公私财物，情节严重的；

（四）在公共场所起哄闹事，造成公共场所秩序严重混乱的。

纠集他人多次实施前款行为，严重破坏社会秩序的，处五年以上十年以下有期徒刑，可以并处罚金。

（一）概述

1. 概念和构成要件

寻衅滋事罪，是指为寻求刺激、发泄情绪、逞强耍横等，随意殴打、追逐、拦截、辱骂、恐吓他人，在公共场所起哄闹事，强拿硬要或者任意损毁、占用公私财物，破坏公共秩序，情节严重的行为。

本罪主旨是维护社会公共秩序，重点惩治黑恶势力和其他无事生非、借故生非寻衅滋事犯罪行为。它是从1979年《刑法》第160条流氓罪的规定中分解出来的，寻衅滋事原是流氓罪的一种行为表现，1997年《刑法》第293条对寻衅滋事罪作了独立规定。鉴于寻衅滋事是黑恶势力犯罪的常见形式，为了严厉打击这类犯罪，2011年2月25日《刑法修正案（八）》第42条对本罪进行了修改，增加第2款规定，纠集他人多次实施寻衅滋事行为的，法定最高刑由五年有期徒刑提高到十年有期徒刑，属于该款行为的可以并处罚金，并在第1款第2项中的"辱骂"之后增加"恐吓"他人的行为。2013年9月10日起施行的《最高人民法院、最高人民检察院关于办理利用信息网络实施诽谤等刑事案件适用法律若干问题的解释》（以下简称《办理利用信息网络诽谤刑事案件解释》）第5条规定了利用信息网络，破坏公共秩序，以寻衅滋事罪定罪处罚的情形。

寻衅滋事罪的构成要件和主要特征是：

（1）本罪的客体是社会公共秩序。虽然寻衅滋事表面上是对人身、财产等方面合法权益的侵害，但是实际上是行为人公然蔑视社会法治秩序，侵犯社会成员所组成的共同生活体的秩序。

（2）客观方面表现为寻衅滋事，破坏社会秩序，情节严重、情节恶劣或者后果严重的行为。寻衅滋事是指在公共场所肆意挑衅，无事生非，借故生非，起哄捣乱，进行破坏骚扰的行为。具体表现为《刑法》规定的随意殴打他人，追逐、拦截、辱骂、恐吓他人，强拿硬要或者任意损毁、占用公私财物，在公共场所起哄闹事。需要注意的是，公共场所是指属于社会的、公共使用的场所，既包括现实社会真实存在的公共场所，也包括门户网站向公众开放的论坛等互联网上开放性电子信息交流场所。

（3）犯罪主体是一般主体。

（4）主观方面是直接故意，具有逞强争霸、显示威风、发泄不满、报复社会、开心取乐、寻求刺激等动机。间接故意和过失不构成本罪。

2. 法定刑

依照《刑法》第293条第1款的规定，犯寻衅滋事罪的，处五年以下有期徒刑、拘役或者管制。

依照该条第2款的规定，纠集他人多次实施寻衅滋事行为，严重破坏社会秩序的，处五年以上十年以下有期徒刑，可以并处罚金。

适用本条规定时，需要注意以下几点：

一是注意定罪标准和加重处罚情形。根据2013年7月22日施行的《最高人民法院、最高人民检察院关于办理寻衅滋事刑事案件适用法律若干问题的解释》（以下简称《办理寻衅滋事刑事案件解释》）第2条至第5条规定和2017年4月27日印发的《最高人民检察院、公安部关于公安机关管辖的刑事案件立案追诉标准的规定（一）的补充规定》第8条规定，随意殴打他人，追逐、拦截、辱骂、恐吓他人，强拿硬要或者任意损毁、占用公私财物，在公共场所起哄闹事，只有达到情节恶劣、情节严重或造成公共场所秩序严重混乱，破坏社会秩序的，才应予立案追诉。具体内容要求在下文区分寻衅滋事罪与非罪的界限中论述。该条第2款中的"多次"是指三次以上。"严重破坏社会秩序"，不仅指造成公共场所秩序混乱，而且造成所在地区的治安秩序紧张，人心惶惶，影响到群众正常生活和工作秩序。

二是注意量刑指导意见有关规定。根据2021年7月1日施行的《最高人民法院、最高人民检察院关于常见犯罪的量刑指导意见（试行）》的有关规定，构成本罪的，根据下列情形在相应的幅度内确定量刑起点：（1）寻衅滋事一次的，在三年以下有期徒刑、拘役幅度内确定量刑起点。（2）纠集他人三次寻衅滋事（每次都构成犯罪），严重破坏社会秩序的，在五年至七年有期徒刑幅度内确定量刑起点。在量刑起点的基础上，根据寻衅滋事次数、伤害后果、强拿硬要他人财物或任意损毁、占用公私财物数额等其他影响犯罪构成的犯罪事实增加刑罚量，确定基准刑。

三是注意寻衅滋事司法解释专门规定。根据前述《办理寻衅滋事刑事案件解释》第1条规定，行为人寻求刺激、发泄情绪、逞强耍横等，无事生非，实施《刑法》第293条规定的行为，应当认定为"寻衅滋事"。行为人因日常生活中的偶发矛盾纠纷，借故生非，实施《刑法》第293条规定的行为，应当认定为"寻衅滋事"，但矛盾系由被害人故意引发或者被害人对矛盾激化负有主要责任的除外。行为人因婚恋、家庭、邻里、债务等纠纷，实施殴打、辱骂、恐吓他人或者损毁、占用他人财物等行为的，一般不认定为"寻衅滋事"，但经有关部门批评制止或者处理处罚后，继续实施前列行为，破坏社会秩序的除外。第6条规定，纠集他人三次以上实施寻衅滋事犯罪，未经处理的，应当依照《刑法》第293条第2款规定处罚。第7条规定，实施寻衅滋事行为，同时符合寻衅滋事罪和故意杀人罪、故意伤害罪、故意毁坏财物罪、敲诈勒索罪、抢夺罪、抢劫罪等罪的构成要件的，依照处罚较重的犯罪定罪处罚。第8

条规定，行为人认罪、悔罪，积极赔偿被害人损失或者取得被害人谅解的，可以从轻处罚；犯罪情节轻微的，可以不起诉或者免予刑事处罚。

四是注意涉及"软暴力"的寻衅滋事。根据 2019 年 4 月 9 日公布施行的《最高人民法院、最高人民检察院、公安部、司法部关于办理实施"软暴力"的刑事案件若干问题的意见》第 1 条规定，"软暴力"是指行为人为谋取不法利益或形成非法影响，对他人或者在有关场所进行滋扰、纠缠、哄闹、聚众造势等，足以使他人产生恐惧、恐慌进而形成心理强制，或者足以影响、限制人身自由、危及人身财产安全，影响正常生活、工作、生产、经营的违法犯罪手段。第 2 条规定，"软暴力"违法犯罪手段通常的表现形式有：（1）侵犯人身权利、民主权利、财产权利的手段，包括但不限于跟踪贴靠、扬言传播疾病、揭发隐私、恶意举报、诬告陷害、破坏、霸占财物等；（2）扰乱正常生活、工作、生产、经营秩序的手段，包括但不限于非法侵入他人住宅、破坏生活设施、设置生活障碍、贴报喷字、拉挂横幅、燃放鞭炮、播放哀乐、摆放花圈、泼洒污物、断水断电、堵门阻工，以及通过驱赶从业人员、派驻人员据守等方式直接或间接地控制厂房、办公区、经营场所等；（3）扰乱社会秩序的手段，包括但不限于摆场架势示威、聚众哄闹滋扰、拦路闹事等；（4）其他符合本意见第 1 条规定的"软暴力"手段。通过信息网络或者通讯工具实施，符合本意见第 1 条规定的违法犯罪手段，应当认定为"软暴力"。第 5 条规定，采用"软暴力"手段，使他人产生心理恐惧或者形成心理强制，分别属于《刑法》第 226 条规定的"威胁"、《刑法》第 293 条第 1 款第 2 项规定的"恐吓"，同时符合其他犯罪构成要件的，应当分别以强迫交易罪、寻衅滋事罪定罪处罚。《办理寻衅滋事刑事案件解释》第 2 条至第 4 条中的"多次"一般应当理解为二年内实施寻衅滋事行为三次以上。三次以上寻衅滋事行为既包括同一类别的行为，也包括不同类别的行为；既包括未受行政处罚的行为，也包括已受行政处罚的行为。

五是注意利用信息网络寻衅滋事。根据《办理利用信息网络诽谤刑事案件解释》第 5 条规定，利用信息网络辱骂、恐吓他人，情节恶劣，破坏公共秩序的，依照《刑法》第 293 条第 1 款第 2 项的规定，以寻衅滋事罪定罪处罚。编造虚假信息，或者明知是编造的虚假信息，在信息网络上散布，或者组织、指使人员在信息网络上散布，起哄闹事，造成公共秩序严重混乱的，依照《刑法》第 293 条第 1 款第 4 项的规定，以寻衅滋事罪定罪处罚。第 8 条规定，明知他人利用信息网络实施寻衅滋事犯罪，为其提供资金、场所、技术支持等帮助的，以共同犯罪论处。

六是注意在公共交通工具上的寻衅滋事。根据 2019 年 1 月 8 日印发的《最高人民法院、最高人民检察院、公安部关于依法惩治妨害公共交通工具安全驾驶违法犯罪行为的指导意见》第一部分有关要求，乘客在公共交通工具行驶过程中，随意殴打其他乘客，追逐、辱骂他人，或者起哄闹事，妨害公共交通工具运营秩序，符合《刑法》第 293 条规定的，以寻衅滋事罪定罪处罚。

七是注意疫情防控期间寻衅滋事的从重处罚。根据 2003 年 5 月 15 日施行的《最高人民法院、最高人民检察院关于办理妨害预防、控制突发传染病疫情等灾害的刑事案件具体应用法律若干问题的解释》第 11 条规定，在预防、控制突发传染病疫情等灾害期间，强拿硬要或者任意损毁、占用公私财物情节严重，或者在公共场所起哄闹事，造成公共场所秩序严重混乱的，依照《刑法》第 293 条的规定，以寻衅滋事罪定罪，从重处罚。根据 2020 年 2 月 6 日印发的《最高人民法院、最高人民检察院、公安部、司法部关于依法惩治妨害新型冠状病毒感染肺炎疫情防控违法犯罪的意见》的有关规定，随意殴打医务人员，情节恶劣的，依照《刑法》第 293 条规定，以寻衅滋事罪定罪处罚。采取暴力或者其他方法公然侮辱、恐吓医务人员，符合《刑法》第 246 条、第 293 条规定的，以侮辱罪或者寻衅滋事罪定罪处罚。编造虚假信息，或者明知是编造的虚假信息，在信息网络上散布，或者组织、指使他人在信息网络上散布，起哄闹事，造成公共秩序严重混乱的，依照《刑法》第 293 条第 1 款第 4

项的规定，以寻衅滋事罪定罪处罚。对于疫情防控期间实施有关违法犯罪的，要作为从重情节予以考量，依法体现从严的政策要求。

八是注意涉及未成年人的相关规定。《最高人民法院关于审理抢劫、抢夺刑事案件适用法律若干问题的意见》第9部分第4项指出，对于未成年人使用或威胁使用轻微暴力强抢少量财物的行为，一般不宜以抢劫罪定罪处罚。其行为符合寻衅滋事罪特征的，可以寻衅滋事罪定罪处罚。2006年1月23日施行的《最高人民法院关于审理未成年人刑事案件具体应用法律若干问题的解释》第7条规定，已满14周岁不满16周岁的人使用轻微暴力或者威胁，强行索要其他未成年人随身携带的生活、学习用品或者钱财数量不大，且未造成被害人轻微伤以上或者不敢正常到校学习、生活等危害后果的，不认为是犯罪。已满16周岁不满18周岁的人具有前款规定情形的，一般也不认为是犯罪。第8条规定，已满16周岁不满18周岁的人出于以大欺小、以强凌弱或者寻求精神刺激，随意殴打其他未成年人、多次对其他未成年人强拿硬要或者任意损毁公私财物，扰乱学校及其他公共场所秩序，情节严重的，以寻衅滋事罪定罪处罚。

九是注意涉医的寻衅滋事。2014年4月22日印发的《最高人民法院、最高人民检察院、公安部、司法部、国家卫生和计划生育委员会关于依法惩处涉医违法犯罪维护正常医疗秩序的意见》第二部分指出：随意殴打医务人员情节恶劣、任意损毁公私财物情节严重，构成寻衅滋事罪的，依照《刑法》有关规定定罪处罚。在医疗机构私设灵堂、摆放花圈、焚烧纸钱、悬挂横幅、堵塞大门或者以其他方式扰乱医疗秩序，造成严重损失或者扰乱其他公共秩序情节严重，构成寻衅滋事罪、聚众扰乱社会秩序罪、聚众扰乱公共场所秩序、交通秩序罪的，依照《刑法》有关规定定罪处罚。在医疗机构的病房、抢救室、重症监护室等场所及医疗机构的公开开放区域违规停放尸体，严重扰乱医疗秩序或者其他公共秩序，构成犯罪的，依照前款规定定罪处罚。采取暴力或者其他方法公然侮辱、恐吓医务人员情节严重（恶劣），构成侮辱罪、寻衅滋事罪的，依照《刑法》有关规定定罪处罚。对于故意扩大事态，教唆他人实施针对医疗机构或者医务人员的违法犯罪行为，或者以受他人委托处理医疗纠纷为名实施敲诈勒索、寻衅滋事等行为的，依照《治安管理处罚法》和《刑法》有关规定从严惩处。根据《公共场所卫生管理条例》的有关规定，医疗机构内只有候诊室属于公共场所。在候诊室聚众闹事、扰乱秩序，属于扰乱公共场所秩序和扰乱社会秩序，构成寻衅滋事罪、聚众扰乱社会秩序罪、聚众扰乱公共场所秩序罪的，属于想象竞合，依照处罚较重的规定定罪处罚；在医疗机构公开开放区域、机构门口等其他公共场所聚众闹事，构成寻衅滋事罪、聚众扰乱公共场所秩序罪的，依照处罚较重的规定处罚；在医疗机构的病房、抢救室、重症监护室等非公共场所聚众闹事，构成聚众扰乱社会秩序罪、寻衅滋事罪的，依照处罚较重的规定处罚。根据《道路交通安全法》有关规定，在医疗机构管辖范围内但允许社会车辆通行的地方也属于道路，因此聚众堵塞该道路或医疗机构周边的公共道路的，可构成聚众扰乱交通秩序罪。

十是注意黑恶势力寻衅滋事。2018 年 1 月 16 日印发的《最高人民法院、最高人民检察院、公安部、司法部关于办理黑恶势力犯罪案件若干问题的指导意见》第 17 条指出，黑恶势力为谋取不法利益或形成非法影响，有组织地采用滋扰、纠缠、哄闹、聚众造势等手段扰乱正常的工作、生活秩序，使他人产生心理恐惧或者形成心理强制，分别属于《刑法》第 293 条第 1 款第 2 项规定的"恐吓"、《刑法》第 226 条规定的"威胁"，同时符合其他犯罪构成条件的，应分别以寻衅滋事罪、强迫交易罪定罪处罚。《办理寻衅滋事刑事案件解释》第 2 条至第 4 条中的"多次"一般应当理解为二年内实施寻衅滋事行为三次以上。二年内多次实施不同种类寻衅滋事行为的，应当追究刑事责任。采用上述手段，同时又构成其他犯罪的，应当依法按照处罚较重的规定定罪处罚。为强索不受法律保护的债务或者因其他非法目的，雇用、指使他人有组织地采用上述手段寻衅滋事，构成寻衅滋事罪的，对雇用者、指使者，一般应当以共同犯罪的主犯论处；为追讨合法债务或者因婚恋、家庭、邻里纠纷等民间矛盾而雇用、指使，没有造成严重后果的，一般不作为犯罪处理，但经有关部门批评制止或者处理后仍继续实施的除外。

十一是注意寻衅滋事袭警的从重处罚。2020年1月10日印发的《最高人民法院、最高人民检察院、公安部关于依法惩治袭警违法犯罪行为的指导意见》第6条规定，在民警非执行职务期间，因其职务行为对其实施暴力袭击、拦截、恐吓等行为，符合《刑法》第234条、第232条、第293条等规定的，应当以故意伤害罪、故意杀人罪、寻衅滋事罪等定罪，并根据袭警的具体情节酌情从重处罚。

十二是注意在法庭外的法院其他区域的寻衅滋事。2017年2月7日印发的《人民法院落实〈保护司法人员依法履行法定职责规定〉的实施办法》第11条第2款指出，对于在审判法庭之外的人民法院其他区域，有下列行为之一的人，应当及时采取处置措施，及时移送公安机关处理；构成非法携带枪支、弹药、管制刀具、危险物品危及公共安全罪、妨害公务罪、寻衅滋事罪、故意毁坏财物罪等犯罪的，依法追究刑事责任：（1）非法携带管制器具或危险物质，逃避、抗拒安全检查的；（2）未经允许，强行进入法官办公区域或审判区域的；（3）大声喧哗、哄闹，不听劝阻，严重扰乱办公秩序的；（4）侮辱、诽谤、威胁、殴打法院工作人员或诉讼参与人的；（5）损毁法院建筑、办公设施或车辆的；（6）抢夺、损毁诉讼文书、证据的；（7）工作时间之外滞留，不听劝阻，拒绝离开的；（8）故意将年老、年幼、体弱、患有严重疾病、肢体残疾等生活不能自理的人弃留的；（9）以自杀、自残等方式威胁法院工作人员的；（10）其他危害法院机关安全或扰乱办公秩序的行为。

十三是注意信访活动中的寻衅滋事。2013年7月19日印发的《公安部关于公安机关处置信访活动中违法犯罪行为适用法律的指导意见》第4部分第10条指出，任意损毁、占用信访接待场所、国家机关或者他人财物，符合《治安管理处罚法》第26条第3项规定的，以寻衅滋事予以治安管理处罚；符合《刑法》第293条规定的，以寻衅滋事罪追究刑事责任。

（二）疑难问题精析

1. 如何区分寻衅滋事罪与非罪的界限

根据《刑法》规定，行为人寻衅滋事只有具备《刑法》第293条列举的四种寻衅滋事行为之一的，才可能构成寻衅滋事罪。实施这四种类型行为以外的其他行为，不能按本罪处理。实施寻衅滋事四种类型的行为，必须分别达到情节恶劣、情节严重或者造成公共场所秩序严重混乱的程度，才能构成犯罪。对于未达到上述规定程度的一般寻衅滋事行为，不能以犯罪论处，应由公安机关给予治安行政处罚。

根据《办理寻衅滋事刑事案件解释》第2条至第5条规定和2017年4月27日印发的《最高人民检察院、公安部关于公安机关管辖的刑事案件立案追诉标准的规定（一）的补充规定》第8条规定：

随意殴打他人，破坏社会秩序，涉嫌下列情形之一的，应予立案追诉：（1）致一人以上轻伤或者二人以上轻微伤的；（2）引起他人精神失常、自杀等严重后果的；（3）多次随意殴打他人的；（4）持凶器随意殴打他人的；（5）随意殴打精神病人、残疾人、流浪乞讨人员、老年人、孕妇、未成年人，造成恶劣社会影响的；（6）在公共场所随意殴打他人，造成公共场所秩序严重混乱的；（7）其他情节恶劣的情形。

追逐、拦截、辱骂、恐吓他人，破坏社会秩序，涉嫌下列情形之一的，应予立案追诉：（1）多次追逐、拦截、辱骂、恐吓他人，造成恶劣社会影响的；（2）持凶器追逐、拦截、辱骂、恐吓他人的；（3）追逐、拦截、辱骂、恐吓精神病人、残疾人、流浪乞讨人员、老年人、孕妇、未成年人，造成恶劣社会影响的；（4）引起他人精神失常、自杀等严重后果的；（5）严重影响他人的工作、生活、生产、经营的；（6）其他情节恶劣的情形。

强拿硬要或者任意损毁、占用公私财物，破坏社会秩序，涉嫌下列情形之一的，应予立案追诉：（1）强拿硬要公私财物价值1000元以上，或者任意损毁、占用公私财物价值2000元以上的；（2）多次强拿硬要或者任意损毁、占用公私财物，造成恶劣社会影响的；（3）强拿硬要或者任意损毁、占用精神病人、残疾人、流浪乞讨人员、老年人、孕妇、未成年人的财物，造成恶劣社会影响的；（4）引起他人精神失常、自杀等严重后果的；（5）严重影响他人的工作、生活、生产、经营的；（6）其他情节严重的情形。

在车站、码头、机场、医院、商场、公园、影剧院、展览会、运动场或者其他公共场所起哄闹事，应当根据公共场所的性质、公共活动的重要程度、公共场所的人数、起哄闹事的时间、公共场所所受影响的范围与程度等因素，综合判断是否造成公共场所秩序严重混乱。

根据《办理利用信息网络诽谤刑事案件解释》第5条规定，利用信息网络辱骂、恐吓他人，情节恶劣，破坏公共秩序的，依照《刑法》第293第1款第2项的规定，以寻衅滋事罪定罪处罚。编造虚假信息，或者明知是编造的虚假信息，在信息网络上散布，或者组织、指使人员在信息网络上散布，起哄闹事，造成公共秩序严重混乱的，依照《刑法》第293条第1款第4项的规定，以寻衅滋事罪定罪处罚。例如，秦志晖（网名秦火火）诽谤、寻衅滋事案。[①]

2. 如何区分寻衅滋事罪与因民事纠纷引发的闹事行为的界限

寻衅滋事罪与因民事纠纷引发的闹事行为的界限主要在于是否事出有因，是否具有无事生非、借故生非的动机，是否经制止或处理处罚后继续闹事。有的因民事纠纷或个人恩怨在公共场所殴斗、辱骂他人，在路上拦截、追逐他人，或为索要债务而强拿、毁坏、占用他人财物，虽然行为方式与寻衅滋事相似，但是都事出有因，没有无事生非的动机，

---

① 参见北京市朝阳区人民法院（2013）朝刑初字第2584号，法信码A6.H5613，编造虚假信息在信息网络上散布。

一般不能按本罪处理。如果情节严重的，则可以分别按故意伤害罪、故意毁坏财物罪或者侮辱罪等定罪处罚。

值得注意的是，根据前述《办理寻衅滋事刑事案件解释》，行为人因婚恋、家庭、邻里、债务等纠纷，实施殴打、辱骂、恐吓他人或者损毁、占用他人财物等行为的，虽然一般不认定为"寻衅滋事"，但经有关部门批评制止或者处理处罚后，继续实施前列行为，破坏社会秩序的，以寻衅滋事论处。例如，白某某、王某寻衅滋事案。① 随着社会经济和文化的发展，寻求精神刺激或者填补精神空虚并非寻衅滋事罪的全部表现方式，除这种"无事生非、没事找事"的外，还有"借故生非、小题大做"和"转化生非、拒不改正"的类型。司法实践中也并未完全以是否具备"流氓"动机来认定寻衅滋事罪，对一些事出有因、基于报复目的，伤害他人致轻微伤且情节恶劣的，在不构成故意伤害罪的情形下，可以寻衅滋事罪论处。例如，华中科技大学同济医学院附属协和医院泌尿外科主任肖某某花 10 万元雇用许某某等四人，于 2010 年 6 月 24 日、8 月 29 日先后将方某甲、方某乙殴打致轻微伤。北京市石景山区人民法院以寻衅滋事罪判处肖某某拘役五个半月，二审维持原判。② 又如，柯某某寻衅滋事案。③ 柯某因对医生处置方式不满，在医院隔离区殴打医生致轻微伤，损坏防护用具。法院鉴于其认罪认罚，判处其有期徒刑八个月。

3. 如何区分寻衅滋事罪与故意伤害罪的界限

本罪中的随意殴打他人与故意伤害罪的行为方式有相似之处，都是对他人人身进行打击，可能造成被害人轻微伤、轻伤、重伤、死亡不同的结果，寻衅滋事可以包容轻伤以下的结果，而寻衅滋事中致人重伤、死亡的，属于一个行为触犯两个罪名的想象竞合，应当以故意伤害罪或

---

① 参见河北省邯郸市峰峰矿区人民法院（2018）冀 0406 刑初 234 号，法信码 A6.H38487，采用软暴力进行恐吓的。

② 参见潘庸鲁：《寻衅滋事罪与故意伤害罪比较研究——以方玄昌、方舟子被袭案为切入点》，载《法律适用》2011 年第 2 期。

③ 参见《人民法院依法惩处涉医犯罪典型案例》，载《人民法院报》2020 年 5 月 12 日第 4 版。

者故意杀人罪处理。例如，曹某某寻衅滋事案。[①] 曹酒后在医院滋事，殴打医生、护士，致医生轻伤。法院鉴于其系累犯，判处有期徒刑二年。

本罪与故意伤害罪主要有以下区别：（1）犯罪的直接客体不同。本罪侵犯的主要是社会成员所组成的生活共同体秩序，而故意伤害罪侵犯他人的身体健康。（2）犯罪对象不同。本罪的犯罪对象具有随意性和模糊性，而故意伤害罪的行为人往往事先受到挑衅、羞辱、损害而打击报复，犯罪对象具有相对的明确性和特定性。（3）犯罪动机不同。本罪有寻求精神刺激、逞强斗狠、肆意取乐、故意找茬等动机，而故意伤害罪无此动机要求，一般是出于报复动机。（4）客观起因不同。本罪殴打他人的起因往往是事出无因或是小事，行为人以某种并不成立的理由为借口殴打他人，殴打他人的起因和对象上具有一定随意性；而故意伤害罪从采取的手段、工具、打击部位来看，一般能明显地反映出故意伤害的故意，在起因、对象上具有特定性。（5）既遂标准不同。本罪的既遂没有伤害程度的明确要求，只需情节恶劣即可，而故意伤害罪的既遂需达到轻伤以上程度，造成轻微伤的只能治安处罚。

对于殴打致人轻伤的，构成寻衅滋事罪还是故意伤害罪，应当结合案发起因、犯罪对象、侵犯客体等综合判断。对于因偶发矛盾纠纷，借故生非殴打他人的，认定为寻衅滋事，但矛盾由被害人故意引发或被害人对矛盾激化负有主要责任的除外；对于产生矛盾后蓄意报复，殴打特定人的，一般不认定为寻衅滋事，但经有关部门批评制止或处理处罚后，继续实施殴打行为，破坏社会秩序的除外。

4. 如何区分寻衅滋事罪与抢劫罪、抢夺罪、敲诈勒索罪、故意毁坏财物罪的界限

寻衅滋事罪的强拿硬要或者任意损毁、占用财物与抢劫罪、抢夺罪、敲诈勒索罪、故意毁坏财物罪的行为方式有相似之处，还有以下区别：（1）犯罪的直接客体不同。本罪的直接客体是社会公共秩序，针对不特

---

① 参见《人民法院依法惩处涉医犯罪典型案例》，载《人民法院报》2020 年 5 月 12 日第 4 版。

定人，而财产类犯罪侵犯特定人的财产权利。（2）主观动机不同。本罪具有逞强好胜和通过强拿硬要填补精神空虚等动机，而后者一般只具有占有他人财物的目的，对动机没有特殊要求。（3）客观行为手段有所不同。本罪的行为人一般不以严重侵犯人身权利的方法强拿硬要，没有明显采用暴力、胁迫，而是以语言、神态甚至身体特征等表现出来的霸气，给被害人心理上造成一种压力或威慑；而抢劫采用暴力、胁迫使人不能或不知抗拒的方法，抢夺以强力公然夺取财物，敲诈勒索以威胁来索取财物，故意毁坏财物并没有直接对被害人施加暴力或威胁。

需要注意的是，如果强拿硬要财物时，遇到被害人反抗，行为人又采用暴力、暴力威胁方法或者公然夺取财物的，就应以抢劫罪、抢夺罪定罪处罚。寻衅滋事罪是个兜底性罪名，具有补充性，实施行为构成其他犯罪的，优先考虑以其他犯罪论处。如果暴力、胁迫手段取得财物的行为达到抢劫、敲诈勒索罪的程度，以及毁坏财物数额较大构成犯罪的，认定为相应的犯罪，不认定为寻衅滋事罪。实施寻衅滋事行为，同时符合寻衅滋事罪和故意杀人罪、故意伤害罪、故意毁坏财物罪、敲诈勒索罪、抢夺罪、抢劫罪等罪的构成要件的，依照处罚较重的犯罪定罪处罚。

对于犯罪时已满14周岁不满18周岁的未成年人犯罪，根据《最高人民法院关于审理抢劫、抢夺刑事案件适用法律若干问题的意见》的有关规定，对于未成年人使用或者威胁使用轻微暴力强抢少量财物的行为，一般不宜以抢劫罪定罪处罚。其行为符合寻衅滋事罪特征的，可以寻衅滋事罪定罪处罚。根据《最高人民法院关于审理未成年人刑事案件具体应用法律若干问题的解释》第7条规定，已满14周岁不满16周岁的人使用轻微暴力或者威胁，强行索要其他未成年人随身携带的生活、学习用品或者钱财，数量不大，且未造成被害人轻微伤以上或者不敢正常到校学习、生活等危害后果的，不认为是犯罪。已满16周岁不满18周岁的人具有前款规定情形的，一般也不认为是犯罪。第8条规定，已满16周岁不满18周岁的人出于以大欺小、以强凌弱或者寻求精神刺激，随意殴打其他未成年人、多次对其他未成年人强拿硬要或者任意损毁公私财物，扰乱学校及其他公共场所秩序，情节严重的，以寻衅滋事罪定罪处罚。

例如，被告人李某、张某伙同"小飞"（另案处理）于 2009 年 6 月 30 日上午在上海市沪西工人文化宫一游戏机房，以欠钱为由，向在此玩游戏的陈某索要钱财，采用拳打脚踢、凳子砸的手段，致陈某轻微伤，逼迫陈某支付 12 元的 3 瓶饮料费。上海市普陀区人民法院认为，被告人李某、张某使用暴力，强拿硬要，致人轻微伤，情节严重，其行为已构成寻衅滋事罪，鉴于李某犯罪时已满 16 周岁不满 18 周岁，二被告人均自愿认罪，分别判处李某有期徒刑一年，张某有期徒刑二年。[1] 可见，寻衅滋事中的随意殴打、强拿硬要，虽有轻微暴力，但程度较弱，有所节制，而抢劫暴力程度以获取财物为必要，甚至是有过之而无不及。

5. 如何区分寻衅滋事罪与聚众扰乱社会秩序罪、聚众扰乱公共场所秩序、交通秩序罪的界限

犯寻衅滋事罪有时也会造成交通堵塞、公共场所混乱，甚至造成国家机关、企业、事业单位停工、停产、停课等后果，在形式上与聚众扰乱社会秩序罪、聚众扰乱公共场所秩序、交通秩序罪相似。但是本罪与这些聚众扰乱犯罪有以下区别：一是犯罪地点和直接客体不同。寻衅滋事不要求在公共场所等特定地点，不要求必须破坏公共场所、交通等秩序，而聚众扰乱犯罪要求在公共场所。交通道路、特定单位等地点聚众进行，破坏公共场所、交通秩序或具体单位秩序。二是犯罪动机和目的有所不同。本罪行为人无事生非，借故生非，肆意挑起事端，具有耍威风、寻求精神刺激的动机；而聚众扰乱犯罪的行为人往往是要达到某种个人目的，用聚众闹事的方式施加压力，要挟国家机关、企业、事业单位，没有寻衅滋事的动机。三是行为方式略有不同。寻衅滋事不要求必

---

① 参见徐松青、张华：《未成年人抢劫、寻衅滋事等罪名之辨》，载《人民司法》2011 年第 14 期。

须聚众进行，其他犯罪必须聚众进行，聚众扰乱公共场所秩序、交通秩序的，还需实施抗拒、阻碍国家治安管理工作人员依法执行职务的行为。四是处罚对象不同。寻衅滋事是一般主体，聚众扰乱社会秩序罪处罚的是首要分子和其他积极参加者，聚众扰乱公共场所秩序、交通秩序罪处罚的是首要分子。

6. 如何区分寻衅滋事罪与聚众斗殴罪的界限

寻衅滋事与聚众斗殴在是否聚众、互殴方面明显不同，但多人共同实施的随意殴打他人的寻衅滋事与聚众斗殴容易混淆，需要从以下三个方面进行区分：

（1）客观表现不同。随意殴打他人的寻衅滋事，参与人数一般相对较少，暴力程度和后果也相对较轻；聚众斗殴一般参与人员多，规模较大，暴力程度和行为后果更为严重。

（2）犯罪对象不同。寻衅滋事的犯罪对象具有随意性和不特定性；聚众斗殴的犯罪对象在一定范围内具有针对性，直接指向斗殴的对方。

（3）犯罪动机不同。寻衅滋事的动机一般是肆意挑衅、无事生非、借故生非，目的是寻求精神刺激；聚众斗殴的动机一般是为了逞强争霸，或是团伙之间循环报复，目的是通过斗殴恐吓、制服对方。

7. 寻衅滋事致人重伤、死亡的如何定罪处罚

关于寻衅滋事致人损伤程度的限定和定罪问题，有不同意见。有的认为，随意殴打他人造成的后果包括轻微伤和轻伤；有的学者认为，仅包括轻微伤，不包括轻伤，如致人轻伤的，应认定为故意伤害罪；[1]有的学者认为，此罪不要求致人轻伤，但寻衅滋事致人死亡的，应视客观行为性质和主观心理状态，认定为故意杀人罪或者过失致人死亡罪。[2]有的学者认为，在寻衅滋事过程中致人重伤或者死亡的情况下，应当按照吸

---

[1] 参见杜启新、安文录：《论寻衅滋事罪的合理定位》，载《政治与法律》2004 年第 2 期。

[2] 参见张明楷：《刑法学》（第三版），法律出版社 2007 年版，第 768 页。

收犯的原则处理，以故意伤害罪、故意杀人罪论处。[①]有的学者认为，随意殴打他人的后果，应以轻伤为限，如果造成重伤、死亡的，应以想象竞合犯处理，以故意伤害罪或者故意杀人罪一罪论处，不应实行数罪并罚。[②]

笔者认为，最后一种意见妥当，不仅符合罪刑相适应原则的要求，也符合司法实践中的普遍做法。主要理由是：（1）司法解释对此有从一重罪论处的规定。《办理寻衅滋事刑事案件解释》第7条规定，实施寻衅滋事行为，同时符合寻衅滋事罪和故意杀人罪、故意伤害罪、故意毁坏财物罪、敲诈勒索罪、抢夺罪、抢劫罪等罪的构成要件的，依照处罚较重的犯罪定罪处罚。（2）寻衅滋事致人重伤、死亡的行为人只实施了一个殴打行为，应按照一行为触犯两个罪名的想象竞合犯从一重罪处理。否则，将其视为数行为，违背禁止重复评价原则。（3）从法定刑来看，聚众斗殴罪不能包容致人重伤、死亡的后果，作为同是从流氓罪分解出来的寻衅滋事罪，其法定刑低于聚众斗殴罪，更不能包容致人重伤、死亡的情况。（4）从罪责刑相适应来看，寻衅滋事罪的法定最高刑一般是五年有期徒刑，故意伤害致人重伤、故意杀人的，即使情节较轻，也要处三年以上十年以下有期徒刑，并且法定最高刑是死刑。显然，从罪责刑相适应角度看，寻衅滋事的法定刑决定了它不能包容重伤、死亡的严重后果。否则，就会罚不当罪。

8. 共同寻衅滋事致人重伤、死亡的如何定罪处罚？是否对所有共同犯罪人一律定故意伤害罪、故意杀人罪

对于两人以上共同寻衅滋事致人重伤、死亡的情形下，对直接造成他人重伤、死亡的，应以故意伤害罪、故意杀人罪论处，没有异议，但对其他人如何处理，存在不同意见。有的认为，应对所有的共同犯罪人

[①] 李宇先：《聚众犯罪研究》，湖南人民出版社2004年版，第266页。
[②] 参见王作富主编：《刑法分则实务研究（中）》，中国方正出版社2007年版，第1244页、第1249页。

一律以故意伤害罪、故意杀人罪定罪量刑，不能因为重伤、死亡后果是某一或某几个人造成的，而对其定故意伤害罪、故意杀人罪，其余的人仍以寻衅滋事罪论处。否则，就有悖于我国共同犯罪理论。[1] 有的认为，对此不能一律以故意伤害罪、故意杀人罪追究刑事责任，而要具体分析行为与结果之间是否具有因果性。[2] 有的认为，对此不能一概而论，一要考察共同故意是否包含伤害、杀人的故意内容；二要考察其他行为人的行为与重伤、死亡结果是否具有因果关系。如果这两方面内容都具备，就应以故意伤害罪、故意杀人罪论处。否则，应仍以寻衅滋事罪论处。[3]

笔者认为，第三种意见比较合理，符合刑法主客观相统一的基本原则和共同犯罪规定。这一问题实际上涉及共同犯罪范围的争论。关于共同犯罪范围主要有犯罪共同说和行为共同说。犯罪共同说认为，共同犯罪是二人以上共犯一罪。该说又分为完全共同犯罪说和部分共同犯罪说。完全犯罪共同说认为，二人以上只能就完全相同的犯罪成立共同犯罪。部分犯罪共同说认为，在重合的轻罪范围内成立共同犯罪。行为共同说认为，二人以上通过共同的行为以实现各自意思的，就是共犯，承认有符合数个构成要件的共犯。部分犯罪共同说是合理的理论，其与我国《刑法》规定的精神实质也相一致。我国《刑法》规定的共同故意犯罪，绝不意味着二人以上必须就故意的内容与行为方式完全相同时，才成立共同犯罪，因为不同行为人之间的行为在构成要件上部分相同的，也是相同。行为人可以在重合的范围内成立共同犯罪，同时由于犯罪有一部分并不相同，所以对共同犯罪人存在分别定罪的可能性。[4]

根据部分犯罪共同说，对于直接致人重伤、死亡的行为人，当然应以故意伤害或者故意杀人罪定罪处罚。对于其他参加者，则应当根据主

---

① 冯英菊：《试论寻衅滋事致人重伤、死亡的定罪问题》，载《人民检察》1998 年第 8 期。
② 朱清和、谭立：《不能摒弃行为与结果之间的因果性与冯英菊同志商榷》，载《人民检察》1998 年第 12 期。
③ 参见王作富主编：《刑法分则实务研究（中）》，中国方正出版社 2010 年版，第 1251 页。
④ 参见陈兴良主编：《刑法总论精释》，人民法院出版社 2010 年版，第 484~488 页。

客观相统一的基本原则进行具体分析，如果其主观上具有与其他行为人共同伤害或者杀人的故意，客观上实施的行为与重伤、死亡后果之间具有因果关系的，就应以故意伤害罪或故意杀人罪论处。例如，王某某等故意伤害案。[①] 否则，就应以寻衅滋事罪定罪处罚。如果寻衅滋事行为人主观上没有杀伤他人的故意，只是由于疏忽大意或过于自信的过失，而导致死伤结果的发生，那么直接导致死伤结果发生的人构成寻衅滋事罪与过失致人死亡罪、过失致人重伤罪的想象竞合犯，应从一重处断。由于过失犯罪不存在共同犯罪问题，其余的人只负寻衅滋事罪的责任。

---

① 参见法信码 A6.H5598，寻衅滋事罪与故意伤害罪的界限。

六十七、组织、领导、参加黑社会性质组织罪

第二百九十四条第一款 组织、领导黑社会性质的组织的，处七年以上有期徒刑，并处没收财产；积极参加的，处三年以上七年以下有期徒刑，可以并处罚金或者没收财产；其他参加的，处三年以下有期徒刑、拘役、管制或者剥夺政治权利，可以并处罚金。

第二百九十四条第四款 犯前三款罪又有其他犯罪行为的，依照数罪并罚的规定处罚。

第二百九十四条第五款 黑社会性质的组织应当同时具备以下特征：

（一）形成较稳定的犯罪组织，人数较多，有明确的组织者、领导者，骨干成员基本固定；

（二）有组织地通过违法犯罪活动或者其他手段获取经济利益，具有一定的经济实力，以支持该组织的活动；

（三）以暴力、威胁或者其他手段，有组织地多次进行违法犯罪活动，为非作恶，欺压、残害群众；

（四）通过实施违法犯罪活动，或者利用国家工作人员的包庇或者纵容，称霸一方，在一定区域或者行业内，形成非法控制或者重大影响，严重破坏经济、社会生活秩序。

第六十六条 危害国家安全犯罪、恐怖活动犯罪、黑社会性质的组织犯罪的犯罪分子，在刑罚执行完毕或者赦免以后，在任何时候再犯上述任一类罪的，都以累犯论处。

（一）概述

1. 概念和构成要件

组织、领导、参加黑社会性质组织罪，是指组织、领导、参加以暴力、威胁或者其他手段，有组织地进行违法犯罪活动，为非作恶，欺压、残害群众，称霸一方，在一定区域或者行业内，形成非法控制或者重大

影响，严重破坏经济、社会生活秩序的黑社会性质组织的行为。

组织、领导、参加黑社会性质组织罪的构成要件和主要特征是：

（1）本罪侵犯的客体是正常的社会秩序。黑社会犯罪是国际上公认的最为严重的犯罪之一，是有组织犯罪的最高形态。"在我国，明显的、典型的黑社会犯罪还没有出现，但带有黑社会性质的犯罪集团已经出现，横行乡里、称霸一方，为非作歹，欺压、残害群众的有组织犯罪时有出现。"① 黑社会性质组织是与主导的、正常的社会形态相对立的非法的组织形态，其建立的是与主流社会相背离的生存秩序，具有反社会性和反政府性。这种非法组织一旦成立，就会削弱、甚至对抗政府对社会正常的管理，对正常的社会生产、生活秩序造成严重冲击和破坏，特别是通过需求"保护伞"的包庇、纵容，动摇社会公众对党和政府的信任。近几年，随着我国经济转轨、社会转型，受市场经济负面效应刺激、封建帮派残余思想影响、境外黑社会组织渗透和社会治理能力局限，黑恶势力在我国一些地方、行业、领域滋生蔓延，并呈现一些新的动向，严重危害人民群众人身权、人格权、财产权，社会危害性极大，对我国经济、社会生活秩序和基层政权建设构成严重威胁。党的十九大明确指出，中国特色社会主义进入新时代，我国社会主要矛盾已经转化为人民日益增长的美好生活需要和不平衡不充分的发展之间的矛盾。只有坚决扫除黑恶势力，人民群众才能安居、安业、安心，人民群众的获得感、幸福感和安全感才能更加充实、更有保障、更可持续。

需要注意的是，本罪所侵犯的客体区别于行为人组织、领导、参加黑社会性质组织后所实施的后续性犯罪（如故意杀人、故意伤害、强迫交易等）所侵犯的经济和社会秩序、人身和财产安全。本罪所侵犯的客体是组织、领导、参加黑社会性质组织的行为事实本身所侵犯的正常的社会秩序，换言之，组织、领导、参加黑社会性质组织这一事实本身即具有刑事违法性和严重的社会危害性。

---

① 《关于〈中华人民共和国刑法（修订草案）〉的说明》。

（2）本罪的客观方面表现为组织、领导、参加黑社会性质组织。在具体理解和把握时需注意以下几点：

其一，"黑社会性质组织"的认定。根据《刑法》第294条的规定，黑社会性质组织应当同时具备以下特征：（1）形成较稳定的犯罪组织，人数较多，有明确的组织者、领导者，骨干成员基本固定；（2）有组织地通过违法犯罪活动或者其他手段获取经济利益，具有一定的经济实力，以支持该组织的活动；（3）以暴力、威胁或者其他手段，有组织地多次进行违法犯罪活动，为非作恶，欺压、残害群众；（4）通过实施违法犯罪活动，或者利用国家工作人员的包庇或者纵容，称霸一方，在一定区域或者行业内，形成非法控制或者重大影响，严重破坏经济、社会生活秩序。该四个特征分别是黑社会性质组织的组织特征、经济特征、行为特征和危害性特征（亦称为"非法控制特征"）。涉案犯罪组织只有同时具备该四个特征，才可以认定为黑社会性质组织。需要指出的是，由于实践中许多黑社会性质组织并非这"四个特征"都很明显，在具体认定时，应根据立法本意，认真审查、分析黑社会性质组织"四个特征"相互间的内在联系，准确评价涉案犯罪组织所造成的社会危害，做到不枉不纵。

其二，"组织、领导、参加"黑社会性质组织的认定。根据《最高人民法院、最高人民检察院、公安部、司法部关于办理黑恶势力犯罪案件若干问题的指导意见》（法发〔2018〕1号，以下简称《办理黑恶势力犯罪案件指导意见》）的规定，发起、创建黑社会性质组织，或者对黑社会性质组织进行合并、分立、重组的行为，应当认定为"组织黑社会性质组织"；实际对整个组织的发展、运行、活动进行决策、指挥、协调、管理的行为，应当认定为"领导黑社会性质组织"。黑社会性质组织的组织者、领导者，既包括通过一定形式产生的有明确职务、称谓的组织者、领导者，也包括在黑社会性质组织中被公认的事实上的组织者、领导。

关于参加黑社会性质组织的认定。根据《办理黑恶势力犯罪案件指导意见》的规定，知道或者应当知道是以实施违法犯罪为基本活动内容的组织，仍加入并接受其领导和管理的行为，应当认定为"参加黑社会性质组织"。参加黑社会性质组织并具有以下情形之一的，一般应当认定为"积极参加黑社会性质组织"：多次积极参与黑社会性质组织的违法犯罪活动，或者积极参与较严重的黑社会性质组织的犯罪活动且作用突出，以及其他在组织中起重要作用的情形，如具体主管黑社会性质组织的财务、人员管理等事项。需要指出的是，没有加入黑社会性质组织的意愿，受雇到黑社会性质组织开办的公司、企业、社团工作，未参与黑社会性质组织违法犯罪活动的，不应认定为"参加黑社会性质组织"。

根据《刑法》第294条第4款的规定，组织、领导、参加黑社会性质组织这一行为事实本身就是犯罪行为，行为人在组织、领导、参加黑社会性质组织后，又实施其他犯罪行为的，应当依法数罪并罚。本罪之所以要惩处"组织、领导、参加"黑社会性质组织的行为，主要考虑：一是如前所述，组织、领导、参加黑社会性质组织这一行为事实本身即已经对我国正常的社会管理秩序造成严重侵害，达到了刑法规制的程度。二是黑社会性质组织与普通的共同犯罪、团伙犯罪、其他集团犯罪相比，组织化程度更高、犯罪规模更大、反侦查及逃避打击能力更强，任其发展壮大，待其形成气候再加以惩治，所要付出的司法成本和代价将不可估量。为坚决、有效、彻底地打击黑社会性质组织，防止其滋长蔓延，必须对组织、领导、参加黑社会性质组织的行为加以及时惩处。三是依法惩处组织、领导、参加黑社会性质组织的行为，有利于更好地开展我国与其他国家和地区在遏制有组织犯罪方面的国际合作。

（3）本罪的犯罪主体为自然人，即黑社会性质组织的组织者、领导者、积极参加者和一般参加者。需要说明的是，一些黑社会性质组织成立公司、企业，甚至以公司、企业为依托，通过公司化方式管理组织成员，借助公司牟取非法利益的，尽管该公司、企业具有独立的法人资格，但亦不属于本罪的犯罪主体。

（4）主观方面是故意，即明知是组织、领导、参加黑社会性质组织的行为而有意实施的主观心理状态。

关于黑社会性质组织的认定，我国刑法、立法解释、司法解释、司法文件等作了较为详细的规定。《刑法》第 294 条规定了组织、领导、参加黑社会组织罪，入境发展黑社会组织罪，包庇、纵容黑社会性质组织罪。2000 年 12 月发布的《最高人民法院关于审理黑社会性质组织犯罪案件具体应用法律若干问题的解释》（以下简称《审理黑社会性质组织犯罪案件解释》），对黑社会性质组织的四个特征等作出了明确规定。2002 年 4 月 28 日实施的《全国人民代表大会常务委员会关于〈中华人民共和国刑法〉第二百九十四条第一款的解释》，进一步明确了黑社会性质组织的四个特征的具体内容，解决了司法实践中"保护伞"究竟是不是黑社会性质组织必备要件的认识分歧，统一了认识。2009 年 12 月 9 日公布的《最高人民法院、最高人民检察院、公安部办理黑社会性质组织犯罪案件座谈会纪要》（以下简称 2009 年《办理黑社会性质组织犯罪案件纪要》），对黑社会性质组织四个特征的理解与把握作出了较为细致的规定。2011 年 2 月 25 日，第十一届全国人大常委会通过了《刑法修正案（八）》，将黑社会性质组织的四个特征纳入刑法条文，并调整了组织、领导、参加黑社会性质组织罪等的法定刑，增加规定了财产刑。随后，最高人民法院于 2015 年 10 月印发《全国部分法院审理黑社会性质组织犯罪案件工作座谈会纪要》（以下简称 2015 年《审理黑社会性质组织犯罪案件纪要》），对黑社会性质组织犯罪的认定标准又作了进一步的明确。

2018 年，全国扫黑除恶专项斗争启动以来，中央政法各部门为解决司法实践中遇到的突出问题，先后印发多个规范性文件，进一步厘清了黑社会性质组织犯罪、恶势力犯罪，"套路贷"犯罪、"软暴力"犯罪、利用信息网络实施黑恶势力犯罪、"保护伞"犯罪以及涉黑涉恶犯罪财产的认定和追缴等一系列重大问题，进一步拓展了对黑恶势力犯罪的认识深度和广度。这些重要的规范性文件包括：2018 年《办理黑恶势力犯罪案件指导意见》；2019 年最高人民法院、最高人民检察院、公安部、司法部印发的《关于办理恶势力刑事案件若干问题的意见》（以下简称《办理恶势力刑事案件意见》）、《关于办理"套路贷"刑事案件若干问题的意见》《关于办理实施"软暴力"的刑事案件若干问题的意见》（以下简称《办理实施"软暴力"刑事案件意见》）和《关于办理黑恶势力刑事案件中财产处置若干问题的意见》（以下简称《财产处置意见》）、《关于办理非法放贷刑事案件若干问题的意见》《关于办理利用信息网络实施黑恶势力犯罪刑事案件若干问题的意见》（以下简称《办理利用信息网络实施黑恶势力犯罪案件意见》）、《关于跨省异地执行刑罚的黑恶势力罪犯坦白检举构成自首立功若干问题的意见》，并会同国家监察委员会共同印发了《关于在扫黑除恶专项斗争中分工负责、互相配合、互相制约严惩公职人员涉黑涉恶违法犯罪问题的通知》；2020 年 3 月，最高人民法院、最高人民检察院、公安部、司法部又印发《关于依法严惩利用未成年人实施黑恶势力犯罪的意见》。上述多份司法文件的制定执行，充分彰显了我国依法严惩黑恶势力犯罪的坚定决心，确保了扫黑除恶专项斗争始终沿着法治轨道深入推进。2021 年 12 月 24 日，第十三届全国人民代表大会常务委员会第三十二次会议通过了《反有组织犯罪法》，并于 2022 年 5 月 1 日正式施行。《反有组织犯罪法》是我国第一部专门、系统、完备规范反有组织犯罪工作的法律，是党中央开展扫黑除恶专项斗争的标志性成果，是常态化扫黑除恶的法治保障。《反有组织犯罪法》从我国国情和实际出发，依照《宪法》《刑法》《刑事诉讼法》等有关法律规定，明确了黑社会性质组织、恶势力组织等相关法律概念和法律适用、案件办理机制、涉案财产处置规定等，有利于依法、准确、及时打击黑恶势力违法犯罪，为遏制有组织犯罪滋生蔓延、推进国家治理体系和治理能力现代化提供法治保障。

2. 法定刑

依照《刑法》第 294 条的规定，犯组织、领导、参加黑社会性质组织罪的，处七年以上有期徒刑，并处没收财产；积极参加的，处三年以上七年以下有期徒刑，可以并处罚金或者没收财产；其他参加的，处三年以下有期徒刑、拘役、管制或者剥夺政治权利，可以并处罚金。

犯组织、领导、参加黑社会性质组织罪又有其他犯罪行为的，依照数罪并罚的规定处罚。

（二）疑难问题精析

1. 如何总体把握黑社会性质组织的组织特征

黑社会性质组织是有组织犯罪的高级形态，它首先呈现出犯罪集团的组织形式，具有犯罪集团所共有的属性，如人数较多（三人以上），重要成员固定或者基本固定，经常纠集在一起实施一种或者数种严重的刑事犯罪活动，有明显的首要分子，等等。在此基础上，黑社会性质组织又具有一般犯罪集团所不完全具备的一些显著特征，如追求在一定区域或者一定行业内的非法控制，等等。就黑社会性质组织的组织特征而言，根据《刑法》规定，表现为"形成较稳定的犯罪组织，人数较多，有明确的组织者、领导者，骨干成员基本固定"。在把握组织特征时应注意以下几个问题：

（1）组织具有稳定性，即"形成较稳定的犯罪组织"。黑社会性质组织不是一个松散的临时纠合体，而是一个在较长时期内有组织地从事违法犯罪活动的具有一定稳定性的犯罪组织。组织的稳定性通常表现在以下几个方面：一是组织存续的持续性。即组织在一定时间内长期存在，足以表征该组织具有较强的稳定性。《办理黑恶势力犯罪案件指导意见》第6条规定："组织形成后，在一定时期内持续存在，应当认定为'形成较稳定的犯罪组织'。"二是组织结构的严密性。通常表现为有比较明确的层级结构和职责分工，即包括组织者、领导者及骨干成员在内的组织成员较为固定，层级较为分明，他们虽可能通过临时纠集、招募人员来实施违法犯罪活动，相关人员看似不断流动，频繁更换，但核心成员之间在组织结构上呈现出严密性、稳定性的特点。三是组织活动的纪律性。黑社会性质组织作为有组织犯罪的高级形态，通常借助一定组织纪律、活动规约等来加强内部管理，约束成员的行为，因此，组织具有一定的组织纪律、活动规约，也是认定该组织具有稳定性，进而符合组织特征的重要参考依据。

当前一些黑社会性质组织为了增强自身的隐蔽性，组织头目和骨干成员大多藏于幕后，实施违法犯罪活动时往往采用"临时雇用，打完就散"的手法，由于核心成员隐藏幕后、外围成员不固定，呈现出"人员频繁更替、组织结构松散"的假象，给司法机关认定黑社会性质组织制造了困难。在此情况下，有必要从本质上把握黑社会性质组织的"稳定性"要求。如2009年《办理黑社会性质组织犯罪案件纪要》指出，在办案时要特别注意审查组织者、领导者，以及对组织运行、活动起着突出作用的积极参加者等骨干成员是否基本固定、联系是否紧密，不要被其组织形式的表象所左右。

（2）组织"在一定时期内持续存在"。如前文所述，组织在一定时期内持续存在是组织具有稳定性的表征之一，也是判断某一犯罪团伙、犯罪集团是否满足组织特征的一个重要考量因素。实践中，如何把握黑社会性质组织的存续时间，即组织存续多长时间才足以认定"在一定时期内持续存在"，实践中存在不同认识。笔者认为，黑社会性质组织一般在短时间内难以形成，并且从普通犯罪集团、恶势力组织向黑社会性质组织发展是一个渐进的过程，没有明显的性质转变的节点，故对黑社会性质组织存在时间不宜作出"一刀切"的规定。对于那些已存在一定时间，且成员人数较多的犯罪组织，在定性时要根据是否已具备一定的经济实力，是否已在一定区域或者一定行业形成非法控制或重大影响等情况综合分析判断。总的来说，组织存在的时间越短，认定符合组织特征就应当越慎重，这是由黑社会性质组织的本质特征，即追求并实现在一定区域或者一定行业内的非法控制所决定的，黑社会性质组织要实现非法控制，无论是寻求"保护伞"的包庇、纵容，或者通过实施违法犯罪活动，欺压、残害群众，对一定行业的生产、经营活动形成垄断，或者致使一定区域的多名群众因慑于黑社会性质组织的淫威而不敢通过正当途径维护自己合法权益等，均隐含着组织需要存续一定时间的规定性。组织存续时间明显过短的，如不足半年，甚至不足三个月的，认定符合组织特征时要特别慎重，其他三个特征也不明显的，可以不再认定为黑社会性质组织。需要指出的是，组织存续时间的计算，一般是指从黑社会性质组织成立，到黑社会性质组织被打击、惩处，该组织存续的时间。

（3）组织人数较多。犯罪组织符合组织特征进而成立黑社会性质组织，需要组织成员"人数较多"。成员人数达到多少才属于《刑法》第294条所说的"人数较多"？实践中有不同认识。一种观点认为，"三人以上"就是"人数较多"；另一种观点认为，把三五人的聚集违法犯罪行为认定为黑社会性质组织犯罪，将导致黑社会性质组织与一般的犯罪集团无法区分，因此主张以"十人以上"为"人数较多"的标准。[①]2009年《办理黑社会性质组织犯罪案件纪要》对此未作出具体明确规定，仅指出"黑社会性质组织一般在短时间内难以形成，而且成员人数较多，但鉴于普通犯罪集团、'恶势力'团伙向黑社会性质组织发展是一个渐进的过程，没有明显的性质转变的节点，故对黑社会性质组织……成员人数问题不宜作出'一刀切'的规定"。2009年《办理黑社会性质组织犯罪案件纪要》执行后，由于在该问题上未作出具体规定，一些案件在成员人数的把握上明显偏松。有的组织成员不足5人的案件亦被认定为黑社会性质组织犯罪，一定程度上降低了认定门槛。鉴于此，2015年《审理黑社会性质组织犯罪案件纪要》对黑社会性质组织的人数规模问题作出了明确，即"黑社会性质组织应当具有一定规模，人数较多，组织成员一般在10人以上。其中，既包括已有充分证据证明但尚未归案的组织成员，也包括虽有参加黑社会性质组织的行为但因尚未达到刑事责任年龄或因其他法定情形而未被起诉，或者根据具体情节不作为犯罪处理的组

---

① 肖中华等：《论黑社会性质组织犯罪的司法认定》，载高铭暄、马克昌主编：《刑法热点疑难问题探讨（上册）》，中国人民公安大学出版社2002年版，第536~537页。

织成员"。

2015年《审理黑社会性质组织犯罪案件纪要》印发后，政法机关在此问题上的认识仍存在分歧，有的部门认为规定"组织成员一般在10人以上"的门槛过高，不利于体现对黑社会性质组织"打早打小"、依法严惩的政策精神。鉴于此，《办理黑恶势力犯罪案件指导意见》第6条对这一问题又再次明确，回归2009年《办理黑社会性质组织犯罪案件纪要》精神，不再作出明确具体规定。笔者认为，鉴于黑社会性质组织情况复杂多样，一些组织为抗拒打击，有意制造人员松散假象，甚至限制人数规模等，对组织成员人数不作出"一刀切"的规定具有一定的现实合理性，但据此并不意味着组织的人数和规模问题就可以随意降低标准，只要达到犯罪集团所要求的3人以上即可。黑社会性质组织自身所具有的组织的稳定性、组织结构的层级性以及所追求的在一定区域或者一定行业内实现非法控制的本质属性，都隐含着组织成员必须具备一定规模的要求。组织成员越多，组织的层级性才能彰显，所追求的在一定区域或者一定行业内实现非法控制才能实现，以及通过寻求"保护伞"以逃避打击的需要才愈发迫切。鉴于此，在"人数较多"的具体把握上，成员人数超过10人，又同时符合组织特征其他标准的，一般可以认定符合组织特征，成员人数少于10人的，应严格把握，特别是成员人数少于7人的，若组织存续时间较短，其他三个特征也不突出，如经济实力规模不大，所实施的违法犯罪活动欺压残害群众特征不明显的，一般不应认定符合组织特征。需要注意的是，在认定组织人数时，既包括已有充分证据证明但尚未归案的组织成员，也包括虽有参加黑社会性质组织的行为但因尚未达到刑事责任年龄或因其他法定情形而未被起诉，或者根据具体情节不作为犯罪处理的组织成员。

2. 黑社会性质组织的组织者、领导者、积极参加者及其他参加者应如何认定

正确认定黑社会性质组织成员关系到正确适用刑罚，分化、化解犯

罪。行为人在组织中的地位、作用不同，所触犯罪名和可能判处的刑罚也不相同。司法实践中，应当注意严格加以区分，避免人为拔高或者降低认定的情况。

（1）组织者、领导者的认定。根据 2009 年《办理黑社会性质组织犯罪案件纪要》的规定，组织者、领导者，是指黑社会性质组织的发起者、创建者，或者在组织中实际处于领导地位，对整个组织及其运行、活动起着决策、指挥、协调、管理作用的犯罪分子，既包括通过一定形式产生的有明确职务、称谓的组织者、领导者，也包括在黑社会性质组织中被公认的事实上的组织者、领导者。在具体把握时，需要注意以下三个问题：

其一，组织黑社会性质组织与领导黑社会性质组织的区分。审判实践中，对二者是否有必要区分以及如何区分的问题始终存在不同认识。一种观点认为，以黑社会性质组织形成时间为界限，形成前的组织、领导行为称为"组织"，形成后的组织、领导行为称为"领导"；[1]另一种观点认为，"组织"其中既包括黑社会性质组织未建立之前的倡导、发起、组建行为，也包括黑社会性质组织建立之后对其内部事务或所从事违法犯罪活动的安排、联络、谋划等。因此，对于黑社会性质组织形成前的组织、领导行为称为"组织"，形成后的管理、指挥、策划、安排、调配等事宜，以既认定为"组织"又认定为"领导"为宜。《办理黑恶势力犯罪案件指导意见》对该问题作了明确。即发起、创建黑社会性质组织，或者对黑社会性质组织进行合并、分立、重组的行为，应当认定为"组织黑社会性质组织"；实际对整个组织的发展、运行、活动进行决策、指挥、协调、管理的行为，应当认定为"领导黑社会性质组织"。

其二，虽然"组织黑社会性质组织"和"领导黑社会性质组织"有

① 王志辉、逄锦温：《容乃胜等组织、领导、参加黑社会性质组织案》，载中华人民共和国最高人民法院刑事审判第一庭、第二庭编：《刑事审判参考》（总第 23 集），法律出版社 2002 年版，第 50 页。

不同含义，但黑社会性质组织从发起、创建到最终形成稳固的组织是一个不断发展壮大的过程，在组织形成后还可能存在扩大规模、人员更替等情形，因此，组织行为和领导行为往往交叉并存，即组织者同时也是领导者，领导者也通常是组织者。考虑到二者在刑事责任承担上没有差别，因此不必过分执着于对二者划出泾渭分明的界限。一般情况下，行为人发起、创建黑社会性质组织，后又对组织进行决策、指挥、协调的，应当认定系组织者、领导者，即使行为人起初没有参与发起、创建黑社会性质组织，而是在组织成立后加入黑社会性质组织，后逐步成为"黑老大"的，若在其领导下又对组织实施了合并、分立、重组行为的，也应当认定为组织者、领导者。特殊情况下，行为人发起、创建黑社会性质组织后即脱离黑社会性质组织，确未再指使组织成员或者亲自参与黑社会性质组织的违法犯罪活动的，则行为人只能认定为"组织者"。

其三，组织者、领导者的范围不宜过分扩大。组织者、领导者是犯罪组织的核心，是推动犯罪组织存续、发展壮大的"灵魂人物"。审判实务中，不宜把中间层级负有部分领导、管理职责的犯罪分子，如骨干成员或者积极参加者拔高认定为组织者、领导者，混淆组织者、领导者与骨干成员、积极参加者的界限。

（2）积极参加者的认定。2009年《办理黑社会性质组织犯罪案件纪要》、2015年《审理黑社会性质组织犯罪案件纪要》和《办理黑恶势力犯罪案件指导意见》均对积极参加者的认定作了明确规定，即积极参加者是指接受黑社会性质组织的领导和管理的下列三类人员：①多次积极参与黑社会性质组织的违法犯罪活动的。此类积极参加者不仅要求其多次积极参与实施违法犯罪活动，而且在其参与实施的违法犯罪活动中一般应起主要作用。②积极参与较严重的黑社会性质组织的犯罪活动且作用突出的。此处"较严重的黑社会性质组织的犯罪活动"，既包括故意杀人、故意伤害、绑架等严重暴力犯罪，也包括其他一些已造成重大财产损失或者恶劣社会影响的犯罪，且行为人在这些较严重的犯罪活动中作用突出，如系暴力行为的直接实施者，致死、致伤被害人的主要凶手，或者直接导致公私财产重大损失，等等。③其他在组织中起重要作用的情形，如具体主管黑社会性质组织的财务及人员管理等事项。实践中，一些主管黑社会性质组织的人、财、物等事项的组织成员虽然很少参与，甚至从不参与具体的违法犯罪活动，但这些成员往往与组织头目有着某种特殊关系，联系密切，甚至直接掌控着组织的"命脉"，对于组织的维系、运行、发展起着非常重要的作用，理应认定为积极参加者。同时，此类积极参加者应是那些对犯罪组织的人、财、物等事项具有"主要管理职权"，且对犯罪组织的维系、运行、活动确实起着重要作用的成员，不能把凡是参与前述事务的组织成员均认定为积极参加者。①

（3）骨干成员的认定。我国《刑法》对黑社会性质组织的组织者、领导者、积极参加者和一般参加者（其他参加者）分别设置了不同的法定刑，同时，又在组织特征中引入"骨干成员"的概念，并将"骨干成员基本固定"作为组织特征的必备要素。由于"骨干成员"的概念不明，实践中将骨干成员、积极参加者互相替代使用的情况时有出现。为此，2015年《审理黑社会性质组织犯罪案件纪要》明确指出："骨干成员，是指直接听命于组织者、领导者，并多次指挥或积极参与实施有组织的违法犯罪活动或者其他长时间在犯罪组织中起重要作用的犯罪分子，属于积极参加者的一部分。"即骨干成员是积极参加者中较为核心的一部分，除直接听命于组织者、领导者外，还要求多次指挥或积极参与实施有组织的违法犯罪活动或长时间在犯罪组织中起重要作用，从而将作为骨干成员的积极参加者与一般的积极参加者相区别。司法实践中需要注意：一是组织具有"骨干成员"是认定符合组织特征的必备要件，即满足黑社会性质组织特征，除了有明确的组织者、领导者外，还必须有"骨干成员"，且骨干成员基本固定；二是"骨干成员"是积极参加者中较为核

---

① 高憬宏、周川：《对办理黑社会性质组织犯罪案件若干问题的理解与认识》，载《人民司法》2011年第1期。

心的一部分，在追究刑事责任时应当适用积极参加者所对应的法定刑；三是鉴于骨干成员在黑社会性质组织中地位、作用仅次于组织者、领导者，其对具体违法犯罪行为的实施以及组织的发展壮大都起着其他积极参加者、一般参加者难以比及的重要作用，故在对骨干成员量刑时，应总体贯彻从严从重，从而体现罪责刑相一致，实现罚当其罪。

（4）其他参加者（一般参加者）的认定。其他参加者（一般参加者），是指除上述组织成员之外，其他接受黑社会性质组织的领导和管理的犯罪分子。需要注意的是，一些参加者被吸收为黑社会组织成员时并不一定举办仪式或者办理手续，因此，不能仅凭是否履行"入帮""入会"手续作为认定是否参加黑社会性质组织的判断标准。审判实践中，要坚持主客观相一致原则予以认定。

3. 如何认定黑社会性质组织成员

黑社会性质组织的组织者、领导者及其骨干成员纠集人员实施违法犯罪活动，或者临时招募社会闲散人员参与实施某一起违法犯罪活动，这些被纠集人员是否属于黑社会性质组织成员，这就涉及如何认定黑社会性质组织成员的问题。在一些案件中，行为人辩称自己不知道该组织是黑社会性质组织，或者辩称自己仅仅参与实施某一起违法犯罪活动，不属于涉黑人员，那么能否据此认定行为人构成或者不构成参加黑社会性质组织罪？在具体把握认定标准上，学界和实务界一直存在争议。笔者认为，2009年《办理黑社会性质组织犯罪案件纪要》、2015年《审理黑社会性质组织犯罪案件纪要》及《办理黑恶势力犯罪案件指导意见》等均立足于主客观相统一标准而作出了较为明确的规定。

（1）行为人客观上必须加入了黑社会性质组织（接受组织者、领导者的领导并受其管理），并参与黑社会性质组织所实施的违法犯罪活动（至少实施一起违法犯罪活动），或者为黑社会性质组织提供其他帮助行为，如协助黑社会性质组织管理人、财、物等。行为人客观上没有实施上述行为，则不应该认定为组织成员。

（2）行为人主观上知道或者应当知道其所加入的组织是以实施违法犯罪为基本活动内容的组织。这意味着：其一，对行为人主观认识的考察，只要求行为人主观上知道或者应当知道其所参加的是由多人组成的、具有一定规模一定层级结构的组织即可，不要求行为人对自己所参加的组织为黑社会性质组织有明确认识。其二，行为人知道或者应当知道其所参加的组织主要从事违法犯罪活动，或者该组织虽有形式合法的生产、经营活动，但仍是以有组织地实施违法犯罪活动为基本行为方式，进而欺压、残害群众。其三，对行为人主观明知的认定，不能仅靠行为人的口供或者辩解，应当综合全案证据进行认定或者推定。办案中应避免就事论事，单纯调查某一起犯罪事实是否成立，而忽视行为人对该起犯罪事实对组织的发展、壮大，以及所产生影响力的主观认知等。

《办理黑恶势力犯罪案件指导意见》第5条规定："没有加入黑社会性质组织的意愿，受雇到黑社会性质组织开办的公司、企业、社团工作，未参与黑社会性质组织违法犯罪活动的，不应认定为'参加黑社会性质组织'。"该规定在认定黑社会性质组织成员时坚持了主客观相统一的标准。在具体把握时还需要注意以下两种较为特殊的情形：①行为人主观上没有加入黑社会性质组织的意愿，受雇到黑社会性质组织开办的公司、企业、社团工作，仅参与少量的（如一二起）黑社会性质组织所实施的违法犯罪活动的，是否认定为黑社会性质组织成员？笔者认为，行为人仅参与少量的（如一二起）黑社会性质组织所实施的违法犯罪活动，若该违法犯罪活动不属于罪行重大的，综合在案其他证据，难以认定或者推定行为人主观上明知其已加入以实施违法犯罪为基本活动内容的组织的，可以不认定行为人系黑社会性质组织成员，仅就所参与实施的具体犯罪活动承担相应的刑事责任即可。②行为人受雇到黑社会性质组织开办的公司、企业、社团工作，多次参与黑社会性质组织实施的违法犯罪活动或者积极参与罪行重大的犯罪活动的，即使其辩解主观上没有加入黑社会性质组织的意愿，根据主客观相一致的认定标准，行为人伙同其他组织成员多次实施违法犯罪活动或者积极参与罪行重大的犯罪活动的行为事实本身，足以推定行为人主观上知道或者应当知道其所参加的组织是以实施违法犯罪为基本活动内容的组织，可以认定黑社会性质组织成员。

此外，2015年《审理黑社会性质组织犯罪案件纪要》还列举了以下两种人员不属于黑社会性质组织成员：一是"因临时被纠集、雇佣或受蒙蔽为黑社会性质组织实施违法犯罪活动或者提供帮助、支持、服务的人员"，二是"为维护或扩大自身利益而临时雇佣、收买、利用黑社会性质组织实施违法犯罪活动的人员"。鉴于2015年《审理黑社会性质组织犯罪案件纪要》印发执行后，该两类人员是否应当被认定为组织成员一直存在不同认识，《办理黑恶势力犯罪案件指导意见》未再明确将其排除在外。笔者认为，该两类人员是否属于组织成员，要坚持主客观相一致原则从严把握认定。即使认定为组织成员，在量刑时也要区别于其他组织成员，确保罪责刑相适应。

4. 如何认定黑社会性质组织的成立时间

（1）黑社会性质组织成立时间的重要意义。在审判实践中，准确认定黑社会性质组织的成立时间具有十分重要的意义，具体表现在以下几个方面：其一，成立时间是认定黑社会性质组织的必然要求。2009年《办理黑社会性质组织犯罪案件纪要》规定："'恶势力'是黑社会性质组织的雏形，有的最终发展成为了黑社会性质组织。"《办理黑恶势力犯罪案件指导意见》进一步明确："'恶势力'团伙和犯罪集团向黑社会性质组织发展是个渐进的过程，没有明显的性质转变的节点。"上述规定揭示了恶势力团伙、恶势力犯罪集团与黑社会性质组织在组织形态、发展阶段上的关联性，是一个渐进的发展壮大的过程，并没有明显的性质转变的时间节点。但审判实践中，特别是在《反有组织犯罪法》施行后，一旦认定为恶势力组织、恶势力犯罪集团，或者黑社会性质组织，则会产生明显不同的法律后果，故客观上需要借助一定的标准将一个渐进的发展壮大过程划分为两个性质不同的阶段，一个是恶势力组织（包括恶势力犯罪集团），一个是黑社会性质组织。二者的区分节点就是黑社会性质组织的成立时间，成立之前，犯罪组织尚属恶势力犯罪组织或者恶势力犯罪集团，成立之后，即为黑社会性质组织。其二，成立时间是认定黑社会性质组织成员的基本依据。即一些人员曾追随犯罪组织的纠集者或者犯罪组织首要分子实施违法犯罪活动，但在黑社会性质组织成立时已退出的，不再认定为黑社会性质组织成员；一些人员曾追随犯罪组织的纠集者或者集团首要分子实施违法犯罪活动，在黑社会性质组织成立后，仍然追随组织者、领导者继续实施违法犯罪活动的，应当认定为组织成员。其三，成立时间是认定黑社会性质组织实施的违法犯罪活动的前提。黑社会性质组织所实施的违法犯罪活动，区别于组织成员个人所实施的违法犯罪活动，二者在法律意义上具有显著区别。黑社会性质组织成立后，某一违法犯罪活动一旦被认定为黑社会性质组织所实施的违法犯罪活动，根据2009年《办理黑社会性质组织犯罪案件纪要》的规定："对黑社会性质组织的组织者、领导者，应根据法律规定和本纪要中关于'黑社会性质组织实施的违法犯罪活动'的规定，按照该组织所犯的全部罪行承担刑事责任。组织者、领导者对于具体犯罪所承担的刑事责任，应当根据其在该起犯罪中的具体地位、作用来确定。"在黑社会性质组织成立之前，犯罪组织所实施的违法犯罪活动，不适用上述规定，仍按照普通共同犯罪的归责原则依法追究相关刑事责任，若该犯罪组织属于恶势力组织，且属于犯罪集团的，则应该按照集团犯罪的归责原则依法追究相关刑事责任。

（2）认定黑社会性质组织成立时间的具体标准。黑社会性质组织成立时间应当如何确定，是司法实践一个非常重要但又长期悬而未决的问题。首先，从逻辑上讲，只有当"四个特征"同时具备时，才是黑社会性质组织形成之日，但在司法实践中这又是无法准确判断和把握的。黑社会性质组织一般都是由恶势力组织逐步发展壮大演变而来，会经历一个渐进的、从量变到质变的过程。有组织地大量实施暴力性违法犯罪活动以获取强势地位，往往是黑社会性质组织发展初期的明显特征，当其发展到比较成熟的阶段后，由于凭借前期积累的恶名和影响力便可维持非法控制的状态，行为方式中的暴力性特点会逐渐趋于隐蔽，违法犯罪活动的数量通常也会相应减少。因此，如果以同时具备"四个特征"为成立时间点，从而将"恶"与"黑"这两个阶段区分开来，并准确认定黑社会性质组织，就会面临由"恶"到"黑"四个特征具有渐进性、并非同时具备的困局。其次，从《刑法》规定的黑社会性质组织的"四个特征"看，它们各有侧重，犯罪组织只有在实施违法犯罪活动过程中，组织者、领导者才会显现出来，骨干成员才会相对稳定，组织结构才会更加紧密，经济特征才会更加显著，而非法控制特征，通常是黑社会性质组织在多次实施具有欺压、残害群众性质的违法犯罪活动后，才在一定区域或者一定行业内逐步实现。有鉴于此，准确把握黑社会性质组织的成立时间，必须从黑社会性质组织的四个特征及多个关联性事实中，结合黑社会性质组织的本质特征予以确定。

2015年《审理黑社会性质组织犯罪案件纪要》对黑社会性质组织成立时间首次作出了明确。该纪要规定："黑社会性质组织存续时间的起点，可以根据涉案犯罪组织举行成立仪式或者进行类似活动的时间来认定。没有前述活动的，可以根据足以反映其初步形成核心利益或强势地位的重大事件发生时间进行审查判断。没有明显标志性事件的，也可以根据涉案犯罪组织为维护、扩大组织势力、实力、影响、经济基础或按照组织惯例、纪律、活动规约而首次实施有组织的犯罪活动的时间进行审查判断。"《办理黑恶势力犯罪案件指导意见》继承了上述观点，并进一步明确："黑社会性质组织未举行成立仪式或者进行类似活动的，成立时间可以按照足以反映其初步形成非法影响的标志性事件的发生时间认定。没有明显标志性事件的，可以按照本意见中关于黑社会性质组织违法犯罪活动认定范围的规定，将组织者、领导者与其他组织成员首次共同实施该组织犯罪活动的时间认定为该组织的形成时间。"

从上述可以看出，相关规范性文件将"举行成立仪式或者进行类似活动""标志性事件""首次实施有组织的犯罪活动"作为认定黑社会性质组织起始时间的审查判断依据，即"成立仪式"最为优先，"标志性事件"次之，在没有前两者的情况下，可以依据"首次有组织的犯罪"的时间认定。其中，"标志性事件"主要包括两种情形：一是足以反映其初步形成非法影响的重大事件。例如，反映犯罪组织已初步形成较稳定获利来源或产生较大影响的重大事件，如为获取稳定经济来源而成立经济实体、开设规模较大的赌场及卖淫场所等，为提升犯罪组织威名、扩大影响而成立社团，等等。需要说明的是，鉴于是形成"非法影响"的标志性事件，行为人组织实施的正当活动或者合法合规行为不应被评价为标志性事件，例如，某村委会主任虽系"黑老大"，但不能把其被选举为村委会主任的事实认定为"标志性事件"。二是足以反映犯罪组织已在一定区域或者一定行业内初步形成强势地位的重大事件，实践中比较常见的就是在逞强争霸、排除竞争对手过程中具有"一战成名"作用的违法犯罪活动。

5. 如何把握黑社会性质组织组织纪律和活动规约

关于黑社会性质组织是否必须具有严格的组织纪律的问题，《审理黑社会性质组织犯罪案件解释》规定，黑社会性质组织一般应具有"较为严格的组织纪律"。2002年全国人大常委会对《刑法》第294条进行解释时，虽然没有再作类似规定，但实际上立法机关仍然认为黑社会性质组织在组织结构上应具有严密性，只是不需要必须具有明确的组织名称、纲领、章程、活动规约等。实践证明，如果没有通过一定的组织纪律、活动规约来加强内部管理，黑社会性质组织将难以保持其自身的稳定性、严密性，从而也难以发挥组织应有的能效。因此，2009年《办理黑社会性质组织犯罪案件纪要》指出："在通常情况下，黑社会性质组织为了维护自身的安全和稳定，一般会有一些约定俗成的纪律、规约，有些甚至还有明确的规定。因此，具有一定的组织纪律、活动规约，也是认定黑社会性质组织特征的重要参考依据。"

近年来，实践中出现了一些新情况，黑社会性质组织的组织纪律、活动规约表现形式多种多样，而且内容也会带有一定的迷惑性、欺骗性。例如，一些以经济实体为依托的黑社会性质组织，其组织纪律、活动规约往往是以公司、企业内部规章制度的形式表现出来的；还有一些黑社会性质组织会对其成员提出"不许吸毒、不许赌博、不许随意殴打他人、不许随意受他人雇用实施违法犯罪"等看似劝人向善的要求，与传统意义上的"帮规""家法"存在一定差异。如何看待这种变化，2015年《审理黑社会性质组织犯罪案件纪要》明确规定："对于黑社会性质组织的组织纪律、活动规约，应当结合制定、形成相关纪律、规约的目的与意图来进行审查判断。凡是为了增强实施违法犯罪活动的组织性、隐蔽性而制定或者自发形成，并用以明确组织内部人员管理、职责分工、行为规范、利益分配、行动准则等事项的成文或不成文的规定、约定，均可认定为黑社会性质组织的组织纪律、活动规约。"司法实务中要透过表象，从犯罪组织形成相关纪律、规约的目的与意图来进行审查判断，而不能被所谓的假象所迷惑。当然，经综合分析判断，犯罪组织确实不存在组织纪律、活动规约的，也应当实事求是地认定，不得人为拔高。

6. 如何把握黑社会性质组织的经济特征

黑社会性质组织区别于一般犯罪团伙、犯罪集团的一个重要方面，是积极攫取经济利益，用所攫取的经济利益支持组织的发展、壮大，甚至寻求"保护伞"的包庇或者纵容。因此，具有一定的经济实力也是黑社会性质组织进一步坐大成势，称霸一方的物质基础。在把握黑社会性质组织经济特征时，应注意以下三个问题：

（1）关于经济利益的来源、获取方式及性质。根据《刑法》第294条的规定，黑社会性质组织系"有组织地通过违法犯罪活动或者其他手段获取经济利益"。《办理黑恶势力犯罪案件指导意见》在总结2009年

《办理黑社会性质组织犯罪案件纪要》、2015 年《审理黑社会性质组织犯罪案件纪要》规定的基础上，明确了经济利益的三个来源：一是有组织地通过违法犯罪活动或其他不正当手段聚敛；二是有组织地以投资、控股、参股、合伙等方式通过合法的生产、经营活动获取；三是由组织成员提供或通过其他单位、组织、个人资助取得。需要指出的是，行为人通过上述方式获取的经济利益，即使是由部分组织成员个人掌控，也应计入黑社会性质组织的"经济实力"。组织成员主动将个人或者家庭资产中的一部分用于支持该组织活动，其个人或者家庭资产可全部计入"一定的经济实力"，但数额明显较小或者仅提供动产、不动产使用权的除外。

关于获取经济利益的方式。2009 年《办理黑社会性质组织犯罪案件纪要》规定："黑社会性质组织的敛财方式也具有多样性。实践中，黑社会性质组织不仅会通过实施赌博、敲诈、贩毒等违法犯罪活动攫取经济利益，而且还往往会通过开办公司、企业等方式'以商养黑''以黑护商'。"

关于经济利益的性质。笔者认为，经济特征中的"经济利益"是黑社会性质组织经济实力的重要组成部分，但它区别于应当依法追缴、没收的黑社会性质组织的财产，即"涉黑财产"。前文已指出，经济利益的来源既包含有组织地通过违法犯罪活动或其他不正当手段聚敛所得，也包含通过合法手段获取，或者他人资助取得等。依法追缴、没收的黑社会性质组织的财产（"涉黑财产"）是黑社会性质组织及其成员通过违法犯罪活动或者其他不正当手段聚敛的财产及其孳息、收益等，或者黑社会性质组织及其成员通过合法手段获取的财产并用于支持该组织活动的部分等。《财产处置意见》第 15 条列举了应当依法追缴、没收的黑社会性质组织的财产（"涉黑财产"）的范围及类别。当然，二者也不是截然分开的，当黑社会性质组织通过非法手段或者合法手段获取经济利益后，将所获取的经济利益用于支持组织活动的部分，在性质上属于"涉黑财产"，应当依法予以追缴、没收。

（2）关于"具有一定的经济实力"的认定。"经济实力"一般是指占有、使用、处分一定财产或者调动一定规模经济资源用以支持组织活动的能力。黑社会性质组织获取了一定的经济利益，自然具有一定的经济实力，此外，黑社会性质组织的组织者、领导者利用自己的影响力、威慑力，调动一定规模经济资源用以支持组织活动的能力，也属于经济实力的组成部分。实践中存在不同认识的是，犯罪组织是否必须具备一定的经济实力规模才满足经济特征？换言之，犯罪组织经济实力规模过小的能否认定符合经济特征？2009年《办理黑社会性质组织犯罪案件纪要》规定："由于不同地区的经济发展水平、不同行业的利润空间均存在很大差异，加之黑社会性质组织存在、发展的时间也各有不同，因此，在办案时不能一般性地要求黑社会性质组织所具有的经济实力必须达到特定规模或特定数额。"该纪要在执行过程中，出现了一些经济实力规模过小，甚至几乎没有经济实力规模，仅有一些简单的作案工具和少量的涉案财产的犯罪团伙，也被拔高认定为黑社会性质组织。

为防止经济实力规模较小，犯罪组织尚未发展壮大的恶势力组织被人为拔高认定为黑社会性质组织，2015年《审理黑社会性质组织犯罪案件纪要》对经济实力规模作出了限定，即规定"各高级人民法院可以根据本地区的实际情况，对黑社会性质组织所应具有的'经济实力'在20万元到50万元幅度内，自行划定一般掌握的最低数额标准"。2015年《审理黑社会性质组织犯罪案件纪要》的印发执行，有助于政法机关严格把握恶势力组织与黑社会性质组织之间的界限，但也有意见认为，黑社会性质组织为了逃避打击，有意识地将涉黑财产洗白化，甚至以合法形式掩盖"黑财"的实质，客观上增加了收集证明犯罪组织经济实力来源、经济实力规模证据的难度，鉴于经济实力的强弱并不是黑社会性质组织的本质特征，对此问题不予以量化而从总体上严格把握，更能有效打击黑社会性质组织犯罪。鉴于此，《办理黑恶势力犯罪案件指导意见》又回归 2009 年《办理黑社会性质组织犯罪案件纪要》的规定精神。

如何理解和把握上述政策标准的调整？笔者认为，在审判实践中，经济规模确实较小，在案证据又难以证明犯罪组织将有限的经济实力用于支持组织活动的，一般不应认定满足经济特征。反之，虽然犯罪组织经济实力规模虽然较小，但犯罪组织积极将有限的经济规模用于支持组织的发展、壮大，极力谋求强势地位，亦可以认定满足经济特征。例如，在容某某等组织、领导、参加黑社会性质组织案中，尽管容某某辩称其开设赌场仅获利三四万元，但"裁判理由"指出："从其攫取钱财、扩充经济实力的手段及表现来看，其经济特征是客观存在的。而且，在一般情况下，黑社会性质组织通过巧取豪夺可以聚敛大量的不义之财，但也有的尚不具备足够的经济实力以及稳定的经济来源。不过尽管经济实力暂时弱小，仍不影响对其黑社会性质组织经济特征的认定。"[1]

（3）关于经济特征中用以"支持该组织的活动"的把握。犯罪团伙或者犯罪集团通过合法的或者非法的手段获取经济利益后，必须将经济利益用以支持组织的活动，才符合黑社会性质组织的经济特征。2015 年《审理黑社会性质组织犯罪案件纪要》规定："是否将所获经济利益全部或部分用于违法犯罪活动或者维系犯罪组织的生存、发展，是认定经济特征的重要依据。无论获利后的分配与使用形式如何变化，只要在客观上能够起到豢养组织成员、维护组织稳定、壮大组织势力的作用即可认定。"实践中，犯罪组织的哪些行为属于将"经济实力"用以"支持该组织的活动"，内涵和外延如何把握，理论和实务均有不同的认识。2009 年《办理黑社会性质组织犯罪案件纪要》将用以支持组织的活动解释为"用于违法犯罪活动或者维系犯罪组织的生存、发展"。笔者认为，用以"支持该组织的活动"一般包括以下几类情形：一是购买作案工具、提供作

---

[1] 王志辉、逄锦温：《容乃胜等组织、领导、参加黑社会性质组织案》，载中华人民共和国最高人民法院刑事审判第一庭、第二庭编：《刑事审判参考》（总第23集），法律出版社2002年版，第48页。

案经费，购置、租赁活动场所、物资设备以供组织及其成员使用。二是为组织成员及其家属提供工资、奖励、福利、生活费用等。如购买车辆、组织旅游、提供住宿、奖励股份等。三是出资安抚、笼络组织成员，为组织成员个人、亲属提供经济支持。如为受伤、死亡的组织成员提供医疗费、丧葬费，为组织成员等从事经营活动提供资金支持，作案后为组织成员提供逃跑资金、藏匿场所，组织成员被处罚后为其亲属提供生活费、慰问金等。四是犯罪组织出资贿赂、拉拢有关国家工作人员，以寻求"保护伞"的非法保护等。五是其他与实施有组织的违法犯罪活动有关的费用支出，如提供生产经营资金、支付用以维持组织存续的日常开支等。

7. 黑社会性质组织行为特征中，"有组织地多次进行违法犯罪活动"的把握

黑社会性质组织通过有组织地多次进行违法犯罪活动，从而在一定区域或者一定行业内追求并实现非法控制，是黑社会性质组织犯规的本质特征。实践中，黑社会性质组织的组织者、领导者及相关组织成员实施违法犯罪活动，既有组织者、领导者直接组织、策划、指挥实施的，也有组织成员按照组织惯例而实施的，还有组织成员在组织纪律、活动规约之外私下实施的，哪些行为可以认定为"黑社会性质组织实施的违法犯罪活动"（即"组织罪行"），哪些行为纯粹属于"组织成员个人实施的违法犯罪活动"（即"个人罪行"）？这就涉及二者的区分问题。审判实践中，将二者严格区分开来具有十分重要的意义，它是黑社会性质组织犯罪案件中准确归责，从而实现罪责刑相一致、罚当其罪的前提。某一违法犯罪事实一旦被认定为组织罪行，根据2009年《办理黑社会性质组织犯罪案件纪要》、2015年《审理黑社会性质组织犯罪案件纪要》及《办理黑恶势力犯罪案件指导意见》的规定，组织者、领导者要承担相应的刑事责任；某一违法犯罪事实若被认定为个人罪行，根据刑法的归责原则，组织成员个人承担相应的刑事责任。

（1）"黑社会性质组织实施的违法犯罪活动"的情形。根据2009年《办理黑社会性质组织犯罪案件纪要》规定，"黑社会性质组织实施的违法犯罪活动"主要包括以下几种情形：①由组织者、领导者直接组织、策划、指挥、参与实施的违法犯罪活动；②由组织成员以组织名义实施，并得到组织者、领导者认可或者默许的违法犯罪活动；③多名组织成员为逞强争霸、插手纠纷、报复他人、替人行凶、非法敛财而共同实施，并得到组织者、领导者认可或者默许的违法犯罪活动；④组织成员为组织争夺势力范围、排除竞争对手、确立强势地位、谋取经济利益、维护非法权威或者按照组织的纪律、惯例、共同遵守的约定而实施的违法犯罪活动；⑤由黑社会性质组织实施的其他违法犯罪活动。

2015年《审理黑社会性质组织犯罪案件纪要》继承了2009年《办理黑社会性质组织犯罪案件纪要》上述规定精神，并进一步明确："属于2009年《座谈会纪要》规定的五种情形之一的，一般应当认定为黑社会性质组织实施的违法犯罪活动，但确与维护和扩大组织势力、实力、影响、经济基础无任何关联，亦不是按照组织惯例、纪律、活动规约而实施，则应作为组织成员个人的违法犯罪活动处理。"同时，考虑到黑社会性质组织犯罪中往往存在大量违法犯罪活动无法直接与组织利益、组织宗旨联系起来，但这些违法犯罪活动大多是在组织者、领导者的纵容下实施，符合黑社会性质组织约定俗成的行为习惯，客观上又起到了为黑社会性质组织确立非法权威、扩大社会影响推波助澜的作用，故此，2009年《办理黑社会性质组织犯罪案件纪要》又列举了一类情形，即"组织者、领导者明知组织成员曾多次实施起因、性质类似的违法犯罪活动，但并未明确予以禁止的，如果该类行为对扩大组织影响起到一定作用，可以视为是按照组织惯例实施的违法犯罪活动"。黑社会性质组织的宗旨是通过实施违法犯罪活动建立非法秩序，组织者、领导者在创建、管理犯罪组织时，对于组织成员可能实施多种违法犯罪活动有概括的预见和故意。组织者、领导者作为犯罪组织的核心人物，犯罪组织的意志很大程度上就是通过组织者、领导者的意志来体现。组织者、领导者在明知组织成员多次实施类似行为的情况下不予以明确禁止，足以说明其对此类行为持放任、纵容的态度，也说明此类行为并不违反犯罪组织的意志和宗旨，加之这些行为客观上又对扩大组织影响，帮助实现非法控制发挥着作用力，故组织者、领导者应当承担相应的刑事责任。

《办理黑恶势力犯罪案件指导意见》在2009年《办理黑社会性质组织犯罪案件纪要》和2015年《审理黑社会性质组织犯罪案件纪要》基础上又对"黑社会性质组织实施的违法犯罪活动"的情形进行了系统化整理，并和此前的司法文件精神继续保持一致，在审判实践中应遵守执行。在认定"组织罪行"时要注意，只有黑社会性质组织成立后，该犯罪组织所实施的违法犯罪活动，才属于组织罪行，反之，黑社会性质组织成立前所实施的违法犯罪活动，不属于组织罪行，应该根据《刑法》相关规定，追究有关行为人相应的刑事责任。

（2）"多次进行违法犯罪活动"的含义。黑社会性质组织实施违法犯罪活动，既包括实施犯罪活动，也往往还伴随实施违法活动。在具体把握"多次进行违法犯罪活动"时要注意以下三点：其一，如果仅实施了违法活动，而没有实施犯罪活动的，则不能认定为黑社会性质组织。① 其二，此处的"多次进行违法犯罪活动"应严格把握。黑社会性质组织作为有组织犯罪的高级形态，它是犯罪集团中组织结构更加严密的犯罪组织，应当满足犯罪集团的全部特征，即应当有组织地实施多次犯罪活动（3次以上犯罪活动）。换言之，犯罪组织仅有组织地实施一起或者两起犯罪活动，包括有组织地实施违法活动才满足3次以上标准的，不符合黑社会性质组织的行为特征。此外，根据《办理恶势力刑事案件意见》的规定，认定犯罪组织属于恶势力犯罪集团，也应当满足"有组织地实施

---

① 因为黑社会性质组织首先应当是犯罪集团，具备犯罪集团的基本特征，即应当是为共同实施犯罪活动而组成的犯罪组织。如果某一团伙没有实施犯罪活动的预备行为或实行行为，则不属于犯罪集团，更不可能属于黑社会性质组织。

多次犯罪活动"的要求。其三，犯罪组织"多次进行违法犯罪活动"，最终能否认定为黑社会性质组织，还要结合其他三个特征是否已经具备来加以判断。一些案件中，犯罪组织所实施的违法犯罪活动数十起、甚至几十起，远远超出"三次"标准，但综合犯罪行为性质和社会危害程度，综合判断该犯罪组织尚不足以形成非法控制或者重大影响的，也不能认定为黑社会性质组织。

（3）犯罪组织所实施的违法犯罪活动具有"为非作恶，欺压、残害群众"的特征。犯罪组织"多次进行违法犯罪活动"是认定黑社会性质组织行为特征的必要条件之一，同时还要评价犯罪组织所实施的违法犯罪活动是否具有"为非作恶，欺压、残害群众"的特征。黑社会性质组织所实施的违法犯罪活动通常具有"扰民"特征，即对人民群众正常的生产生活秩序造成干扰、破坏，如横行乡里、欺行霸市，充当村霸、路霸、市霸、行霸，等等。不能简单地认为，只要犯罪组织实施3次以上犯罪的，即满足了行为特征的要求。此外，根据《办理恶势力刑事案件意见》第5条"单纯为牟取不法经济利益而实施的'黄、赌、毒、盗、抢、骗'等违法犯罪活动，不具有为非作恶、欺压百姓特征的，或者因本人及近亲属的婚恋纠纷、家庭纠纷、邻里纠纷、劳动纠纷、合法债务纠纷而引发以及其他确属事出有因的违法犯罪活动，不应作为恶势力案件处理"的规定，相应地，亦不符合黑社会性质组织的行为特征。

8.黑社会性质组织行为特征中的"其他手段"包括哪些情形

暴力性、胁迫性和有组织性是黑社会性质组织行为方式的主要特征，但也会采取一些"其他手段"为非作恶，欺压、残害群众。近年来，黑社会性质组织实施违法犯罪活动越来越隐蔽，呈现出来的犯罪手段，除了是打打杀杀的暴力化特征外，更多地采用"软暴力"手段。2009年《办理黑社会性质组织犯罪案件纪要》虽未明确提出"软暴力"概念，采"非暴力手段"的表述，但已经对"软暴力"的表现形式和基本内涵作了初步阐释，即"以暴力、威胁为基础，在利用组织势力和影响已对他人形成心理强制或威慑的情况下，进行所谓的'谈判''协商''调解'；滋扰、哄闹、聚众等其他干扰、破坏正常经济、社会生活秩序的非暴力手段。"需要指出的是，2009年《办理黑社会性质组织犯罪案件纪要》强调先有暴力，后转型为"非暴力手段"（"软暴力"），且只适用于黑社会性质组织行为特征的认定。

随着扫黑除恶专项斗争的深入，理论和实践中对"软暴力"手段的认识逐步深化。一是"软暴力"手段并不必然以暴力为后盾，尽管"软暴力"常常伴随着暴力。二是"软暴力"不仅是黑社会性质组织行为特征的犯罪手段，而且也出现在恶势力组织犯罪，以及其他侵犯公民人身权利、民主权利犯罪，侵犯财产犯罪和扰乱社会秩序犯罪中，例如，非法侵入公民住宅罪、敲诈勒索罪、寻衅滋事罪，等等。

2018年，扫黑除恶专项斗争开展以来，《办理黑恶势力犯罪案件指导意见》对"软暴力"专门作出规定。一方面，对犯罪组织采用"软暴力"手段可能构成寻衅滋事、强迫交易、敲诈勒索等犯罪的情形，作出了具体明确。另一方面，明确了黑社会性质组织行为特征中"其他手段"的具体内涵，即"黑社会性质组织实施的违法犯罪活动包括非暴力性的违法犯罪活动，但暴力或以暴力相威胁始终是黑社会性质组织实施违法犯罪活动的基本手段，并随时可能付诸实施。暴力、威胁色彩虽不明显，但实际是以组织的势力、影响和犯罪能力为依托，以暴力威胁的现实可能性为基础，足以使他人产生恐惧、恐慌进而形成心理强制或者足以影响、限制人身自由、危及人身财产安全或者影响正常生产、工作、生活的手段，属于《刑法》第294条第5款第3项中的"其他手段"，包括但不限于所谓的"谈判""协商""调解"以及滋扰、纠缠、哄闹、聚众造势等手段。2019年，《办理实施"软暴力"刑事案件意见》亦明确指出，"软暴力"手段属于《刑法》第294条第5款第3项"黑社会性质组织行为特征"中的"其他手段"。

根据《办理实施"软暴力"刑事案件意见》的规定，"软暴力"是指行为人为谋取不法利益或形成非法影响，对他人或者在有关场所进行滋扰、纠缠、哄闹、聚众造势等，足以使他人产生恐惧、恐慌进而形成心理强制，或者足以影响、限制人身自由、危及人身财产安全，影响正常生活、工作、生产、经营的违法犯罪手段。根据《办理实施"软暴力"刑事案件意见》的规定，"软暴力"违法犯罪手段通常表现形式有：（1）侵犯人身权利、民主权利、财产权利的手段，包括但不限于跟踪贴靠、扬言传播疾病、揭发隐私、恶意举报、诬告陷害、破坏、霸占财物等；（2）扰乱正常生活、工作、生产、经营秩序的手段，包括但不限于非法侵入他人住宅、破坏生活设施、设置生活障碍、贴报喷字、拉挂横幅、燃放鞭炮、播放哀乐、摆放花圈、泼洒污物、断水断电、堵门阻工，以及通过驱赶从业人员、派驻人员据守等方式直接或间接地控制厂房、办公区、经营场所等；（3）扰乱社会秩序的手段，包括但不限于摆场架势示威、聚众哄闹滋扰、拦路闹事等。此外，行为人通过信息网络或者通讯工具实施的，符合《办理实施"软暴力"刑事案件意见》规定的，也应当认定为"软暴力"。

把握"软暴力"概念时需要注意以下三个问题：一是行为人主观上具有谋取不法利益或形成非法影响的犯罪目的，没有该犯罪目的则不符合"软暴力"的要求。换言之，如果行为人主观上为了争取或者维护自己的合法利益，如追讨本人的合法债务而作出了一些过激的举动，尽管行为方式、手段符合"软暴力"的外在表现形式，但因为行为人主观上没有谋取不法利益或形成非法影响的犯罪目的，不宜认定为"软暴力"。二是行为人或者犯罪组织实施的"软暴力"手段需要达到"两个足以"的程度。这是对"软暴力"危害程度的要求，防止扩大打击面。实践中，不是行为人实施了滋扰、纠缠、哄闹、聚众造势等危害行为，即当然构成"软暴力"，仍需就危害程度作出判断。《办理实施"软暴力"刑事案件意见》第1条对"软暴力"的界定中关于"两个足以"的规定，以及第3条对"两个足以"具体情形的列举，是对"软暴力"危害程度的具体限定，此处不再赘述。三是"软暴力"系与暴力、威胁手段相并列的违法犯罪手段。作为违法犯罪手段的"软暴力"，只是实施违法犯罪活动的一种手段，这种手段区别于通常意义上的暴力、胁迫（威胁）手段。

9. 如何把握黑社会性质组织的危害性特征

（1）危害性特征是黑社会性质组织的本质特征。我国刑法理论通说认为，社会危害性是犯罪的本质属性，行为没有社会危害性则不成立犯罪。依据《刑法》规定，认定黑社会性质组织须同时满足组织特征、经济特征、行为特征和危害性特征（亦称为"非法控制特征"）等四个特征。理论和实务中，哪个特征属于黑社会性质组织的本质特征，从而将黑社会性质组织同其他犯罪组织区别开来，还存在不同认识。有观点认为，组织特征是黑社会性质组织的本质特征，即犯罪组织结构紧密、层级分明、人数众多、有明确的组织者、领导者等是黑社会性质组织区别于其他团伙犯罪、集团犯罪的主要标准。笔者认为，组织特征难以揭示黑社会性质组织严重的社会危害性，容易混淆与其他犯罪组织的界限。一是犯罪组织结构紧密、人数众多、有明确的组织者、领导者在其他团伙犯罪、集团犯罪中普遍存在。如在危害国家安全犯罪、暴恐犯罪、电信诈骗集团犯罪、毒品集团犯罪以及涉众型经济犯罪中，也呈现出组织结构严密、层级分明、骨干分子相对固定、成员分工负责的特征，甚至一定意义上具有共通性。二是黑社会性质组织为逃避打击，通常采用"扁平化"方式管理组织成员，实施违法犯罪活动时多采取临时招募、临时纠集人员的方式，有意弱化组织结构的紧密性、层级性，使组织特征更加不明显。

笔者认为，危害性特征是黑社会性质组织的本质特征，即黑社会性质组织"通过实施违法犯罪活动，或者利用国家工作人员的包庇或者纵容"，在一定区域或者一定行业内，形成非法控制或者重大影响，最终严重破坏经济、社会生活秩序是本罪的本质特征。黑社会性质组织追求在一定区域或者一定行业内的非法控制，是其区别于前述危害国家安全犯罪、暴恐犯罪、电信诈骗集团犯罪、毒品集团犯罪以及涉众型经济犯罪的最根本标准，上述组织犯罪、集团犯罪，或者具有特定的犯罪目的，或者通过实施犯罪活动严重危害公民人身、财产安全，但均不具有通过借助"保护伞"的包庇或者纵容，或者通过实施多次违法犯罪活动，谋求在"一定区域"或者"一定行业"内的非法控制，"称王称霸"，实现为非作恶，欺压残害群众的主观目的和现实危害。有鉴于此，认定黑社会性质组织犯罪，其他三个特征虽不太明显，但危害性特征（非法控制特征）比较突出的，依法可以"定黑"；反之，其他三个特征虽较为明显，但危害性特征不明显不突出的，"定黑"要特别慎重。

（2）"一定区域"或者"一定行业"的认定。黑社会性质组织追求并实现的非法控制，是在"一定区域"或者"一定行业"内的非法控制。离开对"一定区域"或者"一定行业"的限定，难以准确把握黑社会性质组织的危害性特征。

其一，"一定区域"的具体把握。2009年《办理黑社会性质组织犯罪案件纪要》指出，区域的大小具有相对性，且黑社会性质组织非法控制和影响的对象并不是区域本身，而是在一定区域中生活的人，以及该区域内的经济、社会生活秩序。因此，不能简单地要求"一定区域"必须达到某一特定的空间范围，而应当根据具体案情，并结合黑社会性质组织对经济、社会生活秩序的危害程度加以综合分析判断。2015年《审理黑社会性质组织犯罪案件纪要》在此基础上又作了明确，即黑社会性质组织所控制和影响的"一定区域"，应当具备一定空间范围，并承载一定的社会功能。既包括一定数量的自然人共同居住、生活的区域，如乡镇、街道、较大的村庄等，也包括承载一定生产、经营或社会公共服务功能的区域，如矿山、工地、市场、车站、码头等。对此，应当结合一定地域范围内的人口数量、流量、经济规模等因素综合评判。如果涉案犯罪组织的控制和影响仅存在于一座酒店、一处娱乐会所等空间范围有限的场所或者人口数量、流量、经济规模较小的其他区域，一般不能视为是对"一定区域"的控制和影响。

其二，"一定行业"的具体把握。2009年《办理黑社会性质组织犯罪案件纪要》指出，黑社会性质组织所控制和影响的行业，既包括合法行业，也包括黄、赌、毒等非法行业。这些行业一般涉及生产、流通、交换、消费等一个或多个市场环节。2015年《审理黑社会性质组织犯罪案件纪要》又进一步明确：黑社会性质组织所控制和影响的"一定行业"，是指在一定区域内存在的同类生产、经营活动。黑社会性质组织通过多次有组织地实施违法犯罪活动，对黄、赌、毒等非法行业形成非法控制或重大影响的，同样符合非法控制特征（危害性特征）的要求。需要指出的是，"一定行业"一般应当与市场经济活动直接相关，而如抢劫、盗窃、诈骗等以纯粹的犯罪方式攫取财产的违法犯罪活动，不能视为本罪中的"一定行业"。

（3）"通过实施违法犯罪活动，或者利用国家工作人员的包庇或者纵容，称霸一方"的认定。黑社会性质组织在一定区域或者一定行业内坐大成势、形成非法控制，进而危害社会的途径主要有两种：一是通过贿赂、威胁等手段引诱、逼迫国家工作人员参加黑社会性质组织或者提供非法保护，即《刑法》第294条第5款第4项所规定的"利用国家工作人员的包庇或者纵容"。根据《审理黑社会性质组织犯罪案件解释》第5条的规定，"包庇"，是指国家机关工作人员为使黑社会性质组织及其成员逃避查禁，而通风报信，隐匿、毁灭、伪造证据，阻止他人作证、检举揭发，指使他人作伪证，帮助逃匿，或者阻挠其他国家机关工作人员依法查禁等行为。"纵容"，是指国家机关工作人员不依法履行职责，放纵黑社会性质组织进行违法犯罪活动的行为。黑社会性质组织在一定区域或者一定行业能够实现非法控制，通常与"保护伞"的包庇、纵容分不开。二是通过实施违法犯罪活动。黑社会性质组织除寻求"保护伞"实现非法控制外，另一种不可或缺的方式是通过实施违法犯罪活动，这也是黑社会性质组织行为特征的基本表现形式。

需要指出的是，危害性特征中通常包含着犯罪分子积极寻求"保护伞"的包庇或者纵容的情形，但相关"保护伞"的包庇或者纵容并不是危害性特征的必备要件。一般情况下，犯罪分子要在一定区域或者一定行业内形成非法控制或者重大影响，没有国家机关工作人员的包庇或者纵容是难以实现的，但也不能排除尚未取得国家机关工作人员的包庇或者纵容，通过有组织地实施多次犯罪活动形成黑社会性质的组织的情形。《最高人民检察院关于认真贯彻执行全国人大常委会〈关于刑法第二百九十四条第一款的解释〉和〈关于刑法第三百八十四条第一款的解释〉的通知》规定："黑社会性质组织是否有国家工作人员充当'保护伞'，即是否要有国家工作人员参与犯罪或者为犯罪活动提供非法保护，不影响黑社会性质组织的认定，对于同时具备《解释》规定的黑社会性质组织四个特征的案件，应依法予以严惩，以体现'打早打小'的立法精神。"

（4）"在一定区域或者行业内，形成非法控制或者重大影响，严重破坏经济、社会生活秩序"的认定。黑社会性质组织的危害性特征表现为"在一定区域或者行业内，形成非法控制或者重大影响，严重破坏经济、社会生活秩序"。如何具体理解和精准把握，从而将"黑"与"恶"区别开来，理论上有不同认识，司法实践中具体把握尺度也不尽相同。2009年《办理黑社会性质组织犯罪案件纪要》规定，通过实施违法犯罪活动，或者利用国家工作人员的包庇、纵容，称霸一方，并具有以下情形之一的，可认定为"在一定区域或者行业内，形成非法控制或者重大影响，严重破坏经济、社会生活秩序"：①对在一定区域内生活或者在一定行业内从事生产、经营的群众形成心理强制、威慑，致使合法利益受损的群众不敢举报、控告的；②对一定行业的生产、经营形成垄断，或者对涉及一定行业的准入、经营、竞争等经济活动形成重要影响的；③插手民间纠纷、经济纠纷，在相关区域或者行业内造成严重影响的；④干扰、破坏他人正常生产、经营、生活，并在相关区域或者行业内造成严重影响的；⑤干扰、破坏公司、企业、事业单位及其他社会团体的正常生产、经营、工作秩序，在相关区域、行业内造成严重影响，或者致使其不能正常生产、经营、工作的；⑥多次干扰、破坏国家机关、行业管理部门以及村委会、居委会等基层群众自治组织的工作秩序，或者致使上述单位、组织的职能不能正常行使的；⑦利用组织的势力、影响，使组织成员获取政治地位（主要是指成为各级人大、政协的代表、委员），或者在党政机关、基层群众自治组织中担任一定职务（主要是指在有关单位、组织中担任主要领导职务或者其他具有组织、领导、监督、管理职权的职务）的；⑧其他形成非法控制或者重大影响，严重破坏经济、社会生活秩序的情形。

2009年《办理黑社会性质组织犯罪案件纪要》印发执行后，审判实践中普遍反映，上述8种情形不够具体，弹性尺度较大，不便于司法适用。如上述八种情形中的"重要影响""严重影响"等表述更侧重于定性判断，缺乏定量标准。为进一步厘清黑社会性质组织的认定标准，防止人为拔高，2015年《审理黑社会性质组织犯罪案件纪要》对上述八种情形作了进一步限定，明确了适用时应当注意以下问题：第1种情形中的"致使合法利益受损的群众不敢举报、控告的"，是指致使多名合法利益遭受犯罪或者严重违法活动侵害的群众不敢通过正当途径维护权益。第2种情形中的"形成垄断"，是指可以操控、左右、决定与一定行业相关的准入、退出、经营、竞争等经济活动。"形成重要影响"，是指对与一定行业相关的准入、退出、经营、竞争等经济活动具有较大的干预和影响能力，或者具有在该行业内占有较大市场份额、通过违法犯罪活动或以其他不正当手段在该行业内敛财数额巨大（最低数额标准由各高级人民法院根据本地情况在20万元到50万元的幅度内自行划定）、给该行业内从事生产、经营活动的其他单位、组织、个人造成直接经济损失100万元以上等情节之一。第3种、第4种、第5种情形中的"造成严重影响"，是指具有致人重伤或致多人轻伤、通过违法犯罪活动或以其他不正当手段敛财数额巨大（数额标准同上）、造成直接经济损失 100 万元以上、多次引发群体性事件或引发大规模群体性事件等情节之一。第 6 种情形中的"多次干扰、破坏国家机关、行业管理部门以及村委会、居委会等基层群众自治组织的工作秩序"，包括以拉拢、收买、威胁等手段多次得到国家机关工作人员包庇或纵容，或者多次对前述单位、组织中正常履行职务的工作人员进行打击、报复的情形。第 7 种情形中的"获取政治地位"，是指当选各级人大代表、政协委员。"担任一定职务"，是指在各级党政机关及其职能部门、基层群众自治组织中担任具有组织、领导、监督、管理职权的职务。

2015 年《审理黑社会性质组织犯罪案件纪要》印发后，政法各部门对第 2 种情形中的"形成重要影响"是否需要规定明确的非法敛财数额标准，以及对第 3 种、第 4 种、第 5 种情形中的"造成严重影响"是否有必要规定明确的非法敛财数额标准等，均有不同意见。有观点认为，2015 年《审理黑社会性质组织犯罪案件纪要》规定的上述标准过高，个别情况下难以实现对黑社会性质组织犯罪依法严惩；也有观点认为，上述标准过于具体，用定性分析方式总体上把握危害性特征更为妥当。鉴于此，2018 年《办理黑恶势力犯罪案件指导意见》在回归 2009 年《办理黑社会性质组织犯罪案件纪要》规定精神基础上，对危害性特征的 8 种情形又作了进一步完善。

《办理黑恶势力犯罪案件指导意见》规定：通过实施违法犯罪活动，或者利用国家工作人员的包庇或者不依法履行职责，放纵黑社会性质组织进行违法犯罪活动的行为，称霸一方，并具有以下情形之一的，可认定为"在一定区域或者行业内，形成非法控制或者重大影响，严重破坏经济、社会生活秩序"：①致使在一定区域内生活或者在一定行业内从事生产、经营的多名群众，合法利益遭受犯罪或严重违法活动侵害后，不敢通过正当途径举报、控告的；②对一定行业的生产、经营形成垄断，或者对涉及一定行业的准入、经营、竞争等经济活动形成重要影响的；③插手民间纠纷、经济纠纷，在相关区域或者行业内造成严重影响的；④干扰、破坏他人正常生产、经营、生活，并在相关区域或者行业内造成严重影响的；⑤干扰、破坏公司、企业、事业单位及社会团体的正常生产、经营、工作秩序，在相关区域、行业内造成严重影响，或者致使其不能正常生产、经营、工作的；⑥多次干扰、破坏党和国家机关、行业管理部门以及村委会居委会等基层群众自治组织的工作秩序，或者致使上述单位、组织的职能不能正常行使的；⑦利用组织的势力、影响，帮助组织成员或他人获取政治地位，或者在党政机关、基层群众自治组织中担任一定职务的；⑧其他形成非法控制或者重大影响，严重破坏经济、社会生活秩序的情形。

当前，在办理黑社会性质组织犯罪案件时，应该严格按照《办理黑恶势力犯罪案件指导意见》的上述规定执行。特别需要指出的是，由于敲诈勒索、聚众扰乱社会秩序等具体个罪所造成的危害后果也有可能符合前述八种情形之一，因此，不能简单地认为只要具备《办理黑恶势力犯罪案件指导意见》列举的8种情形之一的，即满足黑社会性质组织的危害性特征。为纠正在该问题上的片面认识，2015年《审理黑社会性质组织犯罪案件纪要》专门作出明确："根据实践经验，在黑社会性质组织犯罪案件中，2009年《办理黑社会性质组织犯罪案件纪要》规定的8种情形一般不会单独存在，往往是两种以上的情形同时并存、相互交织，从而严重破坏经济、社会生活秩序。审判时，应当充分认识这一特点，准确认定该特征。"该规定精神在今后的审判实务中应当继续遵照执行。

10. 如何确定黑社会性质组织成员的刑事责任

黑社会性质组织作为有组织犯罪的高级形态，已形成较为稳定的组织结构。《刑法》根据组织成员在组织中的地位、作用，分别为组织者、领导者、积极参加者和其他参加者（一般参加者）配置了不同的法定刑。审判实践中，首先要准确认定组织成员各自所应承担的责任范围和责任程度，其次要贯彻宽严相济刑事政策，公正裁量刑罚，最终确保实现罚当其罪。

（1）黑社会性质组织成员的责任认定。其一，关于组织者、领导者的刑事责任。黑社会性质组织是犯罪集团的一种，《刑法》第26条第3款规定："对组织、领导犯罪集团的首要分子，按照集团所犯的全部罪行处罚。"因此，《审理黑社会性质组织犯罪案件解释》和2009年《办理黑社会性质组织犯罪案件纪要》均强调，对于黑社会性质组织的组织者、领导者，应当按照其所组织、领导的黑社会性质组织所犯的全部罪行处罚。在具体理解和把握时，要注意两个问题：一要严格区分组织罪行和个人罪行。即某一违法犯罪事实只有被认定为组织罪行后，作为黑社会性质组织的组织者、领导者，才应当承担相应的刑事责任，不属于组织罪行的，如组织成员个人所实施的违法犯罪活动，组织者、领导者不承担相应的刑事责任。二者区分的标准，前文已经述及，此处不再赘述。二要将组织者、领导者承担刑事责任的范围同承担刑事责任的程度区别开。组织者、领导者按照该黑社会性质组织所犯的全部罪行承担刑事责任的相关规定，主要明确了组织者、领导者所承担责任的范围，即对什么样的罪行作为组织者、领导者才为此承担刑事责任。同时，2009年《办理黑社会性质组织犯罪案件纪要》还规定："组织者、领导者对于具体犯罪所承担的刑事责任，应当根据其在该起犯罪中的具体地位、作用来确定。"该规定又进一步明确了组织者、领导者在具体犯罪中所承担责任的程度，即组织者、领导者虽然是黑社会性质组织的灵魂、核心人物，但在具体犯罪中，其所承担刑事责任的大小，还要结合其在该起具体犯罪中的地位和作用实事求是地确定，不能简单"一刀切"认为组织者、领导者当然应当承担罪责最为严重的刑事责任。

例如，在某起具体犯罪中，犯意的提起，相关预谋、准备、实施等环节均由其他组织成员完成，组织者、领导者虽予认可或默许，但并未具体参与，那么，组织者、领导者虽应当就该起组织罪行承担刑事责任，但所应当承担的刑事责任程度，一般应小于造意犯、实行犯，量刑时要有所区别。

其二，关于积极参加者和其他参加者（一般参加者）的刑事责任。对于积极参加者和其他参加者（一般参加者），应按照其所参与的犯罪，根据其在具体犯罪中的地位和作用，依照罪责刑相适应的原则，确定应承担的刑事责任。值得注意的是，作为黑社会性质组织骨干成员的积极参加者，由于其在犯罪组织中的地位和作用仅次于组织者、领导者，在具体犯罪中通常比其他积极参加者更为积极，人身危险性更深，社会危害性更大，在认定所承担的刑事责任时，一般要体现从严惩处精神，从而落实罪责刑相一致原则。

实践中，有的黑社会性质组织涉及面广，参加人数众多，参加者情况复杂，其中有些参加者仅仅履行了参加黑社会性质组织的手续，没有实施其他违法犯罪活动，有些则属于受蒙蔽、胁迫参加黑社会性质组织，虽有轻微的不良行为或者违法事实，但危害不大。如果对这些参加者统统定罪处罚，不仅增加了司法成本，而且不能有效发挥刑罚的分化、瓦解功能，难以收到很好的政治效果、法律效果和社会效果。对于这些情况，要积极运用《刑法》第13条但书的规定，对情节显著轻微、危害不大的，不作为犯罪处理，即不再追究相关人员的刑事责任。

（2）黑社会性质组织成员的刑罚裁量。一是贯彻落实宽严相济刑事政策。宽严相济刑事政策是我国基本的刑事政策，在对黑社会性质组织成员裁量刑罚时，要切实做到区别对待，宽严有据，罚当其罪，以分化、瓦解犯罪分子，减少社会对抗、促进社会和谐。具体而言，对于黑社会性质组织的组织者、领导者、骨干成员及其"保护伞"，要依法从严惩处。根据所犯具体罪行的严重程度，依法应当判处重刑的要坚决判处重刑。对于罪行确属极其严重的，依法应当判处死刑的，也必须坚决判处。对于不属于骨干成员的积极参加者以及一般参加者，确有自首、立功等法定情节的，要依法从轻、减轻或免除处罚；具有初犯、偶犯等酌定情节的，要依法酌情从宽处理。对于一般参加者，虽然参与实施了少量的违法犯罪活动，但系未成年人或是只起次要、辅助作用的，应当依法从宽处理。符合缓刑条件的，可以适用缓刑。

二是发挥刑罚功能严惩黑社会性质组织犯罪。首先，对于组织者、领导者和因犯参加黑社会性质组织罪被判处五年以上有期徒刑的积极参加者，可以根据《刑法》第56条第1款的规定适用附加剥夺政治权利。对于符合《刑法》第37条之一规定的组织成员，应当依法禁止其从事相关职业。符合《刑法》第66条规定的组织成员，应当认定为累犯，依法从重处罚。其次，对于因有组织的暴力性犯罪被判处死刑缓期执行的黑社会性质组织犯罪分子，可以根据《刑法》第50条第2款的规定同时决定对其限制减刑。对于因有组织的暴力性犯罪被判处十年以上有期徒刑、无期徒刑的黑社会性质组织犯罪分子，应当根据《刑法》第81条第2款规定，不得假释。最后，对于组织者、领导者一般应当并处没收个人全部财产。对于确属骨干成员或者为该组织转移、隐匿资产的积极参加者，可以并处没收个人全部财产。对于其他组织成员，应当根据所参与实施违法犯罪活动的次数、性质、地位、作用、违法所得数额以及造成损失的数额等情节，依法决定财产刑的适用。

三是准确适用自首、坦白情节。组织者、领导者、积极参加者及一般参加者，有自首情节的，原则上要予以体现，但在具体把握自首情节从宽幅度时，既要根据《最高人民法院、最高人民检察院关于常见犯罪的量刑指导意见（试行）》的规定，综合评判被告人自首的动机、时间、方式、罪行轻重、如实供述罪行的程度以及悔罪表现等情况，又要结合被告人在犯罪组织中的地位和作用，确保罪责刑相适应，实现量刑均衡。2015年《审理黑社会性质组织案件纪要》又规定了坦白情节适用的一般要求，即黑社会性质组织的成员虽不具有自首情节，但到案后能够如实供述自己罪行，并具有以下情形之一的，一般应当适用《刑法》第67条第3款的规定予以从轻处罚：①如实交代大部分尚未被掌握的同种犯罪事实；②如实交代尚未被掌握的较重的同种犯罪事实；③如实交代犯罪事实，并对收集定案证据、查明案件事实有重要作用的。

四是准确认定并适用黑社会性质组织成员的立功情节。黑社会性质组织成员具有立功情节的，在适用时要全面贯彻落实宽严相济刑事政策，在严惩部分犯罪分子的同时，使立功情节能够服务于分化、瓦解犯罪分子，减少社会对抗，积极促进犯罪分子能够重新回归社会。根据 2015 年《审理黑社会性质组织案件纪要》规定精神，组织者、领导者、骨干成员以及"保护伞"协助抓获同案中其他重要的组织成员，或者骨干成员能够检举揭发其他犯罪案件中罪行同样严重的犯罪分子，原则上依法应予从轻或者减轻处罚。组织者、领导者检举揭发与该黑社会性质组织及其违法犯罪活动有关联的其他犯罪线索，如果在是否认定立功的问题上存在事实、证据或法律适用方面的争议，应当严格把握。依法应认定为立功或者重大立功的，在决定是否从宽处罚、如何从宽处罚时，应当根据罪责刑相一致原则从严掌握。可能导致全案量刑明显失衡的，不予从宽处罚。

此外，积极参加者、一般参加者配合司法机关查办案件，有提供线索、帮助收集证据或者其他协助行为，并在侦破黑社会性质组织犯罪案件、认定黑社会性质组织及其主要成员、追缴黑社会性质组织违法所得、查处"保护伞"等方面起到较大作用的，即使依法不能认定立功，一般也应酌情对其从轻处罚。

五是处理好组织成员的民事赔偿与量刑的关系。在故意杀人、故意伤害等严重侵害公民人身权利的刑事案件中，被告人及其亲属（亲友）等对被害人及其亲属及时进行赔偿，弥补被害方的损失，获得被害人的谅解，最大限度化解社会矛盾，是刑事审判实现政治效果、法律效果和社会效果的应有之义。但黑社会性质组织成员实施的故意杀人、故意伤害等暴力犯罪，不同于因恋爱、婚姻、家庭纠纷等民间矛盾引发的故意杀人、故意伤害等暴力犯罪，其犯罪性质更加恶劣，社会危害后果更严重，黑社会性质组织及成员凭借其经济实力，为逃避打击而"花钱摆平"

的情况更为常见，因此，在办理黑社会性质组织犯罪案件中，对组织成员私下对被害方进行民事赔偿，并请求从轻处罚的，要特别慎重，把握好刑罚裁量尺度，确保办案效果。

2015 年《审理黑社会性质组织案件纪要》规定，审理黑社会性质组织犯罪案件，应当通过判处和执行民事赔偿以及积极开展司法救助来最大限度地弥补被害人及其亲属的损失。被害人及其亲属确有特殊困难，需要接受被认定为黑社会性质组织成员的被告人赔偿并因此表示谅解的，量刑时应当特别慎重。不仅应当查明谅解是否确属真实意思表示以及赔偿款项与黑社会性质组织违法所得有无关联，而且在决定是否从宽处罚、如何从宽处罚时，也应当从严掌握。可能导致全案量刑明显失衡的，不予从宽处罚。

11. 关于黑社会性质组织涉案财产的认定和处置

黑社会性质组织涉案财产的认定和处置，是开展扫黑除恶专项斗争的重要组成部分。一方面，依法处置犯罪组织的涉案财产，通过运用追缴、没收、判处财产刑机制，有助于彻底摧毁黑社会性质组织的经济基础，铲除黑恶势力死灰复燃的机会。另一方面，准确把握黑社会性质组织涉案财产的认定标准和执法裁量尺度，是依法保障公民合法财产权益，促进民营经济持续健康发展，维护市场经济秩序和良好的投资发展环境的应有之义。

2016 年 11 月 4 日，《中共中央、国务院关于完善产权保护制度依法保护产权的意见》明确提出，进一步细化涉嫌违法的企业和人员财产处置规则，依法慎重决定是否采取相关强制措施。确需采取查封、扣押、冻结等措施的，要严格按照法定程序进行，除依法需责令关闭企业的情形外，在条件允许情况下可以为企业预留必要的流动资金和往来账户，最大限度降低对企业正常生产经营活动的不利影响。采取查封、扣押、冻结措施和处置涉案财产时，要依法严格区分个人财产和企业法人财产。对股东、企业经营管理者等自然人违法，在处置其个人财产时不任意牵连企业法人财产；对企业违法，在处置企业法人财产时不任意牵连股东、企业经营管理者个人合法财产。严格区分违法所得和合法财产，区分涉案人员个人财产和家庭成员财产，在处置违法所得时不牵连合法财产。为加强对刑事诉讼中涉案财产的处置工作，近年来，我国《刑法》《刑事诉讼法》进一步完善了对涉案财产认定、处置的相关规定，如专门增设"犯罪嫌疑人、被告人逃匿、死亡案件违法所得的没收程序"等特别程序。2018年扫黑除恶专项斗争开展以来，中央有关政法机关又联合印发《财产处置意见》，明确了黑恶势力财产的范围，完善了相关工作机制以及操作流程，对规范司法、严格执法发挥了重要作用。《反有组织犯罪法》设专章对有组织犯罪的涉案财产认定和处置问题作出了规定，足见该问题之重要。

（1）黑社会性质组织涉案财产与"涉黑财产"的认定。何为黑社会性质组织的涉案财产、涉案财产中哪些属于应当依法予以追缴、没收的黑社会性质组织及组织成员的财产（"涉黑财产"），始终是扫黑除恶的一个重大问题。涉案财产区别于"涉黑财产"，涉案财产是公安机关等在刑事诉讼活动中，根据《刑事诉讼法》等的规定，通过依法采取查封、扣押、冻结等措施所控制的不动产、特定动产及其他财产等。涉案财产是一个中性概念，它揭示的是相关财产与违法犯罪活动之间具有关联性，即该财产"涉案"，涉案财产既包括犯罪分子违法所得的一切财物，也可能包括被害人的合法财产、案外第三人的财产以及一些违禁品等。"涉黑财产"如涉案财产一样，并不是一个法定概念，它是审判实践中对黑社会性质组织及组织、领导、参加黑社会性质组织的犯罪分子聚敛的财物及其收益，以及用于犯罪的工具等的总称。《审理黑社会性质组织犯罪案件解释》、2009年《办理黑社会性质组织犯罪案件纪要》和2015年《审理黑社会性质组织案件纪要》等均对"涉黑财产"的认定标准作了规定，2018年，《办理黑恶势力犯罪案件指导意见》在前述司法文件基础上又作了进一步明确。

　　根据《办理黑恶势力犯罪案件指导意见》的规定，下列财产属于"涉黑财产"，应当依法追缴、没收：①组织及其成员通过违法犯罪活动或其他不正当手段聚敛的财产及其孳息、收益；②组织成员通过个人实施违法犯罪活动聚敛的财产及其孳息、收益；③其他单位、组织、个人为支持该组织活动资助或主动提供的财产；④通过合法的生产、经营活动获取的财产或者组织成员个人、家庭合法资产中，实际用于支持该组织活动的部分；⑤组织成员非法持有的违禁品以及供犯罪所用的本人财物；⑥其他单位、组织、个人利用黑社会性质组织违法犯罪活动获取的财产及其孳息；⑦其他应当追缴，没收的财产。需要注意的是，其一，《反有组织犯罪法》第46条也规定了有组织犯罪组织及其成员应当依法予以追缴、没收的财产种类，即"（一）为支持或者资助有组织犯罪活动而提供给有组织犯罪组织及其成员的财产；（二）有组织犯罪组织成员的家庭财产中实际用于支持有组织犯罪活动的部分；（三）利用有组织犯罪组织及其成员的违法犯罪活动获得的财产及其孳息、收益。"上述规定精神是一致的。其二，审判实践中，组织成员为了隐匿、"漂白"其聚敛的资财，往往会通过合伙、入股、并购等方式，将非法所得与其他单位、个人的合法财产相互混合。因此，办案时应当全面收集、审查证明其来源、性质、用途、权属及价值大小的有关证据，在打击犯罪的同时，确保相关合法权益不受侵害。

　　（2）黑社会性质组织涉案财产的处置。《刑法》第64条对涉案财产的处置作出了明确，即"犯罪分子违法所得的一切财物，应当予以追缴或者责令退赔；对被害人的合法财产，应当及时返还；违禁品和供犯罪所用的本人财物，应当予以没收。没收的财物和罚金，一律上缴国库，不得挪用和自行处理。"黑社会性质组织犯罪案件涉案财产的处置，首先应当遵循《刑法》的上述规定，并在此基础上，结合相关司法文件的具体规定予以执行。

　　其一，被害人的合法财产、案外第三人的财产应依法返还。《办理黑恶势力犯罪案件指导意见》规定："对于依法查封、扣押、冻结的涉案财产，有证据证明确属被害人合法财产，或者确与黑社会性质组织及其违法犯罪活动无关的，应当予以返还。"同时，根据《公安机关涉案财物管理若干规定》第19条的规定，有关违法犯罪事实查证属实后，对于有证据证明权属明确且无争议的被害人、被侵害人合法财产及其孳息，凡返还不损害其他被害人、被侵害人或者利害关系人的利益，不影响案件正常办理的，应当在登记、拍照或者录像和估价后，报经县级以上公安机关负责人批准，开具发还清单并返还被害人、被侵害人。

其二，"涉黑财产"依法追缴、没收。"涉黑财产"已经被公安机关依法查封、扣押或者冻结的，则人民法院应当依法判决予以追缴、没收。对于违法所得已用于清偿债务或者转让给他人，具有下列情形之一的，应当依法追缴：一是对方明知是通过违法犯罪活动或者其他不正当手段聚敛的财产及其孳息、收益的；二是对方无偿或者以明显低于市场价格取得的；三是对方是因非法债务或者违法犯罪活动而取得的；四是通过其他方式恶意取得的。对于依法应当追缴、没收的财产无法找到、被他人善意取得、价值灭失或者与其他合法财产混合且不可分割的，可以追缴、没收黑社会性质组织的其他等值财产。此外，黑社会性质组织犯罪嫌疑人、被告人逃匿，在通缉一年后不能到案，或者犯罪嫌疑人、被告人死亡的，应当依照法定程序没收其违法所得。

12. 利用信息网络实施黑社会性质组织犯罪的认定

（1）何谓利用信息网络实施的黑社会性质组织犯罪。《办理黑恶势力犯罪案件指导意见》明确将"组织或雇佣网络'水军'在网上威胁、恐吓、侮辱、诽谤、滋扰的黑恶势力"列为打击的重点。《办理利用信息网络实施黑恶势力犯罪案件意见》，对利用信息网络实施黑恶势力犯罪作出了全面规定。准确把握利用信息网络实施的黑社会性质组织犯罪，需要注意以下几个问题：

其一，利用信息网络实施黑社会性质组织犯罪的主要特点。与传统的黑社会性质组织犯罪相比较，利用信息网络实施黑社会性质组织犯罪具有以下几个突出特点：①犯罪组织结构更加松散化，组织头目幕后化，成员身份虚拟化。传统的黑恶势力多为同乡、亲属、同学、朋友、狱友等，相互联系较为紧密，利用信息网络实施相关犯罪，组织成员结构发生了改变，组织头目可以隐藏在信息网络背后遥控指挥，各成员之间可以使用网络虚拟身份，部分成员甚至没有见过面或者不熟识，但组织成员之间利用网络即时通讯工具组织实施犯罪，执行力却很强，违法犯罪成本更低，便于躲避打击。②犯罪分工更为精细，犯罪行为链条化、生态化。借助信息网络，犯罪活动可以细分为若干个环节，由不同人员或团伙分别实施，形成一个较为完整的犯罪链条乃至犯罪生态。③犯罪手段进一步向"软暴力"转变。传统的黑社会性质组织犯罪通常以暴力起家，与被害人直接接触多，甚至就是欺压残害群众过程中，逐步谋求并实现在一定区域或者一定行业内的非法控制；在利用信息网络实施的黑社会性质组织犯罪中，犯罪组织借助非法获取公民的个人信息，通过发送邮件、拨打电话、发送短信、微信等方式实施寻衅滋事、敲诈勒索等犯罪活动，整个犯罪过程突破了地域限制和传统的时空限制。④犯罪时空领域由特定化向多元化转变。黑社会性质组织借助信息网络，可以在短期内纠集大量人员参与实施犯罪，突破了传统犯罪受特定地域、特定空间乃至必须人员现实聚集等的限制，犯罪组织借助纠集各地人员，足不出户即可以攻击远在千里之外的受害方，犯罪危害后果在极短时间内可以急遽放大。

其二，利用信息网络实施黑社会性质组织犯罪的主要手段。《办理利用信息网络实施黑恶势力犯罪案件意见》第4条对此类犯罪的主要犯罪手段作了总结概括，明确规定"在信息网络上发布、删除负面或虚假信息，发送侮辱性信息、图片，以及利用信息、电话骚扰等方式，威胁、要挟、恐吓、滋扰他人，实施黑恶势力违法犯罪的，应当准确认定，依法严惩"。这是对利用信息网络实施黑社会性质组织犯罪等的行为手段的总体性规定。该规定实际上与《办理实施"软暴力"刑事案件意见》的内容相呼应。《办理实施"软暴力"刑事案件意见》第2条第2款规定："通过信息网络或者通讯工具实施，符合本意见第一条规定的违法犯罪手段，应当认定为软暴力。"

其三，利用信息网络实施黑社会性质组织犯罪所触犯的常见罪名。黑社会性质组织可以利用信息网络实施大量犯罪，触犯的罪名多种多样，并没有特殊的限定性，但考虑到黑社会性质组织犯罪实施的违法犯罪活动，通常具有欺压、残害群众的特点，因此，常见的犯罪主要有敲诈勒索、寻衅滋事、强迫交易、诈骗、侵犯公民个人信息、非法经营以及非法利用信息网络、帮助信息网络犯罪活动，等等。

（2）利用信息网络实施黑社会性质组织犯罪的具体认定标准。与传统意义上的黑社会性质组织犯罪相比较，利用信息网络实施黑社会性质组织犯罪，主要是犯罪手段发生了变化，即利用信息网络，但构成本罪，必须满足《刑法》第294条所列举的黑社会性质组织的"四个特征"，这是罪刑法定原则的最基本要求。具体而言，对利用信息网络实施违法犯罪活动的犯罪组织，只有符合《刑法》《办理利用信息网络实施黑恶势力犯罪案件意见》等规定的黑社会性质组织的四个特征和具体认定标准，才可以认定为黑社会性质组织。鉴于在实践中许多黑社会性质组织并非"四个特征"都很明显，尤其对利用信息网络实施违法犯罪活动的新型黑社会性质组织犯罪来说，犯罪组织在组织结构、行为特征和社会危害特征等方面均与传统黑社会性质组织犯罪存在较大区别。鉴于此，《办理利用信息网络实施黑恶势力犯罪案件意见》强调，认定利用信息网络实施违法犯罪活动的黑社会性质组织时，应当依照《刑法》第294条第5款规定的"四个特征"进行综合审查判断，分析"四个特征"相互间的内在联系，根据在网络空间和现实社会中实施违法犯罪活动对公民人身、财产、民主权利和经济、社会生活秩序所造成的危害，准确评价，依法予以认定。同时，《办理利用信息网络实施黑恶势力犯罪案件意见》结合利用信息网络实施的黑社会性质组织犯罪特点，对"四个特征"作了指引性规定。

其一，关于组织特征。由于利用信息网络进行沟通联络，以及借助信息网络上实施违法犯罪活动具有便利性，组织成员之间往往不需要相互见面和彼此熟识，就可以实现犯意沟通并借助信息网络完成犯罪，这是利用信息网络实施黑社会性质组织犯罪的主要特征之一。鉴于此，《办理利用信息网络实施黑恶势力犯罪案件意见》第 10 条规定："认定利用信息网络实施违法犯罪的黑恶势力组织特征，要从违法犯罪的起因、目的，以及组织、策划、指挥、参与人员是否相对固定，组织形成后是否持续进行犯罪活动、是否有明确的职责分工、行为规范、利益分配机制等方面综合判断。利用信息网络实施违法犯罪的黑恶势力组织成员之间一般通过即时通讯工具、通讯群组、电子邮件、网盘等信息网络方式联络，对部分组织成员通过信息网络方式联络实施黑恶势力违法犯罪活动，即使相互未见面、彼此不熟识，不影响对组织特征的认定。"

其二，关于经济特征。《办理利用信息网络实施黑恶势力犯罪案件意见》第 11 条规定："利用信息网络有组织地通过实施违法犯罪活动或者其他手段获取一定数量的经济利益，用于违法犯罪活动或者支持该组织生存、发展的，应当认定为符合刑法第二百九十四条第五款第二项规定的黑社会性质组织经济特征。"无论是借助信息网络线上获取经济利益，还是线下获取经济利益，只要将所获取的经济利益用于支持组织活动，均可认定满足经济特征，这也充分说明无论线上还是线下，二者本质上是一致的。

其三，关于行为特征。犯罪组织借助信息网络完全以线上方式实施违法犯罪活动，或者主要环节借助线上方式，此种实施违法犯罪活动的方式均与传统黑社会性质组织犯罪在行为方式、违法犯罪种类等方面存在较明显区别，一般认为仅有线上实施的违法犯罪活动，危害后果仅及于网络空间的，往往难以满足黑社会性质组织的四个特征的认定标准。

为避免将完全通过线上方式实施违法犯罪活动的犯罪组织随意认定为黑社会性质组织犯罪或者恶势力组织犯罪，《办理利用信息网络实施黑恶势力犯罪案件意见》明确了利用信息网络实施违法犯罪的黑恶势力的认定标准：首先，《办理利用信息网络实施黑恶势力犯罪案件意见》第12条第1款规定，通过线上线下相结合的方式，有组织地多次利用信息网络实施违法犯罪，侵犯不特定多人的人身权利、财产权利，破坏经济秩序、社会秩序的，应当认定为符合黑社会性质组织行为特征。其次，《办理利用信息网络实施黑恶势力犯罪案件意见》第12条第2款规定，单纯通过线上方式实施的违法犯罪活动，且不具有为非作恶、欺压残害群众特征的，一般不应作为黑社会性质组织行为特征的认定依据。

需要指出的是，上述规定体现了中央相关政法机关在认定黑社会性质组织犯罪上的审慎态度，申言之，尽管犯罪组织借助信息网络实施相关违法犯罪活动的社会危害性不亚于借助传统手段实施犯罪活动的社会危害性，但就黑社会性质组织犯罪的本质特征而言，黑社会性质组织所追求并实现的在一定区域或者一定行业内的非法控制，是具有特殊限定性的非法控制，与单纯利用信息网络实施违法犯罪活动所造成的线上、线下危害后果仍存在显著区别。概言之，犯罪组织借助信息网络虽然可以实施违法犯罪活动，相关违法犯罪活动既可能造成信息网络秩序的混乱，也可能在现实社会中造成严重危害，但犯罪组织单纯利用信息网络实施违法犯罪活动即可在一定区域或者一定行业内实现非法控制的主张，仍与社会公众的一般观念相抵触，容易将黑社会性质组织的认定标准"网络化""虚拟化"，导致打击面扩大。这也是《办理利用信息网络实施黑恶势力犯罪案件意见》在认定利用信息网络实施违法犯罪活动满足危害性特征的标准时，明确规定要结合违法犯罪行为"在网络空间和现实社会中的控制和影响程度"以及"在网络空间和现实社会造成重大影响"等进行综合判断的缘由。因此，犯罪组织单纯通过线上方式实施违法犯罪活动，相关违法犯罪活动即使具有为非作恶、欺压残害群众的特征，甚至造成严重社会危害后果，从严格把握黑社会性质组织入罪标准的角度，亦不宜认定符合本罪的行为特征。犯罪组织利用信息网络实施的行为构成相关犯罪的，可以通过依法严惩，确保罪责刑相适应。

其四，关于危害性特征。由于利用信息网络实施的相关违法犯罪活动涉及的地域和行业一般较为广泛，呈现出被害人人数多、涉及面宽，严重破坏经济、社会生活秩序的特点，与传统黑恶势力犯罪的社会危害性一般及于"一定区域或者一定行业"的特征具有明显区别。《办理利用信息网络实施黑恶势力犯罪案件意见》第13条规定，对利用信息网络实施黑恶势力犯罪非法控制和影响的"一定区域或者行业"，应当结合危害行为发生地或者危害行业的相对集中程度，以及犯罪嫌疑人、被告人在网络空间和现实社会中的控制和影响程度综合判断。虽然危害行为发生地、危害的行业比较分散，但涉案犯罪组织利用信息网络多次实施强迫交易、寻衅滋事、敲诈勒索等违法犯罪活动，在网络空间和现实社会造成重大影响，严重破坏经济、社会生活秩序的，应当认定为"在一定区域或者行业内，形成非法控制或者重大影响"。

13. 如何认定和处理恶势力组织犯罪

（1）恶势力的概念。目前，我国《刑法》并未对恶势力犯罪作出规定，"恶势力"这一概念是长期司法实践中逐渐摸索出来、约定俗成用以概括通过实施违法犯罪活动，严重扰乱经济、社会秩序但又未发展壮大为黑社会性质组织的犯罪团伙（犯罪组织）。《全国法院维护农村稳定刑事审判工作座谈会纪要》对农村恶势力犯罪案件的处理作了规定。《办理黑社会性质组织犯罪案件纪要》对恶势力团伙的认定和处理作了明确，在此后开展的扫黑除恶专项斗争中，中央有关政法机关对恶势力犯罪的认识又进一步深化，并提出了"恶势力犯罪集团"的概念。其后，有关部门制定出台的《办理黑恶势力犯罪案件指导意见》和《办理恶势力刑事案件意见》，分别对恶势力和恶势力犯罪集团作出了进一步细化规定。

《办理恶势力刑事案件意见》第4条规定，恶势力，是指经常纠集在一起，以暴力、威胁或者其他手段，在一定区域或者行业内多次实施违法犯罪活动，为非作恶，欺压百姓，扰乱经济、社会生活秩序，造成较为恶劣的社会影响，但尚未形成黑社会性质组织的违法犯罪组织。其中"尚未形成黑社会性质组织的违法犯罪组织"这一表述揭示了恶势力与黑社会性质组织间的内在联系。作为一种共同违法犯罪的特殊形式，恶势力在组织形式、行为方式、危害后果等方面与黑社会性质组织均有相似之处。因此，恶势力的定义与黑社会性质组织的认定标准也有相似性和对应性。如二者都要求"以暴力威胁或者其他手段，多次实施违法犯罪活动"；又如，恶势力定义中的"为非作恶，欺压百姓"，与黑社会性质组织行为特征中的"为非作恶，欺压、残害群众"相对应，"造成较为恶劣的社会影响"与黑社会性质组织危害性特征中的"形成非法控制或者重大影响"相对应。

特别需要指出的是，《反有组织犯罪法》第一次以法律的形式明确了"恶势力组织"的概念。根据该法第2条第2款规定，恶势力组织，"是指经常纠集在一起，以暴力、威胁或者其他手段，在一定区域或者行业领域内多次实施违法犯罪活动，为非作恶，欺压群众，扰乱社会秩序、经济秩序，造成较为恶劣的社会影响，但尚未形成黑社会性质组织的犯罪组织"。在司法适用时应注意，《办理恶势力刑事案件意见》适用的是"恶势力"概念，且"恶势力"是"违法犯罪组织"，既包括仅构成违法但尚未成立犯罪的组织，也包括已成立犯罪应当依法追究刑事责任的组织。但《反有组织犯罪法》认定的"恶势力组织"，是指已实施违法犯罪活动且应当依法追究刑事责任的犯罪组织，是有组织犯罪的一个类型。《反有组织犯罪法》施行后，在办案实践中，应严格依法认定恶势力组织及相关犯罪事实，并准确定罪量刑。

（2）恶势力组织的特征。根据《办理恶势力刑事案件意见》的规定，结合《反有组织犯罪法》的规定恶势力一般包括三个方面的特征，分别是成员特征、行为特征和危害性特征。

其一，关于成员特征。根据《办理恶势力刑事案件意见》第6条的规定，恶势力组织一般为3人以上，纠集者相对固定。纠集者，是指在恶势力组织实施的违法犯罪活动中起组织、策划、指挥作用的违法犯罪分子。组织成员较为固定且符合恶势力其他认定条件，但多次实施违法犯罪活动是由不同的成员组织、策划、指挥，也可以认定为恶势力组织，有前述行为的组织成员均可以认定为纠集者。恶势力组织的其他成员，是指知道或应当知道与他人经常纠集在一起是为了共同实施违法犯罪，仍按照纠集者的组织、策划、指挥参与违法犯罪活动的违法犯罪分子，包括已有充分证据证明但尚未归案的人员，以及因法定情形不予追究法律责任，或者因参与实施恶势力违法犯罪活动已受到行政或刑事处罚的人员。仅因临时雇用或被雇用、利用或被利用以及受蒙蔽参与少量恶势力违法犯罪活动的，一般不应认定为恶势力组织成员。

司法实践中，在认定恶势力组织成员特征时，要注意以下两点：一是行为人明知与他人经常纠集在一起是为了共同实施违法犯罪，仍按照纠集者的组织、策划、指挥参与违法犯罪活动，通常会表现为与其他成员平时联系较紧密，对所参与实施的违法犯罪活动的动机、起因、对象等比较了解，且行为积极、作用明显等。二是在适用恶势力组织成员的排除性规定时，要注意把握参与违法犯罪活动的"临时""少量"等特点。对于长时间或者多次参与恶势力组织违法犯罪活动的，应当视为行为人已具有加入恶势力组织的意愿。三是全部成员或者首要分子、纠集者以及其他重要成员均为未成年人、老年人、残疾人的，认定恶势力组织、恶势力犯罪集团应当特别慎重。

其二，关于行为特征。恶势力组织的行为特征表现为经常纠集在一起，以暴力、威胁或者其他手段，在一定区域或者行业内多次实施违法犯罪活动。在认定时应注意把握以下几点：一是恶势力组织实施违法犯罪的方式是"经常纠集在一起"。根据《办理恶势力刑事案件意见》第7条的规定，"经常纠集在一起"，是指犯罪嫌疑人、被告人于2年之内，以暴力、威胁或者其他手段，在一定区域或者行业内多次实施违法犯罪活动，且包括纠集者在内至少应有2名相同的成员多次参与实施违法犯罪活动。认定"经常纠集在一起"，主要审查犯罪嫌疑人、被告人日常联系是否紧密，有无在一定时期内共同"多次实施违法犯罪活动"，前者很大程度上需要通过后者的时间跨度和参与人员的稳定性来反映和证明。对于"纠集在一起"时间明显较短，实施违法犯罪活动刚刚达到"多次"标准，且尚不足以造成较为恶劣影响的，一般不应认定为恶势力组织。

二是恶势力组织实施的违法犯罪活动包括惯常实施的违法犯罪活动和伴随实施的违法犯罪活动两大类。恶势力组织惯常实施的违法犯罪活动，是指恶势力组织常实施的、能够较明显地反映恶势力"为非作恶，欺压百姓"特征的违法犯罪活动。根据《办理恶势力刑事案件意见》第8条第1款的规定，"主要为强迫交易、故意伤害、非法拘禁、敲诈勒索、故意毁坏财物、聚众斗殴、寻衅滋事，但也包括具有为非作恶、欺压百姓特征，主要以暴力、威胁为手段的其他违法犯罪活动"；与恶势力组织"惯常实施的违法犯罪活动"相对应，开设赌场、组织卖淫、强迫卖淫、贩卖毒品、运输毒品、制造毒品、抢劫、抢夺、聚众扰乱社会秩序、聚众扰乱公共场所秩序、交通秩序以及聚众"打砸抢"等违法犯罪活动，在恶势力组织案件中虽也较为常见，但有的缺少公开性，有的没有具体被害人，有的危害后果仅限于侵害财产权，还有的往往事出有因，不直接体现"为非作恶，欺压百姓"特征，属于恶势力经常"伴随实施"的违法犯罪活动。根据《办理恶势力刑事案件意见》第8条第2款的规定，"仅有前述伴随实施的违法犯罪活动，且不能认定具有为非作恶、欺压百姓特征的，一般不应认定为恶势力"。值得注意的是，《反有组织犯罪法》采用的是"为非作恶，欺压群众"的表述，与前述"为非作恶、欺压百姓"的实质内涵是一致的。

三是恶势力组织的行为特征至少包括实施一次犯罪活动。《办理恶势力刑事案件意见》第9条规定，办理恶势力刑事案件，"多次实施违法犯罪活动"至少应包括1次犯罪活动。值得注意的是，关于反复实施单一性质违法行为的评价问题。《办理恶势力刑事案件意见》第9条第1款规定："对于反复实施强迫交易、非法拘禁、敲诈勒索、寻衅滋事等单一性质的违法行为，单次情节、数额尚不构成犯罪，但按照刑法或者有关司法解释、规范性文件的规定累加后应作为犯罪处理的，在认定是否属于'多次实施违法犯罪活动'时，可将已用于累加的违法行为计为1次犯罪活动，其他违法行为单独计算违法活动的次数。"以寻衅滋事为例，行为人共同实施了5次随意殴打他人的寻衅滋事违法行为，由于已经满足相关司法解释"多次"入罪的标准，故应按照一罪处理，相关事实在法律文书中也都应认定为寻衅滋事犯罪事实。为了进一步解决可否认定为恶势力组织的问题，按照前述规定，超出"多次随意殴打他人"入罪标准的那部分违法行为，可以单独计算违法活动的次数，也就是细分为1次犯罪活动和2次违法活动，这样就符合了恶势力组织"多次实施违法犯罪活动"的要求，如果同时符合其他认定条件的，应当作为恶势力组织犯罪案件处理。有意见提出，这么细分是否属于"重复评价"，即在认定是否构成寻衅滋事罪时对5次寻衅滋事违法行为进行了评价，在认定是否属于恶势力组织时，又进行了再次评价。笔者认为，恶势力组织并不是一个独立的罪名，是对具有"为非作恶，欺压百姓（群众）"特征的犯罪组织、犯罪集团的总体定性，对于此类犯罪组织、犯罪集团在刑罚裁量上，在总体贯彻宽严相济刑事政策的同时，要在侦查、起诉、审判、执行各阶段全面体现依法从严惩处精神，并不违反"禁止重复评价原则"。

其三，关于危害性特征。恶势力组织的危害性特征表现为恶势力组织实施的违法犯罪活动扰乱经济、社会生活秩序，造成较为恶劣的社会影响。恶势力"造成较为恶劣的社会影响"并不是仅指案件的社会公众知晓度或者产生的轰动效应，而是与黑社会性质组织形成的非法控制或者重大影响相类似，表现为对经济、社会生活秩序干扰、破坏和影响程度。《办理恶势力刑事案件意见》第 10 条明确规定："应当结合侵害对象及其数量、违法犯罪次数、手段、规模、人身损害后果、经济损失数额、违法所得数额、引起社会秩序混乱的程度以及对人民群众安全感的影响程度等因素综合把握。"

在具体把握危害性特征时要注意恶势力组织实施的违法犯罪活动带有"为非作恶，欺压百姓（群众）"的特征。"恶"与"黑"的演进关系和内在联系决定了恶势力组织会不同程度地带有"形成非法影响、谋求强势地位"的意图，其表征于外，便是实施违法犯罪活动势必带有"为非作恶，欺压百姓（群众）"的特征。具体而言，一是"为非作恶"不仅指行为性质具有不法性，同时也要求行为的动机、目的、起因带有不法性，因此，因婚恋纠纷、家庭纠纷、邻里纠纷、劳动纠纷、合法债务纠纷而引发以及其他确属事出有因的违法犯罪活动，就不宜归入"为非作恶"之列。二是"欺压百姓（群众）"要求"为非作恶"的方式、手段带有欺凌、强制、压迫的性质，也就是要利用物理强制或心理强制手段侵害人民群众合法权益。因此，暴力、威胁应是恶势力较常采用的违法犯罪活动手段。"欺压百姓（群众）"既包括直接以普通群众为对象实施违法犯罪活动的情形，也包括因逞强争霸、好勇斗狠、树立恶名、抢夺地盘等不法动机实施违法犯罪活动，从而直接或间接破坏人民群众安全感的情形。

需要说明的是，认定恶势力犯罪组织或者恶势力犯罪集团，不要求该犯罪组织或者犯罪集团必须具备经济特征，但恶势力组织在发展壮大、逐步演变为黑社会性质组织过程中，通常具备一定的经济实力，进而最终完成向黑社会性质组织的过渡。

（3）恶势力犯罪集团的认定。"恶势力犯罪集团"的概念是 2018 年开展扫黑除恶专项斗争以来实践中新提出的概念。恶势力犯罪集团是恶势力组织发展壮大、组织结构更加紧密稳定，但尚未形成黑社会性质组织的一种有组织犯罪形态。2018 年《办理黑恶势力犯罪案件指导意见》

首次明确了恶势力犯罪集团的概念，即"恶势力犯罪集团是符合犯罪集团法定条件的恶势力犯罪组织，其特征表现为：有三名以上的组织成员，有明显的首要分子，重要成员较为固定，组织成员经常纠集在一起，共同故意实施三次以上恶势力惯常实施的犯罪活动或者其他犯罪活动"。《办理恶势力刑事案件意见》第11条也对恶势力犯罪集团的概念进行了明确，即符合恶势力组织全部认定条件，同时又符合犯罪集团法定条件的犯罪组织。

司法实务中，认定恶势力犯罪集团要注意：一是恶势力犯罪集团有明显的首要分子。与恶势力组织通常有纠集者不同，恶势力犯罪集团满足犯罪集团的全部特征，根据我国《刑法》第97条的规定："本法所称首要分子，是指在犯罪集团或者聚众犯罪中起组织、策划、指挥作用的犯罪分子。"在恶势力犯罪集团中，对于起组织、策划、指挥作用的犯罪分子，应当认定为首要分子。二是首要分子可以是一名，也可以不止一名。实践中有观点认为，既然是"首要分子"，根据一般理解就是犯罪集团中罪责最为严重的主犯，以认定一名为宜。笔者认为，这种主张也有一定的道理，从体现依法严惩角度看，对首要分子的人数不作限定更为合适。并且，1984年6月15日《最高人民法院、最高人民检察院、公安部关于当前办理集团犯罪案件中具体应用法律的若干问题的解答》中对该问题也作出过明确，即"首要分子可以是一名，也可以不只一名"。三是根据《刑法》第26条第3款的规定，首要分子"按照集团所犯的全部罪行处罚"，在办案中，要严格区分集团所犯罪行和集团成员的个人罪行。属于集团所犯罪行的，首要分子应当承担相应的刑事责任。目前，何谓集团所犯罪行，尚无相关规范性文件予以明确，前述解答中明确，"首要分子应对该集团经过预谋、有共同故意的全部罪行负责"。一般而言，犯罪集团经过预谋，或者基于共同故意所实施的犯罪活动，应当认定为集团罪行。犯罪集团的其他成员应按照其在共同犯罪中的地位和作用，分别对所参与实施的具体罪行承担相应的刑事责任。如果犯罪集团的某个成员实施了集团所犯罪行以外的其他犯罪的，则应由其个人承担相应的刑事责任。

（4）准确区分恶势力组织、恶势力犯罪集团与黑社会性质组织。2009年《办理黑社会性质组织犯罪案件纪要》指出，"恶势力"是黑社会性质组织的雏形，有的最终发展成为黑社会性质组织。因此，及时严惩"恶势力"团伙犯罪，是遏制黑社会性质组织滋生、防止违法犯罪活动造成更大社会危害的有效途径。鉴于2009年《办理黑社会性质组织犯罪案件纪要》制定时尚未提出恶势力犯罪集团概念，因此，当时所说"恶势力"即指恶势力团伙。2018年《办理黑恶势力犯罪案件指导意见》明确提出"恶势力犯罪集团"概念后，对于恶势力犯罪，即出现"恶势力团伙"和"恶势力犯罪集团"两个范畴。《反有组织犯罪法》施行后，恶势力组织是有组织犯罪的类型之一。从共同犯罪角度看，团伙犯罪是共同犯罪的一种表现形式，该犯罪团伙若经常纠集在一起，以暴力、威胁或者其他手段，在一定区域或者行业内多次实施违法犯罪活动，为非作恶，欺压百姓（群众），扰乱经济、社会生活秩序，造成较为恶劣的社会影响的，即属于"恶势力组织"。在"恶势力组织"不断发展壮大过程中，随着恶势力组织的组织结构更加稳定、组织成员更加紧密，符合"犯罪集团"特征的，即为"恶势力犯罪集团"。随着"恶势力犯罪集团"进一步发展壮大，有的最终发展成黑社会性质组织。因此，恶势力犯罪集团是恶势力组织向黑社会性质组织转变的中间状态。在认定恶势力组织犯罪时，应当根据具体情况进行分析认定：如果恶势力组织符合犯罪集团特征的，应当认定为恶势力犯罪集团；反之，则是普通的恶势力组织。黑社会性质组织是恶势力犯罪集团发展壮大的必然结果。关于恶势力团伙和黑社会性质组织的区别，2009年《办理黑社会性质组织犯罪案件纪要》明确指出："结合组织化程度的高低、经济实力的强弱、有无追求和实现对社会的非法控制等特征，对黑社会性质组织与'恶势力'团伙加以正确区分。"这一政策精神，在《反有组织犯罪法》正式施行后，仍具有参考价值，即在具体把握时，要结合黑社会性质组织"四个特征"和恶势力犯罪的相关规定，从上述角度准确区分，既不能人为拔高，也不能降格处理，确保不枉不纵。

此外，恶势力组织与普通犯罪团伙也存在明显差别，区别在于：一是违法犯罪手段是否具有"欺压百姓（群众）"的特征。"欺压百姓（群众）"的特征性决定了恶势力组织实施违法犯罪活动时具有"扰民"特征，即对人民群众正常的生产生活秩序造成干扰、破坏，如横行乡里、欺行霸市，充当村霸、路霸、市霸、行霸等。鉴于此，《办理恶势力刑事案件意见》第5条规定，单纯为牟取不法经济利益而实施的"黄、赌、毒、盗、抢、骗"等违法犯罪活动，不具有为非作恶、欺压百姓特征的，或者因本人及近亲属的婚恋纠纷、家庭纠纷、邻里纠纷、劳动纠纷、合法债务纠纷而引发以及其他确属事出有因的违法犯罪活动，不应作为恶势力组织犯罪案件处理。二是行为方式具有一定的公开性。恶势力组织实施违法犯罪活动通常会带有"形成非法影响、谋求强势地位"的意图，客观上也要求"在一定区域或者行业内，造成较为恶劣的社会影响"，因此，其所实施违法犯罪活动必然具有一定的公开性，而普通犯罪团伙通常采用较为隐蔽的方式实施，不会有意制造或者放任形成不法影响。三是危害后果往往具有多重性。恶势力组织违法犯罪活动带来的危害往往具有复合性，在侵犯公民人身、财产权利的同时，还会破坏市场经济秩序或者社会管理秩序，而普通犯罪团伙一般是出于某种特定的犯罪目的而聚集，所造成的危害后果大多具有单一性。

（5）恶势力犯罪认定需要注意的几个问题

一是坚持严格依法办案。《办理恶势力刑事案件意见》第2条强调要准确认定恶势力团伙和恶势力犯罪集团，坚决防止人为拔高或降低认定标准，确保严守法律底线。对虽属于恶势力组织可能实施的强迫交易、故意伤害、非法拘禁、敲诈勒索、故意毁坏财物、聚众斗殴、寻衅滋事等惯常实施的违法犯罪活动和开设赌场、组织卖淫、强迫卖淫、贩卖毒品、运输毒品、制造毒品、抢劫、抢夺、聚众扰乱社会秩序、聚众扰乱公共场所秩序、交通秩序以及聚众"打砸抢"等伴随实施的违法犯罪活动，不符合恶势力组织认定标准的，坚决不能人为拔高认定为恶势力组织。以下情况一般不认定为恶势力组织：①单纯为牟取不法经济利益而实施的"黄、赌、毒、盗、抢、骗"等违法犯罪活动，不具有为非作恶、欺压百姓（群众）特征的违法犯罪活动；②因本人及近亲属的婚恋纠纷、家庭纠纷、邻里纠纷、劳动纠纷、合法债权债务纠纷以及其他确属事出有因的违法犯罪活动；③人数较少、纠集者不固定，如2人以下实施违法犯罪活动的；④"纠集在一起"时间明显较短，实施违法犯罪活动刚刚达到"多次"标准，且尚不足以造成较为恶劣影响的，或者2年内实施违法犯罪活动未达3次的，如偶发性单次犯罪的。

二是贯彻宽严相济刑事政策、坚持依法从严。《办理恶势力刑事案件意见》第1条明确提出，要深刻认识恶势力违法犯罪的严重社会危害，毫不动摇地坚持依法严惩方针，在侦查、起诉、审判、执行各阶段，运用多种法律手段全面体现依法从严惩处精神，有力震慑恶势力违法犯罪分子，有效打击和预防恶势力违法犯罪。在贯彻依法从严惩处方针的同时，在具体恶势力刑事案件中则要贯彻落实宽严相济刑事政策，坚持区别对待，实现罚当其罪。《办理恶势力刑事案件意见》第13条至第15条对恶势力不同成员的区别对待、对恶势力犯罪集团不同类型成员立功情节的把握、对同时具有从严、从宽处罚情节的把握等内容进行了规定，此处不作赘述。

三是规范法律文书的表述。鉴于司法实务中认定恶势力组织、恶势力犯罪集团是对犯罪嫌疑人、被告人的否定性评价，一旦认定，即要在刑事诉讼各阶段对其体现从严惩处精神，对犯罪嫌疑人、被告人的实体和程序利益影响重大。《办理恶势力刑事案件意见》第17条明确规定，对于恶势力，应当在法律文书中的案件事实部分明确表述，在法律文书中明确定性。这既体现了司法公开精神，也是对当事人知情权和辩护权的保障。一般说来，可以在裁判文书"案件事实"部分先概述恶势力组织、恶势力犯罪集团的概括事实，再分述具体的恶势力组织违法犯罪事实，裁判理由部分应有关于恶势力组织、恶势力犯罪集团的明确表述。

六十八、组织、利用会道门、邪教组织、利用迷信破坏法律实施罪

第三百条 组织、利用会道门、邪教组织或者利用迷信破坏国家法律、行政法规实施的,处三年以上七年以下有期徒刑,并处罚金;情节特别严重的,处七年以上有期徒刑或者无期徒刑,并处罚金或者没收财产;情节较轻的,处三年以下有期徒刑、拘役、管制或者剥夺政治权利,并处或者单处罚金。

组织、利用会道门、邪教组织或者利用迷信蒙骗他人,致人重伤、死亡的,依照前款的规定处罚。

犯第一款罪又有奸淫妇女、诈骗财物等犯罪行为的,依照数罪并罚的规定处罚。

（一）概述

1. 概念和构成要件

组织、利用会道门、邪教组织、利用迷信破坏法律实施罪,是指组织和利用会道门、邪教组织或者利用迷信破坏国家法律、行政法规实施的行为。

组织、利用会道门、邪教组织、利用迷信破坏法律实施罪的构成要件和主要特征是:

（1）本罪侵犯的客体是国家实施法律、行政法规的正常秩序。

（2）客观方面表现为行为人实施了组织、利用会道门、邪教组织或者利用迷信破坏国家法律、行政法规实施的行为。本罪为选择性罪名,客观方面具体表现为三种方式:①组织、利用会道门破坏国家法律、行政法规实施。会道门,是指诸如一贯道、九宫道、先天道等这样的封建迷信组织。②组织、利用邪教组织破坏国家法律、行政法规实施。邪教组织,是指冒用宗教、气功或者以其他名义建立,神化、鼓吹首要分子,

利用制造、散布迷信邪说等手段蛊惑、蒙骗他人，发展、控制成员，危害社会的非法组织。③利用迷信破坏国家法律、行政法规实施。迷信，指与科学相对立，信奉鬼仙神怪的观念与做法。①法律是由全国人民代表大会及其常务委员会所制定的规范性文件。行政法规是由国家最高行政机关即国务院制定的政治、经济、教育、科技、文化、外事等各类法规的总称。如果行为人组织、利用会道门、邪教组织、利用迷信破坏地方性法规、规章、自治条例等实施的，不构成本罪。

（3）犯罪主体为一般主体，凡达到刑事责任年龄、具有刑事责任能力的自然人均可构成。

（4）主观方面只能由故意构成。在司法实务中，组织、利用会道门、邪教组织、利用迷信破坏法律实施的行为人不一定以破坏国家法律、行政法规的实施，或煽动他人破坏国家法律、行政法规的实施为目的，对法律实施的破坏多沦为达到某一目的的手段。例如，行为人将组织、利用会道门、邪教组织、利用迷信破坏法律实施作为手段，可能以分裂国家、破坏国家统一、颠覆国家主权等为目的，也可能以敛聚钱财、获取暴利、奸淫妇女等为目的。因此，不宜将本罪认定为目的犯。

2. 法定刑

依然《刑法》第300条的规定，犯组织、利用会道门、邪教组织、利用迷信破坏法律实施罪的，处三年以上七年以下有期徒刑，并处罚金；情节特别严重的，处七年以上有期徒刑或者无期徒刑，并处罚金或者没收财产；情节较轻的，处三年以下有期徒刑、拘役、管制或者剥夺政治权利，并处或者单处罚金。

---

① 迷信并不一定为封建社会所独有。1979年《刑法》第99条使用了"组织、利用封建迷信、会道门"，而在1997年修订后的《刑法》中，使用的是"利用迷信"，已将"封建"删去。因此，不宜再在"迷信"前冠以"封建"。

（二）疑难问题精析

1. 在司法实践中，如何体现刑事政策的具体要求

虽然早在新中国成立之初，就将利用封建会门进行反革命活动者定罪处罚。[①]但与此同时，我国也确立了镇压与宽大相结合的刑事政策。[②]1979年《刑法》颁布之后，镇压与宽大相结合的刑事政策得到了进一步发展和贯彻。在宽严相济刑事政策提出之后，在组织、利用会道门、邪教组织、利用迷信破坏法律实施犯罪的审理中，也应根据犯罪的具体情况，实行区别对待，体现出"当宽则宽、当严则严、以宽济严、罚当其罪"的具体要求，坚持教育与惩罚相结合，团结教育大多数被蒙骗的群众，坚决依法严惩极少数犯罪分子的原则，重点打击组织和利用邪教组织进行犯罪活动的组织、策划、指挥者和屡教不改的骨干分子。[③]对有自首、立功表现的，可以依法从轻、减轻或者免除处罚。对于受蒙蔽、胁迫参加邪教组织并已退出和不再参加邪教组织活动的人员，不作为犯罪处理。具体而言，根据《最高人民法院、最高人民检察院关于办理组织、利用邪教组织破坏法律实施等刑事案件适用法律若干问题的解释》（以下简称《办理邪教组织刑事案件解释》）的相关规定，组织、利用邪教组织破坏国家法律、行政法规实施，符合"情节较轻"情形，但行为人能够真诚悔罪，明确表示退出邪教组织、不再从事邪教活动的，可以不起诉或者免予刑事处罚。其中，行为人系受蒙蔽、胁迫参加邪教组织的，可以不作为犯罪处理。如果行为人在一审判决前能够真诚悔罪，明确表示退出邪教组织、不再从事邪教活动的，对于符合本罪入罪标准的，可以认定为"情节较轻"；符合"情节特别严重"情形的，处三年以上七年以下有

---

① 参见 1951 年 2 月 21 日中央人民政府公布的《惩治反革命条例》。

② 对首要分子，采取从重处罚的原则；对被胁迫、欺骗参加犯罪的胁从分子，可以从宽处理。参见中央人民政府政务院政治法律委员会副主任彭真，1951 年 2 月 20 日在中央人民政府委员会第十一次会议上所作的《关于镇压反革命活动和惩治反革命条例问题的报告》。

③ 这一点不同于《刑法》第 294 条的组织、领导、参加黑社会性质组织罪，只要积极参加黑社会性质组织的，即可构成犯罪。

期徒刑，并处罚金。①

2. 如何对罪名进行适用

本罪为选择性罪名，除了在行为人行为方式层面进行选择适用之外，②还应在行为人破坏法律实施的利用对象上进行选择适用。有观点认为，本罪的利用对象就是会道门、邪教组织和迷信，因此，只需要将组织、利用会道门、邪教组织和利用迷信进行区分即可，因为会道门与邪教组织无需也很难区分。《刑法》中的会道门并非泛指，而是特指诸如一贯道、九宫道、先天道等这样的封建迷信组织。③从反人类、反文明、反社会、反宗教的角度来说，会道门其本质就是邪教组织，二者并无质的区别。④此外，从产生时间和发展演变的过程来看，一贯道、九宫道、先天道等都是发端于新中国成立之前，⑤都是特定政治、经济、文化、社会条件下的产物，在普通民众中"知名度"甚高。因此，立法时有必要将之从邪教组织中分离出来单独规定，以唤起和强化民众法规范的遵守意识。在这个意义上分析，可以认为会道门就是存在较早、发展历史较长的本土邪教组织。⑥除此之外，对于新近才出现的，或是由境外传入的就直接归入邪教组织的范畴，无需再进行甄别是否属于会道门，尽管其冠名可能会有"会道门"字样。因此，行为人组织、利用会道门破坏法律实施的，构成组织、利用会道门破坏法律实施罪；组织、利用邪教组织破坏法律实施的，构成组织、利用邪教组织破坏法律实施罪。

---

① 参见陈景友、莫兴超、伍洁玲、李某某、邱启洋、孔奕兰、蒋桂凤等组织、利用邪教组织破坏法律实施案。

② 例如，行为人组织会道门、邪教组织破坏法律实施的，构成组织会道门、邪教组织破坏法律实施罪；行为人利用会道门、邪教组织破坏法律实施的，构成利用会道门、邪教组织破坏法律实施罪。

③ 因此，从理论上说，并非所有冠以"会""道""门"字样的组织或团体都是本罪中《刑法》规制的"会道门"。

④ 当然，二者也并非毫无区别。但这种区别并不影响刑法评价的过程和结果。

⑤ "一贯道"发端于晚清，极盛于20世纪40年代。"九宫道"是清末兴起的一个会道门团体。"先天道"虽然出现较晚，但其是"一贯道"的一个分支，来源于"一贯道"。

⑥ 当然，也可能并非本土产生，而是由国外传入。但毕竟在我国完成了发展、演化和兴起，实现了"本土化"，认定为本土邪教组织亦无不可。

3. 邪教组织和宗教团体如何区分

宗教是人类社会发展到一定历史阶段出现的一种文化现象，属于社会特殊意识形态。因此，宗教都有系统完整的教义和深厚的文化根基。佛教、道教、基督教、天主教、伊斯兰教等各教虽具体教义有所不同，但都有历代相传的宗教典籍、固定的活动场所和严格的宗教礼仪，所倡导的核心理念，也都是劝导世人积德行善、远离罪恶、珍爱自然和生命。因此，宗教信仰自由是我国公民的基本权利，基于宗教形成的团体也在国家的保护之列。由于邪教在形式上类似宗教，都有组织形式、礼拜形式和情感表达方式，因此，邪教组织大多披着宗教的外衣，歪曲或利用宗教的名词术语、修行方法等，大搞个人崇拜，实行精神控制，编造迷信邪说，大肆敛聚钱财，秘密结社，危害个人和社会，在对宗教进行亵渎的同时，其本身也构成了违法犯罪，应接受法律的制裁。

4. 迷信与宗教如何区分

所谓迷信，其本意是指对某一些事物迷惘而不知其究竟，但又盲目地相信其说。在我国，迷信主要指民间的神鬼妖狐等信仰。宗教是一种社会意识形态，一般由宗教组织、教义、经典、仪规、戒律等基本要素构成。而迷信通常并没有正式的组织形式、完整的理论体系、明确的经典、戒律等，不具备宗教普遍性、民族性、世界性的特点。因此，迷信与宗教是有显著区别的。但迷信毕竟属于民间的习惯，涉及民间的传说，反映民间的理想和愿望。因此，少数群众求神拜鬼、修庙建观[①]、烧纸走阴、跳神请仙、看相算命、风水点穴等，虽然对社会风尚有消极影响，但未危害社会的，不构成犯罪。只有神汉、巫婆等迷信职业人员在迷信活动中，以跳神请仙、看相算命等为借口，妖言惑众，装神弄鬼，骗取钱财，甚至伤人性命，严重危害社会秩序和民众身心健康的，才能定罪

---

① 在宗教中也存在修庙建观的行为。因此，这里的"修庙建观"是非宗教形式的建设行为。基于宗教发展需要的"修庙建观"行为，是行使宗教信仰自由权的行为。

处罚。①

5. "组织、利用会道门、邪教组织"和"利用迷信"如何区分

"组织、利用会道门、邪教组织",往往也会利用到具体的迷信观念和方法,但其更主要的特征是建立会道门或邪教组织或利用会道门和邪教组织进行活动。而"利用迷信"是指通过会道门、邪教组织以外的其他利用迷信的行为,通常是以个人或小团伙方式活动,并没有"利用会道门、邪教组织"中的组织性或集团性。需要注意的是,组织、利用会道门、邪教组织破坏法律实施的行为,《办理邪教组织刑事案件解释》中已有明确规定,但利用迷信破坏法律实施的行为,尚无司法解释明确规定,通常认为应指利用烧纸走阴、跳神请仙、看相算命等形式,散布迷信谣言,制造混乱、恐慌,蛊惑民众,严重扰乱社会公共秩序,从而破坏国家法律实施的行为。

6. 如何对犯罪和行政违法行为进行区分

在组织、利用会道门、邪教组织、利用迷信破坏法律实施案件的审理中,要注意加强刑行衔接,准确区分刑事犯罪和行政违法行为,既不能将行政违法行为人为拔高为刑事犯罪,以刑代罚;也不能将刑事犯罪降格为行政违法行为,以罚代刑。根据《办理邪教组织刑事案件解释》的相关规定,行为人具有下列情形之一的,构成本罪:(1)建立邪教组织,或者邪教组织被取缔后又恢复、另行建立邪教组织的;(2)聚众包围、冲击、强占、哄闹国家机关、企业事业单位或者公共场所、宗教活动场所,扰乱社会秩序的;(3)非法举行集会、游行、示威,扰乱社会秩序的;(4)使用暴力、胁迫或者以其他方法强迫他人加入或者阻止他人退出邪教组织的;(5)组织、煽动、蒙骗成员或者他人不履行法定义务的;(6)使用"伪基站""黑广播"等无线电台(站)或者无线电频率宣扬邪教的;(7)曾因从事邪教活动被追究刑事责任或者2年内受过行政处罚,又从事邪教活动的;(8)发展邪教组织成员50人以上的;(9)敛取

---

① 应根据犯罪行为侵犯的客体来确定具体的罪名。

钱财或者造成经济损失 100 万元以上的；（10）以货币为载体宣扬邪教，数量在 500 张（枚）以上的；（11）制作、传播邪教宣传品，达到下列数量标准之一的：①传单、喷图、图片、标语、报纸 1000 份（张）以上的；②书籍、刊物 250 册以上的；③录音带、录像带等音像制品 250 盒（张）以上的；④标识、标志物 250 件以上的；⑤光盘、U 盘、储存卡、移动硬盘等移动存储介质 100 个以上的；⑥横幅、条幅 50 条（个）以上的。（12）利用通讯信息网络宣扬邪教，具有下列情形之一的：①制作、传播宣扬邪教的电子图片、文章 200 张（篇）以上，电子书籍、刊物、音视频 50 册（个）以上，或者电子文档 500 万字符以上、电子音视频 250 分钟以上的；②编发信息、拨打电话 1000 条（次）以上的；③利用在线人数累计达到 1000 以上的聊天室，或者利用群组成员、关注人员等账号数累计 1000 以上的通讯群组、微信、微博等社交网络宣扬邪教的；④邪教信息实际被点击、浏览数达到 5000 次以上的。（13）其他情节严重的情形。需要注意的是，行为人虽然实施了上述行为，但情节轻微，确有悔改表现，不致再危害社会的，也可以不以犯罪论处。

"其他情节严重的情形"，是指社会危害性与以上 12 种情形相当的情节。在认定时要采用主客观相结合的综合判断标准，不仅要从客观方面考察行为人实施的客观行为及其造成的客观危害，还要从主观方面考察行为人的主观恶性。具体而言，可以从犯罪手段、危害程度、社会影响、主观恶性等方面加以认定。以下"社会危害特别严重""其他情节特别严重的情形""社会危害较轻""其他情节较轻的情形"等均按此标准进行综合判断。

7. 如何认定"情节特别严重"

根据《办理邪教组织刑事案件解释》的相关规定，利用邪教组织，破坏国家法律、行政法规实施，具有下列情形之一的，应当认定为"情节特别严重"：上述入罪情节第 1 项至第 7 项规定的行为，社会危害特别严重的；第 8 项至第 12 项规定的行为，数量或者数额达到第 2 条规定相应标准5倍以上的；其他情节特别严重的情形。需要注意的是，对于虽已达到"情节特别严重"的数量标准的，但其他情节较轻，尚未造成特别严重的社会危害后果的，也可不认定为"情节特别严重"。

8. 如何认定"情节较轻"

根据《办理邪教组织刑事案件解释》的相关规定，利用邪教组织，破坏国家法律、行政法规实施，具有下列情形之一的，应当认定为"情节较轻"：上述入罪情节第1项至第7项规定的行为，社会危害较轻的；第8项至第12项规定的行为，数量或者数额达到第2条规定相应标准五分之一以上的；其他情节较轻的情形。

9. 如何认定"从重处罚"情节

根据《办理邪教组织刑事案件解释》的相关规定，行为人利用邪教组织，破坏国家法律、行政法规实施，具备入罪情节、符合"情节特别严重""情节较轻"，或者成立未遂、预备，具有下列情形之一的，在相应的法定刑幅度内从重处罚：（1）与境外机构、组织、人员勾结，从事邪教活动的；（2）跨省、自治区、直辖市建立邪教组织机构、发展成员或者组织邪教活动的；（3）在重要公共场所、监管场所或者国家重大节日、重大活动期间聚集滋事，公开进行邪教活动的；（4）邪教组织被取缔后，或者被认定为邪教组织后，仍然聚集滋事，公开进行邪教活动的；（5）国家工作人员从事邪教活动的；（6）向未成年人宣扬邪教的；（7）在学校或者其他教育培训机构宣扬邪教的。

10. 多次制作、传播邪教宣传品或者利用通讯信息网络宣扬邪教，未经处理的，或者制作、传播邪教宣传品，或者利用通讯信息网络宣扬邪教，涉及不同种类或者形式的，如何确定数量或数额

多次制作、传播邪教宣传品或者利用通讯信息网络宣扬邪教，未经处理的，数量或者数额累计计算。制作、传播邪教宣传品，或者利用通讯信息网络宣扬邪教，涉及不同种类或者形式的，可以根据《办理邪教组织刑事案件解释》规定的不同数量标准的相应比例折算后累计计算。

11. 如何对既未遂形态进行认定

本罪为行为犯，行为人只要实施了司法解释列举的相关行为的即构成既遂。但需要注意的是，鉴于《办理邪教组织刑事案件解释》将组织、利用会道门、邪教组织破坏法律实施的行为规定得较为复杂，不排除在某些特殊情形中仍然存在既未遂的区分。根据《办理邪教组织刑事案件解释》的相关规定，为了传播而持有、携带，或者传播过程中被当场查获，邪教宣传品数量达到入罪标准的，按照下列情形分别处理：（1）邪教宣传品是行为人制作的，以犯罪既遂处理；（2）邪教宣传品不是行为人制作，尚未传播的，以犯罪预备处理；（3）邪教宣传品不是行为人制作，传播过程中被查获的，以犯罪未遂处理；（4）邪教宣传品不是行为人制作，部分已经传播出去的，以犯罪既遂处理，对于没有传播的部分，可以在量刑时酌情考虑。①

12. 如何确定共同犯罪的范围

根据《办理邪教组织刑事案件解释》的相关规定，明知他人组织、利用邪教组织实施犯罪，而为其提供经费、场地、技术、工具、食宿、接送等便利条件或者帮助的，以共同犯罪论处。需要注意的是，以上规定为注意规定，确定组织、利用会道门、邪教组织、利用迷信破坏法律实施罪的共同犯罪时，仍要符合《刑法》的相关规定及刑法理论的相关要求，如果行为人确实不知道对方系实施邪教犯罪的人而基于合法、正当目的为其提供了便利或者帮助的，不成立共同犯罪。如果行为人在邪教犯罪分子实施犯罪之后为其窝藏、包庇的，也不成立共同犯罪，而应该单独构成窝藏、包庇罪。

13. 行为人在组织、利用会道门、邪教组织、利用迷信破坏法律实施的过程中，致人重伤、死亡的，应如何处罚

行为人在组织、利用会道门、邪教组织、利用迷信破坏法律实施的过程，故意剥夺他人生命或者伤害他人身体的，构成故意杀人罪或者故

---

① 例如，徐某某、陈某甲、王某某、陈某乙、林某某、陈某丙利用邪教组织破坏法律实施案，参见河南省周口市扶沟县人民法院（2009）扶刑初字第 152 号。

意伤害罪；组织、策划、煽动、胁迫、教唆、帮助其成员或者他人实施自杀、自伤的，以故意杀人罪或者故意伤害罪定罪处罚；蒙骗他人，过失致人重伤、死亡的，构成组织、利用会道门、邪教组织、利用迷信致人重伤、死亡罪。需要注意的是，在以上情形中，如果行为人在致人重伤、死亡之外，还构成组织、利用会道门、邪教组织、利用迷信破坏法律罪的，应进行数罪并罚。如果行为人因意外导致其成员或者他人重伤、死亡，构成组织、利用会道门、邪教组织、利用迷信破坏法律实施罪，但可认定为"情节特别严重"。

14. 行为人在组织、利用会道门、邪教组织、利用迷信破坏法律实施的过程中，实施强奸行为的，应如何认定

根据《刑法》第236条的规定，以暴力、胁迫或者其他手段强奸妇女的，构成强奸罪。因此，行为人在组织、利用会道门、邪教组织、利用迷信破坏法律实施的过程，使用暴力、胁迫或者其他手段，违背妇女意愿进行强奸的，构成强奸罪。但对于行为人利用迷信等歪理邪说等引诱、欺骗被害人，在取得被害人同意后实施强奸行为的，则要视具体情况采取不同的处理方式。在被害人同意的场合，只有有关客体的错误才能使该同意无效。如果被害人对强奸行为本身存在错误认识，其同意被视为有瑕疵的同意，不能使行为人实施的强奸行为正当化。因此，如果行为人利用迷信邪说引诱、欺骗被害人，使被害人将强奸行为误认为是宗教仪式或治病手段等时，该被害人同意不阻却强奸罪的成立；如果被害人对强奸行为的性质没有发生错误认识，仅只是在对同意强奸行为的动机或后果上存在错误认识的，例如，行为人以加入邪教组织、给予教职、金钱、获得超自然能力等作为交换条件的，原则上不能构成强奸，但如果行为人存在胁迫等行为，导致被害人不敢反抗和不能反抗的，以强奸罪论处。

15. 行为人在组织、利用会道门、邪教组织、利用迷信破坏法律实施的过程中，又有奸淫妇女、诈骗财物等犯罪行为的，应如何处罚

1997年修订《刑法》时，规定组织、利用会道门、邪教组织或者利

用迷信奸淫妇女、诈骗财物的，分别依照强奸罪和诈骗罪处理，不进行数罪并罚。如果行为人通过组织、利用会道门、邪教组织或者利用迷信作为手段，奸淫妇女、诈骗财物的，因为组织、利用会道门、邪教组织或者利用迷信破坏法律实施罪侵犯的客体是国家实施法律、行政法规的正常秩序，所以，行为人对被害人性自由权和财产权的侵犯仍应认定构成强奸罪和诈骗罪。但如果行为人组织、利用会道门、邪教组织或者利用迷信破坏法律实施已构成犯罪的，仍只以强奸罪和诈骗罪一罪论处的话，显然存在刑法评价不足，未能全面揭示此类犯罪罪质的问题。因此，为了从严惩处邪教犯罪，《刑法修正案（九）》中修改为组织、利用会道门、邪教组织或者利用迷信破坏国家法律、行政法规实施的，又有奸淫妇女、诈骗财物等犯罪行为的，依照数罪并罚的规定处罚。[①] 但需要注意的是，如果行为人组织、利用会道门、邪教组织或者利用迷信破坏法律实施的行为并不构成犯罪的，仍只能以强奸罪和诈骗罪论处。

16. 行为人在组织、利用会道门、邪教组织、利用迷信破坏法律实施的过程中，又有煽动分裂国家、煽动颠覆国家政权或者侮辱、诽谤他人等犯罪行为的，应如何处罚

《最高人民法院、最高人民检察院关于办理组织和利用邪教组织犯罪案件具体应用法律若干问题的解释》（已失效）中曾规定，组织和利用邪教组织，组织、策划、实施、煽动分裂国家、破坏国家统一或者颠覆国家政权、推翻社会主义制度的，分别依照《刑法》第103条、第105条、第113条的规定定罪处罚。《最高人民法院、最高人民检察院关于办理组织和利用邪教组织犯罪案件具体应用法律若干问题的解释（二）》[已失

[①] 同理，邪教组织人员以暴力、威胁方法阻碍国家机关工作人员依法执行职务的，虽然应依照《刑法》第277条第1款的规定，以妨害公务罪定罪处罚。但如果行为人组织、利用会道门、邪教组织或者利用迷信破坏法律实施已构成犯罪，又实施以暴力、威胁方法阻碍国家机关工作人员依法执行职务等犯罪行为的，就不能按照处罚较重的规定定罪处罚，而要进行数罪并罚。同样地，邪教组织人员为境外窃取、刺探、收买、非法提供国家秘密、情报的，以窃取、刺探、收买方法非法获取国家秘密的，非法持有国家绝密、机密文件、资料、物品拒不说明来源与用途的，或者泄露国家秘密情节严重的，也应按相同的原则处理。例如，吴某某、薛某某利用邪教组织破坏法律实施案。

效，以下简称《办理邪教组织犯罪案件解释（二）》〕作出补充规定，制作、传播邪教宣传品，煽动分裂国家、破坏国家统一，或者煽动颠覆国家政权、推翻社会主义制度的，依照《刑法》第 103 条第 2 款、第 105 条第 2 款的规定，以煽动分裂国家罪或者煽动颠覆国家政权罪定罪处罚。《办理邪教组织刑事案件解释》施行以后，统一规定为，组织、利用邪教组织破坏国家法律、行政法规实施过程中，又有煽动分裂国家、煽动颠覆国家政权或者侮辱、诽谤他人等犯罪行为的，依照数罪并罚的规定定罪处罚。

17. 行为人在组织、利用会道门、邪教组织、利用迷信破坏法律实施的过程中，以自焚、自爆或者其他危险方法危害公共安全的，应如何处罚

根据《办理邪教组织刑事案件解释》的相关规定，邪教组织人员以自焚、自爆或者其他危险方法危害公共安全的，依照《刑法》第 114 条、第 115 条的规定，以放火罪、爆炸罪、以危险方法危害公共安全罪等定罪处罚。但需要注意的是，此处的以自焚、自爆或者其他危险方法危害公共安全的行为，都不是发生在组织、利用会道门、邪教组织、利用迷信破坏法律实施的过程中，因而不能数罪并罚。如果行为人组织、利用会道门、邪教组织或者利用迷信破坏法律实施已构成犯罪，又实施了上述犯罪行为的，应进行数罪并罚。

18. 行为人制作、传播的邪教宣传品又具有煽动分裂国家、破坏国家统一等内容的，应如何处罚

根据《办理邪教组织犯罪案件解释（二）》的相关规定，制作、传播的邪教宣传品具有煽动分裂国家、破坏国家统一，煽动颠覆国家政权、推翻社会主义制度，侮辱、诽谤他人，严重危害社会秩序和国家利益，或者破坏国家法律、行政法规实施等内容，其行为同时触犯《刑法》第 103 条第 2 款、第 105 条第 2 款、第 246 条、第 300 条第 1 款等规定的，依照处罚较重的规定定罪处罚。但《办理邪教组织刑事案件解释》施行之后，《办理邪教组织犯罪案件解释（二）》已同时废止。因此，不

能再援引上述司法解释中的相关内容进行裁判。但如果并不与新司法解释相抵触，又是根据立法原意刑法理论和司法实践得出的必然结论，则仍然可以参照适用。[①]因此，尽管行为人的行为触犯了数个罪名，但鉴于数罪间为想象竞合犯关系，仍应依照处罚较重的规定定罪处罚。

19. 对利用广播电视设施、公用电信设施制作、传播邪教组织信息的，如何处理

根据《最高人民法院、最高人民检察院关于办理组织和利用邪教组织犯罪案件具体应用法律若干问题的解答》（已失效，以下简称《办理邪教组织案件解答》）：（1）对利用广播电视设施、公用电信设施制作、传播邪教组织信息的，如果为传播邪教组织信息破坏广播电视设施、公用电信设施，危害公共安全的，依照《刑法》第124条的规定，以破坏广播电视设施、公用电信设施罪定罪处罚；（2）如果利用广播电视设施、公用电信设施制作、传播邪教组织的信息，同时造成广播电视设施、公用电信设施破坏，危害公共安全的，依照《刑法》第124条、第300条第1款的规定，以破坏广播电视设施、公用电信设施罪，利用邪教组织破坏法律实施罪数罪并罚；（3）如果对利用广播电视设施、公用电信设施制作、传播邪教组织信息，未对广播电视设施、公用电信设施造成破坏的，依照《刑法》第300条第1款的规定，以利用邪教组织破坏法律实施罪定罪处罚。但《办理邪教组织刑事案件解释》施行之后，《办理邪教组织案件解答》已同时废止。因此，对于第1项和第3项情形而言，因符合相关司法解释和刑法理论的规定，可以照此处理。但对于第2项

---

① 例如，被截获的邮寄邪教宣传品数量达到入罪标准的，就应当按犯罪未遂处理。特别是废止的司法解释中作出的注意规定，更应当适用。例如，在与《办理邪教组织犯罪案件解释（二）》同时废止的《办理邪教组织案件解答》中"邪教组织违法犯罪人员在监管场所抗拒改造，继续从事邪教活动，构成犯罪的，应当依法追究刑事责任"的规定。

此外，在废止的司法解释中的一些"工具性"规定，由于对司法实践指导性强，又具有很高的可操作性，除非已经出现了新的相关规定，否则在司法实践中仍应参照适用。例如，该解答中规定，传单、图片、标语、报纸等形式的邪教宣传品，以独立的载体为计算份数的标准。对邮件中装有多份邪教宣传品的，应当根据邮件中所包含的实际份数计算总数。

情形而言，利用广播电视设施、公用电信设施制作、传播邪教组织的信息，同时造成广播电视设施、公用电信设施破坏，危害公共安全的，应构成利用邪教组织破坏法律实施罪和破坏广播电视设施、公用电信设施罪，二罪为想象竞合犯关系，不能数罪并罚，仍应按破坏广播电视设施、公用电信设施罪定罪处罚。[①]

20. 行为人在组织、利用会道门、邪教组织、利用迷信破坏法律实施的过程中，又组织或实施了非法集会、聚众包围国家机关、出版宣扬邪教内容出版物等行为的，应如何处罚

行为人在实施组织、利用会道门、邪教组织或利用迷信破坏法律实施的过程中，如果还组织或实施了非法、游行、示威，聚众包围、冲击、强占、哄闹国家机关、企业事业单位或者公共场所、宗教活动场所，出版、印刷、复制、发行宣扬邪教内容出版物等行为的，应构成数罪，但由于数罪间存在想象竞合犯或牵连犯关系，按组织、利用会道门、邪教组织、利用迷信破坏法律实施罪定罪处罚。如果行为人在实施组织、利用会道门、邪教组织或利用迷信破坏法律实施的犯罪过程之外，实施了上述犯罪行为的，应进行数罪并罚。

21. 对实施组织、利用邪教组织破坏法律实施犯罪的，能否附加剥夺政治权利

根据《办理邪教组织刑事案件解释》的相关规定，对于犯组织、利用邪教组织破坏法律实施罪，严重破坏社会秩序的犯罪分子，根据《刑法》第 56 条的规定，可以附加剥夺政治权利。

[①] 参见吉林省高级人民法院（2002）吉刑终字第 435 号。

六十九、赌博罪

第三百零三条第一款　以营利为目的，聚众赌博或者以赌博为业的，处三年以下有期徒刑、拘役或者管制，并处罚金。

（一）概述

1. 概念和构成要件

赌博罪，是指以营利为目的，聚众赌博或者以赌博为业的行为。

赌博罪的构成要件和主要特征是：

（1）本罪侵犯的客体是社会管理秩序和社会风尚。赌博不仅危害社会秩序，影响工作、生产和生活，而且还往往诱发其他犯罪，对社会危害很大，必须予以打击。

（2）客观方面表现为聚众赌博或者以赌博为业的行为。"聚众赌博"，是指为赌博提供赌场、赌具，组织、招引他人参加赌博，本人从中抽头渔利的行为。这种人俗称"赌头"。赌头可能参与赌博，也可能不参与赌博，可能是一人，也可能是多人，均不影响犯罪的成立。"以赌博为业"，是指以赌博为常业，即将赌博所得作为生活或挥霍的主要来源的行为。此种人也称为"赌棍"。赌棍有的无正当职业，专事赌博；有的有业不就，主要从事赌博；有的虽有正当职业，但以赌博为兼业，赌博输赢的数额大大超过其正当收入的数额。按照法律规定，行为人只要具备聚众赌博或者以赌博为业两种行为之一的，即可构成本罪。

（3）犯罪主体为一般主体。

（4）主观方面由故意构成，并且具有营利的目的。

2. 法定刑

依照《刑法》第303条第1款的规定，犯赌博罪的，处三年以下有期徒刑、拘役或者管制，并处罚金。

（二）疑难问题精析

1. 如何认定"以营利为目的"

以营利为目的，是指行为人聚众赌博、以赌博为业，是为了获取数额较大的金钱或者其他财物，而不是为了消遣、娱乐。行为人获取财物的方式，主要包括以下几种情况：（1）抽头渔利，即组织、招引他人赌博，从他人赌博赢取的财物中按照一定比例，抽取费用；（2）直接参赌获利；（3）组织中国公民赴境外赌博，从中获取回扣、介绍费等。以营利为目的，并不要求行为人一定要赢得钱财，只要是为了获取钱财，即使实际上没有赢钱甚至输了钱，也不影响赌博罪的成立。司法实践中，认定行为人是否具有"以营利目的"，主要根据行为人实施赌博行为的方式和上述获利方式综合判断。行为人进行带有少量财物输赢的娱乐活动，虽然主观上也有为了赢取少量财物的获利成分，但输赢对其无所谓，或者意义不大，其主要目的是消遣、娱乐的，不得认定为"以营利为目的"。

以营利为目的，是赌博罪成立的前提条件，也是判断罪与非罪的关键。《最高人民法院、最高人民检察院关于办理赌博刑事案件具体应用法律若干问题的解释》（以下简称《办理赌博刑事案件解释》）第9条明确规定："不以营利为目的，进行带有少量财物输赢的娱乐活动，以及提供棋牌室等娱乐场所只收取正常的场所和服务费用的经营行为等，不以赌博论处。"这里的"少量财物"的标准，由国务院治安管理行政部门按照赌博违法犯罪活动的态势以及社会发展水平综合考虑后确定。"正常的场所和服务费用"的标准，一般参照该地区同档次娱乐场所的收费标准确定。"不以赌博论"，是指不以赌博违法论，更不能以赌博犯罪论。当然，如果有证据证明娱乐场所明知他人实施赌博，而向他人提供场地服务等直接帮助条件的，依照司法解释规定，对其直接负责人员可以赌博罪的共犯论处。

2. 如何认定"以赌博为业"

以赌博为业，一般理解就是常业犯，是指嗜赌成性，一贯赌博，将赌博所得作为生活或主要的经济来源。这里既包括没有正当职业和收入，以赌博为生的人，也包括虽然有职业或者收入，但是其主要的经济来源来自赌博活动的人。司法实践中判断"以赌博为业"时，应当注意区分一般违法与犯罪的界限。对于虽然多次参加赌博，但输赢不大，不是以赌博为生活或主要经济来源的，不能认定为赌博罪。

3. 如何认定"赌资"

《办理赌博刑事案件解释》第8条规定，赌博犯罪中用作赌注的款物、换取筹码的款物和通过赌博赢取的款物属于赌资。据此，认定赌资应注意以下几点：其一，赌资包括三种形式的款物，一是赌博犯罪中用作赌注的款物，二是换取筹码的款物，三是通过赌博赢取的款物。除此之外的款物，例如行为人随身携带的尚未用作赌注或者换取筹码的现金、财物、信用卡内的其他资金等，则不能视为赌资。其二，在利用计算机网络进行的赌博活动中，分赌场、下级庄家或者赌博参与者在组织参与赌博前向赌博组织者、上级庄家或者赌博公司交付的押金，应当视为赌资。其三，赌博现场没有赌资，而是以筹码或者事先约定事后交割等方式代替的，赌资数额经调查属实后予以认定。其四，个人投注的财物数额无法确定时，按照参赌财物的价值总额除以参赌人数的平均值计算。

对于通过计算机网络实施赌博犯罪的，赌资数额可以按照在计算机网络上投注或者赢取的点数乘以每一点实际代表的金额认定。赌博的次数，可以按照在计算机网络上投注的总次数认定。这种计算方式，是由计算机网络赌博行为的特殊性决定的。在计算机网络赌博中，为方便客户投注，用作投注的对象往往是点数，而不是真实的资金。只有在结算时才按照每一点实际代表的金额计算输赢数额，然后再发生真实的资金转移关系。所以，在网络赌博中，"点数"相当于现实赌博中的筹码。这种计算方法，只适用于计算机网络赌博中对用作赌注的款物和赌博赢取的款物的数额的计算，能够反映计算机网络赌博中真实的投注数额和赢取数额。

《办理赌博刑事案件解释》第8条还规定，赌博用具、赌博违法所得以及赌博犯罪分子所有的专门用于赌博的资金、交通工具、通讯工具，应当予以没收。这里的"专门用于赌博的资金、交通工具、通讯工具"，包括犯罪分子开设赌场的资金、赌场的运营资金、专门用作赌场的汽车、船只，专门接送赌客的汽车、船只，赌博犯罪分子、赌场工作人员之间用于联络的手机、对讲机等，对这些物品依法应当予以没收。但对参赌人临时乘坐的汽车、船只、临时联络用的手机等物品，未作为赌注的，则不宜没收。

4.赌场中高利贷资金是否属于"赌资"

实际上，有人在赌场或赌博活动中专门发放高利贷，为赌博人提供方便。这种在赌场或赌博活动中发放给赌博人员用于赌博的高利贷，通常应作为赌资来认定。如果有证据证明，行为人明知道他人在实施赌博犯罪，同时又为其提供高利贷等资金的帮助，这种帮助对聚众赌博等赌博犯罪活动起到了直接的推动和促进作用，对行为人依法可以赌博罪的共犯论处。

5.设置圈套欺骗他人参赌获取钱财的行为如何定罪处罚

赌博犯罪中往往伴有欺骗活动，但这种欺骗与诈骗罪中的欺骗有所不同。赌博罪中的欺骗及制造虚假事实，是为了引诱他人参加赌博，而赌博活动本身则是凭偶然之事实决定输赢，其目的仍在于通过赌博达到营利的目的，而不是以非法占有为目的。如果行为人设置圈套欺骗他人参赌获取钱财的，根据《最高人民法院关于对设置圈套诱骗他人参赌又向索还钱财的受骗者施以暴力或暴力相威胁的行为应如何定罪问题的批复》的规定，一般属于赌博行为，构成犯罪的，以赌博罪定罪处罚。参赌者识破骗局要求退还所输钱财时，设赌者又使用暴力或者以暴力相威胁，拒绝退还的，应以赌博罪从重处罚；致参赌者伤害或者死亡的，应以赌博罪和故意伤害罪、故意杀人罪，依法实行数罪并罚。

但是，对于明显具有诈骗目的和欺骗手段，如弄虚作假，设置圈套，控制赌博输赢结果，并从中获取钱财的行为，也可以诈骗罪定罪处罚。因为赌博罪要求决定输赢应系偶然事实，赌博的这种偶然性对参与各方来讲都具有不确定性，如果对弄虚作假的一方当事人而言，输赢的结果已经确定，则就不再是赌博，而完全符合诈骗罪的特征，故依法应构成诈骗罪。此外，行为人诱使他人参与赌博，约定由行为人本人直接参赌，他人与其共同承担输赢责任，在行为人故意输给其他参赌人后，要求被诱骗人承担还款责任，骗取钱款数额巨大的，亦应以诈骗罪追究行为人的刑事责任。

6. 如何认定抢赌资行为的性质

从实际看，抢赌资的行为主要有两种情形：一种是没有参加赌博的人抢赌资；另一种是参加赌博的人，因输了钱而不甘心从而抢赢钱的人。对于前一种情形，不管行为人是否冒充警察身份，只要抢赌场且使用了暴力或者胁迫的手段进行，就应当依法认定抢劫罪；如果没有采取暴力或胁迫的手段进行，数额较大的，则可依法认定抢夺罪。

对于后一种情形亦应区别情况处理，对参赌的人没有采取暴力、胁迫手段抢赌资的，因为发生在赌博的过程中，可认为是赌博行为的表现，仍以赌博罪处罚；如果参赌者使用暴力或者胁迫手段抢劫他人赌资、有预谋抢劫赌场的，则应依法认定抢劫罪，并与赌博罪实行数罪并罚。但是，根据《最高人民法院关于审理抢劫、抢夺刑事案件适用法律若干问题的意见》第7条规定，如果行为人仅以所输赌资或所赢赌债为抢劫对象，一般不宜抢劫罪定罪处罚。如果其行为符合赌博、故意伤害、寻衅滋事等其他犯罪构成的，应依照《刑法》的相关规定处罚。

例如，黄某甲等寻衅滋事案：2017年9月7日1时许，被告人黄某甲接到其堂哥黄某乙自称赌博时被人"出千"的电话后，想要替其堂哥教训"出千人"并拿回所输赌资，于是伙同被告人聂某某、熊某、周某某等人乘坐出租车来到珠海市香洲区某小区门口小卖部，见到黄某乙、被害人吴某某等人在赌"三公"，遂围上前去。吴某某见状欲离开，被黄某甲拦住要求验牌，吴某某不同意，双方发生争执。后吴某某见机逃跑，被黄某乙拦住，黄某甲等人追上前去，黄某甲、聂某某手打脚踢吴某某，将其按住坐在花坛上，其他人围住，迫使吴某某（手上握有一部手机）交出人民币（以下币种同）1300元，后因吴某某请求留下100元作为车费，黄某甲退还其100元后离开现场。事后被告人黄某甲分得270元、聂某某分得300元、熊某分得200元、周某某分得200元。经鉴定，吴某某所受损伤为轻微伤。据此，检察机关指控被告人黄某甲、聂某某、熊某、周某某犯抢劫罪。

法院经审理认为，黄某甲等人在公共场所实施轻微暴力强索财物的行为虽然从形式上看与抢劫罪有些相似，但综观全案，其暴力强度尚未超出寻衅滋事罪"强拿硬要"的范围，且其主观目的主要不是非法占有他人财物，而是帮朋友要回赌资、教训被害人，其从索要钱款中拿出100元归还被害人、索要财物价值亦未超出所认为的损失数额，本案以寻衅滋事罪论处更有助于贯彻罪责刑相适应原则，遂依法以该罪对四被告人定罪处罚。[1]

7. 如何理解与把握赌博罪的共犯

典型的赌博罪共犯，是指两人以上共同故意实施聚众赌博犯罪活动。这种共犯有共同的故意和共同的行为，在司法实践中比较常见，也比较容易认定。《办理赌博刑事案件解释》第4条规定："明知他人实施赌博犯罪活动，而为其提供资金、计算机网络、通讯、费用结算等直接帮助的，以赌博罪的共犯论处。"此条规定的行为，在刑法理论上称之为片面共犯。这些人虽然是事前没有与赌博犯罪分子通谋，共同故意不明显，但是，其明知他人实施赌博犯罪，主观上已存在与赌博犯罪分子沟通的故意。其向赌博犯罪分子提供资金、计算机网络、通讯、费用结算等直

---

[1] 参见中华人民共和国最高人民法院刑事审判第一、二、三、四、五庭主办：《刑事审判参考》（总第113集），法律出版社2019年版。

接帮助,该帮助行为促使了赌博犯罪的发生和发展,成为赌博共同犯罪的一个有机组成部分,甚至是必不可少的组成部分,故应当以赌博罪共犯论处。

在认定此类赌博罪共犯时,需要注意两点:一是必须有证据证明行为人明知他人在实施赌博犯罪,这是行为人主观上存在沟通故意的前提。行为人的认知状态是明知,认知内容是他人在实施赌博犯罪。二是行为人必须提供了资金、计算机网络、通讯、费用结算等直接帮助。其中,计算机网络帮助,主要指互联网接入、服务器托管、网络存储空间等条件和服务;直接帮助,是指对于赌博犯罪的发生和发展来说,这种帮助有直接的促进作用,并非可有可无。

8. 对赌场雇请的务工人员能否认定为"提供直接帮助"

根据《刑法》的规定,对那些聚众赌博、开设赌场的组织者和经营者按照犯罪处理。在赌场当中的受雇用人员,如果其仅仅提供了劳务,领取固定的工资,没有实施赌博的组织行为,没有实施开设赌场的行为,没有参与抽头分红的行为,一般不成立赌博罪共犯,不以犯罪论处。

9. 非法发行、销售彩票的行为如何定性

我国目前经国家批准的合法的彩票业务有体彩、足彩等。经国家批准的合法彩票业务除了提供博彩娱乐之外,还是国家筹集公益资金的一条重要渠道,是市场经济的重要组成部分。凡未经国家批准发行、销售彩票的,包括在我国东南沿海一带农村地区泛滥的六合彩等,均属于非法发行、销售彩票。非法发行、销售彩票,虽然属于赌博的一种形式,但更严重的是侵犯了国家彩票发行的专营秩序,即市场经济秩序。故根据从一重罪的处罚原则,应以非法经营罪定罪处罚。所以,《办理赌博刑事案件解释》第6条规定:"未经国家批准擅自发行、销售彩票的,构成犯罪的,依照刑法第二百二十五条第(四)项的规定,以非法经营罪定罪处罚。"

10. 赌博贿赂行为如何认定

所谓赌博贿赂行为,是指以赌博为名,行贿赂之实。现实生活中,一些人通过打牌娱乐，有求者一方故意输钱，掌权者一方坦然赢钱，相互心知肚明，心照不宣。这种行为表面上是打牌娱乐、联络感情，实际上是行贿受贿。在这里，国家权力成为双方交易的商品，赢钱者往往是掌握一定公共权力的人，输钱者往往是为了谋取非法利益或者要求掌权者违法提供帮助的人，相互之间实质进行的是权钱交易。所以，《办理赌博刑事案件解释》第7条规定："通过赌博或者为国家工作人员赌博提供资金的形式实施行贿、受贿行为，构成犯罪的，依照刑法关于贿赂犯罪的规定定罪处罚。"在司法实践中，适用此规定需要注意两点：一是"通过赌博形式实施行贿受贿"中，行贿人和受贿人均直接参与形式上的赌博；"通过为国家工作人员赌博提供资金的形式实施行贿受贿"中，行贿人不直接参与赌博，只是为受贿人赌博提供资金。无论哪一种形式，受贿人均直接参与形式上的赌博。二是认定赌博贿赂，必须符合《刑法》规定的受贿罪和行贿罪的具体构成要件，诸如受贿人有利用职务上的便利，索取行贿人的赌资的行为，或者有非法收受行贿人赌资，为行贿人谋取利益的行为，行贿人是为谋取非法利益而提供赌资，等等。

11. 如何理解"国家工作人员赌博从重处罚"

此处的"国家工作人员"，包括国家机关工作人员主要是党政官员，国有公司、企业、事业单位、人民团体中从事公务的人员等。国家工作人员参与赌博，会严重损害党和政府的信誉和廉洁形象，具有极大的社会危害性，人民群众对此深恶痛绝。所以，《办理赌博刑事案件解释》特别规定了"国家工作人员赌博从重处罚"。在司法实践中，适用此规定应当注意三点：一是依照《刑法》规定，无论任何公民，除了以赌博为业的人以外，其参赌行为一般不构成赌博罪。国家工作人员的参赌行为也不例外。二是从行为特征看，国家工作人员因其具有正当合法的职业，因此难以认定其以赌博为业，但可以在符合《办理赌博刑事案件解释》第1条规定标准时认定其聚众赌博，从而构成赌博罪。三是从追究刑事责任的角度讲，国家工作人员实施赌博罪的，社会危害性更大，理应从重处罚。

12. 我国公民在我国领域外周边地区聚众赌博的如何处理

《刑法》第 7 条规定："中华人民共和国公民在中华人民共和国领域外犯本法规定之罪的，适用本法，但是按本法规定的最高刑为三年以下有期徒刑的，可以不予追究。"赌博罪的最高法定刑为三年，依法可以不予追究。但是，可以不予追究不等于不能追究，一般情况下不予追究不等于在任何情况下都不予追究。为了保护我国的利益,《办理赌博刑事案件解释》第 3 条规定："中华人民共和国公民在我国领域外周边地区聚众赌博、开设赌场，以吸引中华人民共和国公民为主要客源，构成赌博罪的，可以依照刑法规定追究刑事责任。"这种情况下追究刑事责任，以"我国领域外周边地区"以及"以吸引中华人民共和国公民为主要客源"为条件。"我国领域外周边地区"，主要是指与我国领土主要是陆地接壤的国家和地区。我国公民如果在美国、日本、菲律宾等其他国家实施聚众赌博等行为的，因其对我国国家危害不大，一般不能依照我国《刑法》中的赌博罪追究刑事责任。

七十、开设赌场罪

第三百零三条第二款　开设赌场的，处五年以下有期徒刑、拘役或者管制，并处罚金；情节严重的，处五年以上十年以下有期徒刑，并处罚金。

（一）概述

1. 概念和构成要件

开设赌场罪，是指以营利为目的，为赌博提供场所、空间、赌具等，设定赌博方式、规则，组织、控制赌博进行或者经营赌博的行为。本罪原为1997年《刑法》第303条赌博罪中的一个具体罪状，原条文为："以营利为目的，聚众赌博、开设赌场或者以赌博为业的，处三年以下有期徒刑、拘役或者管制，并处罚金。"《刑法修正案（六）》将开设赌场行为单独规定，另列一款，作为第303条第2款，并增加了情节严重及对应法定刑的规定，成立开设赌场罪。《刑法修正案（十一）》对《刑法》第303条又作了重大修改：提高了开设赌场罪的法定刑，将"三年以下有期徒刑"以及"三年以上十年以下有期徒刑"修改为"五年以下有期徒刑"和"五年以上十年以下有期徒刑"。

开设赌场罪的构成要件和主要特征是：

（1）本罪的客体为社会管理秩序和良好社会风尚。开设赌场犯罪通过组织、控制赌博这种违法犯罪活动来获取不义之财，是产生、"滋养"赌博的温床，是助长赌博之风蔓延的罪魁祸首，打击赌博行为必须铲除开设赌场这一根源，从根本上净化社会风气，培育崇尚通过劳动和合法行为获得报酬的良善社会风尚，促进社会公共秩序的良性健康发展。

（2）本罪客观方面表现为为赌博提供场所、网络空间、赌具、筹码等，通过设定赌博方式、规则，组织、控制赌博进行的行为。开设赌场罪在客观方面主要包括传统方式、开设赌博网站以及利用赌博机组织赌博等行为。所谓传统方式，是指提供房屋、场馆、赌具、筹码等看得见、摸得着的实物，设定赌博方式、规则，组织、控制赌博进行的行为。开设赌博网站，是指利用互联网、移动通讯终端建立赌博网站，接受投注，传输赌博视频、数据，组织赌博活动的行为。主要包括建立赌博网站并接受投注、建立赌博网站并提供给他人组织赌博、为赌博网站担任代理并接受投注、参与赌博网站利润分成等行为。目前查证的中文赌博网站主要设置在我国香港特别行政区、台湾地区，东南亚国家，美国等，在大陆从事开设赌场犯罪活动的主要是这些网站的各级代理。网上赌博具有快捷、方便，无需现实空间，赌客不需要聚集，司法机关查证困难等特点，因此开设赌博网站的行为日益增多。利用赌博机组织赌博，是指设置具有退币、退分、退钢珠等赌博功能的电子游戏设施设备，并以现金、有价证券等贵重款物作为奖品，或者以回购奖品方式给予他人现金、有价证券等组织赌博活动的行为。利用赌博机组织赌博，具有设置简便、操作简易、不需要人员聚集、赌资和时间无特定要求、非法利润高等特点，尤其对青少年具有巨大诱惑力。

（3）犯罪主体为一般自然人主体。达到刑事责任年龄、具有刑事责任能力的自然人，包括中国公民和外国公民，均可成为本罪的主体，单位不能成为本罪的犯罪主体。

（4）本罪主观方面为故意，并具有营利目的。本罪在主观方面只能由故意构成，行为人明知自己的行为是为赌博活动提供条件，组织、控制赌博进行而仍然实施此行为。《刑法》没有明文规定本罪以营利为目的，但根据本罪规定的沿革发展和性质以及实践情况，行为人必然具有营利目的，否则不能构成本罪。

2. 法定刑

依照《刑法》第 303 条第 2 款的规定，犯开设赌场罪的，处五年以下有期徒刑、拘役或者管制，并处罚金；情节严重的，处五年以上十年以下有期徒刑，并处罚金。

（二）疑难问题精析

1. 如何把握本罪罪与非罪的界限

鉴于我国广大地区民间消遣娱乐的实际和习惯，认定开设赌场案件要特别注意把握罪与非罪的界限，准确把握犯罪构成，防止扩大打击面。对于不以营利和少量营利为目的，组织进行带有少量财物输赢的娱乐活动，以及提供棋牌室等娱乐场所只收取正常的场所和服务费用的经营行为，不能以本罪定罪处罚。对于以营利为目的开设赌场，非法获利数额巨大，造成恶劣社会影响，严重影响公共秩序和败坏社会风尚的，要依法惩处。要重点打击那些公开、长期、有组织、赌资数额巨大、社会影响恶劣、以暴力和黑社会性质组织为背景的开设赌场行为，对在国外和我国周边地区开设赌场、设置赌博网站，组织、招揽我国公民出境赌博和设置赌博机以主要引诱青少年学赌参赌为目的的开设赌场行为，也要重点打击。

要将开设赌场的出资者、组织者及实际管控人员和一般的服务人员区分开来，重点打击开设赌场的出资者、控制者、经营者和主要管理人员。对受雇用为赌场从事接送参赌人员、望风看场、发牌坐庄、兑换筹码等活动的人员，除参与开设赌场行为时间长、拿取利润分成或者领取高额固定工资的以外，一般不追究刑事责任，可由公安机关依法给予治安管理处罚。

对在商场、超市等场所设置游戏机，通过顾客单次少量投币等方式换取少量奖品或者争取更多次游戏机会的行为，虽具有一定赌博色彩，但总体上属于吸引顾客的娱乐活动，不以违法犯罪论处。

2. 如何把握本罪与赌博罪的界限

本罪与赌博罪中的"聚众赌博"在行为样态上相似，都可以表现为组织他人参与赌博的行为，主要区别在于：一是开设赌场罪是一种经营行为，一般通过长期、固定地提供场所、空间、赌具、设定赌博方式等获取营利，营利主要是抽头渔利。行为人是否在开设的赌场中参赌，不影响开设赌场罪的认定。聚众赌博的行为人也可能提供场所、赌具、设定赌博方式等，但是一般不具有长期性、固定性，营利一般是直接参与赌博获取的赌资，一般不抽头渔利。二是开设赌场罪的行为人对赌博活动具有明显的控制性，通过控制使赌博活动顺利进行，从而获得更大的非法利益，这种控制性主要通过对场所、赌博方式等的控制来实现。在利用赌博网站、赌博机开设赌场的犯罪中，控制性表现得尤为明显，参赌人进入赌博网站、赌博规则、抽头渔利数额等都由网站的建立者或者经营者以及赌博机的所有者、经营者控制。聚众赌博主要表现为召集、邀约进行赌博，行为人对赌博活动不具有明显的控制性。三是开设赌场罪一般是团伙或者共同犯罪，通过一定的组织分工、他人协助来实现。聚众赌博行为人之间关系较为松散，一般没有组织性。如果行为人既经常积极主动邀约、组织他人参赌，又长期为赌博活动提供场所等基本条件，组织、控制赌博进行，可以开设赌场罪定罪处罚。

3. 如何认定利用赌博机开设赌场的行为

根据《最高人民法院、最高人民检察院、公安部关于办理利用赌博机开设赌场案件适用法律若干问题的意见》（以下简称《办理利用赌博机开设赌场案件意见》）的规定，设置具有退币、退分、退钢珠等赌博功能的电子游戏设施设备，并以现金、有价证券等贵重款物作为奖品，或者以回购奖品方式给予他人现金、有价证券等贵重款物组织赌博活动的，应当认定为《刑法》第303条第2款规定的"开设赌场"行为。

4. 如何认定赌博机（具有赌博功能的电子游戏设施设备）

《办理利用赌博机开设赌场案件意见》规定，对于涉案的赌博机，公安机关应当采取拍照、摄像等方式及时固定证据，并予以认定（也就是由公安机关认定）。对于是否属于赌博机难以确定的，司法机关可以委托地市级以上公安机关出具检验报告。司法机关根据检验报告，并结合案件具体情况作出认定。必要时，人民法院可以依法通知检验人员出庭作出说明。可同时供多人使用的赌博机，台数按照能够独立供一人进行赌博活动的操作基本单元的数量认定。在两个以上地点设置赌博机，赌博机的数量、违法所得、赌资数额、参赌人数等均合并计算。

5.《刑法修正案（十一）》修改开设赌场罪的法定刑后，相关司法解释或者规范性文件中的定罪量刑标准是否不再适用

《刑法修正案（十一）》修改了开设赌场罪原来的法定刑，将"三年以下有期徒刑、拘役或者管制"和"三年以上十年以下有期徒刑"修改为"五年以下有期徒刑、拘役或者管制"和"五年以上十年以下有期徒刑"，提高了徒刑的下限，表明随着开设赌场犯罪越来越严重的社会危害性，《刑法》对其惩治的态度也越来越严厉。但是，罪状没有改变，最低法定刑——管制和最高法定刑——十年有期徒刑也没有变化，入罪的门槛和最高的刑罚没有改变，因此，相关司法解释或者规范性文件中的定罪量刑标准仍可以参照适用，否则难以体现立法严惩开设赌场罪的意图。

6. 如何把握利用赌博机开设赌场行为的定罪量刑标准

《办理利用赌博机开设赌场案件意见》第 2 条规定："设置赌博机组织赌博活动，具有下列情形之一的，应当按照刑法第三百零三条第二款规定的开设赌场罪定罪处罚：（一）设置赌博机 10 台以上的；（二）设置赌博机 2 台以上，容留未成年人赌博的；（三）在中小学校附近设置赌博机 2 台以上的；（四）违法所得累计达到 5000 元以上的；（五）赌资数额累计达到 5 万元以上的；（六）参赌人数累计达到 20 人以上的；（七）因设置赌博机被行政处罚后，两年内再设置赌博机 5 台以上的；（八）因赌博、开设赌场犯罪被刑事处罚后，五年内再设置赌博机 5 台以上的；（九）其他应当追究刑事责任的情形。设置赌博机组织赌博活动，具有下列情形之一的，应当认定为刑法第三百零三条第二款规定的'情节严重'：（一）数量或者数额达到第二条第一款第一项至第六项规定标准六倍以上的；（二）因设置赌博机被行政处罚后，两年内再设置赌博机 30 台以上的；（三）因赌博、开设赌场犯罪被刑事处罚后，五年内再设置赌

博机 30 台以上的；（四）其他情节严重的情形。"

7. 如何把握本罪的罪数形态

以开设赌场为名，通过使用专门工具、设备或者其他手段人为控制赌局输赢，构成犯罪的，依照《刑法》关于诈骗罪的规定定罪处罚；部分行为构成诈骗罪，部分行为构成开设赌场罪的，应当数罪并罚。

通过开设赌场或者为国家工作人员参与赌博提供资金的形式实施行贿、受贿行为，构成犯罪的，依照《刑法》关于贿赂犯罪的规定定罪处罚。同时构成开设赌场、赌博犯罪的，应当依法与贿赂犯罪数罪并罚。

以提供给他人开设赌场为目的，违反国家规定，非法生产、销售具有退币、退分等赌博功能的电子游戏设施设备或者其他专用软件，属于为他人利用赌博机开设赌场的预备行为，同时也是一种非法经营行为，情节严重构成犯罪的，以非法经营罪定罪处罚。

实施开设赌场犯罪，为强行抽头渔利而实施故意杀人、故意伤害、非法拘禁、故意毁坏财物、寻衅滋事等行为，或者为催收赌债等非法债务而实施限制他人人身自由、恐吓、跟踪、骚扰他人等行为，以及非法获取公民个人信息的，构成开设赌场和故意杀人、故意伤害、非法拘禁、催收非法债务、非法获取公民个人信息等犯罪的，应当依法数罪并罚。

明知他人实施开设赌场犯罪而为其提供资金、信用卡、资金结算等服务或者公民个人信息，构成开设赌场罪的共犯，同时构成非法经营罪，妨害信用卡管理罪，窃取、收买、非法提供信用卡信息罪，掩饰、隐瞒犯罪所得、犯罪所得收益罪等罪以及侵犯公民个人信息罪的，依照处罚较重的规定定罪处罚。

明知他人开设赌博网站而为其提供互联网接入、服务器托管、网络存储、通讯传输等技术支持，或者提供广告推广、支付结算等帮助，构成开设赌场罪的共犯，同时构成非法利用信息网络罪、帮助信息网络犯罪活动罪等罪的，依照处罚较重的规定定罪处罚。

8. 如何正确认定本罪的共犯

认定构成共犯，应以行为人明知他人实施开设赌场犯罪为前提。明知包括知道和应当知道，对于应当知道的认定，应结合行为人参与开设赌场时间的长短，与控制人、主要管理人员等的关联程度，所从事工作的性质，获取报酬的情况等综合判断。

同时，《最高人民法院、最高人民检察院、公安部关于办理网络赌博犯罪案件适用法律若干问题的意见》（以下简称《办理网络赌博犯罪案件意见》）还对如何把握"明知"作出了规定：具有下列情形之一的，应当认定行为人"明知"，但是有证据证明确实不知道的除外：（1）收到行政主管机关书面等方式的告知后，仍然实施帮助行为的；（2）为赌博网站提供互联网接入、服务器托管、网络存储空间、通讯传输通道、投放广告、软件开发、技术支持、资金支付结算等服务，收取服务费明显异常的；（3）在执法人员调查时，通过销毁、修改数据、账本等方式故意规避调查或者向犯罪嫌疑人通风报信的；（4）其他有证据证明行为人明知的。

根据《办理利用赌博机开设赌场案件意见》的规定，明知他人利用赌博机开设赌场，具有下列情形之一的，以开设赌场罪的共犯论处：（1）提供赌博机、资金、场地、技术支持、资金结算服务的；（2）受雇参与赌场经营管理并分成的；（3）为开设赌场者组织客源，收取回扣、手续费的；（4）参与赌场管理并领取高额固定工资的；（5）提供其他直接帮助的。

9. 如何正确认定本罪中的非法财物

开设赌场犯罪中的非法财物，主要是指赌资和专门用于维持赌场运行的财物，包括赌具，主要用于接送参赌人员的交通工具、联络开设赌场事宜、参赌人员的通讯工具、电子产品等。用作赌注的款物、换取筹码的款物和通过赌博赢取的款物属于赌资，主要包括当场查获的用于赌博的款物，代币、有价证券、赌博积分等实际代表的金额，在赌博网站或者赌博机上投资或者赢取的点数实际代表的金额。对于将资金直接或者间接兑换为虚拟货币、游戏道具等虚拟物品，并用其作为筹码投注的，赌资数额按照购买该虚拟物品所需资金数额或者实际支付资金数额认定。对于开设赌场犯罪中用于接收、流转赌资的银行账户内的资金，不能说明合法来源的，可以认定为赌资。

10. 如何正确认定本罪中的参赌人数

参赌人数对于认定开设赌场犯罪的情节轻重具有重要意义，一般是指实际参与赌博的人数。向开设赌场罪中用于接收、流转赌资的银行账号转入、转出资金的银行账号数量可以认定为参赌人数，如果查实一个账号多人使用或者多个账号一人使用的，应当按照实际查实使用的人数计算参赌人数。对于通过建立赌博网站实施开设赌场罪的，赌博网站的会员账号数可以认定为参赌人数，如果查实一个账号多人使用或者多个账号一人使用的，应当按照实际查实使用的人数计算参赌人数。

11. 如何正确适用附加刑和处置涉案财物

开设赌场罪是以营利为目的的犯罪，在适用刑罚时要注意并处罚金刑，以从经济上制裁犯罪分子，铲除犯罪行为的经济基础。开设赌场犯罪中查获的赌资应当依法予以追缴；违法所得以及为参赌人员赌博提供的赌博用具、资金，专门用于接送参赌人员的车辆、沟通犯罪行为实施的通讯工具以及其他专用于开设赌场犯罪的用具、财物等，应当依法予以没收。非专门用于犯罪的物品、资金，如行为人银行卡中主要为家庭生活用的资金，为正常工作生活使用的车辆、通讯工具等，即使偶尔用于接送参赌人员、联系违法犯罪事宜，也不宜认定为专门用于犯罪的财物而予以没收，要综合考虑犯罪所用财物与犯罪的关联性、犯罪性、比例性，以及犯罪分子对财物的权属，慎重处理，既要依法惩治犯罪，也要保障犯罪分子以及其他人的合法权益。司法实践中，对行为人和参赌人员用作赌博的款物和随身携带的一切财物、交通工具、通讯工具不加区分，一并追缴、没收，这一做法应予纠正。

12. 如何把握本罪的管辖

开设赌场罪案件的管辖，应当坚持以犯罪地管辖为主、被告人居住地管辖为辅的原则，犯罪地包括犯罪行为地和犯罪结果地。根据《办理网络赌博犯罪案件意见》的规定，对于以建立赌博网站为形式实施的开设赌场犯罪，"犯罪地"包括赌博网站服务器所在地、网络接入地，赌博网站建立者、管理者所在地，以及赌博网站代理人、参赌人实施网络赌博行为地等。对于在国外和我国周边地区开设赌场，在国内组织、招揽我国公民赴赌的，属于犯罪地在我国境内；对于在国外和我国周边地区设置赌博网站开设赌场，组织、招揽我国公民在国内通过网上参与赌博的，也属于犯罪地在我国境内，我国有权实施管辖。

七十一、伪证罪

第三百零五条　在刑事诉讼中，证人、鉴定人、记录人、翻译人对与案件有重要关系的情节，故意作虚假证明、鉴定、记录、翻译，意图陷害他人或者隐匿罪证的，处三年以下有期徒刑或者拘役；情节严重的，处三年以上七年以下有期徒刑。

（一）概述

1. 概念和构成要件

伪证罪，是指在刑事诉讼中，证人、鉴定人、记录人、翻译人对与案件有重要关系的情节，故意作虚假证明、鉴定、记录、翻译，意图陷害他人或者隐匿罪证的行为。

伪证罪的构成要件和主要特征是：

（1）本罪侵犯的客体是司法机关的刑事诉讼活动。司法机关的民事诉讼活动、行政诉讼活动，仲裁机构的仲裁活动以及其他行政机关的事故调查活动等均不能成为伪证罪的客体要件。

（2）客观方面表现为在刑事诉讼中，证人、鉴定人、记录人、翻译人对与案件有重要关系的情节，故意作虚假证明、鉴定、记录、翻译，以此陷害他人或者帮助隐匿罪证的行为。"在刑事诉讼中"是指刑事案件从侦查到审判的全过程，包括案件侦查、起诉、审判活动。如果伪证行为发生在立案侦查之前或者刑事诉讼活动结束之后不构成伪证罪。"与案件有重要关系的情节"，是指对犯罪嫌疑人、被告人是否有罪、罪轻还是罪重具有重要证明作用的事实，也就是能够影响定罪量刑的情节。如果行为人对关系不重要的情节作了虚假的证明、鉴定、记录、翻译，因客观上达不到陷害他人、包庇罪犯的目的，不构成伪证罪。"作虚假证明"，是指证人故意歪曲事实，或者捏造、隐瞒事实真相，向司法机关作与客观事实不相符的陈述。"作虚假鉴定"，是指鉴定人故意作出不符合真相的鉴定意见。"作虚假记录"，是指记录人在司法人员讯问犯罪嫌疑人、被告人，询问被害人、证人，进行调查取证活动时故意作不正确的记录。"作虚假翻译"，是指翻译人员故意作歪曲原意的翻译。

（3）犯罪的主体是特殊主体，包括证人、鉴定人、记录人、翻译人。"证人"，是指知道案件情况并向司法机关作出陈述的人。"鉴定人"，是指在刑事诉讼中应侦查机关、检察机关、审判机关的指派或聘请，对案件中专门性问题进行鉴定并提供鉴定意见的人。"记录人"，是指在刑事诉讼中，为案件的调查取证，询问证人、被害人或讯问犯罪嫌疑人、被告人担任文字记录的人。"翻译人"，是指在刑事诉讼中，受司法机关指派或聘请担任外国语、民族语或哑语翻译的人。这四种人在刑事诉讼中具有特定的义务，是否能够如实提供证言、鉴定、记录、翻译，对案件处理的正确与否具有重要的关系，并且，只有这四种人属于本罪的主体，除此之外的人，不构成本罪的主体。

（4）主观方面由直接故意构成，即行为人明知自己作虚假证明、鉴定、记录、翻译会使他人受到不应有的刑事处罚或者使犯罪人逃脱法律追究，却希望这种结果发生。伪证的意图是"陷害他人或者隐匿罪证"，即行为人故意作虚假证明、鉴定、记录、翻译的目的是陷害他人，从而使无罪的人受到刑事追究，使罪行较轻的人受到较重的处罚，或者将真实的罪证隐匿起来，以使犯罪人逃脱刑事追究。如果行为人并非出于陷害他人或者隐匿罪证的意图而作了虚假陈述，如因粗心大意，工作不认真，或者学识、业务能力不高而作了错误的鉴定意见、记录、翻译，或者因错记、漏记、错译、漏译等而不能反映原意，等等，均不能以伪证罪论处。伪证罪的特定犯罪目的，决定了该罪不可能由间接故意或过失构成。

2. 法定刑

依照《刑法》第305条的规定，犯伪证罪的，处三年以下有期徒刑或者拘役；情节严重的，处三年以上七年以下有期徒刑。"情节严重"，一般是指犯罪手段极为恶劣或者造成严重后果，如导致被害人被无辜定罪或判处重刑，或者致使罪行重大的案犯逃脱法律制裁等。

（二）疑难问题解析

1. 如何理解"在刑事诉讼中"

根据《刑法》规定，故意作虚假证明、鉴定、记录、翻译的行为必须发生在刑事诉讼中，才能构成伪证罪。伪证罪的这一客观要件包含两层含义：一是伪证的行为应发生在刑事诉讼过程中的任何一个阶段，在刑事案件立案之前或判决执行完毕之后发生的伪证行为不构成本罪。二是伪证行为发生的过程仅指刑事诉讼中，不包括其他的诉讼（如民事诉讼、行政诉讼）、仲裁和非诉讼案件的处理过程中。这里的刑事诉讼，应从广义上理解，包括立案、侦查、起诉、审判、执行等阶段。其中，"审判"，不仅包括一审、二审、审判监督程序，还应包括死刑复核程序。理由是，死刑复核程序坚持全面审查原则，事实和法律问题都要考虑，如果对与案件有重要关系的情节作虚假陈述，依然会影响复核机关的正确判断，侵犯司法机关的正常活动，故在此程序中作伪证，也可以构成伪证罪。

值得注意的是，这里的刑事诉讼，不包括附带民事诉讼。附带民事诉讼虽然原则上应当与刑事案件一并审判，但根据法律规定，某些情况下也可以由同一审判组织另行审理；而且，即便是合并审理，也是遵循"先刑事，后民事"的原则，两个"诉"仍然是分开的。除了由于民事侵权行为与犯罪行为的重合而使附带民事诉讼具有一定的依附性外，它与一般民事诉讼并无其他实质区别，这就表明了附带民事诉讼的"民事诉讼"性质。所以，从民事诉讼的属性出发，证人、鉴定人、记录人、翻译人在附带民事诉讼中的虚假陈述行为，不能以伪证罪论处，符合其他犯罪构成的，依法定罪处罚。

2. 如何理解"虚假证明、鉴定、记录、翻译"

证人、鉴定人、记录人、翻译人作虚假证明、鉴定、记录、翻译的行为，是构成伪证罪的要件之一。没有这一行为，伪证罪就失去了客观基础。司法实践中，正确认定"虚假证明、鉴定、记录、翻译"，应当注意以下几点：

（1）认定证明、鉴定、记录、翻译是否"虚假"，应当坚持主客观相统一的原则。关于"虚假"的认定，刑法理论上有主观说和客观说两种标准。主观说认为，所谓虚假，是指行为人的陈述没有反映其记忆。换言之，陈述者按照自己的记忆陈述，即使与客观事实不相符，也不是虚假的；反之，不按照自己记忆陈述的，即使与客观事实相符合，也是虚假的。客观说认为，所谓虚假，是指违反客观事实，即行为人陈述的内容与客观事实不相符合，所有与客观存在的事实不相符合之陈述，即为虚伪陈述。笔者认为，犯罪是一种主客观统一的行为，在认定上既要看主观因素又要看客观因素，主观上有罪过，但客观行为不具有社会危害性，不能认为是犯罪；主观上无罪过，客观行为具有社会危害性的，也不能认为是犯罪。具体到伪证罪来说，行为人既有主观故意，又有实际危害，才能认定伪证罪。详言之，在主观上，行为人意欲作伪证，具有罪过性；在客观上，行为人所作的证明、鉴定、记录、翻译的内容与客观事实不符。如果行为人由于主客观条件的限制而导致记忆错误，从而使其陈述的内容与客观事实不相符合，由于其主观上不具有伪证的意图，仍不成立伪证罪；反之，如果行为人故意作与其记忆不相符合的虚假陈述，而其所作的虚假陈述的内容恰好与客观事实相符合，因其实际危害相对较轻，通常也不宜以伪证罪论处。

（2）虚假证明、鉴定、记录、翻译的种类，包括两种情况：一是无中生有，捏造莫须有的事实或者对事实进行扩大或缩小，故意歪曲事实；二是将有说成无，隐瞒客观存在的事实。其具体表现形式是，证人作虚假证明的行为，鉴定人不按照客观事实制作虚假鉴定意见的行为，记录人不按照客观实际作虚假记录的行为，翻译人不按当事人的原意而作虚假翻译的行为。在司法实践中，有几种情况值得注意：

其一，为虚伪的犯罪事实作证也是虚假陈述，即陈述本身并未制造虚伪的事实，而是证明某虚伪的犯罪事实是真实的，此行为也应属于伪证。

其二，对与案件有重要关系的情节故意作自相矛盾的证明、鉴定、记录、翻译，是否属于虚假陈述，我国现行《刑法》未作规定。其他国家或地区刑法有规定，例如，我国香港特别行政区刑法第39条规定："任何人在一个或多个司法程序中宣誓后故意作出两项或多项自相矛盾之陈述，而该陈述是有关事实方面或声称与事实有关，并对所涉及的问题或事项具有重要性的，即为犯罪。"这种自相矛盾的陈述，包括前假后真、前真后假或真假交错的情况，通常也属于伪证范畴。但对于此类行为，是否给予刑事处罚，应当全面考量行为人的主观罪过性以及虚假陈述行为的实际危害性，予以妥当处理。

其三，故意不全面提供证明、鉴定、记录和翻译的行为，一般不属于伪证。例如，在一起故意伤害案件中，李某的男友吕某为了李某与他人斗殴，并致他人死亡，后吕某逃跑。李某向公安机关陈述吕某当时因她而打斗的事实，但否认认识吕某，不为公安机关提供追捕吕某的线索。我们认为，李某对该宗故意伤害案件有重要关系的情节，即因她而发生打斗的原因、案发的时间、地点等，基本上都如实陈述，只是故意不提供男友的身份，说自己不认识，其行为性质属于不充分、不全面提供信息，而不是作虚假证明。李某故意不提供当事人的真实身份，对案件信息"不全面"提供，虽然说了假话，把认识嫌疑人说成不认识，有隐匿罪证的意图，但只是采取消极的不作为方式，而不是采取积极的作为方式如提供吕某不在现场或把甲说成乙的虚假证言，其行为应不属于伪证。

（3）虚假证明、鉴定、记录、翻译的方式，一般是以作为的形式出现的，即行为人必须是以积极方式作虚假的证明、鉴定、记录、翻译，消极的不作为不构成本罪。换言之，证人、鉴定人、记录人、翻译人单纯保持沉默而不陈述时，不成立伪证罪，因为其自始至终纯粹地不作为不可能假造出证据；其对案件有重要关系的情节全部或者部分保持沉默，因并非使整体上的陈述成为虚伪陈述，也不构成伪证罪。但是，如果行为人部分地作为、部分地不作为，如记录人故意地在记录中假造犯罪嫌疑人罪轻的证据而不记录客观存在的罪重的证据，翻译人故意地在翻译中捏造证明被告人无罪的证据，而隐瞒客观存在的证明被告人有罪的证据等，从而使整体上的陈述内容成为虚假的时候，则行为人成立伪证罪。不过，需要指出的是，这种情况不可能由纯粹的不作为构成，而是由作为与不作为的行为相结合来完成。如果行为人部分地作为、部分地不作为，但并未使整体上的陈述内容成为虚假的，则行为人仍不构成伪证罪。

（4）虚伪证明、鉴定、记录、翻译，必须针对与案件有重要关系的情节作出。所谓与案件有重要关系的情节，是指对于案件是否构成犯罪、犯罪的性质或罪行的轻重有重大影响的情节。也就是能够影响定罪量刑的情节，即定罪情节或者量刑情节，包括犯罪主体的年龄与精神状态、犯罪的故意或者过失、危害行为、特定的犯罪目的、时间、地点、手段，以及法律规定的从轻、减轻、免除处罚和从重处罚的情节，还包括法律没有明确规定而由司法机关在办案过程中具体掌握的酌定情节，如犯罪的动机、目的、被告人的一贯表现等。

3. 如何认定伪证罪主体中的"证人"

证人，通常是指知道案件情况并且到案作证的人，证人对与案件有重要关系的情节作虚假证明，依法构成伪证罪。对此应无异议。问题在于，如何正确认定构成伪证罪的证人的范围？

（1）谎称"了解案件情况"的人能否成为证人？在司法实践中，根本就不了解案件情况的人，受他人指使向司法机关就其并未感知过的事实作虚假证明。对此，有观点认为，证人只是一个程序意义上的概念，其参与刑事诉讼，是因为从程序上假定他知道案件情况，至于他是否真的知道案件情况，是司法机关应当审查的内容，但这并不影响他的证人资格。换言之，谎称知道案件情况的"假证人"也是证人，其在刑事诉讼中对与案件有重要关系的情节，故意作虚假证明意图陷害他人或者隐匿罪证的，可以伪证罪论处。我们不认同此观点。虽然《刑事诉讼法》

在第 62 条第 2 款只是从证人的生理方面作了限制，即要求证人能够辨别是非，正确表达，而未对证人的资格条件作出其他的限制性规定。但该法第 62 条第 1 款明确规定："凡是知道案件情况人的人都有作证的义务。"从实质意义上理解，证人是就其所感知的事实作证，其应当是知道全部或部分案情的人。向司法机关"作证"的人如经调查证实，其实际上根本不知道案件情况而系作虚假陈述，通常也不会将其作为证人对待，不会把其陈述作为证人证言据以认定案件事实。所以，该"假证人"在刑事诉讼中作虚假证明意图陷害他人或者隐匿罪证的，也就不宜以伪证罪论处。如果其作虚假证明意图陷害他人或者隐匿罪证的行为，符合诬告陷害罪或包庇罪的犯罪构成的，依法认定为诬告陷害罪、包庇罪。

例如，李某包庇案：2007 年 8 月 3 日，田某驾驶机动车运输货物，因违章超车，车速太快，将顺行的骑自行车正常行驶的吴某当场撞死，王某撞伤。当田某交通肇事案进行法庭调查时，田称自己是为躲避前方突然出现的一个行人向右打方向盘而意外造成这起交通事故，并向法庭要求传唤证人李某。李某对法庭称，出事时，他正在现场，亲眼看见一行人突然从前面的路口闯上马路，差点被撞。由于李某作证，致使法庭休庭调查。后查明：案发时李某根本不在现场，他作证系为田家收买所致。在本案中，李某虽然以"证人"的身份出庭作证，但他是田某家属收买的"证人"，并不了解案件情况，因而他不是刑诉法中所讲的实质意义上的证人，故其行为不构成伪证罪，应以包庇罪认定为宜。如果李某亲自看见田某驾车撞死他人的情况而故意说成是躲避行人，则可以构成伪证罪。

（2）被害人能否成为证人？有些国家或地区的法律把被害人视为特殊的证人，有观点据此认为，被害人也属于伪证罪的主体。我们不同意此观点。从证人和被害人这两个概念的内涵来看，被害人是指遭受犯罪行为直接侵害的人，既可以是自然人，也可以是法人或者不具有法人资格的其他组织；证人是指除当事人以外了解案件情况并向司法机关陈述自己知道的案件情况的诉讼参与人，且只能是自然人。从我国《刑事诉讼法》的规定来看，证人和被害人是两个独立的概念，彼此间不存在种属包含关系。也就是说，证人不可能包含作为当事人之一的被害人。即使对证人作广义的理解，也不能将被害人列入证人范畴。被害人属于当事人范畴，证人属于其他诉讼参与人。证人和被害人通过各自不同的方式参与到刑事诉讼中，他们在刑事诉讼中的地位、作用不同，即证人通过听到、看到了什么的证言，被害人通过遭受犯罪分子哪些侵害的陈述来发挥各自的诉讼功能，因而决定了证人和被害人的诉讼权利、义务方面都存在差别，两者的证明作用、证明手段和证明效力均不同，因而不能等同看待。对《刑法》第305条关于伪证罪的犯罪主体的规定，应当作严格解释，不能把被害人作为一般意义上的证人看待，对其虚假陈述行为不宜以伪证罪论处。在刑事诉讼中，如果被害人故意捏造事实，意图陷害他人，符合诬告陷害罪的犯罪构成的，依法以诬告陷害罪论处；如果被害人虚假陈述并指使他人作伪证以证明其陈述，严重妨害刑事诉讼正常进行的，可以妨害作证罪定罪处罚。

例如，金某被控伪证罪：1999年10月23日晚，蔡某（女，30岁，另案处理）在被告人金某家的卧室内，从金某的手包中盗走人民币5000元。案发后，金某伙同其妻赵某（女，33岁，已判刑）向公安机关谎报被盗人民币65200元，并指使安某（男，36岁，另案处理）为其作伪证。[1] 在本案中，被告人金某的财物被蔡某所盗，属于盗窃案件中的被害人。金某向公安机关报案的同时又夸大部分犯罪事实，属于被害人向司法机关提供了虚假陈述，而不是伪证罪中的"证人作虚假的证言"，因此，其行为不构成伪证罪。同时，由于金某伙同赵某将蔡某偷盗5000元的事实借题发挥，扩大了蔡某的犯罪事实，将蔡某构成轻罪的事实扩大成为构成重罪的事实，并不属于诬告陷害罪中的无中生有的"捏造事实"，其行为也不构成诬告陷害罪。金某出于报复的动机，在自己向公安

① 参见中华人民共和国最高人民法院刑事审判第一庭、第二庭编：《刑事审判参考》（总第15集），法律出版社2001年版。

机关报案并作了虚假陈述的情况下，又指使安某作伪证，以证实其虚假陈述，这一行为严重妨害了司法机关的正常诉讼活动，符合《刑法》第307条第1款的规定，应以妨害作证罪定罪处罚。

（3）见证人能否成为证人？见证人，是指与案件无关，而在勘验、检查、搜查、扣押和侦查试验等诉讼活动中，被司法机关邀请到现场观察并为此作证的人员。有观点认为，见证人一旦被邀请到现场见证之后，他就成为了解有关诉讼活动的特定人，具有不可代替性，与证人相似，应作为"特殊的证人"，且其故意作虚假陈述时，也会妨害刑事诉讼活动的正常进行，故见证人也可以成为伪证罪的主体。我们不同意此观点。证人是通过参加刑事诉讼活动以外的途径了解案件情况的，而见证人是在诉讼活动中才了解某些案件情况的。证人证言要证明的是案件本身的有关情况，而见证人被司法工作人员邀请到现场观察，目的主要是证明诉讼程序的合法性。见证人被邀请到现场见证，是可以选择和代替的，而证人则具有不可代替性。尽管一旦被邀请到现场见证之后，见证人就成为了解有关诉讼活动的特定人而具有不可代替性，而且，见证人也具有类似于证人的诉讼权利和义务，但这也仅仅说明二者有相似之处，不能说明二者等同。见证人作虚假陈述，虽然也会妨害司法机关的正常活动，但其影响的主要是对诉讼程序合法性的证明，而非案件定罪量刑的情节本身，故通常不宜把见证人作为伪证罪主体的证人。

（4）侦查人员能否成为证人？一般而言，证人必须是在诉讼之前了解案件情况，并以本人所知道的情况对案件事实作证的人，故证人具有不可替代性；而承办案件的侦查人员只是在案件侦查机关立案之后参与刑事诉讼，才了解到有关案件情况，而且他也是可以替换的，所以，承办案件的侦查人员不能同时充当本案的证人，否则，就会与其承担的诉讼职责不相符合，可能影响案件的公正处理。故在现行法律框架内，承办案件的侦查人员并不具备伪证罪的主体身份。如果根据《刑事诉讼法》第192条第2款的规定，人民警察就其执行职务时目击的犯罪情况作为证人出庭作证，因该人民警察系证人，则属于伪证罪的主体。

4. 对合型犯罪中的嫌疑人、被告人能否构成伪证罪

一般而言，犯罪嫌疑人、被告人拒绝供述或回答的行为不构成犯罪，其针对自己的案件所作的虚假供述同样也不构成犯罪。但在对合型犯罪中，被告人是否可以构成伪证罪，则需要根据具体情况进行判断。

所谓对合型犯罪，是指基于双方互为行为对象的行为而成立的犯罪，它不仅包括具有对合关系的双方所犯罪名相同的情形，也包括具有对合关系的双方所犯罪名不同的情形，还包括一方构成犯罪而另一方不构成犯罪的情形。对合型犯罪的特点是，犯罪必须基于两个行为人的对向行为合力才能完成，缺乏其中一方的行为，这种犯罪就无法完成乃至无法实施。贿赂犯罪就是典型的对合型犯罪，这种犯罪形式决定了行贿人和受贿人无论哪一方以证人的角色出现，他在证明对方犯罪的同时，也证明了自己犯罪。也正是由于这个原因，行贿人作为证人在与其相关的受贿案件中出庭时，时常会隐瞒事实甚至作虚假的陈述，而实践中，对行贿人既追究行贿罪又追究伪证罪的现象也时有发生。

我们认为，在行贿人的行为已经构成行贿罪的情况下，公诉机关应将其与受贿人一并起诉。此时，行贿人作为同案被告人，对自己的罪行不负有证明责任，因而不能将行贿人的翻供行为或者虚假陈述行为认定为伪证罪。当然，如果公诉机关认为行贿人的行贿情节轻微，不构成犯罪、不需要判处刑罚或者可以免除刑罚的，则应依法作出不起诉决定，在这种情况下，行贿人在受贿案件中完全是以证人的身份作证，则其虚假陈述行为依法可以构成伪证罪。

5. 如何划清伪证罪与诬告陷害罪的界限

《刑法》第243条规定的诬告陷害罪，是指捏造事实诬告陷害他人，意图使他人受到刑事追究，情节严重的行为。所谓捏造事实，是指无中生有地制造他人"犯罪"的事实。而伪证罪表现为故意作虚假证明、鉴定、记录、翻译，意图陷害他人，所谓作虚假证明、鉴定、记录、翻译，

可以是对与案件有重要关系的情节进行扩大或缩小，故意歪曲事实，也可以是无中生有地捏造事实。可见，两罪都具有捏造事实、陷害他人的客观行为和主观故意，实践中容易发生混淆，其区别主要表现在以下三方面：

（1）犯罪的主体不同。伪证罪的主体是特殊主体，只能是证人、鉴定人、记录人、翻译人；而诬告陷害罪的主体是一般主体，可以是任何达到刑事责任年龄、具备刑事责任能力的自然人。

（2）行为发生的阶段不同。伪证罪发生在刑事诉讼过程中；而诬告陷害罪的行为通常是在立案侦查之前实施，并且是引起案件立案侦查的原因。

（3）行为的方式不同。伪证罪是通过作虚假证明、鉴定、记录、翻译等手段实现的，且只是在与案件有重要关系的情节上作虚假陈述，既可以是无中生有地捏造事实，也可以是对事实故意地进行扩大或缩小，歪曲事实。而诬告陷害罪则是作虚假的告发，捏造了整个犯罪事实。这里的"捏造事实"，一般是指无中生有，任意虚构和编造根本不存在的犯罪事实的情形。至于司法实践中常见的行为人借题发挥，扩大事实，将他人的不道德行为、错误行为或违法违纪行为等犯罪事实扩大或上升为犯罪事实，或把构成轻罪的事实夸大成为构成重罪的事实的行为，不宜包括在"捏造事实"之内。①

---

① 有观点认为，诬告陷害罪中的"捏造事实"，是指把虚构（包括全部虚构或部分虚构）的犯罪事实强加于他人，而可能产生对他人进行刑事追诉或加重其罪责的结果。我们认为，这种对"捏造"的扩大理解，是不符合立法精神的。首先，《刑法》规定诬告陷害罪的主要目的是保障无辜的人不受刑事追究，也不使司法机关的正常活动受到虚假告发的影响。但我国法律也充分保障公民依法享有对违法犯罪行为向有关国家机关提出控告或者检举的权利。公民对犯罪的控告和检举，只是给司法机关侦查提供一个线索，不可能要求其在控告、检举的时候对犯罪行为事实的描述与客观情况完全一致，毫无偏差。因此，《刑法》第243条第3款规定："不是有意诬陷，而是错告，或者检举失实的，不能以诬告陷害定罪处罚。"其次，被害人是受到犯罪行为侵害的当事人，在整个诉讼过程中，由于受到各方面因素的影响，其陈述往往带有浓厚的感情色彩，而且由于案件的处理结果与其有直接的利害关系，如对被告人的量刑轻重、经济赔偿数额的多少等，因而被害人的陈述有可能出现夸大事实的情况，影响其反映事实的真实性。但只要不是无中生有，不是意图使他人无罪于有罪，就不应当以诬告陷害罪追究刑事责任。因此，对诬告陷害中的"捏造事实"，应作严格的限定，不宜作扩大解释。

（4）行为的主观目的不同。两罪虽然都是故意犯罪，但主观目的有所差异。伪证罪的主观意图是陷害他人或者隐匿罪证，行为人故意作虚假证明、鉴定、记录、翻译的目的既包括为了陷害他人，从而使无罪的人受到刑事追究，使罪行较轻的人受到较重的处罚，也包括将真实的罪证隐匿起来，以使犯罪人逃脱刑事追究。而诬告陷害罪的主观目的仅限于让无罪的人受到刑事追究。

6. 如何划清伪证罪与包庇罪的界限

证人、鉴定人、记录人、翻译人为隐匿罪证，对与案件有重要关系的情节故意作虚假证明、鉴定、记录、翻译，广义上也是一种包庇行为。但由于法律已经对此专设罪名，就不再按包庇罪处理，而应按伪证罪处理。伪证罪与包庇罪的区别主要在于以下四方面：[①]

（1）犯罪的主体不同。包庇罪的主体为一般主体，而伪证罪的主体为特殊主体。

（2）行为的方式不同。包庇罪表现为作假证明包庇，主要指提供虚假证明材料，包括制造虚伪的证人证言，如使证人不予作证或者使其作虚伪的证言，或假冒证人作虚伪的证言，或使假冒证人作虚伪证言；制造虚伪的被害人陈述，如收买、威胁被害人不告发犯罪或者推翻控告，假冒被害人作虚伪陈述，指使他人假冒被害人作虚伪陈述；制造虚伪的被告人陈述，如使犯罪人作虚伪供述，假冒犯罪人作虚伪供述，指使他人假冒犯罪人作虚伪供述；指使、收买、威胁鉴定人作虚伪的鉴定结论；等等。《刑法》只是规定"明知是犯罪的人而为其作假证明包庇"，并没

---

① 刑法理论通说认为，两者还在犯罪的时间上有差别，包庇罪可以发生在刑事诉讼阶段实施之前、之中、之后，而伪证罪则只能发生在刑事诉讼实施过程之中。但从实际看，包庇罪成立的一个实质要件必须是"作假证明"，而这一假证明只能是向司法机关即负有侦查、检察、审判、监管职能的机关作出。只有向司法机关作假证明才能使犯罪的人逃避法律制裁，而刑事诉讼活动尚未开始，或已经结束，司法机关又怎么去追究犯罪人的刑事责任？所以，包庇罪通常也发生在刑事诉讼实施的过程当中。从犯罪时间的角度来区分对伪证罪与窝藏罪有意义，但仅凭这一点尚难以划清伪证罪与包庇罪的界限。如果只是纯粹的毁坏、伪造证据而没有向司法机关作假证明，则完全可以按照《刑法》的其他规定来处理，如认定为帮助毁灭、伪造证据罪等。

有规定包庇的具体行为方式，行为人可以采取各种方式向司法机关作证明。而伪证罪表现为对与案件有重要关系的情节，故意作虚假证明、鉴定、记录、翻译，以隐匿罪证。所谓隐匿罪证，即将反映客观事实的罪证隐匿起来。可见，伪证罪的行为方式是有明确限定的。

（3）包庇的内容不同。包庇罪证明的内容既可以是捏造或掩盖整个案件事实，也可以是某些与案件有重要关系的情节，还可以是犯罪分子的去向、藏身之所等。伪证罪为犯罪分子掩盖的只是与案件有重要关系的情节，其包庇的内容也是有明确限制的。

至于司法实践中最容易混淆的包庇罪中的作虚假证明与伪证罪中的证人作虚伪陈述如何区分的问题。我们认为，区分二者，一是考察作虚假证明或者虚伪陈述的主体是否确实具有证人资格；二是考察作虚假证明或者虚伪陈述的内容是否确实是与案件有重要关系的情节。如果本不具有证人资格的人即本来就不知道案件真实情况的人假冒证人的，尽管其所陈述的内容是与案件有重要关系的情节，也不定伪证罪，而以包庇罪论处；反之，尽管是确实知道案件真实情况的证人，如果陈述的内容不是与案件有重要关系的情节，也不构成伪证罪，而以包庇罪论处。只有既具有证人资格，其所作的虚伪陈述又确实是与案件有重要关系的情节，才构成伪证罪。如果证人意图包庇他人，而对与案件有重要关系的情节又作虚假陈述的，则其实施的行为同时触犯了包庇罪与伪证罪，但由于规定包庇罪与伪证罪的法条在关于作假证明包庇犯罪人这一点上存在交叉竞合的关系，因此，根据法条竞合犯的特殊条款优先的一般原则，对此通常应以伪证罪定罪量刑。

（4）包庇的对象不同。包庇罪的对象可以是未经逮捕、判刑的犯罪人，也可以是已经判决的犯罪人，在特定情况下还包括从事卖淫、嫖娼活动的违法人员。而伪证罪的对象则只能是刑事诉讼中的犯罪嫌疑人、被告人，既可以是有罪的人，也可以是被怀疑有罪而实际无罪的人。

七十二、虚假诉讼罪

第三百零七条之一　以捏造的事实提起民事诉讼，妨害司法秩序或者严重侵害他人合法权益的，处三年以下有期徒刑、拘役或者管制，并处或者单处罚金；情节严重的，处三年以上七年以下有期徒刑，并处罚金。

单位犯前款罪的，对单位判处罚金，并对其直接负责的主管人员和其他直接责任人员，依照前款的规定处罚。

有第一款行为，非法占有他人财产或者逃避合法债务，又构成其他犯罪的，依照处罚较重的规定定罪从重处罚。

司法工作人员利用职权，与他人共同实施前三款行为的，从重处罚；同时构成其他犯罪的，依照处罚较重的规定定罪从重处罚。

（一）概述

1. 概念和构成要件

虚假诉讼罪，是指以捏造的事实提起民事诉讼，妨害司法秩序或者严重侵害他人合法权益的行为。

本罪是《刑法修正案（九）》规定的新罪名。近年来，随着司法公信力不断提高，司法在定分止争、平衡利益和确定权属方面的作用越来越大，越来越多的单位和个人选择诉讼方式解决纠纷，导致人民法院受理的民商事案件逐年增长，民商事一审、二审、申请再审和申请强制执行案件业已占到全国法院受理案件总量的 90% 以上。在此过程中，一些当事人及其律师居然把诉讼程序作为生财之道，蒙蔽法院和法官提起子虚乌有的民事诉讼，导致形形色色的民事虚假诉讼案件进入各级法院，尤其在民间借贷、离婚财产分割、以物抵债、企业破产、第三人撤销之诉和执行异议之诉等领域高发频发。虚假诉讼严重浪费有限的司法资源，严重扰乱诉讼秩序，严重损害司法的权威与公信力，严重侵害公民和单位的合法权益，人民群众对此现象反映强烈。

此前由于没有立法规定，我国理论界与实务界对于虚假诉讼行为如何规制，一直存在不同观点，司法实践中的做法也不统一，一定程度上助长了这一现象的蔓延。①实践证明，沿用传统的民事制裁方式已经不足以对虚假诉讼现象进行遏制，应当适时转变观念，通过修改刑事立法，运用刑事制裁手段惩治虚假诉讼行为。

为回应社会关切，打击形形色色的虚假诉讼行为，最高人民法院专门向立法机关提出设立虚假诉讼罪的建议，全国人大法工委经过反复征求意见和审慎论证，将虚假诉讼列入《刑法修正案（九）（草案）》。2015年11月1日，全国人大常委会颁布实施的《刑法修正案（九）》第35条增设了虚假诉讼罪，首次将民事诉讼中的虚假诉讼行为入刑，从而结束了理论界与实务界关于虚假诉讼是否入罪的论争，为刑事制裁虚假诉讼行为提供了明确的依据。

为正确实施《刑法修正案（九）》的规定，有效地打击虚假诉讼行为，厘清争议问题，最高人民法院、最高人民检察院于2018年9月26日公布了《关于办理虚假诉讼刑事案件适用法律若干问题的解释》（以下简称《办理虚假诉讼刑事案件解释》），明确了虚假诉讼罪的行为特征和定罪量刑标准等问题，为司法实践中准确适用本罪细化了标准，明确了界限。2021年3月4日，最高人民法院、最高人民检察院、公安部、司法部联合印发的《关于进一步加强虚假诉讼犯罪惩治工作的意见》（以下简称《加强虚假诉讼犯罪惩治意见》）在进一步明确"提起民事诉讼"的外延、总结了虚假诉讼犯罪的甄别和发现主要方法的同时，还建立健全了虚假诉讼犯罪惩治配合协作和程序衔接机制。

虚假诉讼罪的构成条件和主要特征是：

---

① 实践中曾出现过依照诈骗罪、妨害作证罪、拒不执行判决、裁定罪处罚的不同情况。据统计，2019年人民法院审结虚假诉讼犯罪案件826件，是2014年的118倍。参见最高人民法院2020年12月11日"严厉打击虚假诉讼助力诚信社会建设"新闻发布会。

（1）本罪侵犯的客体是司法秩序及他人的合法权益，即是双重客体而非单一客体。其中司法秩序这一客体涉及公共利益，他人合法权益这一客体涉及个人利益。由此可以说，虚假诉讼罪既侵害了公共利益，又侵害了个人利益。在司法实践中，虚假诉讼罪对这两种客体的侵害通常可能是此轻彼重的。但只要对其中一个客体的侵害达到了应受刑法惩罚的程度，即可以追究刑事责任。有人认为，任何虚假诉讼行为都必然侵害司法秩序这个客体，[①]此论点无疑是正确的，但对司法秩序的侵害程度并非追究虚假诉讼刑事责任唯一的客体依据。虽然任何虚假诉讼都会妨害司法秩序，但是不可能对其都加以刑事处罚，只有妨害司法秩序达到一定程度，或者出现了"严重侵害他人合法权益"的后果以后，才应当追究刑事责任。还有观点认为，"妨害司法秩序"与"严重侵害他人合法权益"之间属于包容关系，即严重侵害他人合法权益的不法包含了妨害司法秩序的不法，两者往往体现为手段与目的的关系。[②]这样看待两个客体的关系不无道理。不过，对于妨害司法秩序情节一般，未严重侵害他人合法权益的虚假诉讼行为，可以作为民事诉讼违法行为予以制裁。

（2）本罪的客观方面表现为行为人实施了以捏造的事实提起民事诉讼，妨害司法秩序或者严重侵害他人合法权益的行为。

一是关于"以捏造的事实"提起民事诉讼。所谓"捏造的事实"，是指行为人无中生有、凭空虚构的事实。具体包括伪造诉讼证据，虚假陈述事实，捏造民事法律关系，虚构民事纠纷等。如果行为人捏造的事实对公正裁决不会产生影响，就不应当认定为虚假诉讼。[③]例如，债权人不慎丢失借条，无法到法院起诉债务人，于是便伪造了相同金额的借条向法院提起民事诉讼。由于行为人与他人之间的债权债务关系是真实的，故不是捏造事实，因而不构成虚假诉讼罪。

---

① 参见张明楷：《刑法学》，法律出版社2018年版，第1092页。

② 参见储陈城、王晶晶：《虚假诉讼罪的法益关系与司法适用》，载《法治现代化研究》2020年第2期。

③ 参见张明楷：《虚假诉讼罪的基本问题》，载《法学》2017年第1期。

对于何为"捏造的事实",《办理虚假诉讼刑事案件解释》第1条作了列举性规定,具体包括:①与夫妻一方恶意串通,捏造夫妻共同债务的;②与他人恶意串通,捏造债权债务关系和以物抵债协议的;③与公司、企业的法定代表人、董事、监事、经理或者其他管理人员恶意串通,捏造公司、企业债务或者担保义务的;④捏造知识产权侵权关系或者不正当竞争关系的;⑤在破产案件审理过程中申报捏造的债权的;⑥与被执行人恶意串通,捏造债权或者对查封、扣押、冻结财产的优先权、担保物权的;⑦单方或者与他人恶意串通,捏造身份、合同、侵权、继承等民事法律关系的其他行为。

《办理虚假诉讼刑事案件解释》第1条还规定,下列两种情形视为"以捏造的事实提起民事诉讼":①行为人隐瞒债务已经全部清偿的事实,向人民法院提起民事诉讼,要求他人履行债务的,以"以捏造的事实提起民事诉讼"论;②向人民法院申请执行基于捏造的事实作出的仲裁裁决、公证债权文书,或者在民事执行过程中以捏造的事实对执行标的提出异议、申请参与执行财产分配的,属于"以捏造的事实提起民事诉讼"。

二是关于"民事诉讼"。这里的"民事诉讼",包括以下7种情形:[①]①民事案件普通一审程序;②第三人撤销之诉和执行异议之诉;③特别程序、督促程序、公示催告程序;④原告增加诉讼请求,被告提出反诉,有独立请求权的第三人提出与本案有关的诉讼请求;⑤审判监督程序;[②]⑥企业破产程序;⑦执行程序。[③]《最高人民法院 最高人民检察院 公安部 司法部关于进一步加强虚假诉讼犯罪惩治工作的意见》(以下简称《工作意见》)第4条又作了进一步细化,主要包括:①提出民事起诉的;

---

① 参见周峰、汪斌、李加玺:《〈关于办理虚假诉讼刑事案件适用法律若干问题的解释〉的理解与适用》,载《人民司法》2019年第4期。

② 仅包括民事诉讼法第227条规定的执行过程中案外人提起的审判监督程序和最高人民法院《关于适用〈中华人民共和国民事诉讼法〉审判监督程序若干问题的解释》第5条规定的案外人申请再审。

③ 此处的执行程序,包括申请执行仲裁裁决和公证债权文书、在执行过程中对执行标的提出异议和申请参与执行财产分配等三种情形。

②向人民法院申请宣告失踪、宣告死亡，申请认定公民无民事行为能力、限制民事行为能力，申请认定财产无主，申请确认调解协议，申请实现担保物权，申请支付令，申请公示催告的；③在民事诉讼过程中增加独立的诉讼请求、提出反诉，有独立请求权的第三人提出与本案有关的诉讼请求的；④在破产案件审理过程中申报债权的；⑤案外人申请民事再审的；⑥向人民法院申请执行仲裁裁决、公证债权文书的；⑦案外人在民事执行过程中对执行标的提出异议，债权人在民事执行过程中申请参与执行财产分配的；⑧以其他手段捏造民事案件基本事实，虚构民事纠纷，提起民事诉讼的。

三是关于"提起"民事诉讼。构成虚假诉讼罪，行为人必须是主动提起民事诉讼，如果系在应诉的过程中捏造事实参与民事诉讼的，则不构成本罪。例如，张某借李某100万元到期未还，李某起诉张某还款，张某便模仿李某笔迹，伪造了已经归还欠款的收条到法院应诉，结果被法官识破并被法院认定为虚假诉讼。张某的行为属于伪造民事诉讼证据的行为，应当按照伪造民事诉讼证据行为处罚；构成犯罪的，按照《刑法》中的相关犯罪处罚，而不是按照虚假诉讼罪处罚。当然，如果行为人与原告相互勾结，以捏造的事实向法院应诉的，构成本罪。

四是关于"妨害司法秩序"和"严重侵害他人合法权益"。本罪为结果犯，即行为人的虚假诉讼行为妨害了司法秩序或者严重损害了他人的合法权益。[①] 所谓"他人"，并不限于对方当事人，也包括第三人、案外人等。所谓"合法权益"，一般理解为财产性利益，同时也包括自由、名誉在内的

---

① "妨害司法秩序"，是指对国家司法机关进行审判活动、履行法定职责的正常秩序造成妨害，包括导致司法机关作出错误判决造成司法权威和司法公信力的损害，也包括提起虚假诉讼占用了司法资源，影响了司法机关的正常司法活动等；"严重侵害他人合法权益"，是指虚假诉讼活动给被害人的财产权等合法权益造成严重损害。如司法机关执行错误判决或者因行为人提起诉讼采取保全措施造成被害人财产的严重损失，被害人一定数额的合法债权得不到及时清偿等。参见雷建斌主编：《〈中华人民共和国刑法修正案（九）〉释解与适用》，人民法院出版社2015年版，第278页。

非财产性利益。[①]理论界对是否把"严重侵害他人合法权益"作为结果要件，几乎没有争议，但对于是否把"妨害司法秩序"作为必备要件，则有不同看法。由此还引发了虚假诉讼罪究竟是行为犯还是结果犯的争议。我们认为，从刑法谦抑性与补充性的角度看，捏造的事实虽然的确会妨害司法秩序，但鉴于《民事诉讼法》第115条对违法的民事诉讼行为规定了驳回诉讼请求、罚款、拘留等民事制裁措施，对构成犯罪的，还有依法追究刑事责任的规定。故对虚假诉讼行为的各种制裁措施，应当体现为先民后刑的递进关系，刑事制裁只是惩治虚假诉讼行为的最后手段。[②]

虚假诉讼行为对司法秩序的危害，主要表现为浪费人民法院的人力、物力等司法资源，引发其他诉讼参与人甚至公众强烈不满，导致司法权威受到损害，司法形象受到破坏等。另外，还可能对案件的公正处理造成实质性的威胁。根据《办理虚假诉讼刑事案件解释》第2条的规定，以捏造的事实提起民事诉讼，有下列情形之一的，应当认定为"妨害司法秩序或者严重侵害他人合法权益"：①致使人民法院基于捏造的事实采取财产保全或者行为保全措施的；②致使人民法院开庭审理，干扰正常司法活动的；③致使人民法院基于捏造的事实作出裁判文书、制作财产分配方案，或者立案执行基于捏造的事实作出的仲裁裁决、公证债权文书的；④多次以捏造的事实提起民事诉讼的；⑤曾因以捏造的事实提起民事诉讼被采取民事诉讼强制措施或者受过刑事追究的；⑥其他妨害司法秩序或者严重侵害他人合法权益的情形。

（3）本罪的主体既可以是自然人，也可以是单位。根据《刑法》第307条第1款的字面含义，只有民事诉讼原告才能成为犯罪主体；被告不是本罪设定的主体，但被告提出反诉时，由于具备了"提起民事诉讼"的要件，因而能够成为犯罪主体；有独立请求权的案外第三人享有诉权，

---

① 例如，虚假诉讼行为导致他人丧失选民资格的，或者导致法院将有责任能力的人宣告为无责任能力的人的，均属于侵害他人的合法权益。参见张明楷：《虚假诉讼罪的基本问题》，载《法学》2017年第1期。

② 《办理虚假诉讼刑事案件解释》第9条也体现了这一思路。

具备原告资格，因此能够成为犯罪主体；原告之外的其他民事诉讼参与人不能单独成为犯罪主体，但可以与原告成立共犯。①

（4）本罪的主观方面表现为故意，包括直接故意与间接故意。行为人是否具有牟取不正当利益的目的，不影响本罪成立。在立法过程中，《刑法修正案（九）（草案一次审议稿）》曾一度对本罪规定了"为牟取不正当利益"的主观条件，但《刑法修正案（九）（草案二次审议稿）》将其删除。尽管实践中多数虚假诉讼都是出于牟取非法利益的目的，但是也有不以牟利为目的纯以扰乱司法秩序为目的提起虚假诉讼行为，因此行为人是否具有谋取不正当利益的目的，不影响本罪成立。

2. 法定刑

依照《刑法》第307条之一的规定，犯虚假诉讼罪的，处三年以下有期徒刑、拘役或者管制，并处或者单处罚金；情节严重的，处三年以上七年以下有期徒刑，并处罚金。单位犯本罪的，对单位判处罚金，并对其直接负责的主管人员和其他直接责任人员，依照以上规定处罚。

根据《办理虚假诉讼刑事案件解释》第3条的规定，"情节严重"包括：（1）有本解释第2条第1项情形，造成他人经济损失100万元以上的；（2）有本解释第2条第2项至第4项情形之一，严重干扰正常司法活动或者严重损害司法公信力的；（3）致使义务人自动履行生效裁判文书确定的财产给付义务或者人民法院强制执行财产权益，数额达到100万元以上的；（4）致使他人债权无法实现，数额达到100万元以上的；（5）非法占有他人财产，数额达到10万元以上的；（6）致使他人因为不执行人民法院基于捏造的事实作出的判决、裁定，被采取刑事拘留、逮捕措施或者受到刑事追究的；（7）其他情节严重的情形。

---

① 参见商希雪：《虚假诉讼罪的主体资格与共犯情形的探讨——以不同诉讼身份参与人为视角》，载《河南警察学院学报》2018年第5期。

（二）疑难问题精析

1. 划清虚假诉讼罪与伪造诉讼证据的界限

行为人提起真实的民事诉讼以后，在法院审理过程中提交虚假证据和其他诉讼材料的，由于不是子虚乌有地提起民事诉讼，而是为了赢得民事诉讼，因此不能以虚假诉讼罪论处

2. 划清本罪与上诉、申请再审中的违法行为的界限

我国民事诉讼二审程序采用续审制原则，二审审理范围原则上不超出一审之诉和上诉请求的范围。因此，行为人在一审宣判后以捏造的事实提出上诉的，不符合"无中生有"的要件，一般不属于虚假诉讼罪中的"提起民事诉讼"。同理，原审当事人申请再审的，针对的是原生效裁判认定的事实和确认的诉讼请求，一般不涉及新的诉讼请求，不成立本罪。但是，在民事二审程序中，原审原告增加独立的诉讼请求，或原审被告提出反诉的，由于上述增加独立诉讼请求和提出反诉的情况已经超出民事二审的范围，属于《工作意见》第4条第3项规定的"在民事诉讼过程中增加独立的诉讼请求、提出反诉"的情况，可以认定为虚假诉讼罪中的"提起民事诉讼"。

3. 划清虚假诉讼罪积极的"捏造事实"与不作为隐瞒事实的界限

本罪中的捏造事实是否包括不作为，即消极地隐瞒事实？值得研究。积极地以作为方式虚构不存在的事实属于"捏造事实"，这一点没有争议；但是，对于以不作为的方式，即消极地隐瞒真相（事实）是否属于捏造事实，存在争议。从狭义的字面含义来看，"捏造事实"只应当包括积极的作为，隐瞒事实当然不等于捏造事实。有人认为，细究《刑法》条文，第307条之一并没有像第243条诬告陷害罪那样使用"捏造事实"的表述，而是使用了"以捏造的事实提起民事诉讼"这样的表述。因此，"以捏造的事实"提起民事诉讼，才是虚假诉讼罪的实行行为。至于捏造

的事实是行为人自己捏造的，还是他人捏造的，[①] 是以积极的方式虚构的事实，还是以消极的方式隐瞒真相的"事实"，在所不论。还有人认为，可以对"捏造"一词作扩大解释，其外延范围既包括积极地虚构事实，也包括消极地隐瞒事实，即消极隐瞒事实真相从广义而言也是对案件事实的一种"捏造"，司法实践中有时候难以明确区分二者，因此应以肯定说为当。司法实践也有支持肯定说的案例。[②] 我们认为，捏造事实主要是无中生有编造事实，行为人在提起民事诉讼时隐瞒事实真相，没有编造新的事实的，一般不宜按照本罪论处。

4.划清虚假诉讼罪的捏造事实与篡改部分事实的界限

有观点认为，《办理虚假诉讼刑事案件解释》将捏造限定为"无中生有型"，未将篡改部分事实的行为纳入本罪。因此，对既有民事法律关系进行部分篡改的行为[③] 不属于捏造事实。[④] 这一观点在理论与实践中都存在争议。反对者认为，"部分篡改型"行为的社会危害性可能比"无中生有型"更大，如行为人伪造 100 万元的欠条提起民事诉讼，给被告可能造成的利益损失是 100 万元；如果其将 100 万元的借据后面加个零，起诉后可能给他人造成的利益损失就达 900 万元。因此，将"部分篡改型"行为排除在本罪之外，理由既不充分，也不利于惩处虚假诉讼行为。[⑤] 赞同者认为，不能因为处罚必要性就随意突破法条文字的语义限制，从文义解释和体系解释的角度来看，虚假诉讼行为原则上应当限定为使民事法律关系从无到有的情形；从立法原意看，《刑法修正案（九）》增设本罪的目的，是依法惩治行为人行使虚假诉权的行为，所谓"虚假诉权"是指原本不存在民事法律关系和民事纠纷，而行为人予以虚构并提起民

[①] 也就是说，"捏造的事实"并不限于行为人自行捏造，也包括利用他人捏造的事实。

[②] 例如，《办理虚假诉讼刑事案件解释》第 1 条规定：隐瞒债务已经全部清偿的事实，向人民法院提民事诉讼，要求他人履行债务的，以"以捏造的事实提起民事诉讼"论。

[③] 典型的就是隐瞒借款已部分清偿的事实。

[④] 参见周峰、李加玺：《虚假诉讼罪具体适用中的两个问题》，载《人民法院报》2019 年 9 月 12 日第 6 版。

[⑤] 参见杨智博：《论虚假诉讼罪中的"捏造事实"》，载《湖北警官学院学报》2019 年第 4 期。

事诉讼的"无中生有型"行为；另外，将"部分篡改型"行为排除在本罪之外，符合司法实际情况，也具有可操作性，不会产生妨碍人民群众行使诉权的不良后果。[①]

我们认为，《刑法》将虚假诉讼行为入罪，并不代表对任何捏造事实提起诉讼的行为都一律定罪处罚。《刑法》作为最后手段，应当在其他手段不能有效发挥作用的情况下才能介入。在《民事诉讼法》已对一般伪证行为规定了惩处措施的情况下，[②]不将"部分篡改型"行为解释为本罪，体现了《刑法》的谦抑性和补充性，也考虑到了司法的实际情况，因此有其合理性。在《工作意见》中，也强调虚假诉讼犯罪是"捏造民事案件基本事实"的行为。但是，对于"部分篡改"的含义应当严格把握。实际上，关于本罪包不包括"部分篡改型"行为的争论，刑法学理上的意义大于刑事实践上的意义，因为即便不将"部分篡改型"行为包括在虚假诉讼行为之内，也不太可能产生处罚上的漏洞。就以篡改借条金额后提起民事诉讼这一典型的"部分篡改型"行为为例，即便不将其认定为虚假诉讼罪，如果行为人有伪造证据、虚假陈述，指使他人作伪证的行为，完全可以以妨害作证罪和帮助毁灭、伪造证据罪乃至诈骗罪处罚。正如有观点指出的，民事法律关系和民事纠纷客观存在，行为人只是对具体的诉讼标的额、履行方式等部分事实作夸大或者隐瞒的行为，虽然不属于《刑法》规定的虚假诉讼罪的范畴，[③]但是，将普通债权捏造为优先权的，[④]捏造可分之诉中部分诉讼标的的，则可以就该部分行为认定为"无中生有"。[⑤]另外，"部分篡改型"行为不成立虚假诉讼罪并不代表也不成立其他犯罪，《办理虚假诉讼刑

---

①　参见周峰、李加玺：《虚假诉讼罪具体适用中的两个问题》，载《人民法院报》2019 年 9 月 12 日第 6 版。

②　参见《民事诉讼法》第 114~116 条。

③　参见高志民虚假诉讼案，福建省石狮市人民法院（2018）闽 0581 刑初 1715 号。

④　江苏省常州市中级人民法院（2018）苏 04 刑终 408 号。

⑤　参见周峰、李加玺：《虚假诉讼罪具体适用中的两个问题》，载《人民法院报》2019 年 9 月 12 日第 6 版；雷建斌主编：《〈中华人民共和国刑法修正案（九）〉释解与适用》，人民法院出版社 2015 年版，第 278 页。

事案件解释》第 7 条规定，采取伪造证据等手段篡改案件事实，骗取人民法院裁判文书的，可以伪造公司、企业、事业单位、人民团体印章罪或者妨害作证罪等罪名定罪处罚。[1]

5. 划清虚假诉讼罪与"恶意串通"的民事虚假诉讼的界限

《民事诉讼法》第 115 条规定，当事人之间恶意串通，企图通过诉讼、调解等方式侵害他人合法权益的，人民法院应当驳回其请求，并根据情节轻重予以罚款、拘留；构成犯罪的，依法追究刑事责任。第 116 条规定，被执行人与他人恶意串通，通过诉讼、仲裁、调解等方式逃避履行法律文书确定的义务的，人民法院应当根据情节轻重予以罚款、拘留；构成犯罪的，依法追究刑事责任。有观点以这两个法条为据，认为既然《民事诉讼法》中的虚假诉讼是以当事人之间的恶意串通为前提，那么《刑法》上的虚假诉讼罪就应当按照《民事诉讼法》的规定进行解释。

我们认为该观点值得商榷。首先，按照通常的解读方法，《刑法》第 307 条之一并不是空白规范，因此不必以《民事诉讼法》关于虚假诉讼的规定作为入罪的前提条件。[2]其次，《民事诉讼法》与《刑事诉讼法》有关虚假诉讼的保护法益不同，前者侧重保护案外人权益，因此仅限于双方恶意串通的情形；而后者侧重于保护公共利益和其他当事人权益，故不仅规制《民事诉讼法》所规制的恶意串通型虚假诉讼，还规制单方虚假型虚假诉讼。[3]

6. 划清虚假诉讼罪的既遂与未遂界限

关于本罪的既遂形态，有抽象危险犯说、行为犯说以及结果犯说等不同观点，还有学者提出了本罪兼具行为犯与结果犯属性的观点。笔者认为，无论是抽象危险犯说还是行为犯说，都忽视了本罪构成条件中"妨害司法秩序"的要求，按照抽象危险犯说或行为犯说，只要提起诉讼

---

[1] 参见胡群光、王荣炎妨害作证、帮助伪造证据案，载中华人民共和国最高人民法院刑事审判第一、二、三、四、五庭主办：《刑事审判参考》(总第 124 集)，法律出版社 2020 年版。

[2] 参见张明楷：《虚假诉讼罪的基本问题》，载《法学》2017 年第 1 期。

[3] 参见王约然、纪格非：《虚假诉讼程序阻却论》，载《甘肃政法学院学报》2018 年第 2 期。

即属于妨害司法秩序，这使得《刑法》有反应过度之嫌。至于"行为犯＋结果犯"说，由于行为犯和结果犯各有不同的既遂标准，强行将两者结合在一起，在司法实践中容易产生适用上的难题。①

我们认为，从广义上讲，本罪是结果犯，但进一步深究，本罪是具体危险犯。虚假诉讼的危害有一个逐步严重的过程：第一步，当行为人到法院提起虚假民事诉讼，法院立案庭立案受理之后，此时就对司法秩序和他人合法权益产生了抽象的危险。第二步，当立案庭决定立案，并将案件移送到民事审判庭审理以后，虚假诉讼的抽象危险就转化为具体的危险。但是，由于案件已经处于排期开庭、庭前会议阶段，所以此时的具体危险还不是很紧迫，故虚假诉讼在此阶段停止的，可以视为未遂。第三步，到了法院组成合议庭或者独任庭开庭审理或者调解案件时，行为人捏造的事实对正常的司法秩序和他人的合法权益就造成了现实的危险，此时的虚假诉讼已经进入既遂阶段。故此，根据《办理虚假诉讼刑事案件解释》第 2 条的规定，以捏造的事实提起民事诉讼，具有"致使人民法院开庭审理，干扰正常司法活动"等情形之一的，应当认定为"妨害司法秩序或者严重侵害他人合法权益"，齐备本罪构成要件。由此可见，虚假诉讼行为在法院立案受理环节被发现的，可以不作为犯罪处理；虚假诉讼行为在法院立案以后开庭审理或者调解之前被发现的，作为犯罪未遂处理；虚假诉讼行为在法院开庭审理以后被识破的，应当作为犯罪既遂处理。同时，在法院的调解书和判决作出之前，行为人撤回起诉的，可以按照犯罪中止处理。

7. 划清虚假诉讼罪与其他犯罪的界限

虚假诉讼罪与《刑法》中的有关犯罪存在交叉或者竞合关系，应当在司法实践中仔细加以辨别。如何正确处理这个问题，（1）《办理虚假诉

---

① 例如，虚假诉讼中很少存在单纯为妨害司法秩序而起诉的行为，很多都是为了实现某种与财产有关的非法目的。如果采取"行为犯＋结果犯"说，法院受理案件即构成妨害司法秩序的既遂，而如果法院识破了虚假诉讼，行为人所意图的侵害他人合法权益的行为因未得逞而构成未遂。此时，行为人到底是既遂还是未遂？

讼刑事案件解释》第 4 条规定，行为人实施虚假诉讼犯罪行为，非法占有他人财产或者逃避合法债务，又构成诈骗罪，职务侵占罪，拒不执行判决、裁定罪，贪污罪等犯罪的，依照处罚较重的规定定罪从重处罚。（2）行为人实施的虚假诉讼行为同时构成伪造公司、企业、事业单位、人民团体印章罪或者妨害作证罪等其他犯罪的，应当根据牵连犯和想象竞合犯原则从一重罪处罚。（3）行为人在提起虚假诉讼的同时，往往通过伪造书证、物证或指使他人作伪证等方式来证明捏造的事实，因此本罪与妨害作证罪存在牵连关系，应当从一重罪处断。需要注意的是，本罪与妨害作证罪的法定最高刑相同，最低刑则低于妨害作证罪，因此本罪是比妨害作证罪更轻的罪名。《最高人民法院关于〈中华人民共和国刑法修正案（九）〉时间效力问题的解释》第 7 条规定，对于 2015 年 10 月 31 日以前以捏造的事实提起民事诉讼，妨害司法秩序或者严重侵害他人合法权益，根据修正前《刑法》应当以伪造公司、企业、事业单位、人民团体印章罪或者妨害作证罪等追究刑事责任的，适用修正前《刑法》的有关规定。但是，根据修正后《刑法》第 307 条之一的规定处刑较轻的，适用修正后《刑法》的有关规定。由于本罪比妨害作证罪更轻，因此本罪针对《刑法修正案（九）》施行以前的部分虚假诉讼行为仍有适用可能性。[①] 司法实践中也有因此改判的案例。[②]

8. 划清虚假诉讼罪中的共同犯罪与非共同犯罪的界限

根据共犯理论，直接提起虚假民事诉讼的行为人为正犯，正犯就是作为原告的单位或者个人，其他帮助其实施虚假诉讼行为的单位或者个人可以成立共犯。《办理虚假诉讼刑事案件解释》第 5 条规定，司法工作人员利用职权，与他人共同实施《刑法》第 307 条之一前 3 款行为的，从重处罚；同时构成滥用职权罪，民事枉法裁判罪，执行判决、裁定滥

---

① 参见杨堃：《虚假诉讼罪的司法适用——基于北京首例虚假诉讼罪案件的展开》，载《法律适用》2018 年第 14 期。

② 参见吴田标妨害作证案，江西省鹰潭市中级人民法院（2017）赣 06 刑终 12 号。

用职权罪等犯罪的，依照处罚较重的规定定罪从重处罚。第 6 条规定，诉讼代理人、证人、鉴定人等诉讼参与人与他人通谋，代理提起虚假民事诉讼、故意作虚假证言或者出具虚假鉴定意见，共同实施《刑法》第 307 条之一前 3 款行为的，依照共同犯罪的规定定罪处罚；同时构成妨害作证罪，帮助毁灭、伪造证据罪等犯罪的，依照处罚较重的规定定罪从重处罚。

七十三、窝藏、包庇罪

第三百一十条 明知是犯罪的人而为其提供隐藏处所、财物，帮助其逃匿或者作假证明包庇的，处三年以下有期徒刑、拘役或者管制；情节严重的，处三年以上十年以下有期徒刑。

犯前款罪，事前通谋的，以共同犯罪论处。

第三百六十二条 旅馆业、饮食服务业、文化娱乐业、出租汽车业等单位的人员，在公安机关查处卖淫、嫖娼活动时，为违法犯罪分子通风报信，情节严重的，依照本法第三百一十条的规定定罪处罚。

（一）概述

1. 概念和构成要件

窝藏、包庇罪，是指明知是犯罪的人而为其提供隐藏处所、财物，帮助其逃匿或者作假证明包庇的行为。

窝藏、包庇罪的构成要件和主要特征是：

（1）本罪侵犯的客体是司法机关对犯罪进行刑事追诉和刑罚执行的正常活动。窝藏、包庇的对象是"犯罪的人"，包括判决前和判决后的犯罪人。判决前的犯罪人，包括犯罪后尚未被司法机关发现的，或者已被司法机关发现但尚未采取强制措施的，或者虽已决定采取强制措施但尚未执行的，已被执行强制措施尚未判决的犯罪嫌疑人、被告人；判决后的犯罪人，主要指正在服刑而逃脱的罪犯。

（2）客观方面表现为为犯罪的人提供隐藏处所、财物，帮助其逃匿，或者作假证明包庇的行为。具体包括两个方面：一是帮助犯罪分子逃逸的窝藏行为。根据最高人民法院、最高人民检察院2021年8月9日联合发布的《关于办理窝藏、包庇刑事案件适用法律若干问题的解释》（以下简称《办理窝藏、包庇刑事案件解释》），窝藏行为主要表现为为犯罪人提供隐藏的处所、交通工具、通讯工具、金钱财物等。比如，将犯罪的人藏于家中、山上、地洞或者地窖等处，使其难以被司法机关发觉；为犯罪人提供钱财、衣物、食物、交通工具或者其他物品，或者为犯罪人提供躲藏的地址，或者为犯罪人指示逃跑的路线、方向等，以帮助其逃匿。此外，司法实践中还有诸如为犯罪人提供介绍信、通行证等能证明其身份的文件，或者为犯罪人通风报信、出谋划策等帮助其逃匿的行为。这些帮助犯罪人隐藏、逃匿的方式，行为人可能同时使用，比如，既资助犯罪人财物，又为其指明逃跑的路线、方向，提供去外地躲藏的地址等。并且，在同一案件中，行为人可能既为犯罪人提供隐藏的处所，又采用上述方式帮助犯罪人外逃、藏匿等。二是作假证明包庇犯罪人。根据《办理窝藏、包庇刑事案件解释》的规定，包庇行为主要表现为帮助犯罪分子逃避刑事追究或者获得从宽处罚的行为。实践中常见的行为方式表现为通过伪造（变造）证据、隐藏证据、毁灭证据的方式对犯罪人进行包庇，包括：隐藏、毁灭物证、书证；制造虚伪的证人证言，如使证人不予作证或者使其作虚伪的证言，或假冒证人作虚伪的证言，或指使假冒证人作虚伪证言；制造虚伪的被害人陈述，如收买、威胁被害人不告发犯罪或者推翻控告，假冒被害人作虚伪陈述，指使他人假冒被害人作虚伪陈述；制造虚伪的被告人供述，如使犯罪人作虚伪供述，假冒犯罪人作虚伪供述，指使他人假冒犯罪人作虚伪供述；指使、收买、威胁鉴定人作虚伪的鉴定结论；伪造犯罪现场；等等。本条罪名为选择性罪名。不论行为人实施了窝藏及包庇两种行为，还是仅实施了其中一种行为，仍为一罪，不实行数罪并罚。

（3）犯罪主体为一般主体，即已满16周岁、具有刑事责任能力的自然人，实践中多为犯罪人亲属、朋友等。犯罪人本人不能构成本罪，共同犯罪人相互之间也不能构成本罪。

（4）主观方面必须出于故意，即明知是犯罪的人而故意加以窝藏、包庇，并具有帮助犯罪的人逃避处罚或非法获得从轻处罚的目的。明知，是指行为人认识到自己窝藏、包庇的对象是犯罪的人，既包括肯定知道对方必然是犯罪人，也包括只认识到对方可能是犯罪人；既包括在开始实施窝藏、包庇行为时即明知是对方是犯罪人，也包括开始实施窝藏、包庇行为时不明知是犯罪人，但发现对方是犯罪人后仍然继续实施窝藏、包庇的情况。行为人将犯罪的人所犯之罪误认为是其他犯罪的，不影响"明知"的判断。如果确实不知道对方是犯罪人，因受欺骗而为其逃匿客观上提供了一定的帮助，则不构成本罪。

2. 法定刑

依照《刑法》第 310 条的规定，犯窝藏、包庇罪的，处三年以下有期徒刑、拘役或者管制；情节严重的，处三年以上十年以下有期徒刑。所谓情节严重，主要指窝藏、包庇多人（三人或三人以上）的；多次（三次或三次以上）实施窝藏、包庇行为的；窝藏、包庇犯罪分子时间较长，致使其长期逍遥法外，甚至又实施新的犯罪行为的；窝藏、包庇的对象是危害国家安全的或者其他重大或者行为极其严重的犯罪分子的；帮助犯罪团伙、集团逃匿的；窝藏、包庇的动机卑鄙、手段恶劣的；窝藏、包庇行为造成被害人或其亲属自杀、精神失常等严重后果的等。

（二）疑难问题解析

1. 如何理解"提供隐藏处所、财物，帮助其逃匿"

何谓"窝藏"，1979 年《刑法》颁行时，一般认为窝藏就是为犯罪分子提供隐藏处所。为了适应司法实践的需要，1997 年《刑法》修订时对"窝藏"的范围进一步作了扩大规定："提供隐藏处所、财物，帮助其逃匿"。在实践中，关于该规定的认识分歧在于，"帮助其逃匿"是除"提供隐藏处所、财物"以外的窝藏行为方式，还是对"提供隐藏处所、财物"目的或实质的揭示。

我们认为，"帮助其逃匿"应是指除"提供隐藏处所、财物"以外的其他窝藏行为方式。换言之，窝藏罪的行为方式具体包括以下三种：其一，为犯罪的人提供隐藏处所；其二，为犯罪的人提供财物；其三，提供其他帮助以便犯罪的人逃匿。从司法实践看，窝藏的行为表现多种多样，除直接为犯罪的人提供隐藏处所、财物外，还可以表现为不直接藏匿而是为犯罪的人指示藏匿处所、传授藏匿方法，为犯罪的人提供逃跑方向、路线，为犯罪的人提供身份证件，为犯罪的人化妆、整容，或者为犯罪的人典当、出售犯罪分子所有、管理的物品来换取金钱以帮助其逃匿的行为等，这些行为在主观上均具有帮助犯罪人逃匿的目的，客观上也妨碍了司法机关的正常活动，具有一定的社会危害性，在性质上与"提供隐藏处所、财物"并无二致，都是窝藏行为，理应予以刑罚处罚。如果把"帮助其逃匿"理解为"提供隐藏处所、财物"以外的其他窝藏行为方式，则"提供隐藏处所、财物"成为法条列举的窝藏罪的通常行为，是对窝藏罪客观行为的例示性规定，"帮助其逃匿"成为概括性规定，囊括除"提供隐藏处所、财物"以外的其他帮助犯罪的人逃匿的行为。

（1）"提供隐藏处所"的认定。刑法理论通说认为，提供隐藏处所，就是将自己的住处、管理的房屋提供给犯罪人。我们认为，这样的理解实际上缩小了"提供隐藏处所"的范围。窝藏行为的实质就是为了使犯罪的人不被或难以被发现从而逃避追捕，故而，从更好打击窝藏犯罪出发，对"隐藏处所"不应有具体的形状大小、能否为人居住等限制，也不应有所有人、管理人的限制。事实上，无论是房屋、地窖、山洞，还是树上、渔船上、深山老林之中；无论是行为人自己所有或管理的处所，还是他人所有或管理的处所，只要行为人明知所藏匿的人是犯罪的人，出于使其不能或难以被发现从而逃避法律制裁的目的，而将其藏匿于这些场所，即足以认定行为人的窝藏行为。

（2）"提供财物"的认定。"财物"，顾名思义就是"钱财和物资"。关于"财物"的范围，有的认为就是资金，有的认为还包括食物、衣物、交通工具以及有关证件等。我们认为，就"财物"的范围而言，也应作扩大理解为宜，只要行为人明知自己所帮助的对象是犯罪的人，出于帮助其逃匿的目的，不论提供的是何种财物，也不论财物的所有人、管理人是谁，只要在客观上有利于犯罪的人逃匿，即可以认定行为人的窝藏行为。

（3）"帮助其逃匿"的认定。"帮助其逃匿"，是指提供隐藏处所、财物以外的其他帮助犯罪人逃匿的行为，属于概括性规定，包含了"提供隐藏处所、财物"以外的所有窝藏行为，如为犯罪人指示逃跑的路线、方向，为犯罪人提供介绍信、通行证等能证明其身份的文件，为犯罪人通风报信、出谋划策，为犯罪的人化妆、整容，为犯罪的人典当、出售犯罪分子所有、管理的物品来换取金钱以帮助其逃匿等。这些行为都以帮助犯罪的人逃匿为目的，并且客观上起到了帮助犯罪人外逃、藏匿的效果。由于这些窝藏行为是行为人明知是犯罪的人，为了帮助其不被或难以被发现，进而逃避刑事追诉或刑罚执行而实施的，客观上均表现为一种积极主动的行为，而不可能由行为人以不作为的方式实施。

2. 如何理解"作假证明包庇犯罪人"

"作假证明包庇犯罪人"，主要是通过伪造、隐匿、销毁证据等方式，帮助犯罪的人逃避刑事追究或者获得从宽处罚。根据《办理窝藏、包庇刑事案件解释》第2条的规定，包庇的行为方式具体有如下四种情形：一是故意顶替犯罪的人欺骗司法机关；二是故意向司法机关作虚假陈述或者提供虚假证明，以证明犯罪的人没有实施犯罪的行为或者所实施的行为不构成犯罪；三是故意向司法机关提供虚假证明，以证明犯罪的人具有法定从轻、减轻、免除处罚情节；四是其他作虚假证明包庇的行为。从实际看，包庇者通常是采取积极的作为方式，并想使自己的证言在诉讼中发挥证明被告人无罪或罪轻的作用。比如侦查机关问：你是否看到甲的犯罪行为？包庇者答：甲没有犯罪，或者甲根本不在现场，或者我看到是乙犯罪不是甲犯罪等。这种作假证明的行为无疑会干扰司法机关正常的诉讼活动，故而成为刑法惩处的对象。

我国《刑事诉讼法》规定人民法院、人民检察院和公安机关有权向有关单位和个人收集、调取证据。有关单位和个人应当如实提供证据。但不如实提供证据包括提供虚假证据和不提供证据两种情形。其中后一种不作为情形也被称为知情不举，虽然明知被告人的犯罪事实，但采取了一种回避的态度，不希望自己的证言起任何作用。比如侦查机关问：你是否知道甲的犯罪行为？知情不举者答：我不知道，或者我没看清，或者我记不清了等。知情不举者出具的证言基本没有价值，证明不了任何事实，不否定也不肯定侦查机关的侦查方向。所以，他既未给司法机关的工作带来困扰，也没有提供帮助，故除法律特别规定外，一般不能以包庇罪论处。对于拒不作证的行为，我国《刑法》只针对特定的对象设置了处罚，即明知他人有间谍犯罪或者恐怖主义、极端主义犯罪行为，在司法机关向其调查时，拒绝提供，情节严重的，才构成犯罪。

例如，于某抢劫案：被告人于某因日常开销过大，欲向其外祖母宋某借款，宋某不借。被告人于某遂杀害宋某并抢走宋某金银首饰若干。当日晚，宋某家属发现宋某死亡后报警。于某得知警察将宋某尸体拉走做尸检，担心事情败露，就将实情告知其父母，并将所抢金银首饰交出。于父和于母将金银首饰埋藏于其家院内。公安机关在侦查过程中询问于父和于母时，二人均未主动检举于某。后案件侦破，于某被抓获归案，于父和于某经传唤到案。

本案在审理过程中，被告人于某构成抢劫罪并无争议，但对于父、于母的定性存在两种意见：第一种意见认为，于父和于母在接受公安机关询问时已明知被告人于某的犯罪事实，不如实出具证言，构成包庇罪；第二种意见认为，于父和于母只是不主动检举揭发，属于知情不举行为，并没有作虚假证言，更没有阻碍侦查机关的侦查工作，故不构成包庇罪。但其帮助于某毁灭证据，可构成帮助毁灭证据罪。我们赞成第二种意见。

3. 如何把握窝藏、包庇罪的对象

根据《刑法》第310条的规定，窝藏、包庇罪的对象是"犯罪的人"。一般认为，这里的"犯罪的人"，其范围不仅包括已决犯，还包括未决犯。对于已决犯，因为已被人民法院判决认定为"犯罪的人"，窝藏、包庇该人构成窝藏、包庇罪应无异议。而对于未决犯，由于未经过人民法院审判，如何认定其是否属于"犯罪的人"进而以窝藏、包庇罪论处，则存在争议。有的认为，窝藏、包庇的必须是真正的"犯罪的人"才构成窝藏、包庇罪，如果窝藏、包庇的对象不是"犯罪的人"，则不构成窝藏、包庇罪。有的则认为，行为人只要窝藏、包庇了受侦查、追诉的犯罪嫌疑人、被告人，不管法院最后宣告被窝藏、包庇的人是否有罪，行为人都构成窝藏包庇罪。

我们认为，根据《刑法》规定，窝藏、包庇罪的对象应当限于"犯罪的人"，即经证明已实施了犯罪行为的人。换言之，如果被窝藏、包庇的人，未实施犯罪或者其行为未构成犯罪，则对实施窝藏、包庇的行为人不宜以窝藏、包庇罪论处。这主要有以下考虑：首先，从逻辑上讲，窝藏、包庇被告人、犯罪嫌疑人，仅是构成窝藏、包庇罪的一个必要的前提要件，并不是充分要件。这不同于窝藏、包庇已决犯，只要实施了窝藏、包庇行为，就具备了构成窝藏、包庇罪的客观要件。窝藏、包庇未决的被告人、犯罪嫌疑人构成窝藏、包庇罪，还必须具备"被窝藏、包庇的被告人、犯罪嫌疑人最终被证明是有罪的人"这一法律事实。一个被窝藏、包庇的对象是否为"犯罪的人"，只能经由人民法院依法判决，未经人民法院依法判决，对任何人都不得确定为有罪。如果经法院审判确定为无罪之人，则就不能作为窝藏、包庇罪的对象，对该窝藏、包庇行为人自然不能以犯罪论处。其次，窝藏、包庇罪属于事后型的帮助犯罪，立法对窝藏、包庇行为予以刑罚处罚，主要是出于更为有力地惩处本犯的需要，如果窝藏、包庇的对象没有实施犯罪，对窝藏、包庇人仍予以刑罚处罚，有违立法的本意。最后，窝藏、包庇行为多发生在亲属、朋友之间，对作为窝藏、包庇对象的"犯罪的人"予以严格解释，有利于适当控制刑法的打击面，落实法律的社会效果。

总之，我们认为，对窝藏、包庇罪中的"犯罪的人"应当基于客观主义立场出发，作严格的实质理解，即以被窝藏、包庇者的行为事实上构成犯罪为前提。既包括经过法院审理确定犯罪的人，也包括犯罪事实清楚、证据确实充分，但尚未到案、尚未依法裁判或者因不具有刑事责任能力依法未予追究刑事责任的情形。如果被窝藏、包庇的人归案后依法被宣告无罪的，窝藏、包庇的行为亦不应以犯罪论处，已经被定罪处罚的，应当依照法定程序宣告窝藏、包庇行为人无罪。

关于本罪的对象，需要注意《刑法》第362条的特殊规定问题，即在特定的情形下，从事卖淫、嫖娼活动外的其他违法人员也可能成为窝藏、包庇罪的对象。《刑法》第362条规定："旅馆业、饮食服务业、文化娱乐业、出租汽车业等单位的人员，在公安机关查处卖淫、嫖娼活动时，为违法犯罪分子通风报信，情节严重的，依照本法第三百一十条的规定定罪处罚。"这是一项法律拟制规定。根据这条规定扩大了窝藏、包庇罪的对象，把一般违法的卖淫者、嫖娼者纳入了窝藏、包庇罪的对象，但在立法上这只是一个特例，在认定"违法人员"时不得随意作扩大解释，如果为从事卖淫、嫖娼活动外的其他违法人员"通风报信，情节严重的"，不能以《刑法》第310条规定的窝藏、包庇罪定罪处罚。

4.如何把握窝藏、包庇罪的犯罪主体

窝藏、包庇罪的犯罪主体是一般主体，即任何达到刑事责任年龄、具有刑事责任能力，实施了窝藏、包庇犯罪的人的行为的自然人，都可以成为窝藏、包庇的主体，独立构成窝藏、包庇罪。在司法实践中，应注意以下问题：

（1）犯罪分子本人不能成为窝藏、包庇罪的主体。犯罪分子在犯了罪以后，往往自行隐避，逃避司法机关的侦查及追捕。客观上说，这种行为必然会影响司法机关的追诉、审判等活动，具有社会危害性。但由于这些都是犯罪的后续行为，根据刑法理论，不再定窝藏、包庇罪。

值得注意的是，犯罪分子教唆他人对自己实施窝藏、包庇行为时，是否构成窝藏、包庇罪的共犯？共犯成立说认为，刑法不处罚行为人自身窝藏、包庇行为，是因为没有期待的可能性；但教唆他人窝藏、包庇自己，则使他人卷入了犯罪，也不缺乏期待可能性，故成立犯罪。共犯否认说认为，被窝藏、包庇的犯罪人不能成立本罪的主体，因而不能成立共犯。我们认为，犯罪的人对自己实施窝藏、包庇行为，通常属于事后不可罚的行为，不成立窝藏、包庇罪。既然自己不构成窝藏、包庇罪，那么教唆他人对自己实施窝藏、包庇行为，同样不应当以窝藏、包庇罪论处。

（2）共同犯罪人相互之间不能成为窝藏、包庇罪的主体。共同犯罪即二人以上共同故意犯罪，如果共同犯罪的行为人相互窝藏、包庇的，不单独构成窝藏、包庇罪，而应按共同犯罪处理。

（3）事前通谋的，以共同犯罪论处。窝藏、包庇行为是在被窝藏、包庇的人犯罪后实施的，其犯罪故意也是在他人犯罪后产生的，即只有在与犯罪人没有事前通谋的情况下，实施窝藏、包庇行为的才成立本罪。所谓事前通谋，是指行为人与被窝藏、包庇的犯罪分子，在犯罪活动之前，就谋划或者合谋，答应在犯罪分子实施犯罪后，对其予以窝藏、包庇。在此种情形下，因双方事前存在通谋，会使犯罪人获得了精神上的动力与支援，实质上是一种帮助行为，应视为有共同的犯罪行为与共同的犯罪故意，符合共同犯罪的构成与原理，应当作为共同犯罪来处理。在这种情况下，即使共同犯罪所犯之罪的法定刑低于窝藏、包庇罪的法定刑，也应以共同犯罪论处。但是，如果行为人只是知道他人要去实施犯罪，事后予以窝藏、包庇，或者事先知道他人要去实施犯罪，未去报案，犯罪发生后又窝藏、包庇犯罪分子的，不能以共同犯罪论处。

5.在真凶被抓获后，行为人以自己是真正的犯罪人的名义，将其取保出来，自己甘愿受刑罚的，是否构成包庇罪

对此有两种观点：否定说认为，本罪是侵害犯，以真正罪犯的名义替代他人承受刑罚的行为，发生在司法机关已经逮捕、拘留他人之后，所以该行为没有具体的危险性，行为人不构成包庇罪。肯定说认为，该

行为对司法程序的正常进行有妨害，侵害了刑事司法作用，所以构成包庇罪。[①]我们认为，此行为实质上就是"作假证明包庇犯罪人"，故依法可成立包庇罪。

6. 如何评价窝藏行为的时间问题

在司法实践中，行为人为犯罪的人提供隐藏处所或者为其提供财物，有时间长短之别，行为人将犯罪人藏匿起来的时间可能为几小时、几天，也可能为数年；行为人为犯罪的人提供财物，可能就一次，也可能长年累月。这里有两个问题值得注意：

（1）窝藏时间对定罪量刑有无影响？我们认为，窝藏行为持续时间，一般对窝藏罪的成立没有影响，但时间过短、瞬间性的藏匿难以构成本罪。时间长短反映行为人的主观恶性和行为的社会危害性的程度，因此对量刑可能产生影响，在裁量刑罚时可以作为量刑情节加以考虑。

（2）窝藏时间对追诉时效有无影响？我们认为，行为人可以将犯罪人数年窝藏在某处，也可以常年为犯罪人提供食物，这些表明窝藏行为可以连续或继续，因此窝藏罪的时效应当适用《刑法》第89条的规定，即犯罪行为有连续或继续状态的，追诉时效应从犯罪终了之日起计算。

7. 近亲属间"窝藏、包庇"能否作为从轻处罚情节考虑

我国《刑法》未对亲属间发生的窝藏、包庇罪作出特别规定，在立法上，窝藏、包庇罪的主体与本犯之间是否存在亲属关系，在定罪量刑是一视同仁的。但从我国司法传统看，"父为子隐，子为父隐，直在其中""亲亲得相首匿"自古就被确定为刑法原则，并一直延续发展到近代。中华民国时期编纂六法全书时，其刑法中继续保留这一传统。目前我国台湾地区仍在适用该"刑法典"，其第162项和第167条分别规定："配偶、五亲等内之血亲或三亲等内之姻亲，犯第一项之便利脱逃罪者，得减轻其刑。""配偶、五亲等内之血亲或三亲等内之姻亲图利犯人或依法逮捕拘禁之脱逃人，而犯第164条或第165条之罪者，减轻或免除其刑。"

---

① 参见周光权：《刑法各论》，中国人民大学出版社2018年版，第391页。

我国《澳门刑法典》第328条、第331条也有类似规定：作虚假陈述、声明、证言、鉴定、传译、翻译或贿赂作虚假声明而构成犯罪的，"如系为避免行为人自己、配偶、收养行为人之人或行为人收养之人、行为人二亲等内之血亲或姻亲、又或与行为人在类似配偶状态下共同生活之人，在其后有受刑罚或受保安处分之危"的，则特别减轻或免除刑罚；"为使配偶、由自己收养之人、收养人、二亲等内之血亲或姻亲、又或与自己在类似配偶状态下共同生活之人得益，作出本条规定的袒护他人的行为而构成犯罪的，得特别减轻或免除处罚。"从司法实践看，窝藏、包庇罪主要发生在亲属、朋友之间，父母窝藏、包庇子女，子女包庇父母的案例屡见不鲜。虽然现行立法对此情形下能否予以从轻处罚的问题并未明确规定，但从维系社会关系的角度，可以将近亲属间的窝藏、包庇作为酌定从宽处罚情节，视情予以考虑。①

8.如何划清窝藏、包庇罪与非罪的界限

司法实践中，认定窝藏、包庇罪与非罪，应当着重从以下几个方面分析：

（1）行为人在主观上是否具有窝藏、包庇犯罪的故意，只有明知是犯罪的人而故意予以窝藏、包庇的才构成犯罪。如果确实不知对方是犯

① 从刑法解释的角度看，也可以适当引入国外刑法中的"中立的帮助行为理论"来处理部分亲属间的窝藏行为。所谓中立的帮助行为，通常是指日常生活行为或者业务行为本来与犯罪无关，但恰恰客观上对犯罪起了帮助作用的一种情形。中立的帮助行为大致分为日常生活行为和业务行为。而日常生活行为又大致可以分为契约型和非契约型两种类型。契约行为是指存在债权债务等民事上的权利义务关系的行为，如借贷、租房等民事行为。非契约行为，是指不存在契约关系的日常生活中的行为，如提供吃住、饮食等行为。提供饮食的行为是属于满足人的基本生活需要的行为，通常不应认为制造了不被法所允许的危险，不具有帮助行为性，故不成立可罚的帮助。借鉴该理论，可以考虑将亲属之间的日常生活行为，如短时间为犯罪的亲属提供食宿，或者为其提供几十或者数百元的少量财物的行为等，作为日常生活行为看待，而不认为是符合窝藏罪的定型的客观行为要件，从而将其从可罚的窝藏罪中排除。例如，2010年2月13日晚上8时许，李某的外甥刘某驾驶一辆轿车沿某县城关镇龙山大道由西向东行至经三路路口时，将行人董某撞伤。事故发生后刘某驾车逃逸，董某经医院抢救无效死亡。2月14日，刘某来到李某家将其开车撞人的事告诉了李某，并且说不知道被撞的人的情况，当时车速不快，估计人没事。2月18日，刘某离开李某家回到自己家。2月23日，刘某听说董某被撞死，遂于次日到其姐姐刘某某家躲藏，在刘某某的劝说下到当地派出所投案。2月24日，公安机关对刘某交通肇事案立案。在本案中，李某、刘某某在刘某到自己家后，分别容许刘某居住4天、1天的行为，因为没有超出日常生活的范畴，就可以考虑不认定窝藏罪。

罪的人或者受欺骗、蒙蔽而实施了窝藏、包庇行为的，不构成犯罪。但是行为人如果在最初并不知是犯罪的人而予以收留、资助，在发现他人是犯罪的人或很可能是犯罪的人后，仍然收留或继续对其实施帮助行为的，则可以认定为犯罪。

（2）行为人在客观上是否实施了窝藏、包庇行为。没有行为就没有犯罪，因此，单纯的知情不举的行为一般不构成犯罪。知情不举，是指明知他人犯罪事实而不予检举告发的行为。在司法实践中，行为人明知案件事实而保持沉默、不检举告发的原因多种多样，有的是受到强制威吓、担心日后遭到报复而不敢；有的则由于特殊原因而不愿，如父母明知子女的犯罪行为而保持沉默。对于没有为犯罪的人提供隐藏处所或财物，帮助其逃匿，而仅仅是消极地不予检举揭发的，即单纯不作为的行为，除《刑法》另有特别对规定的以外，不能以犯罪论处。

9. 如何划清包庇罪与辩护人、诉讼代理人毁灭证据、伪造证据、妨害作证罪的界限

二者的区别主要在于犯罪主体不同。前者的主体是一般主体，后者的主体是特殊主体。凡是辩护人、诉讼代理人实施包庇行为的，都不再按包庇罪处理。此外，两罪在客观方面的表现不尽相同。前者在客观上只能是包庇刑事犯罪人，而后者在客观上不限于包庇刑事犯罪人。

10. 如何划清窝藏、包庇罪与帮助毁灭、伪造证据罪的界限

尽管这两种犯罪在犯罪主体和主观方面相同，在侵犯的客体和犯罪的客观方面也存在着相互包容、交叉的关系，但两者有区别，主要在于：

（1）犯罪对象不完全相同。前者仅指"犯罪的人"；后者则为"当事人"，既包括刑事案件的自诉人、被告人、被害人，也包括民事、行政案件的原告、被告、第三人，范围更宽。

（2）客观方面的表现形式不完全相同。前者表现为犯罪人提供隐蔽处所、财物，帮助其逃逸或者作假证明的行为；后者表现为帮助当事人毁灭证据或者伪造证据，情节严重的行为。如果行为人同样是采取帮助

当事人（被告人）毁灭证据，在这种情况下，区分两罪的关键，就在于行为人是否向司法机关作假证明。

例如，被告人赵某于2002年8月31日18时45分左右，应同事潘某的要求，驾驶轿车至潘某住处。潘某告知赵某已将女友袁某杀害并肢解，并要求赵帮忙将尸体运至一油库后山处理。赵帮潘将装有尸体的牛仔包抬进汽车后备箱，连同潘某抬进的另一包尸体和作案工具一并拉到油料库的一后山上。公安机关找赵某谈话时，即如实作了交代。法院在审理此案过程中，对本案的定性有两种不同意见：一种意见主张认定帮助毁灭证据罪，另一种意见主张认定包庇罪。法院经审理认为，本案中，被害人的尸体是重要的证据。赵某帮助潘某抬、运装有尸体的牛仔包的行为，属于毁灭证据的行为，且情节严重，已构成帮助毁灭证据罪，依法作了判处。如果公安机关调查时，赵某否认帮潘某运送尸体的事实，作假证明，则构成包庇罪。

11. 如何划清包庇罪与包庇、纵容黑社会性质组织罪的界限

两者的主要区别在于包庇的对象不同。后者包庇的对象是特定的，即黑社会性质的组织，不包括其他犯罪分子；如果包庇其他犯罪分子的，应当以包庇罪或者其他的罪定罪处罚。

七十四、掩饰、隐瞒犯罪所得、犯罪所得收益罪

第三百一十二条 明知是犯罪所得及其产生的收益而予以窝藏、转移、收购、代为销售或者以其他方法掩饰、隐瞒的，处三年以下有期徒刑、拘役或者管制，并处或者单处罚金；情节严重的，处三年以上七年以下有期徒刑，并处罚金。

单位犯前款罪的，对单位判处罚金，并对其直接负责的主管人员和其他直接责任人员，依照前款的规定处罚。

（一）概述

1. 概念和构成要件

掩饰、隐瞒犯罪所得、犯罪所得收益罪，是指明知是犯罪所得及其产生的收益而予以窝藏、转移、收购、代为销售或者以其他方法掩饰、隐瞒的行为。1979年《刑法》第172条规定了窝赃、销赃罪。1997年《刑法》第312条增加了转移、收购赃物的行为，罪名相应改为窝藏、转移、收购、销售赃物罪。2006年《刑法修正案（六）》第19条对本罪的行为方式、犯罪对象和法定刑均进行了修改，将本罪改造为洗钱犯罪的一般性条款，随后最高人民法院、最高人民检察院司法解释将本罪罪名修改为掩饰、隐瞒犯罪所得、犯罪所得收益罪。2009年《刑法修正案（七）》将本罪主体扩大至单位，以满足对单位犯罪的实践打击需要。

掩饰、隐瞒犯罪所得、犯罪所得收益罪的构成要件和主要特征是：

（1）本罪侵犯的客体主要是司法机关对刑事犯罪依法追究的活动。犯罪所得如赃款、赃物既是犯罪所追求的目标，也是证实犯罪的主要证据。及时查获犯罪所得是揭露、证实犯罪，打击犯罪分子和赔偿被害人损失的重要手段。而窝藏、转移、收购、代为销售或者以其他方法掩饰、隐瞒犯罪所得及其产生的收益的行为严重妨害了公安、司法机关侦查、起诉、审判相关犯罪分子的正常活动，为相关犯罪分子逃避法律制裁创

造了条件，故需予以刑事处罚。

全国人大常委会在审议《刑法修正案（六）（草案）》关于洗钱罪的上游犯罪应增加"贪污贿赂犯罪、金融犯罪"的过程中，有意见建议进一步扩大上游犯罪的范围。理由是，按照有关国际公约的要求，对明知是严重犯罪的所得，协助进行转移、转换或者以其他方式隐瞒、掩饰其性质和来源的，都应规定为犯罪。立法机关经研究认为，除《刑法》第191条规定的针对几种严重犯罪所得进行洗钱的犯罪以外，按照《刑法》第312条的规定，对明知是任何犯罪所得而予以窝藏、转移、收购或者代为销售的，都是犯罪，应当追究刑事责任，只是没有使用洗钱罪的罪名。为进一步明确法律界限，以利于打击对其他犯罪的违法所得予以掩饰、隐瞒的严重违法行为，立法机关对《刑法》第312条的罪状和法定刑作了必要的补充修改。

本罪的犯罪对象包括两类：一是犯罪所得，二是犯罪所得产生的收益。根据2015年发布并于2021年修正的《最高人民法院关于审理掩饰、隐瞒犯罪所得、犯罪所得收益刑事案件适用法律若干问题的解释》（以下简称《审理掩饰、隐瞒犯罪所得、犯罪所得收益刑事案件解释》）第10条的规定，"犯罪所得"是指通过犯罪直接得到的赃款、赃物；"犯罪所得产生的收益"是指上游犯罪的行为人对犯罪所得进行处理后得到的孳息、租金等。

（2）客观方面表现为"窝藏、转移、收购、代为销售或者以其他方法掩饰、隐瞒"的行为。其中，"窝藏"是指提供藏匿犯罪所得及其收益的场所；"转移"是指将犯罪所得及其产生的收益从一个地点转移到另一个地点；"收购"是指为自己或者为他人购买赃物，如买赃自用等；"代为销售"是指明知是犯罪所得的赃物而为犯罪分子代为销售；"其他方法"是指上述行为以外的掩饰、隐瞒行为，根据《审理掩饰、隐瞒犯罪所得、犯罪所得收益刑事案件解释》第10条的规定以及参照《刑法》第191条洗钱罪的规定，主要包括居间介绍买卖，收受，持有，使用，加工，提供资金账户，协助将财物转换为现金、金融票据、有价证券，协助将资金转移、汇往境外等情形。

（3）犯罪主体为一般主体，包括自然人和单位。

（4）主观方面是故意。即行为人明知自己窝藏、转移、收购、代为销售或者以其他方法掩饰、隐瞒的是犯罪所得或者犯罪所得产生的收益。"明知"，不一定是"确知"，即行为人无需认识到这些财物一定是犯罪所得或者犯罪所得产生的收益，只要行为人认识到这些财物可能是犯罪所得或者犯罪所得产生的收益即可。判断行为人是否明知，不能仅凭被告人的口供，而应当根据案件各方面的情况进行分析，只要证明被告人知道或者应当知道所掩饰、隐瞒的是犯罪所得或者犯罪所得产生的收益即可。司法实践中，认定被告人主观上是否明知，可以通过考察行为的时间、地点、物品本身的特征、收售物品的价格、行为人的一贯表现等进行综合分析判断。构成本罪，不要求行为人具有营利的动机或者目的，即使行为人无偿地为他人进行销售或者进行其他行为，也可以构成本罪。

2. 法定刑

依照《刑法》第 312 条第 1 款的规定，自然人犯掩饰、隐瞒犯罪所得、犯罪所得收益罪，处三年以下有期徒刑、拘役或者管制，并处或者单处罚金；情节严重的，处三年以上七年以下有期徒刑，并处罚金。《刑法》未对本罪的入罪情节作出规定，根据《审理掩饰、隐瞒犯罪所得、犯罪所得收益刑事案件解释》第 1 条的规定，具有下列情形之一的，应当定罪处罚：（1）一年内曾因掩饰、隐瞒犯罪所得及其产生的收益行为受过行政处罚，又实施掩饰、隐瞒犯罪所得及其产生的收益行为的；（2）掩饰、隐瞒的犯罪所得系电力设备、交通设施、广播电视设施、公用电信设施、军事设施或者救灾、抢险、防汛、优抚、扶贫、移民、救济款物的；（3）掩饰、隐瞒行为致使上游犯罪无法及时查处，并造成公私财物损失无法挽回的；（4）实施其他掩饰、隐瞒犯罪所得及其产生的收益行为，妨害司法机关对上游犯罪进行追究的。根据 2021 年修改司法解释的精神，人民法院审理掩饰、隐瞒犯罪所得、犯罪所得收益刑事案件时，应综合考虑上游犯罪的性质、掩饰、隐瞒犯罪所得及其收益的情节、后果及社会危害程度等，依法定罪处罚，避免唯数额论。根据《审理掩饰、隐瞒犯罪所得、犯罪所得收益刑事案件解释》第2条的规定，掩饰、隐瞒犯罪所得及其产生的收益行为符合该解释第1条的规定，认罪、悔罪并退赃、退赔，且具有下列情形之一的，可以认定为犯罪情节轻微，免予刑事处罚：（1）具有法定从宽处罚情节的；（2）为近亲属掩饰、隐瞒犯罪所得及其产生的收益，且系初犯、偶犯的；有其他情节轻微情形的。对于这里的"情节严重"，根据《审理掩饰、隐瞒犯罪所得、犯罪所得收益刑事案件解释》第3条的规定，主要是指掩饰、隐瞒犯罪所得及其产生的收益价值总额达到10万元以上的，或者掩饰、隐瞒犯罪所得及其产生的收益10次以上，或者3次以上且价值总额达到5万元以上等情形。

依照《刑法》第312条第2款的规定，单位犯掩饰、隐瞒犯罪所得、犯罪所得收益罪的，对单位判处罚金，并对其直接负责的主管人员和其他直接责任人员，依照前款的规定处罚。

（二）疑难问题精析

1. 如何理解掩饰、隐瞒犯罪所得、犯罪所得收益罪的行为方式

根据《刑法》第312条的规定，本罪的客观行为表现为窝藏、转移、收购、代为销售或者以其他方法掩饰、隐瞒犯罪所得及其产生的收益。对于本罪的行为实质和具体行为方式特别是其他方法的掩饰、隐瞒行为，应结合立法本意来进行理解和把握。《刑法修正案（六）》对《刑法》第312条作出修订，主要有两个考虑：一是《刑法》第191条上游犯罪的局限性；二是《刑法》原第312条行为方式的局限性。修订《刑法》312条的立法意图是将第312条改造成洗钱犯罪的一般性条款，确保所有的洗钱行为均可依法追究刑事责任，以此与相关国际公约文件的规定和要求保持一致。根据相关公约文件的规定，在获得财产时明知其为犯罪所得

及其产生的收益而予以收受、持有、转移、转换、使用的，均属于洗钱行为，这一点，与我国《刑法》将本罪规定为妨害司法活动犯罪也是完全契合的，故司法实践中要注意避免对本罪行为方式仅作字面狭隘的理解，本罪的掩饰、隐瞒行为不以刻意掩饰、隐瞒犯罪所得及其收益的非法性质和来源为限，凡是对司法机关刑事追究活动构成客观妨碍的行为，均可以理解为掩饰、隐瞒行为。

根据《审理掩饰、隐瞒犯罪所得、犯罪所得收益刑事案件解释》第10条关于明知是犯罪所得及其产生的收益而采取窝藏、转移、收购、代为销售以外的方法，如居间介绍买卖，收受，持有，使用，加工，提供资金账户，协助将财物转换为现金、金融票据、有价证券，协助将资金转移、汇往境外等，应当认定为《刑法》第312条规定的"其他方法"的规定，以及《最高人民法院、最高人民检察院关于办理与盗窃、抢劫、诈骗、抢夺机动车相关刑事案件具体应用法律若干问题的解释》（以下称《办理与机动动车相关刑事案件解释》）第1条关于明知是盗窃、抢劫、诈骗、抢夺的机动车，予以"（一）买卖、介绍买卖、典当、拍卖、抵押或者用其抵债的；（二）拆解、拼装或者组装的；（三）修改发动机号、车辆识别代号的；（四）更改车身颜色或者车辆外形的；（五）提供或者出售机动车来历凭证、整车合格证、号牌以及有关机动车的其他证明和凭证的；（六）提供或者出售伪造、变造的机动车来历凭证、整车合格证、号牌以及有关机动车的其他证明和凭证的"，应以掩饰、隐瞒犯罪所得、犯罪所得收益罪定罪处罚的规定，在具体理解本罪行为方式时，需要注意以下几点：

第一，关于收受行为。"收受"是指不支付对价而取得犯罪所得及其收益的行为，包括作为赠物予以接受等。在《刑法》修改之前，实践中有将收受行为作窝藏行为的理解，并据此定罪处罚的做法。我们认为，将收受行为予以定罪处罚是必要的，但收受行为与窝藏行为还是存在明显的差别。从主观故意和行为方式看，窝藏行为要求行为人在主观上有防止他人发现的故意，客观上要求有把赃物藏起来的行为，而收受行为无此要求；从行为结果来看，窝藏只是帮助上游犯罪人暂时隐匿犯罪所得及其收益，并不享有处分的权利，而无偿收受则取得了处分的权利。所以，在《刑法》修改之后有必要将"收受"理解为其他掩饰、隐瞒方法。

第二，关于窝藏行为。"窝藏"是指将犯罪所得及其收益予以秘密藏匿，以此对司法机关追究犯罪、追查赃物设置障碍的行为。窝藏行为的实质是秘密持有，其常见行为方式有：（1）藏匿，即为上游犯罪人提供隐藏犯罪所得及其收益的场所或条件，使司法机关不能或难以发现的行为，如藏匿在地窖中或者将犯罪所得的现金以自己的姓名存入银行等。（2）保管，指接受上游犯罪人的委托而代为保管，至于有偿还是无偿则在所不问。

第三，关于转移行为。"转移"是指将犯罪所得及其收益转变位置，从一个地方移到另一个地方。转移既包括空间上位置的移动，也包括通过金融机构将赃款转移或者将资金汇往境外的行为，具体表现为搬动、运输、邮寄和通过合法金融机构或非法地下钱庄等以转账或者其他结算方式转移资金等。为上游犯罪人转移赃物提供帮助的行为也应当认定为转移行为，比如，明知上游犯罪人转移窃取所得的机动车而为其提供汽油的行为。

第四，关于加工行为。"加工"是指改变犯罪所得及其收益的表现形式的行为，包括对犯罪所得及其收益的外观或者内在性质进行改变。《刑法》修改之前，有意见将加工理解为窝藏行为的一种。我们认为，"窝藏"与"加工"在行为性质上有着明显区别，"窝藏"是对犯罪所得及其收益的原物进行隐藏或保管，并不改变其原状和内在性质；"加工"是对犯罪所得及其收益进行外观，甚至内在性质的改变。"窝藏"是典型的持有行为，"加工"属于典型的转换行为，犯罪所得及其收益经过加工后，司法机关更难发现和追缴。因此，在《刑法》修改之后有必要将"加工"

认定为掩饰、隐瞒行为，但不宜理解为窝藏行为，而是其他方法的掩饰、隐瞒行为。实践中"加工"行为具体表现形式有拆整为零，拼零为整，改变形状、大小、图案、颜色等。比如，《办理与机动动车相关刑事案件解释》列举的拆解、拼装或者组装的，修改发动机号、车辆识别代号的，更改车身颜色或者车辆外形等，即属改变犯罪所得表现形式的加工行为。

第五，关于收购行为。"收购"是指以支付对价的方式取得犯罪所得及其收益。对"收购"的理解，存在的争议主要有两点：一是收购是否必须是大量买进？二是收购是否必须是以出售为目的？从日常理解而言，"收购"含有以出售为目的而大量、成批购买之意。但是从司法实践看，针对犯罪所得及其收益的"收购"一般不可能是大量、成批地购买，我们认为，《刑法》中规定的"收购"并不要求必须是大量买进，并且也不要求必须以出卖为目的，"买赃自用"也属于"收购"。因为，购买不论数量多少，买进后不论是自用还是出售，侵犯的客体都是相同的，都妨害了司法机关对犯罪所得及其收益的正常追缴活动和对犯罪案件的追查活动。这也是相关司法解释一贯所持的意见。比如，最高人民法院、最高人民检察院在 1992 年发布的《关于办理盗窃案件具体应用法律若干问题的解释》(已失效)中规定："买赃自用，情节严重的，也应按销赃罪定罪处罚。"前述《办理与机动车相关刑事案件解释》第 1 条规定，买卖盗窃、抢劫、诈骗、抢夺的机动车的，以掩饰、隐瞒犯罪所得、犯罪所得收益罪定罪。买卖机动车达到 5 辆以上或价值总额达到 50 万元以上的，属于"情节严重"。当然，如果零星、偶尔的购买赃物行为，情节显著轻微的，依法可以不作为犯罪处理。

第六，关于代为销售行为。"代为销售"是指帮助上游犯罪人出售犯罪所得及其收益的行为。与"收购"后出售不同，"代为销售"是替上游犯罪人销售犯罪所得及其收益，期间并不取得对犯罪所得及其收益的所有权，也无须支付对价钱财。"代为销售"包括协助销售和受上游犯罪人的委托独立销售。代为销售可以是有偿的，也可以是无偿的。

第七，关于介绍买卖行为。"介绍买卖"又称"斡旋买卖"，是指在上游犯罪人与买主之间进行联络，充当买卖中介人的行为。在《刑法》修正之前，有意见将"介绍买卖"理解为"代为销售"行为的一种。我们认为，"介绍买卖"与"代为销售"二者的行为性质是不同的。"介绍买卖"是在本犯或其代理人与买主之间牵线搭桥，提供信息，促成买卖双方交易；"代为销售"是行为人以上游犯罪人的名义或者以自己的名义直接销售。因此，在《刑法》修正之后，不宜将"介绍买卖"纳入"代为销售"的范畴，而应归为其他方法的掩饰、隐瞒行为。对于介绍买卖犯罪所得及其收益这一斡旋行为，究竟应达到何种程度才成立本罪，实践中也存在不同看法：一种观点认为，只要实施了斡旋行为便成立本罪；另一种观点认为，经斡旋达成了买卖时才成立本罪；还有一种观点认为，完成了犯罪所得的法律上的处分时，即犯罪所得已现实地转移给了他人时，才成立本罪。我们认为，介绍买卖行为本质上属于帮助转移行为，虽然本罪属于行为犯，但居间介绍未果，犯罪所得及其收益未实际转移的，其危害性明显有限，一般可以不作为犯罪处理。

第八，关于使用行为。"使用"是指明知是犯罪所得及其收益而持有并行使其使用价值的行为。从是否对司法机关的责任追究即司法机关的调查、取证、起诉、审判等工作构成妨碍的角度理解，使用行为同样属于掩饰、隐瞒行为，而不论是取得所有权后的使用还是临时借用，是秘密使用还是公然使用。比如，王某以约网友见面的方式骗取财物，再用这些财物供自己和在上大学的女友生活使用，其女友明知而使用赃物的行为则属于掩饰、隐瞒犯罪所得行为。又如，儿子盗窃电动车后骑回家中，父亲把车的外观略加处理后自己骑用，该父亲的行为同样属于掩饰、隐瞒犯罪所得行为。

此外，本罪的行为只能由作为和持有两种构成，不得将单纯的知情不报行为认定为掩饰、隐瞒行为。例如，某甲碰巧看到了某乙盗窃财物的全过程，某乙要求某甲不要举报、并承诺给其一定的好处费。某甲果真三缄其口，事后也从某乙处得到了承诺的好处费。本案某甲的行为因未直接涉及对赃物的处置，故不属于掩饰、隐瞒犯罪所得行为，如符合敲诈勒索等其他犯罪构成要件的，可以其他相关犯罪定罪处罚。

2. 如何理解本罪的上游犯罪及其范围

"犯罪所得及其产生的收益"中的"犯罪"，亦即本罪的上游犯罪及其范围的理解问题，实践中存在较大争议。第一种意见主张从追究刑事责任的角度来严格把握本罪的上游犯罪，认为本罪的上游犯罪仅指符合具体犯罪构成、具有刑事可罚性、应予追究刑事责任的犯罪。第二种意见主张从行为事实客观属性的角度来理解本罪的上游犯罪，认为本罪的上游犯罪包括具有刑事危害性和违法性的所有行为，掩饰、隐瞒未达刑事责任年龄的人或者精神病人实施犯罪的所得及其收益可以成立本罪。第三种意见主张从必要性和合理性的角度来理解本罪的上游犯罪，认为本罪的上游犯罪不仅包含构成犯罪所得，也包含一般违法所得。该意见指出，将本罪的上游犯罪严格限定为构成《刑法》规定的犯罪将会出现诸多不合理的现象。比如，掩饰、隐瞒同等数额赃物的行为是否构成犯罪将会因上游犯罪入罪数额的不同而不同；多次或为多人实施掩饰、隐瞒行为，数额极其巨大、情节极其严重、性质极其严重，只要他人行为只是一般违法行为就不能追究刑事责任，这明显不利于打击这类犯罪尤其是职业收赃犯罪。

我们同意上述第二种意见，从事实层面来理解和把握本罪的上游犯罪是妥当而必要的。理由如下：第一，必须存在上游犯罪事实，这是基本前提，也是本罪作为下游犯罪对上游犯罪的依附属性所决定的。既然《刑法》明确了本罪的对象是犯罪所得及其收益，不宜将一般违法行为所得解释为犯罪所得。如确有必要将一般违法行为所得纳入本罪对象一并打击的，需通过修改立法加以解决。第二，将上游犯罪理解为犯罪事实，符合本罪的危害性特征，这也是本罪相对独立的属性所决定的。本罪不是上游犯罪的共同犯罪，在侵害客体方面具有自身的内在规定性，即对正常司法活动的妨害。存在基本犯罪事实，因行为人未达到刑事责任年龄，或不具备刑事责任能力而不予以刑事处罚的行为，并不意味着其侵财行为不具有社会危害性，也不意味着司法机关对这种行为就不再处理，只是不予以刑事处罚而已。而且，行为人是否具备刑事责任能力，也只有在司法机关进行调查后才能认定，在正式确定之前，司法机关还是需要将案件作为刑事案件进行侦查办理，对这种行为所得财物进行掩饰、隐瞒，对司法机关正常的司法活动也会造成妨害。本罪的危害性不会因为上游犯罪行为人无责任能力而减小，也没有因上游犯罪行为人免于刑事责任而免于本罪行为人刑事责任的道理，所以，上游犯罪行为人因未达到刑事责任年龄等原因依法不予追究刑事责任的，不影响本罪的认定。为此，《审理掩饰、隐瞒犯罪所得、犯罪所得收益刑事案件解释》第8条第2款明确："上游犯罪事实经查证属实，但因行为人未达到刑事责任年龄等原因依法不予追究刑事责任的，不影响掩饰、隐瞒犯罪所得、犯罪所得收益罪的认定。"

3. 如何理解本罪的犯罪对象

本罪的对象是"犯罪所得及其产生的收益"，包括通过犯罪行为获取的一切公私财物及其产生的所有收益。根据《审理掩饰、隐瞒犯罪所得、犯罪所得收益刑事案件解释》第10条的规定，"犯罪所得"是指通过犯罪直接得到的赃款、赃物；"犯罪所得产生的收益"是指上游犯罪的行为人对犯罪所得进行处理后得到的孳息、租金等。正确理解本罪的对象，需要注意以下几个问题：

（1）营利性上游犯罪产生或者形成的非法财物是否属于本罪的对象。通过犯罪行为取得的他人的合法财物属于本罪的对象，实践中没有不同意见。但是，对于营利性犯罪如生产伪劣商品犯罪形成的伪劣商品，伪造货币犯罪形成的假货币，侵犯知识产权犯罪形成的假冒他人注册商标的商品，盗版图书音像制品，制作淫秽物品牟利犯罪中的淫秽物品，走私犯罪获得的货物、毒品、枪支是否也属于本罪的犯罪对象，实践中存在意见分歧。一种意见认为，尽管与犯罪活动相关，依法应予追缴、没收的物品均属赃物，但并不意味着这些物品都属于本罪的对象。作为本罪对象的赃物，必须是犯罪行为追求的目标物，并且为他人合法所有。

我们认为，凡是通过犯罪行为获取或者形成的一切财物，如财产犯罪的目标物、营利性犯罪的标的物、赌博犯罪赢取的赌资等，均属于本罪的对象。理由是：首先，《刑法》第312条规定本罪的对象是犯罪所得及其收益，立法上对于犯罪所得的表现形式、取得方式、法律性质未作任何限制。其次，赃物犯罪侵害的客体是司法机关的正常活动而非上游犯罪所侵犯的客体。无论财产犯罪、经济犯罪还是其他犯罪产生的财物，都是证明犯罪行为的重要证据，掩饰、隐瞒这些财物的，都会给司法机关打击犯罪的正常职能活动造成危害。帮助犯罪分子将这些财物掩饰、隐瞒的，同样会侵害了本罪的客体，即司法机关的正常活动。最后，对于一些犯罪形成的非法财物特别是违禁品实施收购、销售等掩饰、隐瞒行为有可能构成其他犯罪，但不能据此将这些财物排除在本罪对象之外。一方面，并非所有的掩饰、隐瞒这些财物的行为均能依法以其他犯罪处理；另一方面，即便同时构成了其他犯罪，可根据犯罪竞合的有关处理原则进行处理。

（2）犯罪所得、犯罪所得收益的转化财物能否成为本罪的对象。一种意见认为，犯罪所得、犯罪所得收益转化为其他财物，如果丧失了同一性的，则不能构成本罪的对象。我们不同意这种意见。将犯罪所得、犯罪所得收益予以加工、改装，比如将窃得的汽车部件组装成汽车，将窃得的棉花制成布料，或者将犯罪所得、犯罪所得收益予以出售、投资等转化为其他财物的，只是赃物的客观表现形式发生了变化，其基本性质不变。同时，需要注意，原物与转化物不具有同一性的情况下，确实会增大行为人判断赃物性质的难度，对于行为人确实不知道或者无从判断赃物性质的，因不具备本罪要求的明知要件，不能以本罪处理。相反，如果行为人具有主观明知，则不论赃物如何转化，转化物呈现的形式如何，均不影响本罪的认定。所以，问题的关键不在于转化物与原物是否丧失了同一性，而是在于掩饰、隐瞒行为人是否具有主观明知。

（3）我国无刑事管辖权的上游犯罪的犯罪所得能否成为本罪的对象。对于外国人在国外实施的未侵害我国国家和公民利益的犯罪即我国没有刑事管辖权的犯罪之所得，比如一美国人在美国窃取其本国公民的财产，能否成为本罪的对象，实践中存在不同意见。对此，我们持肯定意见。理由有二：一是程序与实体是两个不同的问题，本罪追究的是洗钱行为而非上游犯罪，对上游犯罪无刑事管辖权，不影响对其下游犯罪相关构成事实及其性质认定，只要根据双重犯罪原则能够确认系犯罪所得，也同样完全符合本罪的构成要件。二是此种情形纳入本国刑事犯罪打击范围，是反洗钱国际合作的内在要求，我国加入的相关国际公约文件对此均有明确要求。

（4）关于犯罪所得收益。犯罪所得收益限定于"上游犯罪行为人"对犯罪所得进行处理而得到的收益，不包括交给掩饰、隐瞒行为人后新产生的收益部分，如上游犯罪行为人盗窃所得10万元，投资获得5万元收益，将15万元一并交给他人帮助掩饰、隐瞒，这5万元属于犯罪所得收益，在掩饰、隐瞒期间至案发又产生了1万元利息，这1万元利息属于行为人收受犯罪所得、犯罪所得收益之后产生的其他非法所得，不能计入犯罪所得收益数额。

4. 如何理解和认定本罪的明知要件

本罪以行为人对犯罪所得、犯罪所得收益具有明知为其主观要件。准确理解和认定本罪的明知要件，需要注意以下几个方面：

第一，关于"明知"的内容。本罪规定中的"明知是犯罪所得及其产生的收益"的"明知"与《刑法》总则关于故意犯罪概念规定中的"明知"之间的关系如何，理论界存在不同看法：一种意见认为，本罪规定中的"明知"是对犯罪故意的提示性规定，与犯罪故意概念规定中的"明知"并不直接对应。除了要求犯罪所得及其产生的收益具有明知之外，成立本罪还需要明知其掩饰、隐瞒行为的危害后果并对该危害结果持希望或者放任的态度。另一种意见认为，本罪中的"明知"与故意犯罪概念中"明知"不应作同一理解，只要行为人对犯罪对象有认识，即可认为完全具备了本罪的主观要件，行为人对危害结果的认识和对危害结果的态度均在所不问。我们认为，上述两种观点均有其合理之处，可作折中理解。首先，不同于国外刑法，明知在我国刑法中不属于一种独立的主观心态，故有必要将之置于故意或者过失的框架内去分析、理解。其次，本罪规定中的明知，不仅是对本罪属于故意犯罪的强调，而且对于故意犯罪的实践认定也具有重要意义，即只要明知是犯罪所得或者犯罪所得收益而予以掩饰、隐瞒的，即可认定具备了本罪所要求的犯罪故意要件，而不问其主观态度如何。因为，一方面，违法性认识在我国刑法当中一般不影响犯罪故意的认定；另一方面，本罪的特点决定了"明知而为"即可推定成立刑法中的犯罪故意。

第二，关于"明知"的程度。关于本罪"明知"犯罪对象的程度，理论上存在"确知说""知道可能说"与"可能知道说"三种不同的观点。"确知说"要求"明知"要达到"确知"的程度，认为明知就是确知，即行为人明白无误地知道掩饰、隐瞒的对象是犯罪所得及其产生的收益，对犯罪对象具有确定性的认识，这种确定性包括两个方面：一是确定了犯罪对象是犯罪所得及其产生的收益；二是确定了是犯何罪的所得及其产生的收益。"知道可能说"认为，只要认识到"可能是"犯罪所得及其产生的收益即可，因为"知道可能是"尽管与"确知"存在程度上的差别，但仍属于"明知"的范围。"可能知道说"认为，只要行为人可能知道行为对象是犯罪所得及其产生的收益即可。我们赞成"知道可能说"，本罪的"明知"包括确切地认识到犯罪对象"是"犯罪所得及其产生的收益与认识到犯罪对象"可能是"犯罪所得及其产生的收益。"确知说"将行为人认识到自己的行为"可能"发生危害社会的结果排除在犯罪故意认识因素的范围之外是不全面的，也不符合客观实际，本罪行为人与上游犯罪行为人之间通常是一种心照不宣的配合关系。而"可能知道说"是站在他人的立场对行为人的认识情况作出的判断，从行为人本身的角度来说，他也有可能确实不知道是犯罪所得及其收益，"可能知道说"有可能导致客观归罪，故不足取。需要注意的是，"可能知道说"与《刑法》和相关司法解释文件规定中的"应当知道"不应作同一理解。"应当知道"的认定以客观方面的事实为依据，但不完全等同于客观方面的事实，是一种允许反驳的推定明知，是否具有主观明知最终还得基于行为人的立场进行具体认定，而不包括一般人应当知道而行为人由于各种原因确实不知道的情形。

第三，关于明知的具体认定。基于前述关于明知内容和程度的理解，对于"明知"的具体认定，应当注意结合行为人的认知能力，接触他人犯罪所得及其收益的情况，犯罪所得及其收益的种类、数额，犯罪所得及其收益的转换、转移方式以及被告人的供述等主观、客观因素进行综合分析。实践中行为人极少供述对犯罪对象的非法性质具有主观认识，故明知的认定主要依靠的是刑事推定。在具体运用刑事推定认定明知时，需要注意以下两点：一是避免刑事推定的绝对化。刑事推定允许反驳，当行为人提出相关证据事实足以证明自己不"明知"时，推定结论则不成立。二是《最高人民法院关于审理洗钱等刑事案件具体应用法律若干问题的解释》(以下简称《审理洗钱刑事案件解释》)、《办理与机动动车相关刑事案件解释》等相关司法解释文件规定了一些据以推定明知的客观情形，尽管这些规定仅针对洗钱罪，或者特定领域的掩饰、隐瞒犯罪所得、犯罪所得收益的犯罪行为，但无疑对所有涉及本罪的主观明知的认定具有重要的借鉴意义，对于尚无相关司法解释文件规定的掩饰、隐瞒犯罪所得、犯罪所得收益犯罪的明知的认定，上述规定可以作为重要参考。

第四，对象认识错误的处理。本罪发生对象认识错误的情形较为常见，实践中应注意区分情形分别处理：一是将犯罪所得、犯罪所得收益误认为合法所得，因不具有主观明知，不应以本罪处理。二是将他人合法所得误认为犯罪所得、犯罪所得收益而予以掩饰、隐瞒的，理论上通常主张以犯罪未遂处理。因不具有客观危害性，实践中对于情节较轻的，一般可不作为犯罪处理。三是将犯罪所得误认为一般违法行为所得的，不影响本罪的认定。

第五，本罪不属于目的犯。《刑法》第191条将掩饰、隐瞒犯罪所得的性质或者来源规定为洗钱罪的目的要件，而《刑法》第312条将本罪的客观行为规定为"掩饰、隐瞒"。据此，实践中有种意见认为本罪的主观构成除了明知之外，还应以掩饰、隐瞒犯罪所得的性质或者来源为其目的要件。我们不同意该观点，不管是本罪还是洗钱罪，掩饰、隐瞒都是极其广义的一个概念，凡实施了具体的掩饰、隐瞒行为，不管是单纯的收受、持有、使用还是转移、销售、处置等，即可认定构成本罪或者洗钱罪。理由见洗钱罪的相关论述，不再赘述。

5. 如何把握本罪与上游犯罪的共犯的区分界限

掩饰、隐瞒犯罪所得、犯罪所得收益的行为是事后帮助行为，参照《刑法》第310条第2款关于"犯窝藏、包庇罪，事前通谋的，以共同犯罪论处"的规定精神，《审理掩饰、隐瞒犯罪所得、犯罪所得收益刑事案件解释》第5条明确，事前与盗窃、抢劫、诈骗、抢夺等犯罪分子通谋，掩饰、隐瞒犯罪所得及其产生的收益的，以盗窃、抢劫、诈骗、抢夺等犯罪的共犯论处。正确把握本罪与上游犯罪的共犯的区分界限，实践中需要注意以下两个问题：

（1）"事前通谋"的理解。1985年最高人民法院研究室《关于对窝藏、包庇罪中"事前通谋的，以共同犯罪论处"如何理解的电话答复》（已失效）指出："我国刑法第一百六十二条第三款所说的'事前通谋'，是指窝藏、包庇犯与被窝藏、包庇的犯罪分子，在犯罪活动之前，就谋划或合谋，答应犯罪分子作案后，给以窝藏或者包庇的，这和刑法总则规定的主客观要件是一致的。如，反革命分子或其他刑事犯罪分子，在犯罪之前，与行为人进行策划，行为人分工承担窝藏，或者答应在追究刑事责任时提供虚假证明来掩盖罪行等。因此如果只是知道作案人要去实施犯罪，事后予以窝藏、包庇，或者事前知道作案人员要去实施犯罪，未去报案，犯罪发生后又窝藏、包庇犯罪分子，都不应以共同犯罪论处，而单独构成窝藏、包庇罪。"1995年《最高人民检察院关于事先与犯罪分子有通谋，事后对赃物予以窝藏或者代为销售或者收买的，应如何适用法律的问题的批复》（已失效）指出："与盗窃、诈骗、抢劫、抢夺、贪污、敲诈勒索等其他犯罪分子事前通谋，事后对犯罪分子所得赃物予以窝藏、代为销售或者收买的，应按犯罪共犯追究刑事责任。事前未通谋，事后明知是犯罪赃物而予以窝藏、代为销售或者收买的，应按窝赃、销赃罪追究刑事责任。"据此，事前明知不直接意味着事前通谋，认定是否存在事前通谋，不仅要求行为人对上游犯罪事前明知，而且要求行为人对于上游犯罪的实施具有实质性的介入，行为人与上游犯罪人事先共同谋划上游犯罪的实施以及赃款赃物的处置，单纯的事前明知并于事后提供帮助的行为，本质上属于事后行为，不应以共同犯罪论处。该两个司法文件均发布于1997年《刑法》修订之前且均已失效，但相关规定精神仍不失参照价值。例如，陈甲对陈乙说："陈叔，我那里有牛卖，你能帮着出售吗？"陈乙问是什么牛，并说："如果价格便宜就有人买。"陈甲说："是水牛，价格当然可以便宜，因为不出钱，把别人的牛偷着牵来，只要能赚几个钱就行。"陈乙说："只要你能把牛牵来，我负责联系买主。"之后某天陈甲找到陈乙说："今天晚上我去牵牛，你在家里等着。"当晚10时许，陈甲至本村刘家，将一头水牛盗走，并连夜转交给陈乙，并对陈乙说："你把牛卖掉，赚的钱对半分。"次日，陈乙将牛售出。本案即属于典型的事前通谋情形，对陈乙应以盗窃共犯处理。又如，赵某电话通知某废品收购站的钱某，要求其今晚在废品收购站待着，11时左右送一些"废品"过来。钱某心照不宣地表示没有问题。之后，赵某如约将当晚从工地偷来的一些脚手架紧固件送至钱某处，钱某以废品价格予以收受。本案中，因此前多次收受赵某送来的赃物，有足够的理由认定钱某明知系盗窃所得赃物，但是，本案只有事前明知，而无事前通谋，钱某的行为应以本罪处理。

（2）"事中加入"的处理。事前通谋禁止的是将事后帮助行为认定为共犯，并不排斥事中加入以共犯处理。在上游犯罪行为实施过程中形成犯意联络，在本质上与事前通谋是一样的，同样应以上游犯罪的共犯处理。易言之，如果加入犯在上游犯罪尚未完成之时加入，构成上游犯罪的共犯；如果加入犯在上游犯罪完成之后加入，则构成本罪。所以，问题的关键不在于事中加入行为是否可以成立上游犯罪的共犯，而是如何准确区分事中与事后，如何判断上游犯罪已经完成。对此，应注意严格按照犯罪构成要件完成说的观点进行具体判断。以盗窃罪的相关案例说明如下：被告人荆某的弟弟荆甲伙同卢某某乘被害人金某在地里卖菜之机，将其自行车筐内装有现金的手提兜盗走，逃至附近一胡同时从手提兜内取出现金后将手提兜扔在一家煤棚上。事后，荆甲将此事告诉了荆某，说兜里面可能还有钱，要荆某去拿。荆某独自一人去找到提兜，从中翻出剩余的现金，后与荆甲二人瓜分。在处理此案时，有意见认为，荆某的行为是荆甲和卢某某的盗窃行为的继续，共同构成一个完整的盗窃行为，且参与分赃，具有共同的非法占有故意，应以盗窃罪的共犯处理。我们不同意该意见。荆甲、卢某某窃取手提兜之后盗窃行为即已完成，本案荆某的行为属于典型的事后加入行为，应以本罪而非盗窃罪的共犯论处。又如，周某盗得活期存折8张，为避免取款过多引起怀疑，便找到李某，将其中2张存折交给李某，讲明是盗来的，要李帮其去取款。之后，李某按周某的要求至银行将款取出。本案审理过程中，一种意见认为李某的行为构成盗窃罪的共犯。理由是周某所盗系有价证券，取款是盗窃的继续和最终完成。李某明知而取现，是伙同周某继续完成盗窃的共犯行为。我们认为，存折固然不是盗窃行为的终极目的，但存折作为盗窃的对象具有其独立性。犯罪目的是否实现与犯罪构成是否完成不能简单地画等号，对于以存折为目标的盗窃行为，窃取存折即应认定盗窃既遂，至于持存折取款属于犯罪目的的实现问题，不再以该类盗窃行为的基本构成之列，故本案同样应以掩饰、隐瞒犯罪所得罪处理。

6. 如何把握本罪与洗钱罪的区分界限

本罪与《刑法》第191条规定的洗钱罪的区分，理论上通常是基于立法文本的字面规定来展开的，得出的结论是两罪在犯罪构成各个方面的表现均有所不同。具体如下：一是犯罪客体不同。本罪是简单客体，侵犯的是司法机关的正常活动；而洗钱罪的客体是复杂客体，侵犯的主要客体是国家金融管理秩序，次要客体是司法机关的正常活动。二是上游犯罪的范围不同。本罪的上游犯罪是所有能够一般地、类型化地取得犯罪所得及其收益的犯罪。而洗钱罪的上游犯罪限于法定7类犯罪。三是客观行为方式不同。本罪的行为方式包括各种各样的掩饰、隐瞒方式，主要指采取窝藏、转移、收购、代为销售、买卖、介绍买卖、典当、拍卖、抵押、用于抵债、加工、收受等方式掩饰、隐瞒犯罪所得及其收益的来源、性质以及数量（数额）、处所等其他情况。洗钱罪的行为方式主要是通过金融机构来掩饰、隐瞒犯罪所得及其收益的非法性质和来源，将"黑钱"清洗干净，使其表面合法化，强调的是使犯罪所得及其收益从表面上由非法转变为合法。四是主观要件不同。洗钱罪是目的犯，行为人主观上必须具有掩饰、隐瞒犯罪所得及其收益的来源和性质的目的，而本罪不要求行为人必须具有这种特定的目的。洗钱罪要求行为人必须明知犯罪对象是法定7类犯罪的所得及其收益，而本罪只要求行为人概括地明知是犯罪的所得及其收益。

上述意见在认可两罪存在特别与一般的关系的基础上，强调了两者不属于完全的包容与被包容的关系，而是一种有交叉的竞合关系。并据此认为，当交叉部分竞合时，可以按照特别法条优于普通法条的原则，优先以洗钱罪处理，但是，下列情形不存在竞合关系，应以本罪处理：（1）掩饰、隐瞒的犯罪所得及其收益属于资金以外的其他财产，不致危害金融管理秩序，不符合洗钱罪的侵害客体的；（2）掩饰、隐瞒的是除了毒品犯罪、黑社会性质的组织犯罪、恐怖活动犯罪、走私犯罪、贪污贿赂犯罪、破坏金融管理秩序犯罪、金融诈骗犯罪等法定的 7 类上游犯罪以外的其他犯罪所得及其收益，不符合洗钱罪的对象要件的；（3）掩饰、隐瞒的是法定 7 类犯罪的所得及其收益除来源和性质以外的其他情况如所在处所等，或者只是单纯地"获取、占有、使用"犯罪所得及其收益，不符合洗钱罪的行为要件的；（4）不具有"掩饰、隐瞒犯罪其来源和性质"的目的，出于间接故意而洗钱，不符合洗钱罪的目的要件的；（5）不能证明行为人知道自己掩饰、隐瞒的对象是或者可能是法定 7 类犯罪的所得及其收益，而只能证明行为人概括地知道自己掩饰、隐瞒的对象是或者可能是犯罪的所得及其收益，按照主客观相统一原则不应以洗钱罪定罪的。

我们认为，上述基于文义解释得出的观点及对相关情形的处理意见存在明显局限，正确理解和把握本罪与洗钱罪的区分界限，必须从立法本意和体系解释的角度出发，本罪与洗钱罪的区分界限仅仅在于上游犯罪的不同。理由是：

第一，就立法本意而言，《刑法修正案（六）》对《刑法》第 312 条进行修改，目的是将传统的赃物犯罪条款改造成洗钱犯罪的一般性条款，以此确保所有的洗钱行为均能依法追究刑事责任，而不论上游犯罪和具体的行为方式如何。对此，立法机关《关于〈中华人民共和国刑法修正案（六）（草案）〉的说明》和《关于〈中华人民共和国刑法修正案（六）（草案）〉修改情况的汇报》先后予以了说明："刑法第一百九十一条规定的洗钱犯罪……针对一些通常可能有巨大犯罪所得的严重犯罪而为其洗钱的行为所作的特别规定；除此之外，按照刑法第三百一十二条的规定……都可按犯罪追究刑事责任，只是具体罪名不称为洗钱罪。""除这一条（第一百九十一条）规定的对几种严重犯罪的所得进行洗钱的犯罪外，按照我国刑法第三百一十二条的规定……都是犯罪，应当追究刑事责任，只是没有使用洗钱罪的具体罪名。为进一步明确法律界限，以利于打击对其他犯罪的违法所得予以掩饰、隐瞒的严重违法行为，法律委员会经同有关部门研究，建议对刑法第三百一十二条作必要的补充修改。"可见，区分《刑法》第191条和第312条规定犯罪的关键在于上游犯罪，而非具体的行为方式。这一点，从本罪和洗钱罪的罪状表述也可以清楚地看出，即均将两罪的核心行为表述为"掩饰、隐瞒"行为。

第二，我国洗钱犯罪的刑事立法采取了"多条文规定、多罪名规范"的做法，分别是《刑法》第191条的洗钱罪、第312条的掩饰、隐瞒犯罪所得、犯罪所得收益罪以及第349条的窝藏、转移、隐瞒毒品、毒赃罪。由于立法的时间跨度较长，三个条文在文字表述上存在一些交叉、重叠、不够协调的地方，是可以理解的。也正是基于这一考虑，《审理洗钱刑事案件解释》对洗钱罪的相关构成要件的理解作出了重要规定：一是淡化掩饰、隐瞒的目的要件的认定，只要具有主观明知，即可推定具备了掩饰、隐瞒的目的要件。二是对其他掩饰、隐瞒的对象和方式作出具体说明，掩饰、隐瞒的对象包括一切形式的财产；掩饰、隐瞒的方式不以借助金融机构为限，任何转移、转换行为均属于洗钱行为。由此可见，《审理洗钱刑事案件解释》强调从立法本意和体系解释的角度，不纠缠于个别用语上的差异，明确本罪与洗钱罪的关系属于完全包容的一般法与特别法关系，两罪除了上游犯罪不同之外，其他要件完全相同。对于针对《刑法》第191条项下上游犯罪的洗钱行为，原则上均应依照《刑法》第191条的规定定罪处罚。

根据这一区分立场，前述认为不构成洗钱罪的5种情形中，除了第2种、第5种情形之外，其余3种情形只要上游犯罪属于法定7类上游犯罪的，均应以洗钱罪定罪处罚。

除了本罪与洗钱罪之外，《刑法》第349条还规定了窝藏、转移、隐瞒毒品、毒赃罪。窝藏、转移、隐瞒毒品、毒赃罪同样属于洗钱犯罪的特殊法规定，上述原则也适用于窝藏、转移、隐瞒毒品、毒赃罪与本罪的区分。虽然相关司法解释规定对于洗钱行为罪名存在竞合时,依照处罚较重的规定定罪处罚,但不论是法定刑轻重的比较还是法律条款的特殊与一般的分析,其基本结论均是一致的,即第191条的洗钱罪与本罪相比,不仅是处罚较重的罪名,也是特殊条款规范的罪名,应优先适用之。

7. 如何把握本罪与窝藏、包庇罪的区分界限

根据《刑法》规定,本罪是指明知是犯罪所得及其产生的收益而予以窝藏、转移、收购、代为销售或者以其他方法掩饰、隐瞒的行为;窝藏、包庇罪是指明知是犯罪人或犯罪嫌疑人而为其提供隐藏处所、财物,帮助其逃匿或者作假证明包庇的行为。可见,尽管两罪都属于妨害司法活动的犯罪,但在犯罪对象方面的侧重点明显不同:本罪的犯罪对象是犯罪所得或者犯罪所得产生的收益,妨害的主要是司法机关追查犯罪人犯罪所得的正常活动;而窝藏、包庇罪的犯罪对象不是犯罪所得财物或者收益,而是犯罪人本身,妨害的主要是司法机关追查犯罪人以及追究其刑事责任的正常活动。实践中经常遇到行为人同时窝藏犯罪分子及其犯罪所得的情形。对此,一种意见认为,行为人既窝藏赃物又窝藏犯罪分子,因对象不同同时构成本罪和窝藏罪,应予数罪并罚。笔者不同意该意见。此种情形一般应择一重罪处理,不宜实行数罪并罚。主要理由是:首先,此情形本质上只实施了一个行为,且两个行为的侵害客体以及目的、行为手段方面存在明显竞合,符合想象竞合犯的特征。其次,窝藏、包庇罪与本罪尽管在犯罪对象表现上不同,但是,窝藏、包庇罪对于窝藏赃物行为具有一定的包容性,窝藏、包庇罪的目的是窝藏、包庇犯罪人,使其免受刑事追究,在一定条件下,将窝藏赃物行为视为窝藏、包庇行为的一部分,纳入窝藏、包庇罪一并评价,不仅可行而且必要。当然,如果行为人针对不同上游犯罪人分别实施了窝藏和窝赃行为,即对一个上游犯罪实施了窝藏赃物的行为,又对该上游犯罪之外的其他上游犯罪分子实施了窝藏、包庇行为,同时构成本罪和窝藏、包庇罪的,

则应依法实行数罪并罚

8.多次实施掩饰、隐瞒犯罪所得、犯罪所得收益的行为如何处理

本罪行为人多见于常业犯，其特点是作案次数多，作案的方式和对象也不尽相同。对于这类案件，应注意区分情形分别处理，具体说明如下：

第一，多次掩饰、隐瞒的对象均不属于《刑法》第191条规定的7类上游犯罪的所得或者其收益的，应一概以掩饰、隐瞒犯罪所得、犯罪所得收益罪一罪处理。掩饰、隐瞒犯罪所得、犯罪所得收益罪属于对象选择性罪名，不论多次实施的掩饰、隐瞒行为是否针对同一个上游犯罪，是否属于同一种具体行为，也不论掩饰、隐瞒的是犯罪所得还是犯罪所得收益，均只能以掩饰、隐瞒犯罪所得、犯罪所得收益一罪处理，而不能实行数罪并罚。有意见认为，以一罪处理的只能限定为针对同一上游犯罪所得而分别实施了掩饰或者隐瞒的情形，比如，窝藏之后又转移、收购或者代为销售该赃物的可以一罪处理，而针对不同对象分别实施了掩饰和隐瞒行为的，属于实质上的数个犯罪行为，符合多个犯罪构成，应实行数罪并罚。我们不同意这种意见，一方面，掩饰、隐瞒本身并不具有典型的选择性特点，宜作为一个行为进行整体把握；另一方面，即便认为掩饰、隐瞒两者之间具有选择关系，因针对不同对象的不同行为均能为该罪名所包容，此种情形通过累计数额以概括的一罪处理完全可以做到全面评价，故无需进行数罪并罚。

第二，多次掩饰、隐瞒的对象包括但不限于《刑法》第191条规定的7类上游犯罪的所得或者其收益的，应以掩饰、隐瞒犯罪所得、犯罪所得收益罪和洗钱罪并罚。此种情形因对象的不同而同时触犯了两个不同的罪名，以其中任何一个罪名均不能全面评价其行为，故尽管掩饰、隐瞒犯罪所得、犯罪所得收益罪与洗钱罪的行为性质相同，但在《刑法》区分对象规定了不同罪名的情况下，只能实行数罪并罚。

9.实施本罪行为同时又构成其他犯罪的如何处理

实施本罪行为往往会同时触犯其他罪名，因而出现竞合或者牵连的

现象。具体说明如下：

一是法规竞合。如果本罪行为针对的是某些特定的犯罪对象，有可能会同时构成《刑法》第191条规定的洗钱罪，第349条规定的窝藏、转移、隐瞒毒品、毒赃罪。对此，《审理洗钱刑事案件解释》和《审理掩饰、隐瞒犯罪所得、犯罪所得收益刑事案件解释》均规定"依照处罚较重的规定定罪处罚"。这里的"依照处罚较重的规定定罪处罚"，实践中应注意结合法条关系和司法解释的上下文进行具体把握：《刑法》第312条规定和第191条、第349条规定属于一般法与特别法的关系，此种法条竞合关系的理论处理原则是特别法优于一般法，而司法解释的表述却是"依照处罚较重的规定定罪处罚"，其主要考虑是：一是洗钱罪的法定刑高于本罪，两种不同表述在实践处理结果上基本一致；二是以往司法解释的表述习惯。所以，司法解释与理论上的处理意见是一致的，对于符合特别法规定的，原则上应依照特别法规定定罪处罚。

二是想象竞合。例如，行为人明知是他人犯罪所得的枪支而予以窝藏，同时构成掩饰、隐瞒犯罪所得罪和私藏枪支罪。此种情形在以违禁品为对象的掩饰、隐瞒行为当中较为常见，属于典型的想象竞合犯，一般应依照处罚较重的规定定罪处罚。其中，国家工作人员利用职务便利实施的掩饰、隐瞒行为，根据全面评价的要求，一般应以相关职务犯罪处理。比如，《办理与机动车相关刑事案件解释》第3条规定，国家机关工作人员滥用职权，明知是登记手续不全或者不符合规定的机动车而办理登记手续，或者指使他人为明知是登记手续不全或者不符合规定的机动车办理登记手续，或者违规以及指使他人违规更改、调换车辆档案，致使盗窃、抢劫、诈骗、抢夺的机动车被办理登记手续，数量达到3辆以上或者价值总额达到30万元以上的，以滥用职权罪定罪处罚。

三是牵连关系。掩饰、隐瞒犯罪所得、犯罪所得收益的手段行为或目的行为可能构成其他犯罪，例如，行为人替他人掩饰盗窃所得的文物，为了逃避查处，将文物予以切割进行转移，或直接毁坏文物致文物灭失的，其行为既符合掩饰、隐瞒犯罪所得、犯罪所得收益罪的犯罪构成，又构成故意损毁文物罪。此种情形一般应依照牵连犯的处理原则，择一重罪处罚。

10. 针对他人犯罪所得及其收益实施盗窃、抢劫、诈骗、抢夺等行为如何处理

一种意见认为，对犯罪所得及其产生的收益实施盗窃、抢劫、诈骗、抢夺等行为，客观上也起到了掩饰、隐瞒的作用，属于本罪的"其他方法"。

我们认为，虽然本罪的犯罪构成中规定了"其他方法"，但是"其他方法"在罪质上应与"窝藏、转移、收购或者代为销售"具有相当性。对犯罪所得及其产生的收益实施盗窃、抢劫、诈骗、抢夺等行为，构成犯罪的，应分别以盗窃罪、抢劫罪、诈骗罪、抢夺罪等定罪处罚。理由如下：（1）掩饰、隐瞒行为对上游犯罪的犯罪人是一种事后帮助，所以一般来说，行为人与上游犯罪行为人是形成合意的，而盗窃、抢劫等行为是违背上游犯罪行为人意思的；（2）盗窃、抢劫犯罪所得及其收益的行为人的犯罪目的是非法占有"犯罪所得及其收益"，而掩饰、隐瞒行为的犯罪目的是帮助上游犯罪人逃避司法机关的追查；（3）犯罪所得及其收益可以成为盗窃、抢劫等侵犯财产犯罪的对象，这在最高人民法院有关办理盗窃案件的司法解释中已有明确说明。鉴此，《审理掩饰、隐瞒犯罪所得、犯罪所得收益刑事案件解释》第6条规定，对犯罪所得及其产生的收益实施盗窃、抢劫、诈骗、抢夺等行为，构成犯罪的，分别以盗窃罪、抢劫罪、诈骗罪、抢夺罪等定罪处罚。

11. 如何正确把握本罪的从宽处罚规定

《审理掩饰、隐瞒犯罪所得、犯罪所得收益刑事案件解释》第2条规定，掩饰、隐瞒犯罪所得及其产生的收益行为符合该解释第1条的规定，认罪、悔罪并退赃、退赔，且具有下列情形之一的，可以认定为犯罪情节轻微，免予刑事处罚：（1）具有法定从宽处罚情节的；（2）为近亲属

掩饰、隐瞒犯罪所得及其产生的收益，且系初犯、偶犯的；（3）有其他情节轻微情形的。

以上关于免予刑事处罚具体情形的规定，是结合司法实践对《刑法》第37条的具体落实，主要是出于三个方面的考虑：一是掩饰、隐瞒犯罪所得、犯罪所得收益罪的社会危害性与上游犯罪相比相对较小，司法实践中适用非监禁刑的比例很高。因此，有必要设置专门条款，对免予刑事处罚的情形作出明确规定，便于实践适用。二是最高人民法院已有的司法解释，如有关诈骗罪、盗窃罪的司法解释均有适用免予刑事处罚情形的规定，目的就是便于法院执行法律。三是增强量刑规范化的工作需要。对免予刑事处罚情形的细化，可以增进法官在决定是否免予刑事处罚上的确定性。根据解释规定，对掩饰、隐瞒犯罪所得、犯罪所得收益行为适用免予刑事处罚必须同时具备两个条件：第一个条件即行为人认罪、悔罪并退赃、退赔。需要明确的是，适用免予刑事处罚，只能针对掩饰、隐瞒犯罪所得及其产生的收益犯罪情节一般的行为，在一般情况下，对情节严重，依法应当在三年以上七年以下有期徒刑幅度内量刑的，不宜适用免予刑事处罚。第二个条件即解释规定的三种情形。情形之一，具有法定从宽处罚情节的，包括自首、立功、未成年人犯罪、又聋又哑的人或者盲人犯罪、犯罪中止、犯罪未遂、从犯、坦白等。情形之二，为近亲属掩饰、隐瞒犯罪所得及其产生的收益，且系初犯、偶犯的。关于近亲属之间犯本罪的处理，既体现了对近亲属间的掩饰、隐瞒犯罪所得、犯罪所得收益的宽大、人道原则，又设置了初犯、偶犯的条件，防止被滥用。情形之三，其他情节轻微的。这是兜底条款，规定的目的是适应司法实践中出现新的情况，确实需要给予行为人免予刑事处罚，但不符合前两项条件的。

12. 如何具体适用本罪的罪名

根据《刑法修正案（六）》对《刑法》第312条的修改，《最高人民法院、最高人民检察院关于执行〈中华人民共和国刑法〉确定罪名的补充规定（三）》将本条罪名由原规定的窝藏、转移、收购、销售赃物罪调整为掩饰、隐瞒犯罪所得、犯罪所得收益罪。原规定罪名是典型的选择性罪名，实践中没有意见分歧。但是，调整后的罪名是选择罪名还是概括罪名以及如何选择适用，实践中存在不同意见。

第一种意见认为，本罪名属于选择罪名，行为和对象均存在选择适用的问题。理由是：首先，掩饰、隐瞒犯罪所得、犯罪所得收益罪在表述形式上属于典型的选择性罪名。选择性罪名分为三种情况：一是行为选择，二是对象选择，三是行为与对象同时选择。掩饰或隐瞒，就是行为上的选择；犯罪所得或犯罪所得收益，就是对象的选择，两者相加，就是行为与对象的同时选择。其次，掩饰、隐瞒两种行为能够区分。一般来说，"掩饰"是指对犯罪所得通过一定手段、积极主动地伪装而遮掩其赃物的实质表现；"隐瞒"却没有上述行为，仅指明知犯罪所得而不予公开。第二种意见认为，行为可不予选择适用，但是犯罪所得和犯罪所得收益之间应当选择适用。选择适用的一个基本前提是，各选择性要素的含义有显著区别，不能属于同义词或者近义词，外延不存在包容或者交叉。"掩饰、隐瞒"是对本罪客观行为表现形式的高度抽象，在《现代汉语词典》中，"掩饰"的意思是设法掩盖（真实的情况），"隐瞒"的意思是掩盖真相，不让人知道，两者意思接近，且难以与罪状中列明的"窝藏、转移、收购、销售"等行为方式建立对应关系。为避免实践操作中不必要的混乱，掩饰、隐瞒不宜选择适用。但是，犯罪所得、犯罪所得收益两者词义明确，界限清楚，本罪的犯罪对象应予以区分并选择适用。第三种意见认为，本罪罪名并不复杂，不需要选择适用，应一概认定掩饰、隐瞒犯罪所得、犯罪所得收益罪这一完整的罪名。

《审理掩饰、隐瞒犯罪所得、犯罪所得收益刑事案件解释》第11条规定："掩饰、隐瞒犯罪所得、犯罪所得收益罪是选择性罪名，审理此类案件，应当根据具体犯罪行为及其指向的对象，确定适用的罪名。"可见，司法解释持前述第一种意见，实践中应依照解释规定确定具体罪名。

同时，前述第二种意见值得重视。掩饰、隐瞒是从相关国际公约文件移植过来的两个词，公约文件没有刻意强调两者之间的不同，掩饰、隐瞒的既可以是来源、性质，也可以是单纯的占有、转移、转换，使用等。而一些学者所主张的掩饰侧重于性质和来源，隐瞒侧重于物理上处置的观点，是一种基于中文语境下的理解，不尽客观。个案当中确实难以区分的，可以采取"掩饰、隐瞒"这种相对模糊的表述。

13. 上游犯罪未经刑事判决确认的能否直接追究本罪的刑事责任

本罪的实体认定依附于上游犯罪，认定本罪应当以上游犯罪事实成立为前提。但是，本罪在程序处理上具有独立性，上游犯罪尚未依法裁判，但查证属实的，不影响本罪的程序处理。《审理掩饰、隐瞒犯罪所得、犯罪所得收益刑事案件解释》第8条作出了类似的规定，具体理由与本书前述的洗钱罪相同，在此不再赘述。

14. 如何把握跨法犯的法律适用

《刑法》关于本罪的规定经多次修订，而本罪又多见于常业犯，故本罪行为跨法现象较为突出。对于跨法的连续犯罪行为的处理，实践中存在不同意见：一种意见认为，跨越2006年《刑法修正案（六）》实施前后的掩饰、隐瞒犯罪所得及收益行为，以窝藏、转移、收购、销售赃物罪和掩饰、隐瞒犯罪所得、犯罪所得收益罪分别定罪，实行数罪并罚；另一种意见认为，根据《刑法》总则关于同种数罪不并罚的原则，对此类跨法犯应当以掩饰、隐瞒犯罪所得、犯罪所得收益一罪定罪处罚。我们倾向于同意第二种意见，具体说明如下：

第一，2006年6月29日以前实施窝藏、转移、收购、销售赃物行为，2006年6月30日以后又实施掩饰、隐瞒犯罪所得及其产生的收益行为，构成犯罪的，应当适用修正后《刑法》第312条的规定，以掩饰、隐瞒犯罪所得、犯罪所得收益罪定罪处罚，不实行数罪并罚。理由是：（1）同种类的数罪不并罚是我国《刑法》的基本原则和立场。我国《刑法》对数次触犯同种类的罪名的行为或者直接规定为从重处罚的情节，或者规定为提高法定刑幅度的情节，其客观危害性和主观恶性在一次定罪量刑中能够得到更好的考量和体现。（2）与《刑法》关于追诉期限的规定一致。《刑法》第89条规定，犯罪行为有连续或继续状态的，追诉期限从犯罪行为终了之日起计算。据此，跨越《刑法修正案（六）》施行日期的连续数罪，从行为终止之日起计算追诉期限，就应当按照行为终了之日时的法律一并定罪处罚。（3）现行司法解释有类似规定。1998年《最高人民检察院关于对跨越修订刑法施行日期的继续犯罪、连续犯罪以及其他同种数罪应如何具体适用刑法问题的批复》规定："对于开始于1997年9月30日以前，连续到1997年10月1日以后的连续犯罪，或者在1997年10月1日前后分别实施同种数罪，其中罪名、构成要件、情节以及法定刑均没有发生变化的，应当适用修订刑法，一并进行追诉。当罪名、构成要件、情节以及法定刑已经变化的，也应当适用修订刑法，一并进行追诉，但是修订刑法比原刑法所规定的构成要件和情节较为严格，或者法定刑较重的，在提起公诉时应当提出酌情从轻处理意见。"（4）不违反从旧兼从轻原则。如果对跨越刑法修正案前后的同种类犯罪分别定罪量刑然后并罚，可能超出该罪法定的最高刑期，有加重被告人刑罚的可能。而一并适用修正前《刑法》对于《刑法》修正后实施的行为明显不合理。综上，尽管《刑法修正案（六）》对本罪的构成要件和法定刑作了修改，但是本罪的行为在本质上没有变化，属于同种类的犯罪，宜以本罪一罪处理。

第二，2006年6月30日以后实施掩饰、隐瞒犯罪所得及其产生的收益行为，属于"情节严重"的，2006年6月29日以前的犯罪数额应当累计；2006年6月30日以后实施的掩饰、隐瞒犯罪所得及其产生的收益行为，不属于"情节严重"的，不得将2006年6月29日以前的犯罪数额累计认定为"情节严重"。理由是：行为人在《刑法修正案（六）》施行前犯窝藏、转移、收购、销售赃物罪，数额再大也只能判处三年有期徒刑，如果在《刑法修正案（六）》施行后又实施掩饰、隐瞒犯罪所得、犯罪所得收益犯罪，而这部分行为未达到"情节严重"，《刑法修正案（六）》施行前后的数额累计达到"情节严重"的，不得将数额累加后认定为"情节严重"。易言之，"情节严重"的认定仅适用于《刑法修正案（六）》施行后的行为。例如，行为人在《刑法修正案（六）》施行以前销赃数额为100万元，在《刑法修正案（六）》施行后销赃数额为4万元，首先应一并适用修正后《刑法》，定掩饰、隐瞒犯罪所得罪一罪。但是，不能以犯罪价值总额104万元为由，认定为"情节严重"。因为行为人绝大部分犯罪行为都发生在《刑法修正案（六）》实施前，这部分行为在犯罪时的最高刑也就是三年有期徒刑，而修正案实施后的犯罪价值总额仅为4万元，不属于"情节严重"。如果以全案价值总额104万元为由，认定为"情节严重"，从而在三年以上七年以下有期徒刑的幅度内量刑，实际上加重了处罚，有违罪刑法定原则和从旧兼从轻原则。

此外，《刑法修正案（七）》对本罪增加了单位犯罪的主体，也涉及跨法的问题。根据法不溯及既往和从旧兼从轻原则，单位在《刑法修正案（七）》实施之日2009年2月28日以前实施的本罪行为，依法不构成单位犯罪，数额不得累计。

七十五、拒不执行判决、裁定罪

第三百一十三条　对人民法院的判决、裁定有能力执行而拒不执行，情节严重的，处三年以下有期徒刑、拘役或者罚金；情节特别严重的，处三年以上七年以下有期徒刑，并处罚金。

单位犯前款罪的，对单位判处罚金，并对其直接负责的主管人员和其他直接责任人员，依照前款的规定处罚。

（一）概述

1. 概念和构成要件

拒不执行判决、裁定罪，是指对人民法院已经发生法律效力的判决、裁定有能力执行而拒不执行，情节严重的行为。

拒不执行判决、裁定罪的构成要件和主要特征是：

（1）侵犯的客体是人民法院裁判的权威。人民法院是国家的审判机关。判决、裁定，是人民法院代表国家行使审判权的一种形式，是社会主义国家权力的象征。我国1979年《刑法》并没有拒不执行判决、裁定罪的规定，而是将拒绝履行人民法院生效的判决、裁定的行为归属为妨害公务罪。从20世纪80年代后期开始，因被执行人规避执行、抗拒执行等原因导致的"执行难"严重损害债权人利益、司法公信和法治权威，为此，1997年修订《刑法》通过第313条的规定，对拒不执行法院判决、裁定的行为，以独立罪名进行刑法规制。2015年8月29日，全国人大常委会通过《刑法修正案（九）》，提高了本罪的法定刑，并将本罪的主体由自然人单一主体改变为自然人和单位并存的犯罪主体。本罪的犯罪对象是人民法院依法作出的具有执行内容并已经发生法律效力的判决、裁定。"判决"，是指人民法院就案件实体问题所作的处理决定；"裁定"，是人民法院在审理案件或者执行过程中，就案件的诉讼程序问题和部分实体问题所作的决定。所谓已发生法律效力的判决、裁定，是指已经过法定期限没有上诉、抗诉的判决、裁定和终审的判决、裁定。裁判一经生效，就具有法律的强制力，有关单位和个人必须坚决执行。维护人民法院裁判的权威，就是维护法治的权威。有能力履行而拒不履行法院判决、裁定所确定的义务，严重妨害司法秩序，损害债权人的合法权益，扰乱社会主义市场经济的健康发展。

（2）客观方面表现为对人民法院已经发生法律效力的判决、裁定，有能力执行而拒不执行，情节严重的行为。按照全国人大常委会2002年8月29日通过的《关于〈中华人民共和国刑法〉第三百一十三条的解释》（以下简称《第三百一十三条立法解释》）的规定，所谓"有能力执行而拒不执行，情节严重的行为"，是指具有下列情形之一的行为：①被执行人隐藏、转移、故意毁损财产或者无偿转让财产、以明显不合理的低价转让财产，致使判决、裁定无法执行的；②担保人或者被执行人隐藏、转移、故意毁损或者转让已向人民法院提供担保的财产，致使判决、裁定无法执行的；③协助执行义务人接到人民法院协助执行通知书后，拒不协助执行，致使判决、裁定无法执行的；④被执行人、担保人、协助执行义务人与国家机关工作人员通谋，利用国家机关工作人员的职权妨害执行，致使判决、裁定无法执行的；⑤其他有能力执行而拒不执行，情节严重的情形。

最高人民法院2015年7月20日公布、2020年12月29日修正的《关于审理拒不执行判决、裁定刑事案件适用法律若干问题的解释》（以下简称《审理拒不执行判决、裁定案件解释》）第2条规定：负有执行义务的人有能力执行而实施下列行为之一的，应当认定为全国人民代表大会常务委员会关于《刑法》第313条的解释中规定的"其他有能力执行而拒不执行，情节严重的情形"：①具有拒绝报告或者虚假报告财产情况、违反人民法院限制高消费及有关消费令等拒不执行行为，经采取罚款或者拘留等强制措施后仍拒不执行的；②伪造、毁灭有关被执行人履行能力的重要证据，以暴力、威胁、贿买方法阻止他人作证或者指使、贿买、胁迫他人作伪证，妨碍人民法院查明被执行人财产情况，致使判决、裁定无法执行的；③拒不交付法律文书指定交付的财物、票证或者拒不迁出房屋、退出土地，致使判决、裁定无法执行的；④与他人串通，通过虚假诉讼、虚假仲裁、虚假和解等方式妨害执行，致使判决、裁定无法执行的；⑤以暴力、威胁方法阻碍执行人员进入执行现场或者聚众哄闹、冲击执行现场，致使执行工作无法进行的；⑥对执行人员进行侮辱、围攻、扣押、殴打，致使执行工作无法进行的；⑦毁损、抢夺执行案件材料、执行公务车辆和其他执行器械、执行人员服装以及执行公务证件，致使执行工作无法进行的；⑧拒不执行法院判决、裁定，致使债权人遭受重大损失的。可见，《审理拒不执行判决、裁定刑事案件解释》在《第三百一十三条立法解释》的基础上，明确了负有执行义务的人拒不履行特定行为的作为义务，即"拒不交付法律文书指定交付的财物、票证或者拒不迁出房屋、退出土地，致使判决、裁定无法执行的"，与拒不履行财产交付义务一样，亦属于"有能力执行而拒不执行，情节严重的"情形。

（3）犯罪主体是特殊主体，即负有执行人民法院判决、裁定义务的自然人和单位。根据《第三百一十三条立法解释》的规定，本罪的主体具体包括被执行人、协助执行义务人、担保人。被执行人是指人民法院已经生效的判决书、裁定书所确定的，负有履行判决书、裁定书载明的义务的人员。被执行人一般是案件的当事人，此外，还包括一些虽然不是案件当事人，但在执行程序中被人民法院确定为被执行人，承担履行判决、裁定所确定的义务的人员。如作为案件当事人的法人分立、合并、终止后承担其权利义务的拒不交付法律文书指定交付的财物、票证或者拒不迁出房屋、退出土地，致使判决、裁定无法执行的组织；案件当事人死亡后，继承其遗产的人等。协助执行义务人是指因各种原因，实际持有、管理、控制执行标的物，被人民法院通知协助人民法院执行已生效的判决、裁定的人员。担保人包括财产保全担保人和执行担保人。财产保全担保人是指在人民法院采取财产保全措施时，财产保全的申请人或者被申请人，根据人民法院的要求提供的保证申请人或者被申请人，在将来人民法院判决、裁定确定后，履行相应义务的人员。执行担保人是指在人民法院依法执行过程中，被执行人提供的保证被执行人在确定的期限履行判决、裁定确定的义务的人员。不负有执行人民法院判决、裁定义务的人，如被执行人的同事、亲友、邻居、单位领导等不构成本罪的主体。如果其以暴力、威胁方法单独实施妨害执行行为的，应构成妨害公务罪；如果其与被执行人等共同实施妨害法院裁判执行行为的，可构成拒不执行判决、裁定罪的共犯。

司法实践中，拒不执行判决、裁定的行为人相当一部分是法人或者其他组织，而 1997 年《刑法》条文和《第三百一十三条立法解释》中没有明确规定以拒不执行判决、裁定罪追究单位的刑事责任。但并不意味着既不能处理单位，也不能追究直接责任人员。最高人民法院于 1998 年 4 月发布了《关于审理拒不执行判决、裁定案件具体应用法律若干问题的解释》（以下简称 1998 年《审理拒不执行判决、裁定案件解释》，[①] 该司法解释第 4 条规定："负有执行人民法院判决、裁定义务的单位直接负责的主管人员和其他直接责任人员，为了本单位的利益实施本解释第三条所列行为之一，造成特别严重后果的，对该主管人员和其他直接责任人员依照刑法第三百一十三条的规定，以拒不执行判决、裁定罪定罪处罚。"2015 年《刑法修正案（九）》彻底解决了本罪的单位犯罪问题，明确规定单位可以成为本罪的犯罪主体，实行双罚制。

（4）主观方面由故意构成，且为直接故意。即行为人明知自己的行为会造成妨害法院裁判正常执行或者致使法院裁判不能执行的结果，并且希望这种结果的发生。行为人的动机多种多样，如逃避履行裁判确定

---

① 该司法解释有关内容已被 2015 年出台的《审理拒不执行判决、裁定刑事案件解释》替代，但有关单位犯本罪的处理与立法无矛盾且 2015 年《审理拒不执行判决、裁定刑事案件解释》并未规定，故仍有效。

的义务或者对法院裁判具有抵触情绪等。但动机不影响本罪的成立。

2. 法定刑

依照《刑法》第 313 条之规定，犯拒不执行判决、裁定罪，情节严重的，处三年以下有期徒刑、拘役或者罚金；情节特别严重的，处三年以上七年以下有期徒刑，并处罚金。

单位犯前款罪的，对单位判处罚金，并对其直接负责的主管人员和其他直接责任人员，依照前款的规定处罚。

（二）疑难问题精析

1. 如何把握"裁定"的范围

司法实践中，对于本罪中的"裁定"是否包括人民法院依法执行支付令、生效的调解、仲裁决定、公证债权文书等所作的裁定，一度存在不同认识，影响对拒不执行人民法院这些裁定的行为追究法律责任。2002 年《第三百一十三条立法解释》对此明确作出规定："人民法院为依法执行支付令、生效的调解书、仲裁裁决、公证债权文书等所作的裁定，属于刑法第三百一十三条规定的人民法院的裁定。"

2. 如何把握本罪的行为起算时间

关于本罪的行为起算时间，由于刑法条文的规定并未明确，理论界和实务部门主要有三种观点：一是认为应从判决、裁定发生法律效力之日起开始计算；二是认为应从执行立案之日起开始计算；三是认为应当在人民法院发出执行通知后，才能计算拒不执行的时间。相关的立法解释和司法文件根据不同的犯罪主体，规定了不同的时间起算点。最高人民法院 1998 年《审理拒不执行判决、裁定案件解释》规定，"负有执行义务的人"在人民法院"发出执行通知后"，实施隐瞒、转移、变卖等拒不执行行为，致使判决、裁定无法执行的，以本罪论处。《第三百一十三条立法解释》和最高人民法院、最高人民检察院、公安部于 2007 年 8 月 30 日印发的《关于依法严肃查处拒不执行判决裁定和暴力抗拒法院执行犯罪行为有关问题的通知》（以下简称 2007 年《三部门执行通知》）均规定，"协助执行义务人接到人民法院协助执行通知书"后，拒不协助执行，致使判决、裁定无法执行的，属于"有能力执行而拒不执行，情节严重"。

为解决司法实践中的疑惑，最高人民法院 2016 年 12 月 28 日发布了第 71 号指导性案例即毛建文拒不执行判决、裁定案。该案例明确了三方面问题：（1）关于拒不执行的行为起算时间。确定有能力执行而拒不执行判决、裁定的时间从判决、裁定发生法律效力时起算。（2）关于部分履行能力是否属于"有能力执行"。确定具有部分履行能力而拒不履行生效判决、裁定，情节严重的，构成拒不执行判决、裁定罪。（3）关于被执行人有意逃避执行是否属于"拒不执行"。确定在法院判令执行后，被执行人故意对行踪和居住地进行隐匿，且采取外出躲避的方法有意逃避执行，属于典型的消极"拒不执行"的情形。最高人民法院的指导性案例具有"应当参照"的效力，因此，对于包括拒不执行行为起算时间等三个问题，均应按照指导性案例确定的规则执行。

3. 如何划清本罪与非罪的界限

构成拒不执行判决、裁定罪必须是情节严重的行为，因此，拒不执行法院判决、裁定但情节轻微的，不能以犯罪论处；拒不执行判决、裁定罪必须是行为人有能力执行而拒不执行的行为。因此，如果行为人因没有能力执行而未能执行的，也不能以犯罪论处。关于何谓"情节严重"，《第三百一十三条立法解释》明确规定了四种致使判决、裁定无法执行的情形。因此，实施《第三百一十三条立法解释》第 2 款第 1 项至第 4 项的行为，并发生致使判决、裁定无法执行的结果的，就符合《刑法》规定的情节严重的条件。如果行为人实施上述行为，虽然未致使判决、裁定最终无法执行，但其手段、情节特别恶劣或者造成特别严重的后果，符合情节严重的条件的，应当按照《第三百一十三条立法解释》第 2 款第 5 项的规定处理。

需要注意的是，《第三百一十三条立法解释》所规定的"致使判决、裁定无法执行"，既包括行为人拒不执行的行为致使判决、裁定全部无法执行的情况，也包括致使判决、裁定部分无法执行的情况。致使判决、裁定部分无法执行，但达到情节严重程度的，如致使判决、裁定大部分无法执行、无法执行的数额特别巨大等，亦可以本罪论处。既包括行为人拒不执行的行为致使永久性无法执行，也包括致使在一定阶段内无法执行。只要行为人隐藏、转移财产等行为，严重干扰人民法院正常的执行工作，使之无法进行的，就可以认定为致使判决、裁定无法执行。即使人民法院最终通过各种途径找到被隐藏、转移的财产的，也不影响对其追究刑事责任。

例如，被告人杨某某、马某某系夫妻关系，二人经营床具厂期间欠他人货款 37 万余元。债权人将马某某诉至北京市丰台区人民法院。2001年 8 月，丰台区人民法院作出民事判决，判令马某某给付原告货款 37 万余元。马某某向北京市第二中级人民法院提出上诉后又撤回上诉，民事判决已发生效力。为使法院的生效判决无法执行，二被告人于 2001 年 12 月协议离婚，约定除电视机、洗衣机、电冰箱归马某某所有外，其余财产（包括床具厂）归杨某某所有，债务由马某某偿还。2002 年 1 月，北京市丰台区人民法院向马某某发出执行通知，但其仍不履行。同年 2 月，因马某某拒不执行生效判决，北京市丰台区人民法院对其司法拘留 15 日。后债权人向法院提出申请，要求追加杨某某为被执行人。同年 3 月，杨某某参加北京市丰台区人民法院召开的听证会后，认为法院也要让其承担债务，遂将情况告知马某某。马某某即关闭床具厂，将该厂的机器设备变卖给他人，而后与杨某某共同躲藏到北京市大兴区居住。2002 年 4 月，北京市丰台区人民法院下达裁定，认为夫妻共同生活所负债务，应当共同偿还，裁定二被告人负责清偿债务。因二被告人长期藏匿，致使法院的生效判决、裁定长期无法执行。后二人被查获归案。北京市人民检察院第二分院向北京市第二中级人民法院提起公诉，北京市第二中级人民法院以拒不执行判决、裁定罪分别判处二被告人有期徒刑二年、一年。北京市高级人民法院二审裁定维持原判。[①]

4. 如何划清拒不执行判决、裁定罪与妨害公务罪的界限

拒不执行判决、裁定罪本身也是阻碍人民法院依法执行职务的行为，具有妨害公务的性质。二者的区别，一是《刑法》对构成犯罪的行为方式有不同要求，《刑法》对妨害公务罪的行为方式有特殊要求，仅限于使用暴力、威胁的手段；拒不执行判决、裁定罪与妨害公务罪没有限定具体的行为方式。二是对行为的危害性程度要求不同，妨害公务罪并没有限定具体的危害后果；拒不执行判决、裁定罪与妨害公务罪要求要达到情节严重时方构成犯罪。三是犯罪主体的范围不同，妨害公务罪属于一般主体，任何人都可以构成；拒不执行判决、裁定罪仅限于被执行人、协助执行义务人、担保人等负有特定义务的自然人或单位。

对于以暴力、胁迫方法抗拒执行的行为如何处理，相关三部司法文件的规定曾有变化：第一次是最高人民法院1998年《审理拒不执行判决、裁定案件解释》规定，对以一定程度的暴力抗拒执行情节严重的行为，以拒不执行判决、裁定罪定罪处罚，而将严重暴力抗拒执行有杀害、重伤情形的，以故意杀人罪、故意伤害罪论处。第二次是2007年《三部门执行通知》规定，对下列暴力抗拒执行的行为，依照《刑法》第277条的规定，以妨害公务罪论处。（1）聚众哄闹、冲击执行现场，围困、扣押、殴打执行人员，致使执行工作无法进行的；（2）毁损、抢夺执行案件材料、执行公务车辆和其他执行器械、执行人员服装以及执行公务证件，造成严重后果的；（3）其他以暴力、威胁方法妨害或者抗拒执行，致使执行工作无法进行的。第三次是最高人民法院2015年《审理拒不执行判决、裁定案件解释》将2007年《三部门执行通知》规定的相关内容，归纳为拒不执行判决、裁定的行为表现，因此，相关行为应以拒

[①] 中华人民共和国刑事审判第一、二、三、四、五庭主办：《刑事审判参考》（总第60集），法律出版社2008年版，第55~58页。

不执行判决、裁定罪论处。司法实践中，根据"后法优于前法"的原则，对于行为人以暴力、威胁手段妨碍人民法院执行判决、裁定，并致使判决、裁定无法执行，同时符合妨害公务罪和拒不执行判决、裁定罪的构成要件的，应以拒不执行判决、裁定罪定罪处罚。

5. 如何划清拒不执行判决、裁定罪与非法处置查封、扣押、冻结的财产罪的界限

查封、扣押、冻结财产的活动是司法机关在诉讼过程中，为保证诉讼的正常进行，对有关财产采取的诉讼保全或强制执行措施。如果在司法机关对有关财产查封、扣押、冻结以后，隐藏、转移、变卖、毁损这些财产的，不仅严重破坏国家司法机关的正常诉讼活动，而且可能导致人民法院的裁判无法得到执行，造成国家、集体或者公民个人财产受损，严重损害司法的权威和尊严，因此，《刑法》规定了两个罪名对此予以规制：一是《刑法》第313条拒不执行判决、裁定罪；二是《刑法》第314条非法处置查封、扣押、冻结的财产罪。当行为人实施隐藏、转移、变卖、毁损已被司法机关查封、扣押、冻结的财产的行为时，两罪会发生一定的竞合关系。

非法处置查封、扣押、冻结的财产罪与拒不执行判决、裁定罪的主要区别：一是客观行为表现不同，前者只限于非法隐藏、转移、变卖、毁损已被司法机关查封、扣押、冻结的财产，而后者不限于此类行为，包括任何有能力执行而不执行的行为。二是犯罪主体不同，前者是一般主体，而后者是特殊主体，即负有执行法院判决、裁定确定的义务的人。三是行为发生的时段不同，前者可以发生在整个诉讼过程中，而后者只能发生在法院的判决、裁定发生法律效力之后。四是犯罪故意不同，前者不要求特殊目的，而后者则具有拒不执行法院裁判的目的。

司法实践中，对于非法处置被司法机关查封、扣押、冻结的财产的行为定性应当区分以下几种情况：如果非法隐藏、转移、变卖、毁损已被司法机关查封、扣押、冻结的财产的行为发生在诉讼保全程序中，人

民法院的裁判尚未生效，那么，应当以非法处置查封、扣押、冻结的财产罪定罪；如果此种行为发生在人民法院的裁判生效之后，但行为人并不是负有执行法院裁判义务的人，亦应以非法处置查封、扣押、冻结的财产罪定罪；如果是负有执行法院裁判义务的人实施了此种行为，因该行为系作为拒不执行法院裁判的手段实施的，在"情节严重"的情形下，两罪的法定刑相同，但若"情节特别严重"的，拒不执行判决、裁定罪可在三年以上七年以下有期徒刑的法定刑幅度内判处刑罚，故此以拒不执行判决、裁定罪定罪更为适当。

例如，被告人陆某某、刘某非法处置扣押的财产案。二被告人系夫妻关系。陆某某因与他人发生买卖纠纷被诉至江苏省无锡市高新技术开发区人民法院（以下简称开发区人民法院）。2005年3月，开发区人民法院作出民事判决，判令陆某某给付货款2.5万元，并承担诉讼费用。诉讼期间，二被告人协议离婚，约定所有财产归刘某所有（财产中包括登记在陆某某名下的起亚牌轿车1辆），所有债务由陆某某负责偿还。判决生效后，因陆某某未在判决确定的履行期内支付货款，原告向开发区人民法院申请强制执行。同年4月30日，开发区人民法院向陆某某发出执行令。5月10日上午，开发区人民法院依法裁定扣押了陆某某所有的起亚牌轿车，并加贴封条后将该车停放于开发区人民法院停车场。当天下午2时许，得知如果陆某某不履行付款义务法院将拍卖该车的信息后，刘某唆使陆某某将汽车开回来。当天下午5时许，陆某某至开发区人民法院停车场，乘无人之机，擅自撕毁汽车上的封条，将已被依法扣押的起亚汽车开走，并将该车藏匿于另一停车场内。法院报案后，公安机关通过监控录像将目标锁定，在2天内即抓获陆某某。检察机关起诉后，法院认定二被告人在法院发出执行令以后，非法转移和隐藏了已被司法机关依法扣押的轿车，属于非法转移扣押财产的行为，完全符合非法处置扣押的财产罪的构成要件，由于本案证据并未证明二人具有非法占有和拒不履行法院判决的目的，所以不构成盗窃罪和拒不执行法院判决、裁定罪，最终以非法处置扣押的财产罪分别判处二被告人有期徒刑一年和有期徒刑十个月，缓刑一年。[①]

6. 如何处理国家机关工作人员妨害执行的行为

《第三百一十三条立法解释》第 3 款规定，国家机关工作人员与被执行人、担保人、协助执行义务人通谋，利用国家工作人员的职权妨害执行的，以拒不执行判决、裁定罪的共犯追究刑事责任。国家机关工作人员收受贿赂或者滥用职权，实施上述行为，同时又构成《刑法》第 385 条、第 397 条规定之罪的，依照处罚较重的规定定罪处罚。这一规定明确了国家机关工作人员构成拒不执行判决、裁定罪共犯的情形，以及国家机关工作人员因收受贿赂、滥用职权而妨害执行，同时符合数个犯罪构成要件时的处断原则，即构成想象竞合犯，应按照从一重罪处断的原则处理。

7. 如何确定拒不执行判决、裁定案件的管辖

关于拒不执行判决、裁定案件的管辖，相关司法文件曾有过三次变化：第一次是最高人民法院 1998 年《审理拒不执行判决、裁定案件解释》根据《刑事诉讼法》关于管辖的规定，明确拒不执行判决、裁定案件由犯罪行为发生地的人民法院管辖。第二次是 2007 年《三部门执行通知》考虑到仅由犯罪行为发生地的人民法院管辖往往造成诸多不便和司法资源浪费等情况，规定拒不执行判决、裁定案件由犯罪行为发生地的公安机关、人民检察院、人民法院管辖。如果由犯罪嫌疑人、被告人居住地的人民法院管辖更为适宜的，可以由犯罪嫌疑人、被告人居住地的公安机关、人民检察院、人民法院管辖。第三次是最高人民法院 2015 年《审理拒不执行判决、裁定刑事案件解释》根据执行工作的实际需要，对管辖地法院进行了一般性规定，即拒不执行判决、裁定刑事案件，一般由执行法院所在地人民法院管辖。根据"后法优于先法"的原则，拒不

[①] 中华人民共和国最高人民法院刑事审判第一、二、三、四、五庭主办：《刑事审判参考》(总第 51 集)，法律出版社 2006 年版，第 26~28 页。

执行判决、裁定案件的管辖，应按照最高人民法院2015年《审理拒不执行判决、裁定刑事案件解释》确定。适用中应注意两个方面：一是一般管辖原则不能突破级别管辖的规定，不能与《刑事诉讼法》中关于管辖的规定相冲突；二是审判管辖不能与公安机关侦查、检察机关公诉相冲突。

8. 如何把握拒不执行判决、裁定案件的追诉程序

1998年《最高人民法院、最高人民检察院、公安部、国家安全部、司法部、全国人大常委会法制工作委员会关于刑事诉讼法实施中若干问题的规定》(已失效)第4条规定，拒不执行判决、裁定罪由公安机关立案侦查，明确了本罪属于公诉案件，适用公诉程序。随着人民法院执行工作的深入开展，实践中发现由于法院、检察院和公安机关在一些具体案件中，存在对犯罪构成、证据认定、协调配合等方面认识不一致问题，致使拒不执行判决、裁定罪的设置没能发挥应有的震慑和促进作用。为解决对本罪的追究渠道不畅的问题，2015年《审理拒不执行判决、裁定刑事案件解释》第3条规定，申请执行人有证据证明同时具有下列情形，人民法院认为符合《刑事诉讼法》第204条第3项(现行《刑事诉讼法》第210条第3项)规定的，以自诉案件立案审理：(1)负有执行义务的人拒不执行判决、裁定，侵犯了申请执行人的人身、财产权利，应当依法追究刑事责任的；(2)申请执行人曾经提出控告，而公安机关或者人民检察院对负有执行义务的人不予追究刑事责任的。第4条规定，该解释第3条规定的自诉案件，依照《刑事诉讼法》第206条(现行《刑事诉讼法》第212条)的规定，自诉人在宣告判决前，可以同被告人自行和解或者撤回自诉。该司法解释明确，除公诉途径外，部分案件的申请执行人可以作为被害人向法院对拒不执行判决、裁定的执行义务人提起自诉。

2018年5月30日，最高人民法院印发《关于拒不执行判决、裁定罪自诉案件受理工作有关问题的通知》，对本罪作为自诉案件的受理工作作

出了相关规定。（1）申请执行人向公安机关控告负有执行义务的人涉嫌拒不执行判决、裁定罪，公安机关不予接受控告材料或者在接受控告材料后60日内不予书面答复，申请执行人有证据证明该拒不执行判决、裁定行为侵犯了其人身、财产权利，应当依法追究刑事责任的，人民法院可以以自诉案件立案审理。（2）人民法院向公安机关移送拒不执行判决、裁定罪线索，公安机关决定不予立案或者在接受案件线索后60日内不予书面答复，或者人民检察院决定不起诉的，人民法院可以向申请执行人释明；申请执行人有证据证明负有执行义务的人拒不执行判决、裁定侵犯了其人身、财产权利，应当依法追究刑事责任的，人民法院可以以自诉案件立案审理。（3）公安机关接受申请执行人的控告材料或者人民法院移送的拒不执行判决、裁定罪线索，经过60日之后又决定立案的，对于申请执行人的自诉，人民法院未受理的，裁定不予受理；已经受理的，可以向自诉人释明让其撤回起诉或者裁定终止审理。此后再出现公安机关或者人民检察院不予追究情形的，申请执行人可以依法重新提起自诉。

七十六、组织他人偷越国（边）境罪

第三百一十八条 组织他人偷越国（边）境的，处二年以上七年以下有期徒刑，并处罚金；有下列情形之一的，处七年以上有期徒刑或者无期徒刑，并处罚金或者没收财产：

（一）组织他人偷越国（边）境集团的首要分子；

（二）多次组织他人偷越国（边）境或者组织他人偷越国（边）境人数众多的；

（三）造成被组织人重伤、死亡的；

（四）剥夺或者限制被组织人人身自由的；

（五）以暴力、威胁方法抗拒检查的；

（六）违法所得数额巨大的；

（七）有其他特别严重情节的。

犯前款罪，对被组织人有杀害、伤害、强奸、拐卖等犯罪行为，或者对检查人员有杀害、伤害等犯罪行为的，依照数罪并罚的规定处罚。

（一）概述

1. 概念和构成要件

组织他人偷越国（边）境罪，是指非法组织他人偷越国（边）境的行为。

1997 年《刑法》吸收《全国人民代表大会常务委员会关于严惩组织、运送他人偷越国（边）境犯罪的补充规定》第 1 条，规定了组织他人偷越国（边）境罪。1979 年《刑法》规定的是组织、运送他人偷越国（边）境罪。

组织他人偷越国（边）境罪的构成要件和主要特征是：

（1）本罪侵犯的客体为国家对国（边）境的正常管理秩序。为维护国家的领土完整和正常社会秩序，国家制定了国（边）境的管理法规，并对进出国（边）境实行严格管理。改革开放以来，随着进出国（边）境的进一步便利，组织偷越国（边）境的犯罪日益猖獗，呈现团体化、职业化趋势，并往往是境内外势力相勾结。这些行为严重扰乱国（边）境正常管理秩序，影响社会秩序的稳定，社会危害性非常大，在国内外造成了恶劣社会影响，应当依法予以严惩。本罪的行为对象是指国（边）境，包括国境和边境。国境是指我国与外国的国界；边境通常是指我国内地（大陆）与香港、澳门特别行政区及台湾地区在行政区划上的交界。

（2）客观方面表现为组织他人偷越国（边）境的行为。根据《最高人民法院、最高人民检察院关于办理妨害国（边）境管理刑事案件应用法律若干问题的解释》[以下简称《办理妨害国（边）境管理刑事案件解释》]第1条规定，领导、策划、指挥他人偷越国（边）境或者在首要分子指挥下，实施拉拢、引诱、介绍他人偷越国（边）境等行为的，应当认定为《刑法》第318条规定的"组织他人偷越国（边）境"。可见，组织他人偷越国（边）境的行为，主要表现为两种行为方式：一是领导、策划、指挥他人偷越国（边）境的行为；二是在首要分子指挥下，实施拉拢、引诱、介绍他人偷越国（边）境的行为。需要注意的是，第二种行为方式必须是在首要分子的指挥下实施，且限于拉拢、引诱、介绍三种行为方式。对于通过拉拢、引诱、介绍三种行为方式以外的其他方式实施的协助他人偷越国（边）境的行为，不宜认定为组织他人偷越国（边）境的行为。而组织者具体采取何种手段和方法，以及其是否直接参与偷越国（边）境，不影响组织他人偷越国（边）境行为的认定。

（3）犯罪主体为一般主体，既可以是中国人，也可以是外国人，凡已满16周岁且具有刑事责任能力的自然人均可以构成本罪主体。单位不属于本罪的犯罪主体。但是，根据《全国人民代表大会常务委员会关于〈中华人民共和国刑法〉第三十条的解释》的规定，单位组织他人偷越国（边）境的，对组织者、策划者、实施者依法追究刑事责任。

（4）主观方面由故意构成，即行为人明知被组织者没有取得出入国

（边）境的合法资格和证件，仍然实施组织他人偷越国（边）境的行为。行为人一般具有牟利的目的，但也有例外。无论出于何种目的、动机，均不影响本罪的成立。

2.法定刑

依照《刑法》第318条第1款的规定，犯组织他人偷越国（边）境罪，处二年以上七年以下有期徒刑，并处罚金；有下列情形之一的，处七年以上有期徒刑或者无期徒刑，并处罚金或者没收财产：（1）组织他人偷越国（边）境集团的首要分子；（2）多次组织他人偷越国（边）境或者组织他人偷越国（边）境人数众多的，根据《办理妨害国（边）境管理刑事案件解释》第1条第2款的规定，组织他人偷越国（边）境人数在10人以上的，应当认定为"人数众多"，根据《最高人民法院、最高人民检察院、公安部、国家移民管理局关于依法惩治妨害国（边）境管理违法犯罪的意见》（以下简称《妨害国（边）境管理违法犯罪案件意见》）第5条的规定，"人数"以实际组织、运送的人数计算，未到案人员经查证属实的，应当计算在内；（3）造成被组织人重伤、死亡的；（4）剥夺或者限制被组织人人身自由的；（5）以暴力、威胁方法抗拒检查的；（6）违法所得数额巨大的，根据《办理妨害国（边）境管理刑事案件解释》第1条第2款的规定，违法所得数额在20万元以上的，应当认定为"违法所得数额巨大"；（7）有其他特别严重情节的。

依照《刑法》第318条第2款的规定，犯组织他人偷越国（边）境罪，对被组织人有杀害、伤害、强奸、拐卖等犯罪行为，或者对检查人员有杀害、伤害等犯罪行为的，依照数罪并罚的规定处罚。

（二）疑难问题精析

1.如何准确理解组织他人偷越国（边）境罪中的"偷越国（边）境"

当前，随着经济社会的发展，组织他人偷越国（边）境的行为也在不断变化，被组织者不再限于在规定的口岸、关卡以外的地点偷越国

（边）境，也不限于使用伪造、变造的出入境证件或者采取其他欺骗手段偷越国（边）境，还出现了不具备合法出境资格，但以骗取的形式上合法的出入境证件出入国（边）境的情况。对于组织他人以前两种方式出入国（边）境的，理论界和实务界均认为属于组织他人偷越国（边）境的行为。但是，对于第三种组织他人以骗取的形式上合法的证件出入国（边）境的行为，能否认定为组织他人偷越国（边）境，理论界和司法实务中均持有不同看法。

《办理妨害国（边）境管理刑事案件解释》第6条规定："具有下列情形之一的，应当认定为刑法第六章第三节规定的'偷越国（边）境'行为：（一）没有出入境证件出入国（边）境或者逃避接受边防检查的；（二）使用伪造、变造、无效的出入境证件出入国（边）境的；（三）使用他人出入境证件出入国（边）境的；（四）使用以虚假的出入境事由、隐瞒真实身份、冒用他人身份证件等方式骗取的出入境证件出入国（边）境的；（五）采用其他方式非法出入国（边）境的。"根据上述规定，组织他人以骗得的形式上合法的证件出境，应当认定为组织偷越国（边）境。主要考虑如下：（1）从行为本质方面考虑。组织他人偷越国（边）境行为的本质在于组织不具备合法出入境资格的人出入国（边）境。而组织他人骗得形式上合法的出入境证件，被组织者实质上不具备合法的出入境资格，其以骗得的形式上合法的证件出境的，仍然应当认定为偷越国（边）境，组织者自然应当认定为组织他人偷越国（边）境。（2）从惩治犯罪的现实需要考虑。随着经济社会的发展，组织他人偷越国（边）境的行为方式也在不断更新，传统的翻山越岭、绕行不设关卡的地点秘密出入国（边）境，或者使用欺骗手段在关卡出入国（边）境的行为都面临着严厉的防范措施，犯罪成本和难度日益加大，而组织他人以骗得的形式上合法的证件出境的形式日益突出。如果对这种形式上合法、实质上非法的组织偷越国（边）境行为不认定为犯罪，放任其泛滥，会带来严重的后果，不利于社会秩序的维护。（3）从刑法规范的内在协调性考虑。根据《刑法》第 319 条的规定，以劳务输出、经贸往来或者其他名义，弄虚作假，骗取护照、签证等出境证件，为组织他人偷越国（边）境使用的，构成骗取出境证件罪。骗取出境证件罪构成以"为组织他人偷越国（边）境使用"为要件。据此，骗证出境的显然也应属于偷越国（边）境。否则，骗取出境证件罪在任何情况下都不能成立，《刑法》第 319 条就成了空文。对此，《办理妨害国（边）境管理刑事案件解释》第 2 条第 1 款规定："为组织他人偷越国（边）境，编造出境事由、身份信息或者相关的境外关系证明的，应当认定为刑法第三百一十九条第一款规定的'弄虚作假'。"

此外，根据《妨害国（边）境管理违法犯罪案件意见》第 2 条规定，具有下列情形之一的，应当认定为《刑法》第 318 条规定的"组织他人偷越国（边）境"行为：（1）组织他人通过虚构事实、隐瞒真相等方式掩盖非法出入境目的，骗取出入境边防检查机关核准出入境的；（2）组织依法限定在我国边境地区停留、活动的人员，违反国（边）境管理法规，非法进入我国非边境地区的。

需要注意的是：（1）对于持证型偷越国（边）境和边民等非法进入非边境地区，《妨害国（边）境管理违法犯罪案件意见》将刑事规制的对象限定于组织行为。对于持证人员本人虚构事实、隐瞒真相，骗取出入境边防检查机关核准出入境的行为，由于违法程度以及对国（边）境管理秩序的妨害程度，与无证或者使用假证偷越国（边）境的情形存在差异，基于罪责刑相适应原则的要求，不能当然适用《办理妨害国（边）境管理刑事案件解释》第 6 条第 5 项"采用其他方式非法出入国（边）境的"的规定，以偷越国（边）境犯罪论处；对于边民私自进入我国非边境地区的，也是如此。（2）对于前述组织偷越行为，在决定是否追究刑事责任以及如何裁量刑罚时，应当综合考虑组织者前科情况、行为手段、组织人数和次数、违法所得数额及被组织人员偷越国（边）境的目的等情节，依法妥当处理。

2.如何界分组织他人偷越国（边）境罪既遂与未遂

关于组织他人偷越国（边）境罪的既遂、未遂问题，有不同观点。[①]
对此，《办理妨害国（边）境管理刑事案件解释》第1条第3款规定：
"以组织他人偷越国（边）境为目的，招募、拉拢、引诱、介绍、培训
偷越国（边）境人员，策划、安排偷越国（边）境行为，在他人偷越国
（边）境之前或者偷越国（边）境过程中被查获的，应当以组织他人偷越
国（边）境罪（未遂）论处；具有刑法第三百一十八条第一款规定的情
形之一的，应当在相应的法定刑幅度基础上，结合未遂犯的处罚原则量
刑。"据此，在司法实践中，关于组织他人偷越国（边）境罪的既遂、未
遂问题，应当注意把握以下两点：

（1）本罪包含一般构成和加重构成，无论是一般构成，还是加重构
成，都存在界分既、未遂的问题。加重犯罪构成不同于基本犯罪构成之
处在于，在于其出现了法定的情节，从而应当对行为人在加重犯罪构成
所对应的法定刑幅度内量刑。但这并不能否定加重犯罪构成也存在未遂
的情形，对其同样可以在加重犯罪构成对应的法定刑幅度内比照既遂犯
从轻或者减轻处罚。因此，无论是基本犯罪构成，还是结果犯罪构成，
对于构成未遂形态的，都应当在相应的法定刑幅度基础上，结合未遂犯
的处罚原则量刑。

（2）组织他人偷越国（边）境既遂与未遂的标准在于偷越国（边）
境者是否越过国（边）境线。根据《刑法》第23条的规定，犯罪未遂是
指已经着手实行犯罪，由于犯罪分子意志以外的原因而未得逞的。因此，

---

① 实践中经常出现犯罪团伙在实施了为偷越国（边）境人员骗取出境证件、进行培训等行为
后，在被组织人员尚未出境或者出境时即被公安人员查获的情形。一些地方司法机关甚至认为，偷越国
（边）境人员并未出境，"组织"行为就无从谈起，故不构成犯罪。以致有的案件，公安机关已查明有关
组织偷越国（边）境的事实，但由于有司法机关提出，只有待被组织者通过边防检查后才可以认定犯
罪，故公安机关只好部署大量警力对犯罪嫌疑人实施监控，待其通过边检后才实施抓捕，既浪费大量司
法资源，也不利于及时、有效查处犯罪。经研究认为，主张只有被组织者通过边境检查后才能认定"认
定犯罪"，明显存在问题。根据《刑法》规定、通行理论和司法实践，只要行为人已着手实施组织行为，
甚至只是预备实施组织行为，即使被组织者尚未越过国（边）境，也已构成组织他人偷越国（边）境
罪，只是此种情形下，究竟是构成犯罪预备、犯罪既遂还是犯罪未遂，需要进一步研究。

犯罪是否得逞，即是否满足《刑法》分则所规定的具体犯罪构成的全部要件，是界分犯罪既未遂的唯一标准。只有偷渡者越过了国（边）境线，才对国（边）境管理秩序构成实际妨害，才能认定组织偷越国（边）境的行为构成既遂。组织他人后，他人尚未偷越国（边）境的，应以组织偷越国（边）境罪未遂论处。否则，不符合通行的犯罪构成理论，也不符合罪责相适应原则。因此，司法实践中，以组织他人偷越国（边）境为目的，招募、拉拢、引诱、介绍、培训偷越国（边）境人员，策划、安排偷越国（边）境行为，在他人偷越国（边）境之前或者偷越国（边）境过程中被查获的，应当以组织他人偷越国（边）境罪（未遂）论处。

3. 如何准确适用《刑法》第318条第2款的规定

根据《刑法》第318条第2款的规定，犯组织他人偷越国（边）境罪，对被组织人有杀害、伤害、强奸、拐卖等犯罪行为，或者对检查人员有杀害、伤害等犯罪行为的，依照数罪并罚的规定处罚。在司法实践中，适用本条规定应注意把握如下几个问题：

（1）"等犯罪行为"的理解。我们认为，这里的"等犯罪行为"应当符合如下两个特征：①与组织偷越国（边）境罪密切相关的犯罪。②未列入组织、偷越国（边）境罪的加重犯罪构成。非法拘禁、妨害公务等犯罪虽然与组织偷越国（边）境密切相关，但是由于列入了组织偷越国（边）境罪的加重犯罪构成，不能对这些犯罪数罪并罚，以免出现重复评价。

（2）"杀害、伤害"的理解。有论者认为，该款规定中"对被组织人杀害、伤害"和"对检查人员杀害、伤害"的内容不一致。对被组织人的杀害、伤害，由于《刑法》第318条第1款第3项有造成被组织人重伤、死亡（均应理解为过失造成重伤、死亡）的规定，且作为法定刑升格的条件，因此，第2款中"杀害、伤害"应理解为故意杀人、故意伤害。但是，对检查人员的杀害、伤害，由于《刑法》第318条第1款第5项只规定了妨害公务的情形，因此，对检查人员的杀害、伤害既应包括故意杀人、故意伤害，又应包括过失杀人、过失重伤。①我们认为，对该款中的"杀害、伤害"应当作统一理解，只包括故意杀人、故意伤害的情形。主要考虑是：①从字面表述来看，"杀害""伤害"等词语都是故意实施的行为，指代故意杀人、故意伤害，而不包括过失致人死亡、重伤的情形。1979年《刑法》第133条使用的是"过失杀人"的表述，但1997年《刑法》第233条采用的是"过失致人死亡"的表述。而"伤害"这个词语，在《刑法》中未作限定的情况下，应当也是指"故意伤害"。②《刑法》第318条之所以要对一些与组织他人偷越国（边）境的犯罪行为实行数罪并罚，主要是考虑到杀害、伤害、强奸、拐卖被组织人或者杀害、伤害检查人员等犯罪行为的社会危害性大，而组织偷越国（边）境罪的法定刑最高为无期徒刑，即使将其规定为结果加重情节，也不足以评价行为的社会危害程度。故意杀人、故意伤害、强奸、拐卖等犯罪行为的社会危害性大，难以为组织偷越国（边）境的加重犯罪构成所涵盖，而过失致人死亡、重伤的行为的社会危害性能够为组织偷越国（边）境罪的加重犯罪构成所评价。③对检查人员的过失致人死亡、重伤虽然未明确被列为组织偷越国（边）境的加重犯罪构成，但是可以解释为加重犯罪构成中的"有其他特别严重情节的"这一兜底条款，不会存在处罚上的漏洞，不会出现打击不力的情况。

（3）关于出于拐卖目的而组织妇女、儿童偷越国（边）境的条款的理解问题。有论者认为，在《刑法》第240条关于拐卖妇女、儿童罪的规定中，对于将妇女、儿童卖往境外的，已经明确规定为拐卖妇女、儿童罪的加重情节。如果对此实行数罪并罚，必然产生对同一行为适用不同法条重复评价问题。②我们认为，上述看法确有道理，因此要合理确定《刑法》第318条第2款对被组织人拐卖情形的范围，以免出现《刑法》第318条第2款的规定与《刑法》第240条的规定相矛盾的情况。在《刑法》第240条拐卖妇女、儿童罪加重犯罪构成中的"将妇女、儿

---

① 龚培华：《妨害国（边）境犯罪司法适用研究》，载《人民检察》2001年第11期。
② 龚培华：《妨害国（边）境犯罪司法适用研究》，载《人民检察》2001年第11期。

童卖往境外的"的情形中，行为人的犯罪目的是拐卖妇女、儿童卖往境外。为了实现这一犯罪目的，行为人在拐卖过程中自然可能实施组织被拐卖人偷越国（边）境的行为。由于此种情形已被拐卖妇女、儿童罪的加重犯罪构成所评价，对于组织偷越国（边）境的行为，不再重复评价。而《刑法》第318条第2款中"对被组织人拐卖"情形，是指组织妇女、儿童偷越国（边）境，在妇女、儿童偷越国（边）境成功后，再对妇女、儿童实施的拐卖行为。在此种情形下，根据《刑法》第318条第2款的规定，应以组织偷越国（边）境罪和拐卖妇女、儿童罪并罚。

4. 如何处理骗取入境证件相关行为

（1）根据《妨害国（边）境管理违法犯罪案件意见》第6条的规定，明知他人实施骗取出境证件犯罪，提供虚假证明、邀请函件以及面签培训等帮助的，以骗取出境证件罪的共同犯罪论处；符合《刑法》第318条规定的，以组织他人偷越国（边）境罪定罪处罚。需要注意的是，骗取出境证件实质上是组织他人偷越国（边）境犯罪的帮助行为，设置为专门罪名，旨在堵截社会危害更加严重的组织他人偷越国（边）境犯罪，并更加准确地评价骗证行为的社会危害性，实现罪责刑相适应。根据《刑法》规定，"为组织他人偷越国（边）境使用"本身就是骗取出境证件罪的构成要件，行为人如不具有组织他人偷越国（边）境的实行行为，不能仅以"为组织他人偷越国（边）境使用"为由，就对其以组织他人偷越国（边）境罪的共犯论处；否则，将实际架空《刑法》关于骗取出境证件罪的专门规定，违反罪责刑相适应的基本原则。

（2）根据《妨害国（边）境管理违法犯罪案件意见》第7条的规定，事前与组织他人偷越国（边）境的犯罪分子通谋，为其提供虚假证明、邀请函件以及面签培训等帮助，骗取入境签证等入境证件，为组织他人偷越国（边）境使用的，以组织他人偷越国（边）境罪的共同犯罪论处。

需要注意的是，对于提供虚假证明、邀请函件骗取出入境证件的，不宜适用出售出入境证件罪。主要考虑是：根据《办理妨害国（边）

管理刑事案件解释》第 2 条的规定，出入境证件"包括护照或者代替护照使用的国际旅行证件，中华人民共和国海员证，中华人民共和国出入境通行证，中华人民共和国旅行证，中国公民往来香港、澳门、台湾地区证件，边境地区出入境通行证，签证、签注，出国（境）证明、名单，以及其他出入境时需要查验的资料"。结合相关出入境管理法规的规定，出入境证件的范围应当限于由相关主管机关签发、出具，具备出入境证明许可功能的证件。出入境邀请函的出具主体、法律性质、证明功能与前述证件不具有相当性，不宜纳入出入境证件的范围。

5. 如何处理组织他人偷越国（边）境罪与偷越国（边）境罪相交织的情形

从司法实践来看，组织他人偷越国（边）境罪与偷越国（边）境罪经常交织在一起，特别是组织他人偷越国（边）境的行为人自身也偷越国（边）境的，应当如何处理，存在较大争议。关于此种情形的定性，主要存在如下几种观点：[①] 第一种观点认为，组织他人偷越国（边）境与偷越国（边）境交织在一起，两者之间形成牵连关系，应依一重罪即组织他人偷越国（边）境罪论处，而不实行数罪并罚。第二种观点认为，此种情形是两种不同的犯罪行为，同时成立犯罪的，应当实行数罪并罚。第三种观点认为，这种情形不能排除数罪并罚的可能，或者说应当数罪并罚。但如果这种情况下两种行为是相互伴随的情形，则可考虑按照吸收犯的高度行为吸收轻度行为的原则，以高度行为即组织他人偷越国（边）境罪定罪。第四种观点认为，对此种情形应区分情况处理：一是行为人在组织他人实施偷越国（边）境的行为实施完毕后，自身也加入了偷越国（边）境者的行列，应当以组织他人偷越国（边）境罪与偷越国（边）境罪并罚；二是行为人企图实施偷越国（边）境的行为，但由于感到力单势薄难以成功，便组织他人与其一起实施偷越国（边）境的行为，此种情况属于牵连犯，应当从一重罪即组织他人偷越国（边）境罪论处；

① 林亚刚：《组织他人偷越国（边）境罪若干问题探讨》，载《法学评论》2010 年第 4 期。

三是行为人不仅实施了组织他人偷越国（边）境的行为，而且亲自护送偷越国（边）境者，和被组织人一起偷越国（边）境，此种情况属于吸收犯，应以组织他人偷越国（边）境罪论处。

我们基本赞同上述第四种观点的处理意见，但是对于其中的第三种情形直接认定为组织偷越国（边）境罪即可，不涉及吸收犯的问题。这里涉及准确把握组织偷越国（边）境罪中"组织"的具体内涵。如前所述，组织行为分为两个层次：第一层次是领导、策划、指挥他人偷越国（边）境；第二层次是在首要分子的指挥下，实施拉拢、引诱、介绍他人偷越国（边）境行为。在这些行为之中，为了顺利组织他人偷越国（边）境的行为，亲自护送偷越国（边）境者偷越国（边）境，应当认定为组织偷越国（边）境行为的应有之义。因为组织者在此所实施的陪同偷越国（边）境的行为，只是其组织其他人偷越国（边）境的一个特定环节，其所实施的偷越行为也是其组织行为的一种表现形式。因此，对于此种情形，应当直接认定为组织他人偷越国（边）境罪，无须再考虑二者之间是否存在吸收关系。

6. 如何处理组织他人偷越国（边）境罪与运送他人偷越国（边）境罪相交织的情形

从司法实践来看，要注意既组织又运送他人偷越国（边）境行为的定性问题。对于此种情形可以区分情况处理：（1）行为人既组织又运送同一批人偷越国（边）境的，应当按照组织他人偷越国（边）境罪论处。在此种情形中，运送他人偷越国（边）境是组织偷越国（边）境行为的一个环节，是组织他人偷越国（边）境的应有之义，对于运送行为不宜再单独评价。因此，对此种情形直接按照组织他人偷越国（边）境罪论处即可。（2）行为人组织一批人偷越国（边）境，又运送另一批人偷越国（边）境的。此种情形下，行为人的组织偷越国（边）境行为与运送偷越国（边）境行为之间没有必然联系，应以组织他人偷越国（边）境罪与运送他人偷越国（边）境罪两罪并罚。

七十七、盗掘古文化遗址、古墓葬罪

第三百二十八条第一款 盗掘具有历史、艺术、科学价值的古文化遗址、古墓葬的，处三年以上十年以下有期徒刑，并处罚金；情节较轻的，处三年以下有期徒刑、拘役或者管制，并处罚金；有下列情形之一的，处十年以上有期徒刑或者无期徒刑，并处罚金或者没收财产：

（一）盗掘确定为全国重点文物保护单位和省级文物保护单位的古文化遗址、古墓葬的；

（二）盗掘古文化遗址、古墓葬集团的首要分子；

（三）多次盗掘古文化遗址、古墓葬的；

（四）盗掘古文化遗址、古墓葬，并盗窃珍贵文物或者造成珍贵文物严重破坏的。

（一）概述

1. 概念和构成要件

盗掘古文化遗址、古墓葬罪，是指盗掘具有历史、艺术、科学价值的古文化遗址、古墓葬的行为。

盗掘古文化遗址、古墓葬罪的构成要件和主要特征是：

（1）本罪侵犯的是复杂客体，既侵犯了国家文物管理制度，也侵犯了国家对古文化遗址、古墓葬的所有权。[①] 我国是拥有五千年文明史的国家，古文化遗址、古墓葬极为丰富，有许多举世公认的稀世珍品。根据《文物保护法》的规定，古文化遗址、古墓葬属于国家所有，具有历史、艺术、科学价值的古文化遗址、古墓葬受国家保护；地下埋藏的文物，任何单位或者个人都不得擅自发掘；一切考古发掘工作，必须履行报批手续，从事考古发掘的单位，应当经国务院文物行政部门批准；确因建

———————————

① 古墓葬的所有权属于国家，盗掘自家先人的墓葬也构成本罪。参见西安邱兆军、吕富平等人盗掘古墓葬案，载搜狐网，http://news.sohu.com/20060829/n245042849.shtml。

设工期紧迫或者有自然破坏危险，对古文化遗址、古墓葬急需进行抢救发掘的，由省、自治区、直辖市人民政府文物行政部门组织发掘，并同时补办审批手续。

本罪的犯罪对象是古文化遗址、古墓葬。"古文化遗址"，是指清代以前（含清代）中华民族历史发展中，由先民创造并留下的表明其文化发展水平的地区，如史前人类聚落遗址。"古墓葬"，是指清代以前（含清代）中华民族先民建造并留下的墓穴及其有关设施，如历代帝王陵墓。正确理解和把握本罪中古文化遗址、古墓葬的范围，应注意以下几点：一是古文化遗址、古墓葬包括水下古文化遗址、古墓葬，我国水下文物遗存十分丰富，特别是在我国南海海域，水下文物、遗存对于证明我对南海争议区域的主权具有重要意义，必须加强保护。二是古文化遗址、古墓葬不以公布为不可移动文物的古文化遗址、古墓葬为限，一些被盗掘的古文化遗址、古墓葬并非文物保护单位，甚至尚未被公布为不可移动文物，比如行为人先于文物考古工作者发现该古文化遗址、古墓葬的，法律对这些古文化遗址、古墓葬一体保护。三是辛亥革命以后，与著名历史事件有关的遗址和纪念地、名人墓葬，如革命烈士墓等也视同古文化遗址、古墓葬受国家保护。四是古文化遗址、古墓葬不包括古建筑、石窟寺、石刻、壁画、近代、现代重要史迹和代表性建筑等其他不可移动文物。五是无论古代、近代的文化遗址还是墓葬，必须具有历史、艺术、科学价值才能成为本罪的犯罪对象。

另外，应当注意的是，由于《刑法》第328条第2款单独规定了盗掘古人类化石、古脊椎动物化石罪，本罪是《刑法》规定的文物犯罪中，唯一犯罪对象不涵盖古人类化石、古脊椎动物化石的罪名。①

（2）客观方面表现为盗掘具有历史、艺术、科学价值的古文化遗址、

---

① 根据《全国人民代表大会常务委员会关于〈中华人民共和国刑法〉有关文物的规定适用于具有科学价值的古脊椎动物化石、古人类化石的解释》（2005年12月29日）："刑法有关文物的规定，适用于具有科学价值的古脊椎动物化石、古人类化石。"走私、盗窃、损毁、倒卖、非法转让具有科学价值的古脊椎动物化石、古人类化石的，依照《刑法》的相关规定定罪量刑。

古墓葬的行为。"盗掘",是指未经国家文物主管部门批准擅自挖掘的行为,这种行为可能是秘密进行的,也可能是公然进行的。具体行为方式多样,如挖、刨、炸、拆、砸、凿等,有的甚至动用大型机械设备盗掘。盗掘行为危害本质在于其破坏性,即损害了古文化遗址、古墓葬的历史、艺术、科学价值,并不要求"盗"和"掘"同时兼备。另外,按照法律规定,行为人只要实施了盗掘古文化遗址或者盗掘古墓葬其中一种行为就构成本罪;实施了两种行为的仍为一罪,不实行并罚。

(3)犯罪主体为一般主体,凡年满16周岁并具有辨认和控制自己行为能力的自然人,均可构成本罪主体。单位不能构成本罪主体。根据《最高人民法院、最高人民检察院关于办理妨害文物管理刑事案件适用法律若干问题的解释》(以下简称《办理妨害文物管理刑事案件解释》)第11条第2款的规定,公司、企业、事业单位、机关、团体等单位实施盗掘古文化遗址、古墓葬行为的,追究组织者、策划者、实施者的刑事责任。

(4)主观方面由故意构成,一般具有非法占有古文化遗址、古墓葬中文物的目的。

2. 法定刑

依照《刑法》第328条第1款规定,犯盗掘古文化遗址、古墓葬罪的,处三年以上十年以下有期徒刑,并处罚金;情节较轻的,处三年以下有期徒刑、拘役或者管制,并处罚金;有下列情形之一的,处十年以上有期徒刑或者无期徒刑,并处罚金或者没收财产:(1)盗掘确定为全国重点文物保护单位和省级文物保护单位的古文化遗址、古墓葬的;(2)盗掘古文化遗址、古墓葬集团的首要分子;(3)多次盗掘古文化遗址、古墓葬的;(4)盗掘古文化遗址、古墓葬,并盗窃珍贵文物或者造成珍贵文物严重破坏的。

（二）疑难问题精析

1. 正确认定本罪的既遂与未遂

关于本罪既遂与未遂的区分标准，司法实践中曾存在窃得文物说、破坏古墓说、盗掘行为说（实施便是既遂）等分歧。[①]一般认为，《刑法》设立盗掘古文化遗址、古墓葬罪，主要是为了保护古文化遗址、古墓葬的历史、艺术、科学价值，本罪在犯罪既遂形态分类上属行为犯而不是结果犯，不以实际盗取文物为既遂标准，但也不是举动犯。《办理妨害文物管理刑事案件解释》也采取了这种立场，根据该解释第8条第2款的规定，只要盗掘行为已涉及古文化遗址、古墓葬的文化层，损害了古文化遗址、古墓葬的历史、艺术、科学价值，即应当认定为既遂。[②]至于是否盗取了文物，盗取文物的数量、等级，应作为量刑情节考虑。

相反，虽然实施了盗掘行为，但未涉及古文化遗址、古墓葬的文化层，未损害古文化遗址、古墓葬的历史、艺术、科学价值的，构成本罪未遂。比如，行为人对古文化遗址的保护范围和建设控制地带的界限认识不清，仅在建设控制地带进行盗掘，未能具备本罪犯罪构成要件的全部要素的，属于犯罪未遂。

2. 正确认定本罪与相关联犯罪

实践中，犯罪分子盗掘古文化遗址、古墓葬，一般是为了倒卖、出售盗取的文物牟取非法利益，要注意区分盗掘的对象是否为古文化遗址、古墓葬，划清本罪与盗窃罪的界限；也要注意按照行为人实际符合的犯罪构成要件，划清一罪与数罪的界限。

根据《办理妨害文物管理刑事案件解释》第8条第3款和第9条的规定：（1）采用破坏性手段盗窃古文化遗址、古墓葬以外的古建筑、石窟寺、石刻、壁画、近代现代重要史迹和代表性建筑等其他不可移动文

---

① 刘海红：《盗掘古墓葬罪的既遂与未遂》，载《人民司法·案例》2009年第2期。
② 闫建胜等人盗掘古墓葬案，山东省淄博市临淄区人民法院（2008）临刑重字第4号。

物的，依照《刑法》第264条的规定，以盗窃罪追究刑事责任。（2）明知是盗掘古文化遗址、古墓葬犯罪所获取的三级以上文物，而予以窝藏、转移、收购、加工、代为销售或者以其他方法掩饰、隐瞒的，依照《刑法》第312条的规定，以掩饰、隐瞒犯罪所得罪追究刑事责任；事先有通谋的，以共同犯罪论处。

盗掘或者窃取古文化遗址、古墓葬附属物，比如盗掘墓道、宝城或者窃取石碑、石像生等，虽然没有盗掘墓穴、墓室，但是损害了古墓葬的历史、艺术、科学价值的，按照本罪规定定罪处罚；单纯窃取古文化遗址、古墓葬所属文物保护单位的文物，比如窃取陵墓享殿内摆放的祭祀器物，没有损害古墓葬本身的历史、艺术、科学价值的，依照《刑法》第264条的规定，以盗窃罪追究刑事责任。[①]

盗掘古文化遗址、古墓葬后，又走私、倒卖盗取的文物的，构成数罪，且不存在典型的牵连关系，应当并罚。

3. 划清本罪与故意损毁文物罪的界限

故意损毁文物罪，是指故意损毁国家保护的珍贵文物或者被确定为全国重点文物保护单位、省级文物保护单位的文物的行为。本罪和故意损毁文物罪在侵犯的客体、客观方面、主观方面有许多交叉或者相似之处，犯罪主体均为一般主体，只能由自然人构成。二者的区别主要有以下几点：一是侵犯的客体不完全相同。前者侵犯的是复杂客体，既侵犯了国家文物管理制度，也侵犯了国家对古文化遗址、古墓葬的所有权；后者侵犯的是单一客体，即国家文物管理制度。二是犯罪对象涵盖范围不同。前者是具有历史、艺术、科学价值的古文化遗址、古墓葬，不以公布为不可移动文物的古文化遗址、古墓葬为限；后者是国家保护的珍贵文物或者被确定为全国重点文物保护单位、省级文物保护单位的文物，既包括不可移动文物，也包括可移动文物。三是行为方式不同。前者的"盗掘"是指未经国家文物主管部门批准擅自挖掘，具体行为方式如挖、

---

① 江西省泰和县人民法院（2014）泰刑初字第100号。

刨、炸、拆、砸、凿等；后者的"损毁"是指以捣毁、焚烧、污损、拆除、挖掘等方式将文物破坏，挖掘也是一种损毁。四是主观方面不完全相同。前者一般具有非法占有古文化遗址、古墓葬中文物的目的，只能是直接故意；后者出于何种目的不影响犯罪的成立，既可以是直接故意，也可以是间接故意。

4. 司法机关在适用本罪规定时应当注意的问题

（1）严格公正精准司法，确保罪责刑相适应。《刑法》对本罪规定了三个档次的量刑幅度，最低刑为管制，最高刑为无期徒刑，司法机关应当注意区别不同情节，恰当量刑。除了对行为人适用自由刑之外，还应并处罚金或者没收财产，同时对违法所得一律追缴。

（2）正确理解和把握可以判处十年以上有期徒刑或者无期徒刑的四种加重处罚情形：

其一，确定为全国重点文物保护单位和省级文物保护单位的古文化遗址、古墓葬具有极高的历史、艺术、科学价值，应受到特别保护。因此，要注意对被盗掘窃取的文物等级及其历史、艺术、科学价值进行鉴定。根据《办理妨害文物管理刑事案件解释》第15条的规定，在行为人实施有关行为前，文物行政部门已对涉案文物及其等级作出认定的，可以直接对有关案件事实作出认定；对案件涉及的有关文物鉴定、价值认定等专门性问题难以确定的，由司法鉴定机构出具鉴定意见，或者由国务院文物行政部门指定的机构出具报告。此外，还要注意不同等级涉案文物之间的折算规则问题，根据《办理妨害文物管理刑事案件解释》第13条的规定，案件涉及不同等级的文物的，按照高级别文物的量刑幅度量刑；有多件同级文物的，五件同级文物视为一件高一级文物，但是价值明显不相当的除外。

其二，盗掘古文化遗址、古墓葬集团的首要分子，是指在盗掘古文化遗址、古墓葬的犯罪集团中起组织、策划、指挥作用的犯罪分子。根据法律规定，对首要分子按照犯罪集团的全部罪行处罚，即首要分子不仅要对自己直接参加的盗掘古文化遗址、古墓葬行为承担刑事责任，还要对其他成员按照犯罪集团预谋实施的盗掘古文化遗址、古墓葬行为承担刑事责任，而且是适用最高的法定刑档次。

其三，"多次"盗掘古文化遗址、古墓葬，是指盗掘三次以上。至于如何认定"多次"，司法实践中也存在分歧，有的观点认为无论盗掘对象是否重复，只要盗掘三次以上，即"多次"；也有观点认为，应结合犯罪故意、犯罪行为、犯罪对象等综合考察盗掘次数。[①] 应该说后一种观点是正确的，作为加重情节的"多次"，一般来说，其中的"一次"应当能够独立构成本罪（至少是犯罪未遂），否则就可能违背罪责刑相一致的基本原则。如果行为人基于同一个犯意先后实施了多个盗掘步骤（比如多次到同一墓穴窃取随葬品并随即转移）、采取了多种行为方式（如挖、炸、凿、拆），或者在同一时间内（比如同一晚）盗掘了多个对象，都不宜认定为"多次"盗掘。虽然行为人实施了多次盗掘行为，但如果每一次都属于情节显著轻微，不应认为是犯罪，也不宜认定为"多次"盗掘。

其四，由于行为人盗掘手段、技术等原因，往往会给被盗掘的古文化遗址、古墓葬造成损坏甚至严重损坏的后果，其行为既触犯了本罪，又触犯了故意损毁文物罪，对这种情况应择一重罪即本罪定罪处罚，并将造成珍贵文物严重破坏作为加重处罚情节。行为人如果采取秘密方式盗掘古文化遗址、古墓葬，又非法占有其中文物，则犯罪手段与盗窃罪相同，1997年《刑法》修订以前，对这种行为也是按照盗窃罪来处理的。但《刑法》专门规定了本罪之后，对这种窃取文物的行为就不能再单独定罪量刑了，而应作为本罪的加重处罚情节。

（3）慎重适用刑罚，贯彻落实认罪认罚从宽制度的要求。根据《办理妨害文物管理刑事案件解释》第16条第1款的规定，实施本罪行为，虽已达到应当追究刑事责任的标准，但行为人系初犯，积极退回或者协

---

① 参见黄江南《对多次盗掘古墓葬罪的理解》，载《职工法律天地》2018年第24期。

助追回文物，未造成文物损毁，并确有悔罪表现的，可以认定为犯罪情
节轻微，不起诉或者免予刑事处罚。

七十八、医疗事故罪

第三百三十五条 医务人员由于严重不负责任，造成就诊人死亡或者严重损害就诊人身体健康的，处三年以下有期徒刑或者拘役。

（一）概述

1. 概念和构成要件

医疗事故罪，是指医务人员由于严重不负责任，造成就诊人员死亡或者严重损害就诊人员身体健康的行为。

医疗事故罪的构成要件和主要特征是：

（1）本罪侵犯的客体是就诊人的生命、健康权利和医疗单位正常的管理活动。

（2）客观方面表现为严重不负责任，造成就诊人员死亡或者严重损害就诊人员身体健康的行为。"严重不负责任"，是指在诊疗护理工作中，严重违反医疗卫生管理法律、法规、规章和诊疗护理规范、常规。违反法律、法规、规章和诊疗护理规范、常规，是认定"严重不负责任"的根据，是构成本罪的前提条件。如果医务人员在诊疗护理工作中认真履行了职责，没有违反有关法律、法规、规章和诊疗护理规范、常规的情况，即使客观上发生了病人死亡等严重后果，也不能构成本罪。在实践中，违反法律、法规、规章和诊疗护理规范、常规的行为是各种各样的，包括在诊断、用药、手术、麻醉、输血、护理等方面的违章行为，如错用药物、错治病人、错误输血、错报病情、擅离职守、交接班草率、当班失职等。这些行为概括起来，可以分为两类：一类是作为，即医务人员实施诊疗护理的规章制度和常规所禁止的行为，如开错刀、发错药、打错针等。另一类是不作为，即医务人员本应履行应尽的职责而没有履行，如值班人员擅离职守，致使急诊的危重病人没有得到及时的抢救而死亡等。无论是作为还是不作为的行为，都必须造成就诊人死亡或者严重损害就诊人身体健康的后果，才构成犯罪。

（3）犯罪主体为特殊主体，主要是医务人员。所谓医务人员，也称医疗卫生技术人员，是指经过专门的教育或培训，掌握医药卫生知识，经卫生健康主管部门审查合格，取得相应资格的各类从事医疗卫生实践工作的人员。根据原卫生部（现国家卫生健康委员会）的有关规定，医务人员分为以下四类：医疗防疫人员（包括从事中医、西医、卫生防疫、寄生虫防治、地方病防治、职业病防治和妇幼保健的各类技术人员）、药剂人员、护理人员和其他技术人员（包括从事检验、理疗、病理、口腔、同位素、放射、营养、生物制品生产等各项医疗技术工作人员）。

（4）主观方面由过失构成，包括疏忽大意的过失和过于自信的过失。疏忽大意的过失，是指在医疗事故的发生中，根据行为人相应职称和岗位责任制要求，应当预见到和可以预见到自己的行为可能造成对就诊人的危害结果，因为疏忽大意而未能预见到，或者对于危害就诊人生命、健康的不当做法，应当做到有效防范，因为疏忽大意而未能做到，从而发生就诊人死亡或严重损害就诊人身体健康的严重后果。过于自信的过失，是指行为人虽然预见到自己的行为可能给就诊人导致危害结果，但是轻信借助自己的技术、经验或有利的客观条件能够避免，因而导致了判断和行为上的失误，从而发生就诊人死亡或严重损害就诊人身体健康的严重后果。至于是否有意违反规章制度，不影响本罪的成立。

2. 法定刑

依照《刑法》第335条的规定，犯医疗事故罪的，处三年以下有期徒刑或者拘役。

（二）疑难问题精析

1. 如何认定"医疗事故"

根据2002年4月4日国务院颁布的《医疗事故处理条例》第2条的规定，医疗事故，是指医疗机构及其医务人员在医疗活动中，违反医疗卫生管理法律、行政法规、部门规章和诊疗护理规范、常规，过失造成患者人身损害的事故。另据《医疗事故处理条例》第33条的规定，有下列情形之一的，不属于医疗事故：（1）在紧急情况下为抢救垂危患者生命而采取紧急医学措施造成不良后果的；（2）在医疗活动中由于患者病情异常或者患者体质特殊而发生医疗意外的；（3）在现有医学科学技术条件下，发生无法预料或者不能防范的不良后果的；（4）无过错输血感染造成不良后果的；（5）因患方原因延误诊疗导致不良后果的；（6）因不可抗力造成不良后果的。

根据以上规定，实践中认定"医疗事故"需要重点关注以下两个方面：

首先，医疗事故的行为人存有过失，表现在诊疗护理工作中严重不负责任，违反医疗卫生管理法律、法规、规章和诊疗护理规范、常规进行医疗活动。参照2008年6月25日《最高人民检察院、公安部关于公安机关管辖的刑事案件立案追诉标准的规定（一）》[以下简称《立案追诉标准（一）》]第56条的规定，具有下列情形之一的，属于本条规定的"严重不负责任"：（1）擅离职守的；（2）无正当理由拒绝对危急就诊人实行必要的医疗救治的；（3）未经批准擅自开展试验性医疗的；（4）严重违反查对、复核制度的；（5）使用未经批准使用的药品、消毒药剂、医疗器械的；（6）严重违反国家法律法规及有明确规定的诊疗技术规范、常规的；（7）其他严重不负责任的情形。

首先，医疗事故本身是一种责任事故，既不同于医疗过程中发生的意外事故和并发症，也不同于医疗技术事故。意外事故是指在诊疗护理工作中，由于患者病情异常或者患者的体质特殊而发生了医务人员难以预料和防范的不良后果，或者在现有科学技术条件下，发生无法预料或者不能防范的不良后果，或者因不可抗力发生不良后果，导致了就诊人死亡、残废或者功能障碍。并发症是指在诊疗护理过程中，患者所患的一种疾病在其发展过程中又发生了与这种疾病有关的另一种或者几种疾病，而后一种或者几种疾病的发生是医务人员难以预料和防范的。医疗技术事故是指"根据行为人的相应职称或相似情况下的一般水平，限于能力不及或经验不足，发生诊疗护理工作中的失误，导致不良后果"。[①] 在出现医疗意外、并发症和医疗技术事故的情况下，由于对严重后果的发生，医务人员在医疗工作中已经尽了自己力所能及的职责，主观上没有过失，也没有违反法律、法规、规章和诊疗护理规范、常规的行为，不良后果的发生是行为人无法预见和无法避免的，或者因医疗技术水平不高、经验缺乏等原因造成的，不构成医疗事故罪。在案件办理过程中，应当注意查明事故发生的原因。在事故原因中既包含责任性因素，又包含意外性、并发性、技术性等因素的情况下，应当弄清楚哪一方面的原因占据主导地位，只有在以责任性因素为主的医疗事故中，方有可能追究医务人员的刑事责任。如个别案件中事故发生的原因极其复杂，虽经专家鉴定仍不能判明其主导原因时，在适用医疗事故罪时应当慎重。

其次，过失行为造成了患者人身损害的严重后果，即造成就诊人死亡或者严重损害就诊人身体健康。《医疗事故处理条例》第 4 条规定，根据对患者人身造成的损害程度，医疗事故分为四级：（1）一级医疗事故，是指造成患者死亡、重度残疾；（2）二级医疗事故，是指造成患者中度残疾、器官组织损伤导致严重功能障碍；（3）三级医疗事故，是指造成患者轻度残疾、器官组织损伤导致一般功能障碍；（4）四级医疗事故是指造成患者明显人身损害的其他后果。构成本罪，必须是造成严重医疗事故，即达到一级医疗事故或者二级医疗事故。如果行为人虽然主观上有过失，客观上有违反法律、法规、规章和诊断护理规范、常规的行为，也发生了一定的损害后果，但是这种损害结果较轻，未达到致就诊人死亡、重度和中度残疾或者严重功能障碍的程度，仅造成三级或者四级医疗事故的，不构成犯罪。

---

① 1988 年 5 月 10 日原卫生部（现国家卫生健康委员会）《关于〈医疗事故处理办法〉若干问题的说明》（已失效）的规定。

2002年7月19日，原卫生部（现国家卫生健康委员会）根据《医疗事故处理条例》对医疗事故的分级规定，制定了新的《医疗事故分级标准（试行）》，详细列举了医疗事故中常见的造成患者人身损害后果的情形。专家鉴定组在进行医疗事故技术鉴定、卫生健康主管部门在判定医疗过失行为是否为医疗事故或医疗事故争议双方当事人在协商解决医疗事故争议时，均需要参照该标准确定的基本原则和实际情况，具体判定医疗事故的等级。这也是司法机关认定医疗事故罪的重要参考依据。

2. 如何认定"严重不负责任"

所谓严重不负责任，是指在诊疗护理工作中严重违反法律、法规、规章和诊疗护理、规范和常规。根据《医疗事故处理条例》的规定，医疗事故按事故发生的原因分为责任事故和技术事故。"严重不负责任"作为构成医疗事故罪的前提条件，它将医疗事故罪限定于责任事故的范畴，排除了在诊疗护理工作中发生的医疗技术事故。

这里的"法律、法规、规章"，是指与保障病人的生命、健康有关的诊疗护理方面的制度，包括诊断、处方、麻醉、手术、输血、护理、化验、消毒、医嘱、查房等各个环节的规程、规则、守则、制度、职责要求等。一般都明文规定在全国人大及其常委会、国务院及其有关部委、地方人大及其常委会、地方人民政府及其有关机构制定的法律、行政法规、部门规章、地方性法规、规章，如《药品管理法》《全国医院工作条例》《医院工作制度》《医院工作人员职责》《全国中医医院工作条例》《医疗机构病历管理规定（2013年版）》《医疗机构管理条例》《医疗事故处理条例》等规范性文件中。这些法律、法规、规章是诊疗护理工作规律性的经验总结，是正常开展诊疗护理工作所必须遵守的规范和依据，违反这些规章制度，医疗活动的安全就没有保障。这里的"诊疗护理规范、常规"，是指长期以来在诊疗护理实践中被公认的行之有效的操作习惯与惯例，其中一些还被医疗机构制定成规范性文件。这些操作习惯与惯例的形成，是为了保障操作稳准，避免失误的，医务人员在诊疗操作和护理工作中应当遵照执行，否则就有可能导致医疗事故的发生。

严重违反医疗卫生管理法律、法规、规章和诊疗护理规范、常规，是判定医务人员属于"严重不负责任"而构成医疗事故罪的根据。如果行为人没有违反相关的规章制度和诊疗护理规范、常规，即使发生了就诊人死亡或身体健康受损的严重后果，也不能构成医疗事故罪。从实践看，违反法律、法规、规章和诊疗护理规范、常规的行为是多种多样的，包括临床、医技、护理、麻醉等方面的各种严重违章行为。

在临床方面，常见的严重违章行为包括：（1）属临床各科室诊治范围的急、危、重病人，已确诊或可以确诊，借故推诿，拒绝收治，或虽因条件所限，接诊医生未查病人，又未进行处理，不负责任地转院、转科，延误或丧失抢救治疗时机而造成严重不良后果（即造成就诊人死亡或者严重损害就诊人身体健康，下同）。（2）值班医生擅离职守，或工作粗枝大叶，了解病史不清，不仔细检查病人，草率从事，或病情恶化，医生接到通知或急诊会诊单后，无故不去诊治及处理，延误抢救时机，造成严重不良后果。（3）医疗过程中，遇到疑难重症，主治医生既无经验，又不请示上级医生，主观臆断或不执行上级医生的指导，造成严重不良后果，或者请示上级医生，上级医生未提出治疗方案，不组织讨论，敷衍推诿，未及时处理，造成严重不良后果。（4）属于急、危、重病人，虽非本科急诊，但按现有条件及医生的技术水平，可以积极进行抢救，或及时请他科会诊或治疗，可以避免造成不良后果的，却因工作不负责任，草率从事，延误治疗时机，造成严重不良后果。（5）违反诊疗技术操作常规，造成严重不良后果。如术前诊断病变部位明确，而手术开错部位，或手术中无客观依据，盲目扩大或更改手术范围；或术中发现与原诊断不符，手术者不能胜任该手术，又不请示上级医生，盲目蛮干，草率从事；或术前不认真准备，术中不按操作规程进行，或因粗心大意，将手术用纱布、器械等异物遗留体内等，造成严重不良后果。（6）开展国内尚未应用的新技术（如新手术等），事前未作充分准备，无完整实施方案，又无实验依据，未经领导批准，擅自作主，盲目从事，造成严重不良后果。（7）病人对某种药物有明显的过敏史，但因工作马虎未加询问或不重视病人陈述，而致病人过敏反应，造成严重不良后果。（8）药性不明，滥用非医书记载的偏方、草药，药物超过剂量，开错医嘱等，造成严重不良后果。（9）在使用对某器官有损害或对骨髓有抑制作用的药物期间，不定期复查或不随时观察，造成严重不良后果。（10）在助产工作中，违反操作规程，如粗暴地强行牵拉胎盘，致使子宫内翻、出血等，不能及时抢救或处理不当，造成严重不良后果。（11）工作不负责任，粗心大意，发生误诊误治，造成严重不良后果。（12）不执行消毒、隔离制度和无菌操作规程，致使严重感染或交叉感染，造成严重不良后果等。

在医技方面，常见的严重违章行为包括：（1）急诊病人需要进行必要的化验、病理检查（技术、设备条件许可），而工作人员强调理由，拒收标本或拒报结果，推诿搪塞，以致严重影响临床诊断，延误抢救时机，造成严重不良后果；（2）在化验、病理检查中，擅离职守，工作粗心大意不负责任，造成化验病理结果报错，或未经检查，随便填写结果（出假报告），造成严重不良后果；（3）工作中不执行规章制度，试验时又不按操作规程执行，检查结果误差较大，影响了病人的诊断治疗，造成严重不良后果；（4）检验人员定错血型、配错血，造成严重不良后果；（5）玩忽职守，擅离岗位，延误发药时间，影响对病人及时抢救，或不遵守操作规程，不按规章制度办事，错用原料药，或清点验收马虎，或将药物错配、错发及将错误处方配发，或将外用药误为内服药等，造成严重不良后果；（6）超过中毒剂量或凭估计取药，造成严重不良后果；（7）过期失效药品照常发出，造成严重不良后果；（8）已知为劣质药品或有明文规定的禁用药品，仍继续使用，造成严重不良后果；（9）急、危、重病人，经临床抢救后，病情允许做X线检查，又确有X线检查指征，在抢救医生陪同下，放射科室人员却借故推诿，延误检查，影响诊断，造成严重不良后果；（10）在X线诊断工作中，不负责任，不了解病情又不详细分析，主观臆断，既无经验又不请示，造成明显漏诊，影响临床正确处理，造成严重不良后果；（11）内窥镜检查违反操作规程，操作粗暴，致使无器质性病变的脏器发生穿孔及大失血，造成严重不良后果；（12）进行碘剂造影检查，检查前未作过敏试验，或错用造影剂，造成严重不良后果；（13）在核医学诊断过程中，发生大量放射性核素误服或注入，或用放射性核素治疗，算错剂量，造成严重不良后果；（14）超声波、心电图和其他科室人员，对危重病人借故不给检查，以致影响临床诊断，延误抢救时机，造成严重不良后果等。

在护理方面，常见的严重违章行为包括：（1）护理人员工作不负责任，交接班不认真，观察病情不细致，不按时巡视病房，病情变化发现不及时，失去抢救机会，造成严重不良后果；（2）擅离职守，工作失职，直接影响病人的治疗及护理，造成严重不良后果；（3）不认真执行查对制度，打错针、发错药、输错血，护理不周发生病人烫伤、昏迷等，或未对躁动病人或小儿采取安全措施致病人坠床，造成严重不良后果；（4）结扎止血带未及时解除，造成组织坏死，肢体残废等不良后果；（5）无正当理由延误供应抢救物品、药品，供应未消毒的器械、敷料、药品引起感染，造成严重不良后果；（6）不认真执行医嘱，不按操作规范进行操作，造成严重不良后果；（7）手术室器械护士或巡回护士，误点纱布、器械，以致纱布或器械遗留在体内或伤口内，造成严重不良后果；（8）在对急、危、重病人的抢救过程中，抢救药品准备有误，延误抢救时机，造成严重不良后果等。

在麻醉方面，常见的严重违章行为包括：（1）错用麻醉药物，造成严重不良后果；（2）麻醉药物使用不当，造成严重不良后果；（3）麻醉期间不严密观察病情变化，贻误抢救时机，造成严重不良后果；（4）麻醉操作失误，造成严重不良后果等。①

严重不负责任，违反有关法律、法规、规章和诊疗护理规范、惯例

---

① 参见王镭主编：《中国卫生法学》，中国人民大学出版社1988年版，第317~321页。

进行诊疗护理活动，说明行为人主观方面存在过失。所以，违反法律、法规、规章和诊疗护理规范、惯例，既是医务人员构成医疗事故罪的客观依据，也是其承担刑事责任的主观基础。在诊疗护理工作中，医务人员有着其应承担的相应注意义务，并且其注意义务是医疗法规或者医疗常规所要求的。至于如何判断医务人员已经必要地、相当地履行了该注意义务，我们认为，通常应当以医务人员的一般性判断标准为原则；特殊情况下，鉴于预防与惩治犯罪的需要，防止怠于学习的庸医损害人民群众的生命、健康，亦可考虑以行为人自身的情况为判断标准作为补充，从而把其应有注意义务与实际注意能力结合起来合理地判断。当然，这里所说的一般性的判断标准也不是绝对的，因为不同级别、类型的医务人员由于所处具体的工作环境不同或所承担的具体工作不同，其注意力和判断结果是有差异的。并且，由于我国经济发展的不平衡，在不同的区域，同类型、级别的医务人员，其预见能力与判断结果也是不一样的。对此应当结合具体案情实事求是地分析、判断。

3. 如何认定"严重损害就诊人身体健康"

"严重损害就诊人身体健康"的认定，直接关系医疗事故等级的确定及犯罪的成立。通常认为，"严重损害就诊人身体健康"，是指对就诊人生理健康权的损害，而不包括单纯的精神损害。最高人民检察院、公安部《立案追诉标准（一）》将其解释为"造成就诊人严重残疾、重伤、感染艾滋病、病毒性肝炎等难以治愈的疾病或者其他严重损害就诊人身体健康的后果"。实践中，正确认定"严重损害就诊人身体健康"，需要妥善处理原卫生部（现国家卫生健康委员会）制定的医疗事故等级标准同司法部门制定的人体重伤、轻伤鉴定标准之间的关系。

医疗行为的对象是人的肌体，本身即具有一定的创伤性，各个病人及各种病症的特点也各有不同，且正在发展变化中，因此，医务人员在医疗活动中会随时面临各种难以预测的风险，精神长期处于高度紧张之中。即使发生了医疗事故，但毕竟是在救死扶伤的人道主义活动中发生的，同一般的造成人身伤害的刑事及治安案件有所不同。所以，目前医疗资源仍然较为紧张，对医疗事故罪的打击面不宜过大，否则就可能导致医务人员在工作中唯恐犯法而谨小慎微，明哲保身，宁肯放弃效果最佳但危险的措施，而选用安全保险系数大但效果差的措施，这对于病人的康复以及医疗卫生事业的整体发展都是不利的。所以，确定医疗事故罪中"严重损害就诊人身体健康"的标准和范围，应当充分考虑医疗行为及医疗事故的特性，从立法精神和刑事政策的高度加以把握。

从两个标准的内容看，如果不加区分地直接采用司法部门的人体重伤、轻伤鉴定标准，不利于体现医疗行为及医疗事故的特殊性，可能会不适当地扩大医疗事故的刑事惩罚面。因为按照司法部门的鉴定标准，一些轻微的医疗事故，例如眼睑损伤或一侧眼骨折塌陷、显著影响面容的，就属于重伤，可以认定为"严重损害就诊人身体健康"而定罪处罚，这样会失之过严。当然，如果完全抛开司法部门制定的人体伤害鉴定标准，也不利于案件的妥当处理。从司法实践的一贯做法看，过失伤害他人身体健康，只有造成重伤的，才构成犯罪。在医疗事故罪的认定中也应当坚持这样的立场，对那些虽然构成医疗事故，但未达到司法部门鉴定标准中的"重伤"程度的情形，仍不宜认定为医疗事故罪。所以，在"严重损害就诊人身体健康"的认定上，应当以卫生部门制定的医疗事故分级标准为基础，并适当兼顾司法机关制定的人体伤害鉴定标准，使二者协调起来，从而合理地确定医疗事故罪的实际适用范围。

4. 医疗单位中从事行政管理、后勤服务等人员能否作为本罪的主体

在医疗活动中，参与者除了直接为患者提供各种医疗服务的医疗人员，还有一些人员，如行政管理人员、工程技术人员、后勤服务人员等。在一些医疗事故中，有的医院领导担心被拖欠医疗费而下令拒收危重病人，或者为多收取手术费、住院费，不顾自身条件而要求多接病人，以至延误治疗，造成严重后果；有的急救中心救护车司机接到呼救电话后，无故不出车或者不及时出车，延误抢救时机，造成病人死亡；有的后勤

人员擅自脱岗，造成突然的停电、停水等事故，严重影响手术正常进行等。有意见认为，对这些非医疗人员也可以医疗事故罪定罪处罚。我们不同意此意见。

原卫生部（现国家卫生健康委员会）在《关于〈医疗事故处理办法〉若干问题的说明》（已失效）中曾规定：因诊疗护理工作是群体性的活动，构成医疗事故的行为人，还应包括从事医疗管理、后勤服务等人员。根据这一说明，实践中对于医疗单位中因非医务人员的过失对患者造成严重后果的，基本上都是作为医疗事故处理的。这样做在民事认定方面是没有问题的。因为在医患双方形成的民事法律关系中，医疗单位作为一方当事人，对所属工作人员在执行职务中所造成的不良后果应当承担赔偿责任，而赔偿的标准都是根据过失行为对受害人所造成的实际损害程度。至于损害后果是由医疗单位中的哪一类人员具体造成的，其是否具备医务人员身份，对于医疗单位的赔偿责任认定并没有任何实质影响。

但是，在涉及刑事责任的情况下，将非医务人员与医务人员同等对待，都定性为医疗事故罪并适用相同的定罪处罚标准，则与立法及刑事政策精神不相符合。因为，医疗事故罪的刑事责任，是一种特殊主体的个人责任，医疗单位不需要连带承担责任。《刑法》规定的医疗事故罪在法定刑上低于其他责任事故犯罪，正是考虑到诊疗护理工作的特殊性，而给予的一种立法上的"宽容"。依法能够享有这种特别对待的主体，应当是从事诊疗护理工作的医疗卫生技术人员。虽在医疗单位工作，但从事的并非诊疗护理工作的人员等，因其工作并不具有诊疗护理工作的特殊性，在造成责任事故的情况下，同其他类型的责任事故也没有本质上的不同，故不宜以医疗事故罪论处。如果涉及刑事责任的追究，对非医务人员可视其身份及行为方式、特点等，依法定罪处罚。

需要说明的是，对于那些既属于医疗机构党政管理人员又属于卫生技术人员，如在履行与诊疗护理工作有直接关系的职责中，因过失导致严重后果的，则可以作为医疗事故罪的主体。

5. 个体开业行医的人员能否作为本罪的主体

个体开业行医，是指包括经卫生健康主管部门批准，发给营业执照的联合诊所、民办医院和具有这种合法身份的所有开业人员，以及乡村医生。由于医疗是一项专业性很强的行业，医生肩负着治病救人、救死扶伤、保护人民生命健康的重大职责。国家对从事医疗职业规定了严格的资格准入制度和执业注册制度。根据《医师法》的规定，在医疗卫生机构中执业的专业医务人员，必须参加执业医师资格考试，取得执业医师资格或执业助理医师资格；并应向所在地县级以上人民政府卫生健康主管部门申请注册，取得医师执业证书，按照注册的执业地点、执业类别、执业范围执业，从事相应的医疗卫生服务（医疗卫生机构可以为本机构中的申请人集体办理注册手续）；未注册取得医师执业证书，不得从事医师执业活动。医师个体行医应当依法办理审批或者备案手续，且执业医师个体行医，须经注册后在医疗卫生机构中执业满 5 年（依法取得中医医师资格的人员，按照考核内容进行执业注册后，即可在注册的执业范围内个体行医）等。根据这些规定，依法取得医师执业资格并履行注册、审批等手续的个体行医人员，其法律地位等同于公有医疗单位的医务人员。如果其在诊疗护理活动中严重不负责任，造成就诊人员死亡或者严重损害就诊人员身体健康的，可以医疗事故罪定罪处罚。

值得注意的是，一些个体行医人员具有执业医师资格，但没有按照规定申请注册取得医师资业证书或者办理登记、审批手续取得医疗机构执业许可证而行医。对此，有意见认为，此情况属于非法行医，情节严重的，应以非法行医罪论处。最高人民检察院、公安部《立案追诉标准（一）》中也规定，以下五种情况属于非法行医罪中的"未取得医生执业资格的人非法行医"：（1）未取得或者以非法手段取得医师资格从事医疗活动的；（2）个人未取得《医疗机构执业许可证》开办医疗机构的；（3）被依法吊销医师执业证书期间从事医疗活动的；（4）未取得乡村医生执业证书，从事乡村医疗活动的；（5）家庭接生员实施家庭接生以外的医疗活动的。

我们认为，对个人从事诊疗活动的刑事违法性的判断，重点还在于是否具有执业医师资格。执业医师资格，是国家对其具有法律规定的从事医疗工作或者开业所必需的医学知识、技术和能力的确认，它与该人目前是否从事与其取得的资格的工作无关，也不会以该人目前是否从事与资格有关的工作来决定是否授予或者保留其资格。拥有该资格，即意味着具有了担任执业医师的实质性条件。根据《医师法》的规定，凡具有执业医师资格的人，除法律规定不予注册的情形外，只要向所在地县级以上人民政府卫生健康主管部门提出注册申请，受理申请的卫生健康主管部门应当自管理申请之日起 20 个工作日内准予注册，将注册信息录入国家信息平台，并发给医师执业证书。可见，具有执业医师资格的人实际执业所要求的医师执业证书，其取得只是到卫生健康主管部门履行注册手续，个人从事医疗活动所应有的根本性条件还是执业医师资格。至于个人开业所需医疗机构执业许可证，其取得也是向卫生健康管部门履行申请登记手续。根据《医疗机构管理条例实施细则》的规定，在城市设置诊所的个人，必须同时具备下列条件：（1）经医师执业技术考核合格，取得《医师执业证书》；（2）取得《医师执业证书》或者医师职称后，从事 5 年以上同一专业的临床工作；（3）省、自治区、直辖市卫生行政部门规定的其他条件。县级以上地方人民政府卫生行政部门自受理执业登记申请之日起 45 日内，根据条例和医疗机构基本标准进行审核。审核合格的，予以登记，发给《医疗机构执业许可证》。其中对个人颁发医疗机构登记许可证的基本要求，是取得医师执业证书，前提则具有执业医师资格，也即具有国家认可的从事医疗工作所必需的医学知识、技术和能力。

由于国家实行医师执业注册制度，已经具有执业医师资格的人，未经批准取得医疗机构执业许可证，擅自开办医疗机构行医的，或者未向卫生行政主管部门申请注册，未领取医师执业证书就行医的，确实违反了《医师法》对医师执业活动行政管理的规定，此行为从广义上讲亦属于非法行医。但其性质应属于行政违法，应当给予行政处罚。众所周知，行政违法不等于刑事违法。一个行为成立犯罪，必须具有该犯罪所要求的构成要件。非法行医罪的主体，是"未取得医生执业资格的人"。这里的"医生执业资格"就是《医师法》中规定的"执业医师资格"，两者并无本质差异，只是表述不同而已。[①] 所以，只有在行为人未取得执业医师资格并具有上述行为，且情节严重，达到《刑法》调整的程度，才可以非法行罪论处。换言之，只要行为人具有执业医师资格行医的，即便没有按要求到卫生健康主管部门注册、登记，未取得卫生健康主管部门颁发的医师执业证书或者医疗机构执业许可证而行医的，通常也不属于刑法意义上的非法行医。

那么，如何理解《立案追诉标准（一）》中"个人未取得《医疗机构执业许可证》开办医疗机构"属于"未取得医生执业资格的人非法行医"的规定，我们认为，此规定主要针对不具有执业医师资格的个人，未取得医疗机构执业许可证而擅自开办医疗机构行医的情况。在医疗资源较为紧张的现实状况下，对于已具有执业医师资格的个人，以非法行医罪定罪处罚，应当慎重。

如周兆钧被控非法行医案：1948 年周兆钧毕业于上海国防医学院（现第二军医大学），1949 年年初至 1950 年 9 月在老家湖南津市开办诊所。1950 年至 1953 年在湖南省防疫大队从事医疗工作。1953 年 9 月获中央人民政府卫生部颁发的医师证书。1953 年至 1968 年在湖南省结核病防治所当医师。1969 年至 1979 年在湖南省靖县人民医院退休后居住在长沙市大古道巷。1987 年至 1993 年，经卫生部门颁发行医执照自办诊所行医。1993 年因房屋拆迁及年老原因向长沙市社会医疗管理委员会申请个

---

① 参见黄太云：《周兆钧被控非法行医案——如何正确把握非行医罪的主体要件》，载中华人民共和国最高人民法院刑事审判第一庭、第二庭编：《刑事审判参考》（总第 34 集），法律出版社 2004 年版，第 137 页。

体诊所停业，并上交了行医执照。1998年10月，长沙市天心城南路街道办事处正街居委会出面请周兆钧为居委会开办医疗室，并购进了一些常用药品。但因未能获得天心区卫生局同意，1998年底，医务室停办。1998年底以后，周兆钧在家中为街道居民看病（病人主要以老人为主），不收挂号费，只收药品费用（自带药品、针剂者不收费）。2000年3月1日7时许，王某辉因咳嗽多日，自带青霉素针剂来到周兆钧家里，周兆钧为王某辉作完皮试后，按操作规程为王某辉注射了其自带的一支80瓦单位的青霉素针剂。约十分钟后，周兆钧发现王某辉有青霉素过敏反应特征后，立即为其注射了10毫克"地塞米松"针剂（抗过敏用），见情况没有好转，又为王某辉注射了一支"副肾上腺素"针剂（升血压、抗休克用），并立即叫李某通知王某辉的家人来到其家，迅速送王某辉到湖南省人民医院抢救，9时32分，王某辉因呼吸循环衰竭而死亡。经法医鉴定：王某辉因注射青霉素引起过敏性休克而急性死亡。

一审法院审理认为，被告人周兆钧无视国家有关医生执业行医的管理规定，在未取得"医疗机构执业许可证"的情况下，非法行医，并造成就诊死亡的结果，其行为已构成非法行医罪，故以该罪判决周兆钧有期徒刑十年，并处罚金1000元。一审宣判后，周兆钧不服，提出上诉。二审法院审理后认为，原审定罪准确，但考虑到周兆钧在为被害人王某辉注射青霉素针剂，没有违反医疗操作规程，王某辉因注射青霉素过敏而死亡，其死亡具有一定的特殊性，综合考虑本案的具体情节及社会危害性，对周兆钧可在法定刑以下判处刑罚，原审对周兆钧量刑过重，故以非法行医罪改判周兆钧有期徒刑二年，宣告缓刑三年，并处罚金1000元。湖南省高级人民法院经对二审判决进行审查，同意报请最高人民法院核准。

最高人民法院经审理认为，原审被告人周兆钧于1953年获中央人民政府卫生部门颁发的医师证书，已具备了医师从业资格，并多年从事医疗活动，具有一定的医学知识和医疗技术。周兆钧自湖南靖县人民医院退休后，从 1998 年 10 月起从事医疗活动，虽未经注册，未取得"医疗机构许可证"，但不属于《刑法》第 336 条规定的未取得医生执业资格的人。周兆钧给被害人王某辉注射青霉素针剂，没有违反技术操作规程，王某辉因注射青霉素过敏而死亡系意外事件，周兆钧不应承担刑事责任。一、二审判决定性不准，适用法律不当，故判决予以撤销，宣告被告人周兆钧无罪。①

在本案中，周兆钧系具有执业医师资格的人，所以不能以非法行医罪追究；又因周兆钧没有违反技术操作规程，被害人死亡后果的发生系意外事件，所以不负任何刑事责任。当然，对具有执业医师资格，但未取得医师资业证书或者医疗机构执业许可证而进行个体行医的人员，也不是一概地不予处理。除了依法受行政处罚外，对在非正常的诊疗活动中严重不负责任，严重违反法律、法规、规章和诊疗护理规范、常规，造成患者死亡或者严重损害患者身体健康的，也可视情况以过失致人死亡罪、过失致人重伤罪，依法追究刑事责任。

6. 医疗单位中的实习医生能否作为本罪主体

根据《医师法》的规定，具有高等学校相关医学专业本科以上学历，在执业医师指导下，在医疗卫生机构中参加医学专业工作实践满 1 年的，或者具有高等学校相关医学专业专科学历，取得执业助理医师执业证书后，在医疗卫生机构中执业满 2 年的，可以参加执业医师资格考试；具有高等学校相关医学专业专科以上学历，在执业医师指导下，在医疗卫生构中参加医学专业工作实践满 1 年的，可以参加执业助理医师资格考试。医师资格考试成绩合格，分别取得执业医师资格或者执业助理医师资格，并发给医师资格证书。所以，在医疗卫生机构参加医学专业工作实践，是参加医师资格考试并获得执业医师资格的前提性条件。

因未取得执业医师资格，在医疗单位的实习医生还不能算作正式意

① 参见中华人民共和国最高人民法院刑事审判第一庭、第二庭编：《刑事审判参考》(总第 36 集)，法律出版社 2004 年版。

上的"医务人员"。其不能独立开展诊疗护理活动,需要在主治医师的指导下进行工作,并且,通常要以主治医师的名义进行,并由主治医师承担相应的后果。所以,实习人员在其他执业医师指导下的行为,应由执业医师负责(执业医师依法可以构成医疗事故罪)。超越职责范围而擅自实施的行为,则应由本人负责。

即便如此,通常也不宜认定实习人员为非法行医。例如,韦某被控非法行医案。韦某毕业于白求恩医科大学,还未取得执业医师资格,分配到北戴河某医院任见习医生,其负责治疗的病人在诊疗过程中死亡,公安机关以非法行医罪立案侦查。由于此案意见不一,河北省人大常委会2002年6月就此案向全国人大常委会法制工作委员会刑法室提出对"刑法第三百三十六条非法行医的含义"的法律询问。法制工作委员会明确答复:"根据《执业医师法》的规定,高等学校医学专业本科毕业的人,应当在执业医师的指导下在医疗单位试用1年,才能参加国家统一考试取得执业医师资格。医科大学本科毕业,分配到医院担任见习医生,在试用期内从事相应的医疗活动,不属于非法行医。"[1]我们认为,实习人员在诊疗护理活动中严重不负责,造成就诊人员死亡或者严重损害就诊人员身体健康的,确需追究其本人刑事责任的,依法可以医疗事故罪定罪处罚。

7. 医务人员私自行医造成严重后果的如何认定

对于医务人员个人或多人联合离开医疗机构擅自行医,如在家中私自开设门诊,进行手术等,因而发生严重后果的,有意见认为,因其医疗行为不具有正当性,应认定非法行医罪。主要依据是,原卫生部(现为国家卫生健康委员会)在《关于〈医疗事故处理办法〉若干问题的说

---

[1] 《执业医师法》已于2022年3月1日废止。根据《医师法》的规定,高等学校医学专业本科毕业的人,应当在执业医师的指导下在医疗在医疗卫生机构中参加医学专业工作实践满一年,才能参加国家统一考试取得执业医师资格。医科大学本科毕业,分配到医院担任见习医生,在试用期内从事相应的医疗活动,不属于非法行医。黄太云:《周兆钧被控非法行医案——如何正确把握非行医罪的主体要件》,载中华人民共和国最高人民法院刑事审判第一庭、第二庭编:《刑事审判参考》(总第34集),法律出版社2004年版,第138页。

明》（已失效）的规定："对未经单位同意或认可，从事业余的有偿诊疗护理活动而造成病员不良后果的，其善后处理由本人负责。"我们不同意此意见，理由如下：

首先，非法行医罪是未取得医生执业资格而非法行医，情节严重的行为，其主体为"未取得医生执业资格的人"。对于经过考核和卫生行政机关批准或承认，取得相应资格的各级各类卫生技术人员，依法不符合非法行医罪的主体要件。其次，原卫生部（现国家卫生健康委员会）的规定主要解决私下行医的行为人与其供职单位之间的责任划定问题，与认定该行为是否属于《刑法》中的"非法行医"并无直接关系。再次，对医务人员私下行医并收取一定用药费、"感谢费"的行为，从严适用非法行医罪定罪处罚，在目前医疗资源仍较为紧张的情况下，就对社会发展和整体利益的促进和保护而言，并不能达到最佳效果。最后，此类人员本身是医务技术人员，对其严重不负责，造成就诊人死亡或者严重损害就诊人身体健康的行为，视情况以医疗事故罪或者过失致人死亡罪、过失致人重伤罪定罪处罚，也能够达到依法惩治的效果，并对促进医疗卫生事业和保护社会整体利益更为有利。当然，如果私下行医的医务人员在诊疗活动中不存在过失，没有严重违反法律、法规、规章和诊疗护理规范、常规的问题，则不宜定罪处罚；对其违规行医的行为及其损害后果，依法承担相应的行政处罚和民事赔偿责任。

此外，医务人员在正常医务工作外，经过允许从事兼职服务过程中严重不负责，造成就诊人死亡或者严重损害就诊人身体健康，需要追究刑事责任的，可以定性为医疗事故罪。如果在非职责范围和职责岗位，包括业余或离退休人员，无偿为人民群众进行诊疗护理活动，或在紧急情况下为抢救危重病员而发生失误造成不良后果的，则一般不应追究刑事责任。

8.医务人员不按注册的执业类别执业或者超出执业范围从事诊疗活动，造成严重后果的如何认定根据《医师法》的规定，医师经注册后，可以在医疗卫生机构中按照注册的执业地点、执业类别、执业范围执业，从事相应的医疗卫生服务。医师变更执业地点、执业类别、执业范围等注册事项的，应当到准予注册的卫生健康主管部门办理变更注册手续。据此，有意见认为，医务人员应当在注册的执业类别、范围内执业，如果超越执业许可证规定的业务范围进行诊疗活动，就属于非法行医，造成就诊人重伤、死亡等严重后果的，可以非法行医罪论处。我们不同意此意见。

从行政管理的角度，执业医师应当按照注册的执业地点、执业类别、执业范围执业，超越注册业务类别、范围的诊疗活动，属于违反行政规定。但行政违法不等于刑事违法。不能简单地说，凡属行政违法行为，情节严重的，都构成犯罪。在我国《刑法》中，构成犯罪的行为在范围上要明显小于行政违法的行为。《刑法》中的非法行医仅指"未取得医生执业资格的人非法行医"。如前所述，这里的"医生执业资格"相当于《医师法》中的"执业医师资格"。如果行为人已经具有执业医师资格，则不再属于"未取得医生执业资格的人"，也就不能成立《刑法》上的非法行医。只有在行为人未取得执业医师资格而行医，且情节严重，达到《刑法》调整的程度，才可以非法行罪论处。所以说，具有执业医师资格的行为人，不管其是否在注册的执业地点、执业类别、执业范围内行医，都不属于"未取得医生执业资格的人非法行医"。以非法行医罪论处，也不符合该罪的立法本意。因为，非法行医罪针对的是一些根本不具有医学专门知识，在社会上打着治病救人的幌子，骗取钱财，坑害群众的行为，所以，该罪所关注的主要不在于如何行医，而是谁在行医，其对象只能是未取得执业医师资格而从事非法行医的人。凡具有执业医师资格的人，就不属于《刑法》第336条第1款规定非法行医罪的主体范围。

我国有14亿人口，平均近千人才有一名医生。在缺医少药的广大农村地区，医疗保健人员更是缺乏，要找一名受过正规医学教育的医师很困难。在这种现实状况下，如果在对待非法行医问题上，将根本不具有医学知识，未取得执业医师资格的人的非法行医，与具有执业医师资格，即具有国家认可的医学知识和技术的人违反有关医政管理规定为病人看病等同起来，甚至将其与具有医师执业证书的人超出注册的执业地点、执业类别、执业范围为患者看病，都视为《刑法》上的"非法行医"，予以打击，不仅是十分有害的，也是不切实际的。这样做的结果，不仅会使许多医师受到刑法处罚，加剧了医疗资源紧张的现状，而且会使本已不堪重负的医疗保健网络运行更加困难。试想一下，又有多少医师在执业过程中没有遇到超越注册的执业地点、执业类别、执业范围而找其求医问药的患者呢？在司法实践中，对于非法行医问题，一定要从立法规定的本意出发进行具体分析，不能望文生义，机械硬套。否则，就可能出现将一些受过专门医科大学教育、具有执业医师资格的人员进行的诊疗活动，定性为非法行医罪，这样的问题是应当避免的。

我们认为，对于医务人员在正常的医疗领域，未按注册的执业类别执业或者超出执业范围从事诊疗活动，造成严重后果的，还是应从医疗事故处理的角度来认定。对严重不负责任，造成就诊人死亡或者严重损害就诊人身体健康的，可以医疗事故罪论处。

9. 不具备医疗专业知识，采取行贿、欺骗等不正当手段获得医生执业资格行医，造成严重后果的如何处理

医疗行业的专业性，要求从业人员应具有相应的执业资格。为此，国家不仅建立了严格的资格准入制度，专业医务人员必须通过医师资格考试，成绩合格，才能取得执业医师资格或者执业助理医师资格；还实行医师执业注册制度，取得医师资格的，从事医师执业活动，必须向所在地县级以上人民政府卫生健康主管部门申请注册，未经注册取得执业证书，不得从事医师执业活动等。

卫生健康主管部门向符合条件的人员颁发相关证书，体现了对其从事诊疗护理工作所应具有的学识、技术和能力的确认，同时通过医师资格考试、执业注册审查等途径将不具备医学专门知识和不宜从事医疗卫

生服务的人员排除在外，以保证为患者行医看病的人都应当具有国家认可的专业医学知识和技术，从而保护人民群众的身体健康。如果行为人根本不具有医学专门知识，而是采取行贿、欺骗等不正当手段获得了医生执业资格行医，虽然在形式上拥有了医生执业资格，但实质上仍属于国家禁止或者排除其担任执业医师的人员，其行医活动与一些不具有医学专门知识、没有医生执业资格，在社会上打着治病救人的幌子，骗取钱财，坑害群众的行为并无二致，都属于非法行医。情节严重的，构成非法其行医罪。最高人民检察院、公安部《立案追诉标准定（一）》中也规定：未取得或者以非法手段取得医师资格从事医疗活动的，属于《刑法》第336条第1款中的"未取得医生执业资格的人非法行医"。

10. 因医疗美容引起的严重医疗事故如何处理

美容有生活美容和医疗美容之分。前者是指根据消费者的脸型、皮肤等具体情况和要求，借助器械和化妆品以及美容技术为其提供的美容服务，包括美容知识咨询与指导、皮肤护理、化妆修饰和文身美体等。后者是指运用手术、药物、医疗器械以及其他具有创伤性或者侵入性的医学技术方法对人的容貌和人体部位进行的修复与再塑，常见项目有割双眼皮、面部拉皮、挖酒窝、面部药物除皱、隆鼻、隆胸、抽脂、脸部骨骼塑造等。

医疗美容虽然不是以诊病治病为直接目的，但已涉及采用各种医疗手段改善人的形体及面部，技术性高，风险性大，也属于医疗服务的范畴。原国家卫生和计划生育委员会（现国家卫生健康委员会）2016年1月19日发布的《医疗美容服务管理办法》第26条规定："美容医疗机构和医疗美容科室发生医疗纠纷或医疗事故，按照国家有关规定处理。"根据此规定，对于在医疗美容业务中，因失误而造成严重不良后果的，应当认定为医疗事故，并按照《医疗事故处理条例》进行处理。对有关人员需要追究刑事责任的，应以其有无执业医师资格，作为是否以医疗事故罪论处的依据之一。已经具有执业医师资格的人，可以考虑认定医疗事故罪；未取得执业医师资格，并未经批准擅自开办医疗机构行医的，或者未向卫生行政主管部门注册，未领取医师执业证书或者医疗机构执业许可证就进行医疗美容活动的，可以非法行医罪论处。

11. 如何划清医疗事故罪与重大责任事故罪的界限

两者都属于过失犯罪，都在客观上造成了人员伤亡的后果。其区别在于：一是犯罪主体不同。前者的主体是医务人员，后者的主体是对生产、作业负有组织、指挥或者管理职责的人员以及直接从事生产、作业的人员，二者的业务性质不同。二是犯罪客体不同。前者侵害的是就诊人的生命、健康权利和医疗单位的管理秩序；后者侵害的是生产、作业的安全，危及的是不特定或多数人的人身安全和公私财产安全。三是过失行为发生的场合不同。前者发生在诊疗护理过程中，后者出现在生产、作业过程中。

12. 如何划清医疗事故罪与过失致人死亡罪、过失致人重伤罪的界限

两者都属于过失犯罪，都造成了他人身体受伤害的严重后果。两者的区别在于：一是犯罪主体不同，前者的主体是限于具有国家认可的医学知识和技术的人员，后者的主体则是一般主体。当然，具有国家认可的医学知识和技术的人员在非正当的诊疗活动中，严重不负责任，致人死亡或重伤的，也可能构成过失致人死亡罪、过失致人重伤罪。二是主观过失的性质不同。前者的过失属于业务过失，而后者的过失属日常生活中的过失。三是犯罪客体不同，前者发生在诊疗护理过程中，除了侵害就诊人的生命、健康权利外，还侵害到医疗范围单位的正常活动，属于复杂客体；后者属于单一客体，只针对公民的人身健康权利。四是犯罪客观方面不同。前者的过失行为主要表现为严重违反法律、法规、规章和诊疗护理规范、常规，后者的过失行为没有这样明确的限制，适用的范围更为广泛。

13. 如何划清医疗事故罪与非法行医罪的界限

首先，两者最大的区别在于主体不同。前者的主体是具有国家认可

的医学知识和技术的医护人员；后者的主体是不具有医疗专业知识的人。其次，前者是结果犯，只有造成病人死亡或者严重损害就诊人身体健康的后果才构成犯罪。后者是情节犯，构成犯罪并不限于造成就诊人死亡或者对病人健康造成严重损害的后果，对于造成就诊人轻度残疾、器官组织损伤导致一般功能障碍的；造成甲类传染病传播、流行或者有传播、流行危险的；使用假药、劣药或不符合国家规定标准的卫生材料、医疗器械，足以严重危害人体健康的；非法行医被卫生健康主管部门行政处罚两次以后，再次非法行医的；非法行医骗取钱财数额较大的；以野蛮方法医病治病的等，亦可以定罪处罚。再次，主观方面不同。前者行为人对造成就诊人死亡或者严重损害就诊人身体健康后果所持心理态度只能是过失；后者行为人对造成严重不良后果所持心理态度，既可以是过失，也可能是间接故意。最后，客观方面不同。前者造成就诊人死亡或者严重损害身体健康严重后果的原因限于责任过失，技术过失不构成犯罪；后者既可以表现为责任过失，也可以是技术过失。

14. 如何划清医疗事故罪与玩忽职守罪的界限

两者都是因行为人严重不负责任造成严重后果的行为。其区别在于：一是犯罪主体不同。前者的主体限于医务人员，而后者的主体则是国家机关工作人员。二是犯罪客体不同。前者侵害的是就诊人的生命、健康权利和医疗单位正常的管理活动，后者侵害的是国家机关的正常管理秩序。三是过失的内容不同。前者是在诊疗护理活动中出现的过失，后者是在行政管理过程中出现的过失。四是客观表现不同。前者表现为在诊疗护理工作中违反法律、法规、规章或诊疗护理、规范和常规。后者表现为在行政管理工作中严重不负责任，不履行或不正确履行自己的职责。五是造成危害后果的性质不尽相同。前者造成的是人的死亡或者身体健康受到重大损害，而后者造成的后果除了人的死亡、重伤之外，还包括财产的重大损失。

15. 如何把握医疗事故罪的举证责任

　　根据有关民事法律规定，因医疗行为引起的侵权诉讼，由医疗机构就医疗行为与损害结果之间不存在因果关系及不存在医疗过错承担举证责任。这是在民事认定上的举证责任倒置规定，不能照搬到刑事案件的处理中。医疗事故罪属于公诉案件，应由控诉机关承担证明被告人构成医疗事故罪的举证责任。

　　16. 对医疗事故罪造成的损失能否提起附带民事诉讼

　　根据《刑事诉讼法》第 101 条的规定，被害人由于被告人的犯罪行为而遭受物质损失的，在刑事诉讼过程中，有权提起附带民事诉讼。医务人员犯医疗事故罪的情况下，因严重损害就诊人身体健康或者生命权利，必然会给被害人及其家属带来一定的物质损失。故在人民法院受理刑事案件后，被害人、已死亡被害人的近亲属、无行为能力或者限制行为能力的法定代理人，可以提起附带民事诉讼。一般来说，医务人员所实施的医疗行为属于一种职务行为，根据民事法律、司法解释的相关规定，法人或者其他组织的工作人员因职务行为或者侵权行为发生的诉讼，该法人或者其他组织为当事人，因此，被害人可提起附带民事诉讼同时要求医疗单位承担民事赔偿责任。对个体医疗组织而言，业主的行为即为个体医疗组织的行为，因而刑事诉讼的被告和民事诉讼的被告是同一的，即为开办个体医疗组织的业主本人。

七十九、非法行医罪

第三百三十六条第一款　未取得医生执业资格的人非法行医，情节严重的，处三年以下有期徒刑、拘役或者管制，并处或者单处罚金；严重损害就诊人身体健康的，处三年以上十年以下有期徒刑，并处罚金；造成就诊人死亡的，处十年以上有期徒刑，并处罚金。

（一）概述

1. 概念和构成要件

非法行医罪，是指未取得医生执业资格的人非法行医，情节严重的行为。

非法行医罪的构成要件和主要特征是：

（1）本罪侵犯的客体是复杂客体，既侵犯了国家对医疗机构和医务从业人员工作的管理秩序，又侵犯了就诊人的身体健康权利。

（2）客观方面表现为未取得医生执业资格而非法行医，情节严重的行为。根据《最高人民法院关于审理非法行医刑事案件具体应用法律若干问题的解释》（简称《审理非法行医刑事案件解释》）的规定，具有下列情形之一的，属于"未取得医生执业资格的人非法行医"：①未取得或者以非法手段取得医师资格从事医疗活动的；②被依法吊销医师执业证书期间从事医疗活动的；③未取得乡村医生执业证书，从事乡村医疗活动的；④家庭接生员实施家庭接生以外的医疗行为的。其中的"医疗活动""医疗行为"，应当参照《医疗机构管理条例实施细则》中的"诊疗活动""医疗美容"认定。

根据法律规定，非法行医的行为，必须达到"情节严重"的程度，才构成犯罪。按照《审理非法行医刑事案件解释》第2条的规定，所谓情节严重，是指具有下列情形之一的行为：①造成就诊人轻度残疾、器官组织损伤导致一般功能障碍的；②造成甲类传染病传播、流行或者有传播、流行危险的；③使用假药、劣药或不符合国家规定标准的卫生材料、医疗器械，足以严重危害人体健康的；④非法行医被卫生行政部门行政处罚两次以后，再次非法行医的；⑤其他情节严重的情形。其中的"轻度残疾、器官组织损伤导致一般功能障碍"，参照《医疗事故分级标准（试行）》的规定，相当于三级医疗事故；甲类传染病，是指《传染病防治法》第3条规定的鼠疫和霍乱。

（3）犯罪主体为一般主体。既可以是一般的公民，也可以是虽然具有医疗技术，但尚未取得合法行医资格或者虽曾取得行医资格，但被吊销医师执业证书的人，还可以是具有行医资格，但不具有从事特定医疗业务资格的人。

（4）主观方面由故意构成，即明知自己不具备行医资格而从事医疗业务活动。对于造成就诊人伤害、死亡等损害后果或者可能发生这些后果的危险性，行为人则是过失或者间接故意，即其应当预见非法行医行为有可能造成就诊人死亡、伤害的严重后果，因为疏忽大意而没有预见，或者已经预见而轻信能够避免，或者已经预见到可能发生上述后果而放任危害结果的发生。

2.法定刑

依照《刑法》第336条第1款的规定，犯非法行医罪的，处三年以下有期徒刑、拘役或者管制，并处或者单处罚金；严重损害就诊人身体健康的，处三年以上十年以下有期徒刑，并处罚金；造成就诊人死亡的，处十年以上有期徒刑，并处罚金。

该条规定的"严重损害就诊人身体健康"，是本罪的加重处罚情节，根据《审理非法行医刑事案件解释》第3条的规定，是指下列情形之一的：（1）造成就诊人中度以上残疾、器官组织损伤导致严重功能障碍的；（2）造成3名以上就诊人轻度残疾、器官组织损伤导致一般功能障碍的。"中度以上残疾、器官组织损伤导致严重功能障碍"，应当参照《医疗事故分级标准（试行）》认定，相当于二级医疗事故。造成3名以上就诊人轻度残疾、器官组织损伤导致一般功能障碍的，相当于 3 个以上三级医疗事故。

（二）疑难问题精析

1. 如何理解"未取得医生执业资格"

医生，肩负着治病救人、救死扶伤的重大责任，而医疗又是一个专业性很强的行业，因此，国家对从事医疗业务的人有着严格的专业要求。根据《刑法》第 336 条第 1 款的规定，非法行医罪的主体是未取得医生执业资格的人，然而，相关法律法规并没有明确何谓"医生"和"医生执业资格"，更未规定取得医生执业资格与否的判断标准。2022 年 3 月 1 日起施行的《医师法》）中，除"全科医生""乡村医生"外，没有再使用"医生"一词，而是广泛使用了"医师"这一术语，并明确规定："本法所称医师，是指依法取得医师资格，经注册在医疗卫生机构中执业的专业医务人员，包括执业医师和执业助理医师。"

由于在审判实践中对非法行医罪主体条件涉及的医务专业术语在理解上有争议，最高人民法院曾向原卫生部发函征询意见。2001 年 8 月 8 日，原卫生部出具《关于非法行医罪犯罪条件征询意见的复函》，认为：根据《执业医师法》[①]规定，医师是取得执业医师资格，经注册在医疗、预防、保健机构中执业的医学专业人员；医师分为执业医师和执业助理医师，《刑法》中的"医生执业资格的人"应当是按照《执业医师法》的规定，取得执业医师资格并经卫生行政部门注册的医学专业人员。然而在此之后，人们对非法行医罪主体条件的认识不仅没有统一，反而分歧越来越大。分歧主要集中在"取得医生执业资格"是否以取得医师执业证书、医疗机构执业许可证为要件的问题上。

为进一步惩治犯罪，切实保障人民群众身体健康和生命安全，最高

---

① 该法是 1998 年 6 月 26 日全国人大常委会审议通过的，已经随着《医师法》的生效施行而废止。

人民法院于 2008 年 4 月 29 日发布了《审理非法行医刑事案件解释》。对于人们关注的主体条件问题，该解释并没有对"医生执业资格"作概念上的表述，而是以列举的方式明示了"未取得医生执业资格的非法行医"的五种情形。之所以如此，是因为在起草 2008 年《审理非法行医刑事案件解释》过程中，最高人民法院经认真研究并征求有关单位的意见，认为基于非法行医违法犯罪活动的实际情况，对于该罪主体的认定，既不能打击面过宽，又不能轻纵罪犯，既不能仅限于无医疗教育背景的人，也要严格区分刑法意义上的非法行医犯罪和行政法规的非法行医行为。[①]也正是基于这些原因，2008 年《审理非法行医刑事案件解释》在已取得医师资格但未获医师执业证书的人是否属于"未取得医生执业资格"的问题上，采取了未完全否定的模糊态度。该解释起草人曾撰文指出："对取得医师资格但尚未进行医师注册取得执业证书的人从事诊疗活动，可以进行行政处罚，不宜一律按照非法行医罪处理。"[②]因此，即使在 2008 年《审理非法行医刑事案件解释》施行之后，关于非法行医罪主体条件的认识问题，仍然存在"单证说""双证说"之争，并逐渐成为该罪司法适用中的一个突出问题。除原卫生部《关于非法行医罪犯罪条件征询意见的复函》和 2008 年《审理非法行医刑事案件解释》起草人的上述意见之外，"双证说"还有一个重要理由：根据 2008 年《审理非法行医刑事案件解释》规定，"被依法吊销医师执业证书期间从事医疗活动的"也属于未取得医生执业资格的人非法行医的情形，这表明该解释也认为即使行为人已经取得医师资格，如果未取得医师执业证书，同样可以成为非法行医罪的主体。

为统一法律适用，精准打击犯罪，最高人民法院于 2016 年 12 月 19 日发布《关于修改〈关于审理非法行医刑事案件具体应用法律若干问题

---

① 参见李晓:《〈关于审理非法行医刑事案件具体应用法律若干问题的解释〉的理解与适用》，载《人民司法·应用》2008 年第 19 期。
② 参见李晓:《〈关于审理非法行医刑事案件具体应用法律若干问题的解释〉的理解与适用》，载《人民司法·应用》2008 年第 19 期。

的解释〉的决定》（自 2016 年 12 月 20 日起施行，以下简称《修改〈审理非法行医刑事案件解释〉的决定》），对 2008 年《审理非法行医刑事案件解释》作了较大幅度的修改。对于其中的"未取得医生执业资格的非法行医"，该决定删除了原解释规定的 5 种情形中的第 2 项，即"个人未取得《医疗机构执业许可证》开办医疗机构的"情形。但必须强调指出的是，最高人民法院在起草《修改〈审理非法行医刑事案件解释〉的决定》过程中，对"未取得医生执业资格"的问题再次进行了认真的研究，经广泛调研，并分别征求了全国人民代表大会常务委员会法制工作委员会办公室和原国家卫生和计划生育委员会法制司等部门的意见，达成共识：非法行医罪中的"未取得医生执业资格"是指未取得《执业医师法》规定的医师资格。对于已取得医师资格但未经注册取得医师执业证书的人从事医疗活动的，可以依法给予行政处罚，造成严重危害后果构成犯罪的，不认定为非法行医罪的主体，但可依照《刑法》规定的其他犯罪追究其刑事责任。我们赞同这一共识，主要理由是：第一，符合立法意图。20 世纪 90 年代，非法行医的现象相当严重。一些没有医学知识和技能的"野大夫""江湖郎中"，打着"祖传绝技""宫廷秘方"等旗号，游走民间或者设点开张，利用患者病急乱投医以及贪图便宜、讳疾忌医、愚昧迷信等心理，骗取钱财，严重危害人民群众生命健康，社会影响恶劣。为此，1997 年修订《刑法》时增设了非法行医罪。从设立本罪的背景和意图看，"未取得医生执业资格"强调的是行为人不具备国家认可的医学专业知识和技能，至于是否取得医师执业证书，并不是《刑法》关注的对象。第二，符合《刑法》的谦抑性原则。《刑法》涉及当事人的财产、自由甚至生命，是最严厉的法律，适用时应当秉承审慎、抑制、谦虚、善意的态度和理念。从《医师法》的规定看，医师执业证书的发放只是对医师执业活动的一种行政管理手段，其中没有专业知识和专业技能的考量。现实中，未取得医师执业证书的原因有多种，有的是医师自己未提出注册申请，有的则是负责注册的卫生行政部门未予审批或者未及时审批所致。取得医师资格，就意味着行为人已经具备了从事医疗活动所必需的医学专业知识和业务水平，其在未取得医师执业证书的情况下为人看病，只是违反了有关医政管理规定，是一种典型的行政违法行为。和不具有医学知识、无医师资格者非法行医相比，这种违法行为给社会造成的危害显然要小得多，对之施以刑事处罚，不具有必要性。第三，至于解释中"被依法吊销医师执业证书期间从事医疗活动的"情形，与第1项"未取得或者以非法手段取得医师资格从事医疗活动的"规定之间其实并不矛盾。吊销医师执业证书是一种很严厉的行政处罚。根据《医师法》的规定，医师只有在发生违反卫生行政规章制度，情节严重或者造成恶劣社会影响的，才会被吊销执业证书。所以，正是因为这些人员曾经取得执业证书又被吊销，说明在此期间非法行医具有相当严重的社会危害性，才有作为第1项规定的例外情形予以特别规定的必要。相反，如果"未取得医生执业资格"是指未取得医师执业证书，恰恰没有必要再专门规定该项情形。

基于上述理解，在适用司法解释关于非法行医罪的4种情形时，应当注意把握以下问题：

（1）关于"未取得或者以非法手段取得医师资格从事医疗活动的"。"医师资格"，既包括执业医师资格，也包括执业助理医师资格。根据《医师法》的规定，医师资格主要通过考试取得，具有特殊情形的也可以通过考核方式取得。考试考核的目的，是评价考生是否具备执业所必需的专业知识和技能。取得医师资格，表明国家承认其具有法律规定的从事医疗工作或者开业所必需的医学知识、技术和能力。"以非法手段取得医师资格"，主要是指以伪造、欺骗、行贿等不正当手段取得的医师资格。根据最高人民法院在起草《修改〈审理非法行医刑事案件解释〉的决定》过程中和有关部门达成的共识，"未取得医师资格"指的是未取得执业医师资格和执业助理医师资格，并不包括已获医师资格但未经注册者。据此，退休医师在未取得医师执业证书的情况下从事医疗活动的，医师超过注册的执业地点、执业类别、执业范围从事医疗活动的，可予以行政处罚，不宜以非法行医罪论处。至于实习（见习）医生能否成为非法行医罪主体，不能一概而论。《医师法》规定，具有高等学校相关医学专业本科以上学历、专科以上学历的，在执业医师指导下，在医疗卫生机构中参加医学专业工作实践满 1 年的，分别可以参加执业医师资格考试、执业助理医师资格考试；以师承方式学习中医满 3 年或者经过多年实践医术确有专长的，经县及以上人民政府卫生健康主管部门委托的中医药专业组织或者医疗机构考核合格并推荐，可以参加中医医师资格考试或者执业助理医师资格考试。而且，全国人大常委会法制工作委员会于 2002 年 6 月答复河北省人大常委会的法律询问时，也明确指出："医科大学本科毕业，分配到医院担任见习医生，在试用期内从事相应的医疗活动，不属于非法行医。"[①] 可见，已取得执业医师资格的实习（见习）医生，不能成为非法行医罪的主体；未取得医师资格，而在医院担任实习（见习）医生期间从事相应医疗活动的，不构成本罪；但未取得医师资格的实习（见习）医生擅自从事医疗活动，情节严重的，可以本罪追究刑事责任。

（2）关于"被依法吊销医师执业证书期间从事医疗活动的"。吊销医师执业证书是一种很严厉的行政处罚措施。《医师法》第 16 条规定，被吊销医师执业证书不满 2 年的，不予注册。但该法第 19 条又规定，该法规定不予注册的情形消失，申请重新执业的，应当由县级以上人民政府卫生健康主管部门或者其委托的卫生医疗机构、行业组织考核合格，并依照该法规定重新注册。因此，医生被吊销医师执业证书期间从事医疗活动，其法律意义等同于未取得医师执业资格时的非法行医行为，情节严重的，应当以非法行医罪追究其刑事责任。

（3）关于"未取得乡村医生执业证书，从事乡村医疗活动的"。乡村医生是我国医疗卫生服务队伍的重要组成部分，长期以来为农村居民提

---

① 王瑞：《论非法行医罪的主体界定标准及适用（下）》，载《中国卫生法制》2018 年第 2 期。

供安全有效方便价廉的基本医疗卫生服务，被誉为最贴近亿万农村居民的健康"守护人"。国家鼓励乡村医生通过医学教育取得医学专业学历，鼓励符合条件的乡村医生参加医师资格考试，依法取得医师资格。当前，在乡村医生群体中，有些已经取得执业医师资格，有些尚未取得。但依照国务院 2003 年 8 月 5 日颁布的《乡村医生从业管理条例》，无论是否取得医师资格，都必须经注册获得乡村医生执业证书才能在村医疗卫生机构从事预防、保健和一般医疗服务。如前所述，已经取得医师资格的乡村医生，不能成为非法行医罪的主体。基于《刑法》设立非法行医罪的立法目的，对于那些未取得医师资格，但持有乡村医生执业证书的乡村医生而言，由于其在申请执业注册前已经有相当的医学专业学历，或者经培训已经达到中等医学专业水平，因此也不宜视为本罪的主体。但是，那些一无医师资格，二无乡村医生执业证书的人从事乡村医疗活动，属于非法行医，情节严重的，则构成本罪。

（4）关于"家庭接生员实施家庭接生以外的医疗行为的"。根据《母婴保健法》《母婴保健法实施办法》的规定，不能住院分娩的孕妇应当经过培训合格的接生人员实行消毒接生。从事家庭接生的人员，必须经过卫生行政部门的考核，并取得相应的合格证书。可见，虽然取得合法资格的家庭接生员为不能住院分娩的孕妇接生，不属于非法行医，但是家庭接生员并不以具备执业医师资格为前提，大多不具备从事其他医疗活动的专业知识和技能。因此，不具备医师资格或者未取得乡村医生执业证书的家庭接生员从事接生以外的医疗活动，情节严重的，构成非法行医罪。

需要说明的是，为了有效打击存在于农村，尤其是城乡接合部的"黑诊所"，2008 年《审理非法行医刑事案件解释》将"个人未取得《医疗机构执业许可证》开办医疗机构的"也列为非法行医罪的情形。在该解释施行数年之后，个人未取医疗机构执业许可证开办医疗机构的情况已经有了根本性好转，而且类似违法行为的社会危害性也有所降低，因此 2016 年《修改〈审理非法行医刑事案件解释〉的决定》将这类情形予以删除，不再视为犯罪。原国家卫生和计划生育委员会 2017 年 2 月 21 日发布的《医疗机构管理条例实施细则》也作了相应的修改，删除了"医疗机构在职、因病退职或者停薪留职的医务人员不得申请设置医疗机构，不得充任医疗机构的法定代表人或者主要负责人"的规定，从而大幅放宽了医疗机构设置申请人的条件。因此，在《修改〈审理非法行医刑事案件解释〉的决定》生效之后，具有医师资格，但未取得医疗机构执业许可证人开办医疗机构的，即使情节严重，也不再构成非法行医罪，而是由卫生行政部门根据具体情况予以行政处罚即可。当然，行为触犯《刑法》规定的其他罪名的，如过失致人死亡罪、医疗事故罪等，仍应追究刑事责任。

2. 如何理解"行医"

根据《审理非法行医刑事案件解释》，非法行医罪中的"行医"，是指从事"医疗活动""医疗行为"的情形。所谓"医疗活动""医疗行为"，应当参照《医疗机构管理条例实施细则》中的"诊疗活动""医疗美容"认定。《医疗机构管理条例实施细则》第 88 条规定："诊疗活动：是指通过各种检查，使用药物、器械及手术等方法，对疾病作出判断和消除疾病、缓解病情、减轻痛苦、改善功能、延长生命、帮助患者恢复健康的活动。医疗美容：是指使用药物以及手术、物理和其他损伤性或者侵入性手段进行的美容。"

我们认为，在参照"诊疗活动""医疗美容"的定义认定非法行医行为时，还要注意把握以下几点：第一，医疗行为，不仅具有医学属性也有社会属性，而且具有相对性和历史性，是一个内涵外延不断变化的概念。第二，医疗行为具有职业性、技术性、危险性等特点。职业性，是指只有具有医生执业资格的人才能实施；技术性，是指实施者必须具备医学专业知识和技能；危险性，是指该医疗行为的实施可能会给患者的身体健康甚至生命带来一定的风险。医疗行为的实施者没有医生执业资格，会因为其专业知识不足及其技术水平过低而给就诊人的身体健康造成损害或者带来造成损害的危险，因而被评价为非法行医犯罪行为。第三，判断是否为医疗行为，还需要考察行为的时空环境。即使是同一行为，因为存在不同层次的技术要求和难易程度之分，其性质在不同时空条件下会发生转变，只有在达到医学专业要求的技术程度和危险程度时才能认定为医疗行为，否则就不宜视为医疗行为。因此，在认定某一具体行为是否为非法行医罪的客观表现时，应当围绕《刑法》设立该罪的立法本意，参照"诊疗活动""医疗美容"的定义，结合行为自身的特点，综合判断。比如，同样是美容活动，有的归类于生活美容，有时则属于医疗美容。根据《医疗美容服务管理办法》《医疗机构管理条例实施细则》的规定，使用药物以及手术、物理和其他损伤性或者侵入性手段进行的美容是医疗美容，负责实施医疗美容项目的主诊医师则必须具有执业医师资格。而按照《审理非法行医刑事案件解释》第 6 条，医疗美容应当认定为医疗行为，生活美容则不属于该范畴。

类似的还有测量血压、检验视力、按摩推拿等行为，是否被评价为诊疗活动也需要具体分析。随着科学技术的发展，这些行为已经不再需要高深的医学知识和技能，也不再属于必须到医疗机构由医生亲自操作的事项，一般民众完全可以买来相关器械在医疗机构之外的场所（比如在家中）自行检测或者由亲友帮助检测，而且也不会对身体健康产生危险，这当然不是诊疗活动。但是，当这些行为成为治疗疾病的必经程序或者重要依据时，是整个医疗过程中必不可少的重要一环时，就具备了诊疗活动的特征，一旦出错，就会给患者的身体健康造成真实的损害或者带来造成严重危害的危险，那么这些行为就可以认定为诊疗活动。

3. 如何判断就诊人身体健康的损害程度

刑事案件中，造成被害人身体健康后果的，一般是按照《人体损伤鉴定标准》来判定。但对于非法行医给就诊人造成的身体健康后果，判断依据并非该标准，根据《审理非法行医刑事案件解释》第 6 条第 2 款的规定，应当参照原卫生部制定的《医疗事故分级标准（试行）》。这主要是因为，非法行医罪属职业犯，行为人实施的是医疗行为，目的是治病救人，行为对象为就诊人，与单纯的伤害行为明显不同。而且，在《人体轻伤鉴定标准（试行）》《人体重伤鉴定标准》基础上制定的《人体损伤鉴定标准》（自 2014 年 1 月 1 日起施行）主要是针对外力伤害，并不能涵盖医疗活动对就诊人身体健康造成损害的所有情形，而《医疗事故分级标准（试行）》则在制定时已经充分借鉴、吸收了《人体轻伤鉴定标准（试行）》《人体重伤鉴定标准》等相关内容，相对而言更为全面和权威，参照《医疗事故分级标准（试行）》认定非法行医对就诊人身体健康造成的损害情况，显然更加科学。

关于"造成就诊人轻度残疾、器官组织损伤导致一般功能障碍的"，相当于《医疗事故分级标准（试行）》中的"三级医疗事故"，分为甲、乙、丙、丁、戊五个等级，共 135 种情形。一是三级甲等医疗事故：存在器官缺失、大部分缺损、畸形情形之一，有较重功能障碍，可能存在一般医疗依赖，生活能自理。例如，造成患者不完全失语并伴有失用、失写、失读、失认之一者，同时有神经系统客观检查阳性所见等 38 种情形之一的。二是三级乙等医疗事故：器官大部分缺损或畸形，有中度功能障碍，可能存在一般医疗依赖，生活能自理。例如，造成患者轻度智能减退等 27 种情形之一的。三是丙等医疗事故：器官大部分缺损或畸形，有轻度功能障碍，可能存在一般医疗依赖，生活能自理。例如，造成患者不完全性失用、失写、失读、失认之一者，伴有神经系统客观检查阳性所见等 37 种情形之一的。四是三级丁等医疗事故：器官部分缺损或畸形，有轻度功能障碍，无医疗依赖，生活能自理。例如，造成患者边缘智能等 18 种情形之一的。五是三级戊等医疗事故：器官部分缺损或畸形，有轻微功能障碍，无医疗依赖，生活能自理。例如，造成患者脑叶缺失后轻度智力障碍等 15 种情形之一的。

关于"造成就诊人中度以上残疾、器官组织损伤导致严重功能障碍的"，参照《医疗事故分级标准（试行）》，相当于二级医疗事故，分为甲、乙、丙、丁四个等级，共 80 种情形。一是二级甲等医疗事故：器官缺失或功能完全丧失，其他器官不能代偿，可能存在特殊医疗依赖，或生活大部分不能自理。例如，造成患者双眼球摘除或双眼经客观检查证实无光感等 5 种情形之一的。二是二级乙等医疗事故：存在器官缺失、严重缺损、严重畸形情形之一，有严重功能障碍，可能存在特殊医疗依赖，或生活大部分不能自理。例如，造成患者重度智能障碍等 22 种情形之一的。三是二级丙等医疗事故：存在器官缺失、严重缺损、明显畸形情形之一，有严重功能障碍，可能存在特殊医疗依赖，或生活部分不能自理。例如，造成患者面部重度毁容等 23 种情形之一的。四是二级丁等医疗事故：存在器官缺失、大部分缺损、畸形情形之一，有严重功能障碍，可能存在一般医疗依赖，生活能自理。例如，造成患者中度智能障碍等 30 种情形之一的。

4. 如何把握"使用假药、劣药或不符合国家规定标准的卫生材料、医疗器械，足以严重危害人体健康的"情形

这里的"假药""劣药"，应当依照《药品管理法》的规定认定。《药品管理法》第 98 条第 2 款规定："有下列情形之一的，为假药：（一）药品所含成份与国家药品标准规定的成份不符；（二）以非药品冒充药品或者以他种药品冒充此种药品；（三）变质的药品；（四）药品所标明的适应症或者功能主治超出规定范围。"第 98 条第 3 款规定："有下列情形之一的，为劣药：（一）药品成份的含量不符合国家药品标准；（二）被污染的药品；（三）未标明或者更改有效期的药品；（四）未注明或者更改生产批号的药品；（五）超过有效期的药品；（六）擅自添加防腐剂、辅料的药品；（七）其他不符合药品标准的药品。"司法实践中，对于《药品管理法》第 98 条第 2 款第 2 项、第 4 项及第 3 款第 3 项至第 6 项规定的假药、劣药，能够根据现场查获的原料、包装，结合犯罪嫌疑人、被告人供述等证据材料作出判断的，可以由地市级以上药品监督管理部门出

具认定意见。对于依据《药品管理法》第98条第2款、第3款的其他规定认定假药、劣药，或者是否属于第98条第2款第2项、第3款第6项规定的假药、劣药存在争议的，应当由省级以上药品监督管理部门设置或者确定的药品检验机构进行检验，出具质量检验结论。司法机关根据认定意见、检验结论，结合其他证据作出认定。

"医疗器械"，根据《医疗器械监督管理条例》的规定，是指直接或者间接用于人体的仪器、设备、器具、体外诊断试剂及校准物、材料以及其他类似或者相关的物品，包括所需要的计算机软件；其效用主要通过物理等方式获得，不是通过药理学、免疫学或者代谢的方式获得，或者虽然有这些方式参与但是只起辅助作用；其目的是：（1）疾病的诊断、预防、监护、治疗或者缓解；（2）损伤的诊断、监护、治疗、缓解或者功能补偿；（3）生理结构或者生理过程的检验、替代、调节或者支持；（4）生命的支持或者维持；（5）妊娠控制；（6）通过对来自人体的样本进行检查，为医疗或者诊断目的提供信息。根据相关规定，"医用卫生材料"应按医疗器械进行监督管理，有关规定与技术要求应执行《医疗器械监督管理条例》。

关于"足以严重危害人体健康"的判断标准，相关法律没有作出规定。我们认为，对"使用假药、劣药，足以严重危害人体健康"的判断，在有较强针对性的新司法解释出台之前，可以参照适用《最高人民法院、最高人民检察院关于办理危害药品安全刑事案件适用法律若干问题的解释》中的有关规定。对"使用不符合国家规定标准的卫生材料、医疗器械，足以严重危害人体健康"的认定，可以参照《最高人民检察院、公安部关于公安机关管辖的刑事案件立案追诉标准的规定（一）》[以下简称《立案追诉标准（一）》]第21条规定的生产、销售不符合标准的医用器材案的追诉标准。该条规定："生产不符合保障人体健康的国家标准、行业标准的医疗器械、医用卫生材料，或者销售明知是不符合保障人体健康的国家标准、行业标准的医疗器械、医用卫生材料，涉嫌下列情形之一的，应予立案追诉：（一）进入人体的医疗器械的材料中含有超过标准的有毒有害物质的；（二）进入人体的医疗器械的有效性指标不符合标准要求，导致治疗、替代、调节、补偿功能部分或者全部丧失，可能造成贻误诊治或者人体严重损伤的；（三）用于诊断、监护、治疗的有源医疗器械的安全指标不符合强制性标准要求，可能对人体构成伤害或者潜在危害的；（四）用于诊断、监护、治疗的有源医疗器械的主要性能指标不合格，可能造成贻误诊治或者人体严重损伤的；（五）未经批准，擅自增加功能或者适用范围，可能造成贻误诊治或者人体严重损伤的；（六）其他足以严重危害人体健康或者对人体健康造成严重危害的情形。"需要注意的是，在判断非法行医罪中的"使用假药、劣药或不符合国家规定标准的卫生材料、医疗器械"行为是否"足以严重危害人体健康"时，一方面固然可以参照上述相关罪名中类似问题的司法解释规定，但另一方面，也必须从是否具有医疗救治功能，是否可能造成贻误诊治，是否可能造成人体严重损伤，是否可能对人体健康造成严重危害等方面，结合个案所涉药品、卫生材料、医疗器械的具体情况，综合判断，审慎把握。参照《最高人民法院、最高人民检察院关于办理危害药品安全刑事案件适用法律若干问题的解释》第7条，对于此类非法行医行为"足以严重危害人体健康"难以确定的，也应当根据地市级以上药品监督管理部门等相关机构出具的认定意见，结合其他证据作出认定。

5. 如何把握"非法行医被卫生行政部门行政处罚两次以后，再次非法行医的"情形

在理解与适用该情形时，应当注意把握以下三个问题：

（1）此处的非法行医主体不能作扩大解释。非法行医的范围很广泛，从实施主体的角度看，既有无医生资格的人实施的医疗行为，也存在有医生资格的人实施的非法医疗行为。在判断"非法行医被卫生行政部门行政处罚两次以后，再次非法行医的"情形是否构成犯罪时，实践中有人认为，该情形不受非法行医罪主体条件的限制，不管有无医生执业资

格，只要具备这种情形，就构成本罪。我们认为，这种观点值得商榷。根据非法行医罪的刑法规定，这种情形的行为主体仍然局限于未取得医生执业资格的人。对于具有医生执业资格的人，即使其多次非法行医符合这种情形，也只能继续予以行政处罚，不得以此为由追究其刑事责任。

（2）之前的两次行政处罚必须已经生效。关于何时生效，理论界有"送达说""终局说"之争。① "送达说"认为，行政处罚决定书一经送达行政相对人，即发生法律效力。"终局说"则认为，必须等到可能的复议程序或者诉讼程序终结之后，行政处罚决定书才能生效。我们赞同"终局说"。根据相关法律法规，在行政处罚决定送达之后，行政相对人不服的，在一定的期限内可以申请行政复议或者向人民法院提起行政诉讼。对于错误的行政处罚决定，复议机关和人民法院有权纠正或者责令行政机关重新作出。只有行政处罚处于一种稳定、不可更改的状态，且行政相对人除履行外别无选择时，行政处罚决定书才具有真正的法律效力。而在最终的复议决定和人民法院的行政裁判作出之前，行政机关作出的行政处罚决定尚处于不确定状态，随时存在被撤销纠正的可能。因此，只有行政相对人在法定期限内没有申请复议或者没有提起行政诉讼的情况下，行政处罚决定才直接发生法律效力。如果行政相对人申请复议或者提起了行政诉讼，那么只有在最终的法律文书送达之后，行政处罚决定才真正生效。

（3）刑罚执行完毕后再次非法行医的，不必然构成犯罪。对于因犯非法行医罪被判处刑罚的人，在其刑罚执行完毕以后又实施非法行医行为的，是否构成非法行医罪的问题，也存在不同的观点。有人持肯定观点，认为既然司法解释规定两次行政处罚以后再次非法行医的，构成非法行医罪，那么，根据举轻以明重原则，行为人在刑罚执行完毕以后

① 参见封秀文：《一起涉嫌非法行医案件移送公安机关未被立案引发的思考》，载《海峡预防医学杂志》2018 年第 4 期；邵丹、王周文：《非法行医入罪之行政处罚的效力判定》，载《中国检察官》2016 年第 10 期。

再次非法行医的，也应当继续以该罪追究行为人的刑事责任。我们认为"肯定说"的观点和理由都是值得商榷的，这种情形是否构成非法行医罪，应当在审查新的非法行医行为是否符合非法行医罪的构成要件，符合就构成犯罪，反之则不应追究刑事责任。但无论如何，都与行为人之前的非法行医犯罪无关。

6. 关于认定"其他情节严重的情形"

对于实践中遇到《审理非法行医刑事案件解释》第2条前4项之外的非法行医情形，在判断是否情节严重时，应当参照前4项情形，立足于非法行医罪的立法本意，进行综合判断。常见的其他情节严重的情形，主要有非法行医骗取钱财数额较大的；以野蛮荒唐方法实施医疗行为的等。另外，根据《最高人民法院、最高人民检察院关于办理妨害预防、控制突发传染病疫情等灾害的刑事案件具体应用法律若干问题的解释》第12条的规定，未取得医师执业资格非法行医，具有造成突发传染病病人、病原携带者、疑似突发传染病病人贻误诊治或者造成交叉感染等严重情节的，构成非法行医罪，且从重处罚。

7. 如何认定"造成就诊人死亡"

根据《刑法》第336第1款的规定，非法行医造成就诊人死亡的，构成非法行医罪的加重犯，应当判处十年以上有期徒刑。在非法行医致人死亡的案件中，有的致死原因很简单，就是行为人非法行医直接造成的，但有的时候则很复杂，表现为多因一果。而在多个原因之中，非法行医有时是主要原因，有时则仅起助推、次要作用。因此，如果对多因一果案件中的被告人不加区别地全部判处十年以上有期徒刑，显然违反罪责刑相适应原则和刑罚的谦抑性原则。为此，《审理非法行医刑事案件解释》第4条作出了明确的区分：非法行医行为系造成就诊人死亡的直接、主要原因的，应认定为"造成就诊人死亡"，处十年以上有期徒刑；非法行医行为并非造成就诊人死亡的直接、主要原因的，可以不认定为"造成就诊人死亡"，而是认定为"情节严重"，处三年有期徒刑以下刑罚。

然而，影响人体生理健康的因素非常复杂，由于人类认识能力和医学发展水平的局限性，很多疾病的发生机理直到目前也没有搞清楚，所以对非法行医行为与就诊人死亡之间的因果关系的判断，长期以来一直是医学、司法需要共同面对的难题。在办理非法行医案件时，司法机关应当要求接受委托的鉴定机构就二者之间是否存在因果关系，以及是否对就诊人死亡的直接原因或者主要原因等问题出具明确的司法鉴定意见。鉴定意见未明确是否属于直接、主要原因的，应当根据全案事实证据，从非法行医行为实施的时间、地点、条件等具体情况出发，综合判断。一般来说，直接因果关系是指非法行医行为本身的侵害性直接导致了就诊人死亡后果的发生，主要因果关系是指导致就诊人死亡的众多原因中，非法行医行为起到了关键的、重要的作用。而非直接、主要的因果关系，往往表现为非法行医行为与就诊人死亡结果之间存在着某个或者某些中间媒介因素，非法行医行为作用于中间媒介，最终通过中间媒介因素造成就诊人死亡。判断的重点是非法行医行为本身是否包含导致就诊人死亡结果发生的必然性，是否是该结果发生的内在根据。比如，在因潜在疾病死亡的情形中，潜在疾病是就诊人死亡的根本原因，非法行医行为的介入，诱使潜在疾病发作，对该死亡结果的发生起到的只是叠加和助推作用。即使没有非法行医行为，就诊人的潜在疾病将来如果遇到其他诱因时同样也会发作，或者即使没有其他诱发因素，在经过一定的时间之后，其潜在的疾病也会由量变到质变，最终发作从而致其死亡。对于这种并非造成就诊人死亡的直接、主要原因的情形，在量刑时，就不应按照"造成就诊人死亡"的加重结果进行处罚，而是可以在非法行医罪基本犯的法定刑幅度内处刑。

8. 如何区别非法行医罪与医疗事故罪

二者侵犯的客体相同，都是国家对医务工作的管理秩序和公民的生命健康权利。二者的区别在于：（1）犯罪主体不同。非法行医罪是一般主体，通常是指未取得医生执业资格的人，既包括不具有医疗知识的人，也包括不具有国家认可的医疗知识的人，以及虽然具有国家认可的医学知识但被吊销医师执业证书的人。医疗事故罪是特殊主体，是指具有国家认可的医学知识和技术的医务人员，除医生外，还可以是药剂人员、护理人员等。（2）客观方面不同。虽然都是实施医疗行为，但非法行医罪是情节犯，构成犯罪并不仅限于造成就诊人死亡或者造成就诊人轻度以上残疾、器官组织损伤导致一般或者严重功能障碍的损害后果。对于造成甲类传染病传播、流行或者有传播、流行危险的；使用假药、劣药或不符合国家规定标准的卫生材料、医疗器械，足以严重危害人体健康的；非法行医被卫生行政部门行政处罚两次以后，再次非法行医的；其他情节严重的情形的，都能构成本罪。而医疗事故罪是结果犯，只有造成就诊人死亡或者严重损害就诊人身体健康后果的才构成犯罪。"严重损害就诊人身体健康"，根据《立案追诉标准（一）》的规定，是指造成就诊人严重残疾、重伤、感染艾滋病、病毒性肝炎等难以治愈的疾病或者其他严重损害就诊人身体健康的后果。（3）主观方面不同。非法行医罪的行为人对造成就诊人受伤、死亡等后果或者可能发生这些后果的危险性，主观上是出于过失或者间接故意。医疗事故罪的行为人对造成就诊人死亡或者严重损害就诊人身体健康后果所持的心理态度则只能是过失。

9. 如何区别非法行医罪与销售、提供假药罪，销售、提供劣药罪，销售不符合标准的医用器材罪

主要区别有二：（1）犯罪客体不同。虽然都是复杂客体，但非法行医罪侵犯的是国家对医疗机构和医务人员的管理秩序和特定被害人（就诊人）的生命健康权利，后三罪侵犯的则是国家对药品、医用器材的管理制度和不特定多数人的生命健康安全。（2）客观方面不同。非法行医罪是情节犯，实施非法行医行为，除严重损害就诊人身体健康和致其死亡的构成犯罪外，造成甲类传染病传播、流行或者有传播、流行危险的，或者使用假药、劣药或不符合国家规定标准的卫生材料、医疗器械，足以严重危害

人体健康的，也构成犯罪，而且在非法行医被卫生行政部门行政处罚两次以后，再次非法行医的或者具备其他情节严重情形的，也构成犯罪。而在后三罪中，销售、提供假药罪是行为犯，实施销售、提供假药行为的就构成犯罪；销售、提供劣药罪是结果犯，实施销售、提供劣药行为，对人体健康造成严重危害的才构成犯罪；销售不符合标准的医用器材罪则是危险犯，实施销售不符合保障人体健康的国家标准、行业标准的医疗器械、医用卫生材料行为，足以严重危害人体健康的，构成犯罪。

实践中此罪与彼罪难以界定的情形，主要是非法行医过程中使用了假药、劣药或不符合国家规定标准的卫生材料、医疗器械的情形。根据《最高人民法院、最高人民检察院关于办理危害药品安全刑事案件适用法律若干问题的解释》《立案追诉标准（一）》的规定，药品使用单位及其工作人员明知是假药、劣药而有偿提供给他人使用的，应当认定为销售假药、劣药；无偿提供给他人使用的，应当认定为提供假药、劣药；医疗机构或者个人知道或者应当知道是不符合保障人体健康的国家标准、行业标准的医疗器械、医用卫生材料而购买并有偿使用的，视为销售不符合标准的医用器材行为。然而《审理非法行医刑事案件解释》则规定，未取得医生执业资格的人在非法行医过程中，使用假药、劣药或不符合国家规定标准的卫生材料、医疗器械，足以严重危害人体健康的，构成非法行医罪。我们认为，这些规定其实并不矛盾，根据《审理非法行医刑事案件解释》第5条的规定，行为人同时犯以上数罪的，遵循从一重处断原则，以入罪门槛低、刑罚较重的罪名定罪处刑即可。

10. 如何区别非法行医罪与诈骗罪

主要区别是：（1）犯罪客体不同。非法行医罪是复杂客体，侵犯了国家对医疗机构和医务人员的管理秩序和公民的生命健康权利。诈骗罪是简单客体，侵犯了公私财产的所有权。（2）客观方面不同。非法行医罪的客观方面表现为未取得医生执业资格的人实施救治他人的医疗行为，且情节严重的才构成犯罪，系情节犯。诈骗罪则表现为虚构事实、隐瞒真相以骗取他人钱财的行为。诈骗犯罪大多与看病无关，即使与看病有关，也是利用就诊人的愚昧、迷信心理，对就诊人实施根本无任何治疗效果的虚假治疗行为，借以骗取钱财。诈骗罪是数额犯，骗取财物数额较大的才构成犯罪。（3）主观方面不同。非法行医罪对发生危害就诊人生命健康的后果，主观上是出于过失或者间接故意，虽然绝大多数时候是为了经营谋利，但构成犯罪并不以营利为要件。诈骗罪则是直接故意，对他人财产损失持积极追求的心理态度，且以具有非法占有目的为构成要件。（4）主体方面也有所不同。虽然两罪都是一般主体，但非法行医罪的主体对是否具备医学专业知识和技能有特殊要求。另外，根据《审理非法行医刑事案件解释》第5条的规定，实施非法行医犯罪，同时构成诈骗罪的，依照《刑法》规定处罚较重的罪名定罪处罚。

八十、污染环境罪

第三百三十八条 违反国家规定，排放、倾倒或者处置有放射性的废物、含传染病病原体的废物、有毒物质或者其他有害物质，严重污染环境的，处三年以下有期徒刑或者拘役，并处或者单处罚金；情节严重的，处三年以上七年以下有期徒刑，并处罚金；有下列情形之一的，处七年以上有期徒刑，并处罚金：

（一）在饮用水水源保护区、自然保护地核心保护区等依法确定的重点保护区域排放、倾倒、处置有放射性的废物、含传染病病原体的废物、有毒物质，情节特别严重的；

（二）向国家确定的重要江河、湖泊水域排放、倾倒、处置有放射性的废物、含传染病病原体的废物、有毒物质，情节特别严重的；

（三）致使大量永久基本农田基本功能丧失或者遭受永久性破坏的；

（四）致使多人重伤、严重疾病，或者致人严重残疾、死亡的。

有前款行为，同时构成其他犯罪的，依照处罚较重的规定定罪处罚。

第三百四十六条 单位犯本节第三百三十八条至第三百四十五条规定之罪的，对单位判处罚金，并对其直接负责的主管人员和其他直接责任人员，依照本节各该条的规定处罚。

（一）概述

1.概念和构成要件

污染环境罪，是指违反国家规定，排放、倾倒或者处置有放射性的废物、含传染病病原体的废物、有毒物质或者其他有害物质，严重污染环境的行为。

1997年《刑法》吸收修改附属刑法的条文，规定了重大环境污染事故罪。《刑法修正案（八）》第46条作了调整，扩大了污染物的范围，降低了入罪门槛。修改后，罪名调整为"污染环境罪"。《刑法修正案（十一）》作了第二次修改，主要涉及如下三个方面：一是将第二档刑罚的条件由"后果特别严重"调整为"情节严重"；二是增加第三档刑罚"七年以上有期徒刑，并处罚金"，并明确具体情形；三是增加第2款，规定"有前款行为，同时构成其他犯罪的，依照处罚较重的规定定罪处罚"。

污染环境罪的构成要件和主要特征是：

（1）本罪侵犯的客体是国家对环境保护和污染防治的管理秩序。行为对象为有放射性的废物、含传染病病原体的废物、有毒物质或者其他有害物质。

（2）客观方面表现为违反国家规定，排放、倾倒或者处置有放射性的废物、含传染病病原体的废物、有毒物质或者其他有害物质，严重污染环境的行为。具体而言，包括三个方面的要件：其一，必须违反国家规定，即违反国家有关环境保护的法律、法规或者相关国家规定，如《环境保护法》《大气污染防治法》《水污染防治法》《海洋环境保护法》等。对于向环境排放、倾倒或者处置有害物质未违反有关国家规定的，属于对环境的合理利用，不构成犯罪。其二，必须实施了排放、倾倒或者处置有放射性的废物、含传染病病原体的废物、有毒物质或者其他有害物质的行为。"排放"，是指将有害物质向水体、土地、大气等排入的行为，包括泵出、溢出、泄出、喷出和倒出等行为。"倾倒"，是指通过船舶、航空器、平台或者其他运载工具，向水体、土地、滩涂、森林、草原以及大气等处置有害物质的行为。"处置"，主要是指以焚烧、填埋等方式处理有害物质的活动。虽然《刑法修正案（八）》将排放、倾倒或者处置行为的对象"土地、水体、大气"予以删除，但通常情况下仍然是向土地、水体、大气排放、倾倒或者处置有害物质。"土地"，包括耕地、林地、草地、荒地、山岭、滩涂、河滩地及其他陆地。"水体"是指中华人民共和国领域内的江河、湖泊、运河、渠道、水库等地表水体以及地下水体，还包括内海、领海以及中华人民共和国管辖的一切其他海域。"大气"，是指包围地球的空气层总体。① 行为人只要实施了向土地、水体、大气排放、倾倒或者处置有害物质的其中一种行为即可构成本罪；实施两种以上行为的，仍为一罪，不实行数罪并罚。其三，必须严重污染环境。"严重污染环境"，既包括发生了造成财产损失或者人身伤亡的环境事故，也包括虽然还未造成环境污染事故，但是已经使环境受到严重污染或者破坏的情形。②

（3）犯罪主体为一般主体，包括自然人和单位。

（4）主观方面通常由故意构成。

2. 法定刑

依照《刑法》第338条的规定，犯污染环境罪的，处三年以下有期徒刑或者拘役，并处或者单处罚金；情节严重的，处三年以上七年以下有期徒刑，并处罚金；有下列情形之一的，处七年以上有期徒刑，并处罚金：（1）在饮用水水源保护区、自然保护地核心保护区等依法确定的重点保护区域排放、倾倒、处置有放射性的废物、含传染病病原体的废物、有毒物质，情节特别严重的；（2）向国家确定的重要江河、湖泊水域排放、倾倒、处置有放射性的废物、含传染病病原体的废物、有毒物质，情节特别严重的；（3）致使大量永久基本农田基本功能丧失或者遭受永久性破坏的；（4）致使多人重伤、严重疾病，或者致人严重残疾、死亡的。

依照《刑法》第338条第2款的规定，犯环境污染，同时构成其他犯罪的，依照处罚较重的规定定罪处罚。

依照《刑法》第346条的规定，单位犯污染环境罪的，对单位判处罚金，并对其直接负责的主管人员和其他直接责任人员，依照《刑法》第338条的规定处罚。

---

① 参见全国人大常委会法制工作委员会刑法室编：《〈中华人民共和国刑法修正案（八）〉条文说明、立法理由及相关规定》，北京大学出版社2011年版，第177页。

② 参见全国人大常委会法制工作委员会刑法室编：《〈中华人民共和国刑法修正案（八）〉条文说明、立法理由及相关规定》，北京大学出版社2011年版，第178页。

　　根据《最高人民法院、最高人民检察院关于办理环境污染刑事案件适用法律若干问题的解释》（以下简称《办理环境污染刑事案件解释》）、《最高人民法院、最高人民检察院、公安部、司法部、生态环境部关于办理环境污染刑事案件有关问题座谈会纪要》（以下简称《环境污染刑事案件纪要》）：

　　（1）实施《刑法》第338条规定的行为，具有下列情形之一的，应当从重处罚：①阻挠环境监督检查或者突发环境事件调查，尚不构成妨害公务等犯罪的；②在医院、学校、居民区等人口集中地区及其附近，违反国家规定排放、倾倒、处置有放射性的废物、含传染病病原体的废物、有毒物质或者其他有害物质的；③在重污染天气预警期间、突发环境事件处置期间或者被责令限期整改期间，违反国家规定排放、倾倒、处置有放射性的废物、含传染病病原体的废物、有毒物质或者其他有害物质的；④具有危险废物经营许可证的企业违反国家规定排放、倾倒、处置有放射性的废物、含传染病病原体的废物、有毒物质或者其他有害物质的。

　　对于发生在长江经济带十一省（直辖市）的下列环境污染犯罪行为，可以从重处罚：①跨省（直辖市）排放、倾倒、处置有放射性的废物、含传染病病原体的废物、有毒物质或者其他有害物质的；②向国家确定的重要江河、湖泊或者其他跨省（直辖市）江河、湖泊排放、倾倒、处置有放射性的废物、含传染病病原体的废物、有毒物质或者其他有害物质的。

　　实施《刑法》第338条规定的行为，刚达到应当追究刑事责任的标准，但行为人及时采取措施，防止损失扩大、消除污染，全部赔偿损失，积极修复生态环境，且系初犯，确有悔罪表现的，可以认定为情节轻微，不起诉或者免予刑事处罚；确有必要判处刑罚的，应当从宽处罚。

　　（2）单位实施《刑法》第338条规定的犯罪的，依照自然人犯罪的定罪量刑标准，对直接负责的主管人员和其他直接责任人员定罪处罚，并对单位判处罚金。

（3）具有下列情形之一的，一般不适用不起诉、缓刑或者免予刑事处罚：①不如实供述罪行的；②属于共同犯罪中情节严重的主犯的；③犯有数个环境污染犯罪依法实行并罚或者以一罪处理的；④曾因环境污染违法犯罪行为受过行政处罚或者刑事处罚的；⑤其他不宜适用不起诉、缓刑、免予刑事处罚的情形。

人民法院审理环境污染刑事案件拟适用缓刑或者免予刑事处罚的，应当分析案发前后的社会影响和反映，注意听取控辩双方提出的意见。对于情节恶劣、社会反映强烈的环境污染犯罪，不得适用缓刑、免予刑事处罚。人民法院对判处缓刑的被告人，一般应当同时宣告禁止令，禁止其在缓刑考验期内从事与排污或者处置危险废物有关的经营活动。生态环境部门根据禁止令，对上述人员担任实际控制人、主要负责人或者高级管理人员的单位，依法不得发放排污许可证或者危险废物经营许可证。

（二）疑难问题精析

1. 如何认定污染环境单位犯罪

当前，一些地方办理环境污染犯罪案件，存在追究自然人犯罪多，追究单位犯罪少，单位犯罪认定难的问题。对此，《环境污染刑事案件纪要》作了专门规定。

一是依法合理把握追究刑事责任的范围。《环境污染刑事案件纪要》要求在办理单位环境污染刑事案件时贯彻宽严相济刑事政策的要求，依法合理把握追究刑事责任的范围，"重点打击出资者、经营者和主要获利者，既要防止不当缩小追究刑事责任的人员范围，又要防止打击面过大"。特别是，要合理把握单位犯罪中直接负责的主管人员和其他直接责任人员的范围。根据《环境污染刑事案件纪要》的规定，单位犯罪中的直接负责的主管人员，一般是指对单位犯罪起决定、批准、组织、策划、指挥、授意、纵容等作用的主管人员，包括单位实际控制人、主要负责人或者授权的分管负责人、高级管理人员等；其他直接责任人员，一般是指在直接负责的主管人员的指挥、授意下积极参与实施单位犯罪或者对具体实施单位犯罪起较大作用的人员。

二是单位犯罪的认定情形。根据《环境污染刑事案件纪要》的规定，为了单位利益，实施环境污染行为，并具有下列情形之一的，应当认定为单位犯罪：（1）经单位决策机构按照决策程序决定的；（2）经单位实际控制人、主要负责人或者授权的分管负责人决定、同意的；（3）单位实际控制人、主要负责人或者授权的分管负责人得知单位成员个人实施环境污染犯罪行为，并未加以制止或者及时采取措施，而是予以追认、纵容或者默许的；（4）使用单位营业执照、合同书、公章、印鉴等对外开展活动，并调用单位车辆、船舶、生产设备、原辅材料等实施环境污染犯罪行为的。

三是单位犯罪的补充起诉机制。《环境污染刑事案件纪要》规定："对于应当认定为单位犯罪的环境污染犯罪案件，公安机关未作为单位犯罪移送审查起诉的，人民检察院应当退回公安机关补充侦查。对于应当认定为单位犯罪的环境污染犯罪案件，人民检察院只作为自然人犯罪起诉的，人民法院应当建议人民检察院对犯罪单位补充起诉。"需要注意的是，根据有关规定，在建议人民检察院对犯罪单位补充起诉的情形下，如果人民检察院仍以自然人犯罪起诉的，人民法院应当依法审理，按照单位犯罪中的直接负责的主管人员或者其他直接责任人员追究刑事责任，并援引《刑法》分则关于追究单位犯罪中直接负责的主管人员和其他直接责任人员刑事责任的条款。

2. 如何把握污染环境罪的主观方面

在《刑法修正案（八）》将重大环境污染事故罪修改为污染环境罪后，关于污染环境罪的主观罪过形式仍然存在较大争议：（1）故意说。有观点认为，1997年《刑法》第338条规定的重大环境污染事故罪为过失犯罪，但经《刑法修正案（八）》修正的《刑法》第338条规定的污染环境罪的主观方面为故意。①（2）过失说。有观点认为，该罪的主观方面由过失构成，即行为人对于违反环境保护相关国家规定，排放、倾倒或者处置有害物质是明知的，但对于由此造成的严重后果并非行为人所希望。②（3）混合罪过说。有观点认为，污染环境罪的主观方面既包括故意，也包括过失。③

关于污染环境罪的主观罪过形式，我们主张混合罪过说，即污染环境罪的主观罪过通常是故意，但也可以由过失构成。主要考虑如下：

第一，根据《刑法修正案（八）》的修法精神，不宜否认污染环境罪可以由过失构成。如前所述，在《刑法修正案（八）》施行前，刑法理论和司法实务通常主张《刑法》第338条可以由过失构成，即违反国家规定，过失造成重大环境污染事故，致使公私财产遭受重大损失或者人身伤亡的严重后果的，可以成立重大环境污染事故罪。而《刑法修正案（八）》对《刑法》第338条的修改，显然是为了更好地适应日益严峻的环境保护形势，增强《刑法》规定的可操作性。如果主张污染环境罪的主观方面不能由过失构成，则意味着在《刑法修正案（八）》之前可以重大环境污染事故罪论处的行为，在之后却不能以污染环境罪论处，可能会得出《刑法修正案（八）》关于《刑法》第338条的修改实际上提升了主观罪过门槛的结论。这显然不符合修法精神。

第二，从司法实践来看，不宜否认污染环境罪可以由过失构成。过失污染环境的案件时有发生，否认污染环境罪可以由过失构成，不符合实际。例如，违反操作规程处置污染物发生事故，违反相关规定盛放污染物发生泄漏，等等。上述案件中，行为人对污染物污染环境在主观上并非持希望或者放任的态度，不能认定为故意。如果否认过失可以成立污染环境罪，则意味着上述案件即使导致严重污染环境的实害后果的，

①　参见张明楷：《刑法学》（第五版），法律出版社2016年版，第1131页。
②　参见高铭暄、马克昌主编：《刑法学》，北京大学出版社、高等教育出版社2016年版，第582页。
③　参见汪维才：《污染环境罪主客观要件问题研究——以〈中华人民共和国刑法修正案（八）〉为视角》，载《法学杂志》2011年第8期。

也不能以污染环境罪论处，明显不合适。① 特别是，如前所述，当前和今后一段时期是我国环境高风险期，强调污染环境罪的过失罪过形式，对于促使有关单位和个人严格遵守环境保护相关国家规定，避免环境风险转化为实害后果，有重大现实意义。

第三，从国外的立法规定来看，污染环境犯罪的主观方面涵括故意和过失是通例。特别是，《德国刑法》和《日本关于危害人体健康的公害犯罪制裁法》均是从故意犯罪和过失犯罪两个方面来规定污染环境犯罪的。例如，《德国刑法》第324条规定："（1）未经许可污染水域或对其品质作不利改变的，处5年以下自由刑或罚金刑。（2）犯本罪未遂的，亦应处罚。（3）过失犯本罪的，处三年以下自由刑或罚金刑。"② 其他关于污染土地、污染空气等环境犯罪的规定亦规定可以由过失构成。而《刑法》关于污染环境犯罪的规定主要集中在污染环境罪，宜主张其主观方面涵括故意和过失，以免人为限缩规制范围。

第四，从刑法体系协调的角度，主张污染环境罪的主观方面为复合罪过有先例可循。在我国，关于复合罪过的问题确有一定争议。但是，在《刑法修正案（八）》之后，《刑法》中规定有复合罪过却是不争的事实。例如，《刑法修正案（八）》增设的食品、药品监管渎职罪（《刑法》第408条之一）涉及滥用职权和玩忽职守两种情形，无疑包括故意和过失在内，认定该罪属于复合罪过并无问题。

综上，污染环境罪的主观方面为复合罪过，即包括故意和过失两种罪过形式。司法适用中需要注意的是，故意是通常的罪过形式，即污染环境罪通常由故意构成；过失是例外的罪过形式，即污染环境罪在一定条件下也可以由过失构成。而且，在过失污染环境的案件中，通常而言，

---

① 当然，有论者可能主张适用过失以危险方法危害公共安全罪等其他罪名。本书不赞同上述主张。主要考虑是：该类案件更为符合污染环境罪的规制目的，且可以通过合理解释污染环境罪主观罪过形式加以适用，没有必要适用其他罪名，而且，按照上述主张，可能加剧以危险方法危害公共安全罪等罪名的"口袋罪"趋势，导致罪名之间的界限愈加模糊。

② 参见徐久生、庄敬华译：《德国刑法典》，中国方正出版社2004年版，第160页。

行为人对于违反国家规定是明知故犯，而且限于造成实害后果的情形。此外，对于后文所述的共同犯罪，也限于共同故意犯罪，对于二人以上共同过失污染环境犯罪的，不以共同犯罪论处，应当负刑事责任的，按照他们所犯的罪分别处罚。

对此，鉴于司法实践中环境污染犯罪的主观罪过形式通常表现为故意，故《环境污染刑事案件纪要》对判断行为人是否具有环境污染犯罪的故意作出专门规定：

一是综合分析判断规则。《环境污染刑事案件纪要》规定："判断犯罪嫌疑人、被告人是否具有环境污染犯罪的故意，应当依据犯罪嫌疑人、被告人的任职情况、职业经历、专业背景、培训经历、本人因同类行为受到行政处罚或刑事追究情况以及污染物种类、污染方式、资金流向等证据，结合其供述，进行综合分析判断。"

二是主观故意推定规则。根据《环境污染刑事案件纪要》的规定，具有下列情形之一，犯罪嫌疑人、被告人不能作出合理解释的，可以认定其故意实施环境污染犯罪，但有证据证明确系不知情的除外：（1）企业没有依法通过环境影响评价，或者未依法取得排污许可证，排放污染物，或者已经通过环境影响评价并且防治污染设施验收合格后，擅自更改工艺流程、原辅材料，导致产生新的污染物质的；（2）不使用验收合格的防治污染设施或者不按规范要求使用的；（3）防治污染设施发生故障，发现后不及时排除，继续生产放任污染物排放的；（4）生态环境部门责令限制生产、停产整治或者予以行政处罚后，继续生产放任污染物排放的；（5）将危险废物委托第三方处置，没有尽到查验经营许可的义务，或者委托处置费用明显低于市场价格或者处置成本的；（6）通过暗管、渗井、渗坑、裂隙、溶洞、灌注等逃避监管的方式排放污染物的；（7）通过篡改、伪造监测数据的方式排放污染物的；（8）其他足以认定的情形。

3. 如何认定和处理污染环境罪未遂

司法实践中，对于污染环境未遂的认定和处理，存在不同认识。对此,《环境污染刑事案件纪要》规定:"对于行为人已经着手实施非法排放、倾倒、处置有毒有害污染物的行为,由于有关部门查处或者其他意志以外的原因未得逞的情形,可以污染环境罪(未遂)追究刑事责任。"司法适用中,需要注意的是:

(1)对于犯罪未遂的认定,以行为人着手实施非法排放、倾倒、处置有毒有害污染物的行为为前提,故应当准确判断"着手"。对于排放、倾倒危险废物"着手"的判断,通常不存在问题。相比之下,处置危险废物"着手"的判断较为复杂,须妥当把握。

(2)根据《刑法》第23条第2款的规定,对于未遂犯,可以比照既遂犯从轻或者减轻处罚。鉴于未遂造成的社会危害性相对较小,参照以往司法解释的相关规定,实践中对未遂的定罪量刑标准可以把握为既遂标准的3倍以上。

(3)实践中存在部分既遂、部分未遂的情形,参照以往司法解释的规定,对此不宜将数量简单相加,可以分别评价既遂情节和未遂情节,在认定全案既遂的前提下,在处罚较重的法定刑幅度内酌情从重处罚。例如,行为人用罐车装有10吨的危险废物并开往某河流旁倾倒,在倾倒完1吨时被环保执法人员及时制止,对于此案可以依法认定行为人非法倾倒危险废物既遂1吨,未遂9吨,依照上述规则作出处理。

4. 如何对污染环境案件准确适用非法经营罪

《办理环境污染刑事案件解释》第6条规定:"无危险废物经营许可证从事收集、贮存、利用、处置危险废物经营活动,严重污染环境的,按照污染环境罪定罪处罚;同时构成非法经营罪的,依照处罚较重的规定定罪处罚。实施前款规定的行为,不具有超标排放污染物、非法倾倒污染物或者其他违法造成环境污染的情形的,可以认定为非法经营情节显著轻微危害不大,不认为是犯罪;构成生产、销售伪劣产品等其他犯罪的,以其他犯罪论处。"《环境污染刑事案件纪要》要求坚持全链条、全环节、全流程对非法排放、倾倒、处置、经营危险废物的产业链进行刑事打击，查清犯罪网络，深挖犯罪源头，斩断利益链条，不断挤压和铲除此类犯罪滋生蔓延的空间。①特别是，针对《办理环境污染刑事案件解释》第6条规定的准确理解和适用，《环境污染刑事案件纪要》要求注意把握两项原则。

一是坚持实质判断原则，对行为人非法经营危险废物行为的社会危害性作实质性判断。《办理环境污染刑事案件解释》第6条确立了无危险废物经营许可证从事收集、贮存、利用、处置危险废物经营活动的入罪以违法造成环境污染为实质要件，未违法造成环境污染的，通常可以认定为情节显著轻微危害不大，不认为是犯罪。比如，一些单位或者个人虽未依法取得危险废物经营许可证，但其收集、贮存、利用、处置危险废物经营活动，没有违法造成环境污染情形的，则不宜以非法经营罪论处，也不宜以污染环境罪论处。需要注意的是，对于违法造成环境污染要件的判断应当采取相对宽泛的标准，即不要求一定达到《办理环境污染刑事案件解释》第1条第18项以外其他项规定的严重污染环境的具体情形。例如，未按照规定安装特定污染防治设施，处置过程中超过标准排放污染物（虽然未达到超过特定标准3倍），或者将处置剩余的污染物违反规定倾倒的，可以认定为具备违法造成环境污染的要件。

二要坚持综合判断原则，对行为人非法经营危险废物行为根据其在犯罪链条中的地位、作用综合判断其社会危害性。比如，有证据证明单位或者个人的无证经营危险废物行为属于危险废物非法经营产业链的一部分，并且已经形成了分工负责、利益均沾、相对固定的犯罪链条，如果行为人或者与其联系紧密的上游或者下游环节具有排放、倾倒、处置危险废物违法造成环境污染的情形，且交易价格明显异常的，对行为人可以根据案件具体情况，在污染环境罪和非法经营罪中择一重罪处断。

---

① 《办理环境污染刑事案件解释》第7条规定："明知他人无危险废物经营许可证，向其提供或者委托其收集、贮存、利用、处置危险废物，严重污染环境的，以共同犯罪论处。"第17条第6款规定："本解释所称'无危险废物经营许可证'，是指未取得危险废物经营许可证，或者超出危险废物经营许可证的经营范围。"

5. 如何对污染环境案件准确适用投放危险物质罪

违规排放、倾倒或者处置有放射性的废物、含传染病病原体的废物、有毒物质，不仅严重污染环境，还可能危害公共安全，此时污染环境罪就可能与投放危险物质罪竞合，宜择一重罪处断。因此，《办理环境污染刑事案件解释》第8条规定："违反国家规定，排放、倾倒、处置含有毒害性、放射性、传染病病原体等物质的污染物，同时构成污染环境罪、非法处置进口的固体废物罪、投放危险物质罪等犯罪的，依照处罚较重的规定定罪处罚。"在此基础上，《环境污染刑事案件纪要》对投放危险物质罪的适用作了专门规定。

一是用足用好《刑法》和《办理环境污染刑事案件解释》的规定。目前，我国一些地方环境违法犯罪活动高发多发，刑事处罚威慑力不强的问题仍然突出。因此，《环境污染刑事案件纪要》要求，现阶段在办理环境污染犯罪案件时必须坚决贯彻落实中央领导同志关于重典治理污染的指示精神，把《刑法》和《办理环境污染刑事案件解释》的规定用足用好，形成对环境污染违法犯罪的强大震慑。

二是准确适用投放危险物质罪。司法适用中，对污染环境的行为应当原则上适用污染环境罪，适用投放危险物质罪的，应当特别慎重，准确查明主客观方面的情况。《办理环境污染刑事案件解释》规定："司法实践中对环境污染行为适用投放危险物质罪追究刑事责任时，应当重点审查判断行为人的主观恶性、污染行为恶劣程度、污染物的毒害性危险性、污染持续时间、污染结果是否可逆、是否对公共安全造成现实、具体、明确的危险或者危害等各方面因素。"而且，对污染环境行为适用投放危险物质罪，主要是基于罪责刑相适应的考虑，对此应当特别注意把握。基于此，《环境污染刑事案件纪要》专门规定，对于行为人明知其排放、倾倒、处置的污染物含有毒害性、放射性、传染病病原体等危险物质，仍实施环境污染行为放任其危害公共安全，造成重大人员伤亡、重大公私财产损失等严重后果，以污染环境罪论处明显不足以罚当其罪的，可以依照《办理环境污染刑事案件解释》第8条的规定，以投放危险物质罪定罪量刑。具体而言，实践中此类情形主要是向饮用水水源保护区，饮用水供水单位取水口和出水口，南水北调水库、干渠、涵洞等配套工程，重要渔业水体以及自然保护区核心区等特殊保护区域，排放、倾倒、处置毒害性极强的污染物，危害公共安全并造成严重后果的情形。

6. 如何认定非法排放、倾倒、处置行为

根据《刑法》第338条的规定，污染环境罪的客观方面限于排放、倾倒、处置3种行为方式。司法实践中，一方面，要严格遵循罪刑法定原则的要求，避免将非法运输、贮存等其他行为不当以污染环境罪追究刑事责任；另一方面，也要准确认定非法排放、倾倒、处置行为，特别是防止名为运输、贮存，实为排放、倾倒、处置的行为逃脱刑事法律制裁。基于此，《环境污染刑事案件纪要》要求根据《固体废物污染环境防治法》和《办理环境污染刑事案件解释》的有关规定精神准确认定非法排放、倾倒、处置行为，特别是"应当从其行为方式是否违反国家规定或者行业操作规范、污染物是否与外环境接触、是否造成环境污染的危险或者危害等方面进行综合分析判断。对名为运输、贮存、利用，实为排放、倾倒、处置的行为应当认定为非法排放、倾倒、处置行为，可以依法追究刑事责任。比如，未采取相应防范措施将没有利用价值的危险废物长期贮存、搁置，放任危险废物或者其有毒有害成分大量扬散、流失、泄漏、挥发，污染环境的"。

此外，《办理环境污染刑事案件解释》第16条还规定："无危险废物经营许可证，以营利为目的，从危险废物中提取物质作为原材料或者燃料，并具有超标排放污染物、非法倾倒污染物或者其他违法造成环境污染的情形的行为，应当认定为'非法处置危险废物'。"

7. 如何处理破坏国家环境质量监测系统的行为

《办理环境污染刑事案件解释》第10条规定："违反国家规定，针对环境质量监测系统实施下列行为，或者强令、指使、授意他人实施下列行为的，应当依照刑法第二百八十六条的规定，以破坏计算机信息系统罪论处：（一）修改参数或者监测数据的；（二）干扰采样，致使监测数据严重失真的；（三）其他破坏环境质量监测系统的行为。重点排污单位篡改、伪造自动监测数据或者干扰自动监测设施，排放化学需氧量、氨氮、二氧化硫、氮氧化物等污染物，同时构成污染环境罪和破坏计算机信息系统罪的，依照处罚较重的规定定罪处罚。从事环境监测设施维护、运营的人员实施或者参与实施篡改、伪造自动监测数据、干扰自动监测设施、破坏环境质量监测系统等行为的，应当从重处罚。"据此，对于破坏环境质量检测系统的行为，应当适用破坏计算机信息系统罪定罪处罚。

8. 如何认定污染物的范围

根据《刑法》第338条的规定，构成污染环境罪，排放、倾倒或者处置的须为"有放射性废物、含传染病病原体的废物、有毒物质或者其他有害物质"。根据《办理环境污染刑事案件解释》《环境污染刑事案件纪要》的规定，应当注意下列问题：

（1）下列物质应当认定为"有毒物质"：①危险废物，是指列入国家危险废物名录，或者根据国家规定的危险废物鉴别标准和鉴别方法认定的，具有危险特性的废物；②《关于持久性有机污染物的斯德哥尔摩公约》附件所列物质；③含重金属的污染物；④其他具有毒性，可能污染环境的物质。

（2）鉴于其他有害物质的范围十分宽泛，交由司法实践裁量把握可以更好地适应具体案件的复杂情况，《办理环境污染刑事案件解释》未作明确界定。根据当前司法适用中的具体情况，《环境污染刑事案件纪要》对如何准确认定《刑法》第338条规定的其他有害物质作了专门规定：一是坚持主客观相一致原则。《环境污染刑事案件纪要》规定："办理非法排放、倾倒、处置其他有害物质的案件，应当坚持主客观相一致原则，从行为人的主观恶性、污染行为恶劣程度、有害物质危险性毒害性等方面进行综合分析判断，准确认定其行为的社会危害性。"二是把握常见的有害物质形式。根据《环境污染刑事案件纪要》的规定，实践中常见的有害物质主要有：工业危险废物以外的其他工业固体废物；未经处理的生活垃圾；有害大气污染物、受控消耗臭氧层物质和有害水污染物；在利用和处置过程中必然产生有毒有害物质的其他物质；国务院生态环境保护主管部门会同国务院卫生主管部门公布的有毒有害污染物名录中的有关物质等。

9. 如何认定危险废物

根据《办理环境污染刑事案件解释》的规定，危险废物是指列入《国家危险废物名录》，或者根据国家规定的危险废物鉴别标准和鉴别方法认定的，具有危险特性的废物。对国家危险废物名录所列的废物，可以依据涉案物质的来源、产生过程、被告人供述、证人证言以及经批准或者备案的环境影响评价文件等证据，结合环境保护主管部门、公安机关等出具的书面意见作出认定。[①] 具体适用中，对危险废物如何认定以及是否需要鉴定，仍存在不同认识。为统一司法适用，《环境污染刑事案件纪要》对此规定区分情况作出处理。

一是对于列入《国家危险废物名录》的，如果来源和相应特征明确，司法人员根据自身专业技术知识和工作经验认定难度不大的，司法机关可以依据名录直接认定。《国家危险废物名录》对于废物类别、行业来源（危险废物的产生源）、废物代码、危险特性（指腐蚀性、毒性、易燃性、反应性和感染性）均有明确描述，特别是对废物系在何生产阶段产生均有叙述。因此，实践中，如果根据涉案物品来源和相应特征可以认定确系列入名录的危险废物的，可以依据名录直接认定为危险废物。

二是对于来源和相应特征不明确的，由生态环境部门、公安机关等出具书面意见，司法机关可以依据涉案物质的来源、产生过程、被告人

---

① 《办理环境污染刑事案件解释》第13条第2款还规定："对于危险废物的数量，可以综合被告人供述，涉案企业的生产工艺、物耗、能耗情况，以及经批准或者备案的环境影响评价文件等证据作出认定。"

供述、证人证言以及经批准或者备案的环境影响评价文件等证据，结合上述书面意见作出是否属于危险废物的认定。根据《办理环境污染刑事案件解释》第13条的规定，此种情形下应当由生态环境部门、公安机关等对涉案物品是否系危险废物出具书面意见。具体而言，对于需要生态环境部门、公安机关等出具书面认定意见的，区分下列情况分别处理：

①对已确认固体废物产生单位，且产废单位环评文件中明确为危险废物的，根据产废单位建设项目环评文件和审批、验收意见、案件笔录等材料，可对照《国家危险废物名录》等出具认定意见。

②对已确认固体废物产生单位，但产废单位环评文件中未明确为危险废物的，应进一步分析废物产生工艺，对照判断其是否列入《国家危险废物名录》。列入名录的可直接出具认定意见；未列入名录的，应根据原辅材料、产生工艺等进一步分析其是否具有危险特性，不可能具有危险特性的，不属于危险废物；可能具有危险特性的，抽取典型样品进行检测，并根据典型样品检测指标浓度，对照《危险废物鉴别标准》（GB5085.1-7）出具认定意见。

③对固体废物产生单位无法确定的，应抽取典型样品进行检测，根据典型样品检测指标浓度，对照《危险废物鉴别标准》（GB5085.1-7）出具认定意见。对确需进一步委托有相关资质的检测鉴定机构进行检测鉴定的，生态环境部门或者公安机关按照有关规定开展检测鉴定工作。

10. 如何把环境污染犯罪案件涉及的环境污染专门性问题的鉴定

鉴定难是困扰环境污染刑事案件办理的难题之一。为解决这一实际困难，《办理环境污染刑事案件解释》第14条规定："对案件所涉的环境污染专门性问题难以确定的，依据司法鉴定机构出具的鉴定意见，或者国务院环境保护主管部门、公安部门指定的机构出具的报告，结合其他证据作出认定。"据此，对环境污染专门性问题确立了鉴定与检验"两条腿走路"的原则。在此基础上，《环境污染刑事案件纪要》针对环境污染犯罪案件的司法鉴定问题作出进一步规定。

一是规范环境损害司法鉴定工作。2016年1月，最高人民法院、最高人民检察院、司法部和环境保护部就环境损害司法鉴定实行统一登记管理和规范环境损害司法鉴定工作作出明确规定。司法部会同生态环境部，依法准入了一批诉讼急需、社会关注的环境损害司法鉴定机构。截至2020年12月底，全国经省级司法行政机关审核登记的环境损害司法鉴定机构达200家，鉴定人3300余名，基本实现省域全覆盖，环境损害司法鉴定的供给能力大大提升，为打击环境违法犯罪提供了有力支撑。顺带提及的是，环境保护部依据《办理环境污染刑事案件解释》规定，于2014年1月、2016年2月分两批指定推荐的29家环境损害鉴定评估推荐机构（第一批12家机构，协作单位7家；第二批17家机构，协作单位2家），目前大多数已审核登记成为环境损害司法鉴定机构。《环境污染刑事案件纪要》要求进一步规范环境损害司法鉴定工作，加快准入一批诉讼急需、社会关注的环境损害司法鉴定机构，加快对环境损害司法鉴定相关技术规范和标准的制定、修改和认定工作，规范鉴定程序，指导各地司法行政机关会同价格主管部门制定出台环境损害司法鉴定收费标准，加强与办案机关的沟通衔接，更好地满足办案机关需求。

二是强化对环境损害司法鉴定机构的监管。《环境污染刑事案件纪要》要求司法部会同生态环境部，加强对环境损害司法鉴定机构的事中事后监管，加强司法鉴定社会信用体系建设，建立黑名单制度，完善退出机制，及时向社会公开违法违规的环境损害司法鉴定机构和鉴定人行政处罚、行业惩戒等监管信息，对弄虚作假造成环境损害鉴定评估结论严重失实或者违规收取高额费用、情节严重的，依法撤销登记。鼓励有关单位和个人向司法部、生态环境部举报环境损害司法鉴定机构的违法违规行为。

三是妥当把握司法鉴定的范围。根据《办理环境污染刑事案件解释》和《环境污染刑事案件纪要》的规定，司法鉴定限于涉及案件定罪量刑的核心或关键专门性问题难以确定的情形。实践中，这类核心或关键专门性问题主要是案件具体适用的定罪量刑标准涉及的专门性问题，比如公私财产损失的数额、超过排放标准的倍数、污染物性质判断等。对案件的其他非核心或关键专门性问题，或者可鉴定也可不鉴定的专门性问题，一般不委托鉴定。比如，适用《办理环境污染刑事案件解释》第1条第3项"非法排放、倾倒、处置危险废物三吨以上"的规定对当事人追究刑事责任的，除可能适用公私财产损失第二档定罪量刑标准的以外，则不应再对公私财产损失数额或者超过排放标准倍数进行鉴定。涉及案件定罪量刑的核心或关键专门性问题难以鉴定或者鉴定费用明显过高的，司法机关可以结合案件其他证据，并参考生态环境部门意见、专家意见等作出认定。

11. 如何把握监测数据的证据资格问题

《办理环境污染刑事案件解释》第12条第1款规定："环境保护主管部门及其所属监测机构在行政执法过程中收集的监测数据，在刑事诉讼中可以作为证据使用。"[①] 据此，环境保护主管部门及其所属监测机构在行政执法和查办案件过程中收集的监测数据具有刑事证据资格。但是，对于地方生态环境部门及其所属监测机构委托第三方检测机构出具报告的证据资格问题，实践中存在不同认识。为统一司法适用，《环境污染刑事案件纪要》明确，地方生态环境部门及其所属监测机构委托第三方检测机构出具的监测报告，地方生态环境部门及其所属监测机构在行政执法过程中予以采纳的，其实质属于《办理环境污染刑事案件解释》第12条规定的"环境保护主管部门及其所属监测机构在行政执法过程中收集的监测数据"，在刑事诉讼中可以作为证据使用。

---

① 该条第2款进一步规定："公安机关单独或者会同环境保护主管部门，提取污染物样品进行检测获取的数据，在刑事诉讼中可以作为证据使用。"

八十一、非法捕捞水产品罪

第三百四十条 违反保护水产资源法规，在禁渔区、禁渔期或者使用禁用的工具、方法捕捞水产品，情节严重的，处三年以下有期徒刑、拘役、管制或者罚金。

（一）概述

1. 概念和构成要件

非法捕捞水产品罪，是指违反国家关于保护水产资源的法律法规，在禁渔区、禁渔期或者使用禁用的工具、方法捕捞水产品，情节严重的行为。我国 1979 年《刑法》就规定了非法捕捞水产品罪，现行《刑法》仅对其法定刑作了修改，将原规定的"二年以下有期徒刑、拘役或者罚金"修改为"三年以下有期徒刑、拘役、管制或者罚金"。

非法捕捞水产品罪的构成要件和主要特征是：

（1）本罪的客体是国家对水产资源和水生态环境的保护管理制度。我国水产资源丰富，水产品种类繁多。根据《水产资源繁殖保护条例》的规定，水产品，不仅包括各种具有重要经济价值的鱼类、贝类、虾蟹类，还包括一些具有重要经济价值的水生植物，如海藻类和淡水食用水生植物莲藕、菱角、芡实等。白鳍豚、鲸、海龟、大鲵等珍贵水生生物，也属于水产品。长期以来，由于滥捕滥捞和非法捕捞，我国水产资源遭到严重破坏，很多珍贵水产物种灭绝或者即将灭绝。为依法保护我国水产资源，促进水产资源产业良性发展，打击非法捕捞行为，我国制定了多个保护水产资源的法律法规，基本形成完善严密的保护管理制度，本罪的设置就是从刑事法角度来保护我国水产资源，是维护保护管理制度的重要规定。实施非法捕捞水产品行为，必然会对水生生物的食物链造成不利影响，使用毒鱼、炸鱼等方法，更会直接对水质造成破坏。因此，本罪客体还应当包括水生态环境保护管理制度。

（2）本罪在客观方面表现为违反保护水产资源法律法规，在禁渔区、禁渔期或者使用禁用的工具、方法捕捞水产品，情节严重的行为。水产资源保护法律法规，主要是指《渔业法》《水产资源繁殖保护条例》等保护水产资源的法律法规。禁渔区，是指由国家或者地方政府规定，对某些重要鱼、虾、蟹、贝、藻等以及其他重要水产生物的产卵场、越冬场、幼体索饵场、洄游通道及生长繁殖场所等，划定一定的范围，禁止所有渔业生产作业或者禁止某种渔业生产作业的区域。禁渔期，是指国家或者地方政府对某些重要水产生物的产卵场、索饵场、越冬场和洄游通道等，规定禁止捕捞作业或者限制捕捞作业的一定期限。禁用的工具，是指禁止使用的超过国家按照不同的捕捞对象所分别规定的最小网眼尺寸的网具和其他禁止使用的渔具。禁用的方法，是指禁止使用的严重损害水产资源正常生长繁殖的捕捞方法，如向水体通电、投撒药物、投放炸药等捕捞方法，即电鱼、毒鱼、炸鱼等方法。实施上述一种行为，即可构成本罪，如在禁渔期捕捞，或者在禁渔区捕捞，都可构成本罪，但同时实施几种行为，如在禁渔区使用禁用的方法捕捞，也仅构成本罪，具体情节可在量刑方面加以考虑。

（3）犯罪主体包括自然人和单位。

（4）本罪在主观方面为故意。行为人明知是禁渔期、禁渔区或者是禁止使用的工具、方法而仍然实施捕捞行为。对于明知的认定，不以行为人的供述为判断标准，而应结合有关部门在当地的宣传程度、行为人的文化程度、职业、一贯表现、是否有前科等综合判断。

2. 法定刑

依照《刑法》第340条的规定，犯非法捕捞水产品罪的，处三年以下有期徒刑、拘役、管制或者罚金。

（二）疑难问题精析

1. 如何把握本罪罪与非罪的界限

构成本罪需要情节严重。根据《最高人民法院关于审理发生在我国管辖海域相关案件若干问题的规定（二）》第 4 条的规定，违反保护水产资源法规，在海洋水域，在禁渔区、禁渔期或者使用禁用的工具、方法捕捞水产品，具有下列情形之一的，应当认定为《刑法》第 340 条规定的"情节严重"：（1）非法捕捞水产品 1 万公斤以上或者价值 10 万元以上的；（2）非法捕捞有重要经济价值的水生动物苗种、怀卵亲体 2000 公斤以上或者价值 2 万元以上的；（3）在水产种质资源保护区内捕捞水产品 2000 公斤以上或者价值 2 万元以上的；（4）在禁渔区内使用禁用的工具或者方法捕捞的；（5）在禁渔期内使用禁用的工具或者方法捕捞的；（6）在公海使用禁用渔具从事捕捞作业，造成严重影响的；（7）其他情节严重的情形。

根据《最高人民法院、最高人民检察院、公安部、农业农村部关于依法惩治长江流域非法捕捞等违法犯罪的意见》的规定，违反保护水产资源法规，在长江流域重点水域非法捕捞水产品，具有下列情形之一的，依照《刑法》第 340 条的规定，以非法捕捞水产品罪定罪处罚：（1）非法捕捞水产品 500 公斤以上或者 1 万元以上的；（2）非法捕捞具有重要经济价值的水生动物苗种、怀卵亲体或者在水产种质资源保护区内捕捞水产品 50 公斤以上或者 1000 元以上的；（3）在禁捕区域使用电鱼、毒鱼、炸鱼等严重破坏渔业资源的禁用方法捕捞的；（4）在禁捕区域使用农业农村部规定的禁用工具捕捞的；（5）其他情节严重的情形。

2. 如何把握本罪的罪数形态

实施非法捕捞水产品犯罪，使用禁用的方法，如电鱼、炸鱼、毒鱼等危险方法，可能同时构成危害公共安全犯罪；属于想象竞合犯，应从一重罪论处。在非法捕捞水产品过程中，捕捞、杀害珍贵、濒危水生野生动物的，可能再构成非法猎捕、杀害珍贵、濒危野生动物罪，与非法捕捞水产品罪也属于想象竞合，从一重罪论处；如果不知道猎捕、杀害的水产品属于珍贵、濒危野生动物的，属于认识对象错误，以非法捕捞水产品罪处罚；长期、多次非法捕捞水产品构成犯罪，其中有猎捕、杀害珍贵、濒危野生动物行为的，应当以非法捕捞水产品罪和猎捕、杀害珍贵、濒危野生动物罪数罪并罚。在实施非法捕捞过程中，以暴力、威胁方法抗拒抓捕、查处，构成妨害公务等犯罪的，应当数罪并罚。

3. 非法捕捞人工养殖的水产品能否构成本罪

作为本罪对象的水产品，是指自然状态下野生的水产品，人工养殖的经济类水产品或者用作科学研究、人工繁育所养殖的水产品不属于本罪的对象。非法捕捞人工养殖的水产品构成犯罪的，可以破坏生产经营罪、盗窃罪等犯罪处理。

4. 合理确定犯罪人承担的生态环境修复责任

在办理非法捕捞水产品案件中，确定犯罪人承担的生态环境修复责任：一是要坚持比例原则，无论是要求犯罪人以增殖放流鱼苗、社区劳务还是以其他方式承担修复责任，其方式和费用应和犯罪人需要承担的修复责任相适应，不能要求犯罪人承担过多的修复责任。二是要坚持实用性、有效性，所确定的修复方式要确实能够在当地发挥修复作用，而不是仅注重惩罚性、教育性。三是审慎确定要求犯罪人向社会公开赔礼道歉的范围和方式，除有重大社会影响的案件外，尽量减少适用在报刊、新闻媒体上公开赔礼道歉的方式。既要努力减少犯罪人由此产生的金钱负担，也要尽量减少对犯罪人名誉的再次影响。

八十二、危害珍贵、濒危野生动物罪

第三百四十一条第一款 非法猎捕、杀害国家重点保护的珍贵、濒危野生动物的，或者非法收购、运输、出售国家重点保护的珍贵、濒危野生动物及其制品的，处五年以下有期徒刑或者拘役，并处罚金；情节严重的，处五年以上十年以下有期徒刑，并处罚金；情节特别严重的，处十年以上有期徒刑，并处罚金或者没收财产。

（一）概述

1. 概念和构成要件

危害珍贵、濒危野生动物罪，是指违反国家有关野生动物保护法规，猎捕、杀害国家重点保护的珍贵、濒危野生动物，或者收购、运输、出售国家重点保护的珍贵、濒危野生动物及其制品的行为。

危害珍贵、濒危野生动物罪的构成要件和主要特征是：

（1）本罪侵犯的客体是国家对野生动物资源的保护管理制度。犯罪对象是国家重点保护的珍贵、濒危野生动物和珍贵、濒危野生动物制品。"珍贵、濒危野生动物制品"，是指对捕获或者得到的珍贵、濒危野生动物通过某种加工手段而获得的成品与半成品，包括野生动物的部分及其衍生物。

（2）客观方面表现为违反国家有关野生动物保护法规，猎捕、杀害国家重点保护的珍贵、濒危野生动物，或者收购、运输、出售国家重点保护的珍贵、濒危野生动物及其制品的行为。"非法猎捕、杀害珍贵、濒危野生动物"，是指未取得特许猎捕证或者虽取得特许猎捕证，但未按特许猎捕证规定的种类、数量、地点等，非法猎捕、杀害国家重点保护野生动物的行为。"收购"，包括以营利、自用等为目的的购买行为。"运输"，包括采用携带、邮寄、利用他人、使用交通工具等方法进行运送的行为。"出售"，包括出卖和以营利为目的的加工利用行为。知道或者应当知道是珍贵、濒危野生动物及其制品，为食用或者其他目的而非法购买的，属于非法收购珍贵、濒危野生动物及其制品的行为。

（3）犯罪主体为一般主体，自然人和单位均可构成本罪的主体。

（4）主观方面由故意构成。即行为人知道或者应当知道所收购、运输、出售的是国家重点保护的珍贵、濒危野生动物，珍贵、濒危野生动物制品，但为了牟取暴利、食用或者其他目的，仍违反国家规定而为之。

2.法定刑

依照《刑法》第341条第1款的规定，犯危害珍贵、濒危野生动物罪的，处五年以下有期徒刑或者拘役，并处罚金；情节严重的，处五年以上十年以下有期徒刑，并处罚金；情节特别严重的，处十年以上有期徒刑，并处罚金或者没收财产。

依照《刑法》第346条的规定，单位犯本罪的，对单位判处罚金，并对其直接负责的主管人员和其他直接责任人员，依照《刑法》第341条第1款的规定处罚。

（二）疑难问题精析

1.如何认定珍贵、濒危野生动物

没有买卖就没有杀害。为了保护拯救珍贵、濒危野生动物，维护生物多样性和生态平衡，1997年修订《刑法》时增设了非法猎捕、杀害珍贵、濒危野生动物罪和非法收购、运输、出售珍贵、濒危野生动物、珍贵、濒危野生动物制品罪。2021年3月1日起施行的《最高人民法院、最高人民检察院关于执行〈中华人民共和国刑法〉确定罪名的补充规定（七）》，将这两个罪名予以取消，统一修改为危害珍贵、濒危野生动物罪。本罪的犯罪对象是国家重点保护的珍贵、濒危野生动物及其制品。野生动物，包括陆生野生动物和水生野生动物。珍贵、濒危的野生动物，主要是指中国特产、稀有或者濒于灭绝的以及数量稀少、有灭绝危险的或者分布地域狭窄有限的野生动物。对珍贵、濒危的野生动物，国家没有制定专门的保护名录。《野生动物保护法》规定，国家对珍贵、濒危的野生动物实行重点保护。国家重点保护的野生动物分为一级保护野生动物和二级保护野生动物。国家重点保护的野生动物名录及其调整，由国务院野生动物保护主管部门制定，报国务院批准公布。据此，原林业部、农业部在1989年1月14日发布了经国务院批准的《国家重点保护野生动物名录》，并将国家重点保护的野生动物分为一级和二级。一级保护野生动物是指中国特产稀有或濒于灭绝的野生动物，如大熊猫、丹顶鹤等。二级保护野生动物是指数量稀少或者分布地域狭窄，若不采取保护措施将有灭绝危险的野生动物，如猕猴、鹦鹉等。因此，国家重点保护的珍贵、濒危野生动物，指的就是国家重点保护的一、二级野生动物。由于我国已于1980年12月25日加入《公约》，故《刑法》第341条第1款中"珍贵、濒危野生动物"的范围，根据《最高人民法院、最高人民检察院关于办理破坏野生动物资源刑事案件适用法律若干问题的解释》（以下简称《办理破坏野生动物资源刑事案件解释》）第1条的规定，除列入国家重点保护野生动物名录的国家一、二级保护野生动物以外，还包括列入《公约》附录Ⅰ、附录Ⅱ的野生动物，以及驯养繁殖（即人工繁育）的上述物种。

值得注意的是，珍贵、濒危野生动物的范围是不断变化着的。随着自然环境的改善和国家保护力度的加大，原来一些因稀少而珍贵或者处于濒危状态的野生动物，有可能经过多年的保护而大量增加，已不再需要重点保护，同时也会有些野生动物由于生存环境恶化等原因而锐减，甚至濒临灭绝，亟待提高保护级别。相应地，国家重点保护野生动物名录也应当随着物种数量的变化不断进行修订，将一些已处于或即将处于濒危状态的物种增列进来，同时调低那些已经大量繁殖且生存环境明显改善的物种保护级别或者从名录中予以剔除。具体来讲：

（1）国家重点保护的野生动物名录一直在不断调整。2003年2月21日，经国务院批准，原国家林业局对《国家重点保护野生动物名录》进行过一次调整，将野生动物麝（所有种）的保护级别由原来的二级调整为一级。2009年6月24日，针对《云南省林业厅关于如何确定缅甸陆龟保护级别的请示》，原国家林业局作出《关于缅甸陆龟有关问题的复函》，在确认缅甸陆龟属于列入《公约》附录Ⅱ的野生动物的同时，还强调指出，对于原产于我国的缅甸陆龟，不再按照国家重点保护的野生动物对待，而是应当按照《国家保护的有益的或者有重要经济、科学研究价值的陆生野生动物名录》的规定管理。根据2016年修订的《野生动物保护法》第10条规定，国家重点保护野生动物名录，国务院野生动物保护主管部门每五年就要调整一次。最近的一次调整发生在2020年6月3日，为进一步加大对穿山甲的保护力度，经国务院批准，国家林业和草原局发布公告，决定自即日起将穿山甲属所有种由国家二级保护野生动物调整为国家一级。最近的一次调整发生在2021年2月1日，经国务院批准，国家林业和草原局、农业农村部联合发布《国家重点保护野生动物名录》。经过此次调整，列入《国家重点保护野生动物名录》的野生动物大幅增加，共列入野生动物980种和8类，其中517种（类）为新增。在新增的野生动物中，国家一级保护野生动物43种，如大斑灵猫等；其余均为国家二级保护野生动物，如狼等。不仅如此，此次调整后，原来已经列入名录的野生动物的保护级别也有很大变化。比如，将豺、长江江豚等65种由国家二级保护野生动物调整为国家一级，同时，将熊猴、北山羊、蟒蛇等3种野生动物由国家一级保护野生动物调整为国家二级。

（2）我国对《公约》附录中野生动物的保护级别也有所变化。1993年4月14日，原林业部下发《关于核准部分濒危野生动物为国家重点保护野生动物的通知》，将《公约》附录Ⅰ和附录Ⅱ所列非原产我国的所有野生动物，如犀牛、食蟹猴、袋鼠、鸵鸟、非洲象、斑马等，分别核准为国家一级和国家二级保护野生动物。对这些野生动物及其产品（包括任何可辨认部分或其衍生物）的管理，同原产我国的国家一、二级保护野生动物一样，按照国家现行法律、法规和规章的规定实施管理。2018年10月9日，农业农村部发布《濒危野生动植物种国际贸易公约附录水生物种核准为国家重点保护野生动物名录》，决定对公约附录水生物种按照被核准的国家重点保护动物级别进行国内管理，已列入国家重点保护名录的物种不再单独进行核准，按对应国家重点保护动物级别进行国内管理。然而，从此次的核准情况看，我国对公约附录水生物种的保护级别进行了较大规模的调整。主要表现是：①有些物种的保护级别被下调，如公约附录Ⅰ中的水獭，国家重点保护现行名录是二级；②有些物种的保护级别则被提升，如公约附录Ⅱ中的斑鳖、附录Ⅲ中的瘦长红珊瑚（中国），核准后的国家重点保护级别均被调整为一级；③有些物种的保护范围被限缩，如公约附录Ⅰ中的菲律宾鳄，核准后国家重点保护级别虽然仍为一级，但仅限于野外种群；④还有些物种的保护级别至今没有确定，如公约附录Ⅰ中的桔斑螈、附录Ⅱ中的长鳍真鲨，在我国目前处于暂不核准状态。

因此，司法机关在办理涉及本罪的案件时，务必密切关注相关行政法律法规的变化和调整，认真审查涉案野生动物的种属和类别，准确判断其是否珍贵、濒危以及珍贵、濒危的程度，以准确定罪，恰当量刑。

2. 如何认定"情节严重""情节特别严重"

根据《刑法》第341条第1款的规定，本罪是行为犯，"情节严重"或者"情节特别严重"的，应当加重处罚。而衡量本罪情节严重程度的标准，根据《办理破坏野生动物资源刑事案件解释》的规定，主要体现在犯罪对象的数量和价值上。犯罪对象是野生动物的，主要以数量为根据，犯罪对象是野生动物制品的，则以价值和非法获利额为根据。当然，在定罪量刑时，除数量、价值之外，还要综合考虑行为人的主观罪过、犯罪动机、行为手段、危害后果以及认罪悔罪态度、修复生态环境情况等情节。

首先，关于"情节严重"的认定。根据有关司法解释的规定，犯罪对象不同，"情节严重"的认定标准也不相同。具体来讲：

第一，非法采捕珊瑚、砗磲或者其他珍贵、濒危水生野生动物，根据《最高人民法院关于审理发生在我国管辖海域相关案件若干问题的规定》[以下简称《审理海域案件的规定（二）》] 第 5 条第 1 款的规定，具有下列情形之一的，应当认定为"情节严重"：（1）价值在 50 万元以上的；（2）非法获利 20 万元以上的；（3）造成海域生态环境严重破坏的；（4）造成严重国际影响的；（5）其他情节严重的情形。

第二，非法收购、运输、出售珊瑚、砗磲或者其他珍贵、濒危水生野生动物及其制品，根据《审理海域案件的规定（二）》第 6 条第 1 款的规定，具有下列情形之一的，应当认定为"情节严重"：（1）价值在 50 万元以上的；（2）非法获利在 20 万元以上的；（3）具有其他严重情节的。

第三，根据最高人民法院、最高人民检察院、公安部、农业农村部于 2020 年 12 月 17 日联合发布的《依法惩治长江流域非法捕捞等违法犯罪的意见》，在长江流域重点水域非法猎捕、杀害中华鲟、长江鲟、长江江豚或者其他国家重点保护的珍贵、濒危水生野生动物，价值 20 万元以上不满 200 万元的，应当认定为"情节严重"，非法收购、运输、出售在长江流域重点水域非法猎捕、杀害的中华鲟、长江鲟、长江江豚或者其他国家重点保护的珍贵、濒危水生野生动物及其制品，价值 20 万元以上不满 200 万元的，应当认定为"情节严重"。

其次，关于"情节特别严重"的认定。同样，行为手段不同、犯罪对象不同，"情节特别严重"的认定标准也不相同。具体情况是：

第一，非法采捕珊瑚、砗磲或者其他珍贵、濒危水生野生动物，根据《审理海域案件的规定（二）》第 5 条第 2 款的规定，具有下列情形之一的，应当认定为"情节特别严重"：（1）价值或者非法获利达到本条第 1 款规定标准 5 倍以上的；（2）价值或者非法获利达到本条第 1 款规定的标准，造成海域生态环境严重破坏的；（3）造成海域生态环境特别严重破坏的；（4）造成特别严重国际影响的；（5）其他情节特别严重的情形。

第二，非法收购、运输、出售珊瑚、砗磲或者其他珍贵、濒危水生野生动物及其制品，根据《审理海域案件的规定（二）》第6条第2款的规定，具有下列情形之一的，应当认定为"情节特别严重"：（1）价值在250万元以上的；（2）非法获利在100万元以上的；（3）具有其他特别严重情节的。

第三，根据最高人民法院、最高人民检察院、公安部、农业农村部于2020年12月17日联合发布的《依法惩治长江流域非法捕捞等违法犯罪的意见》，在长江流域重点水域非法猎捕、杀害中华鲟、长江鲟、长江江豚或者其他国家重点保护的珍贵濒危水生野生动物，价值200万元以上的，应当认定为"情节特别严重"；非法收购、运输、出售在长江流域重点水域非法猎捕、杀害的中华鲟、长江鲟、长江江豚或者其他国家重点保护的珍贵、濒危水生野生动物及其制品，价值200万元以上的，应当认定为"情节特别严重"。

3. 如何认定珍贵、濒危野生动物制品的价值

珍贵、濒危野生动物制品的价值，不仅是入罪的重要依据，还涉及"情节严重""情节特别严重"的认定和不同的法定刑档次，直接影响被告人的量刑结果。在认定珍贵、濒危野生动物制品的价值时，要注意：

关于珍贵、濒危野生动物制品的价值，根据《办理破坏野生动物资源刑事案件解释》第11条、《审理海域案件的规定（二）》第7条第2款、《最高人民法院、最高人民检察院、公安部、司法部关于依法惩治非法野生动物交易犯罪的指导意见》第6条等的规定，在认定时应当遵循以下基本原则：（1）依照国家野生动物保护主管部门制定的价值评估标准和方法予以核算认定。（2）同一案件中缴获的同一动物个体的不同部分的价值总和，不得超过该种动物个体的价值。（3）具有特殊利用价值或者导致动物死亡的主要部分，核算方法不明确的，其价值标准最高可以按照该种动物整体价值标准的80%予以折算，其他部分价值标准最高

可以按整体价值标准的 20% 予以折算。按照上述方法核算的价值明显不当的，应当根据实际情况妥当予以核算。（4）核定价值低于实际交易价格的，以实际交易价格认定。（5）根据上述方法仍然难以确定的，可以依据价格认证机构、国务院野生动物保护主管部门等单位指定的机构、地（市）级以上人民政府野生动物主管部门等单位出具的报告，结合其他证据作出认定。

关于《公约》(CITES) 附录中所列陆生野生动物制品的价值，根据《最高人民法院、最高人民检察院、国家林业局、公安部、海关总署关于破坏野生动物资源刑事案件中涉及的 CITES 附录 I 和附录 II 所列陆生野生动物制品价值核定问题的通知》和《野生动物及其制品价值评估方法》的规定，认定时应当参照与其同属、同科、同目、同纲或者同门的国家重点保护陆生野生动物的同类制品价值标准核定。同属、同科、同目、同纲或者同门中，如果存在多种不同保护级别的国家重点保护陆生野生动物的，应当参照该分类单元中相同保护级别的国家重点保护陆生野生动物的同类制品价值标准核定；如果存在多种相同保护级别的国家重点保护陆生野生动物的，应当参照该分类单元中价值标准最低的国家重点保护陆生野生动物的同类制品价值标准核定；如果 CITES 附录 I 和附录 II 所列陆生野生动物所处分类单元有多种国家重点保护陆生野生动物，但保护级别不同的，应当参照该分类单元中价值标准最低的国家重点保护陆生野生动物的同类制品价值标准核定；如果仅有一种国家重点保护陆生野生动物的，应当参照该种国家重点保护陆生野生动物的同类制品价值标准核定。

关于《公约》附录所列水生野生动物制品的价值，根据《水生野生动物及其制品价值评估办法》规定，已被农业农村部核准为国家重点保护野生动物的，认定时应当按照对应保护级别系数核算价值。尚未列入《水生野生动物基准价值标准目录》的水生野生动物，其基准价值参照与其同属、同科或同目的最近似水生野生动物的基准价值核算。

4. 如何区别危害珍贵、濒危野生动物罪与走私珍贵动物、珍贵动物制品罪

根据《刑法》第151条第2款的规定，走私珍贵动物、珍贵动物制品罪，是指违反海关法规，逃避海关监管，运输、携带、邮寄国家禁止进出口的珍贵动物及其制品进出国（边）境的行为。两罪的犯罪对象相同，都是列入国家重点保护野生动物名录的国家一、二级保护野生动物，列入《公约》附录Ⅰ、附录Ⅱ的野生动物以及人工繁育的上述物种。两罪都是一般主体，既可以是自然人，也可以是单位。两罪主观方面也相同，都是出于故意。两罪的主要区别是：（1）犯罪客体不同。前者是一种破坏环境资源保护犯罪，妨害社会管理秩序，直接侵犯的是国家对野生动物资源的保护管理制度；而后者属于走私犯罪，是一种严重破坏社会主义市场经济秩序的行为，侵犯的是我国外贸监管制度和国家对珍贵动物及其制品禁止进出口的管理制度。（2）客观方面不同。前者表现为非法猎捕、杀害珍贵、濒危野生动物，或者收购、运输、出售珍贵、濒危野生动物及其制品的行为；而后者的行为特征则表现为非法运输、携带、邮寄国家禁止进出口的珍贵动物及其制品进出境。虽然都可能表现为运输、携带、邮寄行为，但前者的行为不涉及进出口，后者则相反。

直接向走私人非法收购国家禁止进口的珍贵、濒危野生动物及其制品的，或者在内海、领海、界河、界湖运输、收购、贩卖国家禁止进出口的珍贵、濒危野生动物及其制品的，根据《刑法》第155条和《最高人民法院、最高人民检察院关于办理走私刑事案件适用法律若干问题的解释》第20条的规定，应当以走私珍贵动物、珍贵动物制品罪定罪处罚。对于非法收购珍贵、濒危野生动物及其制品后又走私的，宜实行数罪并罚。

八十三、非法狩猎罪

第三百四十一条第二款 违反狩猎法规，在禁猎区、禁猎期或者使用禁用的工具、方法进行狩猎，破坏野生动物资源，情节严重的，处三年以下有期徒刑、拘役、管制或者罚金。

（一）概述

1. 概念和构成要件

非法狩猎罪，是指违反狩猎法规，在禁猎区、禁猎期或者使用禁用的工具、方法进行狩猎，破坏野生动物资源，情节严重的行为。

非法狩猎罪的构成要件和主要特征是：

（1）本罪侵犯的客体是国家对野生动物资源的管理制度。根据《野生动物保护法》的规定，野生动物资源属于国家所有，受法律保护；国家保护的野生动物包括珍贵、濒危的陆生、水生野生动物和有重要生态、科学、社会价值的陆生野生动物。任何组织和个人都有保护野生动物及其栖息地的义务。禁止违法猎捕野生动物、破坏野生动物栖息地。国家对野生动物实行分类分级保护，并分别规定了批准捕猎的权限。根据珍稀程度的不同，分为国家重点保护野生动物和非国家重点保护野生动物两大类。"国家重点保护野生动物"，即珍贵、濒危的陆生和水生野生动物，包括国家一级保护野生动物和国家二级保护野生动物两个级别，前者如大熊猫、金丝猴、朱鹮、扬子鳄、中华鲟、鹦鹉螺等，后者如猕猴、蓑羽鹤、绿海龟等。国家重点保护野生动物名录，由国务院野生动物保护主管部门组织科学评估后制定，并且每 5 年根据评估情况确定对名录进行调整。法律禁止猎捕、杀害国家重点保护野生动物。因科学研究、种群调控、疫源疫病监测或者其他特殊情况，需要猎捕国家一级保护野生动物的，应当向国务院野生动物保护主管部门申请特许猎捕证；需要猎捕国家二级保护野生动物的，应当向省、自治区、直辖市人民政府野生动物保护主管部门申请特许猎捕证。"非国家重点保护野生动物",包括地方重点保护野生动物和有重要生态、科学、社会价值的陆生野生动物,前者名录由省、自治区、直辖市人民政府组织科学评估后制定、调整并公布;后者名录由国务院野生动物保护主管部门组织科学评估后制定、调整并公布。依据法律规定,猎捕非国家重点保护野生动物的,应当依法取得县级以上地方人民政府野生动物保护主管部门核发的狩猎证,并且服从猎捕量限额管理。

本罪的犯罪对象是指珍贵、濒危的陆生和水生野生动物以外的未列入国家重点保护野生动物名录的陆生野生动物,属于非国家重点保护野生动物。

(2)客观方面表现为违反狩猎法规,在禁猎区、禁猎期或者使用禁用的工具、方法进行狩猎,破坏野生动物资源,情节严重的行为。

"违反狩猎法规",主要是指违反《野生动物保护法》及有关法规规章,这是构成本罪的前提条件。《野生动物保护法》规定,猎捕者应当按照特许猎捕证、狩猎证规定的种类、数量、地点、工具、方法和期限进行猎捕。持枪猎捕的,应当依法取得公安机关核发的持枪证。

"禁猎区",是指依法划定的不准狩猎的区域,比如野生动物资源贫乏或者破坏严重的地区、适宜野生动物栖息繁殖的地区、需要保护自然环境的地区等,城镇、工矿区、革命圣地等,也不准狩猎。"禁猎期",是指依法设定的不准狩猎的期间,一般是根据野生动物的生长、繁殖规律而采取的季节性保护措施。《野生动物保护法》规定,在相关自然保护区域和禁猎(渔)区、禁猎(渔)期内,禁止猎捕以及其他妨碍野生动物生息繁衍的活动,但法律法规另有规定的除外。禁猎区、禁猎期由县级以上人民政府或者其野生动物行政主管部门划定和公布。

"禁用的工具",是指足以破坏野生动物资源,危害人畜安全,或者破坏森林、草原的工具;"禁用的方法",是指足以损害野生动物资源正常繁殖、生长的方法。《野生动物保护法》规定,禁止使用毒药、爆炸物、电击或者电子诱捕装置以及猎套、猎夹、地枪、排铳等工具进行猎捕，禁止使用夜间照明行猎、歼灭性围猎、捣毁巢穴、火攻、烟熏、网捕等方法进行猎捕，但因科学研究确需网捕、电子诱捕的除外。其他禁止使用的猎捕工具和方法，由县级以上地方人民政府规定并公布。

按照法律规定，行为人只要具备了"在禁猎区狩猎""在禁猎期狩猎""使用禁用的工具狩猎""使用禁用的方法进行狩猎"情形之一，并且破坏野生动物资源，情节严重，就构成本罪。

"情节严重"，根据《最高人民法院、最高人民检察院关于办理破坏野生动物资源刑事案件适用法律若干问题的解释》（以下简称《办理破坏野生动物资源刑事案件解释》）第7条第1款的规定，包括：非法猎捕野生动物价值1万元以上的；在禁猎区使用禁用的工具或者方法狩猎的；在禁猎期使用禁用的工具或者方法狩猎的；其他情节严重的情形。

（3）犯罪主体为一般主体，凡年满16周岁并具有辨认和控制自己行为能力的自然人均可构成本罪主体，单位亦可构成本罪主体。

（4）主观方面由故意构成，即明知属于在禁猎区、禁猎期或者使用禁用的工具、方法进行狩猎而为之。犯罪目的和动机不影响本罪的成立。过失不构成本罪。

2. 法定刑

依照《刑法》第341条第2款的规定，犯非法狩猎罪的，处三年以下有期徒刑、拘役、管制或者罚金。

依照《刑法》第346条的规定，单位犯本罪的，对单位判处罚金，并对其直接负责的主管人员和其他直接责任人员，依照第341条第2款规定处罚。

（二）疑难问题精析

1. 划清本罪与危害珍贵、濒危野生动物罪的界限

危害珍贵、濒危野生动物罪的罪状中，包括猎捕、杀害国家重点

保护的珍贵、濒危野生动物的行为，即原非法猎捕、杀害珍贵、濒危野生动物罪。其立法渊源，也可追溯到 1979 年《刑法》第 130 条的规定。1988 年 11 月 8 日全国人大常委会通过《关于惩治捕杀国家重点保护的珍贵、濒危野生动物犯罪的补充规定》(已失效)，对该罪单独规定了罪状和更高的法定刑，1997 年《刑法》对此吸收调整，最终形成第 341 条第 1 款的规定。[①]

我国《刑法》单独设立该罪，不是因为其与非法捕捞水产品罪和非法狩猎罪本质上有何不同，而是一种加强对濒临灭绝的稀有野生动物保护的政策性选择，体现了《刑法》对珍贵、濒危野生动物的重点保护。[②]

本罪与危害珍贵、濒危野生动物罪侵犯的客体、犯罪主体和主观方面都相同，二者的区别主要有两点：一是犯罪对象及法定刑不同。前者的犯罪对象为珍贵、濒危野生动物以外的陆生野生动物，属于非国家重点保护野生动物范围；后者的犯罪对象为珍贵、濒危的陆生和水生野生动物及其制品，属于国家重点保护的野生动物，因此后者的法定刑远重于前者。二是客观方面表现不同。前者表现为违反狩猎法规，在禁猎区、禁猎期或者使用禁用的工具、方法进行狩猎；后者表现为未取得相关许可证，或者虽取得相关许可证，但未按规定的种类、数量、地点等限制条件，实施捕猎、杀害国家重点保护的珍贵、濒危野生动物，或者收购、运输、出售国家重点保护的珍贵、濒危野生动物及其制品。

行为人明确以珍贵、濒危野生动物为狩猎对象的，应当直接按照《刑法》第 341 条第 1 款规定的危害珍贵、濒危野生动物罪定罪量刑。但实践中，有时会出现在禁猎区、禁猎期或者使用禁用的工具、方法进行狩猎，猎取物中既有非国家重点保护野生动物，又有国家重点保护的珍

---

① 参见高铭暄：《中华人民共和国刑法的孕育诞生和发展完善》，北京大学出版社 2012 年版，第 565 页。

② 参见叶菊芬：《非法狩猎行为触犯数个罪名时的罪数认定》，载《人民司法·案例》2012 年第 10 期。

贵、濒危野生动物的情况。[①]

对此种情况认定一罪还是数罪，在司法实践中往往存在争议。根据通说的罪数理论，认定一罪或者数罪的基本规则，应当坚持主客观要件相统一，以《刑法》分则规定的犯罪构成为标准，具备一个犯罪构成是一罪，具备数个犯罪构成是数罪。[②]

实际上，无论哪一级别的野生动物保护名录，列举受保护野生动物的品种都很多，不能期待一般的行为人都能准确区分。行为人出于一个非法猎捕野生动物的概括犯意，实施一个自然的捕猎行为，就是一罪，不能仅因同时捕获到珍贵、濒危野生动物和其他野生动物、符合两种犯罪对象而认定数罪。在这种情况下，只要行为人在主观方面知道或者应当知道可能猎捕到珍贵、濒危野生动物，就应该依照刑罚较重的危害珍贵、濒危野生动物罪定罪量刑，猎捕到未列入国家重点保护野生动物名录的陆生野生动物等情节可以作为酌定的量刑因素。但是，如果行为人多次实施非法狩猎行为，其中有时捕获到珍贵、濒危野生动物，有时只捕获到其他野生动物，就可以按照非法狩猎罪和危害珍贵、濒危野生动物罪并罚。

2. 划清本罪与非法捕捞水产品罪的界限

非法捕捞水产品罪，是指违反保护水产资源法规，在禁渔区、禁渔期或者使用禁用的工具、方法捕捞水产品，情节严重的行为。本罪与非法捕捞水产品罪在犯罪主体、主观方面基本一致，在客观方面"四个禁止性规定"比较相似，且都有情节严重的要求，二者的区别主要有四点：一是侵犯的主要客体不同，前者是国家对野生动物资源的管理制度，后者是国家对水产资源的管理制度。二是犯罪对象不同，前者是除珍贵、濒危野生动物以外的陆生野生动物，后者是自然野生的水产品，当然也

---

① 上海市浦东新区人民法院（2012）浦刑初字第 195 号。

② 参见高铭暄、马克昌主编：《刑法学》，北京大学出版社、高等教育出版社 2014 年版，第 181 页。

不包括国家重点保护的珍贵、濒危水生野生动物。三是行为方式有差别，前者是陆上的狩猎，后者是水中的捕捞，二者的"四个禁止性规定"，即禁猎（渔）区、禁猎（渔）期、禁用的工具、禁用的方法，形式相同而内容迥异。四是立法渊源不同，后者来源于1979年《刑法》第129条，虽然二者的法定刑完全一致，但自始分别规定。

3. 司法机关在适用本罪规定时应当注意的问题

（1）慎重适用刑事处罚。实施非法狩猎的行为，如果情节并不严重，没有造成野生动物资源严重破坏的，则属一般违法行为，应当由行政主管部门予以行政处罚，不能追究行为人的刑事责任。根据《办理破坏野生动物资源刑事案件解释》第7条第3款的规定，实施非法狩猎的行为虽然形式上达到"情节严重"的标准，但根据猎获物的数量、价值和狩猎方法、工具等，认为对野生动物资源危害明显较轻的，综合考虑猎捕的动机、目的、行为人自愿接受行政处罚、积极修复生态环境等情节，可以认定为犯罪情节轻微，不起诉或者免予刑事处罚；情节显著轻微危害不大的，不作为犯罪处理。根据《办理破坏野生动物资源刑事案件解释》第14条的规定，实施非法狩猎的行为被不起诉或者免予刑事处罚的行为人，依法应当给予行政处罚、政务处分或者其他处分的，依法移送有关主管机关处理。

（2）正确认定本罪的既遂与未遂。本罪的犯罪既遂形态分类属于结果犯，应当以实际捕获野生动物为既遂标志。虽然《办理破坏野生动物资源刑事案件解释》第7条第1款将"在禁猎区使用禁用的工具或者方法狩猎的"和"在禁猎期使用禁用的工具或者方法狩猎的"规定为"情节严重"的判断标准，但追诉标准、定罪标准与犯罪既遂是不同的概念，只实施了禁止性行为、没有实际捕获野生动物的，仍不应认定为本罪的既遂。

（3）正确认定一罪与数罪。对于多次实施本罪行为，依法应当追诉的，或者二年内实施非法狩猎行为未经处理的，均按照一罪处理，犯罪数额累计计算。对于实施本罪行为，同时构成其他犯罪的，除法律另有规定之外，应当依照处罚较重的规定定罪处罚。比如，使用爆炸、投毒、设置电网等危险方法进行非法狩猎的，依照《刑法》第114条或者第115条的规定定罪处罚；伪造、变造、买卖国家机关颁发的猎捕证、狩猎证等公文、证件进行非法狩猎的，依照《刑法》第280条第1款的规定定罪处罚。但如果实施上述行为，又实施本罪的，应当并罚。对于以食用为目的非法狩猎，同时符合本罪与非法猎捕陆生野生动物罪构成要件的，根据《办理破坏野生动物资源刑事案件解释》第8条第2款的规定，应当依照《刑法》第341条第3款的规定，以非法猎捕陆生野生动物罪定罪处罚。对于犯本罪，又以暴力、威胁方法抗拒查处，构成其他犯罪的，应当依照数罪并罚的规定处罚。比如，在非法狩猎过程中，如果抗拒管理、暴力加害国家机关工作人员或者巡护人员，符合妨害公务罪或者袭警罪构成要件的，应当依法与本罪并罚；致人重伤、死亡的，应当以故意伤害罪或者故意杀人罪与本罪并罚。

（4）正确认定本罪的下游犯罪。根据《全国人民代表大会常务委员会关于〈中华人民共和国刑法〉第三百四十一条、第三百一十二条的解释》规定，知道或者应当知道是《刑法》第341条第2款规定的非法狩猎的野生动物而购买的，属于《刑法》第312第1款规定的明知是犯罪所得而收购的行为。但如果事先有通谋，应当以共同犯罪论处。《办理破坏野生动物资源刑事案件解释》第9条亦规定，明知是非法狩猎犯罪所得的猎获物而收购、贩卖或者以其他方法掩饰、隐瞒，符合《刑法》第312条规定的，以掩饰、隐瞒犯罪所得罪定罪处罚。

（5）正确把握本罪的情节严重与从重处罚情节。在以往的司法实践中，对有组织或者聚众非法狩猎，多次非法狩猎，或者具有不听劝阻、威胁、殴打巡护人员的，一般认为属于"其他情节严重的情形"，即作为入罪标准。但其中部分已被司法解释规定为从重处罚情节，即作为量刑因素。根据《办理破坏野生动物资源刑事案件解释》第7条第2款的规定，对于犯本罪并具有下列情形之一的，从重处罚：暴力抗拒、阻碍国家机关工作人员依法履行职务，尚未构成妨害公务罪、袭警罪的；对野生动物资源或者栖息地生态造成严重损害的；二年内曾因破坏野生动物资源受过行政处罚的。要依法严惩具有从重处罚情节的非法狩猎犯罪，确保刑罚的惩戒和威慑效果，但也要避免对同一情节"重复评价"。

（6）正确适用公益诉讼。本罪属于破坏环境资源保护犯罪，为了保护国家利益和社会公共利益，促使被破坏的野生动物资源和生态环境尽快修复，检察机关在对本罪提起公诉的同时，可以依法提起附带民事公益诉讼，要求被告人赔偿环境资源损失、承担替代性修复费用、专家咨询费等。人民法院应一并审理，合理确定被告人的民事责任，如果认为检察机关提出的诉讼请求不足以保护社会公共利益，可以向其释明变更或者增加诉讼请求。①

---

① 案例：2018年3月起，被告人王某甲、吴某、王某乙违反狩猎法规，多次在湖南省宁乡市某镇的山林内使用鸟网、语音诱捕器等禁用的工具，捕获画眉鸟出售牟利。三人先后捕获画眉鸟共计260余只，将其中多数以每只25元的价格出售给被告人黄某甲经营的宠物会所。黄某甲明知画眉鸟是非法狩猎而来仍继续收购，加价转卖给被告人黄某乙。黄某乙明知画眉鸟是非法狩猎而来仍雇用被告人崔某帮忙收购，加价对外销售。公诉机关对本案提起附带民事公益诉讼。同年11月6日，宁乡市人民法院以非法狩猎罪分别判处王某甲、吴某、王某乙有期徒刑，以掩饰、隐瞒犯罪所得罪分别判处黄某甲、黄某乙、崔某拘役并处罚金（对黄某乙、崔某宣告缓刑）；同时责令吴某、王某乙共同赔偿国家自然资源损失3000元，王某甲、吴某、王某乙、黄某甲赔偿替代性方式修复生态环境或替代性修复费用各4000元；黄某甲赔偿替代性方式修复生态环境或替代性修复费用2000元；崔某赔偿替代性方式修复生态环境或替代性修复费用1500元。王某甲、吴某、王某乙、黄某甲、黄某乙、崔某赔偿本案专家咨询费用各350元。

八十四、非法占用农用地罪

第三百四十二条　违反土地管理法规，非法占用耕地、林地等农用地，改变被占用土地用途，数量较大，造成耕地、林地等农用地大量毁坏的，处五年以下有期徒刑或者拘役，并处或者单处罚金。

（一）概述

1. 概念和构成要件

非法占用农用地罪，是指违反土地管理法规，非法占用耕地、林地、草原等农用地，改变被占用土地用途，数量较大，造成耕地、林地、草原等农用地大量毁坏的行为。

非法占用农用地罪的构成要件和主要特征是：

（1）本罪侵犯的客体是国家的农用地管理制度。① 在我国，城市的土地属于国家所有。农村和城市郊区的土地，除由法律规定属于国家所有的以外，属于集体所有。虽然土地的使用可以依照法律的规定转让，但任何组织和个人不得侵占、买卖或者以其他形式非法转让土地。国家通过编制土地利用总体规划，规定土地用途，将土地分为农用地、建设用地和未利用地。国家通过严格限制农用地转为建设用地，控制建设用地总量，对耕地实行特殊保护。使用土地的单位和个人必须严格按照土地利用总体规划确定的用途使用土地。建设占用土地，涉及农用地转为建设用地的，应当办理农用地转用审批手续。

（2）客观方面表现为行为人实施了违反土地管理法规，非法占用耕地、林地、草原等农用地，改变被占用土地用途，数量较大，造成耕地、

---

① 有观点认为，本罪的客体是国家的土地管理制度。土地包括农用地和非农用地，行为人非法占用非农用地的，并不构成本罪。因此，将本罪的客体理解为国家的农用地管理制度更妥当些。此外，如果认为本罪客体是国家的土地管理制度，将导致在客体上无法将本罪和非法批准征收、征用、占用土地罪，非法低价出让国有土地使用权罪等准确区分。

林地、草原等农用地大量毁坏的行为。① 根据《全国人民代表大会常务委员会关于〈中华人民共和国刑法〉第二百二十八条、第三百四十二条、第四百一十条的解释》规定，"违反土地管理法规"，是指违反《土地管理法》《森林法》《草原法》等法律以及有关行政法规中关于土地管理的规定。"非法占用"，通常是指行为人违反土地利用总体规划或土地利用年度计划，未经自然资源主管部门审核批准而擅自占用，或者超过批准的用地数量占用，或者采取欺骗手段骗取批准而占用，例如，以提供虚假文件、谎报用途或借用、盗用他人的名义申请等欺骗手段通过审批程序而非法占用农用地。② 根据《土地管理法》的相关规定，"农用地"，是指直接用于农业生产的土地，包括耕地③、林地、草地、农田水利用地、养殖水面等。④ "改变被占用土地用途"，是指行为人将自然资源主管部门批准专用的土地擅自改作他用。

（3）犯罪主体为一般主体，单位也能成为本罪主体。⑤

---

① 作为与不作为均可构成本罪。例如，行为人土地使用权到期后，未办理继续使用手续或者自然资源主管部门撤销使用权批准后拒绝归还，并擅自改变土地用途的，应构成本罪。需要注意的是，如果行为人仅仅是超过使用权期限或因撤销批准丧失使用权后，仍按原用途使用农用地的，不宜认定构成本罪。但如果主管部门撤销批准的目的在于恢复被占用农用地的农业功能，而行为人拒绝归还并按原用途使用的，应构成本罪。

② 从加强行刑衔接的角度考虑，由无权批准机关批准或者由超越批准权限的机关批准而占用农用地的，或者不按照土地利用总体规划确定的用途批准用地的，或者违反法律规定的程序批准占用农用地的，也应该归入"非法占用"的范围。

③ 耕地是否处于使用中不影响本罪的成立。闲置、荒芜并不改变耕地的性质和用途，而且根据《土地管理法》的相关规定，耕地闲置、荒芜本身就是一种违法行为。因此，行为人非法占用闲置、荒芜耕地的，也应构成本罪。

④ 从文理解释的角度考虑，农田水利用地、养殖水面等直接用于农业生产的土地也是农用地，非法占用农田水利用地、养殖水面等，也应该构成本罪。在司法实务中，也有司法机关将之认定为犯罪，但司法解释仅对非法占用耕地、林地和草原的行为确定了具体的入罪数量标准。因此，尚无法对非法占用农田水利用地、养殖水面等行为以犯罪论处。

⑤ 居委会、村委会能否成为本罪的犯罪主体，在理论上尚有争议，但在司法实务中，部分司法机关认为居委会、村委会可以成为犯罪主体。例如，李清非法占用农用地案，参见江苏省泗阳县人民法院（2005）泗刑初字第 251 号。该案虽然最终只判处自然人构成非法占用农用地罪，但人民法院经过研判认为，居委会可以作为单位犯罪的主体，只是由于公诉机关未将居委会列为被告单位，人民法院才未能作出居委会有罪的判决。

（4）主观方面只能由故意构成。①

2. 法定刑

依照《刑法》第342条的规定，犯非法占用农用地罪的，处五年以下有期徒刑或者拘役，并处或者单处罚金。

（二）疑难问题精析

1. 如何划分罪与非罪的界限

本罪的入罪标准采用的是数量模式，因此，行为人必须违反土地管理法规，非法占用农用地，改变被占用土地用途并数量较大，而且还要造成农用地大量毁坏的，才构成犯罪。如果行为人仅只是非法占用农用地而未改变土地用途的，无论数量多少，均不构成本罪。如果未改变土地用途但导致农用地大量毁坏的，不成立本罪，例如，行为人未改变耕地用途，但实施超标或国家禁止使用的农药、肥料等，造成耕地种植条件严重毁坏或者严重污染的。由于行为人并未改变土地用途，不构成本罪，但视具体情节可能构成污染环境罪等。如果已改变土地用途但尚未造成农用地大量毁坏的，也不成立本罪，虽然在非法占用草原的犯罪中，对于非法开垦草原种植粮食作物、经济作物、林木，或者在非法占用的草原上建窑、建房、修路、挖砂、采石、采矿、取土、剥取草皮的并不需要出现具体的毁坏结果，但此处并非否定具体毁坏结果的存在，而是一旦改变用途即推定毁坏结果的存在。如果合法占用农用地但擅自改变土地用途，并导致农用地大量毁坏的，不成立本罪，因行为人并无非法占用行为，即便导致农用地大量毁坏的，也不能认定构成本罪，但视具体情节可能构成污染环境罪、故意毁坏财物罪或破坏生产经营罪等。此外，行为人在农村责任田上违法建房进行出售的，不宜以本罪追究刑事责任。

---

① 有观点认为，本罪只能由直接故意构成，间接故意不能构成本罪。此外，本罪也不是目的犯，不论行为人是为了谋取个人利益还是其他利益，只要违反土地管理法规，非法占用耕地、林地、草原等农用地，改变被占用土地用途，数量较大，且造成农用地大量毁坏的，就构成本罪。

需要注意的是，本罪在法条的表述中既使用了"非法占用农用地，改变被占用土地用途，数量较大"，又使用了"造成耕地、林地等农用地大量毁坏"。这种表述绝非单纯的语义重复，而是有其特殊的立法意图，即对刑事处罚的范围进行限制，避免刑罚适用过宽。如果行为人非法占用农用地，改变被占用土地用途，达到数量较大标准，但未造成农用地大量毁坏的，固然不能构成本罪。行为人仅仅实施了非法占用农用地的行为，未导致农用地大量毁坏的，其行为造成的社会危害性显然未达到需要进行刑事处罚的程度，可按行政违法进行处罚。如果行为人非法占用农用地，改变被占用土地用途，未达到数量较大，但因改变土地用途除自己占用的农用地外，还造成其他农用地毁坏，二者相加达到农用地大量毁坏标准的，也不能构成本罪，例如，行为人因挖沙、采石、采矿、取土等行为诱发泥石流或山体滑坡，导致其非法占用的农用地和相邻农用地毁坏的，或者因堆放或排放废弃物造成其非法占用的农用地和相邻农用地严重污染的。此时，并不能构成本罪。本罪处罚的重点对象是行为人非法占用农用地后，因擅自改变土地用途，造成农用地毁坏的情形。因此，"非法占用""改变用途"与"毁坏"之间必须存在因果链条，缺一不可。由于行为人对被毁坏或严重污染的其他农用地并未实施非法占有行为，其对这部分农用地的毁坏或严重污染并非其非法占有的必然后果，而是由其改变土地用途的行为所导致。因此，鉴于"非法占用""改变用途"与"毁坏"三者之间并不存在完整的因果链条，行为人不能构成非法占用农用地罪，但可能构成其他罪。例如，对被毁坏或严重污染的其他农用地，如果行为人具有故意，可能构成污染环境罪、故意毁坏财物罪或破坏生产经营罪等。如果行为人具有过失，可能构成过失投放危险物质罪等。质言之，"非法占用农用地，改变被占用土地用途，数量较大"与"造成耕地、林地等农用地大量毁坏"并非选择关系，而是并列关系。因此，行为人只有"非法占用农用地，改变被占用土地用途，数量较大"且"造成耕地、林地等农用地大量毁坏"的，才构成本罪。"数量较大"与"大量毁坏"的具体标准应根据司法实际来予以确定，既可以相同，也可以体现出差异，但"大量毁坏"的农用地应包含在"数量较大"之中。需要注意的是，《最高人民法院〈关于审理破坏土地资源刑事案件具体应用法律若干问题的解释〉》（以下简称《审理破坏土地资源刑事案件解释》）、《最高人民法院〈关于审理破坏林地资源刑事案件具体应用法律若干问题的解释〉》（以下简称《审理破坏林地资源刑事案件解释》）和《最高人民法院〈关于审理破坏草原资源刑事案件应用法律若干问题的解释〉》（以下简称《审理破坏草原资源刑事案件解释》）中对"数量较大"与"大量毁坏"确定的是相同的数量标准。

2. 如何具体把握本罪入罪的数量标准

根据《审理破坏土地资源刑事案件解释》的相关规定，非法占用耕地"数量较大"，是指非法占用基本农田 5 亩以上或者非法占用基本农田以外的耕地 10 亩以上。"造成耕地大量毁坏"，是指行为人非法占用耕地建窑、建坟、建房、挖沙、采石、采矿、取土、堆放固体废弃物或者进行其他非农业建设，造成基本农田 5 亩以上或者基本农田以外的耕地 10 亩以上种植条件严重毁坏或者严重污染。

根据《审理破坏林地资源刑事案件解释》的相关规定，违反土地管理法规，非法占用林地，改变被占用林地用途，在非法占用的林地上实施建窑、建坟、建房、挖沙、采石、采矿、取土、种植农作物、堆放或排泄废弃物等行为或者进行其他非林业生产、建设，造成林地的原有植被或林业种植条件严重毁坏或者严重污染，并具有下列情形之一的，属于"数量较大，造成林地大量毁坏"：（1）非法占用并毁坏防护林地、特种用途林地数量分别或者合计达到 5 亩以上；（2）非法占用并毁坏其他林地数量达到 10 亩以上；（3）非法占用并毁坏本条第 1 项、第 2 项规定的林地，数量分别达到相应规定的数量标准的 50% 以上；（4）非法占用并毁坏本条第 1 项、第 2 项规定的林地，其中 1 项数量达到相应规定的数量标准的 50% 以上，且两项数量合计达到该项规定的数量标准。

根据《审理破坏草原资源刑事案件解释》的相关规定，"草原"是指天然草原和人工草地，天然草原包括草地、草山和草坡，人工草地包括改良草地和退耕还草地，不包括城镇草地。非法占用草原"数量较大"，是指非法占用草原，改变被占用草原用途，数量在 20 亩以上的，或者曾因非法占用草原受过行政处罚，在 3 年内又非法占用草原，改变被占用草原用途，数量在 10 亩以上的。"造成草原大量毁坏"，是指：（1）开垦草原种植粮食作物、经济作物、林木的；（2）在草原上建窑、建房、修路、挖砂、采石、采矿、取土、剥取草皮的；（3）在草原上堆放或者排放废弃物，造成草原的原有植被严重毁坏或者严重污染的；（4）违反草原保护、建设、利用规划种植牧草和饲料作物，造成草原沙化或者水土严重流失的；（5）其他造成草原严重毁坏的情形。需要注意的是，对造成草原大量毁坏的判断标准，司法解释采用的是混合规定模式。对于非法开垦草原种植粮食作物、经济作物、林木，或者在非法占用的草原上建窑、建房、修路、挖砂、采石、采矿、取土、剥取草皮等采取"改变用途即毁坏的认定标准"，即只要在非法占用的草原上实施以上行为的，就应认定已对草原造成毁坏；对于在非法占用的草原上堆放或者排放废弃物，或者违反草原保护、建设、利用规划种植牧草和饲料作物的，分别以"造成草原的原有植被严重毁坏或者严重污染"或者"造成草原沙化或者水土严重流失"作为认定标准。

由于单位也能成为本罪主体，因此，根据《审理破坏土地资源刑事案件解释》《审理破坏林地资源刑事案件解释》《审理破坏草原资源刑事案件解释》的相关规定，单位犯非法占有土地罪的定罪量刑标准，按照自然人的定罪量刑标准执行。

3.如何对既未遂形态进行认定

行为人违反土地管理法规，非法占用农用地并改变被占用土地用途，数量较大，且造成农用地大量毁坏的，构成犯罪。但由于本罪为结果犯，当农用地大量毁坏的危害结果出现时，不仅成立犯罪而且为犯罪既遂。如果农用地大量毁坏的危害结果并未出现，不成立犯罪，但如果行为人改变被占用土地用途足以导致大量农用地毁坏，而由于行为人意志以外的原因未得逞时，应成立犯罪未遂。行为人非法占用农用地既有既遂，又有未遂的，全案应认定为既遂，既遂和未遂的数量累计计算，但判处刑罚时，应考虑未遂情节。

4. 国家机关工作人员徇私舞弊，违反土地管理法规，滥用职权，非法批准占用耕地、林地、草原的，如何处罚

国家机关工作人员徇私舞弊，违反土地管理法规，滥用职权，非法批准占用耕地，情节严重的，本身构成非法批准占用土地罪。由于非法批准占用土地罪的成立并不要求造成耕地大量毁坏，因此，国家机关工作人员在构成非法批准占用土地罪时，并不必然与非法占用耕地的行为人构成非法占用农用地罪的共同犯罪。如果行为人构成非法占用农用地罪的，国家机关工作人员则既构成非法批准占用土地罪，也构成非法占用农用地罪，二罪为想象竞合犯关系，应择一重罪论处。需要注意的是，虽然非法批准占用土地罪与非法占用农用地罪相比为轻罪，但一旦非法占用耕地的行为人构成非法占用耕地犯罪时，国家机关工作人员不但构成非法批准占用土地罪，还具备了"致使国家或者集体利益遭受特别重大损失"的法定刑升格情节，这样一来，非法批准占用土地罪反而成为重罪。因此，无论国家机关工作人员是否与非法占用农用地的行为人构成非法占用耕地的共同犯罪，都应根据《审理破坏土地资源刑事案件解释》的相关规定，以非法批准占用土地罪定罪处罚。从严密法网和严惩渎职犯罪的角度考虑，《审理破坏土地资源刑事案件解释》第5条的"严重毁坏"应包括第3条"造成耕地大量毁坏"，但并不限于"造成耕地大量毁坏"的情形。

虽然根据《审理破坏林地资源刑事案件解释》《审理破坏草原资源刑事案件解释》的相关规定，国家机关工作人员徇私舞弊，违反土地管理法规，滥用职权，非法批准占用林地、草原，情节严重的，也应当以非法批准占用土地罪论处。但如果国家机关工作人员与非法占用林地、草原的行为人还构成非法占用林地、草原犯罪的共同犯罪时，在判处刑罚

时应注意与非法占用林地、草原行为人之间的协调和平衡。如果占用林地、草原的行为人刚到入罪标准，例如，非法占用并毁坏防护林地、特种用途林地数量合计达到5亩，此时国家机关工作人员和行为人构成非法占用土地罪的共同犯罪，应判处五年以下有期徒刑或者拘役，并处或者单处罚金。而国家机关工作人员本身还构成非法批准占用土地罪，由于非法批准占用的防护林地、特种用途林地合计只有5亩遭到毁坏，属于"情节严重"的情形，只能判处三年以下有期徒刑或者拘役。因此，在国家机关工作人员徇私舞弊，违反土地管理法规，滥用职权，非法批准占用林地、草原的犯罪中，一概将国家机关工作人员以非法批准占用土地罪论处，可能会导致量刑失衡的问题。此外，根据《审理破坏草原资源刑事案件解释》的相关规定，如果行为人曾因非法占用草原受过行政处罚，在3年内又非法占用草原，改变被占用草原用途，数量在10亩以上且遭到毁坏的，构成非法占用农用地罪。此时，如果国家机关工作人员徇私舞弊，违反土地管理法规，滥用职权，非法批准占用地，并不能构成非法批准占用土地罪。因此，为了严密法网和预防渎职犯罪，国家机关工作人员应以非法占用农用地罪的共犯论处。

5. 行为人在实施非法占用农用地的犯罪过程中，使用、煽动暴力或进行威胁的，如何处罚

由于本罪侵犯的客体是国家的农用地管理制度，并不包括他人的生命权和身体健康权。因此，行为人在实施非法占用农用地的犯罪过程中，以暴力、威胁方法阻碍自然资源主管部门工作人员依法执行土地审批、土地调查、监督检查等职务活动的，不能作为非法占用农用地罪的入罪情节予以考虑，而只能构成妨害公务罪。如果煽动群众暴力抗拒农用地法律、行政法规实施的，构成煽动暴力抗拒法律实施罪。[1] 如果行为人使用暴力故意或过失导致相关人员重伤或死亡的，构成故意伤害罪、故意

---

[1]　虽然只有《审理破坏草原资源刑事案件解释》作出了明确规定，但该规定为注意规定。因此，在非法占用耕地、林地中也应照此原则处理。

杀人罪、过失致人重伤罪或过失致人死亡罪。如果行为人还构成非法占用农用地罪的，由于数罪之间存在牵连关系，应择一重罪论处。如果不存在牵连关系的，应数罪并罚。

6.行为人非法占用农用地后，又转让、倒卖农用地使用权的，如何处罚

行为人非法占用农用地后，并不能以先占为由取得被占用农用地的合法使用权。因此，行为人并不能转让、倒卖农用地使用权，但如果行为人以非法占有为目的，隐瞒真相，虚构事实，以转让、倒卖土地使用权方式骗取公私财物，数额较大的，应构成诈骗罪。如果行为人非法占用农用地后，通过完善审批手续等方式获得使用权后，又非法转让、倒卖土地使用权的，构成非法转让、倒卖土地使用权罪。

7.行为人采用行贿方式获得非法批准后占用农用地的，或者因改变被占用土地用途又造成环境污染等的，如何处罚

行为人的行贿行为应为手段行为，而非法占用农用地行为为目的行为，二者之间虽为牵连关系，但根据《最高人民法院、最高人民检察院〈关于办理行贿刑事案件具体应用法律若干问题的解释〉》的相关规定，行贿人谋取不正当利益的行为构成犯罪的，应当与行贿犯罪事实施行数罪并罚。因此，对于行为人采用行贿方式获得非法批准后占用农用地的，不能按照牵连犯理论择一重罪论处，而应进行数罪并罚。行为人在非法占用农用地后，因堆放或排放废弃物、采石、采矿、取土、剥取草皮等又构成污染环境罪、非法处置进口的固体废物罪、非法采矿罪、盗伐林木罪等的，如果行为人不构成非法占用农用地罪，以污染环境罪、非法处置进口的固体废物罪、非法采矿罪、盗伐林木罪等论处。如果行为人构成数罪的，鉴于数罪间为想象竞合犯关系，应择一重罪论处。

8.行为人在实施非法占用农用地犯罪后，又补办行政审批手续获得农用地使用权及土地用途变更许可的，如何处罚

在司法实务中，有的行为人虽然正在办理行政审批手续，但尚未取

得农用地使用权及土地用途变更许可时就非法占用农用地并擅自改变土地用途。也有的行为人在非法占用农用地并擅自改变土地用途后，又积极补办行政审批手续。对于这些情形，是否构成犯罪应以行为时作为判断标准。如果行为时行为人并未取得农用地使用权和土地用途变更许可，而且达到了非法占用农用地罪入罪标准的，应构成犯罪。如果行为人最终获得了农用地使用权和土地用途变更许可的，由于农用地使用权和土地用途变更许可的获得，致使其先前成立的犯罪丧失刑罚处罚的合理性和必要性。因此，可不以犯罪论处。另外，行为人毕竟在非法占用农用地时并未取得行政许可，如果其行为社会危害性较大的，也可认定构成犯罪，但考虑到犯罪情节轻微，可以免予刑事处罚，予以训诫或者责令具结悔过等，或者由主管部门予以行政处罚或者行政处分。

9.行为人对耕地、林地、草原均实施了非法占用行为的，如何处理

《审理破坏土地资源刑事案件解释》《审理破坏林地资源刑事案件解释》《审理破坏草原资源刑事案件解释》虽然对非法占用耕地、林地、草原的入罪数量标准进行了明确规定，但未对行为人针对不同农用地均进行非法占用时如何确定入罪数量及相互间的折算关系进行规定。因此，行为人对耕地、林地、草原均实施非法占用行为且造成毁坏的，应按如下原则处理：（1）如果行为人非法占用的耕地、林地、草原之一已经达到入罪数量标准的，以之作为依据认定行为人构成犯罪，对其他农用地进行非法占用的数量进行折算后作为量刑情节。（2）如果行为人非法占用的耕地、林地、草原均未分别达到入罪数量标准的，应对非法占用的不同农用地进行折算。如果达到入罪数量标准的，构成犯罪。（3）根据上述3个司法解释的规定，可以确定耕地对林地、草原的折算关系，即基本农田1亩相当于基本农田以外的耕地2亩、防护林地、特种用途林地1亩、其他林地2亩、草原4亩。

10. 多次实施破坏农用地违法犯罪行为的，如何处理

结合《审理破坏土地资源刑事案件解释》《审理破坏林地资源刑事案件解释》《审理破坏草原资源刑事案件解释》的相关规定，应按如下原则处理：（1）对于多次实施破坏农用地违法行为的，如果行为人非法占用农用地经过行政处罚，或者及时恢复原状经过二年未处罚的，① 由于该行政违法行为消灭，不能将数量累计计算定罪处罚；如果此时行为人构成犯罪的，其受行政处罚的情形可作为主观恶性和人身危险性的判断依据，在判处刑罚时酌情考虑。如果行为人非法占用农用地未受到行政处罚也未恢复原状，由于其行政违法行为呈继续状态，不受二年时效的限制。行为人连续实施行政违法行为，经过累计超过入罪数量的，由于其行为导致的社会危害性已发生质变，构成非法占用农用地罪，按照累计的数量判处刑罚。（2）对于多次实施破坏农用地犯罪行为的，如果数次犯罪之间为连续关系，按照最后一次犯罪确定追诉时效，未超过追诉时效的，按照累计的数量定罪处罚；如果数次犯罪之间没有连续关系，需要逐一审查是否超过追诉时效，未超过追诉时效的，按照累计的数量定罪处罚。（3）对于多次实施破坏农用地违法和犯罪行为的，如果行政违法行为未经处理，犯罪也未超过追诉时效的，按照累计的数量定罪处罚。

---

① 参见 2012 年修订的《行政处罚法》第 36 条。

八十五、非法采矿罪

第三百四十三条第一款 违反矿产资源法的规定，未取得采矿许可证擅自采矿，擅自进入国家规划矿区、对国民经济具有重要价值的矿区和他人矿区范围采矿，或者擅自开采国家规定实行保护性开采的特定矿种，情节严重的，处三年以下有期徒刑、拘役或者管制，并处或者单处罚金；情节特别严重的，处三年以上七年以下有期徒刑，并处罚金。

第三百四十六条 单位犯本节第三百三十八条至第三百四十五条规定之罪的，对单位判处罚金，并对其直接负责的主管人员和其他直接责任人员，依照本节各该条的规定处罚。

（一）概述

1. 概念和构成要件

非法采矿罪，是指违反《矿产资源法》的规定，未取得采矿许可证擅自采矿，擅自进入国家规划矿区、对国民经济具有重要价值的矿区和他人矿区范围采矿，或者擅自开采国家规定实行保护性开采的特定矿种，情节严重的行为。

非法采矿罪的构成要件和主要特征是：

（1）本罪侵害的客体是国家对矿产资源的所有权。

（2）本罪在客观方面表现为，违反《矿产资源法》的规定，未取得采矿许可证擅自采矿，擅自进入国家规划矿区、对国民经济具有重要价值的矿区和他人矿区范围采矿，或者擅自开采国家规定实行保护性开采的特定矿种，情节严重的行为。

对《刑法》第 343 条规定中的《矿产资源法》，应作从广义理解，即不仅限于《矿产资源法》。根据《办理非法采矿、破坏性采矿刑事案件解释》第 1 条的规定，违反《水法》等其他法律、行政法规有关矿产资源开发、利用、保护和管理的规定的，也应当认定"违反矿产资源法的规定"。

"未取得采矿许可证"是非法采矿犯罪行为违反《矿产资源法》的规定的具体表现，是各类非法采矿犯罪行为的共性特征。根据《刑法》第343条对非法采矿的对象的具体描述，非法采矿可以细分为以下五种情形：一是擅自采矿，主要是指对未设立矿区的矿产资源进行非法开采的情形；二是擅自进入国家规划矿区采矿；三是擅自进入对国民经济具有重要价值的矿区采矿；四是擅自进入他人矿区范围采矿；五是擅自开采国家规定实行保护性开采的特定矿种。

构成本罪，必须达到"情节严重"的程度。根据《办理非法采矿、破坏性采矿刑事案件解释》第3条第1款的规定，实施非法采矿行为，具有下列情形之一的，应当认定为"情节严重"：①开采的矿产品价值或者造成矿产资源破坏的价值在10万元至30万元以上的；②在国家规划矿区、对国民经济具有重要价值的矿区采矿，开采国家规定实行保护性开采的特定矿种，或者在禁采区、禁采期内采矿，开采的矿产品价值或者造成矿产资源破坏的价值在5万元至15万元以上的；③二年内曾因非法采矿受过两次以上行政处罚，又实施非法采矿行为的；④造成生态环境严重损害的；⑤其他情节严重的情形。此外，根据《办理非法采矿、破坏性采矿刑事案件解释》第4条的规定，在河道管理范围内非法采砂，或者非法采挖海砂，虽不具有《办理非法采矿、破坏性采矿刑事案件解释》第3条第1款规定的情形，但严重影响河势稳定，危害防洪安全，或者造成海岸线严重破坏的，也应当认定为"情节严重"。

（3）本罪主体是一般主体。单位可以成为本罪的主体。

（4）本罪的主观方面是故意。

2. 法定刑

依照《刑法》第343条的规定，犯非法采矿罪的，处三年以下有期徒刑、拘役或者管制，并处或者单处罚金；情节特别严重的，处三年以上七年以下有期徒刑，并处罚金。

根据《办理非法采矿、破坏性采矿刑事案件解释》第3条第2款的规定，实施非法采矿行为，具有下列情形之一的，应当认定为"情节特别严重"：（1）开采的矿产品价值或者造成矿产资源破坏的价值在50万元至150万元以上的；（2）在国家规划矿区、对国民经济具有重要价值的矿区采矿，开采国家规定实行保护性开采的特定矿种，或者在禁采区、禁采期内采矿，开采的矿产品价值或者造成矿产资源破坏的价值在25万元至75万元以上的；（3）造成生态环境特别严重损害的；（4）其他情节特别严重的情形。

根据《惩处盗采矿产资源犯罪意见》第7条的规定，对实施盗采矿产资源行为同时构成两种以上"情节严重"或者"情节特别严重"情形的，要综合考虑各情节，精准量刑。对在河道管理范围、海域实施盗采砂石行为的，要充分关注和考虑其危害堤防安全、航道畅通、通航安全或者造成岸线破坏等因素。

根据《惩处盗采矿产资源犯罪意见》第10条的规定，依法用足用好罚金刑，提高盗采矿产资源犯罪成本，要综合考虑矿产品价值或者造成矿产资源破坏的价值、生态环境损害程度、社会影响等情节决定罚金数额。法律、行政法规对同类盗采矿产资源行为行政罚款标准有规定的，决定罚金数额时可以参照行政罚款标准。盗采行为人就同一事实已经支付了生态环境损害赔偿金、修复费用的，决定罚金数额时可予酌情考虑，但不能直接抵扣。

（二）疑难问题精析

1.关于"未取得采矿许可证"的认定

《办理非法采矿、破坏性采矿刑事案件解释》第2条对"未取得采矿许可证"的具体情形作了明确，规定："具有下列情形之一的，应当认定为刑法第三百四十三条第一款规定的'未取得采矿许可证'：（一）无许可证的；（二）许可证被注销、吊销、撤销的；（三）超越许可证规定的矿区范围或者开采范围的；（四）超出许可证规定的矿种的（共生、伴生矿种除外）；（五）其他未取得许可证的情形。"《惩处盗采矿产资源犯罪意见》第6条进一步规定："对是否构成'未取得采矿许可证'情形，要在综合考量案件具体事实、情节的基础上依法认定。"

关于"未取得采矿许可证"的认定，需注意以下问题：

其一，在采矿许可证被依法暂扣期间擅自开采的，不属于"未取得采矿许可证"。2007年《最高人民法院、最高人民检察院关于办理危害矿山生产安全刑事案件具体应用法律若干问题的解释》（已失效）第8条第1款规定："在采矿许可证被依法暂扣期间擅自开采的，视为刑法第三百四十三条第一款规定的'未取得采矿许可证擅自采矿'。"《办理非法采矿、破坏性采矿刑事案件解释》起草过程中，拟部分吸收上述规定，将"因存在重大安全隐患而被暂扣许可证期间开采矿产资源的"规定为"未取得采矿许可证"的情形之一。专家论证过程中，有意见提出，上述规定虽然具有实践合理性，但从法理层面而言不妥。理由是：采矿许可证被暂扣，行为人仍是采矿权人，与自始未取得许可证或者许可证已被吊销、撤销有本质不同；因存在重大安全隐患而暂扣许可证，所保护的是安全生产，而非法采矿罪保护的矿产资源，对被暂扣许可证期间擅自开采的行为适用非法采矿罪，不符合规范的保护目的；因存在重大安全隐患被暂扣采矿许可证期间擅自开采的，不适用非法采矿罪，构成其他犯罪的，可以按照其他犯罪处理，并不存在法律适用漏洞。经研究认为，上述意见确有道理，《办理非法采矿、破坏性采矿刑事案件解释》最终未规定上述情形属于"未取得采矿许可证"。

其二，采矿许可证到期后继续开采的，是否属于"未取得采矿许可证"？实践中采矿许可证到期后继续开采矿产资源的情形十分复杂，一律认定为"未取得采矿许可证"恐有不妥。而且，对于其中情节严重的，可以吊销许可证，对于此后采矿的可以认定为是非法采矿。因此，《办理非法采矿、破坏性采矿刑事案件解释》未将此种情形明确列为"未取得采矿许可证"的情形。

其三，采挖河砂、海砂的，是否系"未取得采矿许可证"，应适用特别规则。河（江）砂、海砂也属于矿产资源，由于河砂、海砂还关系到航道安全或者海洋生态，因此，采挖河砂、海砂不仅受《矿产资源法》的规制，还受《水法》《海域使用管理法》等法律、行政法规的规制。根据《海域使用管理法》《矿产资源开采登记管理办法》的有关规定，采挖海砂的，除了需要申请海砂开采海域使用权证外，还应向国土资源部门申请采矿许可证。对采挖河砂，目前则缺少统一的行政许可规则，各地做法不一，有的实行"一证"管理，即有水行政主管部门发放的河道采砂许可证即可，有的则要求有"两证"，即除要申领河道采砂许可证，还要向国土资源管理部门申请采矿许可证。考虑当前相关行政管理的现状，同时体现刑法谦抑精神，《办理非法采矿、破坏性采矿刑事案件解释》第4条第1款、第5条第1款特别规定："在河道管理范围内采砂，具有下列情形之一，符合刑法第三百四十三条第一款和本解释第二条、第三条规定的，以非法采矿罪定罪处罚：（一）依据相关规定应当办理河道采砂许可证，未取得河道采砂许可证的；（二）依据相关规定应当办理河道采砂许可证和采矿许可证，既未取得河道采砂许可证，又未取得采矿许可证的。""未取得海砂开采海域使用权证，且未取得采矿许可证，采挖海砂，符合刑法第三百四十三条第一款和本解释第二条、第三条规定的，以非法采矿罪定罪处罚。"申言之，对于实行一证管理的区域，以是否取得该许可证为认定非法采矿的标准；对于实行两证管理的区域，只要取得一个许可证的，即不能认定为非法采矿，不以非法采矿罪论处。

2. 关于非法采矿罪与盗窃罪的区分

有学者提出，未取得采矿许可证擅自采矿的，擅自进入国家规划矿区、对国民经济具有重要价值的矿区和他人矿区范围采矿的行为，符合盗窃罪的犯罪构成的，属于想象竞合，应从一重罪处罚。[①]

在《刑法修正案（八）》施行之前，实践中确有对非法采矿以盗窃罪

———————

① 张明楷：《刑法学（下）》（第五版），法律出版社2016年版，第1136页。

论处的案例。这在当时，或有可以理解的现实原因，主要是非法采矿罪的入罪门槛过高、很难满足，而有关的非法采矿行为危害又很严重，需要予以刑事处罚。但在《刑法修正案（八）》对非法采矿罪作出修改，将"经责令停止开采后拒不停止开采，造成矿产资源破坏"的入罪要件修改为"情节严重"后，对有关案件的处理应当回归本位，即不宜再按盗窃罪定罪处罚。主要考虑：其一，尽管矿产资源也是财产的一种，但与作为盗窃罪，犯罪对象的一般的公私财物相比，具有明显的特殊性；尽管非法采矿行为在广义上也可谓是一种盗窃行为，但它使原始储存的矿产资源成为可以现实利用的产品，有"劳动附加值"。因此，从社会公众的一般认识来看，通常不会认为非法采矿是在偷盗国家或者他人财产。就像不会认为非法捕捞水产品是在盗窃一样。[①] 或许正是如此，《刑法》才会在盗窃罪、故意毁坏财物罪之外，又规定非法采矿罪、破坏性采矿罪。其二，我们认为，《刑法》第343条规定的非法采矿罪与《刑法》第264条规定的盗窃罪并非想象竞合，而是法条竞合。在《刑法》已将盗挖矿产资源专门规定为非法采矿罪的情况下，根据"特别法优于一般法"的法条适用原则，对非法采砂行为应当适用非法采矿罪，不能再适用盗窃罪。否则，由于非法采矿罪的定罪量刑标准高于盗窃罪，将会导致非法采矿罪被虚置，刑法专门设立非法采矿罪的目的落空，造成刑法适用陷于混乱。如认为对非法采矿可按盗窃罪论处，则基于类似逻辑，对贪污行为，也可按从一重处断原则，按盗窃罪、诈骗罪等论处，这与实践通例不符，理论上恐怕也难以让人接受。

3. 关于非法采矿案件中"供犯罪所用的本人财物"的理解和把握

《刑法》第64条规定，违禁品和供犯罪所用的本人财物，应当予以没收。《办理非法采矿、破坏性采矿刑事案件解释》第12条第2款规定"对用于非法采矿、破坏性采矿犯罪的专门工具和供犯罪所用的本人财

[①] 有学者也指出："从刑法规定的布局上看，我们认为，国家所有的原生态自然资源不能成为盗窃罪的犯罪对象。"陈兴良：《口授刑法学》，中国人民大学出版社2007年版，第267页。

物，应当依法没收。"《惩处盗采矿产资源犯罪意见》第13条规定："对盗采矿产资源犯罪的违法所得及其收益，用于盗采矿产资源犯罪的专门工具和供犯罪所用的本人财物，坚决依法追缴、责令退赔或者没收。对在盗采、运输、销赃等环节使用的机械设备、车辆、船舶等大型工具，要综合考虑案件的具体事实、情节及工具的属性、权属等因素，依法妥善认定是否用于盗采矿产资源犯罪的专门工具。"对"本人"财物，相对比较容易理解和把握，问题主要是如何恰当理解"供犯罪所用"。对此，在不少刑事案件中常常会引发争议。例如，驾驶车辆到特定地点盗窃，之后又驾车逃离现场的，有关车辆是否属于"供犯罪所用"的财物，能否没收？用于运送走私货物、物品的船只是否都属于"供犯罪所用"的财物，能否没收等。这些问题，在非法采矿，特别是非法采砂案件中尤为突出。

我们认为，将"供犯罪所用"的财物理解为任何与犯罪有联系，在犯罪实施中用到的财物，显然有失妥当。对有关财物是否属于"供犯罪所用"的财物，是否应予没收，应当要综合考虑有关财物是否与犯罪实施有直接或者紧密联系，是否专门或者主要用于实施犯罪以及财物价值等因素。具体到非法采砂案件而言，对于采（吸）砂船，由于其是专门用于非法采矿，无论价值大小，均应依法没收；对于运砂船，则需区分情况加以考虑：如果是专门用于或者经常性用于运输非法采挖的河砂、海砂的，也应依法没收；反之，如果是偶尔用于运输非法采挖的河砂、海砂，主要用于正常的生产生活，特别是价值巨大的，则不宜认为是"供犯罪所用"的财物，不宜没收。否则，最终的处理结果就会违反比例原则，[1]不符合人民群众的公平正义观念。

---

[1] 有的案件，非法采挖的河砂、海砂价值有限，只有几万元，用于运输河砂、海砂船只的价值则高达四五百万元。

八十六、走私、贩卖、运输、制造毒品罪

第三百四十七条　走私、贩卖、运输、制造毒品，无论数量多少，都应当追究刑事责任，予以刑事处罚。

走私、贩卖、运输、制造毒品，有下列情形之一的，处十五年有期徒刑、无期徒刑或者死刑，并处没收财产：

（一）走私、贩卖、运输、制造鸦片一千克以上、海洛因或者甲基苯丙胺五十克以上或者其他毒品数量大的；

（二）走私、贩卖、运输、制造毒品集团的首要分子；

（三）武装掩护走私、贩卖、运输、制造毒品的；

（四）以暴力抗拒检查、拘留、逮捕，情节严重的；

（五）参与有组织的国际贩毒活动的。

走私、贩卖、运输、制造鸦片二百克以上不满一千克、海洛因或者甲基苯丙胺十克以上不满五十克或者其他毒品数量较大的，处七年以上有期徒刑，并处罚金。

走私、贩卖、运输、制造鸦片不满二百克、海洛因或者甲基苯丙胺不满十克或者其他少量毒品的，处三年以下有期徒刑、拘役或者管制，并处罚金；情节严重的，处三年以上七年以下有期徒刑，并处罚金。

单位犯第二款、第三款、第四款罪的，对单位判处罚金，并对其直接负责的主管人员和其他直接责任人员，依照各该款的规定处罚。

利用、教唆未成年人走私、贩卖、运输、制造毒品，或者向未成年人出售毒品的，从重处罚。

对多次走私、贩卖、运输、制造毒品，未经处理的，毒品数量累计计算。

第三百五十六条　因走私、贩卖、运输、制造、非法持有毒品罪被判过刑，又犯本节规定之罪的，从重处罚。

（一）概述

1. 概念和构成要件

走私、贩卖、运输、制造毒品罪，是指走私、贩卖、运输、制造鸦片、海洛因、甲基苯丙胺（冰毒）、吗啡、大麻、可卡因和其他毒品的行为。

走私、贩卖、运输、制造毒品罪的构成要件和主要特征是：

（1）本罪侵犯的客体是国家对毒品的管理制度，走私毒品的行为还侵犯了国家的海关监管秩序。犯罪对象是毒品。所谓毒品，是指鸦片、海洛因、甲基苯丙胺（冰毒）、甲基苯丙胺片剂（麻古）、氯胺酮（K粉）、吗啡、大麻、可卡因、甲卡西酮、芬太尼以及国家规定管制的其他能够使人形成瘾癖的麻醉药品和精神药品。我国在历史上深受烟毒之害。新中国成立后，在短期内禁绝了烟毒。但20世纪80年代以来，国际上贩毒活动猖獗，不断向我国渗透。进入90年代后，我国毒品犯罪呈直线上升之势，使我国原来已基本绝迹的贩毒、吸毒现象在一些地区又死灰复燃，个别地区已出现蔓延的态势。这些毒品犯罪活动，极大地危害人民的身心健康，毒化社会风气，并诱发其他犯罪活动，严重危害社会治安。我国一贯重视禁毒工作。1979年《刑法》和《全国人民代表大会常务委员会关于严惩严重破坏经济的罪犯的决定》（已失效）、《全国人民代表大会常务委员会关于惩治走私罪的补充规定》（已失效）和《全国人民代表大会常务委员会关于禁毒的决定》（已失效），对走私、贩卖、运输、制造毒品犯罪规定了严厉的刑罚。我国还先后于1985年和1989年参加了联合国《1961年麻醉品单一公约》《1971年精神药物公约》和《联合国禁止非法贩运麻醉药品和精神药物公约》。1997年修订《刑法》时，将《全国人民代表大会常务委员会关于禁毒的决定》（已失效）第2条改为《刑法》的具体条文，从而为我国同毒品犯罪作斗争提供了重要法律武器。2000年后，最高人民法院、最高人民检察院等司法机关又制定了一系列惩处毒品犯罪的司法解释和规范性司法文件，为准确适用《刑法》打击毒品犯罪提供了依据。通过多年从严惩处毒品犯罪和综合治理，有效遏制了毒品问题快速发展蔓延的势头。近年来，人民法院受理的一审毒品犯罪案件有所下降，从 2015 年的 13 万余件降至 2019 年的 8 万余件，但受国际毒潮泛滥和国内涉毒因素双重影响，我国禁毒斗争形势依然严峻复杂，对毒品犯罪仍应坚持从严惩处的刑事政策。

（2）客观方面表现为走私、贩卖、运输、制造毒品的行为。"走私"，是指明知是毒品而违反海关法规，非法运输、携带、邮寄国家禁止进出口的鸦片、海洛因、甲基苯丙胺、吗啡、大麻、可卡因等毒品进出国（边）境，逃避海关监管的行为。直接向走私人非法收购走私进口的毒品，或者在内海、领海、界河、界湖运输、收购、贩卖毒品的，也属于走私毒品的行为。"贩卖"，是指明知是毒品而非法销售或者以贩卖为目的而非法收买的行为。"运输"，是指明知是毒品而采用携带、寄递、托运、利用他人或者使用交通工具等方法非法运送毒品的行为。"制造"，是指非法从毒品原植物中提炼毒品或者用化学合成方法加工、配制毒品，或者以改变毒品成分和效用为目的，用混合等物理方法加工配制毒品的行为。以制造毒品为目的，采挖、收购麻黄草的，以制造毒品罪定罪处罚。为便于隐蔽运输、销售、使用、欺骗购买者，或者为了增重，对毒品掺杂使假，添加或者去除其他非毒品物质，不属于制造毒品的行为。在司法实践中，走私、贩卖、运输、制造毒品的行为可能结合在一起，也可能分别独立存在。但法律只要求行为人具有其中一种行为，即构成本罪；有两种或者两种以上行为的，可以采取选择性罪名的方法，只认定一罪，不实行并罚，但在量刑时可作参考。

（3）犯罪主体为一般主体。自然人和单位均可构成本罪的主体。根据《刑法》第 17 条第 2 款的规定，已满 14 周岁不满 16 周岁的人犯贩卖毒品罪的，应当负刑事责任。根据《刑法》第 347 条的规定，单位犯该条第 2 款、第 3 款、第 4 款罪的，依照各该款规定处罚。

（4）主观方面由故意（包括直接故意和间接故意）构成，即明知是毒品而进行走私、贩卖、运输、制造。过失不构成本罪。

2. 法定刑

依照《刑法》第347条第2款的规定，犯走私、贩卖、运输、制造毒品罪的，有下列情形之一的，处十五年有期徒刑、无期徒刑或者死刑，并处没收财产：（1）走私、贩卖、运输、制造鸦片1000克以上、海洛因或者甲基苯丙胺50克以上或者其他毒品数量大的；（2）走私、贩卖、运输、制造毒品集团的首要分子；（3）武装掩护走私、贩卖、运输、制造毒品的；（4）以暴力抗拒检查、拘留、逮捕，情节严重的；（5）参与有组织的国际贩毒活动的。

依照本条第3款的规定，走私、贩卖、运输、制造鸦片200克以上不满1000克、海洛因或者甲基苯丙胺10克以上不满50克或者其他毒品数量较大的，处七年以上有期徒刑，并处罚金。

依照本条第4款的规定，走私、贩卖、运输、制造鸦片不满200克、海洛因或者甲基苯丙胺不满10克或者其他少量毒品的，处三年以下有期徒刑、拘役或者管制，并处罚金；情节严重的，处三年以上七年以下有期徒刑，并处罚金。

依照本条第5款的规定，单位犯第2款、第3款、第4款罪的，对单位判处罚金，并对其直接负责的主管人员和其他直接责任人员，依照各该款的规定处罚。

依照本条第6款的规定，利用、教唆未成年人走私、贩卖、运输、制造毒品，或者向未成年人出售毒品的，从重处罚。

依照本条第7款的规定，对多次走私、贩卖、运输、制造毒品，未经处理的，毒品数量累计计算。

根据2016年4月11日实施的《最高人民法院关于审理毒品犯罪案件适用法律若干问题的解释》（以下简称《审理毒品犯罪案件解释》）规定，走私、贩卖、运输、制造、非法持有下列毒品，应当认定为《刑法》

第 347 条第 2 款第 1 项、第 348 条规定的"其他毒品数量大"：（1）可卡因 50 克以上；（2）3,4- 亚甲二氧基甲基苯丙胺（MDMA）等苯丙胺类毒品（甲基苯丙胺类毒品除外）、吗啡 100 克以上；（3）芬太尼 125 克以上；（4）甲卡西酮 200 克以上；（5）二氢埃托啡 10 毫克以上；（6）哌替啶（度冷丁）250 克以上；（7）氯胺酮 500 克以上；（8）美沙酮 1 千克以上；（9）曲马多、γ- 羟丁酸 2 千克以上；（10）大麻油 5 千克、大麻脂 10 千克、大麻叶及大麻烟 150 千克以上；（11）可待因、丁丙诺啡 5 千克以上；（12）三唑仑、安眠酮 50 千克以上；（13）阿普唑仑、恰特草 100 千克以上；（14）咖啡因、罂粟壳 200 千克以上；（15）巴比妥、苯巴比妥、安钠咖、尼美西泮 250 千克以上；（16）氯氮卓、艾司唑仑、地西泮、溴西泮 500 千克以上；（17）上述毒品以外的其他毒品数量大的。国家定点生产企业按照标准规格生产的麻醉药品或者精神药品被用于毒品犯罪的，根据药品中毒品成分的含量认定涉案毒品的数量。

走私、贩卖、运输、制造、非法持有下列毒品，应当认定为《刑法》第 347 条第 3 款、第 348 条规定的"其他毒品数量较大"：（1）可卡因 10 克以上不满 50 克；（2）3,4- 亚甲二氧基甲基苯丙胺（MDMA）等苯丙胺类毒品（甲基苯丙胺类毒品除外）、吗啡 20 克以上不满 100 克；（3）芬太尼 25 克以上不满 125 克；（4）甲卡西酮 40 克以上不满 200 克；（5）二氢埃托啡 2 毫克以上不满 10 毫克；（6）哌替啶（度冷丁）50 克以上不满 250 克；（7）氯胺酮 100 克以上不满 500 克；（8）美沙酮 200 克以上不满 1 千克；（9）曲马多、γ- 羟丁酸 400 克以上不满 2 千克；（10）大麻油 1 千克以上不满 5 千克、大麻脂 2 千克以上不满 10 千克、大麻叶及大麻烟 30 千克以上不满 150 千克；（11）可待因、丁丙诺啡 1 千克以上不满 5 千克；（12）三唑仑、安眠酮 10 千克以上不满 50 千克；（13）阿普唑仑、恰特草 20 千克以上 100 千克；（14）咖啡因、罂粟壳 40 千克以上不满 200 千克；（15）巴比妥、苯巴比妥、安钠咖、尼美西泮 50 千克以上不满 250 千克；（16）氯氮卓、艾司唑仑、地西泮、溴西泮

100 千克以上不满 500 千克以上；（17）上述毒品以外的其他毒品数量较大的。

根据 2015 年印发的《全国法院毒品犯罪审判工作座谈会纪要》（以下简称《武汉会议纪要》）的规定，走私、贩卖、运输、制造、非法持有两种以上毒品的，可以将不同种类的毒品分别折算为海洛因的数量，以折算后累加的毒品总量作为量刑的根据。对于《刑法》、司法解释或者其他规范性文件明确规定了定罪量刑数量标准的毒品，应当按照该毒品与海洛因定罪量刑数量标准的比例进行折算后累加。对于《刑法》、司法解释及其他规范性文件没有规定定罪量刑数量标准，但《非法药物折算表》规定了与海洛因的折算比例的毒品，可以按照《非法药物折算表》折算为海洛因后进行累加。对于既未规定定罪量刑数量标准，又不具备折算条件的毒品，综合考虑其成瘾性、社会危害性、数量、纯度等因素依法量刑。

对于未查获实物的甲基苯丙胺片剂（俗称"麻古"等）、MDMA 片剂（俗称"摇头丸"）等混合型毒品，可以根据在案证据证明的毒品粒数，参考本案或者本地区查获的同类毒品颗粒的平均重量计算出毒品数量。

对于有吸毒情节的贩毒人员，一般应按照其购买的毒品数量认定其贩卖的毒品数量，量刑时酌情考虑其吸食毒品的情节；购买的毒品数量无法查明的，按照能够证明的贩毒数量及查获的毒品数量认定其贩毒数量；确有证据证明其购买的部分毒品并非用于贩卖的，不应计入其贩毒数量。

毒品纯度不论高低，一般均应将查获属实的毒品数量认定为毒品犯罪的数量，并据此确定适用的法定刑幅度，但司法解释另有规定或者为了隐蔽运输而临时改变毒品常规形态的除外。涉案毒品纯度明显低于同类毒品的正常纯度的，量刑时可以酌情考虑。

制造毒品案件中，毒品成品、半成品的数量应当全部认定为制造毒品的数量，对于无法再加工出成品、半成品的废液、废料则不应计入制造毒品的数量。对于废液、废料的认定，可以根据其毒品成分的含量、外观形态，结合被告人对制毒过程的供述等证据进行分析判断，必要时可以听取鉴定机构的意见。

实践中，甲基苯丙胺片剂（麻古）的纯度，一般低于甲基苯丙胺（冰毒），在数量相同的情况下，甲基苯丙胺片剂（麻古）的量刑基准一般应低于甲基苯丙胺（冰毒）。对于死刑案件，甲基苯丙胺片剂（麻古）的死刑数量标准一般可按照甲基苯丙胺（冰毒）的 2 倍左右掌握，具体可以根据当地的毒品犯罪形势和涉案毒品含量等因素确定。

根据《审理毒品犯罪案件解释》的规定，在实施走私、贩卖、运输、制造毒品犯罪过程中，携带枪支、弹药或者爆炸物用于掩护的，应当认定为《刑法》第 347 条第 2 款第 3 项规定的"武装掩护走私、贩卖、运输、制造毒品"。枪支、弹药、爆炸物种类的认定，依照相关法律规定和司法解释的规定执行。

在实施走私、贩卖、运输、制造毒品犯罪过程中，以暴力抗拒检查、拘留、逮捕，造成执法人员死亡、重伤、多人轻伤或者具有其他严重情节的，应当认定为《刑法》第 347 条第 2 款第 4 项规定的"以暴力抗拒检查、拘留、逮捕，情节严重"。

具有以下情形之一的，应当认定为《刑法》第 347 条第 4 款规定的"情节严重"：（1）向多人贩卖毒品或者多次走私、贩卖、运输、制造毒品的；（2）在戒毒场所、监管场所贩卖毒品的；（3）向在校学生贩卖毒品的；（4）组织、利用残疾人、严重疾病患者、怀孕或者正在哺乳自己婴儿的妇女走私、贩卖、运输、制造毒品的；（5）国家工作人员走私、贩卖、运输、制造毒品的；（6）其他情节严重的情形。

根据 2021 年《最高人民法院、最高人民检察院关于常见犯罪的量刑指导意见（试行）》规定，（1）构成走私、贩卖、运输、制造毒品罪的，根据下列情形在相应的幅度内确定量刑起点：①走私、贩卖、运输、制造鸦片 1000 克，海洛因、甲基苯丙胺 50 克或者其他毒品数量达到数量大起点的，量刑起点为十五年有期徒刑。依法应当判处无期徒刑以上刑罚的除外。②走私、贩卖、运输、制造鸦片200克，海洛因、甲基苯丙胺10克或者其他毒品数量达到数量较大起点的，在七年至八年有期徒刑幅度内确定量刑起点。③走私、贩卖、运输、制造鸦片不满200克，海洛因、甲基苯丙胺不满10克或者其他少量毒品的，可以在三年以下有期徒刑、拘役幅度内确定量刑起点；情节严重的，在三年至四年有期徒刑幅度内确定量刑起点。

（2）在量刑起点的基础上，根据毒品犯罪次数、人次、毒品数量等其他影响犯罪构成的犯罪事实增加刑罚量，确定基准刑。

（3）有下列情节之一的，增加基准刑的10%~30%：①利用、教唆未成年人走私、贩卖、运输、制造毒品的；②向未成年人出售毒品的；③毒品再犯。

（4）有下列情节之一的，可以减少基准刑的30%以下：①受雇运输毒品的；②毒品含量明显偏低的；③存在数量引诱情形的。

（5）构成走私、贩卖、运输、制造毒品罪的，根据走私、贩卖、运输、制造毒品的种类、数量、危害后果等犯罪情节，综合考虑被告人缴纳罚金的能力，决定罚金数额。

（6）构成走私、贩卖、运输、制造毒品罪的，综合考虑走私、贩卖、运输、制造毒品的种类、数量、危害后果等犯罪事实、量刑情节，以及被告人的主观恶性、人身危险性、认罪悔罪表现等因素，从严把握缓刑的适用。

（二）疑难问题精析 [①]

1. 如何划清走私毒品罪与其他走私罪的界限

走私毒品的犯罪行为也是一种走私行为，它与《刑法》151条、第

---

① 本部分主要参考2015年5月18日《武汉会议纪要》和2008年12月1日《全国部分法院审理毒品犯罪案件工作座谈会纪要》。

152 条和第 153 条规定的其他走私罪的区别，主要在于两点：第一，走私毒品罪侵犯的客体是国家对毒品进出境的管制，包括国家对麻醉药品和精神药品的管制，而走私罪侵犯的客体是国家对外贸易管制。第二，犯罪对象不同。走私毒品罪的犯罪对象就是毒品，即鸦片、海洛因、甲基苯丙胺（冰毒）、吗啡、大麻、可卡因及国家规定管制的其他能够使人形成瘾癖的麻醉药品和精神药品，而走私罪的犯罪对象则是除毒品以外的其他物品。

2. 如何划清走私、贩卖、运输、制造毒品罪与非法持有毒品罪的界限

非法持有毒品罪，是指明知是鸦片、海洛因、甲基苯丙胺或者其他毒品而非法持有，且数量较大（即鸦片 200 克以上、海洛因或者甲基苯丙胺 10 克以上或者其他毒品数量较大的）的行为。

根据长期的司法实践经验，只有在非法持有毒品的行为人拒不说明毒品的来源，而司法机关根据已查获的证据，又不能认定非法持有较大数量的毒品是为了进行走私、贩卖、运输或者窝藏毒品的，才构成本罪。如被告人马仲轩于 1993 年 3 月 23 日在兰州市城关区中山路借住房内吸毒时被公安人员发现，当场从其住处查获海洛因 23.3 克、鸦片 1.6 克。城关区人民法院经审理认为，被告人沾染吸毒恶习后，非法购买较大数量的海洛因，以满足其吸毒的需要。被告人存放的海洛因，系从他人处购买，实施了买毒的行为，但不是以贩卖为目的，也没有证据证明他进行了贩卖。因此，不构成贩卖毒品罪，以非法持有毒品罪作了判处。①

如果有证据能够证明行为人持有毒品是为了进行走私、贩卖、运输或者窝藏毒品的，则应当以走私、贩卖、运输或者窝藏毒品罪论处。如张敏（女）贩卖毒品案，被告人及其辩护人坚称张敏没有贩卖毒品的故意和行为，其随身携带并在暂住地藏匿毒品的行为属于非法持有毒品。法院认为，非法持有毒品罪在客观方面表现为非法藏匿、储存毒品的行为，而贩卖毒品罪有时也包括藏匿、储存的环节，正确认定藏匿、储存

---

① 载《中华人民共和国最高人民法院公报》1995 年第 1 期。

毒品行为的性质，关键要看行为人的主观故意。被告人张敏向陈玉燕、向红分别贩卖海洛因 50 克、5 克的事实和随身携带 13.5 克海洛因欲贩卖的事实，有证据证实，可以认定，对其藏于家中的 310.5 克海洛因，从查获时被分装成 62 小包的情况分析，张敏如果自己吸食没必要作如此精细的分装，且 300 多克都用于自吸也不可能，检验报告还证实张敏本人并不吸毒，张敏藏匿毒品显是为贩卖作准备。因此，张敏携带和藏匿毒品的行为构成贩卖毒品罪，而不是非法持有毒品罪。[①]

根据《武汉会议纪要》规定，贩毒人员被抓获后，对于从其住所、车辆等处查获的毒品，一般均应认定为其贩卖的毒品。确有证据证明查获的毒品并非贩毒人员用于贩卖，其行为另构成非法持有毒品罪、窝藏毒品罪等其他犯罪的，以非法持有毒品罪、窝藏毒品罪等定罪处罚。

3. 如何认定吸毒者实施毒品犯罪行为的性质？如何划清毒品吸食与毒品犯罪的界限

吸毒者实施毒品犯罪是一个比较复杂的问题。处理这类案件在认定犯罪事实和确定罪名时应持慎重态度。2008 年发布的《全国部分法院审理毒品犯罪案件工作座谈会纪要》（以下简称《大连会议纪要》）规定，吸毒者在购买、运输、存储毒品过程中被查获的，如果没有证据证明其是为了实施贩卖等其他毒品犯罪行为，毒品数量未超过《刑法》第 348 条规定的最低数量标准的，一般不定罪处罚；查获毒品数量达到较大以上的，以非法持有毒品罪定罪处罚。《武汉会议纪要》则规定，吸毒者在运输毒品过程中被查获，没有证据证明其是为了实施贩卖毒品等其他犯罪，毒品数量达到较大以上的，以运输毒品罪定罪处罚。

《武汉会议纪要》对《大连会议纪要》的上述规定作了完善。一是，明确规定了吸毒者运输毒品行为的定性；二是，降低了将吸毒者运输毒品的行为认定为运输毒品罪的门槛，即对吸毒者购买、运输、存储毒品

[①] 中华人民共和国最高人民法院刑事审判第一庭、第二庭编：《刑事审判案例》，法律出版社 2002 年版，第 539~541 页。

的行为，直接以数量"较大"作为界分标准，不再另行设置更高的合理吸食量标准。据此，吸毒者在购买、运输、存储毒品过程中被查获，毒品未达到数量较大标准的，不作为犯罪处理；毒品数量达到较大以上的，根据其具体的行为状态定罪，处于购买、存储状态的认定为非法持有毒品罪，处于运输状态的认定为运输毒品罪。

《武汉会议纪要》这样修改的主要理由是：第一，我国对吸毒行为不按照犯罪处理，《刑法》设置非法持有毒品罪的定罪标准时，实际考虑了吸毒者合理吸食量的因素，故可以把数量较大视为合理吸食量的界限，超过数量较大标准的，可视为超出了合理吸食量。吸毒者在运输毒品过程中被当场抓获，毒品数量达到较大以上的，表明其并非单纯以吸食为目的运输毒品，如没有证据证明其是为了实施贩卖毒品等其他犯罪，根据其客观行为状态认定为运输毒品罪具有正当性。第二，吸毒人员数量，是毒品犯罪的重要诱因，为从源头上遏制毒品犯罪、减少毒品流通，应当加大对吸毒者实施的毒品犯罪的打击力度。故而对吸毒者运输毒品行为的定性，不应在数量较大标准之上设定更高的合理吸食量标准，否则容易放纵吸毒者实施的毒品犯罪。第三，合理吸食量目前尚难以准确界定，实践中各地掌握的标准也非常不统一，不利于统一执法尺度，直接以毒品数量较大作为区分标准更便于实践操作。

关于吸毒者贩卖毒品数量的认定，《武汉会议纪要》也作了修改。《大连会议纪要》规定，对以贩养吸的被告人，其被查获的毒品数量应认定为其犯罪的数量，但量刑时应考虑被告人吸食毒品的情节，酌情处理；被告人购买了一定数量的毒品后，部分已被其吸食的，应当按能够证明的贩毒数量及查获的毒品数量认定其贩毒的数量，已被吸食部分不计入在内。实践中有意见认为，《大连会议纪要》的上述规定使有吸毒情节的贩毒人员，因为吸毒违法行为而在认定贩卖数量时获益，特别是当其购买的毒品数量大，而能够证明的贩卖及查获的毒品数量少的情况下，这种认定不利于有效打击吸毒人员实施的毒品犯罪。鉴此，《武汉会议纪要》调整了认定思路：一是扩大了适用主体，突破了《大连会议纪要》关于以贩养吸被告人的规定，将主体扩大为有吸毒情节的贩毒人员，以便于认定。二是改变了认定原则，将认定重心放在"进口"而非"出口"，即，对于有吸毒情节的贩毒人员，一般应当将其购买的毒品数量全部认定为其贩卖的毒品数量，并据此确定适用的法定刑幅度，只是在量刑时酌情考虑其吸食毒品的情节。三是提高了证明标准，对于不计入贩毒数量的例外情节，要求必须是确有证据证明，高于《大连会议纪要》要求的证明标准。

4. 如何划清贩卖毒品罪与非法买卖制毒物品罪的界限

非法买卖制毒物品罪，是指违反国家规定在境内非法买卖醋酸酐、乙醚、三氯甲烷或者其他用于制造毒品的原料或者配剂的行为。贩卖毒品和非法买卖制毒物品客观方面都有贩卖的行为。区别两者的关键在于犯罪对象不同：前者的犯罪对象为毒品，后者的犯罪对象则是用于制造毒品的原料或者配剂。

5. 如何认定居间介绍买卖毒品行为的性质

对居间介绍买卖毒品的行为性质如何确定，1988年《最高人民检察院关于向他人出卖父辈、祖辈遗留下来的鸦片以及其他毒品如何适用法律的批复》（已失效）曾指出："……帮助出卖的中介人，应以共犯论处。"1994年《最高人民法院关于执行〈全国人民代表大会常务委员会关于禁毒的决定〉的若干问题解释》（已失效）第2条第4款规定："居间介绍买卖毒品的，无论是否获利，均以贩卖毒品罪的共犯论处。"

但司法实践中，居间介绍的情况比较复杂，应当根据案件具体情况具体分析，区别对待。《大连会议纪要》规定，明知他人实施毒品犯罪而为其居间介绍、代购代卖的，无论是否获利，都应以相关毒品犯罪的共犯论处。《武汉会议纪要》进一步明确，办理贩卖毒品案件，应当准确认定居间介绍买卖毒品行为，并与居中倒卖毒品行为相区别。居间介绍者在毒品交易中处于中间人地位，发挥介绍联络作用，通常与交易一方构成共同犯罪，但不以牟利为要件。也就是说，居间介绍者通常与交易的上下家之一构成共同犯罪。居中倒卖者，属于毒品交易主体，与前后环节的交易对象属上下家关系，直接参与毒品交易并从中获利。居间介绍者受贩卖者委托，为其介绍联络购毒者的，与贩毒者构成贩卖毒品罪的共同犯罪；明知购毒者以贩卖为目的购买毒品，受委托为其介绍联络贩毒者的，与购毒者构成贩卖毒品罪的共同犯罪；受吸食为目的的购毒者委托，为其介绍联络贩毒者，毒品数量达到《刑法》第 348 条规定的最低数量标准的，一般与购毒者构成非法持有毒品罪的共同犯罪；同时与贩毒者、购毒者共谋，联络促成双方交易的，通常认定与贩毒者构成贩卖毒品罪的共同犯罪。居间介绍者实施为毒品交易主体提供交易信息介绍交易对象等帮助行为，对促成交易起次要、辅助作用的，应当认定为从犯；对以居间介绍者的身份介入毒品交易，但在交易中超出居间介绍者的地位，对交易的发起和达成起重要作用的被告人，可以认定为主犯。

6. 如何认定代购、代收毒品行为的性质

对代购毒品的行为如何定性，司法实践中有不同意见。《大连会议纪要》曾规定，有证据证明行为人不以牟利为目的，为他人代购仅用于吸食的毒品，毒品数量超过《刑法》第 348 条规定的最低数量标准的，对托购者、代购者应以非法持有毒品罪定罪；代购者从中牟利，变相加价贩卖毒品的，对代购者应以贩卖毒罪定罪；明知他人实施毒品犯罪而为其居间介绍、代购代卖的，无论是否牟利，都应以相关毒品犯罪的共犯论处。

《武汉会议纪要》规定，行为人为他人代购仅用于吸食的毒品，在交通、食宿等必要开销之外，收取"介绍费""劳务费"，或者以贩卖为目的收取部分毒品作为酬劳的，应视为从中牟利，属于变向加价贩卖毒品，以贩卖毒品罪定罪处罚。这样规定是考虑到两点：一是行为人代购毒品从中牟利的，虽然形式上可能是赚取少量介绍费，但实际上相当于变相加价出售毒品。《武汉会议纪要》明确了何谓"从中牟利"。二是《刑法》

第 355 条第 1 款规定，依法从事生产、运输、管理、使用国家管制的麻醉药品、精神药品的人员，违反国家规定，向走私、贩卖毒品的犯罪分子或者以牟利为目的，向吸食、注射毒品的人提供国家规定管制的能够使人形成瘾癖的麻醉药品、精神药品的，依照《刑法》第 347 条的规定定罪处罚。以牟利为目的代购毒品，实际上是帮助提供毒品的行为，理应以贩卖毒品罪论处。需要注意的是，只有为他人代购仅用于吸食的毒品的，才需要根据是否从中牟利判断能否认定为贩卖毒品罪；如果明知托购者实施贩卖毒品犯罪而为其代购毒品的，无论是否牟利，均应以贩卖毒品罪的共犯论处。

《武汉会议纪要》还规定，行为人为吸毒者代购毒品，在运输过程中被查获，没有证据证明托购者、代购者是为了实施贩卖毒品等其他犯罪，毒品数量达到较大以上的，对托购者、代购者以运输毒品罪的共犯论处。即没有证据证明托购者、代购者是为了实施贩卖毒品等其他犯罪，毒品数量达到较大以上的，对二者以运输毒品罪的共犯论处；毒品数量未达到较大标准的，则不作为犯罪处理。这样规定，不但有利于严厉打击运输代购毒品行为，遏制毒品的消费和流通，也便于操作和认定。

7. 如何认定贩卖假毒品案件的性质

对于贩卖假毒品案件，最高人民检察院和最高人民法院曾先后作过相关批复或者解释，不知是假毒品而当作毒品走私、贩卖、运输、窝藏的，应当以走私、贩卖、运输、窝藏毒品犯罪（未遂）定罪，从轻或者减轻处罚。[①]

有论者对于最高人民法院、最高人民检察院的上述解释是否合适提出质疑，认为不"首先考察客观要件（即客观上是否存在贩卖毒品罪的实行行为、行为人的'贩卖行为'是否具有现实的法益侵害性），便开始考虑主观要件，以主观上具有贩卖毒品的故意为由，追究被告人贩卖毒品罪（未

---

① 1991 年 4 月 2 日《最高人民检察院关于贩卖假毒品案件如何定性问题的批复》；1994 年 12 月 20 日《最高人民法院关于适用〈全国人民代表大会常务委员会关于禁毒的决定〉的若干问题的解释》。

遂）的刑事责任，似乎存在问题。"①我们赞同最高人民法院、最高人民检察院对贩卖假毒品案件的解释。前提是被告人并不知道是假毒品而当作真毒品贩卖获利。这种情况刑法理论上称为"对象不能犯"，即被告人对犯罪对象（毒品）认识上的错误。这种认识上的错误并不影响被告人主观上具有贩卖毒品的故意，客观上实施了贩卖毒品的行为（即实行行为）。虽然这种行为达不到贩卖真毒品对社会造成的危害结果（危及他人的健康），但却对人们的健康造成现实的威胁（即有现实的法益侵害性），正如预备犯，只处在为了犯罪准备工具、制造条件阶段，尚未给客体造成实际侵害一样，但不能否定犯罪预备就没有社会危害性。因此，对于行为人并不知道是假毒品而当作真毒品贩卖的案件，应当以贩卖毒品（未遂）罪定罪处罚。如果行为人把假毒品当作真毒品走私、运输、窝藏的，则应当以走私、运输毒品（未遂）罪和窝藏毒品（未遂）罪处罚。但是在处罚时，应根据其对象不能犯的实际情况，依法比照既遂犯从轻或者减轻处罚。

例如，张筠筠、张筠峰运输毒品（未遂）案。②一审判决认定：1997年11月29日14时许，被害人韩某根携带装有19万元人民币的密码箱，按约来到被告人胡斌的住处，胡斌将韩某根杀害，并将韩某的尸体肢解为5块，用编织袋套住并用打包机封住。嗣后，胡斌以内装"毒品"为名，唆使被告人张筠筠和张筠峰帮其将2只包裹送往南京。张筠筠、张筠峰于1997年11月30日中午从余姚市乘出租车驶抵南京，将2只包裹寄存于南京火车站小件寄存处。一审认为，被告人张筠筠、张筠峰明知是"毒品"仍帮助运往异地，均已构成运输毒品罪，但因二人意志以外的原因而犯罪未得逞，系未遂，应依法从轻处罚。宣判后，两被告人以不知包裹内藏有"毒品"为由，提出上诉。二审裁定驳回上诉，维持

① 李立众：《刑法一本通》（第六版），法律出版社2009年版，第321~322页。
② 中华人民共和国最高人民法院刑事审判第一庭、第二庭编：《刑事审判案例》，法律出版社2002年版，第545~548页。

原判。

8.是否应当对毒品的含量和混合型、新类型毒品的成分进行鉴定

对查获的毒品进行定性、定量鉴定，确定毒品的种类和含量，是办理毒品犯罪案件中一个十分重要的问题。毒品的定性鉴定，是指对查获的"毒品"究竟是否毒品、是哪一类毒品的分析、鉴定。毒品的定量鉴定，是指在确定了送检物是某一类毒品后，进一步检验确定其有效成分，即毒品成分含量的分析、鉴定。

对于毒品的定性检验、鉴定，目前司法实践中没有分歧，均认为是办案过程中必要的取证过程。但是，经科学鉴定确认送检物是某一类毒品后，还有无必要对毒品的含量即毒品的纯度进行分析呢？在司法实践中一直存在一定争议。有观点认为，首先，《刑法》第357条第2款明确规定："毒品的数量以查证属实的走私、贩卖、运输、制造、非法持有毒品的数量计算，不以纯度折算。"要求对毒品作含量鉴定没有法律依据。其次，在某些情况下，纯度低的毒品对人体健康的危害程度并不亚于纯度高的毒品。因此，即使不作含量鉴定，对纯度高低不同的毒品适用同样的量刑标准，也不致影响刑罚公正。多数观点则认为，由于毒品种类不断推陈出新，毒品的纯度和有害成分差距很大，致使毒品案件中的定量鉴定显得越来越重要。

我们的意见是：

（1）对毒品含量应当进行鉴定。理由有三：第一，贯彻罪刑相适应原则的必然要求。司法实践中查获的毒品实际含量相差很大。以海洛因为例，直接从中缅边界入境的海洛因纯度高达80%左右，几经倒手贩入内地后，由于掺假、稀释，纯度大都明显下降；大量掺假或者土法制造的，含量则更低。纯度相差很大，社会危害性也不一样，在处刑上应当有所区别。对毒品纯度进行分析，目的主要是看它的实际危害的大小。多数情况下，毒品含量高的社会危害性也相对较大。对于查获的毒品，性质经检验得到确定后，如果性状显示有掺假可能的，还应当进行纯度

鉴定。许多国家的司法实践也是这样做的。最高人民法院曾作出解释："海洛因的含量在 25% 以上的，可以视为《决定》[①]和本解释所指的海洛因。含量不够 25% 的，应当折合成含量为 25% 的海洛因计算数量。""对毒品的鉴定结论有疑义的，应当补充鉴定或者重新鉴定。"[②]医学研究也表明，纯度越高的毒品，毒性、成瘾性和依赖性越大，对人体健康的危害程度也越大。第二，有利于量刑平衡。针对毒品含量参差不齐、成分复杂的实际情况，进行毒品含量鉴定是量刑科学化、规范化的重要保障。当毒品大量掺假、含量极低，毒品成分复杂，或者同种有毒成分因含量不同而分属于不同种类毒品时，如果不作含量鉴定，就可能造成量刑不公。第三，对可能判处死刑的案件进行毒品含量鉴定，有利于更加公正、准确适用，保证死刑案件的质量。

（2）2007 年《最高人民法院、最高人民检察院、公安部关于办理毒品犯罪案件适用法律若干问题的意见》明确规定："可能判处死刑的犯罪案件，毒品鉴定结论中应有含量鉴定的结论。"为贯彻上述意见，最高人民法院对审理毒品案件提出以下要求：

①对可能判处死刑的毒品犯罪案件，应当作出毒品含量鉴定；对涉案毒品可能大量掺假，或者属成分复杂的新类型毒品的，也应当作出毒品含量鉴定。

②对于含有两种以上毒品成分的毒品混合物，应当进一步作成分鉴定，确定所含的不同毒品成分及比例。对于毒品中含有海洛因、甲基苯丙胺的，应以海洛因、甲基苯丙胺分别确定其毒品种类；不含海洛因、甲基苯丙胺的，应以其中毒性较大的毒品成分确定其毒品种类；如果毒性相当或者难以确定毒性大小的，以其中比例较大的毒品成分确定其毒品种类，并在量刑时综合考虑其他毒品成分、含量和全案所涉毒品数量。

---

① 指 1990 年 12 月 18 日《全国人民代表大会常务委员会关于禁毒的决定》（已失效）。
② 1994 年 12 月 20 日《最高人民法院关于适用〈全国人民代表大会常务委员会关于禁毒的决定〉的若干问题的解释》。

对于《刑法》、司法解释等已规定了量刑数量标准的毒品，按照《刑法》、司法解释等规定适用刑罚；对于《刑法》、司法解释等没有规定量刑数量标准的毒品，有条件折算为海洛因的，参照国家食品药品监督管理局制定的《非法药物折算表》，折算成海洛因的数量后适用刑罚。

③对于国家管制的麻醉药品和精神药品，《刑法》、司法解释等尚未明确规定量刑数量标准，也不具备折算条件的，应由有关专业部门确定涉案毒品毒效的大小、有毒成分的多少、吸毒者对该毒品的依赖程度，综合考虑其致瘾癖性、戒断性、社会危害性等依法量刑。因条件限制不能确定的，可以参考涉案毒品非法交易的价格因素等，决定对被告人适用的刑罚，但一般不宜判处被告人死刑立即执行。

（3）司法实践中应正确理解和掌握毒品的定性和定量鉴定问题。①应当结合我国当前的刑事政策、毒品犯罪的态势，辩证地看待含量鉴定问题，既不能过于苛求鉴定，也不能一概置之不理。对于毒品数量较小尤其是零包出售的毒品犯罪案件，考虑到不会适用重刑，为诉讼经济、提高效率，只要确系毒品，可以不作毒品含量鉴定。对于毒品数量大，可能判处死刑的，有证据证明或者现有证据不能排除大量掺假可能的，如从毒品性状上肉眼即可识别出与典型毒品明显不同，或者交易价格明显低于当地同类毒品价格等情形的，则应当进行定性和定量鉴定。经鉴定毒品含量极低的，在刑罚裁量时就应当酌情考虑。对于掺假后毒品数量才达到或者超过实际掌握的判处死刑标准，没有其他从重情节的，原则上不得判处死刑。对于《刑法》和相关司法解释没有明确量刑数量标准的新类型毒品犯罪，判处死刑要格外慎重。毒品鉴定意见中毒品品名的认定应以国家食品药品监督管理局、公安部、卫生部最新发布的《麻醉药品品种目录》《精神药品品种目录》为依据。对缺少作为定罪量刑重要证据的毒品含量鉴定意见的，上级人民法院可以部分事实不清为由将案件发回重新审判。对毒品鉴定意见有疑义的，可以进行补充鉴定或者重新鉴定。因客观原因不能作出补充或者重新鉴定的，决定是否判处死刑时应特别慎重。②对于毒品混合物犯罪如何量刑，司法实践中存在不同认识和做法。有的主张将所有毒品都折算成海洛因；有的则主张以其中毒性较大或者所占比例较大的毒品成分确定其毒品种类。如上所述，《大连会议纪要》规定应根据毒品混合物的不同情况予以分别处理。这样规定的理由是，以含有海洛因、甲基苯丙胺确定毒品种类，不仅符合司法实践中的普遍做法，也便于司法操作；可以实现与《刑法》、司法解释已有毒品犯罪量刑标准的协调，尤其是以毒性较大的成分确定毒品种类，因毒性较大的量刑数量标准较低，其对应的法定刑较重，不会轻纵这类毒品犯罪。国外有类似规定，如《美国量刑指南》指出：管制药品的重量是指含有可觉察管制药品的任何混合物或药品的全部重量。如果混合物或药品包含不止一种管制药品，则按照导致较高犯罪等级的管制药品计算全部混合物或该药品的重量。详细规定不同情形毒品混合物的处理方法，有利于解决对混合型毒品量刑的争议，实现量刑的统一和平衡。③关于低纯度毒品的数量认定及对量刑的影响。对该问题各地的认识和做法不统一，有的地方仍在执行对低纯度毒品按照 25% 的纯度进行折算后认定数量的做法；有的地方提出，对毒品含量极低的案件应当报送最高人民法院核准在法定刑以下判处刑罚。对此，《武汉会议纪要》强调，应当严格执行《刑法》有关毒品数量不以纯度折算的规定，一般均应将查证属实的毒品数量认定为毒品犯罪的数量，并据此确定适用的法定刑幅度。但《武汉会议纪要》也规定了两个例外情形：一是 2000 年《最高人民法院关于审理毒品案件定罪量刑标准有关问题的解释》（已失效）规定，对度冷丁（杜冷丁）和盐酸二氢埃托啡针剂及片剂，要按照有效药物成分的含量计算毒品数量，这属于司法解释的特殊规定。2016 年《最高人民法院关于审理毒品犯罪案件适用法律若干问题的解释》延续了这一规定。二是为掩护运输而将毒品临时溶于液体的，可以将溶液蒸馏后得到的纯度较高的毒品数量作为量刑的依据，这也是司法实践中普遍接受的做法。

考虑到不同纯度毒品的毒性和社会危害的客观差异，《武汉会议纪要》规定，涉案毒品纯度明显低于同类毒品的正常纯度的，量刑时可以酌情考虑。是否"明显低于"正常纯度，则要结合案件具体情况进行判断。此外，鉴于当前毒品犯罪的严峻形势和社会危害，对毒品含量极低的案件，尚不宜报送最高人民法院核准在法定刑以下判处刑罚。

9. 如何认定零星贩毒案件的毒品数量？对这类案件应如何适用法律以有利于惩治毒品犯罪

零星贩毒案件，是指被告人多次少量贩卖鸦片、海洛因、甲基苯丙胺（冰毒）或者其他毒品的案件。零星贩卖毒品直接面向吸毒人员，是毒品流入社会的最后一个环节，同样具有很大的社会危害性。目前对于零星贩毒在事实认定和法律适用以及政策执行方面存在一些问题：

（1）零星贩毒案件毒品数量难以准确认定。根据《刑法》规定，毒品数量是决定对被告人裁量刑罚的主要情节。但对于零星贩毒案件，往往很难查清毒品数量。首先，一些零星贩毒案件不以数量论价，有的是以包论价，但每包数量极少，有的将摇头丸直接扔进吸毒人员口中，有的以指甲盖抠挖一小块海洛因出售等，故购买者并不知道毒品的准确数量，旁证所起的作用也有限。其次，由于购买毒品者一般是单独行动，零星贩毒案件中的每次毒品交易实际上多是"一对一"，如果被告人不供认，就成了孤证，也就难以认定其有罪。最后，由于大部分毒品均已被消耗，即使买卖双方均承认交易事实，因缺乏实物证据也难以准确认定。目前，实践中对这类案件的毒品数量认定多采取以交易价格推定数量、"就低不就高"的原则。采取上述原则处理零星贩毒案件，虽是现实所迫，难免轻纵一些犯罪分子，但也要依法惩处。

（2）如何适用法律有效打击和防范零星贩毒现象存在困惑。在零星贩毒案件中，被查获、证实的贩毒数量非常有限。根据《刑法》规定，对这类案件中的被告人，一般仅能判处"三年以下有期徒刑、拘役或者管制，并处罚金"，"情节严重"的，至多可处"三年以上七年以下有期徒刑，并处罚金"。对此，有意见认为，这样的法定刑似有偏轻之嫌，不利于有效惩治和防范零星贩毒现象，有必要修改立法，加大对零星贩毒行为的打击力度。

我们的意见是：

①要充分认识零星贩毒案件的特点极其严重的社会危害性。零星贩毒案件有以下特点：一是犯罪主体多为吸毒人员，以贩养吸较为突出；二是零星贩毒交易双方既相对固定，又具有较强的隐秘性；三是由于多有长期吸毒的经历，零星贩毒人员中有相当一部分是传染病人；四是零星贩毒人员中再犯、累犯多。因此，应当充分认识零星贩毒案件的社会危害性，加大对此类犯罪的惩处力度。

②零星贩毒案件的事实认定。由于零星贩毒案件的特殊性，导致审查证据和认定事实出现困难，但仍应坚持重证据、重调查研究，不轻信口供的原则。

第一，对有证据证明犯罪嫌疑人少量贩卖毒品，或被他人指认曾向其贩卖过少量毒品，并有相应的事实证据印证的，无论犯罪嫌疑人本人是否供认，都可认定为零星贩毒案件。

第二，只有被告人的口供与同案其他被告人供述吻合，并且完全排除诱供、逼供、串供等情形，被告人的口供与同案被告人的供述才可以作为定案的证据。对于无被告人供述或者被告人供认后又当庭翻供的，如果其他证据之间能相互印证，形成完整的证据链条，可以认定被告人零星贩毒的事实。如果只有被告人供述，没有其他证据印证的，则不能认定被告人零星贩毒的事实。

第三，对于确有证据证明属于"以贩养吸"的被告人，如果不能认定购买毒品的数量，则应当以被查获的毒品数量作为犯罪的数量，但量刑时应考虑被告人吸食毒品的情节，酌情处理；如果被告人购买了一定数量的毒品后，部分确已被其吸食的，应当按能够证明的贩卖数量认定其贩毒的数量，已被吸食的部分不计入在内。

第四，审理"人货分离"的零星贩毒案件时，要特别注意审查核实侦查机关对毒品贩卖现场的勘验笔录、被告人遗留在犯罪现场的可疑物品及被告人的通话记录等。如果上述证据能够相互印证，可以认定被告人零星贩毒的事实。①

第五，在审理被告人多次实施零星贩毒案件时，应当根据相应的证据材料，确定被告人零星贩毒的次数及贩卖毒品的数量。②

③零星贩毒案件的法律适用。第一，根据《刑法》第347条第7款关于"对多次走私、贩卖、运输、制造毒品，未经处理的，毒品数量累计计算"的规定，对零星贩毒的，应累计计算其贩卖毒品的数量。所谓"未经处理"，是指未经司法机关的刑事处罚或者公安机关的行政处罚，即指公安机关对毒品违法行为依照《治安管理处罚法》给予的行政处罚；其他国家行政机关给予的行政处分、处理，不能视为已经处理过。第二，被告人零星贩毒的数量累计达到了实际掌握的判处死刑数量标准，且无法定从轻、减轻或者酌定从轻处罚情节，一般应当判处被告人死刑。但当定案的证据主要是被告人的供述或者吸毒人员提供的证言时，原则上对被告人不适用死刑立即执行。③

10. 如何把握网络涉毒犯罪的定性

随着信息网络的普及应用，网络涉毒犯罪呈快速蔓延之势，主要表现为利用网络传播制毒技术、买卖制毒物品、贩卖毒品和组织吸毒等形式。《武汉会议纪要》对此作出两方面规定，包括利用信息网络实施毒品犯罪行为的定性和利用互联网组织吸毒行为的定性。

（1）关于利用信息网络实施毒品犯罪行为的定性。《武汉会议纪要》规定，对于利用信息网络贩卖毒品、在境内非法买卖用于制造毒品的原

---

① 吸收了2009年10月武汉大学刑事法研究课题组：《云南省审理毒品犯罪案件证据认定指导意见》（学术建议稿）。

② 同上注。

③ 何荣功、莫洪宪：《毒品犯罪死刑裁量指导意见》（学术建议稿），载《中国刑事法杂志》2009年第11期。

料或者配剂、传授制造毒品等犯罪的方法，构成贩卖毒品罪、非法买卖制毒物品罪、传授犯罪方法罪等犯罪的，依法定罪处罚。这里有两个需要注意的问题：一是构成非法买卖制毒物品罪的，要达到相应的定罪数量标准；二是"传授制造毒品等犯罪的方法"与"构成引诱、教唆、欺骗他人吸毒罪等犯罪"中的"等"字，都是为了应对实践中的复杂情况和将来的立法修改而预留的空间。

（2）关于利用互联网组织吸毒行为的定性。对于利用互联网组织吸毒行为的定性，有意见认为可以认定为容留他人吸毒罪。但多数意见认为，虚拟空间不符合容留他人吸毒罪中的"场所"特征，对此类行为不能认定为容留他人吸毒罪；就其特征而言，属于组织或者聚众吸毒行为，但《刑法》尚无相应罪名。故《武汉会议纪要》规定，对于在利用互联网组织他人吸毒的过程中，实施引诱、教唆、欺骗他人吸毒等犯罪的，可以依法定罪处罚。

11.如何认定毒品犯罪案件中被告人对毒品的"明知"

走私、贩卖、运输、非法持有毒品罪主观故意中的"明知"，是指行为人知道或者应当知道所实施的行为是走私、贩卖、运输、非法持有毒品的行为。这说明，这里讲的"明知"，包括"明知必然"和"明知可能"两种情形。主客观相一致，是认定被告人的行为是否构成犯罪必须坚持的原则之一，毒品犯罪也不例外。由于毒品犯罪的隐蔽性强、犯罪分子往往具有较强的反侦查、反制裁的准备，因而在被告人拒不如实供述的情况下，较难取得证据有效证明其主观上明知行为对象系毒品，给毒品犯罪的认定带来困难。

为解决这一问题，2007年《最高人民法院、最高人民检察院、公安部关于办理毒品犯罪案件适用法律若干问题的意见》规定了可以认定"明知"的几种情形。《大连会议纪要》在此基础上，结合司法实践经验，列举了可以认定被告人主观明知的具体情形，即具有下列情形之一，犯罪嫌疑人、被告人不能作出合理解释的，可以认定其"明知"是毒品，但有证据证明确属被蒙骗的除外：（1）执法人员在口岸、机场、车站、港口和其他检查站点查验时，要求行为人申报为他人携带的物品和其他疑似毒品物，并告知其法律责任，而行为人未如实申报，在其携带的物品中查获毒品的；（2）以伪报、藏匿、伪装等蒙蔽手段，逃避海关、边防等检查，在其携带、运输、邮寄的物品中查获毒品的；（3）执法人员检查时，有逃跑、丢弃携带物品或者逃避、抗拒检查等行为，在其携带或者丢弃的物品中查获毒品的；（4）体内或者贴身隐秘处藏匿毒品的；（5）为获取不同寻常的高额、不等值报酬为他人携带、运输物品，从中查获毒品的；（6）采用高度隐蔽的方式携带、运输物品，从中查获毒品的；（7）采用高度隐蔽的方式交接物品，明显违背合法物品惯常交接方式，从中查获毒品的；（8）行程路线故意绕开检查站点，在其携带、运输的物品中查获毒品的；（9）以虚假身份或者地址办理托运手续，在其托运的物品中查获毒品的；（10）有其他证据足以认定行为人应当知道的。

2012年6月18日发布的《最高人民法院、最高人民检察院、公安部关于办理走私、非法买卖麻黄碱类复方制剂等刑事案件适用法律若干问题的意见》规定，犯罪嫌疑人、被告人的行为是否构成走私、制造毒品等罪，对其主观目的与明知进行判断时，应当根据物证、书证、证人证言以及犯罪嫌疑人、被告人供述和辩解等在案证据，结合犯罪嫌疑人、被告人的行为表现，重点考虑以下因素综合予以认定：（1）购买、销售麻黄碱类复方制剂的价格是否明显高于市场交易价格；（2）是否采用虚假信息、隐蔽手段运输、寄递、存储麻黄碱类复方制剂；（3）是否采用伪报、伪装、藏匿或者绕行进出境等手段逃避海关、边防等检查；（4）提供相关帮助行为获得的报酬是否合理；（5）此前是否实施过同类违法犯罪行为；（6）其他相关因素。

之所以作出上述规定，是基于以下考虑：一是出于公民基于法律法规而产生的义务。行为人在进行与自身相关的有关行为时，有责任审查被委托、雇用携带、运输或者交接的物品是否属违禁品，不然就要承担相应的法律责任。二是出于严惩毒品犯罪的需要。如果仅以行为人是否承认明知为标准，就难以认定毒品犯罪人的主观故意，严重影响惩治毒品犯罪活动。三是参照相关司法解释和其他规范性文件对"明知"问题已作过的类似规定。例如，2007年5月9日《最高人民法院、最高人民检察院关于办理与盗窃、抢劫、诈骗、抢夺机动车相关刑事案件具体应用法律若干问题的解释》第6条，2002年7月8日《最高人民法院、最高人民检察院、海关总署关于办理走私刑事案件适用法律若干问题的意见》第5条，都结合案件具体情况规定了"明知"的认定问题。四是参照国际公约对"明知"事项的规定。《联合国禁止非法贩运麻醉药品和精神药物公约》第3条第1款规定了各种毒品的故意犯罪，其中第3款规定："构成本条第1款所列罪行的知情、故意或目的等要素，可根据客观事实情况加以判断。"此外，《联合国打击跨国有组织犯罪公约》第5条第2款、《联合国反腐败公约》第28条也有类似规定。五是对国外和我国香港地区关于毒品犯罪明知规定的借鉴。如《马来西亚惩治毒品犯罪法》第37条规定，保管或控制任何含有毒品的物品的人，应当推定其对该毒品的性质具有明知；毒品隐藏在房屋、车辆内，应当推定房主、车主和当时负责车辆的人对所隐藏的毒品明知。《香港危险药物条例》第47条也有类似规定。

司法实践中，判断是否明知应当注意以下几个问题：一是判断是否明知应当以客观实际情况为依据。尽管明知是行为人知道或者应当知道行为对象是毒品的心理状态，但是判断被告人主观是否明知，不能仅凭被告人是否承认，而应当综合考虑案件中的各种客观实际情况，依据实施毒品犯罪行为的过程、行为方式、毒品被查获时的情形和环境等证据，结合被告人的年龄、阅历、智力及掌握相关知识情况，进行综合分析判断。二是用作推定前提的基础事实必须已经确凿的证据证明。首先要查明行为人携带、运输的东西确实是毒品，同时行为人有上述列举的反常行为表现。三是依照上述规定认定的明知，允许行为人提出反证加以推翻。由于推定明知不是以确凿证据证明的，而是根据基础事实与待证事实的常态联系，运用情理判断和逻辑推理得出的，有可能出现例外情况。如果被告人能作出合理解释，有证据证明确实受蒙骗，其辩解有事实依据或者合乎情理，就不能认定其主观上明知是毒品。

12. 如何确定毒品犯罪案件的死刑适用标准

判处死刑的毒品数量标准，《刑法》第347条第2款作了原则性规定。这个规定是对严重毒品犯罪分子决定量刑的法律依据。但这个规定幅度很大，从十五年有期徒刑一直到死刑。在毒品犯罪的死刑核准权下放部分高级人民法院行使时期，制定一个全国相对统一的毒品犯罪死刑适用标准客观上不具备条件。2006年10月全国人大常委会通过修改《人民法院组织法》，将死刑核准权自2007年1月1日收回最高人民法院统一行使后，为制定一个全国相对统一的毒品犯罪死刑适用标准创造了条件。我们认为：

（1）应当制定一个全国相对统一的毒品犯罪死刑适用数量标准。长期以来，适用死刑的毒品数量标准全国不统一，越是毒品犯罪相对较多的地区，掌握的适用死刑数量标准相对越高。在死刑核准权收回后，最高人民法院通过调查研究，应当制定一个相对统一的毒品犯罪死刑适用数量标准。这是考虑到：第一，适用死刑的毒品数量标准过于悬殊，有损司法的公平和公正。第二，由于毒品犯罪的发案数存在较大地域差异，在适用死刑数量标准的掌握上存在一定差异，既是难以完全避免的，也是合理的。最高人民法院在《人民法院第二个五年改革纲要（2003—2008）》中规定："贯彻罪刑相适应原则，制定故意杀人、抢劫、故意伤害、毒品等犯罪适用死刑的指导意见，确保死刑正确适用。"

（2）毒品数量是毒品犯罪适用死刑的重要标准，但不是唯一标准。根据《刑法》总则第5条规定的罪责刑相适应基本原则和第61条规定的量刑一般原则，在对毒品犯罪分子适用刑罚时，应当综合考虑包括毒品数量在内的一切足以反映行为社会危害性程度和行为人主观恶性程度、人身危险性程度的各种事实、情节，以及当地禁毒形势等各种因素，区别对待，不能搞"唯数量"论，否则便难以保证罚当其罪，难以充分发挥刑罚的功效。

"数量加情节"是长期司法实践经验的总结。早在 1991 年，最高人民法院为贯彻《全国人民代表大会常务委员会关于禁毒的决定》（已失效）而下发的《最高人民法院关于十二省、自治区法院审理毒品犯罪案件工作会议纪要》（已失效）中，就强调了"数量加情节"这个问题。指出："由于这个规定量刑幅度较大，既包括 15 年有期徒刑，又包括无期徒刑和死刑，因此，人民法院对达到《决定》第二条第一款规定的毒品数量标准的严重毒品犯罪分子，在量刑的时候，应当具体案件具体分析，根据犯罪的事实、情节和对社会的危害程度，决定应当判处的刑罚。特别是对于是否判处死刑的案件，既要根据毒品数量的多少，又要考虑犯罪的情节。"2008 年印发的《大连会议纪要》再次强调："毒品数量是毒品犯罪案件量刑的重要情节，但不是唯一情节。"

（3）《大连会议纪要》对毒品犯罪的死刑数量标准规定了总的把握原则，即近期掌握的死刑数量标准，应当结合本地毒品犯罪的实际情况和依法惩治、预防毒品犯罪的需要，参照最高人民法院复核毒品死刑案件的典型案例，恰当把握。因此，在毒品犯罪死刑数量标准上，仍应坚持原则性与灵活性相统一的做法，采取适宜、均衡的死刑数量标准，同时，通过复核死刑案件、发布典型案例等形式，逐步形成一个有一定幅度、相对统一的毒品犯罪死刑数量标准，最大限度地实现毒品案件的量刑平衡。

13. 对毒品犯罪如何正确适用死刑

毒品犯罪的死刑适用应当切实贯彻宽严相济的刑事政策和"数量加情节"的原则。总结司法实践经验，规定具有下列情形之一的，可以判处被告人死刑：（1）具有毒品犯罪集团首要分子、武装掩护毒品犯罪、暴力抗拒检查、拘留或者逮捕、参与有组织的国际贩毒活动等严重情节的；（2）毒品数量达到实际掌握的死刑数量标准，并具有毒品再犯、累犯，利用、教唆未成年人走私、贩卖、运输、制造毒品，或者向未成年人出售毒品等法定从重处罚情节的；（3）毒品数量达到实际掌握的死刑数量标准，并具有多次走私、贩卖、运输、制造毒品，向多人贩毒，在毒品犯罪中诱使、容留多人吸毒，在戒毒、监管场所贩毒，国家工作人员利用职务便利实施毒品犯罪，或者职业犯、惯犯、主犯等情节的；（4）毒品数量达到实际掌握的死刑数量标准，并具有其他从重处罚情节的；（5）毒品数量超过实际掌握的死刑数量标准，且没有法定、酌定从轻处罚情节的。

《大连会议纪要》同时规定，毒品数量达到实际掌握的死刑数量标准，具有下列情形之一的，可以不判处被告人死刑立即执行：（1）具有自首、立功等法定从宽处罚情节的；（2）已查获的毒品数量未达到实际掌握的死刑数量标准，到案后坦白尚未被司法机关掌握的其他毒品犯罪，累计数量超过实际掌握的死刑数量标准的；（3）经鉴定毒品含量极低，掺假之后的数量才达到实际掌握的死刑数量标准的，或者有证据表明可能大量掺假但因故不能鉴定的；（4）因特情引诱毒品数量才达到实际掌握的死刑数量标准的；（5）以贩养吸的被告人，被查获的毒品数量刚达到实际掌握的死刑数量标准的；（6）毒品数量刚达到实际掌握的死刑数量标准，确属初次犯罪即被查获，未造成严重危害后果的；（7）共同犯罪毒品数量刚达到实际掌握的死刑数量标准，但各共同犯罪人作用相当，或者责任大小难以区分的；（8）家庭成员共同实施毒品犯罪，其中起主要作用的被告人已被判处死刑立即执行，其他被告人罪行相对较轻的；（9）其他不是必须判处死刑立即执行的。

《大连会议纪要》对毒品犯罪的死刑适用问题所作上述规定，对统一死刑适用标准发挥了重要作用，对于这些规定总体上仍应继续参照执行。《武汉会议纪要》对《大连会议纪要》的相关规定作出了补充和完善，这些内容大多是《大连会议纪要》没有规定的，也是对近年来审判实践经验的总结。

《武汉会议纪要》强调了毒品犯罪案件的死刑政策把握问题，提出在当前形势下仍要充分发挥死刑对预防和惩治毒品犯罪的重要作用，对罪行极其严重、依法应当判处死刑的毒品犯罪分子，要坚决判处死刑；同时提出，在毒品犯罪审判中也要全面、准确贯彻宽严相济刑事政策，体现区别对待，做到罚当其罪，确保死刑只适用于极少数罪行极其严重的犯罪分子。《武汉会议纪要》结合近年来审判实践，对运输毒品犯罪、毒品共同犯罪和上下家犯罪，以及新类型、混合型毒品犯罪的死刑适用问题作了具体规定。

（1）运输毒品犯罪的死刑适用。该部分是对《大连会议纪要》相关规定的补充和完善，重申了《大连会议纪要》规定的运输毒品犯罪的严惩重点，并对受人指使、雇用运输毒品犯罪的死刑适用作了新规定，主要包括以下几方面内容。

首先，《武汉会议纪要》新增了对受人指使、雇用运输毒品的被告人适用死刑的总体原则。提出要以区别对待、慎重适用死刑为原则，并明确提出决定是否适用死刑时，应当综合考虑毒品数量、被告人的犯罪次数、犯罪的主动性和独立性、在共同犯罪中的地位作用、获利程度和方式及其主观恶性、人身危险性等因素。其次，《武汉会议纪要》对于确属受人指使、雇用运输毒品并系初犯、偶犯的被告人，在《大连会议纪要》的基础上进一步明确了不判处死刑的情形。《大连会议纪要》规定，对于这部分被告人，即使毒品数量超过实际掌握的死刑数量标准，也可以不判处死刑。《武汉会议纪要》则进一步提出，对于其中被动参与犯罪，从属性、辅助性较强，获利程度较低的被告人，一般不应当判处死刑。这是新增加的内容，目的是进一步严格限制受雇运输毒品犯罪的死刑适用，以突出对运输毒品犯罪的打击重点。再次，《武汉会议纪要》明确规定了对"不能排除"受人指使、雇用运输毒品的被告人不判处死刑的条件。这是对《大连会议纪要》规定的"有证据证明确属"受雇的突破，主要考虑毒品犯罪隐蔽性强，部分案件难以达到"有证据证明确属"受雇的证明标准，如果在量刑时完全不予考虑，又有悖于罪责刑相适应原则。故近年来各地在审理此类案件时，包括最高人民法院在复核此类死刑案件时，也将"不能排除"受雇运输毒品的被告人作为慎用死刑的对象。《武汉会议纪要》明确规定，"不能排除"受人指使、雇用运输毒品的被告人同时具备以下两个条件的，可以不判处死刑：一是不排除初次参与运输毒品，二是毒品数量不属巨大。这里的"不能排除"并不是无根据的推测，也要求有一定的证据证明，只是没有达到确实、充分的证明标准。最后，《武汉会议纪要》规定了多人受雇运输毒品犯罪的死刑适用。强调对不同受雇者应结合其运输毒品数量、具体犯罪情节、参与犯罪程度、与雇用者关系的紧密性及其主观恶性、人身危险性等量刑因素作进一步区分，同时判处二人以上死刑要特别慎重。

需要说明的是，"受指使、雇用运输毒品"的表述源自《大连会议纪要》。在《武汉会议纪要》起草过程中，有意见提出，受指使为他人运输毒品的被告人在共同犯罪中通常处于明显的被动、从属地位，与以牟利为目的的受雇运输毒品的被告人有所不同，在决定死刑适用时应当进一步加以区分。经研究，该意见确有合理性，但鉴于实践中个案差异较大，对受指使与受雇用运输毒品的被告人如何体现区别对待，尚需进一步总结经验，故《武汉会议纪要》没有对此作出明确规定。但《武汉会议纪要》中也体现了根据具体犯罪情节进一步加以区分的精神，例如，规定对于受人指使、雇用参与运输毒品的被告人，应当综合考虑其犯罪的主动性和独立性、在共同犯罪中的地位作用、获利程度和方式及其主观恶性、人身危险性等因素，予以区别对待；又如，规定对于有证据证明确属受人指使、雇用初次运输毒品的案件，被告人被动参与犯罪，从属性、辅助性较强，获利程度较低的，一般不应当判处死刑。在今后的审判实践中，可以进一步总结受指使与受雇用运输毒品犯罪在社会危害性上的区别，依法、准确适用死刑。

（2）毒品共同犯罪、上下家犯罪的死刑适用。《大连会议纪要》对毒品共同犯罪的死刑适用作了较为原则的规定，对毒品交易上下家的死刑适用则没有涉及。《武汉会议纪要》对此作了具体规定，是新增的内容。

①关于毒品共同犯罪案件的死刑适用。毒品共同犯罪案件中，能否对二名以上被告人适用死刑的问题较为突出。《武汉会议纪要》规定，毒品共同犯罪的死刑适用要严格贯彻罪责刑相适应原则，涉案毒品的数量不同，适用死刑的具体原则也有所区别。对于毒品数量刚超过实际掌握的死刑数量标准的，一般只对其中罪责最大的一名主犯适用死刑；罪责确实难以区分的，可以不判处被告人死刑；即使二名主犯的罪责均很突出，且均具有法定从重处罚情节的，也要尽可能比较其主观恶性、人身危险性方面的差异，判处二人死刑要特别慎重。也就是说，在这种情况下，判处二人死刑属于极例外的做法。如果毒品数量达到巨大以上，判处二人以上死刑也还应当具备以下两个条件：一是二名以上主犯的罪责均很突出，或者个别主犯罪责稍次但具有法定或者重大酌定从重处罚情节；二是判处二人以上死刑符合罪刑相适应原则，并有利于全案量刑平衡。

②关于存在未到案共同犯罪人案件的死刑适用。实践中，此类案件的死刑适用存在的问题较多。办理此类案件的总体原则是，分清在案被告人与未到案共同犯罪人的罪责，准确适用死刑，并防止升格适用死刑；因罪责不清影响死刑适用的，不应对在案被告人判处死刑。《武汉会议纪要》规定了三种具体情形：一是共同犯罪人到案与否不影响对在案被告人适用死刑的情形，即在案被告人与未到案共同犯罪人均属罪行极其严重的，可以依法判处在案被告人死刑。二是不得因共同犯罪人未到案而对在案被告人升格适用死刑的情形，即在案被告人的罪行不足以判处死刑，或者共同犯罪人归案后从全案量刑平衡的角度考虑，只宜判处该共同犯罪人死刑的，这种情况下不应判处在案被告人死刑。三是共同犯罪人未到案影响罪责认定，进而影响准确适用死刑的情形，这种情况下也

不应对在案被告人判处死刑。

③关于贩卖毒品上下家的死刑适用。办理此类案件，应当对毒品上家还是下家判处死刑，以及什么情况下可以同时判处上下家死刑，也是实践中反映较为突出的问题。首先，《武汉会议纪要》明确了对贩卖毒品上下家决定死刑适用时的考虑因素，包括贩毒数量、次数及对象范围，犯罪的主动性，对促成交易所发挥的作用，犯罪行为的危害后果及被告人的主观恶性、人身危险性等。其次，《武汉会议纪要》对买卖同宗毒品上下家的死刑适用问题作了原则性规定。对于买卖同宗毒品的上下家，由于涉案毒品总量没有增加，毒品数量刚超过实际掌握的死刑数量标准的，一般不能同时判处死刑。再次，《武汉会议纪要》结合实践情况，进一步明确了买卖同宗毒品案件中判处上下家死刑的一般规则。上家主动联络销售毒品，积极促成毒品交易的，通常可以判处上家死刑；下家积极筹资，主动向上家约购毒品，对促成毒品交易起更大作用的，可以考虑判处下家死刑。最后，《武汉会议纪要》规定，涉案毒品数量达到巨大以上的，也要综合各种量刑因素，慎重决定能否同时对上下家判处死刑。

④关于人数较多的同宗毒品犯罪案件的死刑适用。同宗毒品犯罪案件既包括涉及同宗毒品买卖、多名被告人互为上下家的案件，也包括多名上下家和共同犯罪人并存的案件。《武汉会议纪要》提出，对此类案件的死刑适用可以综合运用前述毒品共同犯罪、上下家犯罪的原则予以处理。

⑤关于并案审理问题。从准确定罪量刑和诉讼经济原则考虑，《武汉会议纪要》提出，对毒品共同犯罪案件和密切相关的上下游案件应当尽量并案审理；因客观原因分案处理的，要注意各案间的量刑平衡，确保准确适用死刑。

（3）新类型、混合型毒品犯罪的死刑适用。这部分内容也是《武汉会议纪要》针对近年来实践中反映较为集中的新问题作出的新规定。

①关于甲基苯丙胺片剂（俗称"麻古"等）犯罪的死刑适用。调研

中了解到，对甲基苯丙胺片剂的死刑数量标准，一些地方完全按照甲基苯丙胺（冰毒）的数量标准掌握。但是，根据有关部门提供的数据，此类片剂中的甲基苯丙胺含量约在 5%～30% 之间，而冰毒中的甲基苯丙胺含量一般在 50%～99% 之间。在数量相同的情况下，甲基苯丙胺片剂所含的有效毒品成分和危害性要小于冰毒，故对前者应当掌握更高的死刑数量标准。经研究，《武汉会议纪要》提出，对甲基苯丙胺片剂的死刑数量标准，一般可以按照冰毒的 2 倍左右掌握，具体可以根据当地的毒品犯罪形势和涉案毒品含量等因素确定。例如，对于实际掌握的冰毒死刑数量标准较高、甲基苯丙胺片剂中毒品含量较高的省份，可以适当低于前述 2 倍标准；对于甲基苯丙胺片剂的含量较低、社会危害较小的省份，可以适当高于前述 2 倍标准。

②关于氯胺酮犯罪的死刑适用。《武汉会议纪要》主要作了两方面的规定：一是规定对涉氯胺酮犯罪案件，符合条件的可以依法适用死刑。主要针对案件性质为制造、贩卖毒品，涉及多人多宗犯罪，具有多次、大量、向多人贩卖及累犯、毒品再犯等情节的被告人。二是明确了氯胺酮的死刑数量标准。2007 年《最高人民法院、最高人民检察院、公安部办理毒品犯罪案件适用法律若干问题的意见》规定，氯胺酮的"数量大"标准是 1000 克，与海洛因的"数量大"标准是 20∶1 的关系。主要考虑当时氯胺酮的滥用情况尚不严重，涉氯胺酮犯罪的社会危害亦不是非常突出。而且，以往对涉氯胺酮犯罪案件判处死刑的数量标准掌握得也较高。《武汉会议纪要》规定对氯胺酮的死刑数量标准一般可以按照海洛因的 10 倍掌握，主要基于以下几点考虑：第一，近年来氯胺酮的滥用人数在我国不断增长，已上升至第三位，仅次于甲基苯丙胺和海洛因。第二，滥用氯胺酮造成的现实危害不断加大，因其兼具麻醉和致幻效果，实践中大量的自伤自残、暴力犯罪及"毒驾"案件多系由吸食氯胺酮引发。第三，制贩氯胺酮案件近年来呈迅速增长之势，有必要加大对此类犯罪的打击力度。也是基于上述理由，2016 年发布的《审理毒品犯罪案

件解释》明确规定氯胺酮与海洛因的折算比例为 10∶1。

③关于其他新类型、混合型毒品犯罪的死刑适用。由于这些毒品的滥用范围和社会危害相对较小，有的还没有定罪量刑数量标准，故一般不宜适用死刑。但考虑到毒品犯罪形势发展变化很快，《武汉会议纪要》也规定，对于司法解释、规范性文件明确规定了定罪量刑数量标准，且涉案毒品数量特别巨大，社会危害大，不判处死刑难以体现罚当其罪的，必要时可以判处被告人死刑。

14. 运输毒品案件是否适用走私、贩卖、制造毒品案件同一处刑标准

根据《刑法》第 347 条第 2 款的规定，运输毒品犯罪与走私、贩卖、制造毒品犯罪适用同一法定刑标准。实践中有一种观点认为，应当将对运输毒品罪的处刑标准与走私、贩卖、制造毒品罪区别开来。理由是：第一，单纯的运输毒品的行为与走私、贩卖、制造毒品的行为相比较确有其特殊性。按照犯罪行为对社会的危害程度配置法定刑，是制定刑法的基本要求之一。走私、贩卖、制造毒品的行为，或者是毒品犯罪的源头，或者直接导致毒品向社会扩散，而单纯的运输毒品的行为只是毒品犯罪的中间环节，只是改变了毒品的空间位置，且由于毒品往往在流通环节即被截获，未流入社会，因此，类似情形下，二者对社会危害的程度存在一定差异，如果配置以相同的法定刑，有违罪刑相一致原则。第二，从刑法理论分析，运输毒品原本是走私、贩卖、制造毒品的帮助行为。《刑法》第 27 条规定："在共同犯罪中起次要或者辅助作用的，是从犯。对于从犯，应当从轻、减轻处罚或者免除处罚。"由于走私、贩卖、运输、制造毒品的行为一般以共同犯罪的形式出现，而运输毒品的行为只是毒品犯罪的中间环节，犯罪分子在毒品共同犯罪中只起到次要的或者辅助的作用，按照《刑法》规定，理应从轻、减轻处罚。第三，宽严相济刑事政策要求对运输毒品的犯罪分子予以区别对待。没有区别就没有政策。在司法实践中，为赚取一定运费而受雇从事运输毒品活动的被告人，多为贫困边民、农民工、下岗工人、无业人员等。这些人与躲在

其背后操控的毒枭、首要分子、组织者相比，他们在整个毒品犯罪链条中所起作用、所处地位相对较低，主观恶性较小，其所获得的利益较少，但风险却要大得多。如果对他们适用与走私、贩卖、制造毒品犯罪分子同样的处刑标准，则有悖重点打击毒枭的本旨，也难以体现刑罚的公正。第四，运输毒品案件在整个毒品犯罪案件中占很大比例。在云南、甘肃等省份尤为突出。如果对运输毒品犯罪分子适用与走私、贩卖、制造毒品的犯罪分子相同的处刑标准，将不利于贯彻国家的整体死刑政策。

我们认为，上述观点总体上是正确的，在司法实践中应注意加以区别对待：

（1）对于运输毒品犯罪，要注意重点打击指使、雇用他人运输毒品的犯罪分子和接应、接货的毒品所有者、买家或者卖家。对于运输毒品犯罪集团首要分子，组织、指使、雇用他人运输毒品的主犯或者毒枭、职业毒犯、毒品再犯，以及具有武装掩护、暴力抗拒检查、拘留或者逮捕、参与有组织的国际毒品犯罪、以运输毒品为业、多次运输毒品或者其他严重情节的，应当按照《刑法》、有关司法解释和司法实践实际掌握的数量标准，从严惩处，依法应判处死刑的必须坚决判处死刑。

（2）由于单纯的运输毒品行为具有从属性、辅助性特点，对于运输毒品犯罪中的这部分人员，在量刑标准的把握上，应当与走私、贩卖、制造毒品和前述具有严重情节的运输毒品犯罪分子有所区别，不应单纯以涉案毒品数量的大小决定刑罚适用的轻重。如邹建成运输毒品案。邹建成系云南嵩明县农民。2003 年 10 月 25 日，云南毒犯"阿达"找到邹建成，让邹建成帮他将毒品送往西安，答应事成后给邹建成 3000 元好处费。同月 26 日，邹建成携带"阿达"的毒品和给他的 1000 元从云南乘火车于 10 月 28 日到达西安火车站时被当场抓获，缴获海洛因 6 块、重1954.1 克。西安市中级人民法院经审理认为，邹建成运输毒品 1954.1 克，数量大，本应依法从严惩处。"唯查邹建成系帮助他人运输毒品，且毒品未流入社会，其认罪态度较好，可酌情从轻判处"，决定以运输毒品罪判处邹建成无期徒刑。

（3）对有证据证明被告人确属受人指使、雇用参与运输毒品犯罪，又系初犯、偶犯的，可以从轻处罚，即使毒品数量超过实际掌握的死刑数量标准，也可以不判处死刑立即执行。

（4）毒品数量超过实际掌握的死刑数量标准，不能证明被告人系受人指使、雇用参与运输毒品犯罪的，可以依法判处重刑直至死刑。

（5）涉嫌为贩卖而自行运输毒品，由于认定贩卖毒品的证据不足，因而认定为运输毒品罪的，不同于单纯地受指使为他人运输毒品行为，其量刑标准应当与单纯的运输毒品行为有所区别。

15. 盗窃、抢夺、抢劫毒品的应如何处罚

对盗窃、抢夺、抢劫毒品的，应分别以盗窃、抢夺、抢劫定罪，实践中没有分歧。但如何处罚，是否计算犯罪的数额，2000 年《全国法院审理毒品犯罪案件工作座谈会纪要》（以下简称《南宁会议纪要》）曾规定，认定盗窃犯罪数额，可以参考当地毒品非法交易的价格；认定抢劫罪的数额，是抢劫毒品的实际数量。但《大连会议纪要》则规定，盗窃、抢夺、抢劫毒品的，仍分别以盗窃、抢夺、抢劫罪定罪，不计算犯罪数额，根据情节轻重予以定罪量刑。这样规定主要是因为《南宁会议纪要》有关认定数额的规定与 1998 年《最高人民法院关于审理盗窃案件具体应用法律若干问题的解释》（已失效）第 5 条第 8 项"盗窃违禁品，按盗窃罪处理的，不计数额，根据情节轻重量刑"的规定矛盾。毒品是违禁品，不允许交易，因而不宜在正式司法文件中确认其价格。但鉴于盗窃罪、抢夺罪和抢劫罪都是侵犯财产的犯罪，盗抢财物的数额是量刑的重要依据，因此，在审理这类案件时可以适当参考当地毒品非法交易的价格来计算数额。

16. 怎样认定"走私""贩卖""制造"毒品罪的既遂与未遂

在司法实践中，如何认定"走私""贩卖""制造"毒品罪的既遂与未遂，存在不同的观点。例如，对于贩卖毒品罪的既遂与未遂，有不同

观点。第一种观点认为，贩卖以毒品实际上转移给买方为既遂；至于转移毒品及行为人是否获取了利益，不影响既遂的成立。第二种观点认为，贩卖毒品罪的既遂与否，应以毒品是否卖出成交为准。犯罪分子寻找到买主着手实施贩毒行为，但未售出即被抓获归案的为未遂。又如，对于制造毒品罪的既遂与未遂，属于"原毒品"制造行为，即被告人从毒品原植物中加工、提炼、配制毒品，或者用化学药品人工合成毒品，只要实际制造出了毒品，就构成既遂；如果由于原料、配剂、技术、设备、资金等意志以外的原因未制造成功即被查获的，以未遂论。我们的意见是：

（1）走私、贩卖、制造毒品罪在犯罪形态上属行为犯，构成既遂和未遂应以被告人是否实施了走私、贩卖、制造毒品的行为为标准。

犯罪既遂和未遂都是故意犯罪过程中的犯罪形态。犯罪既遂，是指行为人故意实施的行为已经具备了某一犯罪构成的全部要件。根据《刑法》分则对各种犯罪的构成要件的不同规定，犯罪既遂可分为结果犯、行为犯、危险犯等类型。犯罪未遂，是指已经着手实行犯罪，由于犯罪分子意志以外的原因而没有完成犯罪的行为状态。

（2）行为犯要求行为人只要实施了《刑法》分则所规定的行为，不论犯罪结果是否发生，即构成犯罪既遂。因此，行为的完成就成为犯罪既遂的标志。构成"行为完成"，不仅要求行为人实施了行为，而且要达到法律所要求的程度，即《刑法》分则条文规定的全部构成要件，才能视为行为完成；否则，应属于犯罪未遂。以此为标准：

第一，由于走私毒品罪是指违反毒品管理法规和海关管理法规，逃避海关监管，非法运输、携带、邮寄毒品进出国（边）境的行为，因此，走私毒品原则上应以毒品是否进入我国（边）境线与既遂的标准：毒品进入我国（边）境线的，为走私毒品罪的既遂，毒品未进入我国（边）境线即被查获的，为走私毒品罪的未遂。

第二，贩卖毒品，被告人为贩卖而非法购买毒品，或者非法销售毒品的，构成贩卖毒品罪的既遂。但买卖双方仅就毒品买卖达成合意的，则属于贩卖毒品罪的预备行为；达成协议，尚未实际交付毒品即被查获的属于贩卖毒品罪的未遂。

第三，制造毒品，以被告人制造出毒品（包括粗制毒品或者半成品）为犯罪的既遂。购进制造毒品的设备和原材料，开始着手制造毒品，但未制造出粗制毒品或者半成品的，以制造毒品罪的未遂论处。

（3）《刑法》分则规定的各种罪的刑事责任，是以既遂犯为标准的。由于犯罪未遂的社会危害程度小于犯罪既遂，我国《刑法》规定，"对于未遂犯，可以比照既遂犯从轻或者减轻处罚"。因此，对于走私、贩卖、制造毒品的未遂犯，一般不应当判处死刑立即执行。

17. 如何认定毒品犯罪中的共同犯罪及确定毒品犯罪中共犯的刑事责任

毒品犯罪中共犯占有相当比例。这是因为毒品的走私、贩卖、运输、制造等犯罪行为，如果由一名犯罪分子孤立进行，很难完成；对毒品犯罪的严厉打击，也迫使犯罪分子不得不组织起来，有分工地共同进行毒品犯罪活动，以逃避打击。

从司法实践看，正确认定毒品共同犯罪和共犯的刑事责任，需要注意两个问题：

（1）坚持构成毒品共同犯罪应当具备的条件。由于毒品犯罪的复杂性、多样性，司法实践中对买卖双方、承运与托运双方（以下简称毒品犯罪双方）的毒品犯罪行为是否构成共同犯罪，存在不同认识。有的认为，毒品犯罪双方缺乏共同行为，各买各卖，一般不构成共同犯罪；有的则认为，毒品犯罪双方相互以对方行为为条件，相互配合，有共同行为和意思联络，一般应构成共同犯罪。

毒品共同犯罪，是指二人以上共同故意实施走私、贩卖、运输、制造毒品等犯罪行为。按照共同犯罪的理论，构成毒品共同犯罪应当具备以下条件：一是主观方面各个共同犯罪人必须具有共同犯罪的故意。即共同犯罪人明知是毒品而共同进行走私、贩卖、运输、制造毒品或者其他毒品犯罪活动。由于毒品犯罪组织严密，并不要求每个共犯彼此都认识或者在一起共同策划，只要共同犯罪人知道自己是在为共同实施某一毒品犯罪行为即可。共同犯罪人对共同实施的毒品犯罪行为所引起的危害社会的结果，都抱着希望或者放任的故意态度。二是客观方面必须具有共同实施毒品犯罪的行为。这种行为不仅包括走私、贩卖、运输、制造毒品或者其他毒品犯罪行为，而且包括策划、出毒资，为完成毒品犯罪活动提供交通、通讯联络工具、住宿、掩护等各种便利的行为。各个共同犯罪人在所实施的毒品犯罪活动中，所处的地位、作用和具体的分工、参与的时间、次数、程度以及出毒资的多少，可能有所不同，但他们的行为都是为了达到同一犯罪目的而互相配合，因而他们各自的犯罪行为都是整个毒品犯罪活动的必要组成部分。

根据上述条件，以下行为不构成毒品共同犯罪，而应当根据各自行为的性质和情节具体定罪量刑：①毒品犯罪分子出于相同目的，各自出资，同路前往边境地区购买或者运输、走私毒品，各获其利的；②一人故意走私、贩卖、运输毒品，他人被欺骗或者不明真相而为其服务或者受雇用的；③没有实施毒品犯罪的共同故意，仅在客观上为相互联系毒品犯罪的上家和下家的；④事先没有通谋，事后为毒品犯罪分子窝藏、转移、隐瞒毒品或者毒品犯罪所得财物的；⑤同时或者相继被同一雇主雇用从事同一批毒品运输，且在运输过程中没有形成相互配合、掩护关系的。

（2）构成毒品共同犯罪的，应当区别不同情况，确定共犯的刑事责任：第一，要正确区分主犯和从犯。区分主犯和从犯，应当以各共同犯罪人在毒品共同犯罪中的地位和作用为根据。要从犯意提起、具体行为分工、出资和实际分得毒赃多少以及共犯之间相互关系等方面，比较各个共同犯罪人在共同犯罪中的地位和作用。在毒品共同犯罪中，为主出资者、毒品所有者或者起意、策划、纠集、组织、雇用、指使他人参与犯罪以及其他起主要作用的是主犯；起次要或者辅助作用的是从犯。受雇用、受指使实施毒品犯罪的，应根据其在犯罪中实际发挥的作用具体认定为主犯或者从犯。对于确有证据证明在共同犯罪中起次要或者辅助作用的，不能因为其他共同犯罪人未到案而不认定为从犯，甚至将其认定为主犯或者按主犯处罚。只要认定为从犯，无论主犯是否到案，均应依照《刑法》关于从犯的规定从轻、减轻处罚或者免除处罚。

第二，要正确认定共同犯罪案件中主犯和从犯的毒品犯罪数量。对于毒品犯罪集团的首要分子，应按集团毒品犯罪的总数量处罚；对一般共同犯罪的主犯，应按其所参与的或者组织、指挥的毒品犯罪数量处罚；对于从犯，应按其所参与的毒品犯罪的数量处罚。《大连会议纪要》在《南宁会议纪要》规定的"关于毒品案件的共同犯罪问题"的基础上，根据《刑法》第26条的规定，对主犯的处罚补充了按其"所参与的"毒品犯罪数量处罚，避免了原来的遗漏。同时，对从犯的毒品数量认定进行了修改。《南宁会议纪要》规定，对于从犯，应按其个人直接参与实施的毒品犯罪数量处罚。这一规定与有关从犯处罚规定的司法解释和规范性文件相矛盾。1998年《最高人民法院关于审理盗窃案件具体应用法律若干问题的解释》（已失效）第7条第3项规定："对共同犯罪中的从犯，应当按照其所参与的共同盗窃的数额确定量刑幅度，并依照刑法第二十七条第二款的规定，从轻、减轻处罚或者免除处罚。"2003年11月最高人民法院印发的《全国法院审理经济犯罪案件工作座谈会纪要》在"（四）共同贪污犯罪中'个人贪污数额'的认定"部分指出，"对共同贪污犯罪中的从犯，应当按照其所参与的共同贪污的数额确定刑罚幅度，并依照刑法第二十七条第二款的规定，从轻、减轻处罚或者免除处罚。"因此，《大连会议纪要》参照上述有效司法解释和规范性文件，结合共同犯罪"部分行为全部责任"的刑法理论，规定对毒品犯罪的从犯，应当按照其所参与的毒品犯罪的数量处罚。

第三，要根据行为人在共同犯罪中的作用和罪责大小确定刑罚。不同案件不能简单类比，一个案件的从犯参与犯罪的毒品数量可能比另一案件的主犯参与犯罪的毒品数量大，但对这一案件从犯的处罚不是必然重于另一案件的主犯。共同犯罪中能分清主从犯的，不能因为涉案的毒品数量巨大或者特别巨大，就不分主从犯而一律将被告人认定为主犯或者实际上都按主犯处罚，一律判处重刑甚至死刑。对于共同犯罪中有多个主犯或者共同犯罪人的，处罚上也应做到区别对待。应当全面考察各主犯或者共同犯罪人在共同犯罪中实际发挥作用的差别，主观恶性和人身危险性方面的差异，对罪责或者人身危险性更大的主犯或者共同犯罪人依法判处更重的刑罚。这样规定有利于贯彻宽严相济和严格控制、慎重适用死刑的政策，也符合量刑个别化的要求。在司法实践中，应当注意有多名主犯或者共同犯罪人的，必须充分考虑各被告人在共同犯罪中的地位和作用，以及主观恶性和人身危险性，进一步区分出罪责更为严重者和罪行最为严重者，准确地认定各被告人的罪责并适用刑罚。不能因为罪行最严重的主犯因有立功、自首等法定从轻处罚情节未被判处死刑立即执行，而对罪行相对较轻的主犯判处死刑立即执行。确须判处两名以上被告人死刑立即执行的，必须要有充分的理由，一般仅限于犯罪情节极其恶劣、犯罪后果特别严重的毒品犯罪案件，且被告人罪行极其严重，又系毒品再犯、累犯等。

如李二洒等走私、贩卖、运输毒品案。[①] 经最高人民法院复核认定，2007 年 4 月 29 日，被告人李二洒在得知被告人李荣、马世西已与"小张"（在逃）在云南省瑞丽市联系购买毒品后，向马世西提供路费 5000 元，指派其前往瑞丽市交易毒品。马世西到瑞丽市与"小张"接头后，随"小张"潜入缅甸境内充当货款人质。其间，李二洒分别派遣被告人马海军、丁洁（另案处理）到云南省大理市下关镇接收毒品，丁洁因怀孕而指使被告人张海凤前往。同年 5 月 2 日晚，在李二洒的电话指挥下，张海凤在大理市接

---

① 最高人民法院新闻办公室编：《最高人民法院新闻发布会实录（2009）》，法律出版社 2009 年版，第 125~127 页。

到"小张"派人送来的毒品。后李二洒派一男子接应张海凤将毒品交给马海军，马海军将毒品藏于其在大理市的租房内。之后，马海军又按李二洒的指挥两次取样品找人验货。同年5月7日，马海军被抓获，公安人员从其租房内查获海洛因17.746千克，含量为56.99%。最高人民法院认为，被告人李二洒、李荣、马世西以贩卖为目的，将毒品走私入境并进行运输，其行为均构成走私、贩卖、运输毒品罪；被告人马海军、张海凤受人指使运输毒品，其行为均构成运输毒品罪。在共同犯罪中，李二洒、李荣起组织、指挥作用，马世西积极参与，并充当货款人质，均系主犯；马海军、张海凤受李二洒指使，为挣取运费而参与犯罪，系从犯。李二洒、李荣、马二世走私、贩卖、运输毒品数量特别巨大，罪行极其严重，应依法惩处。鉴于李荣、马世西在共同犯罪中的地位、作用相对小于李二洒，对李荣、马世西判处死刑，可不立即执行。马海军到案后积极协助公安机关抓获李二洒，有重大立功表现，应依法从轻处罚。据此，依法对被告人李二洒判处并核准死刑；对被告人李荣、马世西均判处死刑，缓期二年执行；对被告人马海军、张海凤均判处无期徒刑。

18. 如何认定运输毒品的共同犯罪

对于两人以上同行运输毒品的，能否认定为共同犯罪，实践中存在分歧认识。《大连会议纪要》对该问题没有明确规定。因其关系到各被告人运输毒品数量的认定及共同犯罪中的地位作用问题，故需要加以规范。《武汉会议纪要》对此作了两方面规定。

（1）判断同行运输毒品者是否构成共同犯罪的总体原则。《武汉会议纪要》规定，对于两人以上同行运输毒品的，应当主要从以下三方面判断其是否构成共同犯罪：一是是否明知他人带有毒品；二是有无共同运输毒品的意思联络；三是有无实施配合、掩护他人运输毒品的行为。其中，第1项、第2项属于主观要素，第3项是客观要素。对于同行运输毒品，但不知道他人带有毒品的；或者虽然知道同行者带有毒品，但就共同运输毒品既没有事先通谋，在运输过程中也没有形成意思联络的，不能成立共同犯罪。对于有无实施配合、掩护他人运输毒品的行为，可以结合下列因素进行综合判断：一是运输毒品的起运地、目的地、路线是否相同；二是交通、生活费用是否共同使用；三是在途中有无配合、掩护他人运输毒品的具体行为；四是是否由其中部分人员统一与交货人或者接货人进行交接；五是是否共同获取、统一分配报酬。

（2）受雇于同一雇主运输毒品但不认定为共同犯罪的情形。《武汉会议纪要》之所以对此作出专门规定，是因为实践中对受雇于同一雇主运输毒品的，容易不严格区分主客观要件就认定为共同犯罪。《武汉会议纪要》具体规定了两种情形：一是受雇于同一雇主同行运输毒品，但受雇者之间没有共同犯罪故意，或者虽然明知他人受雇运输毒品，但各自的运输行为相对独立，既没有实施配合、掩护他人运输毒品的行为，又分别按照各自运输的毒品数量领取报酬的，不应认定为共同犯罪。二是受雇于同一雇主分段运输同一宗毒品，但受雇者之间没有犯罪共谋的，也不应认定为共同犯罪。需要说明的是，《武汉会议纪要》规定不构成共同犯罪的仅限于受雇者之间，雇主以及其他对全体受雇者起到一定组织、指挥作用的人员则与受雇者分别构成共同犯罪，对运输的全部毒品数量承担刑事责任。

19. 如何正确认定和处理毒品再犯，对同时构成累犯和再犯的应如何适用法律

《刑法》第356条规定："因走私、贩卖、运输、制造、非法持有毒品被判过刑，又犯本节规定之罪的，从重处罚。"这是《刑法》针对毒品犯罪分子再犯作出的特别规定，目的是严惩毒品犯罪。但在司法实践中，如何认定毒品再犯存在分歧，对同时构成累犯和再犯的如何适用法律也有不同看法。为此，《大连会议纪要》作出规定：

（1）毒品再犯的认定问题。根据《刑法》第356条规定，只要因走私、贩卖、运输、制造、非法持有毒品罪被判过刑，不论是在刑罚执行完毕后，还是在缓刑、假释或者暂予监外执行期间，又犯《刑法》分则

第6章第7节规定的犯罪的，都是毒品再犯，应当从重处罚。

因走私、贩卖、运输、制造、非法持有毒品罪被判刑的犯罪分子，在缓刑、假释或者暂予监外执行期间又犯《刑法》分则第6章第7节规定的犯罪的，应当在对其所犯新的毒品犯罪适用《刑法》第356条从重处罚的规定确定刑罚后，再依法数罪并罚。

作出上述规定的理由有两点：

首先，《刑法》第356条规定的毒品再犯不是累犯的特殊形式，而是对毒品犯罪分子再犯的从重处罚的规定。对因走私、贩卖、运输、制造、非法持有毒品罪被判刑的犯罪分子，在缓刑、假释或者暂予监外执行期间又犯《刑法》分则第6章第7节规定的毒品犯罪的，除依法数罪并罚外，是否还应适用《刑法》第356条的规定认定为毒品再犯，司法实践中存在争议。有的认为，这种情形不宜认定为毒品再犯，应依照《刑法》第71条和第69条的规定数罪并罚。就此问题，最高人民法院经征求全国人大常委会法制工作委员会刑法室的意见，于2007年作出此情形应认定为毒品再犯的批复。所以《大连会议纪要》强调只要曾因犯《刑法》第356条所列的毒品犯罪被判过刑，无论刑罚是否执行完毕又再犯的，均构成毒品再犯，均应适用该条规定从重处罚。

其次，将"判过刑"理解为包括刑罚未执行或者未执行完毕的情形，符合严惩毒品再犯的立法目的。对于"判过刑"的理解，应当是指前罪判决已生效，而不论是否已经服刑完毕。毒品再犯不要求前罪的刑罚已经执行完毕或者赦免，也不要求本次犯罪与前次犯罪之间有确定的时间间隔。犯罪分子因毒品犯罪被判刑后，在缓刑、假释或者暂予监外执行期间再次实施毒品犯罪，说明其不思悔改，主观恶性较深，人身危险性较大，理应从重处罚。

（2）同时构成累犯和毒品再犯如何适用法律问题。《大连会议纪要》规定，对同时构成累犯和毒品再犯的被告人，应当同时引用《刑法》关于累犯和毒品再犯的条款从重处罚。这是因为关于同时构成累犯和毒品再犯的被告人，是否同时引用累犯和毒品再犯的条款从重处罚，《南宁会议纪要》曾规定一律适用《刑法》第356条规定的再犯条款从重处罚，不再援引《刑法》关于累犯的条款。《大连会议纪要》则规定对此情形应当同时引用《刑法》关于累犯和毒品再犯的条款从重处罚，不仅符合《刑法》的规定，体现了从严惩处毒品犯罪的立法精神，而且有利于羁押部门掌握罪犯的情况，从而避免对同时构成累犯和毒品再犯的罪犯适用缓刑、假释的情况发生。

此后，对同时构成累犯和毒品再犯如何适用法律在实践中出现的问题，《武汉会议纪要》对《大连会议纪要》的相关规定作了补充和完善。第一，《武汉会议纪要》进一步明确了累犯、毒品再犯情节对毒品犯罪案件量刑的影响，强调要根据宽严相济刑事政策的要求，对累犯、毒品再犯依法从严惩处，并具体规定了其中几类严惩的重点。第二，《武汉会议纪要》规定了同时具有累犯、毒品再犯情节的刑罚适用及法条引用问题。《大连会议纪要》规定，对同时构成累犯和毒品再犯的被告人，应当同时引用《刑法》关于累犯和毒品再犯的条款从重处罚。对此类被告人是否要重复予以从重处罚，实践中有不同认识。《武汉会议纪要》对《大连会议纪要》的上述规定加以完善，区分两种情形作出规定：一是对于因同一毒品犯罪前科同时构成累犯和毒品再犯的被告人，在裁判文书中应当同时引用《刑法》关于累犯和毒品再犯的条款，但在量刑时不得重复予以从重处罚。二是对于因不同犯罪前科同时构成累犯和毒品再犯的被告人，量刑时的从重处罚幅度一般应大于前述情形，以体现区别。之所以规定为"一般"，是考虑到实践中存在一些例外情况。例如，对于分别因罪行较轻的盗窃罪和非法持有毒品罪而同时构成累犯和毒品再犯的被告人，对其从重处罚幅度未必大于因单一的严重贩卖毒品罪而同时构成累犯和毒品再犯的被告人。

20. 如何正确认定、毒品犯罪被告人的立功，并把握从宽处罚的尺度

（1）应区分毒枭立功和马仔立功，量刑时应贯彻区别对待的精神。

在同毒品犯罪作斗争中，毒枭（包括职业毒贩、毒品惯犯等）历来是重点打击的对象，应当是死刑适用的主要对象；而对马仔，尤其是其中的初犯、偶犯，则应当尽量予以教育改造，减少死刑的适用。但是，由于毒品犯罪自身的特点，多是单线联系，毒枭等处于幕后操控，具体犯罪活动主要由马仔实施，事实上毒枭很难被抓获，即使被抓获，由于其手中掌握马仔的犯罪信息和个人信息，又很容易获得种种立功包括重大立功的机会。这样由于《刑法》规定立功是法定从宽处罚情节之一，就很难对毒枭适用死刑。而马仔的命运则相反，由于身处在毒品犯罪的"第一线"，马仔容易被抓获。归案后，由于他们大多不掌握躲在其幕后操控的毒枭的信息，就很难有立功机会。这样，在相同毒品数量的情况下，马仔被处以死刑的概率反比毒枭大得多。这是不正常、不合理的。因而有人建议，在毒品犯罪的刑罚裁量中应当严格把握立功的认定标准，突出数量的作用，以最大限度地防止死刑适用的不正常现象。

针对这个问题，最高人民法院提出"立功从宽处罚的把握，应以功是否抵罪为标准"的观点。即在毒品共同犯罪案件中，毒枭、毒品犯罪集团首要分子、共同犯罪的主犯、职业毒犯、毒品惯犯等，由于掌握同案犯、从犯、马仔的犯罪情况和个人信息，被抓获后往往能协助抓捕同案犯，获得立功或者重大立功。对其是否从宽处罚以及从宽幅度的大小，应当主要看功是否足以抵罪，即应结合被告人罪行的严重程度、立功大小综合考虑。要充分注意毒品共同犯罪人以及上、下家之间的量刑平衡。对于毒枭等严重毒品犯罪分子立功的，从轻或者减轻处罚应当从严掌握。如果其罪行极其严重，只有一般立功表现，功不足以抵罪的，可不予从轻处罚；如果其检举、揭发的是其他犯罪案件中罪行同样严重的犯罪分子，或者协助抓获的是同案中的其他首要分子、主犯，功足以抵罪的，原则上可以从轻或者减轻处罚；如果协助抓获的只是同案中的从犯或者马仔，功不足以抵罪，或者从轻处罚后全案处刑明显失衡的，不予从轻处罚。相反，对于从犯、马仔立功，特别是协助抓获毒枭、首要分子、主犯的，则应当从轻处罚，直至依法减轻或者免除处罚。

（2）毒品共同犯罪人协助抓获同案犯的立功认定问题。《南宁会议纪要》中规定认定协助司法机关抓获同案犯的立功，应当根据被告人在公安机关抓获同案犯中是否确实起到了协助作用。但是司法实践中对提供同案犯手机号、QQ号等抓获同案犯的，是否属于立功，存有分歧。《大连会议纪要》规定：①共同犯罪中同案犯的基本情况，包括同案犯姓名、住址、体貌特征、联络方式等信息，属于被告人应当供述的范围。公安机关根据被告人供述抓获同案犯的，不应认定其有立功表现。②被告人在公安机关抓获同案犯过程中确实起到协助作用的，例如，经被告人现场指认、辨认抓获了同案犯；被告人带领公安人员抓获了同案犯；被告人提供了不为有关机关掌握或者有关机关按照正常工作程序无法掌握的同案犯藏匿的线索，有关机关据此抓获了同案犯；被告人交代了与同案犯的联系方式，又按要求与对方联系，积极协助公安机关抓获了同案犯等，属于协助司法机关抓获同案犯，应认定为立功。

（3）通过犯罪嫌疑人、被告人的亲属、同监犯或者非法手段获取信息而检举揭发的，要分清是正当来源还是非正当来源，并予以区别对待。①被告人亲属为了使被告人得到从轻处罚，检举、揭发他人犯罪或者协助司法机关抓捕其他犯罪人的，不能视为被告人立功；②同监犯将本人或者他人尚未被司法机关掌握的犯罪事实告知被告人，由被告人检举揭发的，如经查证属实，虽可认定被告人立功，但是否从宽处罚、从宽幅度大小，应与通常的立功有所区别；③通过非法手段或者非法途径获取他人犯罪信息，如从国家工作人员处贿买他人犯罪信息，通过律师、看守人员等非法途径获取他人犯罪信息，由被告人检举揭发的，不能认定为立功，也不能作为酌情从轻处罚情节。

《大连会议纪要》作出这样严格的规定，是因为：第一，被告人亲属协助检举揭发问题，往往出现引诱他人犯罪、收买犯罪线索等违法获取立功材料的情况，司法实践中对其可否认定为立功以及如何处罚认识不一。许多司法人员认为，被告人的亲属协助检举揭发，尽管为司法机关破案或者抓捕毒品犯罪人提供了一定帮助，对打击毒品犯罪是有利的，但不是刑法意义上的立功。因此，《大连会议纪要》规定，被告人亲属为了使被告人得到从轻处罚，检举、揭发他人犯罪或者协助司法机关抓捕其他犯罪人的，不能视为被告人立功。第二，同监犯将本人或者他人尚未被司法机关掌握的犯罪事实告知被告人，由被告人检举揭发，往往导致监管秩序混乱。如经查证属实，虽可认定被告人立功，但是否从宽处罚、从宽幅度大小，应与通常的立功有所区别。通过非法手段或者非法途径获取他人犯罪信息，由被告人检举揭发的，则不能认定为立功，也不能作为酌定从轻处罚情节。

司法实践中，对于被告人检举揭发的材料要注意审查其来源的正当性。凡被告人从非法渠道获得立功线索的，一律不认定为立功。"非法来源"的证明责任在司法机关，如果没有证据证明立功线索来源非法的，就应当认定为立功。对于有关部门提供的证明被告人立功的书面材料，应当立足于《刑法》关于立功的规定，以有关材料是否足以证实被告人有立功表现为判断标准。例如，看守所、公安机关、检察机关或者纪检监察机关提供书面材料证明被告人有检举、揭发他人犯罪等表现的，必须同时提供被检举者犯罪的具体情况。对于只出具被告人有立功表现的书面证明，不提供或者不补充立功的具体材料，致使法院无法作出准确判断的，依法不能认定为立功。

21. 如何区分毒品犯罪中一罪与数罪的界限？如何计算两种以上不同种类毒品的数量

《刑法》第347条规定的走私、贩卖、运输、制造毒品罪是选择性罪名。行为人对同一宗毒品实施了两种以上犯罪行为并有相应确凿证据的，应当按照所实施的犯罪行为的性质并列确定罪名。罪名不以行为实施的先后、危害后果的大小排列，而以《刑法》条文规定的顺序表述。如对同一宗毒品，既制造又走私的，就以"走私、制造毒品罪"定罪，毒品数量不重复计算，不实行并罚。对不同宗毒品分别实施了不同种犯罪行为的，应对不同行为并列确定罪名，累计计算毒品数量，也不实行数罪并罚。

但在司法实践中，仍存在选择性罪名表述不统一导致罪名认定错误，行为人实施了两种以上毒品犯罪中部分罪名认定证据不充分如何处理，以及两种以上毒品如何计算数量和量刑等问题。为此，《大连会议纪要》规定：

（1）对罪名适用有误的，上级法院可以减少选择性罪名中的部分罪名或者改动罪名顺序，在不加重原判刑罚的情况下，也可以改变罪名，但不得增加罪名。之所以这样规定，一是可以更好地贯彻和落实上诉不加刑原则，充分保障被告人的辩护权；二是符合1998年《最高人民法院关于执行〈中华人民共和国刑事诉讼法〉若干问题的解释》（已失效）第257条第1款第2项的规定，即对原判认定事实清楚、证据充分，只是认定的罪名不当的，在不加重原判刑罚的情况下，可以改变罪名。

（2）对同一宗毒品，被告人可能实施了两种以上犯罪行为，但相应证据只能认定其中一种行为，认定其他行为的证据不够充分的，如何定罪？《大连会议纪要》总结了司法实践经验，明确规定只按照证据能够认定的行为的性质定罪，如涉嫌为贩卖而运输毒品，但认定贩卖的证据不足的，则认定为运输毒品罪。这样做不仅符合证据裁判原则的要求，也符合1998年《最高人民法院关于执行〈中华人民共和国刑事诉讼法〉若干问题的解释》（已失效）第176条第5项的有关规定，即案件事实部分清楚，证据确实、充分的，应当依法作出有罪或者无罪的判决；事实不清，证据不足部分，依法不予认定。

（3）对走私、贩卖、运输、制造两种以上毒品的案件如何计算数量和量刑，为统一裁判标准，确保量刑平衡，《大连会议纪要》基本吸收了1995年11月9日《最高人民法院关于办理毒品刑事案件适用法律几个问题的答复》（已失效）第1条的规定，明确指出应对不同行为并列确定罪名，累计毒品数量，不实行数罪并罚，可综合考虑毒品的种类、数量及危害，依法处理。至于量刑过程中如何具体操作，《大连会议纪要》没有明确规定。我们的意见是，为了科学合理量刑，避免量刑失衡，对此情形量刑时可以将不同种类毒品统一折算成海洛因的相当量，如被告人走私、贩卖海洛因500克、鸦片2000克，鉴于鸦片与海洛因是20：1的比例关系，具体量刑过程中可以折算为相当于海洛因600克予以量刑，但在裁判文书中不明确表述折算问题，仍表述为被告人走私、贩卖海洛因500克、鸦片2000克。

22. 对特定人员参与毒品犯罪的如何处理

近年来，毒品犯罪集团和毒品犯罪分子为逃避打击，组织、雇用孕妇、哺乳期妇女、传染病人、残疾人、无责任能力人或者未成年人等特定人员进行运输、贩卖毒品犯罪活动。由于对孕妇、哺乳期妇女等人员采取的监视居住、取保候审强制措施难以落实，致使这类犯罪活动在云南等部分省份成为影响禁毒工作成效的突出问题。为此，《大连会议纪要》新增了对特定人员参与毒品犯罪的处理规定："对利用、教唆特定人员进行毒品犯罪活动的组织、策划、指挥和教唆者，要依法严厉打击，该判处重刑直至死刑的，坚决依法判处重刑直至死刑。对于被利用、被诱骗参与毒品犯罪的特定人员，可以从宽处理。要积极与检察机关、公安机关沟通协调，妥善解决涉及特定人员的案件管辖、强制措施、刑罚执行等问题。对因特殊情况依法不予羁押的，可以依法采取取保候审、监视居住等强制措施，并根据被告人的具体情况和案情变化及时变更强制措施；对于被判处有期徒刑或者拘役的罪犯，符合刑事诉讼法第二百一十四条规定情形的，可以暂予监外执行。"增加这一规定的目的，是强调和突出打出组织、策划、指挥和教唆者，同时对涉及的案件管辖、强制措施、刑罚执行等问题提出指导性意见。

司法实践中办理这类案件应当注意以下几个问题：一是要坚持宽严相济的刑事政策，严厉打击幕后组织、策划、指挥者，对组织、利用、教唆孕妇、哺乳期妇女、未成年人等走私、贩卖、运输、制造毒品的，从重处罚；对这些特定人员参与毒品犯罪情节较轻的，或者具有自首、立功、被胁迫参加犯罪、坦白等法定或者酌定从宽处罚情节的，依法予以从宽处罚。二是要积极妥善解决涉及孕妇、哺乳期妇女的案件管辖、强制措施等问题。对其中可以采取取保候审、监视居住等强制措施，并根据被告人具体情况和案情的变化及时变更强制措施，但不能放任不管，拖延诉讼。三是对案件事实清楚，证据确实、充分，不妨碍诉讼进行的，要及时依法起诉和审理，以有效遏制利用孕妇、哺乳期妇女等特定人员进行毒品犯罪的蔓延势头。

23. 对有特情介入的毒品犯罪案件应当如何处理

运用特情侦破案件，是打击毒品犯罪的一种手段。但实践中又存在违规使用特情的情况。妥善处理有特情介入的毒品犯罪案件，是一项政策性很强的工作。在司法实践中，特情介入案件要区分以下三种情形分别处理：

第一，犯意引诱。指被告人本来没有实施毒品犯罪的主观故意，在特情的引诱下萌发了犯意，进而实施了某种毒品犯罪行为。这又分两种情况：一是被引诱人没有任何犯罪故意；二是被引诱人有其他犯罪故意，如其他侵财型的犯罪故意，但没有毒品犯罪的故意。对于因特情引诱而实施毒品犯罪的被告人，无论其毒品犯罪数量多大，应当依法从轻处罚，一般不判处死刑立即执行。在同等条件下，对于无犯罪故意的被引诱者的处罚要轻于有其他犯罪故意的被引诱者。被告人在特情既为其安排上线，又提供下线的双重引诱即"双套引诱"下实施毒品犯罪的，处刑时可予以更大幅度地从宽处罚或者依法免予刑事处罚。但对已持有毒品待售或者有证据证明已准备实施大宗毒品犯罪者，采取特情贴靠、接洽而破获的案件，不存在犯罪引诱问题，应当依法处理。

第二，数量引诱。指行为人本来只有实施数量小的毒品犯罪的故意，在特情引诱下实施了数量大的甚至达到可以判处死刑数量标准的毒品犯罪。凡是存在数量引诱情形的，一般应酌情从轻处罚。尤其是经引诱后，即使毒品数量超过实际掌握的死刑数量标准的，一般也不判处死刑立即执行。

对不能排除"犯意引诱"和"数量引诱"的案件，在考虑是否对被告人判处死刑立即执行时，要留有余地。

第三，间接引诱。指受特情引诱的被告人的行为又引起了原本没有毒品犯意的其他人产生毒品犯罪故意，并实施了毒品犯罪行为。存在间接引诱的，参照上述原则依法处理。

24. 如何正确适用毒品犯罪案件的财产刑，并加大财产刑的执行力度

《刑法》第347条第2款、第3款、第4款对走私、贩卖、运输、制造毒品犯罪分子规定了并处没收财产或者并处罚金。过去，司法实践中对毒品犯罪分子判处财产附加刑的较少；即使判了，也难以执行，"空判"的现象比较严重，应当引起重视。我们的意见是：

（1）要高度重视附加财产刑的适用。毒品犯罪大多属贪利型犯罪，犯罪分子之所以敢于冒险从事毒品犯罪活动，其动力就在于牟取非法暴利。因此，依法适用附加财产刑，给犯罪分子以经济上的惩罚，摧毁毒品犯罪的经济基础和交易能力，是遏制毒品犯罪不可缺少的重要手段。

《武汉会议纪要》规定，办理毒品犯罪案件应当依法追缴犯罪分子的违法所得，充分发挥财产刑的作用，切实加大对犯罪分子的经济制裁力度。对查封、扣押、冻结的涉案财物及其孳息，经查确属违法所得或者依法应当追缴的其他涉案财物的，如购毒款、供犯罪所用的本人财物、毒品犯罪所得的财物及其收益等，应当判决没收，但法律另有规定的除外。判处罚金刑时，应当结合毒品犯罪的性质、情节、危害后果及被告人的获利情况、经济状况等因素合理确定罚金数额。对于决定并处没收财产的毒品犯罪，判处被告人有期徒刑的，应当按照上述确定罚金数额的原则确定没收个人部分财产的数额；判处无期徒刑的，可以并处没收个人全部财产；判处死缓或者死刑的，应当并处没收个人全部财产。《武

汉会议纪要》的规定，一是明确了对毒品犯罪案件查封、扣押、冻结的涉案财物及其孳息的判缴问题，强调要依法追缴毒品犯罪分子违法所得，并明确规定了应予没收财物的具体范围。二是明确了确定罚金数额的原则及判处没收财产刑的幅度问题，要求继续充分发挥财产刑的作用，结合案件和被告人的具体情况合理确定罚金数额及没收财产刑的幅度，既要对毒品犯罪分子给予有力经济制裁，也要确保刑罚执行效果、避免形成空判。

（2）规范财产刑的执行工作。毒品犯罪案件中异地犯罪情况较多，财产刑执行离不开犯罪分子户籍所在地或者居住地法院的支持和配合。2010年2月10公布的《最高人民法院关于财产刑执行问题的若干规定》（已失效），明确财产刑由第一审人民法院负责裁判执行的机构执行；被执行的财产在异地的，第一审人民法院可以委托财产所在地的人民法院执行。并规定，人民法院应当依法对被执行人的财产状况进行调查，发现有可供执行的财产，需要查封、扣押、冻结的，应当及时采取相应强制执行措施等。这是最高人民法院为完善财产刑执行制度，充分发挥财产刑的作用，维护人民法院裁判的权威性而采取的重要举措。

（3）公、检、法机关之间应当建立财产刑有效执行协作机制。据调查，长期以来，财产刑"空判"这一局面的形成，主要与未能建立有效执行协作机制有关。由于种种原因，在侦查毒品犯罪案件时，公安机关较多关注赃款、赃物和犯罪工具的查封、扣押、冻结，不太注意对犯罪嫌疑人个人财产状况进行调查取证和采取必要的保全措施，这就使人民法院在审理案件时无法掌握被告人的财产状况，难以根据被告人的缴纳、履行能力适当裁量财产刑，即使作出裁判，事后也难以实际执行。此外，一些毒品犯罪分子为避免被抓捕后"人财两空"，在事先就采取"对策"，将财产转移到其他家庭成员的名下，这也在客观上加大了财产刑的执行难度。因此，应当采取切实措施，建立、健全互相配合、互相监督的机制。例如，在侦查阶段就应对犯罪嫌疑人的财产状况进行专项调查，将证明犯罪嫌疑人财产状况的有关材料列入案件卷宗，并对有关财产及时依法查封、扣押、冻结，防止犯罪分子及其亲属转移、隐匿、变卖或者洗钱，逃避打击。侦查终结后，将被查封、扣押、冻结的财物清单、照片和其他证明文件，连同案卷材料一起移送检察机关，为法院依法判决和执行财产附加刑提供依据。

25. 如何把握毒品犯罪的缓刑、减刑、假释条件

（1）关于毒品犯罪的缓刑适用。司法实践中存在毒品犯罪缓刑适用不够规范的问题，《武汉会议纪要》首次对这一问题作出规定，明确了从严掌握毒品犯罪缓刑适用条件的原则。《武汉会议纪要》明确提出，对于毒品再犯一般不得适用缓刑，并结合审判实践规定，对于不能排除多次贩毒嫌疑的零包贩毒被告人，因认定构成贩卖毒品等犯罪的证据不足而认定为非法持有毒品罪的被告人，实施引诱、教唆、欺骗、强迫他人吸毒犯罪及制毒物品犯罪的被告人，应当限制缓刑适用。

（2）关于毒品罪犯的减刑、假释。《武汉会议纪要》第一次以规范性文件的形式对毒品罪犯的刑罚执行问题作出规定，要求对具有毒枭、职业毒犯、累犯、毒品再犯等情节的毒品罪犯，应当从严把握减刑条件并对其假释作出限制。

26. 如何规范表述毒品名称

为进一步规范毒品犯罪案件办理工作，《最高人民法院、最高人民检察院、公安部关于规范毒品名称表述若干问题的意见》对毒品犯罪案件起诉意见书、起诉书、刑事判决书、刑事裁定书中的毒品名称表述问题作了规定。

（1）规范毒品名称表述的基本原则。①毒品名称表述应当以毒品的化学名称为依据，并与《刑法》、司法解释及相关规范性文件中的毒品名称保持一致。《刑法》、司法解释等没有规定的，可以参照《麻醉药品品种目录》《精神药品品种目录》中的毒品名称进行表述。②对于含有二种以上毒品成分的混合型毒品，应当根据其主要毒品成分和具体形态认定

毒品种类、确定名称。混合型毒品中含有海洛因、甲基苯丙胺的，一般应当以海洛因、甲基苯丙胺确定其毒品种类；不含海洛因、甲基苯丙胺，或者海洛因、甲基苯丙胺的含量极低的，可以根据其中定罪量刑数量标准较低且所占比例较大的毒品成分确定其毒品种类。混合型毒品成分复杂的，可以用括号注明其中所含的一至二种其他毒品成分。③为体现与犯罪嫌疑人、被告人供述的对应性，对于犯罪嫌疑人、被告人供述的毒品常见俗称，可以在文书中第一次表述该类毒品时用括号注明。

（2）含甲基苯丙胺成分的毒品。①对于含甲基苯丙胺成分的晶体状毒品，应当统一表述为甲基苯丙胺（冰毒），在下文中再次出现时可以直接表述为甲基苯丙胺。②对于以甲基苯丙胺为主要毒品成分的片剂状毒品，应当统一表述为甲基苯丙胺片剂。如果犯罪嫌疑人、被告人供述为"麻古""麻果"或者其他俗称的，可以在文书中第一次表述该类毒品时用括号注明，如表述为甲基苯丙胺片剂（俗称"麻古"）等。③对于含甲基苯丙胺成分的液体、固液混合物、粉末等，应当根据其毒品成分和具体形态进行表述，如表述为含甲基苯丙胺成分的液体、含甲基苯丙胺成分的粉末等。

（3）含氯胺酮成分的毒品。①对于含氯胺酮成分的粉末状毒品，应当统一表述为氯胺酮。如果犯罪嫌疑人、被告人供述为"K粉"等俗称的，可以在文书中第一次表述该类毒品时用括号注明，如表述为氯胺酮（俗称"K粉"）等。②对于以氯胺酮为主要毒品成分的片剂状毒品，应当统一表述为氯胺酮片剂。③对于含氯胺酮成分的液体、固液混合物等，应当根据其毒品成分和具体形态进行表述，如表述为含氯胺酮成分的液体、含氯胺酮成分的固液混合物等。

（4）含MDMA等成分的毒品。对于以MDMA、MDA、MDEA等致幻性苯丙胺类兴奋剂为主要毒品成分的丸状、片剂状毒品，应当根据其主要毒品成分的中文化学名称和具体形态进行表述，并在文书中第一次表述该类毒品时用括号注明下文中使用的英文缩写简称，如表述为3，4-亚甲二氧基甲基苯丙胺片剂（以下简称 MDMA 片剂）、3，4- 亚甲二氧基苯丙胺片剂（以下简称 MDA 片剂）、3，4- 亚甲二氧基乙基苯丙胺片剂（以下简称 MDEA 片剂）等。如果犯罪嫌疑人、被告人供述为"摇头丸"等俗称的，可以在文书中第一次表述该类毒品时用括号注明，如表述为 3，4- 亚甲二氧基甲基苯丙胺片剂（以下简称 MDMA 片剂，俗称"摇头丸"）等。

（5）"神仙水"类毒品。对于俗称"神仙水"的液体状毒品，应当根据其主要毒品成分和具体形态进行表述。毒品成分复杂的，可以用括号注明其中所含的一至二种其他毒品成分，如表述为含氯胺酮（咖啡因、地西泮等）成分的液体等。如果犯罪嫌疑人、被告人供述为"神仙水"等俗称的，可以在文书中第一次表述该类毒品时用括号注明，如表述为含氯胺酮（咖啡因、地西泮等）成分的液体（俗称"神仙水"）等。

（6）大麻类毒品。对于含四氢大麻酚、大麻二酚、大麻酚等天然大麻素类成分的毒品，应当根据其外形特征分别表述为大麻叶、大麻脂、大麻油或者大麻烟等。

八十七、非法持有毒品罪

第三百四十八条 非法持有鸦片一千克以上、海洛因或者甲基苯丙胺五十克以上或者其他毒品数量大的，处七年以上有期徒刑或者无期徒刑，并处罚金；非法持有鸦片二百克以上不满一千克、海洛因或者甲基苯丙胺十克以上不满五十克或者其他毒品数量较大的，处三年以下有期徒刑、拘役或者管制，并处罚金；情节严重的，处三年以上七年以下有期徒刑，并处罚金。

（一）概述

1. 概念和构成要件

非法持有毒品罪，是指明知是鸦片、海洛因、甲基苯丙胺或者其他毒品，而非法持有且数量较大的行为。

1979 年《刑法》没有非法持有毒品罪的规定。本罪是吸收 1990 年《全国人民代表大会常务委员会关于禁毒的决定》（已失效）第 3 条的内容，修改成为 1997 年《刑法》的具体规定的。

非法持有毒品罪的构成要件和主要特征是：

（1）本罪侵犯的客体是国家对毒品的管理制度和公民的健康权利。犯罪的对象是毒品。毒品是违禁品，受国家严格的管理。任何单位或者个人未经国家主管部门批准，不得持有麻醉药品和精神药品。但在现实生活中，有些行为人非法持有毒品，从而使毒品有可能在社会上得以流转，危害人民健康；还有一些人为个人吸食、注射而非法持有较大数量的毒品，这不仅会严重损坏吸毒者的身体健康，而且有可能"以贩养吸"——既吸毒又贩毒，事实上这已成为一些吸毒者维持毒品来源的主要方法。因此，在对吸毒者不宜以犯罪论处的情况下，对非法持有较大数量的毒品的人以犯罪论处，是很有必要的。从国际上看，《联合国 1961年麻醉品单一公约》第 36 条第 1 款第 1 项将"持有"毒品与"种植、生产、制造、贩卖、运输"毒品等行为并列，并要求各缔约国采取措施，对故意持有毒品且情节重大者处以适当的刑罚。不少国家根据这一公约的精神，通过专门立法或者修改刑法，单独规定了非法持有毒品罪。

（2）本罪客观方面表现为非法持有较大数量毒品的行为。把握非法持有毒品罪的客观特征，应从以下几个方面考虑：

①行为人持有毒品具有非正当性。非正当性即"非法"。"非法"是指行为人违反了我国《药品管理法》《麻醉药品管理办法》和《精神药品管理办法》等有关禁止个人持有毒品的规定。经有关国家主管部门批准或许可，为医疗、教学、科研或其他目的而持有毒品，即为正当、合法。除此之外，持有毒品均为非法。

②行为人须实际持有毒品。持有毒品就是行为人使毒品处于自己的支配和控制之下。持有的外在表现为通过占有、携带、存放、隐藏等方法控制和支配毒品，不要求必须随身携带。只要行为人认识到毒品存在，并能对其进行有效的控制和支配，就是持有。持有不以行为人是毒品的所有者或占有者为要件，即使毒品是他人所有或者处于他人占有之下，但行为人能够控制和支配毒品，决定毒品处置的，也为持有。至于行为人是否知道毒品的所有者、占有者以及毒品的来源，都不影响持有毒品行为的成立。持有是一种事实状态，必须在一定时间内不间断地持续存在。非法持有毒品罪属于继续犯，行为人控制和支配毒品的不法行为和状态必须在一定时间内持续存在。即只有毒品在一定时间内持续处于行为人控制、支配之下，才可以称之为持有。行为人持有毒品的时间极其短暂的，不宜以犯罪论处。例如，甲当面将用于吸食的毒品交给乙时，在场的第三者顺手转递的，则该第三者的转递行为不宜以犯罪论处。

③行为人持有毒品无其他毒品犯罪目的。持有必须不以进行其他毒品犯罪为目的或者作为其他犯罪的延续。如果有证据证明，行为人持有毒品是为了走私、贩卖、运输，或是因为制造、窝藏毒品而持有，则应以走私、贩卖、运输、制造或窝藏毒品罪定罪处罚。

④行为人持有毒品须达到一定数量。行为人非法持有毒品的数量必须要达到法律规定的最低标准，才构成犯罪。我国《刑法》第348条明确规定了构成非法持有毒品罪的起点数量标准，即非法持有鸦片200克以上、海洛因或者甲基苯丙胺10克以上或者其他毒品数量较大的，这是法律规定构成非法持有毒品罪的最低数量标准。

（3）本罪犯罪主体为一般主体。凡是已满16周岁、具备刑事责任能力、持有毒品并且依法应负刑事责任的自然人，均可构成本罪的主体。

（4）本罪主观方面由故意构成，即明知是毒品而非法持有。过失不构成本罪。其心理态度既包括直接故意，明知是毒品还要非法持有；也包括间接故意，明知他人委托保管的物品中藏有毒品而持放任态度履行保管义务。构成非法持有毒品罪的主观故意，其认识因素主要根据行为人对毒品是否"明知"来认定。行为人表示不明知的，可从其年龄、知识水平、生活阅历、行为表现、证人证言等方面的情况来综合判断，推定其是否"明知"。但推定明知必须符合客观事实，且允许当事人提出反证，不能滥用。

2. 法定刑

依照《刑法》第348条的规定，犯非法持有毒品罪的，处七年以上有期徒刑或者无期徒刑，并处罚金；非法持有鸦片200克以上不满1000克、海洛因或者甲基苯丙胺10克以上不满50克或者其他毒品数量较大的，处三年以下有期徒刑、拘役或者管制，并处罚金；情节严重的，处三年以上七年以下有期徒刑，并处罚金。

（二）疑难问题精析

1. 如何区分非法持有毒品罪与走私、贩卖、运输、制造毒品罪

二者的主要区别有：一是主观故意的内容不同。非法持有毒品的"故意"内容具有多样性、不确定性，可能是为了个人消费，也可能是为了其他无法查证的目的。而走私、贩卖、运输、制造毒品犯罪的"故意"

内容十分明确。二是行为表现形式不同。非法持有毒品的行表现为将毒品藏于身上、家中或者其他隐蔽的地方，简单地控制和支配，不能证明与其他毒品犯罪有联系。而走私、贩卖、运输、制造毒品的行为人除非法有毒品外，还实施了联系买主、协商价款等一系列的积极行为，其持有毒品是为后续毒品犯罪服务。三是定罪的标准不同。非法持有毒品罪必须达到一定的数量标准，才构成犯罪，而走私、贩卖、运输、制造毒品的行为，无论数量多少，一旦实施，即构成犯罪。四是量刑幅度不同。非法持有毒品的最高刑是无期徒刑，而走私、贩卖、运输、制造毒品的最高刑是死刑。五是犯罪主体有所不同。非法持有毒品罪的犯罪主体只能是自然人，而走私、贩卖、制造、运输毒品罪的犯罪主体既可以是自然人，也可以是单位。

值得注意的是，在走私、贩卖、运输、制造毒品的过程中，必然包含对毒品非法持有的行为，不持有毒品，就不可能进行走私、贩卖、运输、制造毒品等犯罪活动，因此，它们之间还存在着涵盖关系。对于行为人在走私、贩卖、运输毒品之前或在进行过程中非法持有毒品的，属于吸收犯或想象竞合犯，应以走私、贩卖、运输、制造毒品一罪论处。对于行为人制造毒品后又继续保存的，由于此种非法持有毒品是由制造毒品所派生出来的，两者之间具有吸收关系，应按重行为轻行为的原则，以制造毒品罪论处。实践中，只有在非法持有毒品的人拒不说明毒品的来源，而司法机关根据已查获的证据，又不能认定行为人持有毒品是为了走私、贩卖、运输，或直接来源于制造毒品行为的情况下，才构成本罪。如果有证据证明行为人持有毒品是为了进行走私、贩卖、运输毒品犯罪活动或者持有本人制造的毒品的，则应当以走私、贩卖、运输、制造毒品罪论处。

2. 关于吸毒者购买、运输、存储毒品行为的定性问题

2015 年《全国法院毒品犯罪审判工作座谈会纪要》（以下简称《武汉会议纪要》）规定，吸毒者在购买、存储毒品过程中被查获，没有证据证明其是为了实施贩卖毒品等其他犯罪，毒品数量达到《刑法》第 348 条

规定的最低数量标准的，以非法持有毒品罪定罪处罚。吸毒者在运输毒品过程中被查获，没有证据证明其是为了实施贩卖毒品等其他犯罪，毒品数量达到较大以上的，以运输毒品罪定罪处罚。

关于吸毒者购买、运输、存储毒品行为的定性问题，近年来在司法定性上的变化较大。2000年《最高人民法院关于印发全国法院审理毒品犯罪案件工作座谈会纪要的通知》（以下简称《南宁会议纪要》）规定，吸毒者在购买、运输、存储毒品过程中被抓获，如没有证据证明其实施了其他毒品犯罪行为的，一般不应定罪处罚，但查获的毒品数量大的，应当以非法持有毒品罪定罪。2008年《全国部分法院审理毒品犯罪案件工作座谈会纪要》（以下简称《大连会议纪要》）对此作了不同规定，吸毒者在购买、运输、存储毒品过程中被查获，如没有证据证明其是为了实施贩卖等其他毒品犯罪行为，查获的毒品数量达到较大以上的，应以其实际实施的毒品犯罪行为定罪处罚。但实践中对如何理解"实际实施的毒品犯罪行为"存在争议，尤其是吸毒者运输毒品行为的定性问题。从《大连会议纪要》的起草过程看，该规定的本意是，当吸毒者运输毒品数量大，明显超出其合理吸食量时，以运输毒品罪定罪处罚，而不再像《南宁会议纪要》规定的那样一律认定为非法持有毒品罪。但是，由于"实际实施的毒品犯罪行为"这一表述较为原则，又没有写明合理吸食量的问题，导致近年来各地对此类案件的处理差异很大。有的简单区分动态与静态，对吸毒者在运输毒品过程中被查获的，无论毒品数量多少，一律认定为运输毒品罪。有的根据毒品数量是否超过吸毒者的合理吸食量来区分，吸毒者运输毒品数量达到较大以上但未超过合理吸食量的，认定为非法持有毒品罪；超过合理吸食量的，认定为运输毒品罪，但各地设定的合理吸食量标准又很不统一，有的为50克（以海洛因为例），有的为100克，还有的达到了200克。据了解，还有个别地方仍在执行《南宁会议纪要》的规定，对吸毒人员运输毒品数量大的也一律认定为非法持有毒品罪。为减少分歧，《全国法院毒品犯罪审判工作座谈会纪要》(以下简称《武汉会议纪要》)对《大连会议纪要》的上述规定作出了修改和完善:一是明确规定了吸毒者运输毒品行为的定性;二是降低了将吸毒者运输毒品的行为认定为运输毒品罪的门槛。根据《武汉会议纪要》的规定,在没有证据证明吸毒者是为了实施贩卖毒品等其他犯罪的情况下,对其购买、运输、存储毒品的行为,直接以数量较大作为区分罪与非罪的标准;同时,对吸毒者运输毒品的行为,直接以数量较大标准作为区分非法持有毒品罪与运输毒品罪的界限,而不再另行设置更高的合理吸食量标准。据此,吸毒者在购买、运输、存储毒品过程中被查获,没有证据证明其是为了实施贩卖毒品等其他犯罪,毒品数量未达到较大标准的,不作为犯罪处理;毒品数量达到较大以上的,根据其具体的行为状态定罪,处于购买、存储状态的认定为非法持有毒品罪,处于运输状态的认定为运输毒品罪。《武汉会议纪要》这样规定的主要理由是:第一,虽然我国对吸毒行为一般不按照犯罪处理,但《刑法》设置非法持有毒品罪的定罪标准时,实际考虑了吸毒者合理吸食量的因素,故可以把数量较大视为合理吸食量的界限,超过数量较大标准的应视为超出了合理吸食量。吸毒者在运输毒品过程中被当场查获,毒品数量达到较大以上的,表明其并非单纯以吸食为目的运输毒品,如没有证据证明其是为了实施贩卖毒品等其他犯罪,根据其客观行为状态认定为运输毒品罪具有正当性。第二,我国吸毒人员数量庞大,是毒品犯罪的重要诱因,为从源头上遏制毒品犯罪、减少毒品流通,应当加大对吸毒者实施的毒品犯罪的打击力度。故而对吸毒者运输毒品行为的定性,不应在数量较大标准之上设定更高的合理吸食量标准,否则容易放纵吸毒者实施的毒品犯罪。第三,合理吸食量目前尚难以准确界定,实践中各地掌握的标准也非常不统一,不利于统一执法尺度,直接以毒品数量较大作为区分标准更便于实践操作。

3.关于接收物流寄递毒品行为的定性问题

《武汉会议纪要》规定,购毒者接收贩毒者通过物流寄递方式交付的毒品，没有证据证明其是为了实施贩卖毒品等其他犯罪，毒品数量达到《刑法》第348条规定的最低数量标准的，一般以非法持有毒品罪定罪处罚。代收者明知是物流寄递的毒品而代购毒者接收，没有证据证明其与购毒者有实施贩卖、运输毒品等犯罪的共同故意，毒品数量达到《刑法》第348条规定的最低数量标准的，对代收者以非法持有毒品罪定罪处罚。

关于接收物流寄递毒品行为的定性，具体包括购毒者和代收者接收物流寄递毒品行为的定性两个方面。一是购毒者接收物流寄递毒品行为的定性。在当面交付的贩卖毒品犯罪中，贩毒者为送货而运输毒品的行为属于其毒品交付行为的组成部分，购毒者原则上不对贩毒者实施的运输毒品行为承担刑事责任，不能将购毒者、贩毒者认定为运输毒品罪的共犯。同理，在贩毒者通过物流寄递方式交付毒品的情况下，一般也不应将购毒者、贩毒者认定为运输毒品罪的共犯，否则所有接收毒品的购毒者（包括因吸食而少量购买毒品者）都将构成运输毒品罪，会造成打击面过大。因此，《武汉会议纪要》规定，购毒者单纯接收贩毒者通过物流寄递方式交付的毒品，又没有证据证明其是为了实施贩卖毒品等其他犯罪，毒品数量达到较大以上的，对购毒者一般应当以非法持有毒品罪定罪处罚。但在个别情况下，购毒者对贩毒者交付运输毒品的行为起支配作用或者与贩毒者共同交付运输毒品，购毒者、贩毒者符合认定为运输毒品罪共犯条件的，可以依法认定。二是代收者接收物流寄递毒品行为的定性。在代收者没有实施其他毒品犯罪的故意的情况下，其只是代替购毒者实际持有接收的毒品，毒品数量达到较大以上的，应当认定为非法持有毒品罪。需要说明的是，没有证据证明购毒者是为了实施贩卖、运输毒品等其他犯罪的，购毒者与代收者构成非法持有毒品罪的共犯；如果购毒者有其他犯罪行为的，则应依法定罪处罚，不再对其认定为非法持有毒品罪。

4. 关于代购毒品行为的定性问题

《南宁会议纪要》规定：有证据证明行为人不是以营利为目的，为他人代买仅用于吸食的毒品，毒品数量超过《刑法》第348条规定数量最低标准，构成犯罪的，托购者、代购者均构成非法持有毒品罪。《大连会议纪要》保留了这一规定，表述为：有证据证明行为人不以牟利为目的，为他人代购仅用于吸食的毒品，毒品数量超过《刑法》第348条规定的最低数量标准的，对托购者、代购者应以非法持有毒品罪定罪。以上两个会议纪要之所以这样定，是因为在我国吸毒行为本身，以及为吸毒而少量购买毒品的行为并不构成犯罪。而不以牟利为目的，为吸毒者代购用于吸食的毒品的行为，与吸毒者自身购买用于吸食的毒品的行为在本质上是相同的。因此，对于为他人代购少量仅供吸食的毒品且未牟利的，不应认定为贩卖毒品罪，毒品数量较大的，可以认定为非法持有毒品罪。

但是，对为他人代购毒品时从中牟利的如何定罪处罚，《南宁会议纪要》没有明确规定，致使实践中存在分歧。鉴于此，《大连会议纪要》增加规定，代购者从中牟利，变相加价贩卖毒品的，对代购者应以贩卖毒品罪定罪。这样规定的主要考虑是：一是行为人牟利的，虽然形式上可能是赚取少量介绍费，但实际上相当于变相加价出售毒品。二是《刑法》第355条第1款规定，向走私、贩卖毒品犯罪分子或者以牟利为目的，向吸食、注射毒品的人提供国家规定管制的能够使人形成瘾癖的麻醉药品、精神药品的，依照《刑法》第347条规定定罪处罚。因此，以牟利为目的代购毒品，实际上是帮助提供毒品行为，理应以贩卖毒品罪论处。

5. 关于从贩毒人员住所等处查获毒品的性质认定

《武汉会议纪要》规定，贩毒人员被抓获后，对于从其住所、车辆等处查获的毒品，一般均应认定为其贩卖的毒品。确有证据证明查获的毒品并非贩毒人员用于贩卖，其行为另构成非法持有毒品罪、窝藏毒品罪等其他犯罪的，依法定罪处罚。有意见认为，对于从贩毒人员住所等处查获的毒品，必须有证据证明是用于贩卖才能予以认定，否则应当认定为其非法持有的毒品。然而，毒品犯罪隐蔽性强、取证难度大，而且实践中从贩毒人员住所等处查获的毒品多系用于贩卖。为严厉打击毒品犯罪、降低证明难度，《武汉会议纪要》采用了事实推定的证明方法。即根据行为人贩卖毒品及从其住所等处查获毒品的事实，推定查获的毒品是用于贩卖。但根据推定原则，应当允许当事人提出反证。反证是指确有证据证明查获的毒品并非贩毒人员用于贩卖，包括其为他人保管用于吸食的毒品，为犯罪分子窝藏毒品，持有祖传、捡拾、用于治病的毒品等。贩毒人员对查获的毒品实施的行为另构成非法持有毒品罪、窝藏毒品罪等其他犯罪的，应依法予以认定；贩毒人员的行为构成数罪的，应依法数罪并罚。

6. 如何区分非法持有毒品罪与窝藏毒品罪

窝藏毒品必然要非法持有毒品，故二者属于法条竞合关系。二者的区别在于：第一，二者侵犯的客体不同。窝藏毒品罪侵犯的客体是司法机关打击毒品犯罪的正常活动，而非法持有毒品罪侵犯的客体是国家对毒品的监管制度。第二，二者的主观目的不同。窝藏毒品罪中，行为人的主观目的明确，是为走私、贩卖、运输、制造毒品犯罪分子藏匿毒品，使其逃避司法机关的惩处；非法持有毒品罪持有毒品的主观目的具有不确定性。第三，二者的客观表现不同。窝藏毒品罪的客观表现是行为人为毒品犯罪分子藏匿、毒品，使其逃避法律制裁；而非法持有毒品罪的客观表现就是将毒品置于自己的支配和控制范围之内。第四，定罪标准不同。非法持有毒品达到"数量较大"标准的才构成犯罪。但刑法并未为窝藏毒品罪设定入罪数量要求。

八十八、容留他人吸毒罪

第三百五十四条　容留他人吸食、注射毒品的，处三年以下有期徒刑、拘役或者管制，并处罚金。

（一）概述

1. 概念和构成要件

容留他人吸毒罪，是指为他人吸食、注射毒品提供场所，或者允许他人在自己管理、支配的场所内吸食、注射毒品的行为。

1979 年《刑法》没有规定此罪名。《全国人民代表大会常务委员会关于禁毒的决定》（已失效）第 9 条规定了"容留他人吸毒并出售毒品罪"，1997 年修订《刑法》时对该罪的罪状作了修改，因而将罪名相应地改为"容留他人吸毒罪"。

容留他人吸毒罪的构成要件和主要特征是：

（1）本罪侵犯的客体是国家对毒品的管理制度和公民的健康权利。犯罪对象是自愿吸食、注射毒品的人。

（2）本罪的客观方面表现为容留他人吸食、注射毒品的行为。"容留"，是指为他人吸食、注射毒品提供场所，或者允许他人在自己管理、支配的场所内吸食、注射毒品的行为。容留行为既可以是主动实施的，也可以是被动实施的，既可以是有偿的，也可以是无偿的。实践中，容留他人吸毒犯罪既表现为行为人利用自己的住房、租房或者其他场所，长期或者多次为他人吸食、注射毒品提供场所；也表现为酒店、宾馆、饭店及茶馆、歌舞厅等休闲娱乐场所的经营者、管理者出于招揽生意或者牟取非法利益的目的而容留他人吸毒。这是导致目前一些地方吸毒者增多和戒毒后又重新吸毒的重要原因之一，而且往往具有一定聚众性质，社会危害严重，因而规定为独立的犯罪，并予以惩处。

（3）本罪的犯罪主体为一般主体。饭店、旅馆、咖啡厅、酒吧等营业性场所的经营、服务人员，如果利用管理、支配这些场所的便利条件，容留他人吸食、注射毒品，以此招揽生意的，也应依法追究其刑事责任。

（4）本罪的主观方面由故意构成，即明知他人吸食、注射毒品而容留。在允许他人在自己管理、支配的场所内吸食、注射毒品的场合，只要行为人认识到他人是在自己管理、支配的场所吸食、注射毒品即可，至于他人吸食、注射毒品的种类和数量，不要求行为人明知。行为人犯罪的动机，一般是为了牟取非法利益。但法律并没有规定以牟取非法利益为目的是构成本罪主观方面的要件。吸毒人员利用自己的住所或者租房无偿容留毒友吸毒，达到相应定罪标准的也可以构成本罪。

2.法定刑

依照《刑法》第354条的规定，犯容留他人吸毒罪的，处三年以下有期徒刑、拘留或者管制，并处罚金。

（二）疑难问题精析

1.如何理解和把握容留他人吸毒罪的入罪条件

《刑法》第354条并没有为容留他人吸毒罪设定入罪条件。但《禁毒法》第61条规定，容留他人吸食、注射毒品，构成犯罪的，依法追究刑事责任；尚不构成犯罪的，由公安机关处10日以上15日以下拘留，可以并处3000元以下罚款；情节较轻的，处5日以下拘留或者500元以下罚款。为给行政执法保留一定空间，《最高人民检察院、公安部关于公安机关管辖的刑事案件立案追诉标准的规定（三）》（以下简称《立案追诉标准三》）为容留他人吸毒罪设定了立案追诉标准，对该罪的定罪处罚起到一定规范作用。按照《立案追诉标准三》第11条的规定，提供场所，容留他人吸食、注射毒品，涉嫌下列情形之一的，应予立案追诉：（1）容留他人吸食、注射毒品2次以上的；（2）一次容留3人以上吸食、注射毒品的；（3）因容留他人吸食、注射毒品被行政处罚，又容留他人吸食、注射毒品的；（4）容留未成年人吸食、注射毒品的；（5）以牟利为目的容留他人吸食、注射毒品的；（6）容留他人吸食、注射毒品造成严重后果或者其他情节严重的。但近年来的实践情况表明，《立案追诉标准三》为容留他人吸毒罪设定的部分入罪条件偏低，加之一些地方机械执行这一标准，导致一些不完全符合该罪犯罪构成要件的行为，以及一些原本可以通过行政处罚手段处理的容留他人吸毒行为，也被按照刑事犯罪处理。个别地方甚至出现了"以刑抵戒"的现象，即一些吸毒人员主动交代自己容留他人吸毒的犯罪事实，以规避长达两年的强制隔离戒毒，反而不利于有效遏制毒品犯罪。鉴于此，2016年《最高人民法院关于审理毒品犯罪案件适用法律若干问题的解释》（以下简称《审理毒品犯罪案件解释》）第12条吸收了《立案追诉标准三》的部分合理内容，也结合司法实践情况，完善了容留他人吸毒罪的定罪标准。

2016年《审理毒品犯罪案件解释》第12条第1款规定，容留他人吸食、注射毒品，具有下列情形之一的，应当依照刑法第354条的规定，以容留他人吸毒罪定罪处罚：（1）一次容留多人吸食、注射毒品的；（2）二年内多次容留他人吸食、注射毒品的；（3）二年内曾因容留他人吸食、注射毒品受过行政处罚的；（4）容留未成年人吸食、注射毒品的；（5）以牟利为目的容留他人吸食、注射毒品的；（6）容留他人吸食、注射毒品造成严重后果的；（7）其他应当追究刑事责任的情形。其中，第1项保留了《立案追诉标准三》中"一次容留三人以上吸食、注射毒品"的规定，在表述上将"三人以上"调整为"多人"。第2项对《立案追诉标准三》中"容留他人吸食、注射毒品两次以上"的规定作了修改，增加了"二年内"的时间限制，并要求是多次容留他人吸食、注射毒品的才入罪，即二年内第三次容留他人吸食、注射毒品的才作为犯罪处理。第3项在《立案追诉标准三》原有规定的基础上增加了"二年内"的时间限制。第4项、第5项、第6项保留了《立案追诉标准三》的原有规定，因这3项均属于社会危害大、应予追究刑事责任的情形，故未在时间、人数、次数上设定条件。第5项中的"以牟利为目的"主要是指为赚取场所使用费或者为了招揽生意而容留他人吸食、注射毒品的情形，如专门开设地下烟馆容留他人吸食、注射毒品并收取场地使用费，或者娱乐场所经营者、管理者为招揽生意而容许顾客在场所内吸食、注射毒品的。需要注意的是，在司法工作中，可以将行为人"曾因容留他人吸食、注射毒品受过刑事处罚的"认定为第1款第7项中"其他应当追究刑事责任的情形"。如果行为人不构成累犯的，依法定罪处罚；行为人构成累犯的，可以认定累犯但不予从重处罚，以免违反"禁止重复评价"原则。

2. 容留他人吸食、注射毒品并向其贩卖毒品行为的定性问题

2016年《审理毒品犯罪案件解释》第12条第2款规定，向他人贩卖毒品后又容留其吸食、注射毒品，或者容留他人吸食、注射毒品并向其贩卖毒品，符合该条第1款规定的容留他人吸毒罪的定罪条件的，以贩卖毒品罪和容留他人吸毒罪数罪并罚。实践中，对于向他人贩卖毒品后容留其吸食、注射毒品，或者容留他人吸食、注射毒品并向其贩卖毒品的，有的地方以容留他人吸毒罪与贩卖毒品罪数罪并罚，也有的地方以贩卖毒品罪一罪定罪处罚。但是，通常情况下贩卖毒品行为与容留他人吸毒行为并不具有刑法上的牵连关系，故原则上应单独评价，在容留他人吸毒行为达到2016年《审理毒品犯罪案件解释》第12条第1款规定的定罪标准的情况下，认定行为人构成容留他人吸毒罪，并与其所犯贩卖毒品罪数罪并罚。对于实践中常见的多次让他人在相关场所"试吸"毒品后又向其贩卖毒品的，因让他人"试吸"毒品的行为属于贩卖毒品的手段行为，该容留吸毒行为从属于贩卖毒品行为，并不具有独立评价的意义，故不宜认定为容留他人吸毒罪并数罪并罚，可仅按照贩卖毒品罪一罪处理。

3. 间接故意容留他人吸毒的能否认定为犯罪的问题

当前，娱乐场所的经营者、管理者出于经济利益考虑或者碍于情面，默许消费者在其经营、管理的场所内吸食、注射毒品的情况时有发生。《禁毒法》第65条规定，娱乐场所经营管理人员明知场所内发生聚众吸食、注射毒品或者贩毒活动，不向公安机关报告，构成犯罪的，依法追

究刑事责任；尚不构成犯罪的，依照有关法律、行政法规的规定给予处罚。根据《禁毒法》的规定，娱乐场所的经营者、管理者，对发生在经营场所内的吸毒行为有制止或者报警的法定义务。因此，对于娱乐场所的经营者、管理者，明知他人在其管理的场所内吸食、注射毒品而予以放任，没有履行法定义务向公安机关报告的，应以容留他人吸毒罪定罪处罚。但是，对场所有共同居住、使用权的一方放任另一方在共同的住所内容留他人吸食、注射毒品的，因共同居住人并不具有报警或者制止他人容留吸毒行为的法定义务，故不宜按照容留他人吸毒罪的共犯处理。

八十九、组织卖淫罪

第三百五十八条　组织、强迫他人卖淫的，处五年以上十年以下有期徒刑，并处罚金；情节严重的，处十年以上有期徒刑或者无期徒刑，并处罚金或者没收财产。

组织、强迫未成年人卖淫的，依照前款的规定从重处罚。

犯前两款罪，并有杀害、伤害、强奸、绑架等犯罪行为的，依照数罪并罚的规定处罚。

为组织卖淫的人招募、运送人员或者有其他协助组织他人卖淫行为的，处五年以下有期徒刑，并处罚金；情节严重的，处五年以上十年以下有期徒刑，并处罚金。

第三百六十一条　旅馆业、饮食服务业、文化娱乐业、出租汽车业等单位的人员，利用本单位的条件，组织、强迫、引诱、容留、介绍他人卖淫的，依照本法第三百五十八条、第三百五十九条的规定定罪处罚。

前款所列单位的主要负责人，犯前款罪的，从重处罚。

（一）概述

1. 概念和构成要件

组织卖淫罪，是指以招募、雇用、纠集等手段，管理、控制多人从事卖淫活动的行为。

组织卖淫罪的构成要件和主要特征是：

（1）本罪侵犯的客体主要是良好的社会风尚，如果组织过程中存在强迫卖淫情形的，则还侵犯他人的人身权利。

（2）本罪在客观方面表现为组织他人卖淫的行为。"组织"卖淫，是指以招募、雇用、纠集等手段，管理或者控制多人从事卖淫活动的行为。其一，是否对卖淫者的卖淫活动进行管理或者控制，是组织卖淫区别于强迫卖淫或者引诱、容留、介绍卖淫的关键。所谓管理或者控制，是指通过扣押证件或者押金、制定收费及分成标准、规定考勤惩罚制度、对卖淫活动进行调度等方式，对卖淫者的卖淫活动进行安排、管束、指挥、掌控。从实践看，有的卖淫者是自愿卖淫，自愿接受组织卖淫者的管理，只要行为人对多人的卖淫活动进行管理的，即属于组织卖淫。其二，组织卖淫中的组织是针对卖淫者而言的，只有管理或者控制多人即三人以上从事卖淫活动的才能认定为组织卖淫；对一两个人的卖淫活动进行管理或者控制的，不构成组织卖淫，只能视情以强迫卖淫罪或者引诱、容留、介绍卖淫罪等罪论处。其三，组织卖淫一般表现为两种情况：一是设置卖淫场所或者变相卖淫场所，如以经营发廊、歌厅、按摩房、出租屋、洗浴中心等为名，行经营卖淫场所之实，或者"兼营"卖淫活动；二是没有固定的卖淫场所，但通过管理或者控制卖淫人员，有组织地进行卖淫活动，如掌握多名卖淫人员，通过网络、电话招嫖，安排卖淫人员前往指定地点从事卖淫活动。

"他人"，既包括女性，也包括男性。

"卖淫"，是指以营利为目的，出卖肉体的行为。此处的出卖肉体，包括与他人性交，或者进行口交、肛交等类似性交的行为。对于卖淫的内涵和外延，还存在不同认识，下文专门分析。

（3）本罪的主体是一般主体。就组织卖淫而言，组织者既可以是几人，也可以是一人，关键取决于其对多名卖淫人员的卖淫活动是否起管理或者控制作用。

有的组织、强迫卖淫是以单位形式实施，但《刑法》未为本罪规定单位犯罪主体。对单位实施组织、强迫卖淫行为的，应按自然人犯罪处理。

（4）本罪在主观方面表现为故意。一般来说，行为人组织卖淫多是出于营利目的，但营利目的并非本罪构成要件。

2.法定刑

依照《刑法》第385条第1款的规定，犯组织、强迫卖淫罪的，处五年以上十年以下有期徒刑，并处罚金；情节严重的，处十年以上有期徒刑或者无期徒刑，并处罚金或者没收财产。组织、强迫未成年人卖淫的，从重处罚。犯组织、强迫卖淫罪，并有杀害、伤害、强奸、绑架等犯罪行为的，依照数罪并罚的规定处罚。

依照《刑法》第361条的规定，旅馆业、饮食服务业、文化娱乐业、出租汽车业等单位的主要负责人，利用本单位的条件，组织、强迫他人卖淫的，从重处罚。

《最高人民法院、最高人民检察院关于办理组织、强迫、引诱、容留、介绍卖淫刑事案件适用法律若干问题的解释》（以下简称《办理组织、强迫、引诱、容留、介绍卖淫案件解释》）第2条规定，组织他人卖淫，具有下列情形之一的，应当认定为刑法第358条第1款规定的"情节严重"：（1）卖淫人员累计达10人以上的；（2）卖淫人员中未成年人、孕妇、智障人员、患有严重性病的人累计达5人以上的；（3）组织境外人员在境内卖淫或者组织境内人员出境卖淫的；（4）非法获利人民币100万元以上的；（5）造成被组织卖淫的人自残、自杀或者其他严重后果的；（6）其他情节严重的情形。第6条规定，强迫他人卖淫，具有下列情形之一的，应当认定为《刑法》第358条第1款规定的"情节严重"：（1）卖淫人员累计达5人以上的；（2）卖淫人员中未成年人、孕妇、智障人员、患有严重性病的人累计达3人以上的；（3）强迫不满14周岁的幼女卖淫的；（4）造成被强迫卖淫的人自残、自杀或者其他严重后果的；（5）其他情节严重的情形。行为人既有组织卖淫犯罪行为，又有强迫卖淫犯罪行为，且具有下列情形之一的，以组织、强迫卖淫"情节严重"论处：（1）卖淫人员累计达到解释第2条第1项、第2项规定的组织卖淫"情节严重"人数标准的；（2）非法获利数额相加达到解释第2条第4项规定的组织卖淫"情节严重"数额标准的。第10条规定，组织、强迫卖淫的次数，作为酌定情节在量刑时考虑。①第 13 条规定，犯组织、强迫卖淫罪的，应当依法判处犯罪所得 2 倍以上的罚金。共同犯罪的，对各共同犯罪人合计判处的罚金应当在犯罪所得的 2 倍以上。对犯组织、强迫卖淫罪被判处无期徒刑的，应当并处没收财产。

（二）疑难问题精析

1. 如何认定刑法中的"卖淫"行为

迄今为止，尚无法律或者立法解释、司法解释对何谓"卖淫"作出明确界定。

就常见的形态而言，卖淫主要是指女性以营利为目的，与不特定男性性交的行为。但实践中，卖淫内涵和外延不限于此。（1）卖淫人员不限于女性，男性也可以从事卖淫活动。（2）卖淫不限于向异性出卖肉体，向同性出卖肉体的，也属于卖淫。②（3）卖淫不限于以营利为目的与他人进行性交活动，也包括以营利为目的与他人进行口交、肛交等类似于性交的活动。口交、肛交与性交类似，都是一方生殖器进入另一方的体内，都属于进入式性活动。③口交、肛交是同性卖淫的主要方式，在肯定同性卖淫也构成卖淫的情况下，对以营利为目的与他人进行口交、肛交的，也应当认定为刑法意义上的卖淫。对于以上三点，目前无不同认识。

但以营利为目的，向他人提供性交、口交、肛交以外的性服务，如手淫、女性用乳房摩擦男性生殖器等，能否认定为卖淫？2001 年 2 月 28 日《公安部关于对同性之间以钱财为媒介的性行为定性处理问题的批复》指出："不特定的异性之间或者同性之间以金钱、财物为媒介发生不正当

---

① 这是因为组织卖淫的次数往往难以查证，非法获利情况能够在一定程度上反映组织卖淫的次数，司法解释已将非法获利数额规定为"情节严重"的认定标准之一。

② 参见《李宁组织卖淫案——组织男性从事同性性交易，是否构成组织卖淫罪》，载中华人民共和国最高人民法院刑事审判第一、二、三、四、五庭主办：《中国刑事审判指导案例（组织卖淫罪）》，法律出版社 2009 年版，第 296 页。

③ 参见周峰、党建军、陆建红、杨华：《〈关于审理组织、强迫、引诱、容留、介绍卖淫刑事案件适用法律若干问题的解释〉的理解与适用》，载《人民司法》2017 年第 25 期。

性关系的行为，包括口淫、手淫、鸡奸等行为，都属于卖淫嫖娼行为，对行为人应当依法处理。"据此，在治安管理处罚法意义上，上述情形也属于卖淫。问题是，在《刑法》上，对卖淫是否也应作相同的理解？对此，在理论上、实践中存在较大认识分歧。我们倾向于认为：上述情形尽管也同样毒害社会风气，但是，与以营利为目的向他人提供性交或者类似性交行为的性服务相比，对人们道德观念的冲击、破坏毕竟还是有一定的程度差异；从相关"服务"的提供者来说，其对自己的行为毕竟还是有一定的克制；出卖肉体，是卖淫的最基本特点，将有偿提供手淫等性服务亦认定为刑法意义上的卖淫，似超出了目前一般社会观念对卖淫的理解和认识。因此，综合考虑"卖淫"一词的可能含义、社会观念和刑法谦抑性，对刑法意义上"卖淫"以限定以营利为目的与他人从事性交和类似性交的活动为宜。当然，如果行为人在组织、强迫卖淫的同时，也组织、强迫提供手淫、"胸推"等性服务的，可作为酌定情节加以考虑。

卖淫通常是与不特定人的性交易。但对"不特定人"不宜作机械理解。组织多名"明星""模特"等，向特定的"高端客户"出卖肉体的，也属于卖淫。

综上，我们认为，刑法意义上的卖淫，是指以营利为目的，与他人进行性交或者口交、肛交等类似性交活动的行为。

2. 如何区分组织卖淫罪与协助组织卖淫罪

协助组织卖淫罪，是指为组织卖淫的人招募、运送人员或者提供其他协助的行为。所谓其他协助组织卖淫行为，主要是指在组织卖淫活动中，充当保镖、打手、管账人等。在具有营业执照的会所、洗浴中心等经营场所担任保洁员、收银员、保安等，从事一般服务性、劳务性工作，仅领取正常薪酬的，不应认定为协助组织卖淫。

协助组织卖淫本是组织卖淫的共犯行为，是在组织卖淫中起辅助作用的行为，但《刑法》考虑到其所起的作用与组织卖淫有很大不同，不宜笼统地以组织卖淫罪的共犯处理，遂将此种行为专门规定，并设置了独立的法定刑。在协助组织卖淫罪成为独立罪名之后，对协助组织卖淫者，不能再将其认定为组织卖淫罪的从犯，并适用从犯从宽处罚的有关刑法规定。

区分组织卖淫罪与协助组织卖淫罪的关键是，行为人有未组织、领导、指挥或者直接实施对卖淫人员的卖淫活动进行管理或者控制的行为。如有，应认定为组织卖淫。应当注意是：（1）对受他人雇用在卖淫场所充当管理者，直接负责对卖淫人员的卖淫活动进行安排、管理、控制的，应当以组织卖淫罪而不是协助组织卖淫罪论处。（2）不参与对卖淫人员卖淫活动的管理或者控制，只是受组织卖淫者聘用，负责对卖淫场所的服务员、食堂工作人员等"后勤工作"进行管理的，应当以协助组织卖淫罪而非组织卖淫罪论处。[1]（3）对于在组织卖淫案件中充当打手的行为，需要具体分析。如是根据组织者的指挥、安排，为防止嫖客闹事而充当打手，属于协助组织卖淫；如是强迫他人卖淫的打手，应认定为强迫卖淫罪。[2]

3. 如何区分组织卖淫罪与引诱、容留、介绍卖淫罪、引诱幼女卖淫罪

在组织卖淫过程中，常会伴有引诱、容留、介绍卖淫包括引诱幼女卖淫的行为，引诱、容留、介绍常是组织卖淫的一个手段或者一个环节。区分组织卖淫罪与引诱、容留、介绍卖淫罪、引诱幼女卖淫罪，关键仍是要看行为人是否对多人的卖淫活动进行管理或者控制。如进行了管理或者控制的，则行为人的行为不仅构成引诱、容留、介绍卖淫罪或者引诱幼女卖淫罪，也构成组织卖淫罪。

根据《办理组织、强迫、引诱、容留、介绍卖淫案件解释》第3条的规定，在组织卖淫犯罪活动中，对被组织卖淫的人引诱、容留、介绍

---

① 参见聂昭伟：《组织与协助组织卖淫罪的区分》，载《人民司法·案例》2015年第16期。

② 参见张明楷：《刑法学》（第三版），法律出版社2007年版，第840页。

卖淫行为的，依照处罚较重的规定定罪处罚。但是，对被组织卖淫的人以外的其他人有引诱、容留、介绍卖淫行为的，应当分别定罪，实行数罪并罚。

4.组织卖淫罪中能否区分主从犯

理论上讲，一人也可以组织卖淫。但从实践看，由于组织卖淫对内涉及对多名卖淫人员卖淫活动的管理、控制，对外需要应对、处理方方面面的问题，大多数情况下需要由多人共同实施。多人共同组织卖淫的，既可能是已形成犯罪集团，也可能只是松散的共同犯罪。对于在组织卖淫的犯罪集团中起组织、领导作用或者在组织卖淫的共同犯罪中起主要作用的，无疑应当依法认定为主犯。但需注意的是，如前所述，组织卖淫罪中的"组织"是针对被组织的卖淫者而言的，在多人共同组织卖淫的情况下，只要对多名卖淫人员的卖淫活动进行管理或者控制的，均属于组织卖淫。因此，尽管同样实施了组织卖淫行为，但犯罪人在共同犯罪中的地位、作用可能存在差异，不排除部分组织者只是在共同犯罪中起次要作用，对这部分行为人应依法认定为从犯，并从宽处罚。这样认识和处理，既符合客观事实、法律规定，同时也能保障刑罚适用符合罪责刑相适应的刑法基本原则。

九十、强迫卖淫罪

第三百五十八条第一款 组织、强迫他人卖淫的，处五年以上十年以下有期徒刑，并处罚金；情节严重的，处十年以上有期徒刑或者无期徒刑，并处罚金或者没收财产。

第二款 组织、强迫未成年人卖淫的，依照前款的规定从重处罚。

第三款 犯前两款罪，并有杀害、伤害、强奸、绑架等犯罪行为的，依照数罪并罚的规定处罚。

（一）概述

1. 概念和构成要件

强迫卖淫罪，是指以暴力、胁迫、虐待或者其他强制手段，违背他人意志，迫使他人卖淫的行为。本罪是 1979 年《刑法》第 140 条的规定，罪名曾为"强迫妇女卖淫罪"。《全国人民代表大会常务委员会关于严禁卖淫嫖娼的决定》第 2 条将罪状修改为"强迫他人卖淫的"。1997 年修订《刑法》时对罪状作了修改，罪名相应地改为"强迫卖淫罪"。

强迫卖淫罪的构成要件和主要特征是：

（1）本罪侵犯的客体是社会主义道德风尚和他人的人身权利（尤其是性的不可侵犯的权利）。犯罪对象为"他人"，虽然实践中多为妇女，但也包括男人以及不满 14 周岁的幼女和男童在内。如果行为人强迫未成年人卖淫的，应当从重处罚。强迫的对象既可以是品行良好、从未有过卖淫历史的人，也可以是有过卖淫史，但已不再卖淫或者在某具体时间段或某具体地点不愿再卖淫的人。

（2）本罪在客观方面表现为违背他人意志，用暴力、胁迫、虐待或者其他方法迫使他人卖淫的行为。这是本罪的本质特征，也是与引诱、容留、介绍卖淫犯罪行为的主要区别。违背他人的真实意愿是强迫卖淫的内在特征，行为手段的强制性是强迫卖淫的外在表现。"违背意愿"的判断应当结合具体时空条件具体化，既包括根本不愿意卖淫的情形，也包括不愿意继续卖淫、不愿意以某种方式卖淫、不愿意在某个时间段卖淫、不愿意在某种场所卖淫、不愿意向某（类）人卖淫等。强迫性手段既包括直接使用暴力手段或者以暴力相威胁，也包括使用其他非暴力的逼迫手段，实践中多体现为暴力、胁迫，如采用对他人殴打、虐待、捆绑或以实施杀害、伤害、揭发隐私、断绝生活来源相威胁，或利用他人走投无路的情况采用挟持的方法迫使他人卖淫。无论采取哪种手段，只要卖淫者不是出于自愿，而是在被逼迫下从事了卖淫活动，即构成强迫卖淫罪。如果仅仅是采用物质引诱、暗示、鼓动他人卖淫，没有违背他人意志的，不能构成本罪，可以成立组织卖淫罪，容留、引诱他人卖淫罪等。

（3）本罪的主体是一般主体，凡年满16周岁、具有刑事责任能力的自然人均可构成本罪。单位不构成本罪主体，旅馆业、饮食服务业、文化娱乐业、出租汽车业等单位的主要负责人，利用本单位的条件，实施强迫他人卖淫的，根据《刑法》第361条的规定，应以强迫卖淫罪追究该单位主要负责人员刑事责任并从重处罚。根据相关司法解释的规定，对未成年人负有特殊职责的人员、与未成年人有共同家庭生活关系的人员、国家工作人员，实施强迫未成年人卖淫等性侵害犯罪的，要依法从严惩处。①

（4）本罪在主观方面表现为故意，且为直接故意。行为人一般是以营利为目的，但这并不是构成本罪在主观方面的必备要件。只要行为人实施了强迫卖淫的行为即构成本罪，而不论其动机、目的如何。

2.法定刑

依照《刑法》第358条第1款规定，犯强迫卖淫罪的，处五年以上十年以下有期徒刑，并处罚金；情节严重的，处十年以上有期徒刑或者

---

① 参见最高人民法院、最高人民检察院、公安部、司法部2013年10月23日联合发布的《关于依法惩治性侵害未成年人犯罪的意见》第26条规定。

无期徒刑，并处罚金或者没收财产。该条第 2 款规定，强迫未成年人卖淫的，依照第 1 款的规定从重处罚。

（二）疑难问题精析

1. 如何准确认定强迫卖淫罪的"强迫性"

（1）"强迫性"及其表现。强迫卖淫罪的本质特征是违背他人意志，迫使他人卖淫。强迫手段既包括暴力或者以暴力相威胁的手段，也包括非暴力性的逼迫手段，即对他人形成精神上的强制性。强迫卖淫罪的强迫性主要表现为以下情形：第一，在他人不愿意从事卖淫活动的情况下，使用强制手段迫使其从事卖淫活动；第二，他人虽然原本从事卖淫活动，但在他人不愿意继续从事卖淫活动的情况下，使用强制手段强迫其继续从事卖淫活动；第三，在卖淫者不愿意在某地（或场所）从事卖淫活动的情况下，使用强制手段迫使在该地（或场所）从事卖淫活动；第四，在卖淫者不愿意向某人（或某类人）卖淫活动的情况下，使用强制手段迫使其向某人（或某类人）卖淫；第五，在卖淫者不愿意以某种方式实施卖淫活动的情况下，使用强制手段迫使其该种方式实施卖淫活动。以上情形，不一而足，其本质均属于"违背他人意志"的情形，而且"违背他人意志"应结合具体时空环境条件进行综合分析判断。如果行为人仅仅是采用物质引诱、暗示、鼓动他人卖淫，没有违背他人意志的，不能构成强迫卖淫罪，可以成立组织卖淫罪，容留、引诱他人卖淫罪等。实践中，有"被害人有机会呼救、报警却不呼救、报警"以及"在卖淫时被公安机关抓获却不向公安机关求救"的现象，"被害人"是否属于自愿卖淫的人员？对行为人认定为强迫卖淫罪还是容留卖淫罪？对此要结合具体案件证据和事实，综合判断，被害人不呼救、报警是否为不知报警、不敢报警。未呼救、未报警与自愿卖淫并非两个等同的概念，自愿卖淫的人当然不会呼救和报警，但不能反过来推论说凡未呼救、未报警就是自愿卖淫的结论。如刘革新等强迫卖淫案，[①] 被害人为未成年人，缺乏自我保护意识和能力，且被害人事后陈述中表示因其害怕报案后被告人刘革新等人去家里找麻烦等，可以认定被害人是不知报警、不敢呼救和报警，应当认定行为人属于强迫卖淫的行为性质。

（2）"强迫"行为的暴力程度问题。根据现行《刑法》第358条第3款的规定，在组织卖淫、强迫卖淫的过程中，又有杀害、伤害、绑架等犯罪行为，与强奸行为一样，应当以故意杀人罪、故意伤害罪、绑架罪等与组织卖淫罪或者强迫卖淫罪实行数罪并罚。这里需要讨论的是，强迫卖淫罪中的"强迫"的暴力程度问题，是否包括致人轻伤的程度？应该说，刑法意义上作为故意伤害罪构成要件的"伤害"，包括轻伤及以上程度的，如果行为人在使用殴打的暴力手段强迫他人卖淫，造成轻伤以上程度并对该伤害程度持故意心态的，该暴力程度已超越强迫卖淫罪的"强迫"，应成立故意伤害罪，并与强迫卖淫罪并罚。

2. 强奸型强迫卖淫犯罪行为的认定问题

根据现行《刑法》第358条的规定，行为人在组织他人卖淫、强迫他人卖淫过程中又实施了强奸行为的，应当实行数罪并罚。这就改变了修正前《刑法》所规定的强奸行为被认定为组织卖淫罪、强迫卖淫罪的法定的加重情节而只认定组织卖淫罪或者强迫卖淫罪一罪的模式，这一修订，更符合罪数理论和罪刑本质特征，同时，也有利于在立法层面上适度削减死刑的政策实现。

这里着重分析强奸型强迫卖淫罪司法认定中若干疑难问题。在强迫卖淫活动中伴随着强奸行为的，应区分情形采取不同处罚原则。同时，强迫卖淫罪应认定为行为犯，即被强迫者实施了卖淫行为的，强迫卖淫罪即为既遂。如果行为人采取强奸手段迫使被害人就范、实施卖淫活动的，对此应以强奸罪与强迫卖淫罪并罚；如果强奸后被害人并没有卖淫

① 参见中华人民共和国最高人民法院刑事审判第一、二、三、四、五庭主办：《刑事审判参考》（总第117集），法律出版社2019年版，第84~90页。

的，此时在成立强奸罪的同时，还成立强迫卖淫罪未遂，但此时在刑法上仅有强奸这一实行行为，故属于一行为触犯数罪名，属于想象竞合，按照重罪处罚，原则上以强奸罪论处；如果强迫他人仅与特定的个人发生性关系或从事猥亵活动的，即便出于营利等目的，但基于"卖淫是以营利为目的与不特定对方发生性关系的行为"，被强迫者的行为不符合卖淫的特征，不能认定为去强迫卖淫罪，但应认定为强奸罪、强制猥亵罪等；同理，如果行为人强迫他人仅与自己发生性关系并给予金钱等支付性行为对价的，也应认定为强奸罪而非强迫卖淫罪。

3. 如何区分强迫卖淫罪与强奸罪

区分二者，关键应注意：强迫卖淫是迫使他人从事有偿的性服务，被害人被迫与他人发生性行为时具有表面"同意"的特征；与被害人发生性行为的嫖客，主观上没有强行与他人发生性关系的犯罪意图，客观上没有强行实施性行为；被害人被迫发生性关系的对象，一般人数多、不特定，且在后期，被害人存在转变为自愿卖淫的现象。据此：（1）强迫他人卖淫，他人因受暴力、胁迫、虐待等行为强制后，违心"自愿"从事卖淫活动的，对行为人应以强迫卖淫罪论处，对嫖客则应以嫖娼的违法行为论处。（2）强迫他人卖淫，他人在受暴力、胁迫、虐待等行为强制后，仍拒不从事卖淫活动，行为人进一步采取强制手段，直接协助所谓"嫖客"强行完成性交等活动的，"嫖客"支付了"嫖资"，即使被强迫者事后接受了"嫖资"，甚至自愿走上卖淫道路的，则行为人的行为已不只是强迫卖淫，也构成强奸，应当以强迫卖淫罪和强奸罪两罪并罚。对"嫖客"也均应以强奸罪论处。因为在此种情形下，一方面，被强迫者根本不是在卖淫，而是遭受他人犯罪行为的侵害；另一方面，所谓的"嫖客"也清楚地知道，他人并非自愿与自己发生性关系，自己并非在嫖娼，而是强行与他人发生性关系，故其行为完全符合强奸罪的构成，相应地，对协助"嫖客"完成这一行为的强迫者，应以强奸罪共犯论处。

4. 强迫卖淫罪与组织卖淫罪的界限与关联——组织、强迫卖淫犯罪

行为是否为选择性罪名

　　强迫卖淫罪与组织卖淫罪规定在同一法条之中、适用相同的法定刑档次，在许多场合，二者属于手段与目的的关系，即强迫卖淫多为组织卖淫的手段行为，组织卖淫犯罪中常伴随有强迫卖淫的行为。但是，二者的区别也是非常明显的。第一，侵犯的客体不同。组织卖淫罪侵犯的是社会道德风尚及社会治安管理秩序；而强迫卖淫罪除侵犯社会道德风尚及社会治安管理秩序外，还包括他人的人身权利。第二，实施行为的内容及行为本质不同。组织卖淫的行为，是指以招募、雇用、引诱、容留的手段，管理或者控制多人从事卖淫活动，是否违背被组织者的意志在所不问，行为本质在于组织性，行为对象须为多人即三人以上；而强迫卖淫罪的行为人是采用暴力、胁迫等强制手段，强迫卖淫者违背自身意愿的意志，其行为本质在于强制性，行为对象既可以是一人也可以是多人。第三，故意的内容不同。组织卖淫罪的行为人主观上具有组织多人卖淫的故意；而强迫卖淫罪行为人主观上是强迫他人卖淫的故意。

　　总而言之，组织卖淫罪是一种较具综合性的犯罪，往往也会牵连强迫、引诱、容留、介绍他人卖淫罪，而强迫卖淫往往也有非法拘禁、伤害、胁迫、侮辱、强奸和违背他人意志等犯罪。实践中，单独的强迫卖淫犯罪并不多见，一般都是组织卖淫犯罪中夹带着强迫卖淫犯罪的行为。对此现象，过去理论和实务的普遍认识和做法是：对其中的被组织者实施强迫行为，基于二者性质的相近性、组织行为的复合性等特征，不必实行数罪并罚，而以组织卖淫罪一罪论处。这在《刑法修正案（九）》出台之前毫无疑问是正确的，但是在现行刑事立法模式下，是采取单一罪名即以组织卖淫罪定罪、将强迫行为作为量刑情节论处还是以选择性罪名即组织、强迫卖淫罪论处，则值得讨论，目前大多数教科书仍采取单一罪名的模式。对此问题，我们需要简要回顾《刑法修正案（九）》对《刑法》第358条组织卖淫、强迫卖淫行为罪刑规范的变化。修订前的第358条表述为"组织他人卖淫或者强迫他人卖淫的"，据此，最高人民法院 1997 年 12 月 11 日发布的《关于执行〈中华人民共和国刑法〉确定罪名的规定》中，将"组织卖淫罪""强迫卖淫罪"作为两个相对独立的罪名予以表述，并延续至今。但《刑法修正案（九）》将第 358 条的罪状表述作出修改，将原来的"组织他人卖淫或者强迫他人卖淫的"修改为"组织、强迫他人卖淫的"，完全符合选择性罪名的立法规范模式，我们认为第 358 条第 1 款的罪名表述应该采取选择性罪名模式，即表述为"组织、强迫卖淫罪"较为科学，这一变化在 2017 年 7 月 25 日起实施的《最高人民法院、最高人民检察院关于办理组织、强迫、引诱、容留、介绍卖淫刑事案件适用法律若干问题的解释》（以下简称《办理组织、强迫、引诱、客留、介绍卖淫案件解释》）中也得到体现。[①] 基于此，我们认为，如果在实施组织卖淫活动中，被其组织、管理的卖淫者均属于自愿参加的，没有具体强制性的行为，对行为人以组织卖淫罪定罪处罚；如果行为人在实施组织卖淫活动过程中，对其中的被组织者又有强迫卖淫行为的，则应当以组织、强迫卖淫罪论处。不仅如此，如果被强迫者与被组织者不具有同一性，即对被组织者以外的其他人实施强迫卖淫的，基于选择性罪名的原理，也应以组织、强迫卖淫罪论处，无需实行数罪并罚。

5. 强迫卖淫罪的既未遂问题

强迫卖淫罪与组织卖淫等涉卖淫犯罪均属于行为犯，原则上以其组织、强迫、容留、引诱、介绍卖淫行为的实施为犯罪既未遂界限。但强迫卖淫罪有自己的独立构成要件，其既未遂的判断不仅要看强迫行为还涉及被害人的意志与行为的实施问题，需要具体分析判断。具体而言，判断强迫卖淫罪既未遂既要看行为人的强迫行为是否已经实施，也要看

[①] 《刑法修正案（九）》出台后，最高人民法院、最高人民检察院对《刑法》第 358 条第 1 款的罪名表述没有专门作出规定，但一般认为，《关于办理组织、强迫、引诱、容留、介绍卖淫刑事案件适用法律若干问题的解释》是由最高人民法院、最高人民检察院联合发布的，可以理解为最高人民法院、最高人民检察院根据《刑法修正案（九）》的规定，对组织卖淫、强迫卖淫犯罪行为的罪名作了修正。参见陆建红：《审理组织、强迫、引诱、容留、介绍卖淫等刑事案件若干疑难问题探讨》，载中华人民共和国最高人民法院刑事审判第一、二、三、四、五庭主办：《刑事审判参考》（总第 117 集），法律出版社 2019 年版，第 216~217 页。

被强迫卖淫人员的卖淫行为是否实施。而卖淫行为本身是一个过程性的行为，包括被强迫卖淫人员同意卖淫、准备为他人提供性服务、开始卖淫、卖淫完成等阶段，只有当卖淫行为实施到一定阶段，达成某种程度才能视为行为犯的犯罪既遂状态。在这个意义上，我们认为，行为人的暴力、胁迫或者其他强制性手段已经实施，被强迫卖淫人员被逼之下已经与嫖娼者达成合意并基于该合意着手实施卖淫嫖娼行为的，就可认定强迫卖淫行为已经既遂。这里的"着手实施卖淫嫖娼行为"，包括为卖淫嫖娼所做的谈价格、找地点、性交易前准备、性交易过程等，只要被强迫卖淫人员实施了上述一个或数个行为的，均应认定卖淫行为开始实施，达到犯罪既遂形态。如在行为人的强迫下，卖淫人员进入与嫖娼者约好的地点，但还未开始实施卖淫嫖娼活动即被公安人员查获的，或者进入约定地点后卖淫人员逃离卖淫嫖娼场所，或者嫖娼人员基于某种原因没有接受性服务等，这些情形均可认定为强迫卖淫行为已经既遂。

6. 如何认定强迫卖淫罪中的"情节严重"

根据《刑法》第358条第1款的规定，"情节严重"是强迫卖淫罪的法定加重构成情形，其对应的法定刑幅度是"十年以上有期徒刑或者无期徒刑，并处罚金或者没收财产"。如何认定强迫卖淫罪中的"情节严重"，《办理组织、强迫、引诱、容留、介绍卖淫案件解释》第6条予以了明确，即强迫他人卖淫，具有下列情形之一的，应当认定为《刑法》第358条第1款规定的"情节严重"：（1）卖淫人员累计达5人以上的；（2）卖淫人员中未成年人、孕妇、智障人员、患有严重性病的人累计达3人以上的；（3）强迫不满14周岁的幼女卖淫的；（4）造成被强迫卖淫的人自残、自杀或者其他严重后果的；（5）其他情节严重的情形。

结合上述解释关于组织卖淫罪"情节严重"的规定，我们可以看出，强迫卖淫罪的"情节严重"标准在门槛设置上要低于组织卖淫罪，体现对强迫卖淫罪更严厉打击的精神，主要原因是强迫卖淫罪的行为人对卖淫人员的人身具有更大的侵害性，侵害的是双重法益。如在犯罪对象的人数上，规定"卖淫人员累计达五人以上"即属于情节严重情形，此标准参照组织卖淫罪人员的一半标准设置；再如卖淫人员中未成年人、孕妇、智障人员、患有严重性病的，累计达 3 人以上即属于强迫卖淫罪情节严重情形。而对于强迫不满 14 周岁幼女卖淫的，直接规定为情节严重的情形。对于强迫幼女卖淫的问题专门作出规定，即强迫幼女卖淫的，不需要人数的限定，只要强迫幼女卖淫的，即属于"情节严重"，这主要是考虑到：首先，与组织卖淫的构成要件要求组织 3 人以上卖淫不同的是，强迫卖淫罪的构成要件没有人数限制，只要卖淫人员是被强迫卖淫的即可。其次，《刑法》第 359 条第 2 款规定的引诱幼女卖淫罪的量刑幅度，相当于引诱他人卖淫"情节严重"的量刑幅度。此规定所蕴含的立法精神是，针对幼女实施的犯罪行为应当作为加重处罚情节。据此，强迫幼女卖淫也应当体现比强迫其他人员卖淫更严厉的处罚。

此外，如前所述，行为人既有组织卖淫犯罪行为，又有强迫卖淫犯罪行为的，应认定为组织、强迫卖淫罪。对于同时具有组织行为和强迫行为的选择性罪名，毕竟比单一的组织行为或者强迫行为更为严重，在其他情节相同的情形下，应当比组织卖淫罪或强迫卖淫罪适用较重的法定刑。对属于选择性罪名的组织、强迫卖淫罪的"情节严重"标准如何确定？特别是组织卖淫未达到"情节严重"标准，强迫卖淫亦未达到"情节严重"标准的情况下，能否综合考虑认定为组织、强迫卖淫"情节严重"的情节？一般认为，组织、强迫卖淫罪"情节严重"的标准，应当依照上述《办理组织、强迫、引诱、容留、介绍卖淫案件解释》关于组织卖淫罪"情节严重"、强迫卖淫罪"情节严重"的标准综合考虑。在组织卖淫、强迫卖淫分别均未达到"情节严重"标准的情况下，如果符合规定情形的，依然能综合认定为组织、强迫卖淫"情节严重"。[①] 为此，该解释第 6 条第 2 款规定，行为人既有组织卖淫犯罪行为，又有强迫卖

---

① 参见周峰、党建军、陆建红、杨华：《〈关于审理组织、强迫、引诱、容留、介绍卖淫刑事案件适用法律若干问题的解释〉的理解与适用》，载《人民司法》2017 年第 25 期。

淫犯罪行为，且具有以下情形之一的：以组织、强迫卖淫"情节严重"论处：（1）组织卖淫、强迫卖淫行为中具有本解释第2条、第6条第1款规定的"情节严重"情形之一的；（2）卖淫人员累计达到本解释第2条第1项、第2项规定的组织卖淫"情节严重"人数标准的；（3）非法获利数额相加达到本解释第2条第4项规定的组织卖淫"情节严重"数额标准的。

九十一、制作、复制、出版、贩卖、传播淫秽物品牟利罪

第三百六十三条第一款 以牟利为目的，制作、复制、出版、贩卖、传播淫秽物品的，处三年以下有期徒刑、拘役或者管制，并处罚金；情节严重的，处三年以上十年以下有期徒刑，并处罚金；情节特别严重的，处十年以上有期徒刑或者无期徒刑，并处罚金或者没收财产。

第三百六十六条 单位犯本节第三百六十三条、第三百六十四条、第三百六十五条规定之罪的，对单位判处罚金，并对其直接负责的主管人员和其他直接责任人员，依照各该条的规定处罚。

第三百六十七条 本法所称淫秽物品，是指具体描绘性行为或者露骨宣扬色情的诲淫性的书刊、影片、录像带、录音带、图片及其他淫秽物品。

有关人体生理、医学知识的科学著作不是淫秽物品。

包含有色情内容的有艺术价值的文学、艺术作品不视为淫秽物品。

（一）概述

1. 概念和构成要件

制作、复制、出版、贩卖、传播淫秽物品牟利罪，是指以牟利为目的，制作、复制、出版、贩卖、传播淫秽物品的行为。

1997 年《刑法》吸收《全国人民代表大会常务委员会关于惩治走私、制作、贩卖、传播淫秽物品的犯罪分子的决定》第 2 条，规定了制作、复制、出版、贩卖、传播淫秽物品牟利罪。1979 年《刑法》只有制作、贩卖淫书、淫画罪。

制作、复制、出版、贩卖、传播淫秽物品牟利罪的构成要件和主要特征是：

（1）本罪侵犯的客体为复杂客体，包括国家对文化娱乐制品的管理秩序和良好的社会道德风尚。犯罪对象是淫秽物品。

（2）客观方面表现为制作、复制、出版、贩卖、传播淫秽物品的行为。"制作"，是指生产、录制、摄制、编写、译著、绘画、印刷、印刻、洗印等行为；"复制"，是指复印、拓印、翻印、翻拍、复写、复录、抄写等仿造行为；"出版"，是指将作品编辑加工后，向公众发行的行为；"贩卖"是指发行、批发、零售、倒卖等行为；"传播"，是指通过播放、出租、出借等方式使淫秽物品或其内容流传的行为。在司法实践中，制作、复制、出版、贩卖、传播的行为可以结合在一起，也可以分别独立存在。但法律只要求行为人具有其中一种行为，即构成本罪；有两种或两种以上行为的，仍只认定为一罪，不实行数罪并罚，但在罪名表述上应有所体现，作为量刑情节也应适当考虑。

（3）犯罪主体为一般主体，包括自然人和单位。

（4）主观方面由故意构成，而且只能是直接故意，即行为人明知制作、复制、出版、贩卖、传播淫秽物品会破坏文化市场的正常秩序和良好社会道德风尚，但希望这种结果发生。同时，主观方面还必须具有牟利的目的，但行为人是否实际获利及获利多少，并不影响犯罪的成立，可以作为量刑情节予以考虑。

2. 法定刑

依照《刑法》第363条第1款的规定，犯制作、复制、出版、贩卖、传播淫秽物品牟利罪的，处三年以下有期徒刑、拘役或者管制，并处罚金；情节严重的，处三年以上十年以下有期徒刑，并处罚金；情节特别严重的，处十年以上有期徒刑或者无期徒刑，并处罚金或者没收财产。

依照《刑法》第366条的规定，单位犯本条规定之罪的，对单位判处罚金，并对其直接负责的主管人员和其他直接责任人员，依照本条的规定处罚。

根据《最高人民法院关于审理非法出版物刑事案件具体应用法律若干问题的解释》（以下简称《审理非法出版物刑事案件解释》）规定：

（1）以牟利为目的，实施《刑法》第363条第1款规定的行为，具有下列情形之一的，以制作、复制、出版、贩卖、传播淫秽物品牟利罪定罪处罚：①制作、复制、出版淫秽影碟、软件、录像带50至100张（盒）以上，淫秽音碟、录音带100至200张（盒）以上，淫秽扑克、书刊、画册100至200副（册）以上，淫秽照片、画片500至1000张以上的；②贩卖淫秽影碟、软件、录像带100至200张（盒）以上，淫秽音碟、录音带200至400张（盒）以上，淫秽扑克、书刊、画册200至400副（册）以上，淫秽照片、画片1000至2000张以上的；③向他人传播淫秽物品达200至500人次以上，或者组织播放淫秽影像达10至20场次以上的；④制作、复制、出版、贩卖、传播淫秽物品，获利5000至1万元以上的。

（2）以牟利为目的，实施《刑法》第363条第1款规定的行为，具有下列情形之一的，应当认定为制作、复制、出版、贩卖、传播淫秽物品牟利罪"情节严重"：①制作、复制、出版淫秽影碟、软件、录像带250至500张（盒）以上，淫秽音碟、录音带500至1000张（盒）以上，淫秽扑克、书刊、画册500至1000副（册）以上，淫秽照片、画片2500至5000张以上的；②贩卖淫秽影碟、软件、录像带500至1000张（盒）以上，淫秽音碟、录音带1000至2000张（盒）以上，淫秽扑克、书刊、画册1000至2000副（册）以上，淫秽照片、画片5000至1万张以上的；③向他人传播淫秽物品达1000至2000人次以上，或者组织播放淫秽影像达50至100场次以上的；④制作、复制、出版、贩卖、传播淫秽物品，获利3万至5万元以上的。

（3）以牟利为目的，实施《刑法》第363条第1款规定的行为，其数量（数额）达到《审理非法出版物刑事案件解释》第8条第2款规定的数量（数额）5倍以上的，应当认定为制作、复制、出版、贩卖、传播淫秽物品牟利罪"情节特别严重"。

根据2004年9月3日《最高人民法院、最高人民检察院关于办理利用互联网、移动通讯终端、声讯台制作、复制、出版、贩卖、传播淫秽电子信息刑事案件具体应用法律若干问题的解释（一）》[以下简称《办理淫秽电子信息刑事案件解释（一）》]规定：

（1）以牟利为目的，利用互联网、移动通讯终端制作、复制、出版、贩卖、传播淫秽电子信息，具有下列情形之一的，依照《刑法》第363条第1款的规定，以制作、复制、出版、贩卖、传播淫秽物品牟利罪定罪处罚：①制作、复制、出版、贩卖、传播淫秽电影、表演、动画等视频文件20个以上的；②制作、复制、出版、贩卖、传播淫秽音频文件100个以上的；③制作、复制、出版、贩卖、传播淫秽电子刊物、图片、文章、短信息等200件以上的；④制作、复制、出版、贩卖、传播的淫秽电子信息，实际被点击数达到1万次以上的；⑤以会员制方式出版、贩卖、传播淫秽电子信息，注册会员达200人以上的；⑥利用淫秽电子信息收取广告费、会员注册费或者其他费用，违法所得1万元以上的；⑦数量或者数额虽未达到第1项至第6项规定标准，但分别达到其中两项以上标准一半以上的；⑧造成严重后果的。

利用聊天室、论坛、即时通信软件、电子邮件等方式，实施《办理淫秽电子信息刑事案件解释（一）》第1条第1款规定行为的，依照《刑法》第363条第1款的规定，以制作、复制、出版、贩卖、传播淫秽物品牟利罪定罪处罚。

实施《办理淫秽电子信息刑事案件解释（一）》第1条规定的行为，数量或者数额达到第1条第1款第1项至第6项规定标准5倍以上的，应当认定为《刑法》第363条第1款规定的"情节严重"；达到规定标准25倍以上的，应当认定为"情节特别严重"。

（2）以牟利为目的，通过声讯台传播淫秽语音信息，具有下列情形之一的，依照《刑法》第363条第1款的规定，对直接负责的主管人员和其他直接责任人员以传播淫秽物品牟利罪定罪处罚：①向100人次以上传播的；②违法所得1万元以上的；③造成严重后果的。

实施《办理淫秽电子信息刑事案件解释（一）》第5条第1款规定行

为，数量或者数额达到第 1 款第 1 项至第 2 项规定标准 5 倍以上的，应当认定为《刑法》第 363 条第 1 款规定的"情节严重"；达到规定标准 25 倍以上的，应当认定为"情节特别严重"。

（3）实施《办理淫秽电子信息刑事案件解释（一）》前 5 条规定的犯罪，具有下列情形之一的，依照《刑法》第 363 条第 1 款、第 364 条第 1 款的规定从重处罚：①制作、复制、出版、贩卖、传播具体描绘不满 18 周岁未成年人性行为的淫秽电子信息的[①]；②明知是具体描绘不满 18 周岁的未成年人性行为的淫秽电子信息而在自己所有、管理或者使用的网站或者网页上提供直接链接的；③向不满 18 周岁的未成年人贩卖、传播淫秽电子信息和语音信息的；④通过使用破坏性程序、恶意代码修改用户计算机设置等方法，强制用户访问、下载淫秽电子信息的。

根据《最高人民法院、最高人民检察院关于办理利用互联网、移动通讯终端、声讯台制作、复制、出版、贩卖、传播淫秽电子信息刑事案件具体应用法律若干问题的解释（二）》[以下简称《办理淫秽电子信息刑事案件解释（二）》] 第 1 条规定：

（1）以牟利为目的，利用互联网、移动通讯终端制作、复制、出版、贩卖、传播内容含有不满 14 周岁未成年人的淫秽电子信息，具有下列情形之一的，依照《刑法》第 363 条第 1 款的规定，以制作、复制、出版、贩卖、传播淫秽物品牟利罪定罪处罚：①制作、复制、出版、贩卖、传

---

① 需要注意的是，《最高人民法院、最高人民检察院关于办理利用互联网、移动通讯终端、声讯台制作、复制、出版、贩卖、传播淫秽电子信息刑事案件具体应用法律若干问题的解释（二）》已经对该项规定进行了部分修改。《最高人民法院、最高人民检察院关于办理利用互联网、移动通讯终端、声讯台制作、复制、出版、贩卖、传播淫秽电子信息刑事案件具体应用法律若干问题的解释（二）》规定了利用互联网、移动通讯终端制作、复制、出版、贩卖、传播内容含有不满 14 周岁未成年人的淫秽电子信息行为构成传播淫秽物品牟利罪或者传播淫秽物品罪的定罪量刑标准，在《办理淫秽电子信息刑事案件解释》规定的基础上下调一半，进一步加大了对未成年人合法权益的保护。因此，利用互联网、移动通讯终端制作、复制、出版、贩卖、传播内容含有不满 14 周岁未成年人的淫秽电子信息的，依照《最高人民法院、最高人民检察院关于办理利用互联网、移动通讯终端、声讯台制作、复制、出版、贩卖、传播淫秽电子信息刑事案件具体应用法律若干问题的解释（二）》规定的定罪量刑标准定罪处罚；如果制作、复制、出版、贩卖、传播具体描绘已满 14 周岁、不满 18 周岁的未成年人性行为的淫秽电子信息的，则仍应依据该项规定从重处罚。

播淫秽电影、表演、动画等视频文件 10 个以上的；②制作、复制、出版、贩卖、传播淫秽音频文件 50 个以上的；③制作、复制、出版、贩卖、传播淫秽电子刊物、图片、文章等 100 件以上的；④制作、复制、出版、贩卖、传播的淫秽电子信息，实际被点击数达到 5000 次以上的；⑤以会员制方式出版、贩卖、传播淫秽电子信息，注册会员达 100 人以上的；⑥利用淫秽电子信息收取广告费、会员注册费或者其他费用，违法所得 5000 元以上的；⑦数量或者数额虽未达到第 1 项至第 6 项规定标准，但分别达到其中两项以上标准一半以上的；⑧造成严重后果的。

实施《办理淫秽电子信息刑事案件解释（二）》第 1 条第 2 款规定的行为，数量或者数额达到第 2 款第 1 项至第 7 项规定标准 5 倍以上的，应当认定为《刑法》第 363 条第 1 款规定的"情节严重"；达到规定标准 25 倍以上的，应当认定为"情节特别严重"。

（2）以牟利为目的，网站建立者、直接负责的管理者明知他人制作、复制、出版、贩卖、传播的是淫秽电子信息，允许或者放任他人在自己所有、管理的网站或者网页上发布，具有下列情形之一的，依照《刑法》第 363 条第 1 款的规定，以传播淫秽物品牟利罪定罪处罚：①数量或者数额达到《办理淫秽电子信息刑事案件解释（二）》第 1 条第 2 款第 1 项至第 6 项规定标准 5 倍以上的；②数量或者数额分别达到《办理淫秽电子信息刑事案件解释（二）》第 1 条第 2 款第 1 项至第 6 项两项以上标准 2 倍以上的；③造成严重后果的。

实施前款规定的行为，数量或者数额达到《办理淫秽电子信息刑事案件解释（二）》第 1 条第 2 款第 1 项至第 7 项规定标准 25 倍以上的，应当认定为《刑法》第 363 条第 1 款规定的"情节严重"；达到规定标准 100 倍以上的，应当认定为"情节特别严重"。

（3）电信业务经营者、互联网信息服务提供者明知是淫秽网站，为其提供互联网接入、服务器托管、网络存储空间、通讯传输通道、代收费等服务，并收取服务费，具有下列情形之一的，对直接负责的主管人员和其他直接责任人员，依照《刑法》第 363 条第 1 款的规定，以传播淫秽物品牟利罪定罪处罚：①为 5 个以上淫秽网站提供上述服务的；②为淫秽网站提供互联网接入、服务器托管、网络存储空间、通讯传输通道等服务，收取服务费数额在 2 万元以上的；③为淫秽网站提供代收费服务，收取服务费数额在 5 万元以上的；④造成严重后果的。

实施前款规定的行为，数量或者数额达到《办理淫秽电子信息刑事案件解释（二）》第 6 条第 1 款第 1 项至第 3 项规定标准 5 倍以上的，应当认定为《刑法》第 363 条第 1 款规定的"情节严重"；达到规定标准 25 倍以上的，应当认定为"情节特别严重"。

（4）明知是淫秽网站，以牟利为目的，通过投放广告等方式向其直接或者间接提供资金，或者提供费用结算服务，具有下列情形之一的，对直接负责的主管人员和其他直接责任人员，依照《刑法》第 363 条第 1 款的规定，以制作、复制、出版、贩卖、传播淫秽物品牟利罪的共同犯罪处罚：①向 10 个以上淫秽网站投放广告或者以其他方式提供资金的；②向淫秽网站投放广告 20 条以上的；③向 10 个以上淫秽网站提供费用结算服务的；④以投放广告或者其他方式向淫秽网站提供资金数额在 5 万元以上的；⑤为淫秽网站提供费用结算服务，收取服务费数额在 2 万元以上的；⑥造成严重后果的。

实施前款规定的行为，数量或者数额达到《办理淫秽电子信息刑事案件解释（二）》第 7 条第 1 款第 1 项至第 5 项规定标准 5 倍以上的，应当认定为《刑法》第 363 条第 1 款规定的"情节严重"；达到规定标准 25 倍以上的，应当认定为"情节特别严重"。

（5）一年内多次实施制作、复制、出版、贩卖、传播淫秽电子信息行为未经处理，数量或者数额累计计算构成犯罪的，应当依法定罪处罚。

（6）对于以牟利为目的，实施制作、复制、出版、贩卖、传播淫秽电子信息犯罪的，人民法院应当综合考虑犯罪的违法所得、社会危害性等情节，依法判处罚金或者没收财产。罚金数额一般在违法所得的 1 倍以上5倍以下。

根据《最高人民法院、最高人民检察院关于利用网络云盘制作、复制、贩卖、传播淫秽电子信息牟利行为定罪量刑问题的批复》（以下简称《网络云盘批复》）规定：

（1）对于以牟利为目的，利用网络云盘制作、复制、贩卖、传播淫秽电子信息的行为，是否应当追究刑事责任，适用《刑法》和《办理淫秽电子信息刑事案件解释（一）》《办理淫秽电子信息刑事案件解释（二）》的有关规定。

（2）对于以牟利为目的，利用网络云盘制作、复制、贩卖、传播淫秽电子信息的行为，在追究刑事责任时，鉴于网络云盘的特点，不应单纯考虑制作、复制、贩卖、传播淫秽电子信息的数量，还应充分考虑传播范围、违法所得、行为人一贯表现以及淫秽电子信息、传播对象是否涉及未成年人等情节，综合评估社会危害性，恰当裁量刑罚，确保罪责刑相适应。

（二）疑难问题精析

1. 如何准确认定"淫秽物品"

根据《刑法》和有关司法解释的规定，所谓淫秽物品，是指具体描绘性行为或者露骨宣扬色情的诲淫性的书刊、影片、录像带、录音带、图片及其他淫秽物品，包括具体描绘性行为或者露骨宣扬色情的诲淫性的视频文件、音频文件、电子刊物、图片、文章、短信息等互联网、移动通讯终端电子信息和声讯台语音信息。需要注意的是，有关人体生理、医学知识的科学著作、电子信息和声讯台语音信息不是淫秽物品，包含有色情内容的有艺术价值的文学、艺术作品（包括电子文学、艺术作品）不视为淫秽物品。

2. 如何准确认定"内容含有不满十四周岁未成年人的淫秽电子信息"

为严厉打击制作、复制、出版、贩卖、传播不满14周岁的未成年人的淫秽电子信息犯罪，进一步体现对未成年人的特殊保护，《办理淫秽电子信息刑事案件解释（二）》规定了利用互联网、移动通讯终端制作、复制、出版、贩卖、传播内容含有不满14周岁未成年人的淫秽电子信息行为构成传播淫秽物品牟利罪或者传播淫秽物品罪的定罪量刑标准，在《办理淫秽电子信息刑事案件解释（一）》规定的基础上下调一半，进一步加大了对未成年人合法权益的保护。因此，在司法实践中，应当准确把握和认定"内容含有不满十四周岁未成年人的淫秽电子信息"，以准确定罪量刑。综观司法实践的具体情况，参考国外的司法经验，对此问题应当注意把握以下几点：

（1）"内容含有不满十四周岁未成年人的淫秽电子信息"包括动画、文章等形式的淫秽电子信息。动画、文章等形式的淫秽电子信息虽然本身是虚构的，但如果虚构的内容涉及不满14周岁的未成年人，其仍然能够满足不法分子对幼童实施性侵害的特殊心理需求，对未成年人权益造成了严重侵害。从司法解释的制定背景来看，宜将此类动画、文章等也认定为"内容含有不满十四周岁未成人的淫秽电子信息"，以实现对此类淫秽电子信息犯罪的特殊打击和对低龄未成年人的特殊保护。

（2）判定动画、文章等形式的淫秽电子信息是否属于"内容含有不满十四周岁未成年人的淫秽电子信息"，应当采取客观的标准，即以动画、文章所实际标明的情况为依据。

（3）判定淫秽电影、音频文件、图片等是否属于"内容含有不满十四周岁未成年人的淫秽电子信息"，应当采用一般人的标准，即以一般人的眼光判定该类淫秽电子信息是否涉及不满14周岁的未成年人，但是如果有证据证明其中的内容不涉及未满14周岁的未成年人的除外。理由如下：其一，不同于传统淫秽物品犯罪，淫秽电子信息犯罪的最大特点在于无国界，目前在我国泛滥的淫秽电影等大多来自欧美、日韩、中国香港特别行政区、中国台湾地区等国家和地区。在这种背景之下，要求司法机关查证该类淫秽电子信息中表演者的具体年龄，事实上是难以操作的。其二，如果某部淫秽电影被一般人视为其内容涉及不满14周岁的未成年人，则该部淫秽电影能够满足不法分子对幼童实施性侵害的特殊心理需求，符合"内容含有不满十四周岁未成年人的淫秽电子信息"条款的设置目的。其三，从国外的司法经验来看，采用一般人的标准判断"内容含有不满十四周岁未成年人的淫秽电子信息"，也是通常的做法。例如，德国联邦最高法院就在判决中确立了该项原则，即如果根据一般人的合理推断，作品中人物的年龄未满14周岁，则该作品中的人物事实上是否已满14周岁无关紧要。①

3. 对以手机卡为载体复制、贩卖淫秽电子信息的行为如何定罪量刑

在司法实践中，出现了以手机卡为载体复制、贩卖淫秽电子信息的刑事案件。基本案件事实大致如下：手机、电脑个体店主在销售、维修手机、手机卡、电脑过程中，应顾客要求或者主动向顾客的手机卡或者存储卡内复制淫秽视频文件（几十个到数百个不等），并收取费用（十至数十元）。针对该类案件的罪名选定和定罪量刑标准，司法实践存在不同意见：

（1）罪名选定。对于此类案件应当如何确定罪名，存有不同看法：第一种意见认为，行为人通过复制淫秽电子信息的方式牟利，应当将罪名确定为复制淫秽物品牟利罪；第二种意见认为，行为人复制淫秽电子信息的行为，是为了出卖电子信息并牟取物质利益，系贩卖行为不可分割的组成部分，其既非单纯的复制行为，亦非复制和贩卖两个独立的行为，而应当认定为贩卖淫秽物品牟利罪；第三种意见主张根据行为人实际实施的行为确定罪名，行为人向他人手机卡、存储卡内贩卖淫秽电子信息并收取费用，且已复制于电脑内的淫秽电子信息也是为了牟利而复制的，实施的是复制、贩卖两个行为，故应当认定为复制、贩卖淫秽物品牟利罪。我们赞同第三种观点。制作、复制、出版、贩卖、传播淫秽电子信息牟利罪系选择性罪名，对于选择性罪名的适用应当以准确概括犯罪行为为标准，本案中行为人实施行为既涉及了贩卖前的复制行为，

---

① Vgl.Thomas Fischer, Strafgesetzbuch und Nebengesetze, 55.Aufl., § 184b, Rndn.6.

也涉及了贩卖行为，故应当认定为复制、贩卖淫秽物品牟利罪。

（2）定罪量刑标准。对于此类案件的定罪量刑标准，存在两种不同意见：第一种意见认为，手机属于移动通讯终端，以手机卡为载体复制、贩卖淫秽电子信息系利用移动通讯终端复制、贩卖淫秽电子信息，应当适用《办理淫秽电子信息刑事案件解释（一）》第 1 条的规定，即复制、贩卖淫秽视频文件 20 个以上的，以复制、贩卖淫秽物品牟利罪定罪处罚。第二种意见认为，以手机卡为载体复制、贩卖淫秽电子信息的，仍然属于手对手贩卖以实物为载体的淫秽物品，不适用《办理淫秽电子信息刑事案件解释（一）》的规定，而应当将淫秽视频扩张解释为软件，从而适用《审理非法出版物刑事案件解释》的相关规定定罪量刑。我们认为，以上两种观点均值得进一步商榷。《办理淫秽电子信息刑事案件解释（一）》只适用于利用互联网、移动通讯终端、声讯台制作、复制、出版、贩卖、传播淫秽电子信息的犯罪。这类利用互联网、公共通讯网络实施的淫秽电子信息犯罪，较之传统的淫秽物品犯罪，具有广泛性、迅速性的特点，从而社会危害性更大。因此，《办理淫秽电子信息刑事案件解释（一）》针对这类犯罪规定了单独的定罪量刑标准，较之一般淫秽物品犯罪，从严予以打击。利用移动通讯终端实施淫秽电子信息犯罪，实际上是指利用移动通讯网络实施淫秽电子信息犯罪，不包括以手机卡为载体实施的淫秽电子信息犯罪。以手机卡为载体复制、贩卖淫秽电子信息，无异于传统的手对手方式的贩卖淫秽电子信息，确实更为接近于《审理非法出版物刑事案件解释》中规定的行为。但是，将"淫秽视频"解释为"淫秽软件"，超越了司法解释用语的可能含义，且以手机卡为载体传播的淫秽视频通常时间长度较短，也不能同《审理非法出版物刑事案件解释》规定的影碟、录像带直接等同，故直接适用《审理非法出版物刑事案件解释》也不可取。较为适宜的是，直接援引《刑法》第 363 条第 1 款的规定定罪处罚，但在定罪量刑标准应远远高于《办理淫秽电子信息刑事案件解释（一）》的定罪量刑标准，且也应适当高于《审理非法出版物刑事案件解释》的定罪量刑标准。

4. 对利用网络淫秽视频聊天的行为如何定罪处罚

近年来，网络淫秽视频聊天的问题较为突出。从司法实践来看，网络淫秽视频聊天主要存在如下四种情形：第一，免费会议厅形式，即多人在同一聊天室进行淫秽视频表演，每个人都可以看到其他任何一个人的表演，且通常无需支付费用；第二，付费单聊形式，即两个人之间的淫秽视频聊天，其中一人支付给另一人相应费用，即可观看对方的淫秽表演；第三，两个特定网民之间的私密性淫秽视频聊天，其通常是夫妻之间、男女朋友、熟悉网友之间为寻求刺激而进行的行为；第四，诈骗形式，即冒充色情视频聊天网站，骗取用户通过手机注册收费。兹对网络淫秽视频聊天的定性问题区分上述四种情形分别论述：

（1）对于免费会议厅形式的网络淫秽视频聊天宜认定为组织淫秽表演罪。免费会议厅形式的网络淫秽视频聊天通常不牟利，参与人员也通常不固定，无严格的组织者。然而，通常有人主持，会议室的管理员可以指定任何人主持，但会议室的管理员不一定参与淫秽表演活动。任何人均可免费注册自己的号码，并登录到任意会议室。建设者或者管理员可以设定权限或密码，只有知道密码的人才能登录会议室，也有视频表演的会议室通常是任何人均可自愿登录（只要脱衣服即可，如果不脱衣会被踢出）。关于此种情形的淫秽视频聊天行为的定罪量刑，存在如下不同观点：有观点认为，构成传播淫秽物品牟利罪或者传播淫秽物品罪；也有观点认为构成聚众淫乱罪；还有观点认为构成组织淫秽表演罪。我们认为，对此种行为不宜按照传播淫秽物品牟利罪（传播淫秽物品罪）或者聚众淫乱罪追究刑事责任，而应当对组织者以组织淫秽表演罪定罪处罚。分析如下：

①传播淫秽物品牟利罪（传播淫秽物品罪）的犯罪对象为淫秽物品，即必须有物品这个载体，包括有形载体和无形载体。无论是有形载体，还是无形载体，都必须具有可再现性。"传播淫秽物品的行为之所以具有需要刑法惩治的必要性，是因为淫秽物品具有反复被多人传观的可能

性，具有波及范围广、涉及人数多的特点。否则，如果不具有被多数人反复观看的可能性，就不具备传播淫秽物品（牟利）罪罪质所要求的社会危害性，不能以传播淫秽物品（牟利）罪论处，构成其他犯罪的，可以按其他犯罪论处。"[①] 而网络淫秽视频聊天采取的是实时视频信息传输的模式，淫秽视频信息不能保存在于服务器硬盘中，也不能够在事后再现，随案移送的光盘中记录的视频信息仅是公安机关通过技术手段录制下的视频文件，并不代表其原始的存在形态。[②] 因此，网络淫秽视频聊天并非以淫秽物品的形式存在，而仅仅是以视频流的形式存在。

②即使将视频流理解为淫秽物品，也存在量化的困难。根据现有司法解释的规定，传播淫秽视频文件 20 个以上的，方可构成传播淫秽物品牟利罪，传播淫秽视频文件 40 个以上的，方可构成传播淫秽物品罪。这就对视频流的量化提出了要求，而视频流的量化难以操作。而且，这还要求公安机关通过技术手段录制下视频，会造成取证困难，难以据此定罪量刑。

③将网络淫秽视频聊天的行为认定为传播淫秽物品，会导致刑法适用的混乱。网络淫秽视频聊天，传播的仅仅是视频流，如果将此认定为传播淫秽视频，那么组织播放淫秽的电影、录像等音像制品的行为也应当是在传播淫秽视频，应当认定为传播淫秽物品罪。而《刑法》实际上是专门规定了组织播放淫秽音像制品罪。那么，司法实践中，组织播放淫秽的电影、录像等音像制品的行为实际上同时触犯了传播淫秽物品罪和组织播放淫秽音像制品罪，根据从一重处断原则，应当以传播淫秽物品罪定罪处罚，这明显同司法实践的做法不符。

④网络淫秽视频聊天的行为也不符合聚众淫乱罪的犯罪构成。聚众淫乱罪主要表现为群奸群宿、跳全裸体舞或进行性交以外的其他性变态活动，如鸡奸、兽奸等。[③] 可见，聚众淫乱以多人进行身体之间有接触的

---

① 参见王明辉、唐煜枫：《"裸聊行为"入罪之法理分析》，载《法学》2007 年第 7 期。

② 参见刘兆欣等：《管理聊天室并进行"裸聊"如何处理》，载《人民检察》2007 年第 7 期。

③ 参见高铭暄、马克昌主编：《刑法学》，中国法制出版社 2007 年版，第 649~650 页。

性行为或变相性行为为前提，而网络淫秽视频聊天的行为不符合这一特性，不应认定为聚众淫乱。

⑤对组织者应当以组织淫秽表演罪追究刑事责任。在免费会议厅形式的淫秽视频聊天中，存在多个人员角色：建设者，开设会议室需要交纳一定的费用，且往往根据会议室的大小不同而费用有所区分；管理员，建设者不一定是管理员，很多情况下建设者不是管理员，而是由其他人管理；主持人，负责在会议室内主持活动，管理员不一定是主持人（也可能不存在主持人）；参与者。我们认为，建设者、管理员、主持人都应当认定为网络淫秽视频聊天的组织者，应当以组织淫秽表演罪定罪处罚。

（2）对付费单聊形式的网络淫秽视频聊天应当认定为组织淫秽表演罪。在付费单聊形式的网络淫秽视频聊天中，存在如下人员角色：组织者，其建设视频聊天网站（通常位于境外），从手机支付中收取费用；观看者，其通过手机注册付费，可以付费购买"鲜花""春药糖"等物品；表演者，其与观看者聊天，根据观看者赠送其"鲜花""春药糖"等物品的数量从组织者提取费用。我们认为，对于组织者应当依据组织淫秽表演罪定罪处罚，主要理由同上。

（3）对两个特定网民之间的私密性淫秽视频聊天不宜以犯罪论处。该种形式的网络淫秽视频聊天其通常是夫妻之间、男女朋友、熟悉网友之间为寻求刺激而进行的行为，不存在特定的组织者，不能认定为组织淫秽表演罪，也不宜依据其他罪名追究刑事责任。

（4）对诈骗形式的网络淫秽视频聊天应当以诈骗等犯罪论处。对于冒充色情视频聊天网站，骗取用户通过手机注册收费的行为，符合诈骗罪的犯罪构成的，应当以诈骗罪追究刑事责任。

5. 对利用网络云盘制作、复制、贩卖、传播淫秽电子信息的行为如何定罪量刑

近年来，随着网络技术的不断发展，特别是云技术的发展，网络云盘的应用越来越广泛。网络云盘为用户免费或者收费提供文件的存储、

访问、备份、共享等文件管理功能，是一种网络存储工具，可以看成一个网络上的硬盘或者 U 盘。网络云盘具有速度快、容量大、允许大文件存储等特点。由于网络云盘存储、传输、共享信息较为方便，一些不法分子开始利用其传播淫秽电子信息。由于网络云盘的存储空间大，此类案件的涉案淫秽电子信息往往数量巨大。有的案件单个云盘账号包含淫秽视频可达上万部，个别案件涉及云盘账号数万个。从实践来看，不排除个别案件中行为人违法所得数额高、传播人数多，[①] 但多数案件获利数额不大、传播人数不多。如套用《办理淫秽电子信息刑事案件解释（一）》《办理淫秽电子信息刑事案件解释（二）》的标准定罪量刑，可能出现量刑畸重的结果，有违罪责刑相适应原则的要求。[②]

近年来出现的利用云盘贩卖、传播淫秽电子信息案件，是一类新型的淫秽电子信息犯罪，是信息网络技术不断发展下的新类型犯罪。根据《网络云盘批复》的规定，对于利用网络云盘制作、复制、贩卖、传播淫秽电子信息牟利行为的定罪量刑，应当综合考虑有关情节，做到罪责刑相适应。[③]具体而言：

---

① 例如，浙江绍兴"12·23"网络贩卖淫秽视频牟利案。该团伙共有上、下线 100 余人，淘宝成交记录从几百单到几十万单不等，个别犯罪嫌疑人获利 30 多万元。公安机关抓获犯罪嫌疑人 17 名，查获存储淫秽视频的百度云、360 等云盘账号 200 余个，淫秽视频或漫画文件 10 万余个，涉案总金额达 100 余万元。参见《全国扫黄打非办：破获多起通过云盘贩卖淫秽视频案》，载光明网：http：//politics.gmw.cn/2017-02/24/content_23809541.htm，最后访问时间：2017 年 12 月 2 日。

② 例如，自 2014 年 12 月开始，被告人李某甲注册云盘账号后从其他 QQ 群下载淫秽视频、图片，再向他人有偿提供云盘账号和密码的方式贩卖淫秽视频、图片。其间，李某甲将其 QQ 取名为"海量 AV 资源手机电脑随便"，将其 QQ 签名亦写成类似内容，通过加入别人 QQ 群的方式散布贩卖信息，并通过 QQ 与买家联系。2015 年 4 月 15 日，公安机关抓获李某甲，并查获作案工具苹果牌平板电脑一部及一个网络云盘的账号、密码。经鉴定，从被查获的云盘内获取的 1053 个疑似淫秽视频及 189 张疑似淫秽电子图片中，有 533 个视频文件及 120 张电子图片属于淫秽物品。经查，李某甲将该云盘贩卖给李某乙，获利 68 元。参见李某甲犯制作、复制、出版、贩卖、传播淫秽物品牟利罪二审刑事裁定书[（2016）浙 03 刑终 316 号]，载中国裁判文书网。本案如果依据《办理淫秽电子信息刑事案件解释（一）》的相关标准量刑，则无疑应当在十年以上量刑，但明显有悖一般人的法感情，不符合罪责刑相适应原则。因此，本案最终在法定刑以下判处被告人有期徒刑二年三个月，并报请最高人民法院核准。

③ 本书认为，虽然《网络云盘批复》直接针对利用网络云盘制作、复制、贩卖、传播淫秽电子信息牟利行为的定罪量刑问题，但在办理其他新型淫秽电子信息刑事案件时，直接适用《办理淫秽电子信息刑事案件解释（一）》《办理淫秽电子信息刑事案件解释（二）》的定罪量刑标准明显失衡的，也应当借鉴《网络云盘批复》的精神，综合考虑有关情节，充分运用自由裁量权，做到罪责刑相适应。

（1）利用网络云盘制作、复制、贩卖、传播淫秽电子信息牟利行为的入罪标准。《网络云盘批复》规定："对于以牟利为目的，利用网络云盘制作、复制、贩卖、传播淫秽电子信息的行为，是否应当追究刑事责任，适用刑法和《最高人民法院、最高人民检察院关于办理利用互联网、移动通讯终端、声讯台制作、复制、出版、贩卖、传播淫秽电子信息刑事案件具体应用法律若干问题的解释》（法释〔2004〕11号）、《最高人民法院、最高人民检察院关于办理利用互联网、移动通讯终端、声讯台制作、复制、出版、贩卖、传播淫秽电子信息刑事案件具体应用法律若干问题的解释（二）》（法释〔2010〕3号）的有关规定。"从实践来看，利用网络云盘制作、复制、贩卖、传播淫秽电子信息牟利案件所涉及的淫秽视频往往数量较大（通常会远多于20个视频的入罪标准），故适用《办理淫秽电子信息刑事案件解释（一）》《办理淫秽电子信息刑事案件解释（二）》规定的入罪标准，并不存在问题。当然，对于此类案件，虽然达到《办理淫秽电子信息刑事案件解释（一）》《办理淫秽电子信息刑事案件解释（二）》规定的入罪标准，但根据具体情况属于犯罪情节轻微的，也可以不起诉或者免予刑事处罚。

（2）利用网络云盘制作、复制、贩卖、传播淫秽电子信息牟利行为的量刑标准。《网络云盘批复》规定，对于以牟利为目的，利用网络云盘制作、复制、贩卖、传播淫秽电子信息的行为，在追究刑事责任时，鉴于网络云盘的特点，不应单纯考虑制作、复制、贩卖、传播淫秽电子信息的数量，还应充分考虑传播范围、违法所得、行为人一贯表现以及淫秽电子信息、传播对象是否涉及未成年人等情节，综合评估社会危害性，恰当裁量刑罚，确保罪责刑相适应。据此，对于利用网络云盘制作、复制、贩卖、传播淫秽电子信息牟利行为的量刑，基于网络云盘的特点，不应唯数量量刑特别是升档量刑，而应综合考虑有关情节量刑，确保罪责刑相适应。

6.如何准确认定淫秽电子信息犯罪中的相关数量

《办理淫秽电子信息刑事案件解释（一）》和《办理淫秽电子信息刑

事案件解释（二）》的定罪量刑标准主要是依据个数、件数、点击率等数量，因此，准确认定相关数量，对于淫秽电子信息犯罪的定罪量刑至关重要。从司法实践来看，以下几个问题需要重点把握：

（1）随着手机淫秽网站泛滥，利用该类网站传播的淫秽视频文件、音频文件往往较小，时间长度较短。而淫秽文章也存在着长短不一的问题。因此，准确认定淫秽视频文件、音频文件的个数以及淫秽文章的件数，是司法实践必须面对的问题。对于该问题，存在两种不同意见：一种意见认为，对于淫秽视频、音频文件、文章等，应当以自然的个数计算数量，不进行合并或者拆分。以视频为例，只要每个视频文件能够独立打开并具有声音、图像等视频要素，就应当认定为一个视频文件，即使各个视频之间内容存在关联性或者连续性，也应当累计计算视频的个数。另一种意见认为，如果淫秽视频时长较短，而各视频之间内容存在关联性或者连续性，甚至是由一个大的视频拆分而成，则可将较短的视频予以合并为一个视频文件予以认定。我们认为，司法实践中对于相关案件的处理，应当综合考虑上述两种观点，而不宜将二者对立起来。一方面，对淫秽电子信息进行合并或者拆分，在技术上过于烦琐，难以找到统一的标准，不具有可操作性；而无论是时长较长的淫秽视频，还是时长较短的淫秽视频，均满足了视频的构成要素，都能带给观看者诲淫性的刺激，都应当认定为独立的视频文件。因此，对于淫秽视频、音频文件、文章等淫秽电子信息，原则上应当以自然的个数计算数量，但是在量刑时可以考虑文件大小、影响范围、获利多少及危害大小。另一方面，在一些个别案件中，确实对单个视频进行了拆分，而拆分后的各个视频时长畸短，根据拆分后的视频定罪量刑明显过重的，可以考虑对合并后认定，以实现罪责刑相适应。

（2）从实践来看，淫秽图片涉及一组或者多张图片，往往表现为一组由穿着正常逐步到具体描绘性行为或者露骨宣扬色情的淫秽图片。有观点认为，这种情况下，整组图片是一个完整的整体，每张图片均发挥着作用，不宜有所区分，应当将整组图片均认定为淫秽图片，从而计算淫秽图片的数量。我们认为，上述观点确有一定道理，但是一组图片中的正常图片不符合淫秽图片的认定标准，将其认定为淫秽图片有违基本事实和刑法规定，故仍然应当只将该组图片中具体描绘性行为或者露骨宣扬色情的海淫性的图片认定为淫秽图片，从而计算淫秽图片的数量。

（3）对于服务器在境内的淫秽网站，司法机关可以通过鉴定查获的服务器直接查明被点击数。而对于服务器在境外的淫秽网站，司法机关无法查获服务器，从而无法直接获取点击数。对于此类案件，能否根据网站显示的点击数等来认定点击数，司法实践中存在着不同的认识。我们认为，对于涉及境外服务器网站的案件，应当首先考虑通过文件数量、违法所得数额等标准定罪量刑。如果在上述标准无法适用的情况下，可以通过该淫秽网站网页上显示的点击数认定实际被点击数，从而据此定罪量刑。

7. 如何准确认定制作、复制、出版、贩卖、传播淫秽物品牟利罪的主观方面

制作、复制、出版、贩卖、传播淫秽物品牟利罪的主观方面是故意，而且只能是直接故意，同时还必须具有牟利的目的。从司法实践来看，准确认定本罪的主观方面，要注意把握如下几个问题：

（1）"以牟利为目的"是区分制作、复制、出版、贩卖、传播淫秽物品牟利罪与传播淫秽物品罪的关键。"以牟利为目的"，是指行为人制作、复制、出版、贩卖、传播淫秽物品，主观上具有牟取非法利益的目的。需要注意的是，牟利不仅仅表现为通过贩卖淫秽物品牟取非法利益。从司法实践来看，随着信息技术的飞速发展，在互联网上刊载淫秽电子信息以吸引网民、增加访问量，赚取广告收入的行为日益普遍，这种行为也应当认定为"牟利"，从而认定行为人主观上属于"以牟利为目的"。

例如，何某某、杨某传播淫秽物品牟利案。^①法院审理查明：1999 年 7 月至 11 月间，被告人何某某利用被告人杨某为其提供和自己申请的互联网免费主页空间，在商丘信息港建立"酷美女国际乐园"、在武汉建立"酷美女"，在四川青衣建立"色情艺廊"，在安阳信息港建立"六库全书"4 个色情网站。被告人杨某在商丘信息港和国外的服务器上建立"色情写真图库"和"全球色情引擎"两个色情网站。二被告人共在上述网络中刊载淫秽图片 7200 余幅、淫秽小说 94 篇、淫秽小电影 2 部，并共同对上述网站进行维修、更新。为了牟取非法利益，二被告人利用上述色情网站为国外公司做广告，先后收到汇款 519.28 美元（未兑付）。从本案来看，用户访问网站和网页一般不支付费用，网站、网页经营者的收入来源于国外公司支付的广告费用，而广告费用的高低又取决于网民对该网站、网页的访问量。因此，一些网站、网页的经营者为了获取广告收入，采取各种方法以吸引网民，增加访问量，从而赚取广告收入。可见，网站、网页经营者的广告收入，实际上就是其非法牟利的利益。对于在互联网上刊载淫秽电子信息以吸引网民、增加访问量，赚取广告收入的行为，应当依法认定为牟利。

（2）如何认定行为人"明知"？如前所述，制作、复制、出版、贩卖、传播淫秽物品牟利罪是故意犯罪，以主观明知作为犯罪成立的前提条件。随着信息网络技术的发展，在淫秽电子信息犯罪中，明知是淫秽电子信息而不履行法定管理职责，允许或放任他人在自己所有或管理的网站或网页上发布以及明知是淫秽网站，而提供资金支持或提供服务从中获利的行为越来越突出。然而，在司法实践中，"明知"的认定是打击上述犯罪的难点，行为人往往通过声称自己不"明知"以规避打击并牟取暴利。对此，存在两种情形：一种情形是确实不知道，只是疏于管理；另一种情形则是虽然明知，但放任或者允许上述行为的发生，而司法机

---

① 参见中华人民共和国最高人民法院刑事审判第一、二、三、四、五庭主办：《中国刑事审判指导案例（妨害社会管理秩序罪）》，法律出版社 2009 年版，第 302~305 页。

关又难以获得其明知的证据。有鉴于此,《办理淫秽电子信息刑事案件解释(二)》第8条根据刑法理论和刑事司法实践的一贯做法,明确了"明知"的认定标准,形成四种具体情形和一个兜底条款:第1项是指公安机关等行政主管机关,告知网站建立者、直接负责的管理者,他人在其所有、管理的网站或者网页上发布淫秽电子信息后,其仍然实施允许或者放任行为的,或者告知电信业务经营者、互联网信息服务提供者某一网站是淫秽网站后,其仍然提供服务的,应当认定为"明知";第2项是指网站建立者、直接负责的管理者、电信业务经营者、互联网服务提供者,接到有关人员或者单位举报淫秽信息或者淫秽网站后,不履行《电信条例》《互联网信息服务管理办法》规定的法定管理职责的,应当认定为"明知";第3项是指电信业务经营者、互联网信息服务提供者、第三方支付平台等,为淫秽网站提供互联网接入、服务器托管、网络存储空间、通讯传输通道、代收费、费用结算等服务,如果收取服务费明显高于市场价格的,也应当认定为"明知";第4项是指广告主、广告商投放广告,如果广告点击率明显异常的,也应当认定为"明知",淫秽网站在设置广告链接后,往往以点击广告作为获取淫秽电子信息的前提条件,从而其点击率明显高于投放到普通网站的广告;第五项是关于兜底条款的规定。考虑到司法实践中的情形比较复杂,可能存在虽然具有上述规定的各种情形,但有证据证明行为人确实不知道的情况,特别规定了例外原则。

8. 如何处理制作、复制、出版、贩卖、传播淫秽物品牟利罪的共犯问题

在淫秽物品犯罪中,二人以上共同故意制作、复制、出版、贩卖、传播淫秽物品的情形较为突出。尤其是在淫秽电子信息犯罪中,多个环节分工配合,共同实施制作、复制、出版、贩卖、传播淫秽电子信息犯罪的行为较为多见。在处理制作、复制、出版、贩卖、传播淫秽物品牟利罪的共犯问题时,要注意把握如下几个问题:

（1）《办理淫秽电子信息刑事案件解释（二）》对《办理淫秽电子信息刑事案件解释（一）》第 7 条关于共犯的规定作出了重大调整。《办理淫秽电子信息刑事案件解释（一）》第 7 条规定："明知他人实施制作、复制、出版、贩卖、传播淫秽电子信息犯罪，为其提供互联网接入、服务器托管、网络存储空间、通讯传输通道、费用结算等帮助的，对直接负责的主管人员和其他直接责任人员，以共同犯罪论处。"然而，从司法实践来看，该条款在适用的过程中遇到了一些问题，亟须作出调整。《办理淫秽电子信息刑事案件解释（二）》第 6 条明确了为淫秽网站提供互联网接入、服务器托管、网络存储空间、通讯传输通道、代收费等服务，并收取服务费行为按照传播淫秽物品牟利罪定罪处罚，并规定了定罪量刑标准；第 7 条明确了以牟利为目的，通过投放广告等方式向淫秽网站直接或者间接提供资金，或者提供费用结算行为以制作、复制、出版、贩卖、传播淫秽物品牟利罪的共同犯罪论处，并规定了单独的定罪量刑标准。对于上述调整变化，在司法实践中要注意把握，正确处理相关案件。

（2）关于隔地共同犯罪的问题。由于淫秽电子信息犯罪的无国界，使得在淫秽电子信息犯罪中呈现出隔地共同犯罪和对主犯通常无法行使刑事管辖权这一突出问题。由于我国对淫秽电子信息犯罪的有力打击，大量淫秽网站转移到境外，租用境外服务器经营淫秽网站。根据所在地的法律，实施淫秽电子信息行为并不违法。在此种情况下，可能存在对主犯的刑事管辖权无法实际行使的情况。对此，有两个问题需要明确：第一，位于境外的犯罪人实际上是在中华人民共和国领域内犯罪，构成了相应的淫秽电子信息犯罪，只是刑事管辖权无法实践行使而已。根据《刑法》第 6 条的规定，犯罪的行为或者结果有一项发生在中华人民共和国领域内的，就认为是在中华人民共和国领域内犯罪。因此，境外的行为人利用境外的服务器针对中华人民共和国公民制作、复制、出版、贩卖、传播淫秽电子信息，其危害后果最终发生在中华人民共和国领域内，应当认为是在中华人民共和国领域内犯罪，应当适用我国《刑法》的相关规定。第二，在对境外实行犯无法实际行使刑事管辖权、实行犯未归案的背景下，对于境内为境外网站提供互联网接入、服务器托管、网络存储空间、通讯传输通道、代收费等帮助，并牟取利益的行为人，则应当依照我国《刑法》的相关规定定罪处罚。

九十二、贪污罪

第三百八十二条 国家工作人员利用职务上的便利，侵吞、窃取、骗取或者以其他手段非法占有公共财物的，是贪污罪。

受国家机关、国有公司、企业、事业单位、人民团体委托管理、经营国有财产的人员，利用职务上的便利，侵吞、窃取、骗取或者以其他手段非法占有国有财物的，以贪污论。

与前两款所列人员勾结，伙同贪污的，以共犯论处。

第三百八十三条 对犯贪污罪的，根据情节轻重，分别依照下列规定处罚：

（一）贪污数额较大或者有其他较重情节的，处三年以下有期徒刑或者拘役，并处罚金。

（二）贪污数额巨大或者有其他严重情节的，处三年以上十年以下有期徒刑，并处罚金或者没收财产。

（三）贪污数额特别巨大或者有其他特别严重情节的，处十年以上有期徒刑或者无期徒刑，并处罚金或者没收财产；数额特别巨大，并使国家和人民利益遭受特别重大损失的，处无期徒刑或者死刑，并处没收财产。

对多次贪污未经处理的，按照累计贪污数额处罚。

犯第一款罪，在提起公诉前如实供述自己罪行、真诚悔罪、积极退赃，避免、减少损害结果的发生，有第一项规定情形的，可以从轻、减轻或者免除处罚；有第二项、第三项规定情形的，可以从轻处罚。

犯第一款罪，有第三项规定情形被判处死刑缓期执行的，人民法院根据犯罪情节等情况可以同时决定在其死刑缓期执行二年期满依法减为无期徒刑后，终身监禁，不得减刑、假释。

第三百九十四条 国家工作人员在国内公务活动或者对外交往中接受礼物，依照国家规定应当交公而不交公，数额较大的，依照本法第三百八十二条、第三百八十三条的规定定罪处罚。

（一）概述

1. 概念和构成要件

贪污罪，是指国家工作人员利用职务上的便利，侵吞、窃取、骗取或者以其他手段，非法占有公共财物的行为。

贪污罪的构成要件和主要特征是：

（1）本罪侵犯的客体是公共财产的所有权和国家的廉政建设制度。侵犯的对象是公共财产。关于"公共财产"的范围，《刑法》第91条明确规定，是指以下财产：①国有财产；②劳动群众集体所有的财产；③用于扶贫和其他公益事业的社会捐助或者专项基金的财产。对在国家机关、国有公司、企业、集体企业和人民团体管理、使用或者运输中的私人财产，以公共财产论。"国有财产"，即国家所有的财产，包括国家机关、国有公司、企业、国有事业单位、人民团体拥有的财产，以及国有公司、企业、国有事业单位在合资企业、股份制企业中的财产及其控股的公司的财产。以上公共财物和国有财物的范围，必须严格依法认定，不能随意扩大或者缩小。《宪法》第12条规定："社会主义的公共财产神圣不可侵犯。国家保护社会主义的公共财产。禁止任何组织或者个人用任何手段侵占或者破坏国家的和集体的财产。"国家工作人员利用职务上管理、支配和使用公共财物的便利，以各种手段侵占公共财物，不仅直接侵犯了受国家法律保护的公共财产的所有权，严重损害了国家和集体的利益，而且对于社会主义国家廉政制度建设也是极大的破坏，为广大人民群众所深恶痛绝。因此，贪污犯罪历来是司法机关十分重视、强调重点打击的严重经济犯罪之一。

（2）客观方面表现为利用职务上的便利，以侵吞、窃取、骗取等手段，非法占有公共财物的行为。"利用职务上的便利"，是指行为人利用本人职务范围内主管、支配、使用和具体负责经营、管理公共财物所形成的便利条件。利用职务便利，不等于只能直接非法占有本人主管、经手或者使用的财物，如国家工作人员因公出差后报销差旅费，属于职务行为。但其使用假票据乘机骗取、冒领非本人经管的公款，也是贪污行为。同样是公务人员，如果报销私人医药费，乘机涂改收据，骗取巨额公款，由于不是因公务报销，并未利用本人的职务上的便利，因此只能以诈骗罪定罪处罚。贪污的手段各种各样，但主要是侵吞、盗窃和骗取公物占为己有。"侵吞"，是指行为人利用职务上的便利，以涂改账目、收入不记账等不露"痕迹"的手段，将自己依职务管理、经手的公共财物非法占为己有的行为。"盗窃"，是指行为人利用职务上的便利，以秘密窃取的方法，监守自盗，将自己管理、经手的公共财物非法占为己有的行为。"骗取"，是指行为人利用职务上的便利，采取虚构事实或者隐瞒真相的方法，将公共财物非法占为己有的行为。如工程项目负责人伪造工资表，冒领根本不存在的工人工资占为己有的行为。"其他手段"，是指采取侵吞、窃取、骗取以外的方法，将公共财物占为己有的行为。如以"挪用"的形式、"借用"的名义，或者谎称公共财物被骗、被抢，实际为自己占有的行为，等等。

根据《刑法》第394条的规定，国家工作人员在国内公务活动或者在对外交往中接受礼物，依照规定应当交公而不交公，数额较大的，以贪污罪定罪处罚。

（3）犯罪主体为特殊主体，即国家工作人员和受国家机关、国有公司、企业、事业单位或者人民团体委托，管理、经营国有财产的人员。"国家工作人员"的范围，《刑法》第93条作了明确规定，包括：①国家机关中从事公务的人员，指各级国家权力机关、行政机关、审判机关、检察机关和军事机关中从事公务的人员。根据有关规定，参照国家公务员条例进行管理的人员，应当以国家机关工作人员论。如根据中央和国务院有关规定，参照国家公务员条例管理的各级党委、政协机关中从事公务的人员等，司法实践中应视为国家机关工作人员。②国有公司、企业、事业单位、人民团体中从事公务的人员。③国家机关、国有公司、企业、事业单位委派到非国有公司、企业、事业单位、社会团体中从事公务的人员。被"委派"的人员，在被"委派"以前，可以是国家工作人员，也可以不是国家工作人员，如工人、农民、待业人员等。不论被"委派"以前是什么身份，只要被上述国有单位委派到上述非国有单位、社会团体中从事公务，就是国家工作人员。④其他依照法律从事公务的人员。主要指被依法选出的在人民法院履行职务的人民陪审员以及履行特定手续被聘为特邀检察员的人员等。2009年8月27日，《全国人民代表大会常务委员会关于〈中华人民共和国刑法〉第九十三条第二款的解释》，以立法解释的形式，明确规定："村民委员会等村基层组织人员协助人民政府从事下列行政管理工作时，属于刑法第九十三条第二款规定的'其他依照法律从事公务的人员'：（一）救灾、抢险、防汛、优抚、扶贫、移民、救济款物的管理；（二）社会捐助公益事业款物的管理；（三）国有土地的经营和管理；（四）土地征用补偿费用的管理；（五）代征、代缴税款；（六）有关计划生育、户籍、征兵工作；（七）协助人民政府从事的其他行政管理工作。"同时规定："村民委员会等村基层组织人员从事前款规定的公务，利用职务上的便利，非法占有公共财物……构成犯罪的，适用刑法第三百八十二条和第三百八十三条贪污罪……的规定。"该立法解释中"所说的'村民委员会等村基层组织人员'主要是指村党支部、村委会和村经联社、经济合作社、农工商联合企业等掌管村经济活动的组织的人员"。①

《刑法》第93条所指的国家工作人员中，第2种、第3种、第4种人员均"以国家工作人员论"，即为"准国家工作人员"。"受国家机关、国有公司、企业、事业单位、人民团体委托，管理、经营国有财产的人员"，主要是指以承包、租赁等方式，管理、经营国有公司、企业，或者

---

① 中华人民共和国最高人民法院刑事审判第一庭、第二庭编：《刑事审判参考》（总第9集），法律出版社2000年版，第84页。

其中的某个车间、工程队、门市部等，以承包人、租赁人的身份等，在承包、租赁合同约定的时间、权限范围内，管理、经营国有财产的人员。这部分人在受委托，以承包、租赁等方式管理、经营国有财产前，可以是工人、农民或者从事其他职业或待业的人员。因此，这部分人侵吞、窃取、骗取承包、租赁企业的财产，构成贪污罪，非法占有的只能是"国有财物"。

（4）主观方面由故意构成，并且具有非法占有公共财物的目的。对受委托管理、经营国有财产的人员，其利用职务便利以各种手段非法占有单位财物，不要求必须明知是"国有财物"而占有才构成本罪。只要行为人知道其非法占有的是其管理、经营的单位的"公物"，而不是自己或者其他个人的财产，便构成本罪。

2. 法定刑

依照《刑法》第383条的规定，犯贪污罪的，应当根据情节轻重，分别依照下列规定处罚：（1）贪污数额较大或者有其他较重情节的，处三年以下有期徒刑或者拘役，并处罚金。（2）贪污数额巨大或者有其他严重情节的，处三年以上十年以下有期徒刑，并处罚金或者没收财产。（3）贪污数额特别巨大或者有其他特别严重情节的，处十年以上有期徒刑或者无期徒刑，并处罚金或者没收财产；数额特别巨大，并使国家和人民利益遭受特别重大损失的，处无期徒刑或者死刑，并处没收财产。

司法机关在适用本条规定处罚时，应当注意以下几个问题：

（1）准确把握本罪的数额和情节标准。《刑法修正案（九）》取消了原刑法条文中关于贪污罪、受贿罪的定罪量刑的数额标准，代之以"数额较大""数额巨大""数额特别巨大"，以及"较重情节""严重情节""特别严重情节"。对此，最高人民法院、最高人民检察院根据全国人大常委会授权，在充分论证经济社会发展变化和案件实际情况的基础上，于2016年4月公布的《最高人民法院、最高人民检察院关于办理贪污贿赂刑事案件适用法律若干问题的解释》（以下简称《办理贪污贿赂刑事案件解释》），对两罪的定罪量刑标准作出规定，将两罪"数额较大"的一般标准由 1997 年《刑法》确定的 5000 元调整至 3 万元以上不满 20 万元，"数额巨大"的一般标准定为 20 万元以上不满 300 万元，"数额特别巨大"的一般标准定为 300 万元以上。同时规定，贪污"一万元以上不满三万元""十万元以上不满二十万元""一百五十万元以上不满三百万元"，具有下列情形之一的，分别属于"较重情节""严重情节""特别严重情节"：①贪污救灾、抢险、防汛、优抚、扶贫、移民、救济、防疫、社会捐助等特定款物的；②曾因贪污、受贿、挪用公款受过党纪、行政处分的；③曾因故意犯罪受过刑事追究的；④赃款赃物用于非法活动的；⑤拒不交待赃款赃物去向或者拒不配合追缴工作，致使无法追缴的；⑥造成恶劣影响或者其他严重后果的。

（2）准确把握本罪的法定从宽情节。根据本条第 1 款、第 3 款的规定，犯第 1 款罪，在提起公诉前如实供述自己罪行、真诚悔罪、积极退赃，避免、减少损害结果的发生，有第 1 项规定情形的，可以从轻、减轻或者免除处罚；有第 2 项、第 3 项规定情形的，可以从轻处罚。最高人民法院、最高人民检察院 2009 年 3 月公布的《关于办理职务犯罪案件认定自首、立功等量刑情节若干问题的意见》第 3 条规定，犯罪分子依法不成立自首，但如实交代犯罪事实，有下列情形之一的，可以酌情从轻处罚：①办案机关掌握部分犯罪事实，犯罪分子交代了同种其他犯罪事实的。②办案机关掌握的证据不充分，犯罪分子如实交代有助于收集定案证据的。犯罪分子如实交代犯罪事实，有下列情形之一的，一般应当从轻处罚：①办案机关仅掌握小部分犯罪事实，犯罪分子交代了大部分未被掌握的同种犯罪事实的。②如实交代对于定案证据的收集有重要作用的。本意见第 4 条规定，贪污案件中赃款赃物全部或者大部分追缴的，一般应当考虑从轻处罚。犯罪分子及其亲友主动退赃或者在办案机关追缴赃款赃物过程中积极配合的，在量刑时应当与办案机关查办案件过程中依职权追缴赃款赃物的有所区别。职务犯罪案件立案后，犯罪分子及其亲友自行挽回的经济损失，司法机关或者犯罪分子所在单位及其上级主管部门挽回的经济损失，或者因客观原因减少的经济损失，不予扣减，但可以作为酌情从轻处罚的情节。本意见的施行虽然早于《刑法修正案（九）》出台，但其第3条关于"如实交代犯罪事实的认定和处理"和第4条"关于赃款赃物追缴等情形的处理"的规定，仍可作为解读本罪法定从宽情节中"如实供述自己罪行""积极退赃""避免、减少损害结果发生"的依据。

（3）准确适用财产刑。针对司法实践中对贪污贿赂犯罪财产刑适用标准不统一的问题，《办理贪污贿赂刑事案件解释》第19条规定，对贪污罪、受贿罪判处三年以下有期徒刑或者拘役的，应当并处10万元以上50万元以下的罚金；判处三年以上十年以下有期徒刑的，应当并处20万元以上犯罪数额2倍以下的罚金或者没收财产；判处十年以上有期徒刑或者无期徒刑的，应当并处50万元以上犯罪数额2倍以下的罚金或者没收财产。

（4）严格掌握适用终身监禁的条件。根据本条第1款、第4款的规定，犯第1款罪，有第3项规定情形被判处死刑缓期执行的，人民法院根据犯罪情节等情况可以同时决定在其死刑缓期执行二年期满依法减为无期徒刑后，终身监禁，不得减刑、假释。《刑法修正案（九）》增加终身监禁的规定，是立法贯彻宽严相济政策的典范，既体现了慎用死刑的精神，也从法律层面封堵了官员的"赎身暗门"。《办理贪污贿赂刑事案件解释》严格遵循立法精神，在第4条第1款明确规定了可以判处死刑的条件，即犯罪数额特别巨大，同时要犯罪情节特别严重、社会影响特别恶劣、给国家和人民利益造成特别重大损失。在第4条第2款规定了可以判处死刑缓期二年执行的条件，即符合可以判处死刑立即执行的情形，但具有自首，立功，如实供述自己罪行、真诚悔罪、积极退赃，或者避免、减少损害结果的发生等情节。在第4条第3款规定了终身监禁的条件，即符合可以判处死刑立即执行的情形，根据犯罪情节等情况判处死刑立即执行过重，判处死刑缓期二年执行又偏轻的。值得注意的是，凡决定终身监禁的，人民法院应在第一审或第二审作出死刑缓期二年执行裁判的同时一并作出终身监禁的决定，而不能等到死缓执行期间届满再视情而定。终身监禁一经作出应无条件执行，不得减刑、假释。

《刑法》第 383 条和《办理贪污贿赂刑事案件解释》第 4 条第 3 款均规定，人民法院"根据犯罪情节等情况"对被告人决定终身监禁。此处的"犯罪情节等情况"是指由《刑法》规定的，体现行为的社会危害性程度和行为人的人身危险性程度，从而影响定罪和量刑的各种事实情况。首先，对反映被告人犯罪行为的社会危害性的情节进行判断，是否属于"贪污、受贿数额特别巨大，犯罪情节特别严重、社会影响特别恶劣、给国家和人民利益造成特别重大损失的"情形，确定是否达到判处死刑立即执行的条件；其次，对反映被告人主观恶性和人身危险性的情节进行判断，确定是否满足"不是必须立即执行"所要求的从宽条件；最后，综合行为人全部犯罪情节，将从严情节和从宽情节的价值相比较，进行准确的评价。实践中的案件存在"从刚达到判处死刑标准"到"远超过判处死刑标准"的不同层次，从宽情节也存在不同层次，因而这个比较的过程是动态的，取决于具体贪污受贿犯罪之罪责的质、量与相关宽宥情节价值的比较。具体影响量刑的因素除了犯罪数额外，还包括犯罪的手段、对当地或所在单位造成的恶劣影响、给国家和人民利益造成的损失情况等。比如，索贿在全部犯罪数额中占比较大的，通常说明犯罪人的主观恶性大，社会影响也更恶劣；犯罪的时间长、次数多，通常反映行为人法纪意识淡薄，具有更深的犯罪恶习；犯罪人是正常履职后受贿还是收受他人贿赂为他人谋取不正当利益也反映了犯罪分子对公平规则和自由竞争秩序的破坏程度不同。

2015 年 11 月 1 日开始施行的《最高人民法院关于〈中华人民共和国刑法修正案（九）〉时间效力问题的解释》第 8 条规定："对于 2015 年 10 月 31 日以前实施贪污、受贿行为，罪行极其严重，根据修正前刑法判处死刑缓期执行不能体现罪刑相适应原则，而根据修正后刑法判处死刑缓期执行同时决定在其死刑缓期执行二年期满依法减为无期徒刑后，终身监禁，不得减刑、假释可以罚当其罪的，适用修正后刑法第三百八十三条第四款的规定。根据修正前刑法判处死刑缓期执行足以罚当其罪的，不适用修正后刑法第三百八十三条第四款的规定。"例如，2000 年至 2013 年，被告人白恩培利用担任青海省委书记、云南省委书记、全国人大环境与资源保护委员会副主任委员等职务上的便利，直接或间接通过其妻受贿 2.46 亿余元，人民法院适用修正后《刑法》的相关规定，对其以受贿罪判处死刑缓期二年执行，并决定终身监禁。① 本案系我国适用终身监禁的第一案，之所以对白恩培适用终身监禁，除其受贿数额特别巨大外，还综合考虑了其以权谋私破坏当地经济发展和政治生态所造成的恶劣影响、给国家利益造成特别重大损失、贪财动机强烈等从重情节，如实供述罪行、主动交代司法机关尚未掌握的大部分事实、认罪悔罪、赃款赃物已全部追缴等从轻情节。白恩培的行为发生在《刑法修正案（九）》之前，按照修正前的《刑法》规定，应对其判处死刑立即执行，人民法院根据立法原意并综合考虑"从旧兼从轻"原则，适用了修正后《刑法》的规定，决定对其终身监禁。

（5）根据 2003 年《最高人民法院、最高人民检察院关于办理妨害预防、控制突发传染病疫情等灾害的刑事案件具体应用法律若干问题的解释》第 14 条第 1 款规定，贪污用于预防、控制突发传染病疫情等灾害的款物，构成犯罪的，依照《刑法》第 382 条、第 383 条的规定，以贪污罪定罪，从重处罚。2020 年《最高人民法院、最高人民检察院、公安部、司法部关于依法惩治妨害新型冠状病毒感染肺炎疫情防控违法犯罪的意见》规定，依法严惩疫情防控贪污犯罪，国家工作人员、受委托管理国有财产的人员，公司、企业或者其他单位的人员，利用职务便利，侵吞、

---

① 参见中华人民共和国最高人民法院刑事审判第一、二、三、四、五庭主办：《刑事审判参考》（总第 118 集），法律出版社 2019 年版，第 296~303 页。

截留或者以其他手段非法占有用于防控新型冠状病毒感染肺炎的款物，构成犯罪的，以贪污罪定罪处罚。

（二）疑难问题精析

1. 如何准确认定贪污罪的主体

贪污罪的犯罪主体是"国家工作人员"和"受国家机关、国有公司、企业、事业单位、人民团体委托管理、经营国有财产的人员"。根据《刑法》第93条的规定，"国家工作人员"包括"国家机关工作人员"和"准国家工作人员"。下面结合《刑法》规定，对贪污罪主体认定中容易产生争议的问题进行分别解析，办理其他职务犯罪案件亦可参照。

（1）关于国家机关工作人员的认定。2003年11月13日《全国法院审理经济犯罪案件工作座谈会纪要》（以下简称《审理经济犯罪座谈会纪要》）指出，刑法中所称的国家机关工作人员，是指在国家机关中从事公务的人员，包括在各级权力机关、行政机关、司法机关和军事机关中从事公务的人员。

2002年12月28日《全国人大常委会关于〈中华人民共和国刑法〉第九章渎职罪主体适用问题的解释》（以下简称《渎职罪主体立法解释》）规定，在依照法律、法规规定行使国家行政管理职权的组织中从事公务的人员，或者在受国家机关委托代表国家行使职权的组织中从事公务的人员，或者虽未列入国家机关人员编制但在国家机关中从事公务的人员，在代表国家机关行使职权时，有渎职行为，构成犯罪的，依照刑法关于渎职罪的规定追究刑事责任。

上述《审理经济犯罪座谈会纪要》和《渎职罪主体立法解释》，不仅明确了严格意义上的国家机关工作人员的范围，而且明确了在虽非国家机关但行使行政管理职能的组织，或者在受国家机关委托行使职权的事业单位等组织（比如中国证监会、乡镇财政所）中从事公务的人员，以及虽然未列入国家机关人员编制但实际行使职权的人员为国家机关工作人员。这就进一步强调，认定国家机关工作人员，不能只看是否在国家机关中工作，也不能只看行为人是否"在编"，而是要重点把握行为人所行使的是否属于国家机关的职权。

另外，《审理经济犯罪座谈会纪要》还明确："在乡（镇）以上中国共产党机关、人民政协机关中从事公务的人员，司法实践中也应当视为国家机关工作人员。"根据《宪法》和法律规定，国家机关的最低一级为乡（镇），与此对应，在乡（镇）以上中国共产党机关、人民政协机关中从事公务的人员才应视为国家机关工作人员。一些基层党组织，比如车间、班组、村党支部等，仅是党的一级组织，其所从事的工作同国家管理没有直接联系，本质上并非公务行为，因此，其工作人员不能视为国家机关工作人员。

（2）关于准国家工作人员的认定。①国有公司、企业、事业单位、人民团体中从事公务的人员的认定。《刑法》第93条第2款规定的"国有公司"，是指公司财产完全属于国家所有的公司，包括由国家授权投资的机构或者国家授权的部门单独投资设立的国有独资有限责任公司，由2个以上50个以下国有投资主体共同出资设立的有限责任公司，以及国有企业单独作为发起人设立的股份有限公司。"国有企业"，是指财产完全属于国家所有的从事生产、经营活动的经济实体。"国有事业单位"，是指国家投资兴办管理的，为了满足社会的公共需求，实现国家和社会的公共利益，向社会提供教育、科研、文化、卫生、体育、新闻、出版、广播电视等公共服务的非营利性组织。"人民团体"，是指由国家财政拨款，负责组织、协调有关国家或者社会公共事务的组织，包括工会、共青团、妇联、科协、归国华侨联合会、全国台联、青年联合会和工商业联合会，共8类。

2009年5月1日施行的《企业国有资产法》进一步明确，国有资本控股及参股的股份有限公司，属于国家出资企业，不应被认定为国有公司。因此，国有控股或者参股的股份有限公司中从事管理工作的人员，不能一律认定为国家工作人员。只有国家机关、国有公司、企业、事业单位委派到国有控股或者参股的股份有限公司中从事公务的人员，才能认定属于国家工作人员。2001 年 5 月 23 日《最高人民法院关于在国有资本控股、参股的股份有限公司中从事管理工作的人员利用职务便利非法占有本公司财物如何定罪问题的批复》规定："在国有资本控股、参股的股份有限公司中从事管理工作的人员，除受国家机关、国有公司、企业、事业单位委派从事公务的以外，不属于国家工作人员。对其利用职务上的便利，将本单位财物非法占为己有，数额较大的，应当依照刑法第二百七十一条第一款的规定，以职务侵占罪定罪处罚。"

另需注意的是，1997 年《刑法》修订，摒弃了过去一度采用的认定国家工作人员以是否具有国家工作人员身份为标准的"身份论"的观点。在认定是否国家工作人员时，起决定作用的不是国家工作人员身份，而是判定是否从事公务即行使组织、领导、监督、管理等职责。例如，被告人黄某系国有电表厂厂长，在企业破产改制期间，黄某与电表厂签订了劳动关系解除合同，成为登记在册的失业人员，但其作为临时成立的改制领导小组组长负责厂房拆迁工作，其利用组织拆迁工作的职务之便犯罪，仍应认定为国家工作人员。

②国家机关、国有公司、企业、事业单位委派到非国有公司、企业、事业单位、社会团体中从事公务的人员的认定。受委派的人员之所以"以国家工作人员论"，是因为他们原本不在非国有单位从事组织、领导、监督、管理等工作，只是受国有单位委派后才从事这些工作。从实践情况看，这里的"委派"，主要是指在一些具有国有资产成分的中外合资、中外合作、国内股份制公司、企业当中，国有公司、企业或者其他有关国有单位（包括国有主管单位）为了行使国有资产管理权而派驻到其中参与管理的人员。此外，还包括有的国家机关、国有公司、企业事业单位为了加强指导、监督，而委派到没有国有资产投入的非国有公司、企业事业单位、社会团体从事公务的人员，如被国家机关派驻非国有公

司担任独立董事的人员。

《审理经济犯罪座谈会纪要》规定，所谓委派，即委任、派遣，其形式多种多样，如任命、指派、提名、批准等。不论被委派的人身份如何，只要是接受国家机关、国有公司、企业、事业单位委派，代表国家机关、国有公司、企业、事业单位在非国有公司、企业、事业单位、社会团体中从事组织、领导、监督、管理等工作，都可以认定为国家机关、国有公司、企业、事业单位委派到非国有公司、企业、事业单位、社会团体从事公务的人员。如国家机关、国有公司、企业、事业单位委派到国有控股或者参股的股份有限公司从事组织、领导、监督、管理等工作的人员，应当以国家工作人员论。国有公司、企业改制为股份有限公司后，原国有公司、企业的工作人员和股份有限公司新任命的人员中，除代表国有投资主体行使监督、管理职权的人外，不以国家工作人员论。

为依法惩治国家出资企业中的贪污、受贿、挪用公款、渎职等职务犯罪活动，最高人民法院、最高人民检察院 2010 年 11 月 26 日公布的《最高人民法院、最高人民检察院关于办理国家出资企业中职务犯罪案件具体应用法律若干问题的意见》(以下简称《办理国家出资企业中职务犯罪案件意见》)。《办理国家出资企业中职务犯罪案件意见》第 6 条"关于国家出资企业中国家工作人员的认定"规定："经国家机关、国有公司、企业、事业单位提名、推荐、任命、批准等，在国有控股、参股公司及其分支机构中从事公务的人员，应当认定为国家工作人员。具体的任命机构和程序，不影响国家工作人员的认定。经国家出资企业中负有管理、监督国有资产职责的组织批准或者研究决定，代表其在国有控股、参股公司及其分支机构中从事组织、领导、监督、经营、管理工作的人员，应当认定为国家工作人员。国家出资企业中的国家工作人员，在国家出资企业中持有个人股份或者同时接受非国有股东委托的，不影响其国家工作人员身份的认定。"

上述《审理经济犯罪座谈会纪要》和《办理国家出资企业中职务犯

罪案件意见》的有关规定，基本上明确了受委派从事公务人员的认定问题。在具体适用有关规定时，需强调以下三点：

第一，被委派人员在接受委派以前的身份，不影响其作为国家工作人员的主体资格的认定。无论被委派人员是否属于委派单位的在编人员、原来是否从事公务、是受委派单位直接任职后委派还是临时聘任后委派，只要接受国家机关、国有公司、企业、事业单位的委派，代表这些单位在非国有单位从事组织、领导、监督、管理等工作，都应当认定为国家工作人员。反之，如果行为人不是基于国有单位委派，而是从原单位辞职后直接受聘到非国有单位从事组织、领导、监督、管理等工作的，就不能认定为国家工作人员。当然，如果行为人接受国有单位委派的同时，在国家出资企业中持有个人股份或者同时接受非国有股东委托，兼有双重身份，《办理国家出资企业中职务犯罪案件意见》考虑到国家出资企业的经营管理人员，首先需要代表企业的利益，而且双重身份具有不可分割性，从而明确规定此种特殊身份情况，不影响国家工作人员的认定。

第二，行为人的任职由作为国有单位的委派方提名后，再由被委派方按照自己的内部程序进行选举产生的，不影响国家工作人员的认定。对此，有种意见认为，尽管此类人员在任职期间，也代表国有投资方的利益，但其任职并非基于国有单位的委派，而是经所在企业的选举产生，其任职体现的是企业决策机构的整体意志，也是全体投资人共同意志的反映，其代表的不仅是国有出资人的利益，更重要的是代表公司的整体利益，故此类人员不宜认定为国家工作人员。

我们认为，随着企业治理体系的健全与完善，企业的董事会成员和总经理均需由股东会选举或者董事会决定（国有独资公司的董事会成员由相关部门直接委派者除外），而国有出资单位依法仅享有提名、推荐权。如依照上述意见，将从根本上排除在刑事司法中认定受委派从事公务人员的可能性。为此，《办理国家出资企业中职务犯罪案件意见》明确规定："具体的任命机构和程序，不影响国家工作人员的认定。"

根据上述《审理经济犯罪座谈会纪要》和《办理国家出资企业中职务犯罪案件意见》的有关规定，对于委派的内涵及外延，应从两个方面的特征来加以理解和把握：一是形式特征，委派在形式上可以不拘一格，如任命、指派、提名、推荐、认可、同意、批准等均无不可；二是实质特征，需代表国家机关、国有公司、企业、事业单位在非国有公司、企业、事业单位、社会团体中从事组织、领导、监督、管理等公务活动，亦即国有单位意志的直接代表性。也就是说，区分是否委派的关键不在于行为人管理职位的直接来源，而是在于其管理职位与相关国有单位的意志行为是否具有关联性和延续性。

因此，对于实践中行为人基于国有单位的提名，经由非国有公司、企业董事会聘任或者职工大会选举担任原职务或新的职务，而实质上仍代表国有单位从事组织、领导、监督、管理等工作的，应认定为国家工作人员。例如，被告人王某，原系某县乡镇企业管理局办事员，2000年1月由县委组织部抽调到该县乡镇企业管理局所属的集体企业造纸厂挂职锻炼，担任副厂长。2001年5月，经乡镇企业管理局党组提名、造纸厂职工代表大会选举为厂长，选举后造纸厂党委报县委组织部和乡镇企业管理局备案。王某担任副厂长和厂长期间，利用职务上的便利侵吞财物120余万元。本案中，王某任副厂长以及后来被选任厂长的身份，均应认定为国家工作人员。

第三，行为人被国有单位委派到非国有单位从事公务之后，又被该非国有单位委派出去，或者行为人被国家出资企业内部的有关组织委派到分支机构或者其他单位的，如果其仍代表国有单位投资主体行使监督、管理等职权，则应被认定为国家工作人员。

对此，有种意见认为，根据《企业国有资产法》第22条的规定，国家工作人员是指履行出资人职责的机构依照法律、行政法规以及企业章程的规定，任免或者建议任免国家出资企业的有关人员。其中，履行出资人职责的机构包括：国务院国有资产监督管理机构和地方人民政府按照国务院的规定设立的国有资产监督管理机构；国务院和地方人民政府根据需要，授权代表本级人民政府对国家出资企业履行出资人职责的其他部门、机构。据此，只有受国资委等国家机关委派的人员才属于国家工作人员。前述"二次委派"的人员，不应被认定为国家工作人员。

我们认为，在股份制日益成为公有制主要实现形式的当下，实践中大量存在多次委派、层层委派的情况，实践中，应在兼顾企业改制实际、国有资产保护和处罚公平的基础上，依法妥善地认定国家出资企业包括国有资本控股、参股公司中的国家工作人员。对此，《办理国家出资企业中职务犯罪案件意见》明确规定："经国家出资企业中负有管理、监督国有资产职责的组织批准或者研究决定，代表其在国有控股、参股公司及其分支机构中从事组织、领导、监督、经营、管理工作的人员，应当认定为国家工作人员。"

在具体适用本款规定时，应注意以下几个问题：第一，关于负有管理、监督国有资产职责的组织。这里所谓的"组织"，除国有资产监督管理机构、国有公司、企业、事业单位之外，主要是指上级或者本级国有出资企业内部的党委、党政联席会。第二，关于代表性。有无代表性是认定委派来源的一个内含要件。虽经有关组织研究决定，但任职与该组织没有必然联系，被委派人对该组织亦无职责义务关系的，不应认定为国家工作人员。第三，关于公务性。国家出资企业的公务活动主要体现为国有资产的组织、领导、监督、经营、管理活动，企业中的具体事务活动一般不应当认定为公务。

例如，某甲原系国有公司的部门经理，因该公司与一境外公司联合组建一股份制进出口公司，国有公司便委派某甲到该新组建的股份制进出口公司任副总经理。某甲到进出口公司上任后不久，进出口公司的董事会又决定委派其到进出口公司与另外投资主体合资的一家公司担任总经理。在这种情况下，某甲是否仍属于受国有单位委派到非国有单位从事公务的人员呢？我们认为，对此应考查原委派的国有单位对于再次委派是否具有影响。如果某甲完全是接受进出口公司的委派，而原国有公司所委派的公务也不再从事，则在再次委派后，某甲不能再以国家工作人员论。如果原委派的国有公司或上级主管部门对于某甲的再次委派作了批示或再次委派等手续，或者原委派的公务仍在从事，则某甲仍应以国家工作人员论。

再如，舞钢公司原系冶金工业部直属的国有公司。1997 年 9 月 28 日至 2000 年 7 月 28 日，舞钢公司进行了企业改制，由武钢集团，重庆钢铁集团，中国东方、信达、华融三大资产管理公司（以上均属国有公司）以及邯郸钢铁股份有限公司（上市公司）参股成立了现在的舞钢公司。其中，非国有股邯郸钢铁股份有限公司占公司注册资本的 8.06%，其他为国有股份。涉案的废钢厂系现舞钢公司的分支机构。被告人李某 1982 年学校毕业后分配到舞钢公司，至 1997 年舞钢公司改制前历任劳资处科员、炼钢厂调度室值班主任、炼钢厂副厂长，舞钢公司改制期间先后任炼钢厂副厂长、舞钢公司计划部副部长、废钢厂第一副厂长。2000 年 7 月舞钢公司改制完成，2000 年 10 月经舞钢公司"党政联系会议"决定，总经理聘任李某任废钢厂厂长。2000 年七八月份至 2003 年间，李某利用职务之便，为他人谋取利益，收受他人财物 54 万元；利用职务之便，侵吞公款 13 万元。根据《办理国家出资企业中职务犯罪案件意见》的规定，本案中，李某就应被认定为"受委派从事公务的人员"。

③ "其他依照法律从事公务的人员"的认定。《审理经济犯罪座谈会纪要》规定，从事公务，是指代表国家机关、国有公司、企业、事业单位、人民团体等履行组织、领导、管理、监督等职责。公务主要表现为与职权相联系的公共事务以及监督、管理国有财产的职务活动。如国家机关工作人员依法履行职责，国有公司的董事、经理、监事、会计、出纳人员等管理、监督国有财产等活动，属于从事公务。那些不具备职权内容的劳务活动、技术服务工作，如售货员、售票员等所从事的工作，一般不认为是公务。

据此，要正确认定公务，必须把握公务的两方面性质：一是管理性，即这种活动是组织、领导、监督、管理、协调；二是国家代表性，即这种活动代表国家权力。一般的购销员、售货员、售票员、医院门诊收费员，是代理本单位购买、销售产品、货物或者收取相关费用，本质上是一种纯粹的劳动，其虽然也在岗位上"保管""经手"本单位财物，但并非从事公务意义上的"管理"，不具有管理性，因此，其利用职务上的便利侵占本单位财物的，就不应以贪污罪论处。但是，那些具有市场选择、价格确定权力或者管理、支配财产权的购销员以及仓库保管员、出纳、会计等，因其工作具有公共管理事务的性质，一般可以纳入国家工作人员的范畴。例如，某国有工厂车间一操作钻床的工人，以生产需要更换钻头为名，先后从库房领出合金钻头 100 余个非法据为己有，数额较大。该工人的行为因并非管理性的事务，就不宜认定为从事公务。

《审理经济犯罪座谈会纪要》规定，"其他依照法律从事公务的人员"应当具有两个特征：一是在特定条件下行使国家管理职能；二是依照法律规定从事公务。具体包括依法履行职责的各级人民代表大会代表，依法履行审判职责的人民陪审员，协助乡镇人民政府、街道办事处从事行政管理工作的村民委员会、居民委员会等农村和城市基层组织人员，其他由法律授权从事公务的人员。

上述规定，为司法实践中准确认定"其他依照法律从事公务的人员"提供了较为全面、科学的依据。值得注意的是，司法实践中，对于"其他依照法律从事公务的人员"，应作严格限定，仅限于法律直接加以规定，或者由法律、法规授权行使管理职权以及受国家机关委托行使行政管理职权，没有法律依据的，即使从事公务，也不能认定为国家工作人员。例如，某国有钢材交易中心除了自营钢材交易外，还将中心的营业场所 20 余个摊位租给其他企业经营钢材产品，每月定期到营业场所收取摊位租金，某日该出纳叫单位司机送其到营业场所，适逢家中亲属生病急需送医院抢救，便临时委托司机向各摊主收取租金，该司机收取 80 余万元租金后潜逃，该司机尽管受托收取租金的行为不失为公务，但其从事公务并无法律依据，故不属于"其他依照法律从事公务的人员"，其行为可成立职务侵占罪，而不构成贪污罪。

相反，原本不具有国家工作人员身份的、由人民法院指定的国有企业破产清算组的成员，就是"其他依照法律从事公务的人员"。例如，被告人谢某原系某县房地产管理局副局长，2001 年 9 月退休。同年 10 月，房地产管理局下属的房地产开发公司因资不抵债，依法进入破产程序，房地产管理局提出该公司破产清算组建议名单，并经市属企业深化改革领导小组同意，11 月 9 日人民法院指定谢某担任房地产开发公司破产清算组成员，具体负责破产公司的现金管理工作。自 2001 年 11 月至 2002 年 3 月间，被告人谢某利用职务上的便利，采取虚报冒领的方式侵吞破产公司的钱款 8 万余元。在此案中，被告人谢某退休后已原本不再是国家工作人员，但是，由于其受人民法院指定担任破产公司的清算组成员，而人民法院指定清算组成员是依照《企业破产法》的规定进行的，所以清算组成员属于依照法律从事公务的人员，谢某因为被指定而重新获得了国家工作人员的身份。因此，对其行为应认定为贪污罪。

（3）受委托管理、经营国有财产人员的认定。1999 年 9 月 16 日《最高人民检察院关于人民检察院直接受理立案侦查案件立案标准的规定（试行）》规定："'受委托管理、经营国有财产'，是指因承包、租赁、聘用等而管理、经营国有财产。"《审理经济犯罪座谈会纪要》规定："'受委托管理、经营国有财产'，是指因承包、租赁、临时聘用等管理、经营国有财产。"《审理经济犯罪座谈会纪要》之所以将"聘用"改为"临时聘用"，主要是考虑如果是长期聘用，则应直接视为国有单位的人员，而不应再解释为"受委托管理、经营国有财产"。

认定"委托"，应把握以下两个方面：一是委托者必须是国家机关、国有公司、企业、事业单位、人民团体等单位本身。这些单位的内部机构、内设部门，未经单位同意对非国家工作人员作出的"委托"，不能视为有效。受委托者必须是受直接委托者，而且仅限于自然人。二是委托的内容限于对国有财产进行管理、经营。管理、经营国有财产，是一种具有公共事务性质的活动，与以国有财产为对象的生产、劳动等纯粹劳务有严格区别。

司法实践中，要注意将受委托管理、经营国有财产人员与受委派从事公务的人员区别开来。尽管委托方式多种多样，实践中除了承包、租赁和临时聘用以外，不排除其他形式存在的可能，但其共同特征在于，委托双方属于平等的民事主体关系，这种委托是国有单位以平等主体身份就国有财产的管理、经营与被委托者达成的协议，本质上是民事委托关系，因此有别于《刑法》第93条规定的"委派"。委派的实质是任命，具有一定的行政性，被委派者在委派事项及是否接受委派方面，与委派方不是处于平等地位而是具有行政隶属性质，两者间的关系具有隶属性和服从性。例如，被告人朱某与某县食品总公司破产清算组签订了租赁经营该食品总公司肉联厂的合同，租赁经营期间，朱某盗卖食品总公司肉联厂的机器设备，非法获利10万余元。本案中，朱某基于民事委托经营国有资产，属于"受委托管理、经营国有财产的人员"。

此外，还要将受委托管理、经营国有财产的人员与基于劳务承揽合同而经手国有财产的人员严格区分开来。对于那些基于合同关系，代销、承揽、运送公共财物的经营者，不宜认定为委托管理、经营国有财产的人员。如某县粮管所与一个体运输户刘某签订运输合同，要将一批玉米运往粮库，刘某多次在运送过程中将一部分玉米盗卖，累计获赃款8000余元。本案中，刘某并非受委托管理、经营国有财产，而是在合法暂时保管、经手公共财物的过程中实施侵占，如果构成犯罪，可以侵占罪论处。

2. 如何认定贪污罪的犯罪对象

根据《刑法》第91条、第382条、第394条、第183条第2款和第271条第2款的相关规定，贪污罪的对象包括三种：一是公共财物；二是国内外公务活动中接受的应当交公的礼物；三是混合制经济组织等非国有单位的财物，指含有公共财产成分的混合制经济组织的财物，具体包括《刑法》第 183 条第 2 款的"非国有保险公司的保险金"和第 271 条第 2 款中的"本单位的财物"。可见，由于经济体制改革的深入推行，国家工作人员经手管理混合制经济组织等非国有单位财产的情形越来越普遍，刑法立法适应这种客观要求，已将贪污犯罪对象的范围由传统的公共财物进一步扩大。这既是经济发展在立法上的反映，也是司法实践对刑法理论提出的认识要求。办案实践中，需要注意把握以下几点：

（1）贪污罪的对象不以单位的既定财产为限，应归单位所有的收入及财产性利益也应纳入贪污罪的对象范围。例如，在江仲生等四被告人贪污一案中，[①]四被告人在受委派担任国有控股公司领导期间，利用管理、支配公司股票的职务之便，将未发行的 132 万股公司管理的股票违规出售获取人民币 1229 万余元，除交还公司股本认购金外，四被告人私分剩余的 904 万余元差价款。法院最终认定，四被告人出售公司股票属职务行为，而非个人行为，所售股票全部收益应归公司所有，出售股票的差价款应认定为公司财产，并判决认定江仲生等四被告人的行为构成贪污罪。

（2）枪支弹药、危险品、鸦片烟毒等违禁品在一定条件下，也可以成为贪污罪的对象。违禁品的具体种类性质不同，有的违禁品之"违禁"仅仅是针对无权持有者而言，比如枪支对于依法配备、配备枪支人员来说就不是违禁品，鸦片在被医用时也不是违禁品，这类违禁品属于"相对违禁品"或者有条件的违禁品；有的违禁品则是在任何情况下都属于违禁品，如淫书淫画，乃"绝对违禁品"或无条件的违禁品。相对违禁品对于合法持有者来说具有所有权，完全可以成为侵犯财产罪的对象，

①　参见江仲生等贪污案，载中华人民共和国最高人民法院刑事审判第一、二、三、四、五庭主办：《中国刑事审判指导案例（贪污贿赂罪、渎职罪、军人违反职责罪）》，法律出版社 2009 年版，第 50 页。

所以当行为人侵犯所有者对这些违禁品的所有权时，可以成立侵犯财产罪。当国家工作人员利用职务上的便利将所有者的这些违禁品非法占为己有时，便可能成立贪污罪，但是《刑法》如有专门罪名的规定，应依照专门的罪名定罪处罚（如非法持有毒品罪，非法持有、私藏枪支罪）。如果行为人利用职务上的便利侵占绝对违禁品，因这类违禁品只是形式的"财物"，故不存在所有权，也就不可能成立贪污罪。如公安人员利用职务上的便利将本应销毁的淫书淫画、淫秽光盘窃为己有，由于淫书淫画、淫秽光盘不可能属于财物，因而公安人员不成立贪污罪。

（3）实际处于单位占有、管理、控制之下的财产，即便是违法、违规取得的，也可以认定为贪污对象。例如，在被告人张某单位受贿、贪污一案中，张某利用国家机关业务部门的职务便利，违规向申办行政许可证的单位和个人索要所谓的"会费"230余万元，用于设立本业务部门的"小金库"。事后，张某将其中的160余万元用于给本单位人员发放福利，剩余70万元私自占有。法院最终认定，单位责任人员将单位受贿所得用于单位私分，属于单位受贿的事后不可罚行为，可不必单独定罪。如果单位责任人员将单位受贿所得占为己有，则应另行构成贪污罪。因此，张某的行为构成单位受贿罪和贪污罪。财产犯罪的对象范围不以合法所有或者持有的财物为限，有相应的司法解释和司法解释性文件方面的依据。如《最高人民法院关于审理抢劫、抢夺刑事案件适用法律若干问题的意见》有关抢劫毒品、假币、淫秽物品等违禁品、赌资、犯罪所得的赃款赃物的行为可以构成抢劫罪的规定等就充分说明了这一点。

（4）贪污对象不以动产为限，不动产也可以成为贪污的对象。之所以如此认定，理由在于：首先，根据《刑法》第382条规定，贪污罪的对象为公共财物。参照《刑法》第91条第1款、第2款关于公共财产的规定，并未将不动产排除在外。其次，利用职务便利非法侵占公有不动产，具有现实可能性，运用《刑法》对公有不动产进行保护，是妥当的，也是必要的。在实际生活中，财产犯罪中的抢劫罪、抢夺罪因以"当场"

为要件，盗窃罪、聚众哄抢罪因一般需以对象物的物理移动方可完成，挪用类犯罪因立法上明确规定其对象为资金或者公款，从而不可能以不动产作为犯罪对象，除此之外，诈骗罪、（职务）侵占罪、敲诈勒索罪、故意毁坏财物罪等均可以不动产作为其侵害的对象。作为职务性的财产犯罪，就实施及完成犯罪行为方面而言，贪污罪与诈骗罪、侵占罪等一般财产犯罪并无两样，而且，较之于后者，贪污行为人因其有着职务上的便利可资利用，故通常情况下更易得逞。司法实践中，确有国家工作人员以国有控股单位的名义运用公款获得土地并成立房地产公司予以开发，在房地产项目即将盈利之际，召集和欺骗董事会，致使国有控股单位从房地产项目公司中收回投资本金后退出，由其代理人掌控房地产公司获取房产的巨额利润的案例，人民法院依法按照贪污罪论处。最高人民法院 2012 年 9 月 18 日发布的第 11 号指导案例杨延虎等贪污案，进一步明确土地使用权具有财产性利益，属于《刑法》第 382 条第 1 款规定中的"公共财物"，可以成为贪污罪的对象。

3. 如何认定贪污罪的"利用职务上的便利"

1999 年 9 月 16 日《最高人民检察院关于人民检察院直接受理立案侦查案件立案标准的规定（试行）》中明确指出，贪污罪中的"利用职务上的便利"，是指利用职务上主管、管理、经手公共财物的权力及方便条件。所谓"主管"，是指行为人虽然不具体管理、经手公共财物，但是对公共财物具有调拨、统筹、使用的决定权、决策权。比如国家行政机关的市长、县长、处长、科长在一定范围内拥有调配、处置本单位甚至下属单位公共财物的权力。"管理"，是指行为人对公共财物直接负有保管、处理、使用的职权。比如国有单位、人民团体中的会计、出纳具有管理本单位财务、直接掌管资金的权力。"经手"，是指行为人虽无决定对公共财物调拨、统筹、使用的权力，也不具有管理、处置公共财物的职权，但因为工作需要，公共财物一度由其经手，行为人对公共财物具有实际控制权。

从"职务上的便利"的内涵来说，职务、职权应当是具有一定稳定性的职务、职权，如果行为人本来不具有主管、管理、经手公共财物的职权，只是偶然一次受委托经手公共财物，则不能认为其具有"经手"公共财物的便利条件，从而将其占有公共财物的行为认定为贪污罪。例如，某国有煤炭运输公司在销售煤炭后有大量货款不能及时收回，便找到社会闲杂人员被告人梁某，与梁某签订了书面协议，双方约定如梁某为煤炭运输公司所要到货款，梁某按到账资金的 5% 提成，其后，梁某带着煤炭运输公司的介绍信和授权委托书四处索债，当追讨到 300 万元贷款后，梁某悉数占为己有、携款潜逃。本案中，梁某的行为成立侵占罪，而不是贪污罪。理由就在于，梁某只是临时性地受委托从事追讨公司货款的工作，不能视为在国有公司中从事公务；煤炭运输公司与梁某虽因签订协议建立了平等的委托与被委托关系，但这种关系尚不能令梁某成为"受国有公司委托管理国有财产的人员"，因为被告人梁某不可能具有"管理"国有财产的职权。煤炭运输公司与梁某签订追讨贷款协议之后，实际上就将这笔贷款的追索权授权给了梁某，梁某在追得贷款之后、按协议将贷款交给煤炭运输公司之前的期间内，就是受委托保管公司的财物，其将代公司保管的贷款予以侵占，应当构成侵占罪。

（1）关于"利用职务上的便利"与"利用工作上的便利"的区别。贪污罪中的"利用职务上的便利"，只能是指向行为人利用其职责范围内的主管、管理、经手公共财物的便利条件；无论是行为人主管、管理、经手公共财物，都是由行为人所担负的职责所产生。如果行为人利用与自己职责、职权无直接关系或者说不是以职责为基础的便利条件，如仅仅因为在某单位工作而熟悉作案环境、凭借系工作人员的身份而易于进入他人保管公共财物的场所、较易接近作案目标或者因为工作关系熟悉本单位其他人员的职务行为的操作规程等便利条件侵占本单位公共财物，就不属于"利用职务上的便利"，由此实施的犯罪，应当根据行为人侵占财物的具体手段性质以盗窃罪、诈骗罪等犯罪论处。例如，被告人孙某是银行外勤人员，根据该行的管理，被告人孙某经常通过亲朋好友等各种关系给银行揽存款、将存款贷出，但其本身不具有信贷的职责。2001年3月，被告人孙某以高息为诱饵，诱使某进出口公司会计王某将该公司的3000万元人民币资金以活期形式存入本行，并以"公司在10个月之内不得核对账户信息"为条件，按照约定的高息当场支付了110万元的利息。被告人孙某让王某预留了四份公司的财务印鉴和四份王某的个人印鉴（公司财务印鉴和王某个人印鉴均为该进出口公司开具支票从银行将资金转出或支取所必备的印鉴，银行凭此两个印鉴受理支票办理转账手续），其中三份按照规定交到银行信贷员处，一份私自留下。同年4月，被告人孙某以自己留下的进出口公司的财务印鉴和王某的个人印鉴，伪造了进出口公司的财务印鉴章和王某个人名章，并指使他人冒充进出口公司的人员购买了空白支票。尔后，被告人孙某分别在三张空白支票上加盖了伪造的进出口公司的财务印鉴章和王某的人名章，分别填写了"500万元""1500万元"和"900万元"的转账金额，将进出口公司账户上的2900万元资金转入自己妻子开办的某投资咨询有限公司账上，被告人孙某从投资咨询有限公司的账户上又划走，用于个人购置房地产，将2900万元非法占为己有。

公诉机关以被告人孙某构成贪污罪提起公诉，理由是被告人孙某为国有银行中从事公务的人员，符合贪污罪的主体要件，其利用自己在银行工作的便利条件，诱使他人将巨额资金存入银行，事后将2900万元的存款非法占为己有，符合贪污罪的构成特征。法院经审理后没有采纳检察机关的起诉意见，对被告人孙某以票据诈骗罪定罪处罚。我们认为，法院的判决在定性上是正确的。本案中，被告人孙某虽然是国有银行工作人员，在其职责范围内行使职权时无疑属于国家工作人员，符合贪污罪的主体要件，但是，其职责是外勤，尽管在日常事务中实际上为本行存款、贷款业务的开展起到了辅助作用，但被告人孙某毕竟不负责贷款业务，其将客户账户资金贷出，必须通过信贷员的职务行为才能实现；

被告人孙某诱使王某将进出口公司的3000万元人民币资金存入银行并伪造支票将其中2900万元存款骗出非法占为己有，只是利用其熟悉银行存款、贷款操作规程的便利条件而为，并没有利用主管、管理存款贷款业务的便利条件，事实上被告人孙某也没有主管、管理存款贷款业务的职权。因此，被告人孙某的行为符合票据诈骗罪的构成特征，而不符合贪污罪的构成特征。

（2）关于利用非法取得的职务能否成立"利用职务上的便利"。最高人民法院研究室2004年3月30日给北京市高级人民法院的《关于对行为人通过伪造国家机关公文、证件担任国家工作人员并利用职务上的便利侵占本单位财物、收受贿赂、挪用本单位资金等行为如何适用法律问题的答复》曾经指出："行为人通过伪造国家机关公文、证件担任国家工作人员职务后，又利用职务上的便利实施侵占本单位财物、收受贿赂、挪用本单位资金等行为，构成犯罪的，应当分别以伪造国家机关公文、证件罪和相应的贪污罪、受贿罪、挪用公款罪等追究刑事责任，实行数罪并罚。"该规定，对于非法取得国家工作人员职务后利用职务上的便利实施相关犯罪的情形，具有适用法律的指导意义。也就是说，利用非法取得的职务之便，也可以成立贪污罪所要求的"利用职务上的便利"，可以构成贪污罪。

例如，李某原系江西省某县农民，2000年8月离家到广东东莞市经商，2000年8月至2003年5月，李某在东莞市以老乡身份多次接待家乡所在地区地委书记邓某及其家人，送给邓某各种财物折合人民币8万余元，并出资让邓某及其家人旅游。为了回报李某的接待，2004年1月邓某指使地委组织部工作人员帮助李某伪造李某系中山大学中文系本科毕业生及各种履历表等档案材料，将李某安插到该地区所辖的某市任分管经济和城市建设工作的副市长。李某担任"副市长"后，在一年的时间里，利用职务上的便利收受他人财物180万元，为他人谋取利益；利用职务上的便利侵占某城建项目土地转让金80万元。此案中，李某即构成受贿罪和贪污罪。

4. 如何认定贪污的"其他手段"

贪污的手段多种多样，法条不可能一一列举，故在列举了侵吞、窃取、骗取的手段之后，用"其他手段"加以概括。司法实践中，对于利用职务之便非法占有公共财物的，不管采取什么手段，都应认定为贪污。例如，1998 年 4 月 29 日《最高人民法院关于审理挪用公款案件具体应用法律若干问题的解释》第 6 条规定，携带挪用的公款潜逃的，以贪污罪论处。司法实践中，对于将个人亏损转嫁给国有单位，损害单位利益的，可以认定非法占有公共财物，成立贪污。

例如，上海市某国有公司期货部的报单员利用负责为本公司期货报单的职务便利，私设一期货账户，经营稳赚不赔的期货买卖，期货价格上涨归己，期货价格下跌时，就将自己账户上的期货转卖入公司账户，因该期货员将自己账户上价格下跌的期货转入公司账户，导致公司最终平仓亏损 50 多万元。检察院以贪污罪起诉，一、二审法院认为转嫁的是期货交易风险，国有公司账户上转入价格下跌的期货合约，在尚未平仓时只反映持仓亏损，不是实际损失，不能认为此行为属于非法占有公共财物，因此，不符合贪污罪"非法占有"的构成要件，属于法无明文规定，宣告无罪。后来，法院通过审判监督程序，改判贪污罪成立。与一般的贪污案相比，本案特点在于，行为人并没有实实在在拿到手东西，属于用国有企业亏损弥补个人损失。应该看到，在市场经济条件下，非法占有公共财物的手段和形式可能发生新的变化，但只要符合非法将公共财物据为己有、造成公共财产损失的本质特征，就应当认定属于贪污的"其他手段"。

5. 如何认定贪污数额

（1）共同贪污犯罪中"个人贪污数额"的认定。在共同贪污犯罪中，贪污数额既有共同贪污的总数额，又有各共犯在贪污后分赃形成的个人所得数额，对各共犯应当根据什么数额定罪和处罚，理论上和实践中存在很大的分歧，较为典型的观点有分赃数额说、参与数额说、犯罪总额说、分担数额说和综合数额说。其中又以分赃数额说和犯罪总额说两种观点影响最大。对于贪污共同犯罪的共犯以什么数额为处罚标准，中华人民共和国成立以来，有关的刑事立法和司法解释所规定的标准并不统一。

为澄清疑惑，统一标准，《审理经济犯罪座谈会纪要》规定："刑法第三百八十三条第一款规定的'个人贪污数额'，在共同贪污犯罪案件中应理解为个人参与或者组织、指挥共同贪污的数额，不能只按个人实际分得的贪污赃款数额来认定。"《审理经济犯罪座谈会纪要》同时考虑到，要求各共同贪污犯罪人对贪污总额负责，这是针对定罪和刑罚档次而言的，而非具体的应判处的刑罚，为实现刑罚个别化并有效避免实践中可能出现的量刑上的明显失衡，同时规定："对共同贪污犯罪中的从犯，应当按照其所参与的共同贪污的数额确定量刑幅度，并依照刑法第二十七条第二款的规定，从轻、减轻处罚或者免除处罚。"

（2）关于多次贪污未经处理的数额计算。根据《刑法》第383条第2款的规定，对多次贪污未经处理的，按照累计贪污数额处罚。司法实践中，"多次贪污未经处理"，应是指贪污行为未被发现或者虽经发现但未给予刑事处罚或者任何行政纪律处分。多次贪污未经处理，按照累计贪污数额处罚，也应遵循《刑法》第87条、第89条关于追诉时效的规定，即累计计算的贪污数额，必须是在追诉期限以内的贪污行为产生的。在追诉期限以内又犯贪污罪的，前次贪污犯罪追诉的期限，从犯后罪之日起计算。

6. 如何区分贪污罪与职务侵占罪

（1）关于二者之间的本质区别。《刑法》条文中，贪污罪的客观方面表述为"利用职务上的便利，侵吞、窃取、骗取或者以其他手段非法占有公共财物"，职务侵占罪的客观方面则表述为"利用职务上的便利，将本单位财物非法占为己有"。理论上和实践中便有人根据上述罪状规定认为，贪污罪与职务侵占罪的区别主要有三点：一是客观性行为手段的表现形式不同，前者的手段更多，包括侵吞、窃取、骗取和其他手段，而后者的手段就只有"侵吞"即"占"；二是将财物占有的人的范围不同，在贪污罪中行为人可以将财物占为己有，也可以将财物占为本人之外的其他人所有，而在职务侵占罪中，行为人只能"将本单位财物非法占为己有"；三是犯罪对象的范围不同，贪污罪的对象仅仅限于公共财物，不包括非公共财物，而职务侵占罪的对象是非公共财物。

我们认为，从立法本意上讲，贪污罪与职务侵占罪在客观行为手段上没有实质区别，职务侵占罪中的"非法占为己有"应作广义的理解，与贪污罪中的"侵吞、窃取、骗取或者其他手段非法占有"含义基本一致。两罪的主要区分标准是犯罪主体不同。贪污罪的主体是国家工作人员和受委托管理、经营国有财产的人员，除此之外的人员利用职务上的便利非法侵占本单位财物的，不论财产性质如何，均应以职务侵占罪定罪处罚。

（2）关于国有单位中非国家工作人员占用公共财物的定性。2008年11月20日发布的《最高人民法院、最高人民检察院关于办理商业贿赂刑事案件适用法律若干问题的意见》第3条明确指出："刑法第一百六十三条、第一百六十四条规定的'公司、企业或者其他单位的工作人员'，包括国有公司、企业以及其他国有单位中的非国家工作人员。"据此，《刑法》第271条规定的"公司、企业或者其他单位的工作人员"，也应该包括国有公司、企业或者其他单位的非国家工作人员，即在国有单位中非从事公务的人员，比如国有医院不负责药品采购等管理活动的普通医生。

因此，国家机关、国有公司、企业、事业单位、人民团体中非从事公务的人员，如果未被委托管理、经营国有财产，则即使其利用职务上的便利侵占本单位财物，也不能按贪污罪定罪处罚，而应认定为职务侵占罪。例如，某国有印钞公司的验钞员，利用点验钞票的职务便利，私藏并带出钞票数万元的行为，就不应以贪污罪而应以职务侵占罪论处。

理由在于，虽然其经手的是国有财产，但并非从事公务，因此不属于国家工作人员，同时，其又不是因承包、租赁或临时聘用等而受委托管理、经手国有财产的人员，其利用从事劳务的职务之便侵占国有财产，符合职务侵占罪的构成要件。

需要指出的是，贪污罪中的"利用职务上的便利"和职务侵占罪中的"利用职务上的便利"虽然含义有差别，但有一点是相同的，那就是必须强调行为人侵占本单位财物一定要与其劳务、工作密切相关，行为人的劳务、工作具有相对稳定性。对于行为人利用临时性、一次性受单位委托从事劳务而侵占该单位财物的，以及利用根本与工作职责范围无关的便利条件侵占单位财物的，应当根据行为人犯罪的具体手段分别以盗窃罪、诈骗罪、侵占罪等犯罪处理。

7. 如何区分贪污罪与为亲友非法牟利罪

根据《刑法》第166条的规定，为亲友非法牟利罪，是指国有公司、企业、事业单位的工作人员利用职务便利，将本单位的盈利业务交由自己的亲友进行经营，或者以明显高于市场的价格向自己亲友经营管理的单位采购商品，或者以明显低于市场的价格向自己亲友经营管理的单位销售商品，或者向自己亲友经营管理的单位采购不合格商品，致使国家利益遭受重大损失的行为。

司法实践中，容易与贪污罪发生定性之争的行为主要有两种：

其一是国有公司、企业、事业单位的工作人员利用职务便利，采用过度抬高或压低商品价格的手法，向自己亲友个人经营管理的单位高价购进或低价销售商品，使亲友从中牟取非法利益的行为。例如，被告人葛某利用担任国有企业总经理的职务便利，指令下属人员放弃本单位原来的生产原料采购渠道，改向葛某的亲友个人承包的单位采购，价格由原来的每吨100元提高至每吨1000元，由此造成国有财产损失数百万元。

其二是上述国有单位人员利用职务便利，人为地将其亲友或亲友个人经营管理的单位设置为国有单位购销活动的中介，使亲友从中牟取非法利益的行为。例如，被告人胡某利用担任国有公司总经理的职务便利，指使下属人员从甲单位采购货物，但向胡某亲友指定的乙单位账户支付超出实际货款的钱款并取得相应发票入账，再由胡某的亲友向真正销售货物的甲单位按市场价格支付实际的货款，由此使胡某的亲友不当地加入国有单位的购销活动之中，从中牟取非法利益。

我们认为，为亲友非法牟利罪与贪污罪的界限可以从两个方面进行甄别：一方面，应当考察非法获利者（即亲友）是否实施了一定的经营行为。对于在国有单位的购销活动中通过实施一定的经营行为牟取非法利润的行为，一般可以依法认定为为亲友非法牟利罪。反之，对于借从事经营活动之名，行侵占公共财物之实的行为，则可以考虑依法认定贪污罪。上述被告人胡某实施的虚设购销活动中介，乘机侵占国有财产的行为，就应认定为贪污而非为亲友非法牟利。另一方面，还应当考察非法获利者（即亲友）所取得的是否属于实施经营行为的"利润"。对于那些虽然在国有单位的购销活动中参与实施了介绍货源或商品买家等经营行为，但其从国有单位所获取的已绝非从事经营行为之"利润"或从事中介活动之"报酬"，其非法所得与行为时的相应市价或报酬水平显著背离，以致达到了社会一般观念普遍不能认同为"利润"或"报酬"的程度，就不应认定为为亲友非法牟利，而以贪污论。上述被告人葛某行为的实质，不是为亲友赚取非法利润，而是变相攫取国有财产，其行为符合贪污罪的主客观特征，应认定为贪污罪。

8. 如何认定国有公司、企业改制过程中的贪污罪

近些年来，随着国有企业改制不断向纵深推进，在国有企业重组改制、产权交易、经营管理当中出现了一些隐匿、私分、转移、挪用、贱卖国有资产等违法犯罪活动，造成了国有资产的大量流失和恶劣的社会影响。为依法妥善处理这些违法犯罪活动，《办理国家出资企业中职务犯罪案件意见》第1条专门就"关于国家出资企业工作人员在改制过程中

隐匿公司、企业财产归个人持股的改制后公司、企业所有的行为的处理"作出规定："国家工作人员或者受国家机关、国有公司、企业、事业单位、人民团体委托管理、经营国有财产的人员利用职务上的便利，在国家出资企业改制过程中故意通过低估资产、隐瞒债权、虚设债务、虚构产权交易等方式隐匿公司、企业财产，转为本人持有股份的改制后公司、企业所有，应当依法追究刑事责任的，依照刑法第三百八十二条、第三百八十三条的规定，以贪污罪定罪处罚。贪污数额一般应当以所隐匿财产全额计算；改制后公司、企业仍有国有股份的，按股份比例扣除归于国有的部分。所隐匿财产在改制过程中已为行为人实际控制，或者国家出资企业改制已经完成的，以犯罪既遂处理。第一款规定以外的人员实施该款行为的，依照刑法第二百七十一条的规定，以职务侵占罪定罪处罚；第一款规定以外的人员与第一款规定的人员共同实施该款行为的，以贪污罪的共犯论处。在企业改制过程中未采取低估资产、隐瞒债权、虚设债务、虚构产权交易等方式故意隐匿公司、企业财产的，一般不应当认定为贪污；造成国有资产重大损失，依法构成刑法第一百六十八条或者第一百六十九条规定的犯罪的，依照该规定定罪处罚。"

上述规定，从性质认定、数额计算、既未遂标准以及共犯处理等四个方面明确了本问题的具体处理意见。

（1）关于性质认定。《办理国家出资企业中职务犯罪案件意见》第1条第1款明确规定，该类行为应以贪污罪定罪处罚。对此，有种意见认为，改制中隐匿资产的原因较为复杂，有些是为了给改制重组后的企业发展提供一个有利条件；隐匿资产并转为改制后的公司、企业所有，主观目的是为改制后的企业谋取利益，而非个人谋利；个人股权不同于个人财产，将公司财产转为个人财产存在诸多限制，与表现为个人侵占财产的贪污行为尚有一定差距；以贪污罪定罪处罚，容易导致罪刑失衡，引发职工就业、社会稳定等问题。建议此类行为造成严重后果的，以渎职犯罪处理；未造成严重后果的，可不作为犯罪处理。《办理国家出资企业中职务犯罪案件意见》未采纳这一意见，主要理由是：

①依法从严惩处符合国家有关政策精神。中央和国务院相关文件一再强调要把国有企业反腐倡廉工作摆上突出位置，不断加大产权交易这一腐败易发多发领域的案件查处工作。早在 2003 年《国务院办公厅转发国务院国有资产监督管理委员会关于规范国有企业改制工作意见的通知》中即明确要求："对国有资产监督管理机构工作人员、企业领导人员利用改制之机转移、侵占、侵吞国有资产的，隐匿资产、提供虚假会计资料造成国有资产流失的，营私舞弊、与买方串通低价转让国有产权的，严重失职、违规操作、损害国家和群众利益的，要进行认真调查处理。其中涉嫌犯罪的，依法移交司法机关处理……"

②以贪污罪定罪处罚具有法律依据。此类行为的基本特征是财产所有权已经发生转移，国有资产已经受到实质侵害，且处于行为人的实际控制之下。对于贪污罪中非法占有，不应狭隘地理解为非法据为己有。行为人将隐匿资产转归改制后企业所有或者处分给其他股东，属于对赃物的具体处置，不影响行为性质的认定。所以，此类行为具有明显的非法侵占国有资产的主观故意，客观上行为人已经实际控制了非法利益，符合《刑法》关于贪污罪的本质规定。

③以贪污罪定罪处罚具有一定的实践基础。对此类行为以贪污罪处理，在以往的司法实践中不乏先例。比如，上海王一兵贪污案、江苏束兆龙贪污案经最高人民法院刑二庭编撰后先后于 2004 年、2005 年作为参考案例在《人民法院报》公布。当前对于此类行为的严重危害性以及应当依法治罪在实践中已渐成共识，实践中关注更多的是数额计算、既未遂认定等技术性问题。《办理国家出资企业中职务犯罪案件意见》关于定性问题的规定，不过是对司法实践一般做法的确认。

④对行为人追究刑事责任有可能对改制后企业的经营和发展造成一定的影响，但该问题属于政策把握问题，《办理国家出资企业中职务犯罪案件意见》已经充分注意并作了相应规定。至于追究刑事责任是否会引

发社会稳定问题，有必要一分为二地看待。

在具体适用本款规定时，应当注意以下问题：

第一，本款规定的行为在客观方面需同时具备两个要件。一是行为人在改制后的企业拥有股份，否则一般应以渎职犯罪处理（见《办理国家出资企业中职务犯罪案件意见》第 4 条规定）；二是属于个人或者少数管理层的行为，如出于改制前企业的单位意志，改制后职工均享利益的行为，一般应以私分国有资产罪论处（见《办理国家出资企业中职务犯罪案件意见》第 2 条规定）。

第二，本款规定的行为在主观方面需出于故意。只有采取弄虚作假的手段故意隐匿、侵吞国有资产的行为才构成本款规定的犯罪。改制过程中因工作失误造成资产流失，比如因财务账册、资产管理方面的原因造成资产清查不全面、不准确，资产评估价格偏低或者漏估等，或者经地方政府同意将国有资产处分给改制后企业，行为人未实施故意隐匿企业财产的行为，因不符合贪污罪的基本特征要件，不能以贪污罪定罪处罚，其中符合渎职犯罪构成要件的，可以渎职犯罪追究刑事责任。为避免理解上出现偏差，防止打击面的不当扩大，《办理国家出资企业中职务犯罪案件意见》第 1 条第 4 款特别规定："在企业改制过程中未采取低估资产、隐瞒债权、虚设债务、虚构产权交易等方式故意隐匿公司、企业财产的，一般不应当认定为贪污；造成国有资产重大损失，依法构成刑法第一百六十八条或者第一百六十九条规定的犯罪的，依照该规定定罪处罚。"

第三，隐匿债权不影响贪污罪的认定。实践中利用职务便利，在企业改制过程中隐瞒改制企业已到期或未到期债权进而非法占有的现象较为多发。此类行为能否以贪污罪定罪处罚，《办理国家出资企业中职务犯罪案件意见》起草过程中有过争议，其中争议的焦点在于债权能否成为贪污罪的对象。一种意见认为债权不属于贪污罪的对象，理由是：《刑法》规定贪污罪的对象是公共财物，对公共财物的范围也作了详细说明，其中并未包括债权；不能直接将"债"等同于"物"，债权只是一种请求权，属于财产性利益；债权具有不确定性，债权能否实现，债权能否转化为财产权，债权人能否实际取得财物，取决于债务人是否实际履行债务；根据罪刑法定原则，在《刑法》没有明确规定的情况下，不宜将债权纳入贪污罪的对象。经研究，基于下列理由，我们认为债权可以成为贪污罪的对象：①民法上区分债权和物权，主要体现的是两者在表现形式和实现方式上的差别，并不否认两者均属于实体性经济利益。从企业的资产构成上看，不仅包括资金、厂房、设备等，也包括了企业的债权等财产性利益。②债权是一项受法律保护、具有可预期性的财产性利益。债权被隐瞒、侵占，已经给债权人造成了事实上的利益损失。债权的最终实现情况如何，并不能改变这一事实。③刑事司法判断侧重于实质性而非形式性判断，刑法中的财物包括财产性利益，已为刑事司法实践广泛认可。比如，《最高人民法院、最高人民检察院关于办理商业贿赂刑事案件适用法律若干问题的意见》规定，商业贿赂中的财物，包括可以用金钱计算数额的财产性利益。基于此，《办理国家出资企业中职务犯罪案件意见》明确，低估资产、隐瞒债权、虚设债务、虚构产权交易等均属隐匿企业财产的具体行为方式。

（2）关于贪污数额的计算。隐匿改制企业的财产归改制后企业所有，意味着该隐匿财产将为转制后企业的全体股东共享，而非行为人所独有。基于这一特点，实践中对于此种情形贪污数额的认定存在不同意见。为此，《办理国家出资企业中职务犯罪案件意见》明确："贪污数额一般应当以所隐匿财产全额计算；改制后公司、企业仍有国有股份的，按股份比例扣除归于国有的部分。"正确理解本规定，需注意把握以下几点：

①原则上应全额计算。对此，有观点主张以行为人在改制后企业所占股份比例计算贪污数额。理由是：《刑法》规定贪污数额应以"个人贪污数额"计算；行为人没有完全占有所隐匿财产，也不可能将置于改制后企业中的财产全部占为己有，其实际占有的是其股份所代表的资产，

要求行为人对隐匿财产全额负责并不公平；此类行为实际上同时触犯了贪污和滥用职权两个犯罪，属于想象竞合犯，应择一重罪处罚，滥用职权所造成的国家损失在量刑时可予酌情考虑，但不应计入贪污数额。经研究，《办理国家出资企业中职务犯罪案件意见》规定，原则上应以行为人隐匿财产的全额计算贪污数额，理由如下：

第一，《刑法》中规定的"个人贪污数额"是针对单个人犯罪这一基本犯罪形态而言的，在认定贪污数额时应注意避免机械理解。对此，《审理经济犯罪座谈会纪要》已有明确说明，个人贪污数额"在共同贪污犯罪案件中应理解为个人所参与或者组织、指挥共同贪污的数额，不能只按个人实际分得的赃款数额来认定"。

第二，前述观点将《刑法》中的"非法占有"等同于"非法占为己有"，割裂了行为与结果间因果关系的整体性，未能充分反映国有资产损失的实际情况，不能全面评价对此类行为的危害后果。

第三，此类行为本质上属于贪污行为，人为将其拆解为贪污和滥用职权两个行为，与客观实际不符。非法占有与赃物处分并行不悖，只要未经所有权人同意而非法处置，永久排除所有权人对财物享有的所有权的，即构成非法占有。至于赃物的最终归属，不影响行为性质的认定。

第四，至于责任承担上的公平性问题，应当具体案件具体分析，个人所占股份比例情况，在量刑时可予酌情考虑，但不得据此随意更改数额认定的一般规则。此外，实践中还存在按照在案被起诉的共同参与人所占全部比例计算贪污数额的情形，此做法同样是错误的，应予纠正。

②作为例外，国有股份所占比例部分可予扣除。在坚持全额认定的基础上，对于改制后公司、企业仍保留有国有股份的，认定贪污数额时可按比例扣除归于国有的部分。其基本立足点在于是否造成了国有资产损失。

③行为人在改制前企业已经占有股份的，不影响贪污数额的认定。对此，有意见提出，行为人在改制前企业占有股份的，在认定贪污数额

时应按照其所占份额作相应扣减，否则，与贪污罪所要求的非法占有他人财产这一本质特征不符。《办理国家出资企业中职务犯罪案件意见》未采纳这一意见，主要考虑是：①该意见混淆了股权和企业法人财产权两个概念。股东出资后依法享有出资者的权利，但对其出资不再享有所有权，更无权直接处分企业财产。企业作为民事行为主体，具有独立的财产权，行为人非法侵占企业财产，同样属于侵占他人财产。②所侵占的企业财产，与行为人的股权并无直接对应关系，其股权利益并不因为侵占行为而必然遭受相应的损失。

9. 如何认定贪污罪的既遂与未遂

贪污罪是直接故意犯罪，存在着未遂形态，但对于贪污罪既遂与未遂的区分标准问题，理论界和实务部门均有不同认识，主要有四种观点：一是以行为人是否实际取得公共财物作为区分标准；二是以财物所有人或者持有人是否失去对公共财物的控制作为区分标准；三是以行为人是否取得对财物的控制权作为区分标准；四是以财物所有人或者持有人是否失去对财物的控制并被行为人所实际控制作为区分标准。

对此，2003 年 11 月 13 日下发的《审理经济犯罪座谈会纪要》第 2 条第 1 项明确规定，贪污罪是一种以非法占有为目的的财产性职务犯罪，与盗窃、诈骗、抢夺等侵犯财产罪一样，应当以行为人是否实际控制财物作为区分贪污罪既遂与未遂的标准。对于行为人利用职务上的便利，实施了虚假平账等贪污行为，但公共财物尚未实际转移，或者尚未被行为人控制就被查获的，应当认定为贪污未遂。行为人控制公共财物后，是否将财物据为己有，不影响贪污既遂的认定。

前述《办理国家出资企业中职务犯罪案件意见》第 1 条第 2 款，在《审理经济犯罪座谈会纪要》有关规定的基础上进一步明确，国家出资企业改制过程中，行为人隐匿公司、企业财产，转为本人持有股份的改制后公司、企业所有的，"所隐匿财产在改制过程中已为行为人实际控制，或者国家出资企业改制已经完成的，以犯罪既遂处理"。

司法实践中，适用前述《审理经济犯罪座谈会纪要》和《办理国家出资企业中职务犯罪案件意见》的相关规定，适用本款规定，应注意把握以下几点：

（1）企业改制已经完成可作为判断贪污既遂的条件。《办理国家出资企业中职务犯罪案件意见》对《审理经济犯罪座谈会纪要》所主张的"控制说"进行了适当发展。较之于"控制说"的一般立场，《办理国家出资企业中职务犯罪案件意见》部分借鉴吸收了"失控说"的有关主张，即在实际控制之外增加了国家出资企业改制已经完成的可以认定为犯罪既遂。对此，有意见提出，企业改制已经完成不必然意味实际控制，建议删去该部分内容。经研究，"控制说"立场较为稳妥，是多数情况下应予坚持的一项认定标准，但是在具体适用时要注意避免机械理解。企业改制有其特殊性，表现为企业改制完成以后，原国有出资人已经退出，改制前企业已为改制后企业取代，所隐匿财物已"无人"监管，也"无法"归还，《办理国家出资企业中职务犯罪案件意见》从被改制企业和国资监管部门已经失去控制的角度，将企业改制已经完成的情形推定为犯罪既遂，有其合理性和必要性，故未作修改。

（2）贪污债权并非不能成立既遂。有意见认为，表现为隐匿债权的贪污行为较为特殊，隐匿债权并不意味着实际控制了债权背后的财物，故隐匿债权的行为，应以贪污未遂处理。我们认为，债权往往是企业改制过程中贪污罪的犯罪对象，尽管以债权为对象的贪污行为具有一定的特殊性，但不能将贪污债权的行为一概按未遂处理。首先，债权尚未实现的，根据控制说标准通常可以认定为贪污未遂；其次，债权尚未实现，但企业改制已经完成的，同样有必要认定为贪污既遂，因为不同于其他情形的贪污行为，此种情形下国有资产的损失业已造成。

（3）贪污不动产不应以是否办理了产权变更登记手续作为既未遂的认定标准。不动产与动产在所有权的设立、转让方式上有所不同，《物权法》（已失效）规定不动产实行登记转让制度。据此，有意见认为，未对不动产的产权进行变更登记的，意味着不动产所有人依然依法享有不动产的所有权，故贪污不动产应以是否办理了产权变更登记手续作为贪污罪的既未遂认定标准。我们认为，该意见注意到了不动产移转的特殊性，但是片面强调这种法律意义上的移转明显不妥。

首先，《刑法》上非法占有与《物权法》（已失效）上的合法所有有所不同，非法占有目的的实现并不以得到法律确认为条件，是否在法律上取得了不动产的所有权，并不能对事实上已占有不动产的认定构成障碍，实际上，通过登记所达成的法律意义上的移转，因其行为的违法性在民法上同样无效。而在民法上不具有合法性的赃款赃物、违禁品等，却同样可以成为财产犯罪的对象。

其次，《最高人民法院、最高人民检察院关于办理受贿刑事案件适用法律若干问题的意见》规定："国家工作人员利用职务上的便利为请托人谋取利益，收受请托人房屋、汽车等物品，未变更权属登记或者借用他人名义办理权属变更登记的，不影响受贿的认定。"尽管该规定针对的是受贿，但其精神同样适用于贪污等财产犯罪。所以，贪污不动产的既未遂认定，关键问题不在于是否仍需适用"控制说"标准，而是在于如何结合不动产移转的特殊性稳妥地把握和认定是否形成了实际控制。办理了变更登记手续或者在事实上转移了占有的，均可认定为贪污既遂。

10. 如何认定共同贪污犯罪

司法实践中，共同贪污犯罪认定中的焦点问题是，国家工作人员与非国家工作人员勾结共同非法占有单位财物的行为如何定性。由于情况比较复杂，往往引发究竟认定构成贪污罪还是职务侵占罪的争议。为解决此问题，最高人民法院 2000 年 6 月 30 日发布了《关于审理贪污、职务侵占案件如何认定共同犯罪几个问题的解释》，对实践中遇到的有关共同贪污、职务侵占犯罪的具体定性问题作了规范。

《最高人民法院关于审理贪污、职务侵占案件如何认定共同犯罪几个问题的解释》确定了三条原则：第一，行为人与国家工作人员勾结，利用国家工作人员的职务便利，共同侵吞、窃取、骗取或者以其他手段非法占有公共财物的，以贪污罪共犯论处。第二，行为人与公司、企业或者其他单位的人员勾结，利用公司、企业或者其他单位人员的职务便利，共同将该单位财物非法占为己有，数额较大的，以职务侵占罪共犯论处。第三，公司、企业或者其他单位中，不具有国家工作人员身份的人与国家工作人员勾结，分别利用各自的职务便利，共同将本单位财物非法占为己有的，按照主犯的犯罪性质定罪。

在理解与适用上述三条原则时，争议较大的是第三条原则。主要难点在于，在难以区分主犯、从犯的情况下，如何解决定性问题？对此，实践中曾存在不同意见：一种意见认为，对于国家工作人员和非国家工作人员应以贪污罪和职务侵占罪分别定罪；第二种意见认为，应将职务高的认定为主犯，在职务相同时，将与被占有财物联系更密切的人认定为主犯，然后按照主犯的犯罪性质定罪；第三种意见认为，应统一定贪污罪。

显然，分别定罪的意见忽视了共同犯罪的整体性，也不符合《刑法》第382条第3款规定的"与国家工作人员或者受委托管理、经营国有财产的人员勾结，伙同贪污的，以贪污共犯论处"的规定，在实践中也容易因定罪量刑标准的不同而出现处罚不公的情况，殊不可取。第二种意见实际上是在提供一种主犯的认定方法，但该方法失于片面，不具科学性，只能是一种权宜之计。鉴此，《审理经济犯罪座谈会纪要》规定，对于在公司、企业或者其他单位中，非国家工作人员与国家工作人员勾结，分别利用各自的职务便利，共同将本单位财物非法占有的，应当尽量区分主从犯，按照主犯的犯罪性质定罪。如果各共同犯罪人在共同犯罪中的地位、作用相当，难以区分主从犯的，可以贪污罪定罪处罚。

九十三、挪用公款罪

第三百八十四条 国家工作人员利用职务上的便利，挪用公款归个人使用，进行非法活动的，或者挪用公款数额较大、进行营利活动的，或者挪用公款数额较大、超过三个月未还的，是挪用公款罪，处五年以下有期徒刑或者拘役；情节严重的，处五年以上有期徒刑。挪用公款数额巨大不退还的，处十年以上有期徒刑或者无期徒刑。

挪用用于救灾、抢险、防汛、优抚、扶贫、移民、救济款物归个人使用的，从重处罚。

（一）概述

1. 概念和构成要件

挪用公款罪，是指国家工作人员利用职务上的便利，挪用公款归个人使用，进行非法活动，或者挪用公款数额较大、进行营利活动，或者挪用数额较大、超过 3 个月未还的行为。

挪用公款罪的构成要件和主要特征是：

（1）本罪的客体是国家工作人员的职务廉洁性以及公共财产的占用、使用、收益权，即行为人在一定时间内，利用职务便利，对公共财产予以占有、使用，从而侵犯了公共财产所有权中的部分权利。

（2）本罪的客观方面表现为行为人实施了利用职务上的便利，挪用公款归个人使用，进行非法活动，或者挪用数额较大的公款进行营利活动，或者挪用数额较大的公款超过 3 个月未还的行为。本罪的行为方式包括三种：

一是挪用公款归个人使用，进行非法活动。这是指挪用公款进行赌博、吸毒、嫖娼和其他非法经营、放高利贷等为国家法律、行政法规所禁止的行为。根据 2016 年《最高人民法院、最高人民检察院关于办理贪污贿赂刑事案件适用法律若干问题的解释》（以下简称《办理贪污贿赂刑事案件解释》）的规定，挪用公款进行非法活动追诉标准为 3 万元，没有挪用时间的要求。

二是挪用公款归个人使用，进行营利活动，并且数额较大。这是指挪用公款归自己或者给他人进行经营性活动，包括用于做生意、买股票或者将公款存入银行等金融机构，以获取利润、利息收入等。将挪用的公款用于注册公司、企业或者归还个人在经营活动中的欠款，属于进行营利活动。根据 2016 年《办理贪污贿赂刑事案件解释》的规定，"数额较大"以 5 万元为起点，同时也没有挪用时间上的要求。

三是挪用公款归个人用于上述非法活动、营利活动以外的用途，并且数额较大，超过 3 个月未还。这种情况的追诉标准既要求挪用公款达到一定数额（也是以 5 万元为起点），同时也要求挪用公款达到一定时间。

本罪的犯罪对象是公款。"公款"除货币外，还包括股票、债券、国库券等有价证券、金融凭证。2003 年《最高人民检察院关于挪用失业保险基金和下岗职工基本生活保障资金的行为适用法律问题的批复》规定，挪用失业保险基金和下岗职工基本生活保障资金的，属于挪用救济款物。挪用失业保险基金和下岗职工基本生活保障资金，情节严重，致使国家和人民群众利益遭受重大损害的，对直接责任人员，应当依照《刑法》第 273 条的规定，以挪用特定款物罪追究刑事责任；国家工作人员利用职务上的便利，挪用失业保险基金和下岗职工基本生活保障资金归个人使用，构成犯罪的，应当依照《刑法》第 384 条的规定，以挪用公款罪追究刑事责任。按照《最高人民检察院关于国家工作人员挪用非特定公物能否定罪的请示的批复》规定，挪用非特定公物归个人使用的行为，不以挪用公款罪论处，如构成其他犯罪的，依照刑法的相关规定定罪处罚。

（3）本罪的主体是国家工作人员。

（4）本罪的主观方面是故意，即明知是自己的行为侵犯了公款的占有权、使用权和收益权以及职务行为的廉洁性，而希望或者放任这种结果的发生。过失不构成本罪。

2. 法定刑

依照《刑法》第384条的规定，犯挪用公款罪的，处五年以下有期徒刑或者拘役；情节严重的，处五年以上有期徒刑。挪用公款数额巨大不退还的，处十年以上有期徒刑或者无期徒刑。

挪用用于救灾、抢险、防汛、优抚、扶贫、移民、救济款物归个人使用的，从重处罚。

根据《办理贪污贿赂刑事案件解释》第5条的规定，挪用公款归个人使用，进行非法活动，数额在3万元以上的，应当依照《刑法》第384条的规定以挪用公款罪追究刑事责任；数额在300万元以上的，应当认定为《刑法》第384条第1款规定的"数额巨大"。具有下列情形之一的，应当认定为《刑法》第384条第1款规定的"情节严重"：（1）挪用公款数额在100万元以上的；（2）挪用救灾、抢险、防汛、优抚、扶贫、移民、救济特定款物，数额在50万元以上不满100万元的；（3）挪用公款不退还，数额在50万元以上不满100万元的；（4）其他严重的情节。

根据《办理贪污贿赂刑事案件解释》第6条的规定，挪用公款归个人使用，进行营利活动或者超过3个月未还，数额在5万元以上的，应当认定为《刑法》第384条第1款规定的"数额较大"；数额在500万元以上的，应当认定为《刑法》第384条第1款规定的"数额巨大"。具有下列情形之一的，应当认定为《刑法》第384条第1款规定的"情节严重"：（1）挪用公款数额在200万元以上的；（2）挪用救灾、抢险、防汛、优抚、扶贫、移民、救济特定款物，数额在100万元以上不满200万元的；（3）挪用公款不退还，数额在100万元以上不满200万元的；（4）其他严重的情节。

根据《最高人民法院关于审理挪用公款案件具体应用法律若干问题的解释》（以下简称《审理挪用公款案件解释》）第5条规定，"挪用公款数额巨大不退还的"，是指挪用公款数额巨大，因客观原因在一审宣判前不能退还的。

根据《审理挪用公款案件解释》第2条规定，挪用正在生息或者需要支付利息的公款，数额较大，超过3个月但在案发前全部归还本金的，可以从轻处罚或者免除处罚。给国家、集体造成的利息损失应予追缴。挪用公款数额巨大，超过3个月，案发前全部归还的，可以酌情从轻处罚。

对于挪用公款归个人使用，进行营利活动的，在案发前部分或者全部归还本息的，可以从轻处罚；情节轻微的，可以免除处罚。

（二）疑难问题精析

1. "挪用公款归个人使用"如何理解

挪用公款归个人使用是挪用公款罪的构成要件之一，也是罪与非罪的主要界限，对此问题，最高人民法院、最高人民检察院先后多次作出司法解释[①]，但司法实践中，在如何把握和理解"归个人使用"的问题上，仍存在很多争议。鉴于司法机关对法律规定的挪用公款"归个人使用"的含义认识不一致，2002年4月28日全国人大常委会审议通过了《关于刑法第三百八十四条第一款的解释》，该立法解释的文字表述和解释对象与以前司法解释不完全一致，由于立法解释的效力高于司法解释，故挪用公款归个人使用的认定应依据全国人大常委会的立法解释。根据《全国人民代表大会常务委员会关于〈中华人民共和国刑法〉第三百八十四条第一款的解释》的规定，挪用公款"归个人使用"包括以下三种情形：

（1）将公款供本人、亲友或者其他自然人使用。挪用公款罪侵犯的客体是单位对于公款的使用权，其实质是将单位的公款置于个人的支配

---

① 包括1989年11月《最高人民法院、最高人民检察院关于执行〈关于惩治贪污罪贿赂罪的补充规定〉若干问题的解答》（已失效）、1998年4月29日，最高人民法院针对修订后的《刑法》发布了《关于审理挪用公款案件具体应用法律若干问题的解释》、最高人民法院于2001年10月17日发布了《关于如何认定挪用公款归个人使用有关问题的解释》（已失效）。

之下，也就是公款私用。对于第一种挪用公款归个人使用的情形，即将公款供本人、亲友或者其他自然人使用，司法实践中争议不大。"供本人使用"是指挪用人私自将自己经手或者管理的公款拿出给自己使用，包括用于婚丧嫁娶、买房子、炒股票等；"供亲友使用"是指挪用人私自将自己经手或者管理的公款借给自己的亲戚或者朋友使用；"供其他自然人使用"是指挪用人私自将自己经手或者管理的公款借给除亲戚、朋友以外的其他自然人使用。[①] 将公款供本人、亲友或者其他自然人使用的，无论本人、亲友还是其他自然人，相对于单位而言，都是个人。这是一种典型的挪用公款归个人使用的表现形式。[②]

（2）以个人名义将公款供其他单位使用。对于该种情形，核心是正确理解"以个人名义"的含义，它是指打着个人的旗号。实践中多表现在单位的出借款条上或者其他提供款项的文件上签的是个人的名字，且无单位的公章。这样虽然把单位的公款借给了其他单位，但手续上反映的却是个人把钱借出。[③] 在实践中，判断是否以"个人名义"要紧紧抓住挪用公款罪的实质是将单位公款非法置于个人的支配之下，即公款私用。故认定是否属于"以个人名义"，不能只看形式，要从实质上把握。对于行为人逃避财务监管，或者与使用人约定以个人名义进行，或者借款、还款都以个人名义进行，将公款给其他单位使用的，应认定为"以个人名义"。并且，"归个人使用"既包括行为人私自将自己经手或者管理的公款以个人名义借给其他单位使用，也包括虽然经过集体决定的方式，但行为人以自己的名义，而不是以单位的名义将公款借给其他单位使用。

---

① 参见王尚新、王宁：《关于对刑法第二百九十四条第一款和第三百八十四条第一款的立法解释的理解与适用》，载中华人民共和国最高人民法院刑事审判第一、二、三、四、五庭主办：《中国刑事审判指导案例（挪用公款罪）》，法律出版社 2019 年版，第 425 页。

② 参见黄太云：《关于〈中华人民共和国刑法〉第三百八十四条第一款的解释的背景说明及具体理解》，载中华人民共和国最高人民法院刑事审判第一、二、三、四、五庭主办：《中国刑事审判指导案例（挪用公款罪）》，法律出版社 2019 年版，第 424 页。

③ 参见黄太云：《关于〈中华人民共和国刑法〉第三百八十四条第一款的解释的背景说明及具体理解》，载中华人民共和国最高人民法院刑事审判第一、二、三、四、五庭主办：《中国刑事审判指导案例（挪用公款罪）》，法律出版社 2019 年版，第 424 页。

这种情况下，行为人个人实际上对公款进行了控制和支配，是利用单位的钱为自己做人情，使借款的单位承行为人个人的情，实质上属于行为人自己使用了公款。[①]

根据以上分析我们认为，具有下列情形之一的可以认定为"以个人名义将公款供其他单位使用"：一是通过本人或者其他自然人将公款挪出后转给其他单位使用的；二是通过虚构付款事由等方式规避财务监管，将公款从单位账上提供给其他单位使用的；三是将单位应收账款截留并提供给其他单位使用的。

（3）个人决定以单位名义将公款供其他单位使用，谋取个人利益。个人决定以单位名义将公款供其他单位使用，谋取个人利益，是指挪用人自己决定将自己经手或者管理的公款以单位名义借给其他单位使用，既包括行为人在职权范围内将公款借给其他单位，也包括行为人超越职权，擅自将公款借给其他单位。"谋取个人利益"是指挪用人自己从中谋取利益的行为，既包括合法利益也包括非法利益；既包括财产性利益，也包括非财产性利益，例如，招工、升学、升职等利益。但是，这里的"个人利益"指的是具体的利益，而不是指行为人与用款单位的负责人互相认识、关系不错、是好朋友等。个人利用职权决定以单位名义将公款供其他单位使用，自己又没有从中谋取个人利益，不构成挪用公款罪，但因用款单位无力还款，给单位造成重大损失的，对挪用人可以以渎职罪追究刑事责任。[②]

2. 挪用公款用途的认定问题

挪用公款用途不同，其构成犯罪的条件也不同，因此，公款的用途或流向对于挪用公款罪的认定有着重要意义。下面分几种情况分析：

---

① 参见王尚新、王宁：《关于对刑法第二百九十四条第一款和第三百八十四条第一款的立法解释的理解与适用》，载中华人民共和国最高人民法院刑事审判第一、二、三、四、五庭主办：《中国刑事审判指导案例（挪用公款罪）》，法律出版社 2019 年版，第 425~426 页。

② 参见黄太云：《关于〈中华人民共和国刑法〉第三百八十四条第一款的解释的背景说明及具体理解》，载中华人民共和国最高人民法院刑事审判第一、二、三、四、五庭主办：《中国刑事审判指导案例（挪用公款罪）》，法律出版社 2019 年版，第 424~425 页。

（1）挪用人和使用人不一致的情况。针对这种情况，《审理挪用公款案件解释》规定，挪用公款给他人使用，不知道使用人用公款进行营利活动或者用于非法活动，数额较大、超过 3 个月未还的，构成挪用公款罪；明知使用人用于营利活动或者非法活动的，应当认定为挪用人挪用公款进行营利活动或者非法活动。

（2）挪用公款以后归还贷款或归还他人的借款。如果行为人挪用公款用于归还个人贷款或者私人借款的，应当根据行为人贷款或者私人借款的具体用途，认定其挪用公款的性质。如果个人贷款或者私人借款用于营利活动或者用于非法活动的，对其挪用行为应当视为挪用公款进行营利活动或者非法活动。[①]

（3）挪用公款用于注册公司企业。挪用公款用于注册公司、企业的，应当认定为挪用公款进行营利活动，因为注册公司、企业的行为是为营利活动作准备，是进行营利活动的组成部分。

（4）挪用公款后尚未投入实际使用的行为性质认定。挪用公款后尚未投入实际使用的，如果行为人事先有明确的具体目的，且有证据证明，则应当根据事先的目的认定其挪用公款的用途；如果没有证据证明行为人将挪用公款用于营利活动或者非法活动的，应当根据从轻原则，只有具备数额较大和超过 3 个月未还的构成要件，才能认定挪用公款罪。[②]

3. 国家工作人员利用职务上的便利，用本单位公款为自己或他人提供担保的，如何认定

国家工作人员利用职务上的便利，用本单位公款为自己或他人提供担保，担保权人在债权无法实现时对担保物有请求权，事实上使得公款处于丧失的风险之中，认定为挪用公款没有问题。2003 年《全国法院审

[①] 熊选国：《〈关于审理挪用公款案件具体应用法律若干问题的解释〉的理解与适用（一）》，载中华人民共和国最高人民法院刑事审判第一、二、三、四、五庭主办：《中国刑事审判指导案例（挪用公款罪）》，法律出版社 2019 年版，第 429 页。

[②] 熊选国：《〈关于审理挪用公款案件具体应用法律若干问题的解释〉的理解与适用（一）》，载中华人民共和国最高人民法院刑事审判第一、二、三、四、五庭主办：《中国刑事审判指导案例（挪用公款罪）》，法律出版社 2019 年版，第 429 页。

理经济犯罪案件工作座谈会纪要》指出，挪用金融凭证、有价证券用于质押，使公款处于风险之中，与挪用公款为他人提供担保没有实质的区别，符合《刑法》关于挪用公款罪规定的，以挪用公款罪定罪处罚，挪用公款数额以实际或者可能承担的风险数额认定。最高人民法院、最高人民检察院 2010 年《关于办理国家出资企业中职务犯罪案件具体应用法律若干问题的意见》指出："国家出资企业的工作人员在公司、企业改制过程中为购买公司、企业股份，利用职务上的便利，将公司、企业的资金或者金融凭证、有价证券等用于个人贷款担保的，依照刑法第二百七十二条或者第三百八十四条的规定，以挪用资金罪或者挪用公款罪定罪处罚。"

4. 挪用公款数额认定问题

（1）多次挪用公款是指挪用公款两次以上的行为。虽然在我国《刑法》和有关司法解释中"多次"一般指三次以上，但"多次挪用公款"中的"多次"，应理解为"两次以上"，如果机械地理解为"三次以上"，将无法处理两次挪用公款时的数额计算问题。事实上，我国《刑法》中的"对多次……的，按照累计……数额计算"的表述中，"多次"均应理解为"两次以上"，如《刑法》第 347 条"对多次走私、贩卖、运输、制造毒品，未经处理的，毒品数量累计计算"，第 383 条"对多次贪污未经处理的，按照累计贪污数额处罚"，这里的"多次"均包括两次在内。[1]

（2）多次挪用公款的数额认定。多次挪用公款的分两种情况：一种情况是多次挪用公款不还的，数额累计计算，挪用时间应从挪用公款数额累计达到追究刑事责任的起点之日起认定并计算。另一种情况是行为人挪用公款后，以后次挪用的公款还前次挪用的公款，挪用公款的数额如何计算？过去在司法实践中做法不一致，《审理挪用公款案件解释》第 4 条对此作了明确规定，多次挪用公款，并以后次挪用的公款归还前次挪用的公款，挪用公款数额以案发时未还的实际数额认定。理解上述规定，需要注意以

---

① 陈兴良主编：《刑法各论精释（下）》，人民法院出版社 2015 年版，第 1112 页。

下问题：

①挪用公款的时间以挪用公款的数额达到构成犯罪的标准之日开始计算。②解释规定的"案发时未还的实际数额"，实际上是指案发时，行为人挪用公款的总数额扣除了已经归还的数额，不能简单地理解为如果案发时行为人全还了就不定罪。例如，行为人在案发时用自己的钱还了前面挪用的15万元，挪用公款数额仍是15万元，只不过可以认定为行为人案发前已经全部归还了挪用的公款。③正确认定"以后次挪用的公款归还前次挪用的公款"的情形。如果行为人第一次挪用公款5万元，第二次又挪用了5万元，挪用5万元以后不是挪用后次还前次，而是挪用以后做生意，赚了钱以后把前面那次还了。这种情况挪用公款的数额还是要累计计算，因为他是通过赚的钱来还前一次，不属于拆东墙补西墙的情形，其主观恶性与社会危害性与司法解释规定的情形有较大差别，数额应当累计计算。①

（3）挪用公款进行营利活动的数额认定。挪用公款进行营利活动后已经归还的部分应当计入挪用公款罪的犯罪数额中。挪用公款进行营利活动行为的定性不受公款是否归还的限制，行为人将挪用的公款全部用于营利活动的，即使在案发前将部分挪用的款项归还，该已归还的部分仍应计入挪用公款罪的犯罪数额中。认定挪用公款进行营利活动的情形中，行为人非法获取的利润不应计算为挪用公款的数额。如行为人挪用公款购买股票获利5万元，获利的5万元不属于挪用公款数额，但该5万元属于违法所得，要依法追缴。

5. 如何认定"挪用公款数额巨大不退还"

最高人民法院《审理挪用公款案件解释》规定："'挪用公款数额巨大不退还的'，是指挪用公款数额巨大，因客观原因在一审宣判前不能退

---

① 熊选国：《〈关于审理挪用公款案件具体应用法律若干问题的解释〉的理解与适用（二）》，载中华人民共和国最高人民法院刑事审判第一、二、三、四、五庭主办：《中国刑事审判指导案例（挪用公款罪）》，法律出版社 2019 年版，第 437 页。

还的。"理解上述规定，需要注意以下问题：

（1）不归还的时间限制在一审宣判前。挪用公款不退还的时间过去界定在侦查终结前，当时的背景是挪用公款不退还按贪污罪处理，后来挪用公款不退还《刑法》修改为按挪用公款罪来处理，为了最大限度地为国家挽回损失这个角度来鼓励犯罪分子积极退赃，所以在挪用公款解释中把不退还的时间改为一审宣判前。另外，挪用公款数额巨大不退还指在一审宣判前不退还的数额巨大，如果挪用数额巨大，但一审宣判前退还后数额达不到巨大的标准，将不适用这一条，这一条讲的是在一审宣判前实际上、客观上还有巨大的公款没有退还，且未退还的公款达到了数额巨大的标准。①

（2）挪用公款数额巨大不退还的，限定于因客观原因不能退还的情况。如果行为人主观上不想退还的，如行为人将挪用的公款存入银行拒不交出的，就说明行为人已从挪用公款的故意，转化为非法占有的目的，应当按照贪污罪定罪处罚。②

6. 挪用公款罪与贪污罪如何区分

（1）挪用公款罪与贪污罪的一般区分。挪用公款罪与贪污罪是具有不同社会危害性的两种犯罪，两罪的区别主要表现在：一是主观故意的内容不同。贪污罪的主观故意是非法占有公共财物，不准备归还；而挪用公款罪的主观故意是暂时占有并使用公款，打算以后予以归还。二是两者的行为方式不同。贪污罪在客观上表现为使用侵吞、盗窃、骗取等方法将公共财物据为己有，由于行为人往往采取销毁、涂改、伪造单据、账目等手段，故在现实生活中难以发现公共财物已经被非法侵吞；而挪用公款罪的行为表现为擅自决定动用本单位公款，虽然有时也采取一些

① 熊选国：《〈关于审理挪用公款案件具体应用法律若干问题的解释〉的理解与适用（一）》，载中华人民共和国最高人民法院刑事审判第一、二、三、四、五庭主办：《中国刑事审判指导案例（挪用公款罪）》，法律出版社2019年版，第437页。
② 熊选国：《〈关于审理挪用公款案件具体应用法律若干问题的解释〉的理解与适用（二）》，载中华人民共和国最高人民法院刑事审判第一、二、三、四、五庭主办：《中国刑事审判指导案例（挪用公款罪）》，法律出版社2019年版，第437页。

欺骗手段，但一般不采用侵吞、盗窃、骗取手段。在挪用公款案件中，行为人通常会在账面上留下痕迹，甚至会留下借款凭证，没有平账举动，因而通过查账一般能够发现公款被挪用的事实。

（2）携带挪用的公款潜逃行为的定性。根据《审理挪用公款案件解释》第6条的规定，携带挪用的公款潜逃的，依照刑法关于贪污罪的规定定罪处罚。对该解释的理解，应注意以下问题：

①挪用公款罪和贪污罪的本质区别是主观方面是否具有非法占有的目的，对该条司法解释的理解和运用要紧紧抓住两罪主观方面的区别，按照主客观相统一的原则，只有在挪用公款的故意及行为已经发生转变的情况下才能认定构成贪污罪。例如，行为人挪用公款后案发，由于客观原因不能归还，行为人畏罪潜逃的，仍应认定为挪用公款罪。再比如，行为人挪用公款后携带小部分公款潜逃，但又和家人联系准备筹钱还款而在外地被抓获。这种情况下，因行为人显然没有非法占有挪用的公款的故意和非法占有目的，故不能机械地按照司法解释的规定认定贪污罪。

②行为人携带所挪用的全部公款潜逃，则全额认定贪污。行为人携带所挪用的部分公款潜逃的，对携带的部分公款定贪污罪，对未携带的部分公款没有明显转移并非法据为己有的，应以挪用公款罪处罚，并与贪污行为实行数罪并罚。

③虽然贪污罪和挪用公款罪的关键区别在于行为人的主观心理状态，但是犯罪主观方面的判断离不开行为、结果等客观事实。因此，若有充分证据证实行为人采取了贪污的手段使其所挪用的公款不能在财务账目上得到反映的，其行为应当以贪污罪论处。例如，行为人挪用公款后采取虚假平账、销毁账目等手段，使所挪用的公款已难以在单位财务账目上反映出来，且没有归还行为，应当以贪污罪定罪处罚。又如，行为人截取单位收入不入账，非法占有，使所占有的公款难以在单位财务账目上反映出来，且没有归还行为的，也应当以贪污罪定罪处罚。

（3）有能力归还挪用的公款而拒不归还行为的认定。行为人有能力归还所挪用的公款而拒不归还，并隐瞒公款去向的，应当以贪污罪定罪处罚。

7. 挪用公款罪与挪用资金罪如何区分

挪用公款罪与挪用资金罪的区分主要体现在主体和行为对象，实践中争议最大的就是二者在主体之间的区别。挪用公款罪的主体是特殊主体，即只由国家工作人员构成；挪用资金罪的主体是公司、企业或其他单位中从事一定管理性职务的人员。对于国有公司、企业或其他单位的工作人员，或者国有单位委派到非国有单位依法从事公务的人员，利用职务上的便利，挪用本单位资金或者借贷给他人的行为，应按挪用公款罪论处，对此实践中争议不大。对于受国家机关、国有公司、企业、事业单位、人民团体委托，管理经营国有财产的非国家工作人员，利用职务上的便利，挪用资金归个人使用构成犯罪的，以挪用公款罪还是挪用资金罪定罪处罚实践中有不同的意见。有意见认为上述受国家机关等委托管理经营国有资产的人属于贪污罪的主体，目的是强化对国有资产的保护。上述人员挪用公款同样侵犯了国有财产，故应当依照挪用公款罪定罪处罚。我们认为，贪污罪382条第2款属于特殊规定，是一种法律拟制，不宜随意扩大，否则将会导致司法实践的混乱，违反罪刑法定原则。对于受国家机关、国有公司、企业、事业单位、人民团体委托，管理经营国有财产的非国家工作人员，利用职务上的便利，挪用资金归个人使用构成犯罪的，应认定为挪用资金罪。

国有单位领导利用职务上的便利指令具有法人资格的下级单位将公款供个人使用的，属于挪用公款行为，构成犯罪的，应以挪用公款罪定罪处罚。理由在于，上级单位的领导对于下级单位有职务上的上下级关系，实际上是利用了自己的职务便利。而挪用公款并没有限于挪用本单位的公款。《刑法》上的挪用资金罪要求挪用本单位的资金，而挪用公款并没有规定是挪用本单位的公款。例如，万国英受贿、挪用公款案，[①]就是这种情况。被告人万国英原系甘肃省白银有色金属公司的副经理，不具有直接经管、支配疗养院及滨河贸易公司财产的权力，但是作为白银公司主管疗养院的副经理，在职务上对疗养院具有管理职权，其打电话给疗养院院长李某，提出"借"款5万元供自己炒期货使用，正是利用了他主管疗养院的职权实施的挪用公款行为，成立挪用公款罪。但是，他的下属单位疗养院的人是否构成挪用公款罪，还要具体分析。如果下级单位人员与上级单位领导共谋，给上级领导挪用公款出谋划策，帮助上级单位领导完成挪用公款的，下级单位人员已具有帮助上级单位领导挪用公款的主观故意和行为，应以挪用公款罪共犯论处；如果下级单位人员不知道上级单位领导划拨款项的真实意图，仅仅出于执行上级单位领导的指示而办理划拨手续的，下级单位人员不应承担刑事责任；如果上级单位的领导将挪用公款的意图告诉下级单位人员，下级单位人员迫于上级单位领导的压力而挪用公款归上级领导使用的，一般也不宜以挪用公款罪论处，构成渎职犯罪的，依照《刑法》有关规定处理。

8.挪用公款挪而未用的行为的认定

一般情况下，挪用公款行为和擅自使用公款行为是同时发生的，但在一些案件中，发生了"挪而未用"的情况，行为人"挪"公款的行为与"用"公款的行为是分离的，挪用公款后由于各种原因尚未投入实际使用的情形，对此情形的处理主要有三种意见：第一种意见认为，挪用公款罪以"归个人使用"为构成要件，这说明挪用公款罪的构成必须具有"挪"后并且"使用"的行为；无论以何种方式使用了公款，必须实际进行了"使用"，否则就不构成挪用公款罪。第二种意见认为，"挪而未用"的情形属于挪用公款未遂。第三种意见认为，行为人虽然没有实

---

① 李祥民：《万国英受贿、挪用公款案——利用职务上的便利借用下级单位公款进行营利活动能否构成挪用公款罪》，载中华人民共和国最高人民法院刑事审判第一、二、三、四、五庭主办：《中国刑事审判指导案例（挪用公款罪）》，法律出版社2019年版，第207~209页。

际使用公款，但同样造成了公款失控的后果，侵犯了国有单位对公款的使用权和收益权，影响了国家工作人员职务行为的廉洁性，应当以挪用公款罪论处。本书认为第三种意见较为合理，理由如下：

一方面，从词义上分析，挪用公款应当理解为"为了'用'而'挪'"，"挪"是挪用公款罪客观方面的行为要素，而"用"是一种目的要素，属于该罪主观方面的构成要素。另一方面，只要行为人挪动了公款并使公款脱离了单位的控制，就侵犯了单位对该款项的占有、使用和收益权，破坏了公款所有权的完整性，同时也侵犯了国家工作人员职务行为的廉洁性。司法认定中不应等待行为人将挪出的款项使用之后，才确认危害后果的发生。行为人挪出公款后，即使未及使用，只要具备法律规定的其他要件，完全可以认定其构成挪用公款罪既遂。①

9. 挪用公款罪的未遂形态的认定

挪用公款罪的未遂形态的认定与挪用公款的用途密切相关，对于挪用公款用于营利活动或非法活动，已经着手实行了"挪"的行为，但尚未使公款脱离单位控制，由于被及时揭发等行为人意志以外的原因，最终没有将公款挪至个人的控制之下，这种情况构成挪用公款罪未遂。如果出现这样的案件，必须证明行为人意欲将公款用于营利活动或者非法活动的主观目的。

行为人挪用公款之目的是将公款用于合法的非营利活动，则不存在犯罪未遂，因为刑法上有"超过3个月"的时间条件。未超过3个月的，不构成犯罪；超过3个月的，构成犯罪既遂。总之，挪用公款后尚未投入实际使用的，只要同时具备"数额较大"和"超过3个月未还"的构成要件，就应当认定为挪用公款罪。

10. 如何认定挪用公款罪的共同犯罪

《审理挪用公款案件解释》第8条规定："挪用公款给他人使用，使

---

① 参见熊选国等：《职务型经济犯罪疑难问题对话录（十五）》，载《人民法院报》2005年8月10日。

用人与挪用人共谋，指使或者参与策划取得挪用款的，以挪用公款罪的共犯定罪处罚。"理解解释的上述规定，要注意以下两个问题：

（1）使用人在什么情况下构成挪用公款罪的共犯？是否认定为共犯，要坚持《刑法》总则关于共同犯罪的认定标准，即双方存在共同的故意并共同实施了犯罪行为。根据解释的规定，使用人构成挪用公款罪的共犯主要有两种情况：一是使用人与挪用人共同策划挪用公款，然后他自己用。例如，使用人需要钱，然后和国家工作人员两人共同策划怎么从他单位挪用公款给自己用，他参与了共同策划。二是使用人指使挪用人挪用公款。这两种情况构成挪用公款罪的共同犯罪，其他的情况不构成共同犯罪。实践中比较多的是使用人没有参与策划挪用公款，但他知道是挪用的公款仍然使用，或者他开始不知道这笔钱是挪用的公款，后来知道了这笔钱是挪用的公款仍然继续使用，对使用人如何处理？我们认为，这种情况使用人不能构成挪用公款罪的共同犯罪，因为挪用人实施挪用公款行为的时候他没有参与，这时挪用公款的行为已经实施完毕，无法按共同犯罪来处理。司法解释对这种情况没有规定，但对于明知道是挪用的公款而使用，情节严重的，可以考虑按掩饰、隐瞒犯罪所得、犯罪所得收益罪追究刑事责任。[①]

（2）第三人是否可以构成挪用公款罪的共犯？司法实践中，有的人不是使用人，也不是挪用人，是第三人，类似于介绍挪用公款。例如，甲、乙、丙三人是好朋友，甲找乙借钱，乙主动劝说他去找丙，让丙给甲挪用点公款，后来丙确实给甲挪用了公款，乙是否构成犯罪？我们认为，这种情况实际上符合共同犯罪的原理，乙尽管没有得到好处，但实际上他参与了挪用公款的犯罪，可以考虑按挪用公款罪共同犯罪来处

[①] 熊选国：《〈关于审理挪用公款案件具体应用法律若干问题的解释〉的理解与适用（二）》，载中华人民共和国最高人民法院刑事审判第一、二、三、四、五庭主办：《中国刑事审判指导案例（挪用公款罪）》，法律出版社 2019 年版，第 439~440 页。

理。[①]

11. 挪用公款罪的追诉时效从何时起算

2003 年《最高人民法院关于挪用公款犯罪如何计算追诉期限问题的批复》指出，挪用公款罪的追诉期限从挪用公款罪成立之日起算；挪用公款行为有连续状态的，犯罪的追诉期限应当从最后一次挪用行为实施完毕之日或者犯罪成立之日起计算。理解该批复，需要注意以下问题：

（1）追诉期限的确定和计算与每一种犯罪的不同形态紧密相连，挪用公款是一种行为犯，"挪"是行为，"用"是目的，公款一经被挪出，挪用公款行为已经完成，"用"只是为了区分贪污罪和挪用公款罪，其挪用的目的不是非法占有，而是使用公共财物。

（2）对于挪用公款数额较大，超过 3 个月未还的行为的追诉期限，要从犯罪成立之日起计算。

---

① 熊选国：《〈关于审理挪用公款案件具体应用法律若干问题的解释〉的理解与适用（二）》，载中华人民共和国最高人民法院刑事审判第一、二、三、四、五庭主办：《中国刑事审判指导案例（挪用公款罪）》，法律出版社 2019 年版，第 440 页。

九十四、受贿罪

第三百八十五条 国家工作人员利用职务上的便利，索取他人财物的，或者非法收受他人财物，为他人谋取利益的，是受贿罪。

国家工作人员在经济往来中，违反国家规定，收受各种名义的回扣、手续费，归个人所有的，以受贿论处。

第三百八十六条 对犯受贿罪的，根据受贿所得数额及情节，依照本法第三百八十三条的规定处罚。索贿的从重处罚。

第三百八十八条 国家工作人员利用本人职权或者地位形成的便利条件，通过其他国家工作人员职务上的行为，为请托人谋取不正当利益，索取请托人财物或者收受请托人财物的，以受贿论处。

第一百六十三条第三款 国有公司、企业或者其他国有单位中从事公务的人员和国有公司、企业或者其他国有单位委派到非国有公司、企业以及其他单位从事公务的人员有前两款行为的，依照本法第三百八十五条、第三百八十六条的规定定罪处罚。

（一）概述

1. 概念和构成要件

受贿罪，是指国家工作人员利用职务上的便利，索取他人财物的，或者非法收受他人财物，为他人谋取利益的行为，以及利用本人职权或者地位形成的便利条件，通过其他国家工作人员职务上的行为，为请托人谋取不正当利益，索取请托人财物或者收受请托人财物的行为。

受贿罪的构成要件和主要特征是：

（1）本罪侵犯的客体，是国家机关和国有公司、企业、事业单位、人民团体的正常工作秩序和国家的廉政建设制度，包括国家工作人员职务行为的廉洁性。

（2）本罪的客观方面表现为利用职务上的便利，索取他人财物的，或者非法收受他人财物，为他人谋取利益；或者利用本人职权或者地位形成的便利条件，通过其他国家工作人员职务上的行为，为请托人谋取不正当利益，索取请托人财物或者收受请托人财物。

权钱交易是受贿罪的本质特征。行为人没有相应职务，或者没有利用职务上的便利收受财物的，不构成受贿罪。"利用职务上的便利"，既包括利用本人职务上主管、负责、承办某项公共事务的职权，也包括利用职务上有隶属、制约关系的其他国家工作人员的职权。担任单位领导职务的国家工作人员通过不属自己主管的下级部门的国家工作人员的职务为他人谋取利益的，应当认定为"利用职务上的便利"为他人谋取利益。按照《刑法》规定，受贿有两种形式：一种是"索取他人财物"，是指行为人直接、公开或者暗示向他人索要财物。索取他人财物的索贿行为，构成受贿罪，不以行为人为被索取财物者谋取利益为条件，但同样要求国家工作人员利用职务便利。此时的职务便利主要表现在被索贿人的对象有求于国家工作人员的职务行为，或者国家工作人员事实上正在或者已经在履行职务行为，比如负责项目招投标的国家工作人员对准备或者正在参与投标的企业就存在职务便利。构成索贿需要索贿人和被索贿人对索要的财物即贿赂款作为职务行为的对价具有认知。另一种是"非法收受他人财物"，是指行为人允诺或者默许为他人谋取利益，接受他人主动给予财物的行为。

国家工作人员在经济往来中，违反国家规定，收受各种名义的回扣、手续费，归个人所有的，以受贿论处。

《刑法》第388条规定："国家工作人员利用本人职权或者地位形成的便利条件，通过其他国家工作人员职务上的行为，为请托人谋取不正当利益，索取请托人财物或者收受请托人财物的，以受贿论处。"这里的"利用本人职权或者地位形成的便利条件"，是指行为人与被其利用的国家工作人员之间在职务上虽然没有隶属、制约关系，但是行为人利用了本人职权或者地位产生的影响和一定的工作联系，如单位内不同部门的国家工作人员之间、上下级单位没有职务上隶属、制约关系的国家工作人员之间、有工作联系的不同单位的国家工作人员之间等。"通过其他国家工作人员职务上的行为",是指行为人本人没有直接为请托人谋取利益（因其不具有这种职务便利），而是让其他国家工作人员利用职务上的便利，为请托人谋取不正当利益。对上述行为"以受贿论处"，就是指按受贿罪定罪处罚。对此类以受贿论处的案件，"索贿"的也应当有为请托人谋取不正当利益的条件。司法实践中，对这类受贿行为以受贿罪定罪处罚，应当同时援引《刑法》第388条的规定和《刑法》第385条的规定。

（3）本罪的主体是特殊主体，即只能由国家工作人员构成。

（4）本罪的主观方面是直接故意。间接故意和过失不构成本罪。

2.法定刑

依照《刑法》第386条的规定，犯受贿罪的，根据受贿所得数额及情节，依照《刑法》第383条贪污罪的规定处罚。索贿的从重处罚。

（二）疑难问题精析

1.如何认定"利用职务上的便利"

（1）如何把握"利用职务上的便利"的具体形态？"利用职务上的便利"是受贿罪的法定构成要件，对"利用职务上的便利"的理解要结合受贿罪"权钱交易"的本质特征。

《全国法院审理经济犯罪案件工作座谈会纪要》（以下简称《审理经济犯罪座谈会纪要》）规定："刑法第三百八十五条第一款规定的'利用职务上的便利'，既包括利用本人职务上主管、负责、承办某项公共事务的职权，也包括利用职务上有隶属、制约关系的其他国家工作人员的职权。担任单位领导职务的国家工作人员通过不属自己主管的下级部门的国家工作人员的职务为他人谋取利益的，应当认定为'利用职务上的便利'为他人谋取利益。"根据该规定，受贿罪中"利用职务上的便利"包括以下两种情况：第一，利用本人职权，即利用国家工作人员本人主管、负责、承办某项公共事务的职权。通常是指利用国家工作人员本人职务范围内的职权，这是最典型的利用职务上的便利，实践中对此问题争议不大。第二，利用职务上有隶属、制约关系的其他国家工作人员的职权。职权之间的隶属、制约关系主要表现在一方的指令、意志对另一方具有法律上或者事实上的较强的约束力、强制力和影响力，使得一方在特定条件下不得不从、不敢不从、很难不从，以至于国家工作人员在利用有隶属、制约关系的人的职权时可以视为在利用自己的职权或者在利用本人职权派生的权力。隶属与制约之间的差异也主要体现在这种职权关系的紧密度、从属性、权力位阶关系上存在差异，典型的隶属关系表现为上下级、上下级单位的领导、被领导和管理、被管理关系，而典型的制约关系则表现为权力之间存在制约与被制约、监督与被监督、影响与被影响的关系。隶属和制约关系主要有以下常见情形：

①担任领导职务的国家工作人员利用自己分管、主管的下属国家工作人员的职权。通常是指利用国家工作人员的领导权、指挥权，即处于领导地位的国家工作人员在其主管、分管的业务范围内，具有一定领导权和指挥权，可以命令、指使下属、下级国家工作人员作出一定的职务行为，或者命令、指使下属、下级国家工作人员不作出本应作出的一定职务行为，为请托人谋利益，而索取或收受请托人财物。比如 B 市财政局副局长利用其分管部门的工作人员的职权，市委书记利用本市国土局长的职权，国有公司董事长 A 利用其全资子公司的董事长 B 的职权等。

②担任领导职务的国家工作人员利用不属自己分管、主管的下级部门的国家工作人员的职权。如同一法院分管刑庭的副院长与同一法院的民庭庭长的关系，分管财政工作的副省长与本省教育厅的工作人员的关系。在这种关系中，行为人不是直接利用本人的职权为他人谋利益，而是利用自己作为本单位、本区域领导对其他下级工作人员的客观上存在的制约力。这种制约力不仅仅是官阶、等级影响力，更可能表现为作为单位、区域领导，其在整个单位、区域的人事、组织、业务决策中的话

语权会对其他下级人员产生实实在在的影响力。

③上级领导机关普通工作人员利用对下级机关工作人员的制约力。行为人系上级领导机关的普通工作人员，其特殊的地位决定了他对该领导机关辖区范围内的下级部门及其工作人员有一定的制约关系，行为人利用这样的制约关系为请托人谋利益，同样属于受贿。这种上下级的制约力应该根据特定情况进行狭义理解，最典型的是"条线"意义上的领导与被领导关系。如上级政府的办公厅普通工作人员与下级政府的办公厅包括领导在内工作人员之间。上级政府的办公厅普通工作人员与下级政府的财政局的工作人员之间一般不能认定为存在制约关系。是否存在制约关系，还是要结合实际情况考量。如省教育厅的处长，接受他人请托，利用省属某大学校长的职权将请托人的孩子招收入校。有的观点认为此种情形不属于"利用职务上的便利"，而是《刑法》第388条"利用本人职权或者地位形成的便利条件"。我们认为，对此种情况进行正确判断的关键是，行为人的职务对下级单位或者下级单位的国家工作人员有无实际制约力。形式上，教育厅的处长与大学校长之间，很难说有规范意义上的领导与被领导的关系，并且大学校长的行政级别还可能比行为人高，但是现实的体制是，只要是上级部门的工作人员到下属单位，就是上级单位的"领导"，会对下级单位有一定的制约力。所以，通常可认定为"利用职务上的便利"。如果客观上不存在制约力，那就要考虑是否属于《刑法》第388条规定的"斡旋受贿"了。

④利用存在制约关系的非从属性机关、部门的国家工作人员的职权。这种情况主要是指平级机关、平级部门或者级别上存在上下之分但非从属的机关、部门之间存在制约关系的情况。比如同级纪委监委与其他国家机关之间，派驻纪检部门与本单位其他部门之间，检察机关刑事执行检察部门与监管场所之间，同级组织、人事、财政、部门与本级、下级其他单位和部门之间等。这些机关、单位之间并不存在隶属关系，而是有监督与被监督、利害影响关系。当然并不是这些单位、部门之间的所

有人员之间都存在制约关系，也还需要看具体情况，尤其普通工作人员之间认定存在制约关系还要看具体的职务、职责。

⑤利用有制约关系非国家工作人员的职权。无论是利用职务上的便利，还是利用本人职权或者地位形成的便利条件，如果不是利用个人直接的职权，都要求国家工作人员通过其他国家工作人员，并利用其他国家工作人员职务上行为为他人谋利。国家工作人员利用非国家工作人员的职权为请托人谋利而收受请托人财物的，一般不能认定为受贿罪，比如某市市长接受他人请托要求本市某私营企业老总向请托人采购货物。但是在特定条件下，如果国家工作人员基于本人职权与非国家工作人员之间存在客观的、具体的、实际的制约关系，则可以理解为实际上是利用本人所拥有的公权力为请托人谋利。例如某市安监局的科长，负责某重点基建工程的安全监督。接受他人请托后，与承包基建工程的某工程公司总经理商量，将该工程的土方业务转包给了请托人，为此收受了请托人的 10 万元。此情况与居于上级领导地位的国家工作人员通过下级国家工作人员为请托人谋利益的情况是同样性质，只不过被利用的对象不是国家工作人员罢了。①

受贿犯罪中的利用职务上的便利的表现形式多种多样，这里无法一一穷尽。我们既要防止把"利用职务上的便利"作限制解释，也不能将其无限扩大，判断的标准是根据受贿罪权钱交易的本质，结合行为人所在单位的级别、所属权力的性质看行为人的职权对相关事项的实际影响力、制约力。

（2）如何区分"利用职务上的便利"与"利用本人职权或者地位形成的便利条件"？"利用本人职权或地位形成的便利条件"是《刑法》第388 条规定的斡旋受贿客观方面的重要条件。《审理经济犯罪座谈会纪要》规定："刑法第三百八十八条规定的'利用本人职权或者地位形成的便利条件'，是指行为人与被其利用的国家工作人员之间在职务上虽然没有隶

---

① 参见孙国祥：《受贿罪"利用职务上的便利"新论》，载《法学论坛》2011 年第 6 期。

属、制约关系，但是行为人利用了本人职权或者地位产生的影响和一定的工作联系，如单位内不同部门的国家工作人员之间、上下级单位没有职务上隶属、制约关系的国家工作人员之间、有工作联系的不同单位的国家工作人员之间等。"利用职权地位形成的便利条件是索取或收受财物的国家工作人员职权和被利用的国家工作人员职务行为存在一定的影响，但这种影响应当是间接的，如果能直接影响，则认为是利用职务便利，适用《刑法》第385条的规定。从实践来看，对职权地位形成的便利条件把握越来越严格，尤其行为人是纪检监察、组织、人事、财政等中央或省级机关高级领导干部时，其职权重大、广泛，可以认定为对全国或全省范围内的国家工作人员均有制约关系而不仅仅是影响关系。

2. 如何认定"为他人谋取利益"

"为他人谋取利益"是收受型受贿的法定构成要件，该构成要件的性质是客观要件还是主观要件，在我国刑法理论和司法实践中素有争议。《审理经济犯罪座谈会纪要》对"为他人谋取利益"的认定进行了规定，2016年4月18日《最高人民法院、最高人民检察院关于办理贪污贿赂刑事案件适用法律若干问题的解释》（以下简称《办理贪污贿赂刑事案件解释》）第13条进一步明确了"为他人谋取利益"的情形，对以往司法解释既有继承又有超越。《办理贪污贿赂刑事案件解释》第13条第1项明确规定，承诺为他人谋取利益即可认定为为他人谋取利益，是否着手为他人谋取利益以及为他人谋利事项是否既已完成均在所不问，既不影响定罪也不影响既遂的认定。这一规定来源于《审理经济犯罪座谈会纪要》，纪要规定"为他人谋取利益"包括"承诺、实施和实现三个阶段的行为"，只要实施其一即可认定。实践中为他人谋取的利益是否正当，是否实现，不影响受贿罪的认定。第2项规定同样来源于纪要内容。《审理经济犯罪座谈会纪要》规定："明知他人有具体请托事项而收受其财物的，视为承诺为他人谋取利益。"本项规定的要点在于"具体请托事项"，只要收受财物与职务相关的具体请托事项建立起关联，即应以受贿犯罪处理。具体包括两种情况：一是行贿人告知受贿人具体请托事项，或者受贿人基于客观情况能够判断出行贿人有请托事项，受贿人收受对方财物的，虽然尚未实施具体谋取利益行为，也应认定为受贿人"为他人谋取利益"；二是受贿人知道或应当知道行贿人的具体请托事项，但并不想具体实施为对方谋取利益的行为，此种情形同样属于基于具体职务行为的权钱交易行为，公职人员的职务廉洁性同样受到侵害，故也应认定为受贿人"为他人谋取利益"。例如，徐放鸣受贿案，① 徐放鸣在明知他人所请托事项的前提下，仍收受他人所给予的财物，并在审批业务的过程中，没有提出过反对意见，使他人的目的得以实现。明知他人有具体请托事项而收受财物，应视为承诺为他人谋取利益，可认定为受贿罪。《办理贪污贿赂刑事案件解释》第13条第3项是针对事后受贿作出的新规定。履行职责时没有受贿故意，双方亦未就请托事项进行意思沟通，但在履行职责后收取他人财物的，只要该收受财物与其先前职务行为存在关联，其收受财物的行为同样侵犯了国家工作人员的职务廉洁性。对此规定曾有过不同意见，认为本项规定突破了"为他人谋取利益"的字面含义。《办理贪污贿赂刑事案件解释》作出这项规定，其主要考虑是：事前受贿和事后受贿没有实质不同，关键在于收受财物与具体职务行为有无关联，而不在于何者为因何者为果，也不在于时间先后。例如，陈晓受贿案，② 行为人利用职务之便为李剑峰谋取利益之后，先后收受李剑峰为表示答谢所送人民币33万元、港币15万元。虽然没有证据证明陈晓利用职务便利为李剑峰谋取利益是以收受对方的财物为目的，但事后陈晓收受财物时却明知李剑锋送财物是因为自己的行为使其获取了利益，其受贿的故意是明显的，应当认定为利用职务便利为他人谋取利益，构成受贿罪。

---

① 北京市高级人民法院（2006）高刑终字第633号，来源：《中国审判案例要览案例（2007年刑事审判案例卷）》。

② 参见《陈晓受贿案——事后收受财物能否构成受贿罪》，载中华人民共和国最高人民法院刑事审判第一、二、三、四、五庭主办：《中国刑事审判指导案例（受贿罪）》，法律出版社2019年版，第193~197页。

适用本项规定时需要注意以下两点：一是根据此前司法解释等文件的规定，国家工作人员离职、退休后收受财物，认定受贿需以离职、退休之前即国家工作人员身份存续期间有事先约定为条件。本项规定同样受此约束，不能认为本项规定修改了此前文件的规定。二是"事后"的时间间隔没有限制，但收受财物与履职事项之间应存在实质关联。

3. 如何区分受贿与借贷行为

借款是一种正当、合法的民事行为，与受贿有本质的区别。司法实践中，犯罪分子为了逃避制裁，常常把受贿狡辩、歪曲成"借款"，对此需注意甄别。对于国家工作人员利用职务上的便利，以借为名向他人索取财物，或者非法收受财物为他人谋取利益的，应当依法认定为受贿。根据《审理经济犯罪座谈会纪要》规定，认定时不能仅仅看是否有书面借款手续，应当根据以下因素综合判定：（1）有无正当、合理的借款事由；（2）款项的去向；（3）双方平时关系如何、有无经济往来；（4）出借方是否要求国家工作人员利用职务上的便利为其谋取利益；（5）借款后是否有归还的意思表示及行为；（6）是否有归还的能力；（7）未归还的原因；等等。

结合司法实践及《审理经济犯罪座谈会纪要》的相关精神，我们认为，在办理以借为名的受贿犯罪时，要着重分析以下四个方面的情况：

一是借款双方的身份、地位及相互之间的关系。要判断某一行为是民事借贷还是刑事受贿，借贷双方的职业、身份、地位、日常关系和经济往来情况是判断该借款行为是否涉嫌受贿的重要方面之一。比如借贷行为是发生亲戚、朋友之间还是发生在双方身份地位不对等，且在职务、地位等方面有制约、隶属或者管理和被管理的关系；双方平时关系好坏，有无借款的感情基础，双方日常交往多少、是否有过其他经济往来、有无债权债务关系等。

二是借贷过程的相关情况。重点是考察有无借条借据、有无约定借款利率和期限、借款理由是否真实、可信、钱款的去向、借贷是否公开、有无第三人在场或知情、借款交付方式尤其是大额借款是采用较方便的转账方式还是现金方式等。

三是借款归还情况。对借入方还款能力、归还意思表示、未还款原因、出借方是否有催款行为等，也是辨别正常民事借贷和"借款"型受贿犯罪的重要因素。

四是借款与履职行为有无内在联系。借款与履职行为之间的关系，是准确把握受贿犯罪"为他人谋取利益"要件的关键所在。因此，要重点考察在借款发生前后一定时间内，出借方是否有请托借入方利用职务便利为自己谋取利益的情况存在。如果存在该情况，借入方受贿主观故意存在的可能性就较大。

综上所述，认定以借为名的受贿犯罪，须结合受贿罪权钱交易的本质特征，从以上四个方面的因素进行关联性、综合性分析研究，以得出相应的判断结论。

4. 如何区分受贿与感情投资

2016年《办理贪污贿赂刑事案件解释》第13条第2款规定将特定情形的"感情投资"入罪，但是不是所有的"感情投资"都属于刑法评价的范围，在我国《刑法》没有规定赠贿、收受礼金方面的犯罪的情况下，受贿罪谋利要件的认定需要把握住一个底线，这个底线就是《审理经济犯罪座谈会纪要》确立的具体请托事项。鉴于此，纯粹的感情投资不能以受贿犯罪处理。对于日常意义上的"感情投资"，要在法律上作进一步区分：一种是与行为人的职务无关的感情投资；另一种是与行为人职务行为有着具体关联的所谓的"感情投资"。对于后者，由于双方在职务活动中日常而紧密的关系，谋利事项要么已经通过具体的职务行为得以实现，要么可以推断出给付金钱有对对方职务行为施加影响的意图，这种情况下只要能够排除正常人情往来的，同样应认定为受贿。基于这一理解，《办理贪污贿赂刑事案件解释》规定："国家工作人员索取、收受具有上下级关系的下属或者具有行政管理关系的被管理人员的财物价值三万元以上，可能影响职权行使的，视为承诺为他人谋取利益。"其中，"价值三万元以上"是为了便于实践掌握而对非正常人情往来作出的量化规定。该款规定充分考虑了与《中国共产党纪律处分条例》关于违纪收受礼金规定的衔接，将收受财物的对象限制在具有上下级关系的下属或者行政管理关系的被管理人，并加以金额3万元以上、可能影响职权行使的限制，较好地区分了受贿犯罪与正常人情往来以及违纪行为的政策法律界限。具体适用本款规定时，要注意把"价值三万元以上"和"可能影响职权行使"结合起来作整体理解：一方面，"价值三万元以上"可以累计计算，而不以单笔为限；另一方面，对于确实属于正常人情往来、不影响职权行使的部分，不宜计入受贿数额。①

5. 涉及股票受贿案件的认定

股票作为贿赂也较为常见。由于股票是一种价格波动较大的财物，作为贿赂的价值认定是实践中经常遇到的问题。根据《审理经济犯罪座谈会纪要》，在办理涉及股票的受贿案件时，应当注意：（1）国家工作人员利用职务上的便利，索取或非法收受股票，没有支付股本金，为他人谋取利益，构成受贿罪的，其受贿数额按照收受股票时的实际价格计算。在这种情况下，不管股票是升值还是贬值，均按照收受时的市场价值认定受贿数额，如果股票升值，升值部分应为孳息，予以追缴。（2）行为人支付股本金而购买较有可能升值的股票，由于不是无偿收受请托人财物，不以受贿罪论处。（3）股票已上市且已升值，行为人仅支付股本金，其"购买"股票时的实际价格与股本金的差价部分应认定为受贿。在这种情况下，实际上并不是按照市场正常的价值进行的交易，属于低价购买市值较高的财物的情形，差价部分应认定为受贿数额。比如不符合购买员工内部股的国家工作人员以员工股的价格购买了已经上市且已升值的股票的。以上仅是根据现有司法文件规定所作的原则性解读，实践中

① 裴显鼎等：《〈最高人民法院、最高人民检察院关于办理贪污贿赂刑事案件适用法律若干问题的解释〉的理解与适用》，载《人民司法》2016年第19期。

通过股票股权等进行利益输送的案件情况较为复杂，后续如有新的司法解释规定，应当按最新规定执行。

6. 以交易形式收受贿赂的认定

交易型受贿，是指国家工作人员利用职务便利，为请托人谋取利益，以明显低于市场价格购买，或者明显高于市场价格出售，或者通过其他交易形式与请托人进行交易，变相收受请托人贿赂的行为。2007 年 7 月，《最高人民法院、最高人民检察院关于办理受贿刑事案件适用法律若干问题的意见》（以下简称《办理受贿刑事案件意见》）规定："国家工作人员利用职务上的便利为请托人谋取利益，以下列交易形式收受请托人财物的，以受贿论处：（1）以明显低于市场的价格向请托人购买房屋、汽车等物品的；（2）以明显高于市场的价格向请托人出售房屋、汽车等物品的；（3）以其他交易形式非法收受请托人财物的。受贿数额按照交易时当地市场价格与实际支付价格的差额计算。"理解上述规定注意以下问题：

（1）市场价格的认定。对于市场价格应该根据交易市场、具体情形的不同综合确定：一是新商品交易市场中的市场价格。在房屋、汽车等新商品交易过程中，经销商所设定的市场销售价格仅具有参考价值，而真正具有决定意义的是交易过程中普遍存在的不同形式的折扣价格，也就是商品的实际销售价格。在这些价格中，往往存在一个事先设定的、针对社会上不特定大众的"最低优惠价格"。我们认为，可以以"最低优惠价格"来认定市场价格。二是二手商品市场价格的确定。低价购买二手房屋、汽车的情形中，存在两个"交易时"，即行贿人购买的第一次交易与受贿人购买的第二次交易。通说认为，应当以受贿人购买房屋、汽车的时间作为"交易时"来评估市场价格，符合主客观相一致的刑法原理。

（2）价格"明显"高于或低于市场价格的判断。在衡量"明显"时，可以从两个方面加以把握：一是看交易是否违背一般社会常理；二是衡量交易价格是否差价悬殊。这两方面的认知，均应按照社会一般公众基于基本生活常识的理解来判断。

7. 以干股形式收受贿赂的认定问题

近年来，司法实践中出现了利用公司股份行贿的案件，使得行贿更加复杂、手段也更加隐蔽，使具有权钱交易本质属性的贿赂犯罪披上了民事活动的合法外衣。为规制此类犯罪，《办理受贿刑事案件意见》规定了收受干股形式的受贿，《办理受贿刑事案件意见》指出："干股是指未出资而获得的股份。国家工作人员利用职务上的便利为请托人谋取利益，收受请托人提供的干股的，以受贿论处。进行了股权转让登记，或者相关证据证明股份发生了实际转让的，受贿数额按转让行为时股份价值计算，所分红利按受贿孳息处理。股份未实际转让，以股份分红名义获取利益的，实际获利数额应当认定为受贿数额。"根据《办理受贿刑事案件意见》规定，干股受贿犯罪分为"股权转让登记或股份实际转让"与"股份未实际转让"两种类型，并分别规定了受贿数额的认定规则。正确理解《办理受贿刑事案件意见》，需要注意以下问题：

（1）关于干股的理解。干股虽不是一个严格的法律术语，但基本内涵是明确的，主要有两种情形：一种是由他人实际出资、无偿转让的干股；另一种是没有资金依托的干股，其本身并无价值，其他股东的份额也无减损。后者不是严格意义上的干股，故《办理受贿刑事案件意见》规定"干股是指未出资而获得的股份"。[1] 干股除了具有"未出资而获得"的特征外，还需具备以下几个要素：一是股份价值必须真实存在，即股份在公司中必须有对应的真实资本依托；二是享有所有权或者真实股份对应的分红权；三是收受方不分担公司亏损。[2]

（2）干股型受贿的类型。根据《办理受贿刑事案件意见》的规定，干股型受贿包括两种类型，一种是转让型受贿；另一种是未转让型受贿。

---

① 刘为波：《〈关于办理受贿刑事案件适用法律若干问题的意见〉的理解与适用》，载中华人民共和国最高人民法院刑事审判第一、二、三、四、五庭主办：《中国刑事审判指导案例（受贿罪）》，法律出版社 2019 年版，第 451 页。

② 方明：《干股型受贿罪中几个疑难问题的辨析》，载《政治与法律》2016 年第 10 期。

对于转让型受贿，包括登记转让和实际转让两种形式。股权转让登记是常见形式，虽未登记但证据证明发生了实际转让的亦可认定实际转让，登记与否只是形式要件。尚未登记但签署股权转让协议或者双方就股权转让达成其他意思表示的，属于干股实际转让。[①]这样规定的主要考虑是刑事犯罪行为和民商事法律行为的认定上应当有所区分，前者强调客观事实，后者侧重法律形式的齐备。从实践来看，多数收受干股的行为均未履行相关的登记手续，如果强调登记要件，势必导致大量的受贿犯罪逃脱法网。同时为了避免打击面扩大，在事实转让认定上，《办理受贿刑事案件意见》强调必须具有相关的证据证明。

（3）干股型受贿数额的认定。《办理受贿刑事案件意见》根据干股型受贿类型的不同，确立了两种受贿数额的确定标准，即进行了股权转让登记，或者相关证据证明股份发生了实际转让的，受贿数额按转让行为时股份价值计算，所分红利按受贿孳息处理。股份未实际转让，以股份分红名义获取利益的，实际获利数额应当认定为受贿数额。对于前者，实际上属于由他人实际出资、无偿转让的干股，是具有价值的实质性的财物，由于股份不同于其他物品的特殊性及红利对于股份的依附性，红利不能作为犯罪数额认定，可视为非法所得处理；否则，如果经营亏损、股份价值贬损，则无法认定犯罪数额。对于后者，则属于无价值的名义上的干股，干股本身无价值，其他股东的份额也无减损，受贿人真实得到的是以赢利名义给付的红利，这也是其唯一收受的财物，因此，只能以实际获利数额认定为受贿数额。[②]

8. 以"合作开办公司"等形式收受贿赂的认定问题

以合作开办公司或者进行其他合作投资的名义收受请托人财物，是近几年来出现的新情况，主要有两种情况：

[①] 陈国庆：《新型受贿犯罪的认定与处罚》，法律出版社 2007 年版，第 31 页。

[②] 参见刘为波：《〈关于办理受贿刑事案件适用法律若干问题的意见〉的理解与适用》，载中华人民共和国最高人民法院刑事审判第一、二、三、四、五庭主办：《中国刑事审判指导案例（受贿罪）》，法律出版社 2019 年版，第 451 页。

第一，由请托人出资，国家工作人员"合作"开办公司或者进行其他"合作"投资。此情形类似于前述收受干股问题，与直接收受贿赂财物没有本质的区别，应以受贿处理。故《办理受贿刑事案件意见》规定，国家工作人员利用职务上的便利为请托人谋取利益，由请托人出资，"合作"开办公司或者进行其他"合作"投资的，以受贿论处。受贿数额为请托人给国家工作人员的出资额。

第二，以合作开办公司或者进行其他合作投资的名义，既没有实际出资也不参与管理、经营而获取所谓利润。此种情形，行为人没有获取所谓利润的任何正当理由，属于打着合作开办公司或者其他合作投资的名义行受贿之实的变相受贿行为。故《办理受贿刑事案件意见》规定，国家工作人员利用职务上的便利为请托人谋取利益，以合作开办公司或者其他合作投资的名义获取利润，没有实际出资和参与管理、经营的，以受贿论处。

应当注意到本条规定与《办理受贿刑事案件意见》第1条规定的交易型受贿在表述上的差异：第1条规定的是以交易形式；本条规定的是以合作开办公司或者进行其他合作投资的名义，并在相应措辞上加上了引号。这意味着，对于以交易形式收受贿赂的认定中，并不排除存在真实交易的成分，这也是第1条规定计算受贿数额时应将已支付价格扣除、按市场价格与实际支付价格的差额计算的理由所在。而根据本条规定，具有真实投资成分的情形，即便国家工作人员未实际参与管理、经营活动，也将被排除受贿罪的认定。以合作开办公司或者进行其他合作投资，是否构成受贿的认定，关键在于国家工作人员本人有无实际出资。《办理受贿刑事案件意见》之所以强调这一点，主要是因为该问题在现实生活中较为复杂，对于具有真实投资成分的情形不易细分和作出具体认定。

9. 以委托理财的名义收受贿赂的认定

委托理财是近年来我国逐渐兴起的投资理财的方式，对于实现客户资金的保值增值具有一定的作用，但也成为滋生腐败、权钱交易的新土壤。国家工作人员借委托请托人投资证券、期货或者其他委托理财的名义收受请托人财物的情况时有发生。为了打击这类犯罪,《办理受贿刑事案件意见》第4条对此作了规定:"国家工作人员利用职务上的便利为请托人谋取利益,以委托请托人投资证券、期货或者其他委托理财的名义,未实际出资而获取'收益',或者虽然实际出资,但获取'收益'明显高于出资应得收益的,以受贿论处。前一情形,以'收益'额计算;后一情形,以'收益'额与出资应得收益额的差额计算。"实践中,以投资理财名义收受贿赂的情形十分复杂,在计算受贿数额时,应当区分具体情况进行处理:

（1）国家工作人员未实际出资,由请托人出资以国家工作人员名义购买记名股票等证券,其受贿数额应当为请托人为购买该记名股票等证券的出资额。至于国家工作人员所得的股票等证券的收益,应按受贿孳息处理。

（2）国家工作人员未实际出资,由请托人出资为其购买无记名股票等证券,如果股票等证券获利后,请托人收回购买股票等证券的出资额,应以国家工作人员所持股票等证券的实际收益计算其受贿数额;如果请托人没有收回购买股票等证券的出资额,应以请托人购买股票等证券的出资额加上国家工作人员所持股票的实际收益计算受贿数额;案发时股票等证券还未转让出售的,应以案发时该股票等证券的市场行情计算受贿数额。

（3）国家工作人员并未实际出资,而委托请托人购买股票等证券,请托人也未交付股票等证券,而是直接将收益交付国家工作人员,这种情况下,无论请托人是否真正购买股票等证券,其交付给国家工作人员的资金即为受贿数额。例如梁晓琦受贿案,被告人梁晓琦利用职务上的便利,为请托人重庆中渝物业发展有限公司谋取利益,在始终未出资的情况下,委托该公司的总经理曾维才在香港为其购买股票,并获取收益50万元,其行为应以受贿论处。曾维才在梁晓琦始终未出资的情况下为梁晓琦购买了股票，但曾维才并未将股票交付给梁晓琦，而是直接将获利的人民币 50 万元交给了梁晓琦，故应认定梁晓琦在本次受贿中的受贿数额就是曾维才交给其的股票收益 50 万元人民币。[①]

10. 以赌博形式收受贿赂的认定

国家工作人员利用赌博活动收受钱物主要有两种情况：一是收受他人提供的赌资；二是通过与他人赌博的形式收受他人钱物。前者属于典型的收受贿赂，对于后者，《最高人民法院、最高人民检察院关于办理赌博刑事案件具体应用法律若干问题的解释》中明确规定该种行为应以受贿定性处理。实践中对此类行为的查证和具体认定应注意以下问题：

《办理受贿刑事案件意见》第 5 条列举了 4 个方面可资区分贿赂与赌博、娱乐活动的界限的参考因素，即赌博的背景、场合、时间、次数；赌资来源；其他赌博参与者有无事先通谋；输赢钱物的具体情况和金额大小。其中，赌博的背景、场合、时间、次数是指赌博的时机问题，包括以往有无共同赌博的经历，以此查证利用职务上的便利为请托人谋取利益与赌博两者间的客观因果关系。赌资来源是指国家工作人员用于赌博的钱款系本人自备还是请托人所提供，以此判断国家工作人员有无赌博、娱乐活动的真实意思。其他赌博参与者有无事先通谋是指在多人参与赌博的情况下，国家工作人员之外的其他参与人对于行贿、受贿双方的真实意思是否明知，包括其他参与人的赌资是否系行贿人提供，以此旁证行、受贿双方的真实意图。输赢钱物的具体情况和金额大小，主要是指国家工作人员赢取钱物是否出于对方配合的结果，以及输赢钱款较之于平时在数量上有无异常。应当注意到，这些因素本身不一定具有独立的判断意义，这里更多的是提供一个查证方向和认定思路。[②]

[①] 吴雯、华伟：《梁晓琦受贿案——收受无具体金额的会员卡、未出资而委托他人购买股票获利是否认定为受贿》，载中华人民共和国最高人民法院刑事审判第一、二、三、四、五庭主办：《中国刑事审判指导案例（受贿罪）》，法律出版社 2019 年版。

[②] 刘为波：《〈关于办理受贿刑事案件适用法律若干问题的意见〉的理解与适用》，载《人民司法》2007 年第 15 期。

11. 特定关系人"挂名"领取薪酬的认定

《办理受贿刑事案件意见》规定，国家工作人员利用职务上的便利为请托人谋取利益，要求或者接受请托人以给特定关系人安排工作为名，使特定关系人不实际工作却获取所谓薪酬的，以受贿论处。

（1）《办理受贿刑事案件意见》规定，特定关系人是指与国家工作人员有近亲属、情妇（夫）以及其他共同利益关系的人。据此，认定是否属于"特定关系人"，关键在于该第三人是否与国家工作人员有共同利益关系。对于共同利益关系的理解，应注意把握两点：一是共同利益关系主要是指经济利益关系，纯粹的同学、同事、朋友关系不属于共同利益关系；二是共同利益关系不限于共同财产关系，《办理受贿刑事案件意见》规定的特定关系人的范围，明显要宽于《审理经济犯罪座谈会纪要》基于共同财产关系所确定的近亲属的范围。

（2）特定关系人"挂名"领取薪酬的方式。①特定关系人不实际工作，"挂名"领取薪酬。②特定关系人虽然参与工作，但领取的薪酬明显高于该职务正常薪酬水平。

特定关系人正常工作和领取薪酬的，不能以犯罪处理。例如，周小华受贿案，[①] 被告人通过东迁建筑有限公司总经理董某富，安排其妻子张某仙的妹妹张某莲到东迁分公司担任会计，期间，张某莲在具有会计证的姐姐张某仙的帮助和指导下，完成了东迁分公司 2006 年度及 2007 年度的会计工作，东迁分公司总经理周某荣分别在 2006 年底及 2007 年底，先后两次以工资名义交付给行为人现金 3 万元。行为人拿到钱后将钱交给其妻子张某仙，张某仙将其中的一部分给予张某莲。对于这一事实，法院没有认定该 3 万元系行为人受贿所得。

12. 收受贿赂物品未办理权属变更问题

根据《民法典》物权编的有关规定，房屋、汽车等所有权的转移应

---

① 参见《周小华受贿案——特定关系人在受贿案件中的认定问题》，载中华人民共和国最高人民法院刑事审判第一、二、三、四、五庭主办：《刑事审判参考》(总第 70 集)，法律出版社 2010 年版。

当以办理权属变更手续为准。在刑事司法实践中，对于受贿收受房屋、汽车等未办理权属变更手续的是否认定为受贿有争议，《办理受贿刑事案件意见》对该问题予以了明确，规定："国家工作人员利用职务上的便利为请托人谋取利益，收受请托人房屋、汽车等物品，未变更权属登记或者借用他人名义办理权属变更登记的，不影响受贿的认定。"也就是说，收受房屋、汽车等不必须以办理权属变更手续为其成立要件。主要考虑是房产证等权属证书只是证明权利人对该房产拥有房产所有权，有房产证可以说明权利人对该房产拥有房产所有权，但没办房产证不能说明权利人对该房产就一定没有房产所有权。《刑法》上非法占有的认定标准与《民法典》上的合法所有的认定标准应当有所区别，非法占有目的的实现并不以得到法律上的确认为条件，是否在法律上取得对房屋、汽车等的所有权，并不能对事实上占有房屋、汽车等的认定构成障碍。反之，即便行贿人以受贿人的名义办理了产权证书，但未交付的，应当视情况分别认定为受贿未遂或者不构成受贿。故同时，考虑到未办理权属登记情形下受贿罪认定当中的潜在风险，《办理受贿刑事案件意见》特别强调认定以房屋、汽车等物品为对象的受贿，应注意与借用的区分。并规定，具体认定时，除双方交代或者书面协议之外，主要应当结合以下因素进行判断：（1）有无借用的合理事由；（2）是否实际使用；（3）借用时间的长短；（4）有无归还的条件；（5）有无归还的意思表示及行为。需要指出的是，这些因素是一个有机判断体系，在司法实践中应注意综合考虑。其中，核心精神有两点：一是有无借用的必要；二是有无归还的真实意思。[①]

13.关于收受财物后退还或者上交的认定和处理

《办理受贿刑事案件意见》规定，国家工作人员收受请托人财物后及时退还或者上交的，不是受贿。国家工作人员受贿后，因自身或者与其

---

① 刘为波：《〈关于办理受贿刑事案件适用法律若干问题的意见〉的理解与适用》，载《人民司法》2007年第15期。

受贿有关联的人、事被查处，为掩饰犯罪而退还或者上交的，不影响认定受贿罪。理解上述规定，注意以下问题：

（1）正确理解"及时退还或上交"的实质。《办理受贿刑事案件意见》之所以规定及时退还或上交不是受贿，其实质就在于行为人收受请托人财物的时候无相应的受贿故意。《办理受贿刑事案件意见》作出这样的规定不是把原本符合受贿罪犯罪构成的行为不当作犯罪处理，而是这种及时退还或上交的行为从根本上来说就不是受贿行为。如果行为人在收受请托人财物的时候就有了受贿故意，那么该行为就构成了受贿罪。不可能也不应该因为事后的补救行为而不作犯罪处理。

（2）如何理解"及时"。"及时退还或上交"中的"及时"不是一个纯粹的时间概念，即无法通过确定一个精确的时间点来表明何谓及时。而是通过行为人及时退还或上交的这一行为来表明行为人没有受贿故意，所以只能联系行为人是否具有受贿故意得出正确的结论。把握"及时"，应该符合：①主动性。也就是说退还或上交是行为人主动而为，而不是在听到风声或者为了掩饰犯罪而不得已退还上交。②彻底性。也就是说不能藏一半退一半或者抱有侥幸心理和观望态度，边收边退。③及时性。也就是说在一个合理的客观时间段内退还或上交，"及时"的实质就是用来推断行为人主观上没有受贿的故意。所以，不能简单地规定一个时间来给"及时"下定义，要求司法解释对"及时"作出一个时间上的界定的观点是不科学的。

14. 离退休或者离职国家工作人员收受财物的认定和处理

国家工作人员离退休或离职后收受请托人财物的行为因不符合受贿罪的主体身份和职权要素，一般不认定构成受贿罪。2007年《办理受贿刑事案件意见》在2000年《最高人民法院关于国家工作人员利用职务上的便利为他人谋取利益离退休后收受财物行为如何处理问题的批复》精神的基础上，规定了离退休或者离职国家工作人员构成受贿主要有两种情形：一是国家工作人员利用职务上的便利为请托人谋取利益之前或者之后，约定在离职后收受请托人财物，并在离职后收受的，以受贿论处。二是国家工作人员利用职务上的便利为他人谋取利益，离职前后连续收受他人财物的，离职后收受的部分也应计入受贿数额。对于第一种情形，形式上是收财于事后，实质上落实离职前的约定，犯意产生时仍具有国家工作人员身份，故符合受贿罪的一般构成。对于第二种情形，作为一个受贿的连续行为，将基于同一事由于离职后继续收受的财物计入受贿数额，符合连续犯的一般理论。故《办理受贿刑事案件意见》规定："国家工作人员利用职务上的便利为请托人谋取利益之前或者之后，约定在其离职后收受请托人财物，并在离职后收受的，以受贿论处。国家工作人员利用职务上的便利为请托人谋取利益，离职前后连续收受请托人财物的，离职前后收受部分均应计入受贿数额。"在理解第二种情形时，应注意坚持连续犯的认定标准，避免作扩大化解释，只有是基于一个概括的连续受贿意思的事后收受，才可以按照《办理受贿刑事案件意见》的规定处理。①

15. 商业贿赂犯罪中涉及受贿的认定

（1）医疗机构中的国家工作人员，在药品、医疗器械、医用卫生材料等医药产品采购活动中，利用职务上的便利，索取销售方财物，或者非法收受销售方财物，为销售方谋取利益，构成犯罪的，依照《刑法》第385条的规定，以受贿罪定罪处罚。

医疗机构中的非国家工作人员，有前款行为，数额较大的，依照《刑法》第163条的规定，以非国家工作人员受贿罪定罪处罚。

医疗机构中的医务人员，利用开处方的职务便利，以各种名义非法收受药品、医疗器械、医用卫生材料等医药产品销售方财物，为医药产品销售方谋取利益，数额较大的，依照《刑法》第163条的规定，以非国家工作人员受贿罪定罪处罚。

---

① 刘为波：《〈关于办理受贿刑事案件适用法律若干问题的意见〉的理解与适用》，载《人民司法》2007年第15期。

（2）学校及其他教育机构中的国家工作人员，在教材、教具、校服或者其他物品的采购等活动中，利用职务上的便利，索取销售方财物，或者非法收受销售方财物，为销售方谋取利益，构成犯罪的，依照《刑法》第385条的规定，以受贿罪定罪处罚。

（3）学校及其他教育机构中的非国家工作人员，有前款行为，数额较大的，依照《刑法》第163条的规定，以非国家工作人员受贿罪定罪处罚。

学校及其他教育机构中的教师，利用教学活动的职务便利，以各种名义非法收受教材、教具、校服或者其他物品销售方财物，为教材、教具、校服或者其他物品销售方谋取利益，数额较大的，依照《刑法》第163条的规定，以非国家工作人员受贿罪定罪处罚。

（4）收受银行卡的，不论受贿人是否实际取出或者消费，卡内的存款数额一般应全额认定为受贿数额。使用银行卡透支的，如果由给予银行卡的一方承担还款责任，透支数额也应当认定为受贿数额。

（5）办理贿赂犯罪案件，要注意区分贿赂与馈赠的界限。主要应当结合以下因素全面分析、综合判断：①发生财物往来的背景，如双方是否存在亲友关系及历史上交往的情形和程度；②往来财物的价值；③财物往来的缘由、时机和方式，提供财物方对于接受方有无职务上的请托；④接受方是否利用职务上的便利为提供方谋取利益。

16. 如何认定受贿罪的共同犯罪

受贿罪共同犯罪的认定亦应严格遵循共同犯罪认定的要件，即存在共同犯罪的故意并共同实施了犯罪行为。实践中的难点主要集中在非国家工作人员与国家工作人员构成共同犯罪的认定上。在这方面最高人民法院、最高人民检察院出台过一些司法解释性规范文件作了一些规定，例如，《审理经济犯罪座谈会纪要》规定，根据《刑法》关于共同犯罪的规定，非国家工作人员与国家工作人员勾结伙同受贿的，应当以受贿罪的共犯追究刑事责任。非国家工作人员是否构成受贿罪共犯，取决于双方有无共同受贿的故意和行为。国家工作人员的近亲属向国家工作人员代为转达请托事项，收受请托人财物并告知该国家工作人员，或者国家工作人员明知其近亲属收受了他人财物，仍按照近亲属的要求利用职权为他人谋取利益的，对该国家工作人员应认定为受贿罪，其近亲属以受贿罪共犯论处。近亲属以外的其他人与国家工作人员通谋，由国家工作人员利用职务上的便利为请托人谋取利益，收受请托人财物后双方共同占有的，构成受贿罪共犯。《办理受贿刑事案件意见》第7条第2款规定："特定关系人与国家工作人员通谋，共同实施前款行为的，对特定关系人以受贿罪的共犯论处。特定关系人以外的其他人与国家工作人员通谋，由国家工作人员利用职务上的便利为请托人谋取利益，收受请托人财物后双方共同占有的，以受贿罪的共犯论处。"综合《刑法》和以上规定，可以具体分为以下情况：

国家工作人员与特定关系人成立共同受贿要以存在通谋或者转请托为前提，双方是否共同占有财物并不影响共同犯罪认定，但是特定关系人收受并占有财物的，国家工作人员需要知情。按照《办理受贿刑事案件意见》，特定关系人"是指与国家工作人员有近亲属、情妇（夫）以及其他共同利益关系的人"。该意见中的特定关系人概念涵盖了《审理经济犯罪座谈会纪要》中的近亲属。《刑事诉讼法》上规定的近亲属主要包括配偶、父母、子女、同胞兄弟姐妹。如果是这些人之外的亲属，如姻亲、表亲等，则根据情况可以认定为有"其他共同利益关系的人"。不要求特定关系人与国家工作人员双方共同占有财物，比如由国家工作人员的弟弟实际收受和占有财物，主要是考虑两者的特殊的人身关系，本身财产存在共同共有关系或者因为系利益共同体，特定关系人占有财物等同于国家工作人员占有。按照《审理经济犯罪座谈会纪要》精神，国家工作人员知晓特定关系人已经收受财物，仍按照特定关系人的要求利用职权为他人谋取利益的，实际上相当于特定关系人与国家工作人员就谋利事项有意思联络，成立共同受贿亦无争议。特定关系人单纯地收受财物，双方并没有就谋利和收财存在事先约定、共谋和转请托的情况下，特定关系人不构成受贿罪共犯。即使特定关系人知道财物系贿赂款，也不构成犯罪。但是在这种情况下，如果特定关系人存在替国家工作人员窝藏、转移、变卖等掩饰、隐瞒行为的，则可能构成掩饰、隐瞒犯罪所得、犯罪所得收益罪。

特定关系人通过国家工作人员职务上的行为，或者利用国家工作人员职权、地位形成的便利条件收受或索取他人财物，为请托人谋取不正当利益，索取或收受请托人财物的，但未告知国家工作人员的，不成立共同受贿犯罪，特定关系人可能构成利用影响力受贿罪。不成立共同受贿的主要理由是，国家工作人员与特定关系人缺少共同受贿的意思联络，无共同受贿的故意。

国家工作人员与特定关系人以外的其他人构成共同受贿犯罪的，要求具有共同的受贿故意和共同的受贿行为，包括共同占有受贿款物，即要求双方共享财物。对于利用国家工作人员职务上的便利，为请托人谋取利益，共同收受请托人的财物与国家工作人员分享的，构成受贿罪的共犯；如果非国家工作人员利用国家工作人员的职务便利为他人谋取利益，但该国家工作人员没有共同占有贿赂财物的，则不能以受贿罪共犯认定。需要注意的是，如果双方存在共同受贿的通谋，在分享贿赂款时，国家工作人员提出自己不分赃款，也可以构成共同受贿，因为赃款分配比例不影响整个行为的评价。如果不存在受贿通谋，国家工作人员也未占有财物的，对非国家工作人员可能构成利用影响力受贿，对国家工作人员可能构成其他渎职犯罪，但也可能都不构成犯罪，要根据具体情况确定。

17. 国家工作人员收受贿赂，同时实施其他职务犯罪的如何定罪处罚

按照《办理贪污贿赂刑事案件解释》第17条规定："国家工作人员利用职务上的便利，收受他人财物，为他人谋取利益，同时构成受贿罪和刑法分则第三章第三节、第九章规定的渎职犯罪的，除刑法另有规定

外，以受贿罪和渎职犯罪数罪并罚。"按照该条规定，以并罚为原则，以不并罚为例外。常见情形如下：

（1）对于司法工作人员收受贿赂，有徇私枉法、民事、行政枉法裁判、执行判决、裁定失职、执行判决、裁定滥用职权行为的，根据《刑法》第399条第4款的规定，在受贿罪与上述几类渎职犯罪间，从一重罪处罚。《刑法》第399条第4款属于特殊规定，即属于司法解释中"刑法另有规定"。

（2）同时存在受贿行为与《刑法》第3章第3节、《刑法》第9章除第399条规定之外的其他渎职行为的，一般应当以受贿罪与渎职犯罪并罚。如收受贿赂后徇私舞弊为服刑罪犯减刑、假释、暂予监外执行的，同时构成受贿罪和徇私舞弊减刑、假释、暂予监外执行罪数罪并罚。

（3）同时存在受贿和挪用公款行为的，1998年《最高人民法院关于审理挪用公款案件具体应用法律若干问题的解释》第7条第1款规定："因挪用公款索取、收受贿赂构成犯罪的，依照数罪并罚的规定处罚。"

18.如何认定受贿罪的自首

一般自首需要同时具备自动投案和如实供述自己罪行两个条件。在目前的实践中，争议比较大的是普遍存在的调查机关电话通知当事人前往调查机关接受调查的自首认定问题。一般而言，调查机关电话通知到案，被调查人接电话通知后主动到调查机关去，可以认定为自动投案，如果到案后如实交待自己的主要犯罪事实的，应当认定为自首。电话通知到案认定自首，实践中注意把握以下几点：

（1）电话通知的主体应当是各级纪委监委，也就是调查机关，或者调查机关委托的部门。调查机关通过本单位纪检部门或者其他部门通知被调查人，然后由调查机关将被调查人从单位带走的，不属于这里说的电话通知到案。

（2）电话通知的内容。有观点认为调查机关电话通知时，应当告知被调查人涉案情况，我们认为，通知的内容并不要明确说明其涉案情况，只要具备通知其到调查机关接受调查、询问、说明情况等内容即可，因为从实践的角度，不可能告知具体的内容。如果以前来开会等虚假理由将嫌疑人"骗过来"，由于无法判断被调查人到案的主动性、自愿性，不能认定为自首。

（3）行为人主观上对电话通知到案的认识，是否有主动、自愿接受调查的意图。通常来说，在通知上述内容后，被调查人能够认识到自己已经或者可能被调查，并前往调查机关的，主观上具有自动投案的主动性、自愿性。

（4）到案后如实交代主要犯罪事实的时间上，要把握及时性的要求。自首制度设立的目的就是鼓励犯罪嫌疑人主动交代犯罪事实，以节省执法司法资源。如果电话通知到案后，不能及时交代主要犯罪事实，而是对抗、狡辩、否认的，则达不到节省执法司法资源的目的，不能认定为自首。被调查人电话通知到案后，一般认为应当在第一次谈话、讯问时主动交代办案机关所掌握的事实的，应当认定为自首。实践中，有被调查人到案后，思想上有犹豫，经过办案机关做一定的思想工作后主动交代的，也可以认定为自首，但是也要根据案件具体情况，确定其如实交代的及时性。当然电话通知到案后如实交代办案机关未掌握的罪行，与办案机关已掌握的罪行属不同种罪行的；或者办案机关所掌握线索针对的犯罪事实不成立，在此范围外犯罪分子交代同种罪行的，同样就这些犯罪事实构成自首。

九十五、利用影响力受贿罪

第三百八十八条之一 国家工作人员的近亲属或者其他与该国家工作人员关系密切的人，通过该国家工作人员职务上的行为，或者利用该国家工作人员职权或者地位形成的便利条件，通过其他国家工作人员职务上的行为，为请托人谋取不正当利益，索取请托人财物或者收受请托人财物，数额较大或者有其他较重情节的，处三年以下有期徒刑或者拘役，并处罚金；数额巨大或者有其他严重情节的，处三年以上七年以下有期徒刑，并处罚金；数额特别巨大或者有其他特别严重情节的，处七年以上有期徒刑，并处罚金或者没收财产。

离职的国家工作人员或者其近亲属以及其他与其关系密切的人，利用该离职的国家工作人员原职权或者地位形成的便利条件实施前款行为的，依照前款的规定定罪处罚。

（一）概述

1. 概念和构成要件

利用影响力受贿罪，是指国家工作人员的近亲属或者其他与该国家工作人员关系密切的人，通过该国家工作人员职务上的行为，或者利用该国家工作人员职权或者地位形成的便利条件，通过其他国家工作人员职务上的行为，或者离职的国家工作人员或者其近亲属以及其他与其关系密切的人，利用该离职的国家工作人员原职权或者地位形成的便利条件，通过国家工作人员职务上的行为，为请托人谋取不正当利益，索取请托人财物或者收受请托人财物，数额较大或者有其他较重情节的行为。

利用影响力受贿罪的构成条件和主要特征是：

（1）本罪侵害的客体是国家工作人员职务行为的廉洁性。无论是何种形式的利用影响力的行为，最终都是要通过国家工作人员的职务上的行为发生作用，①都会动摇公众对国家工作人员职务行为廉洁性、公正性、不可收买性的信赖，因此，本罪侵害的客体与其他贿赂犯罪一样，同样是国家工作人员职务行为的廉洁性。

（2）本罪在客观方面表现为，行为人利用其对国家工作人员的影响力，通过国家工作人员职务上的行为，为请托人谋取不正当利益，索取或者收受请托人财物，数额较大或者有其他严重情节的行为。本罪的客观方面，以行为主体和所利用影响力不同，可分为三种类型：

①国家工作人员的近亲属或者其他与该国家工作人员关系密切的人，通过该国家工作人员职务上的行为，为请托人谋取不正当利益，索取或者收受请托人财物。根据 2003 年 11 月 13 日《全国法院审理经济犯罪案件工作座谈会纪要》（以下简称《审理经济犯罪座谈会纪要》）的精神，这里的"国家工作人员职务上的行为"，既包括利用该国家工作人员本人职务上主管、负责、承办某项公共事务的职权所实施的相关行为，也包括利用与该国家工作人员职务上有隶属、制约关系的其他国家工作人员的职权所实施的相关行为。

②国家工作人员的近亲属或者其他与该国家工作人员关系密切的人，利用该国家工作人员职权或者地位形成的便利条件，通过其他国家工作人员职务上的行为，为请托人谋取不正当利益，索取或者收受请托人财物。这里的"利用该国家工作人员职权或者地位形成的便利条件"，应当与斡旋受贿中的"利用职权或者地位形成的便利条件"作相同的理解，即该国家工作人员与被其利用的、具体为请托人谋取不正当利益的国家工作人员之间在职务上虽然没有隶属、制约关系，但是前者利用了其本人职权或者地位产生的影响和一定的工作联系对后者施加了影响。

③离职的国家工作人员或者其近亲属以及其他与其关系密切的人，利用该离职的国家工作人员原职权或者地位形成的便利条件，通过国家工作人员职务上的行为，为请托人谋取不正当利益，索取或者收受请托人财物。

---

① 参见陈兴良主编：《刑法各论精释（下）》，人民法院出版社 2015 年版，第 1213 页。

需要注意的是，这里的"利用该离职的国家工作人员原职权或者地位形成的便利条件"，不仅包括该离职的国家工作人员与被其利用的国家工作人员之间原来在职务上并无隶属、制约关系，但是有一定工作联系，或者前者的原有职权、地位能够对后者施加一定影响的情形，更包括该离职的国家工作人员与被其利用的国家工作人员在职务上原有隶属、制约关系的情形。

（3）本罪的主体是特殊主体，包括国家工作人员的近亲属或者其他与该国家工作人员关系密切的人，离职的国家工作人员或者其近亲属以及其他与其关系密切的人。对于"近亲属"，《刑事诉讼法》《民法典》等法律及有关司法解释规定的范围不尽一致。我们认为，可根据《刑事诉讼法》的规定来掌握本罪中"近亲属"的范围，即包括夫、妻、父、母、子、女、同胞兄弟姐妹。不在上述范围之列，与国家工作人员或者离职的国家工作人员存在其他亲属关系的，可视情认定为其他关系密切的人。

"其他关系密切的人"，是指除近亲属之外的，与国家工作人员或者离职的国家工作人员（以下简称国家工作人员）有血缘、亲属、恋人、情人、朋友、同学、师生、战友、同事、同乡等关系，可以通过感情、利益等对国家工作人员施加一定影响的人。需要注意的是，"关系密切的人"与"特定关系人"并非同一概念。"特定关系人"是在《刑法修正案（七）》增设利用影响力受贿罪之前，司法机关为解决受贿犯罪，特别是共同受贿犯罪认定中的难题提出的一个概念。2007 年《最高人民法院、最高人民检察院关于办理受贿刑事案件适用法律若干问题的意见》第 7 条规定："国家工作人员利用职务上的便利为请托人谋取利益，授意请托人……将有关财物给予特定关系人的，以受贿论处。特定关系人与国家工作人员通谋，共同实施前款行为的，对特定关系人以受贿罪的共犯论处。特定关系人以外的其他人与国家工作人员通谋，由国家工作人员利用职务上的便利为请托人谋取利益，收受请托人财物后双方共同占有的，以受贿罪的共犯论处。"第 11 条规定："本意见所称'特定关系人'，是指与国家工作人员有近亲属、情妇（夫）以及其他共同利益关系的人。"

在《刑法修正案（七）》制定过程中，曾有部门建议将《刑法》第 388 条之一中的"近亲属"及"其他与其关系密切的人"改为"特定关系人"。立法机关经研究认为，有的人是国家工作人员的同学、战友、老部下、老上级或者老朋友，交往甚密，有些关系密切到甚至可以相互称兄道弟，这些人对国家工作人员的影响力也非同一般。以此影响力为请托人办事，自己收受财物的案件屡见不鲜。如果将利用影响力受贿罪的主体仅限于"特定关系人"，内涵即外延显然窄了，不利于惩治人民群众深恶痛绝的腐败犯罪，故未采纳上述意见。[①]由此可见，"关系密切的人"的范围要远远广于"特定关系人"。

"离职的国家工作人员"，是指根据《公务员法》等国家有关规定，退休、辞职或者被辞退、开除以及解除聘用合同的人员。

（4）本罪在主观方面表现为故意。构成本罪，以行为人受贿"数额较大"或者"有其他较重情节"为要件。根据《最高人民法院、最高人民检察院关于办理贪污贿赂刑事案件适用法律若干问题的解释》（以下简称《办理贪污贿赂刑事案件解释》）第 10 条第 1 款、第 1 条的规定，利用影响力受贿罪的定罪量刑适用标准，参照受贿罪执行，即受贿数额在 3 万元以上不满 20 万元的，认定为"数额较大"；受贿数额在 1 万元以上不满 3 万元，具有下列情形之一的，认定为《刑法》第 383 条第 1 款规定的"其他较重情节"：①曾因贪污、受贿、挪用公款受过党纪、行政处分的；②曾因故意犯罪受过刑事追究的；③赃款赃物用于非法活动的；④拒不交待赃款赃物去向或者拒不配合追缴工作，致使无法追缴的；⑤造成恶劣影响或者其他严重后果的；⑥多次索贿的；⑦为他人谋取不正当利益，致使公共财产、国家和人民利益遭受损失的；⑧为他人谋取职务提拔、调整的。

2. 法定刑

依照《刑法》第 388 条之一的规定，犯利用影响力受贿罪的，处三

参见黄太云：《刑事立法的理解与适用——刑事立法背景、立法原意深度解读》，载中国人民大学大学出版社 2014 年版，第 141~142 页。

年以下有期徒刑或者拘役，并处罚金；数额巨大或者有其他严重情节的，处三年以上七年以下有期徒刑，并处罚金；数额特别巨大或者有其他特别严重情节的，处七年以上有期徒刑，并处罚金或者没收财产。

根据《办理贪污贿赂刑事案件解释》第 10 条第 1 款、第 2 条的规定，受贿数额在 20 万元以上不满 300 万元的，认定为"数额巨大"；受贿数额在 10 万元以上不满 20 万元，具有下列情形之一的，认定为"其他严重情节"：（1）多次索贿的；（2）为他人谋取不正当利益，致使公共财产、国家和人民利益遭受损失的；（3）为他人谋取职务提拔、调整的。

根据《办理贪污贿赂刑事案件解释》第 10 条第 1 款、第 3 条的规定，受贿数额在 300 万元以上的，认定为"数额特别巨大"；受贿数额在 150 万元以上不满 300 万元，具有上述三种情形之一的，认定为"其他特别严重情节"。

（二）疑难问题精析

1. 如何把握本罪中的"为请托人谋取不正当利益"

根据《刑法》规定，行为人必须为"请托人谋取不正当利益"，才能构成利用影响力受贿罪。在理解和把握这一构成条件时，需要注意以下几点：

（1）为请托人所谋取的利益是否正当，应当参照《最高人民法院、最高人民检察院关于办理行贿刑事案件具体应用法律若干问题的解释》第 12 条的规定作出认定，具体而言，符合下列三种情形之一的，应认定为为请托人谋取不正当利益：一是为请托人谋取的利益违反法律、法规、规章、政策规定的；二是通过国家工作人员违反法律、法规、规章、政策、行业规范的规定，为请托人提供帮助或者方便条件的；三是通过国家工作人员的职务行为，为请托人在经济、组织人事管理等活动中，谋取违背公平、公正原则的竞争优势的。

（2）与受贿罪中的"为他人谋取利益"类似，这里的"为请托人谋取不正当利益"也包括承诺、实施和实现三个阶段的行为。只要具有其中一个阶段的行为，就具备了为请托人谋取不正当利益的要件。如行为人明知对方给予财物，是为了利用其对国家工作人员的影响力谋取不正当利益，而仍予收受的，即可认定为承诺为请托人谋取不正当利益；至于其是否实际为请托人谋得了不正当利益，不影响本罪构成。

（3）根据审判实践和理论界通说，事后受贿行为，即先利用职务便利为他人谋取利益，其后收受他人财物的，即使事先并无约定，同样符合受贿罪的构成。基于相同法理，利用影响力为请托人谋取不正当利益，事后索取、收受财物的，也应当认定为利用影响力受贿。因为在此种情形下，行为人的行为同样会动摇、损害公众对国家工作人员职务行为廉洁性、公正性、不可收买性的信赖。

2. 如何把握本罪主体中的"关系密切的人"

迄今为止，尚无司法解释对《刑法》第388条之一规定中的"关系密切的人"作出界定，事实上，也很难通过司法解释作出明确的列举性规定，对"关系密切的人"需结合具体案件情况具体分析。

如果行为人已通过国家工作人员为请托人谋取了不正当利益，则可以认为行为人对国家工作人员能够现实地施加影响，应当认定二者有密切关系。对此，各方面认识比较一致，[①] 相对容易理解和把握。

如果行为人索取或者收受请托人财物后，尚未向国家工作人员提出请托事项，或者提出后被拒绝，则应当根据行为人与国家工作人员有无亲属、恋人、情人、同学、朋友、战友、同事等关系，以及平常往来情况，结合社会的一般认知，判断二者是否具有密切关系，在此基础上，再依法确定行为人的行为性质。例如，行为人与国家工作人员系恋人、情人关系的，无疑属于关系密切；行为人与国家工作人员具有较近的亲属关系，如系堂

---

① 参见陈国庆、卢宇蓉：《利用影响力受贿罪法律适用问题探讨》，载《中国刑事法杂志》2012年第8期；王作富主编：《刑法分则实务研究（下册）》，中国方正出版社2013年版，第1686~1687页；张明楷：《刑法学（下）》（第五版），法律出版社2016年版，第1227~1228页。

兄弟、叔侄等，即使平常联系不多，也应认定关系密切，对行为人应当以利用影响力受贿罪论处。反之，如行为人只是国家工作人员的同族、同乡、同学、战友，且二者关系疏远，平时没有往来或者很少往来的，则一般不宜认定二者关系密切，行为人如向请托人声称其与国家工作人员关系密切，并索取或者收受请托人财物的，可视情以诈骗罪论处。

3. 如何区分利用影响力受贿罪与受贿共犯

根据共同犯罪的法律规定和刑法理论，对于以特定身份为犯罪主体要素的犯罪，如无身份者与有身份者共同实施的，可以构成共同犯罪。据此，行为人虽不具有国家工作人员身份，但与国家工作人员具有共同受贿的故意和行为的，则应以二者受贿共犯论处。这是区分利用影响力受贿罪与受贿共犯的一般界限。需要注意的是，共同受贿的故意的成立，并不以事先通谋为必要，事中也可以形成共同故意；共同受贿行为的成立，也不以共同占有贿赂款物为必要，国家工作人员替人办事、由非国家工作人员收人钱财的，也属于共同受贿。举例而言：国家工作人员的近亲属或者其他与该国家工作人员关系密切的人，通过该国家工作人员职务上的行为，为请托人谋取不正当利益，索取或者收受请托人财物，如果该国家工作人员事先通谋或者事中知情的，则无论该国家工作人员有未与关系密切人共同占有请托人给予的财物，均已符合共同受贿的成立条件。[1]

---

[1] 根据《最高人民法院、最高人民检察院关于办理受贿刑事案件若干问题的意见》第7条规定，特定关系人与国家工作人员通谋，由国家工作人员利用职务上的便利为请托人谋取利益，由特定关系人收受请托人财物的，以受贿共犯论处。特定关系人以外的其他人与国家工作人员通谋，由国家工作人员利用职务上的便利为请托人谋取利益，收受请托人财物后双方共同占有的，以受贿罪的共犯论处。从该条文字面理解，如果是特定关系人以外的其他人收受请托人财物，国家工作人员未与其共同占有的，则不能以共同受贿论处。但这样理解是否妥当、合适需要讨论。举例而言，国家工作人员甲与其妻弟乙通谋，由甲替人办事，由乙收受并占有钱财。如只是因甲、乙不具有共同利益关系、没有共同占有请托人财物，则认定二者不是共同受贿，似并不符合共同犯罪原理和从严惩治腐败的政策精神。上述情形下，甲、乙二人共同实施的行为实际完全符合"权钱交易"的受贿犯罪的基本特征，符合共同受贿的成立条件。如不以共同受贿认定，则意味着对乙至多只能以利用影响力受贿罪论处，对甲至多只能以相关渎职犯罪论处（为请托人谋取不正当利益），甚至对二人都可能要认定无罪（为请托人谋取正当利益），这样处理恐让人难以理解和认同。

如果国家工作人员是事后知情的，则应区分情形依法处理：特定关系人，即与国家工作人员有近亲属、情妇（夫）以及其他共同利益关系的人索取、收受他人财物，国家工作人员知道后未退还或者上交的，由于国家工作人员与特定关系人有共同利益关系、"事后受贿"也成立受贿，按照《办理贪污贿赂刑事案件解释》第16条第2款的规定，对国家工作人员及特定关系人应按共同受贿论处；特定关系人以外的与国家工作人员关系密切的人，索取、收受他人财物，国家工作人员事后知情的，由于国家工作人员客观上并未占有贿赂款物、主观上并无受贿故意，对其不应以受贿论处，而应根据其为请托人谋取不正当利益的情况，视情以有关渎职犯罪论处；相应地，对与国家工作人员关系密切的人，也不能以共同受贿认定，而应认定为利用影响力受贿。

4. 如何区分利用影响力受贿罪与斡旋受贿

利用影响力受贿罪的主体通常是非国家工作人员，而《刑法》第388条规定的斡旋受贿的主体是国家工作人员，因此，一般情况下，两者并不难区分。但是，需要注意的是，国家工作人员也并非完全不可能成为利用影响力受贿罪的主体。例如，甲是A地某街道办事处普通工作人员，其舅舅乙是B地市委书记。甲收取开发商丙500万元后，请乙帮助丙中标某工程。从常情判断，甲之所以能够影响乙，显然不是因为其职权和地位，而是因为其与乙具有亲属关系，属于乙的关系密切的人，故对甲应以利用影响力受贿而不是斡旋受贿论处。

当行为人自身具有国家工作人员身份，但他同时又与其他特定的国家工作人员具有密切关系时，如其通过该其他国家工作人员职务上的行为，为请托人谋取不正当利益的，如何定性，应当视其对其他国家工作人员施加的是何种性质的影响而定。总体而言：如所施加的是权力性的影响，即是利用其本人职权或者地位形成的便利条件，或者所施加的影响中有权力因素，均以斡旋受贿论处；如所施加的明显是、单纯是非权力性影响，则应实事求是地依法以利用影响力受贿罪论处。

　　究竟利用的是权力性影响还是非权力性影响，应当根据具体案件情况，结合社会公众的一般认知作出判定。例如，被告人陆某，女，捕前曾任某区新城管委会办公室主任、发展和改革局副局长，与某区副区长、新城工委书记刘某（全面负责某区新城建设）有情人关系。陆某通过刘某职务上的行为，帮助有关公司参与新城有关建设工程的投标并中标，收受请托人贿赂。[①]本案中，陆某与刘某有情人关系，不排除其可通过"枕边风"影响刘某；刘某之所以为请托人谋取不正当利益，甚至可能主要是因为其与陆某有情人关系，但同时要看到，陆某、刘某是上下级，陆某也能够通过其本人职权、地位所形成的便利条件影响刘某。概言之，陆某通过刘某为请托人办事、刘某之所以答应陆某，既有二人系情人关系的因素，但也二人系上下级、工作联系紧密的权力关系的因素。认定陆某构成受贿罪，符合《刑法》规定和立法精神。

　　① 参见《陆某受贿案》，载中华人民共和国最高人民法院刑事审判第一、二、三、四、五庭主办：《中国刑事审判指导案例（利用影响力受贿罪）》，法律出版社 2017 年版，第 264~267 页。

九十六、行贿罪

第三百八十九条 为谋取不正当利益，给予国家工作人员以财物的，是行贿罪。

在经济往来中，违反国家规定，给予国家工作人员以财物，数额较大的，或者违反国家规定，给予国家工作人员以各种名义的回扣、手续费的，以行贿论处。

因被勒索给予国家工作人员以财物，没有获得不正当利益的，不是行贿。

第三百九十条 对犯行贿罪的，处五年以下有期徒刑或者拘役，并处罚金；因行贿谋取不正当利益，情节严重的，或者使国家利益遭受重大损失的，处五年以上十年以下有期徒刑，并处罚金；情节特别严重的，或者使国家利益遭受特别重大损失的，处十年以上有期徒刑或者无期徒刑，并处罚金或者没收财产。

行贿人在被追诉前主动交待行贿行为的，可以从轻或者减轻处罚。其中，犯罪较轻的，对侦破重大案件起关键作用的，或者有重大立功表现的，可以减轻或者免除处罚。

（一）概述

1. 概念和构成要件

行贿罪，是指为谋取不正当的利益，给予国家工作人员以财物的行为。

行贿罪的构成要件和主要特征是：

（1）本罪侵犯的客体是国家机关和国有公司、企业、事业单位、人民团体的正常工作秩序和国家的廉政建设制度以及国家工作人员职务行为的不可收买性。

（2）本罪的客观方面表现为为谋取不正当利益，给予国家工作人员以财物或者在经济往来中，违反国家规定，给予国家工作人员以财物，数额较大的，以及违反国家规定，给予国家工作人员以各种名义的回扣、手续费的行为。

但是，因被勒索给予国家工作人员以财物，没有获得不正当利益的，不是行贿。

（3）本罪的主体为一般主体，仅限于自然人，不包括单位。

（4）本罪的主观方面是故意，即行贿人明知自己给予国家工作人员以财物的行为侵害了国家工作人员职务廉洁性和国家的廉政制度，并且希望或者放任这种结果的发生。在没有获得不正当利益时，主观上必须"为了谋取不正当利益"。

2. 法定刑

依照《刑法》第 390 条的规定，对犯行贿罪的，处五年以下有期徒刑或者拘役，并处罚金；因行贿谋取不正当利益，情节严重的，或者使国家利益遭受重大损失的，处五年以上十年以下有期徒刑；情节特别严重的，处十年以上有期徒刑或者无期徒刑，并处罚金没收财产。

根据《最高人民法院、最高人民检察院关于办理贪污贿赂刑事案件适用法律若干问题的解释》（以下简称《办理贪污贿赂刑事案件解释》）第 7 条规定，为谋取不正当利益，向国家工作人员行贿，数额在 3 万元以上的，应当依照《刑法》第 390 条的规定追究刑事责任。

行贿数额在 1 万元以上不满 3 万元，具有下列情形之一的，应当依照《刑法》第 390 条的规定以行贿罪追究刑事责任：（1）向 3 人以上行贿的；（2）将违法所得用于行贿的；（3）通过行贿谋取职务提拔、调整的；（4）向负有食品、药品、安全生产、环境保护等监督管理职责的国家工作人员行贿，实施非法活动的；（5）向司法工作人员行贿，影响司法公正的；（6）造成经济损失数额在 50 万元以上不满 100 万元的。

根据《办理贪污贿赂刑事案件解释》第 8 条规定，犯行贿罪，具有下列情形之一的，应当认定为《刑法》第 390 条第 1 款规定的"情节严重"：（1）行贿数额在 100 万元以上不满 500 万元的；（2）行贿数额在 50 万元以上不满 100 万元，并具有本解释第 7 条第 2 款第 1 项至第 5 项规定的情形之一的；（3）其他严重的情节。为谋取不正当利益，向国家工作人员行贿，造成经济损失数额在 100 万元以上不满 500 万元的，应当认定为《刑法》第 390 条第 1 款规定的"使国家利益遭受重大损失"。

根据《办理贪污贿赂刑事案件解释》第 9 条规定，犯行贿罪，具有下列情形之一的，应当认定为《刑法》第 390 条第 1 款规定的"情节特别严重"：（1）行贿数额在 500 万元以上的；（2）行贿数额在 250 万元以上不满 500 万元，并具有本解释第 7 条第 2 款第 1 项至第 5 项规定的情形之一的；（3）其他特别严重的情节。为谋取不正当利益，向国家工作人员行贿，造成经济损失数额在 500 万元以上的，应当认定为《刑法》第 390 条第 1 款规定的"使国家利益遭受特别重大损失"。

1999 年《最高人民法院、最高人民检察院关于在办理受贿犯罪大要案的同时要严肃查处严重行贿犯罪分子的通知》指出，要特别注意依法严肃惩处以下严重行贿犯罪行为：行贿数额巨大、多次行贿或者向多人行贿的；向党政干部和司法工作人员行贿的；为进行走私、偷税、骗税、骗汇、逃汇、非法买卖外汇等违法犯罪活动，向海关、工商、税务、外汇管理等行政执法机关工作人员行贿的；为非法办理金融、证券业务，向银行等金融机构、证券管理机构工作人员行贿，致使国家利益遭受重大损失的；为非法获取工程、项目的开发、承包、经营权，向有关主管部门及其主管领导行贿，致使公共财产、国家和人民利益遭受重大损失的；为制售假冒伪劣产品，向有关国家机关、国有单位及国家工作人员行贿，造成严重后果的；其他情节严重的行贿犯罪行为。

行贿人在被追诉前主动交待行贿行为的，可以从轻或者减轻处罚。其中，犯罪较轻的，对侦破重大案件起关键作用的，或者有重大立功表现的，可以减轻或者免除处罚。

根据 2012 年《最高人民法院、最高人民检察院关于办理行贿刑事案件具体应用法律若干问题的解释》（以下简称《办理行贿刑事案件解释》）的规定，"被追诉前"，是指检察机关对行贿人的行贿行为立案前。参照该解释精神，监察体制改革后，对于监察机关调查的案件，被追诉前是指监察机关对行贿人行贿行为监察调查立案前。被追诉后如实供述自己罪行的，按照坦白情节处理，即依照《刑法》第67条第3款的规定，可以从轻处罚；因其如实供述自己罪行，避免特别严重后果发生的，可以减轻处罚。

（二）疑难问题精析

1. 认定行贿罪是否需要"为谋取不正当利益"要件

在理论界和实务界一直以来都有取消行贿罪"为谋取不正当利益"要件的声音。回顾行贿罪的立法演变过程，我们发现1979年《刑法》关于行贿罪的规定并没有谋取不正当利益要件，1988年《全国人民代表大会常务委员会关于惩治贪污罪贿赂罪的补充规定》（已失效）对1979年《刑法》关于行贿罪的规定作了修改，增加了"为谋取不正当利益"的要件，主要考虑是实践中一些国家工作人员受以权谋私的思想影响，利用手中的职权对当事人"吃拿卡要"，个人捞不到好处就对该办的事不予办理或拖延办理，迫使一些群众为达到正当目的也要行贿，一些群众的做法虽然不对，但不应作为犯罪处理。1997年《刑法》对行贿罪同样规定了为谋取不正当利益的要件。之后在《刑法》修改的过程中，对于行为人主观上是否必须具有"谋取不正当利益的目的"，曾有过不同意见。早在起草《刑法修正案（六）》的过程中，就有人建议取消《刑法》第164条第1款中'为谋取不正当利益'的规定，认为行为人所送财物只要达到一定数额就构成行贿罪。但立法机关没有采纳这一建议。主要的理由同样是考虑到，在我国，部分当事人送礼是不得已而为之，主观不是出于谋取不正当利益的目的，如果取消这一前提条件，势必会扩大打击面。

在当前是否取消行贿罪中的"为谋取不正当利益"要件，主要的考量因素是我国的政治经济社会形势是否发生了根本改变。我们认为，我国长期以来都是一个人情社会，司法实践中行为人给予国家工作人员财物的情况也比较复杂，有的人有条件、有资格得到某种正当利益，但是由于不正之风的影响，一些国家工作人员不给钱不办事，导致问题长期得不到解决，不得已才给予其财物；或者因为看到别人都送了，自己如不送可能预期的合法利益无法实现，因而才给予其财物。对于这些情况，考虑我国的入罪门槛比西方国家要高，如果一律入罪，将导致罪刑的不均衡。从实践来看，经过三次司法解释，"为谋取不正当利益"的范围越来越广泛，但行贿罪的惩处力度远远低于受贿犯罪的主要原因不是"为谋取不正当利益"要件范围的限制，而是重打击受贿、轻打击行贿的思想在办案人员中一定程度上还存在，当前行贿案件办理过程中最大的问题是对行贿罪的依法惩处问题，而不是扩大行贿罪的入罪范围。因此，当前，仍应当坚持行贿罪认定中需要"为谋取不正当利益"的要件。需要说明的是，《刑法》第 389 条第 2 款规定的行贿情形，不需要具备第一款规定的"为谋取不正当利益"的要件。

2. 如何认定行贿罪中的"不正当利益"

"为谋取不正当利益"是行贿罪的法定构成要件之一，对于"不正当利益"的理解，理论界、实务界历来争议颇大。刑法理论上对不正当利益的界定概括起来，大致有下列几种观点：第一种是"非法利益说"，其直接来自 1979 年《刑法》的规定，将不正当利益等同于非法利益，即违反法律、法规和政策而取得的利益。第二种是"不应得利益说"，其在非法利益的基础上进一步扩大到其他不应得的利益。与非法利益说一样，该说也是着眼于利益的不正当性，而不讨论获得利益的手段。第三种是"手段不正当说"，其主要着眼于行为人获取目标利益的手段，认为"谋取不正当利益"是指行为人在获取请托的利益时所采取的手段、方式、方法不正当。根据该说，只要是采取行贿手段谋取利益，都可以直接认定为"谋取不正当利益"，不必再考量利益本身的合法性。第四种是"不确定利益说"，其认为解释"不正当利益"的关键是确定"不确定利益"，这是一种介于"应得利益"与"禁止性利益"之间的"可得利益"。① 为了解决争议，实现统一执法，最高人民法院、最高人民检察院曾经针对行贿犯罪中的"谋取不正当利益"作过三次解释，即 1999 年《最高人民法院、最高人民检察院关于在办理受贿犯罪大要案的同时要严肃查处严重行贿犯罪分子的通知》，2008 年《最高人民法院、最高人民检察院关于办理商业贿赂刑事案件适用法律若干问题的意见》以及 2012 年《办理行贿刑事案件解释》。三个司法解释性文件对谋取不正当利益界定的表述不太一致，解释的立场也在变化，但总体趋势是谋取不正当利益的范围越来越宽泛。当前在司法实践中，应按照最新的司法解释，即 2012 年《办理行贿刑事案件解释》第 12 条的规定来把握，即行贿犯罪中的"谋取不正当利益"，是指行贿人谋取的利益违反法律、法规、规章、政策规定，或者要求国家工作人员违反法律、法规、规章、政策、行业规范的规定，为自己提供帮助或者方便条件。违背公平、公正原则，在经济、组织人事管理等活动中，谋取竞争优势的，应当认定为"谋取不正当利益"。其中，"行业规范"是指由全国性行业协会根据法律授权或者职责制定的规范行业行为的准则。从上述规定来看，"不正当利益"包括：一是违法的利益，即行为人谋取的利益违反法律、法规、规章的规定。二是违背政策的利益，即根据相关政策不应当获得的利益。三是违背行业规范的利益，即按照相关行业规范不应当获得的利益。四是程序上的不正当利益，即要求国家工作人员违反法律、法规、规章、政策、行业规范的规定，通过非正常途径、程序为自己提供帮助或者方便条件而获取的利益。五是违背公平、公正原则的利益，即在经济、组织人事管理等活动中谋取竞争优势而获取的利益。

3. "为谋取不正当利益"是主观要件还是客观要件

关于"谋取不正当利益"究竟是行贿犯罪的主观要件还是客观要件

---

① 车浩：《行贿罪之"谋取不正当利益"的法理内涵》，载《法学研究》2017 年第 2 期。

的问题，理论实务界一直有争议。我们认为，"谋取不正当利益"是主观要件还是客观要件要根据行贿是否属于被索贿而进行区分，对于因被勒索给予国家工作人员以财物，没有获得不正当利益的，不是行贿。在此情形下，谋取不正当利益是客观要件，如果获得不正当利益的是行贿；如果没有获得不正当利益的，不是行贿。对于未被勒索情况下的行贿，为谋取不正当利益是主观要件，即使没有获得不正当利益，只要主观上具备为谋取不正当利益的目的而给予国家工作人员财物的，也构成行贿罪。[1] 但是为谋取不正当利益，也并非完全是一个主观的想法，想要获得的利益是否正当以及实际获得利益是否正当，都是根据规范作的一个客观判断，并不以当事人是否认识到以及如何认为为标准。如果当事人本来以为谋取的是不正当利益而给予国家工作人员财物，但是实际上属于正当利益，则按照法条的规定很难认定为行贿罪。如果当事人以为谋取的"利益"是正当利益，并为了谋取这个"利益"而行贿，而这个利益根据规范判断属于不正当利益，那么也应当认定为行贿罪。

4. 行贿犯罪适用缓刑和免予刑事处罚有何限制

对具有下列情形之一的，一般不适用缓刑或免予刑事处罚：（1）向三人以上行贿的；（2）因为行贿受过行政处罚或者刑事处罚的；（3）为实施违法犯罪活动而行贿的；（4）造成严重危害后果的；（5）其他不适用缓刑或免予刑事处罚的情形。但是，具有《刑法》第390条第2款规定之情形的，不受此限制。

5. 罚金刑的适用问题

《刑法修正案（九）》对行贿罪新增了并处罚金刑的规定，而2016年《办理贪污贿赂刑事案件解释》对贪污贿赂犯罪的定罪量刑标准作了较大调整，提高了行贿罪入罪和处罚标准，对于《刑法修正案（九）》实

---

① 敬大力、王洪祥、韩耀元：《〈关于在办理受贿犯罪大要案的同时要严肃查处严重行贿分子的通知〉的理解与适用》，载中华人民共和国最高人民法院刑事审判第一、二、三、四、五庭主办：《中国刑事审判指导案例（行贿罪）》，法律出版社2019年版，第473页。

施（即 2015 年 11 月 1 日）之前发生的行贿犯罪，在适用"从旧兼从轻"原则时，如何判断是旧法轻，还是新法轻？如是新法轻，是否需要并处罚金等问题在司法实践中有争议。对此，在《办理贪污贿赂刑事案件解释》的理解与适用中，对选择适用新旧法律、新旧司法解释时，正确理解和执行从旧兼从轻的法律和司法解释适用原则进行了说明，对于 2015 年 10 月 31 日以前实施的行贿罪，一般适用旧法新解释。由于《刑法修正案（九）》对行贿罪增加规定了罚金刑并对行贿罪规定了更加严格的从宽处罚适用条件，故一般应当适用修正前刑法。同时，由于《刑法修正案（九）》未对行贿罪的基础法定刑作出修改，本解释有关行贿罪的主刑判罚标准可以溯及修正前的行贿罪刑法规定，较之于前述《办理行贿刑事案件解释》，适用本解释对被告人有利的，适用本解释规定。在选择适用新旧法律、新旧司法解释时，要注意正确理解和执行从旧兼从轻的法律和司法解释适用原则。[①]

6. 被追诉前主动交代行贿行为和《刑法》第 67 条自首、第 68 条立功的适用关系

《刑法》第 390 条第 2 款对行贿人主动交代行贿行为从宽处理的条件作了特别规定："行贿人在被追诉前主动交待行贿行为的，可以从轻或者减轻处罚。其中，犯罪较轻的，对侦破重大案件起关键作用的，或者有重大立功表现的，可以减轻或者免除处罚。"由于贿赂犯罪隐蔽性强，取证难度较大，行贿人主动交代行贿行为，实际上是对受贿人的揭发检举，属于立功表现。根据本款规定，只要行贿人被追诉前主动交代行贿行为的，就可以从轻或者减轻处罚。这一规定与《刑法》第 68 条关于一般立功的从宽幅度一致。关于"被追诉前"根据《办理行贿刑事案件解释》的规定是指检察机关对行贿人的行贿行为刑事立案前。监察体制改革后，

---

① 《〈关于办理贪污贿赂刑事案件适用法律若干问题的解释〉的理解与适用》；《〈关于在办理受贿犯罪大要案的同时要严肃查处严重行贿分子的通知〉的理解与适用》，载中华人民共和国最高人民法院刑事审判第一、二、三、四、五庭主办：《中国刑事审判指导案例（行贿罪）》，法律出版社 2019 年版，第 473 页。

对于监察机关立案调查的案件是指监察机关立案调查前。

对行贿人可以减轻或者免除处罚，需在被追诉前主动交代行贿行为的前提下，必须符合以下三个条件之一：一是犯罪情节较轻。根据《办理行贿刑事案件解释》第14条第1款的规定，"犯罪较轻"是指根据行贿犯罪的事实、情节，可能被判处三年有期徒刑以下刑罚的。二是对侦破重大案件起关键作用。根据《办理行贿刑事案件解释》第14条第2款的规定，"重大案件"是指根据犯罪的事实、情节，已经或者可能被判处十年有期徒刑以上刑罚的，或者案件在本省、自治区、直辖市或者全国范围内有较大影响的。"对侦破重大案件起关键作用"是指具有下列情形之一的，（1）主动交待办案机关未掌握的重大案件线索的；（2）主动交待的犯罪线索不属于重大案件的线索，但该线索对于重大案件侦破有重要作用的；（3）主动交待行贿事实，对于重大案件的证据收集有重要作用的；（4）主动交待行贿事实，对于重大案件的追逃、追赃有重要作用的。三是具有重大立功表现的。这里的重大立功表现与《刑法》第68条规定的重大立功表现相同，具体表现可以参照《最高人民法院关于处理自首和立功具体应用法律若干问题的解释》以及《最高人民法院、最高人民检察院关于办理职务犯罪案件认定自由、立功等量刑情节若干问题的意见》等相关司法解释和司法解释性文件的规定认定。

需要注意的是，因行贿人主动交代行贿行为而破获相关受贿案件的，对行贿人不适用《刑法》第68条关于立功的规定，而是依照《刑法》第390条第2款的规定，予以从宽处罚。此外符合《刑法》第390条第2款规定的"行贿人在被追诉前主动交待行贿行为"的情形，自然也符合《刑法》第67条的规定，构成自首。因为本条款对行贿犯罪的"自首"作了特别规定，因此，作为特别规定，行贿人构成犯罪，在被追诉前主动交待行贿行为的，不再以一般自首对待，而应当直接引用本条款的规定，对被告人可以依法从宽处罚。

九十七、单位行贿罪

第三百九十三条 单位为谋取不正当利益而行贿，或者违反国家规定，给予国家工作人员以回扣、手续费，情节严重的，对单位判处罚金，并对其直接负责的主管人员和其他直接责任人员，处五年以下有期徒刑或者拘役，并处罚金。因行贿取得的违法所得归个人所有的，依照本法第三百八十九条、第三百九十条的规定定罪处罚。

（一）概述

1. 概念和构成要件

单位行贿罪，是指单位为谋取不正当利益而行贿，或者违反国家规定，给予国家工作人员以回扣、手续费，情节严重的行为。

单位行贿罪的构成要件和主要特征是：

（1）本罪侵犯的客体是国家工作人员的职务廉洁性。

（2）本罪的客观方面表现为直接负责的主管人员或直接责任人员根据本单位的意志以单位名义实施的行贿行为。表现为两种形式：一是为谋取不正当利益而向国家工作人员行贿的行为；二是违反国家规定，给予国家工作人员以回扣、手续费，情节严重的行为。

（3）犯罪主体为单位。这里所讲的单位，根据《刑法》第30条的规定，应指公司、企业、事业单位、机关、团体，包括任何所有制形式的单位。

（4）主观方面由故意构成。但这种故意是经单位决策机关授权和同意，由其直接负责的主管人员和其他直接责任人员以故意行贿的行为表现出来的，并且必须具有为谋取不正当利益的目的，这是构成本罪的前提条件。何谓"谋取不正当利益"，可参考前述关于行贿罪的分析。过失不构成本罪。

2. 法定刑

2015年《刑法修正案（九）》第49条将《刑法》第393条修改为，

单位为谋取不正当利益而行贿或者违反国家规定，给予国家工作人员以回扣、手续费，情节严重的，对单位判处罚金，并对其直接负责的主管人员和其他直接责任人员，处五年以下有期徒刑或者拘役，并处罚金。根据《最高人民检察院关于人民检察院直接受理立案侦查案件立案标准的规定（试行）》中确定了单位行贿罪的刑事立案标准，涉嫌下列情形之一的，应予立案：（1）单位行贿数额在20万元以上的；（2）单位为谋取不正当利益而行贿，数额在10万元以上不满20万元，但具有下列情形之一的：①为谋取非法利益而行贿的；②向三人以上行贿的；③向党政领导、司法工作人员、行政执法人员行贿的；④致使国家或者社会利益遭受重大损失的。在最高人民法院作出司法解释以前，该立案标准可供人民法院审理此类案件时参考。

《刑法修正案（九）》对单位行贿罪的直接负责的主管人员和其他直接责任人员增加了并处罚金的规定。根据《最高人民法院、最高人民检察院关于办理贪污贿赂刑事案件适用法律若干问题的解释》第19条第2款规定，对《刑法》规定并处罚金的其他贪污贿赂犯罪，应当在10万元以上犯罪数额2倍以下判处罚金。单位行贿罪属于该条规定的"其他贪污贿赂犯罪"范围，适用这一罚金刑的判罚标准。

根据《最高人民法院、最高人民检察院关于办理行贿刑事案件具体应用法律若干问题的解释》第7条第2款的规定："单位行贿的，在被追诉前，单位集体决定或者单位负责人决定主动交待单位行贿行为的，依照刑法第三百九十条第二款的规定，对单位及相关责任人员可以减轻处罚或者免除处罚；受委托直接办理单位行贿事项的直接责任人员在被追诉前主动交待自己知道的单位行贿行为的，对该直接责任人员可以依照刑法第三百九十条第二款的规定减轻处罚或者免除处罚。"由于《刑法修正案（九）》对《刑法》第390条第2款进行了修改，将行贿人被追诉前主动交代行贿行为的，可以减轻或免除处罚，修改为"被追诉前主动交代行贿行为的，可以从轻或者减轻处罚。其中犯罪较轻的，对侦破重大案件起关键作用的或者有重大立功表现的，可以减轻或者免除处罚"。在对单位行贿罪中的单位和直接责任人被追诉前主动交代行贿行为的从宽处罚幅度应依据《刑法修正案（九）》的规定予以执行。

（二）疑难问题精析

1.划清本罪与行贿罪的界限

单位行贿罪和行贿罪的主体不同，但客观行为和主观方面相近，实践中不容易区分，特别是两罪在入罪数额以及量刑上差距较大，两者的界分往往成为控辩双方的争议焦点，也是司法难点。理论上关于二者的界分有"行贿名义区分说""贿赂权属区分说""职务关联区分说""利益归属区分说"等四种学说[①]，通说认为区分单位行贿和个人行贿，应主要从行贿意志的形成、不当利益的归属两个方面进行界分。最高人民法院的司法解释性文件同样采用通说观点。例如《全国法院审理金融犯罪案件工作座谈会纪要》（以下简称《审理金融犯罪纪要》）关于单位犯罪问题中规定，以单位名义实施犯罪，违法所得归单位所有的，是单位犯罪。

（1）单位行贿的故意体现了单位的意志。单位行贿的主观故意是一种法律意义上的拟制意志，其要通过自然人的行为表现出来，但单位行贿的主观故意具有自己的程序性和独立性。单位的意志要通过单位的内部议事程序或单位负责人同意、默认、认可的决策行为，一般表现为一定的程序性。然而，单位犯罪中单位的行为实施依托于自然人的行为而存在，同样，自然人亦不能从单位中分离，其个人意志通过集体决策比如通过公司股东会、董事会等研究决定或主管人员决定以单位的名义表现出来，从而上升为整个单位意志。当然这种程序性不是认定单位意志的唯一条件，单位其他人员在业务活动中所实施的行为，只要经过单位领导直接或间接同意或许可，或者符合单位的业务操作程序，均应体现为单位意志。

---

① 董桂文：《行贿罪与单位行贿罪界限之司法认定》，载《人民检察》2013年第12期。

自然人意志和单位意志之间的关系在一人公司、法定代表人或者负责人的行贿行为、单位事务执行人履职过程中的行贿行为体现得更紧密。司法实践中常见的单位行贿行为主要有：①经单位研究决定的由有关人员实施的行贿行为，比如经单位领导班子讨论决定的行贿行为；②经单位主管人员批准，由有关人员实施的行贿行为；③单位主管人员以法定代表人的身份实施的行贿行为。

（2）行贿行为谋取的利益归属单位。利益归属的判断是区分单位犯罪和自然人犯罪的关键点。《刑法》第393条规定，"因行贿取得违法所得归个人所有的"，依照《刑法》关于行贿罪的规定定罪处罚。《最高人民法院关于审理单位犯罪案件具体应用法律有关问题的解释》第3条亦规定："盗用单位名义实施犯罪，违法所得由实施犯罪的个人私分的，依照刑法有关自然人犯罪的规定定罪处罚。"上述规定均表明，犯罪所得归属应成为区分单位犯罪和自然人犯罪的本质所在，即为个人谋取不正当利益的是行贿；为单位谋取不正当利益的是单位行贿。判断利益归属要注意以下问题：

①关于单位利益和分配利益的区分。任何单位都是由自然人组成，单位利益的背后往往是自然人利益。实践中，单位通过行贿行为所谋取的不正当利益整体地归属于单位之后，一些单位成员尤其是公司的大股东通过财务制度，可以实际获取其中绝大部分。此种情况下，单位获取的不正当利益和单位成员收益之间很大程度上产生重合，如何认定其利益归属？我们认为，在单位行贿犯罪中，应考虑直接谋利主体，单位获取利益后进行再分配或以其他方式转移利益的，属于单位对自己利益的支配，不能将单位整体利益和成员所得分配利益混为一谈。就有限公司而言，公司所获得的不正当利益转化为公司股东的收益，除了要支付日常经营成本之外，还需要履行一定的法定程序。因此，只要行贿行为获取的利益直接整体地归属于单位，就应认定为利益归属于单位，而个人通过再分配取得的利益，只能认定为单位对自己财产的处分和支配，不

影响利益初始归属的认定。

②关于单位利益与个人利益并存的情况。一些行贿行为谋取的不正当利益中同时包含单位利益和个人利益，如何认定其行为性质？我们认为，鉴于《刑法》将行贿意志形成、利益归属规定为单位行贿罪和行贿罪的主要区别，根据罪刑法定原则，如行贿意志和谋取的不正当利益可以进行分割的，可分别按照单位行贿和行贿分别进行处理。

但如果利益混杂交织无法作出区分的，宜以主要利益归属，或者从有利于被告人的角度进行处理。如卢国华行贿案，被告人卢国华在永定县建筑工程有限公司改制过程中，为竞得公司所有权，以及为华厦建筑公司后续经营过程中谋取不正当利益，于 2002 年至 2009 年间，先后以退回股本、干股分红等形式 3 次给予郑志森共 35 万元。上述贿赂行为，在利益归属上既包含个人利益，即卢国华在郑志森帮助下通过竞拍取得永定建筑工程有限公司所有权（后改制为华厦建筑公司），也包含公司利益，即华厦建筑公司经营过程中得到郑志森的关照。在上述单位利益和个人利益混杂难以区分的情况下，宜从有利于被告人的角度，认定为单位行贿罪。

除了行贿意志和利益归属外，行贿款的来源也是实践中判断行贿行为性质的考量因素，但行贿款来源的判定要结合前两个要件综合考虑，对于单位的管理人员、股东、实际控制人等以个人所有的财物向国家工作人员行贿，为单位谋取不正当利益的，依照单位行贿罪定罪处罚；所谋取的利益个人利益和单位利益相互交织的，一般依照行贿罪定罪处罚。

2. 划清本罪与对单位行贿罪的界限

两罪的主要区别：一是行贿犯罪的主体不同。前者只能由单位构成；而后者，既可以由单位构成，也可以由个人构成。二是行贿的对象不同。前者的行贿对象主要是国家工作人员；而后者行贿的对象必须是单位，且只能是国家机关、国有公司、企业、事业单位和人民团体。三是犯罪成立条件不同。单位行贿罪中违反国家规定，给予国家工作人员以回扣、手续费的行为要求情节严重；而成立对单位行贿罪只有数额要求，没有情节要求。

单位向国有单位行贿的案件时，行贿单位构成《刑法》第391条规定的对单位行贿罪，但不能构成《刑法》第393条规定的单位行贿罪。单位行贿罪的对象是国家工作人员，而非国有单位。

3. 承包、挂靠等经营方式中单位行贿的认定

当前我国经济成分和经营方式多样复杂，实践中单位采用承包、挂靠等方式经营的行贿行为性质的认定是司法中难点之一。

（1）承包经营中行贿行为的认定。所谓个人承包是指企业与个人承包经营者通过订立承包经营合同，将企业的全部或者部分经营管理权在一定期限内交给个人承包者，由个人承包者对企业进行经营管理。个人承包中，承包人以企业名义实施行贿行为，是否属于单位行贿，不能一概而论。第一，个人承包经营，发包单位仅向项目承包人提供资质，项目承包人自行投资，自负成本，向单位上交管理费后盈利均归个人所有，那么行为人帮助项目承包人实施的行贿行为与单位无关，属个人行贿。第二，个人承包经营，发包单位在被承包单位中有主要出资。发包人仍然对企业具有管制职能，企业按照发包单位的意志运转。承包人如以单位名义行贿，其所得的利益包含了单位利益，一般宜以单位犯罪论处。第三，名为承包，实为将单位所有权转让给个人。单位所有权转让后，单位的法人主体资格已经丧失，如果承包人的生产经营活动不符合单位特征，其以单位名义实施行贿类犯罪，应以自然人犯罪进行定性。如王某某单位行贿案[1]，二审法院审理查明，王某某与中强公司签订协议，成立中强分公司，王某某为负责人。分公司实行独立核算，以自负盈亏承包经营的原则实施经营，中强分公司按完成产值的5%上交税收给中强公司，后者对分公司的技术、质量、财物等工作进行监督。分公司具备单位分支机构所应有的完整的组织架构。在承包经营期间，王某某为单位

---

[1] 安徽省合肥市中级人民法院（2014）合刑终字第00092号。

谋取不正当利益，多次向国家工作人员行贿 120 万元，情节严重，其行为构成单位行贿罪。

（2）挂靠经营过程中行贿行为的认定。挂靠主要分为三种形式：一是个人"挂靠"单位，单位收取固定的"挂靠费"。不具备特定资质的个人戴上单位的"帽子"独自从事经营行为。二是个人"挂靠"单位，单位不仅收取"挂靠费"，还依个人经营业绩收取一定比例的管理费。常见情形是，被挂靠单位并未从事管理行为，收取管理费仅仅是为了获取更多的利益，依旧是个人独自从事经营行为。三是单位"挂靠"单位。没有资质或资质不够的单位，例如，招标单位需要投标单位具备一级建筑资质，而部分有意向企业不具备该类资质，挂靠符合资质条件的单位。第一种、第二种挂靠经营中并没有改变双方的经营方式，挂靠人仍然属于个人经营，其从事的行贿类犯罪应定性为自然人犯罪。第三种挂靠是为单位谋取利益，代表了单位意志，只要其符合单位犯罪的条件，其从事的行贿类犯罪应定性为单位犯罪。如刘某行贿案，[①] 刘某从原宜宾县发改局政策法规股股长赵某处获取工程招投标项目、招标底价、评价标准等信息后，挂靠具备相关资质的企业投标。中标后，刘某分两次送给赵某 13 万元。一、二审法院认定刘某构成行贿罪，判处刘某有期徒刑九个月。

4. 单位行贿中直接负责的主管人员和其他直接责任人员的认定

根据最高人民法院《审理金融犯罪案件纪要》的规定，直接负责的主管人员，是在单位实施的犯罪中起决定、批准、授意、纵容、指挥等作用的人员，一般是单位的主管负责人，包括法定代表人。其他直接责任人员，是在单位犯罪中具体实施犯罪并起较大作用的人员，既可以是单位的经营管理人员，也可以是单位的职工，包括聘任、雇用的人员。应当注意的是，在单位犯罪中，对于受单位领导指派或奉命而参与实施了一定犯罪行为的人员，一般不宜作为直接责任人员追究刑事责任。对

---

① 四川省宜宾市中级人民法院（2016）川 15 刑终 239 号。

单位犯罪中的直接负责的主管人员和其他直接责任人员，应根据其在单位犯罪中的地位、作用和犯罪情节，分别处以相应的刑罚，主管人员与直接责任人员，在个案中，不是当然的主、从犯关系，有的案件，主管人员与直接责任人员在实施犯罪行为的主从关系不明显的，可不分主、从犯。但具体案件可以分清主、从犯，且不分清主、从犯，在同一法定刑档次、幅度内量刑无法做到罪刑相适应的，应当分清主、从犯，依法处罚。

5. 单位行贿罪中能否只追诉单位负责的主管人员和直接责任人员，不追诉单位

《刑法》第 393 条的规定，对单位行贿罪实行双罚制，对单位判处罚金，并对其负责的主管人员和直接责任人员判处刑罚。但根据 2002 年《最高人民检察院关于涉嫌单位被撤销、注销、吊销营业执照或者宣告破产的应如何进行追诉问题的批复》的规定，对于涉嫌犯罪单位被撤销、注销、吊销营业执照或者宣告破产的，应当根据《刑法》关于单位犯罪的相关规定，对实施犯罪行为的该单位直接负责的主管人员和其他直接责任人员追究刑事责任，对该单位不再追诉。如果涉嫌犯罪的单位没有出现被撤销、注销、吊销营业执照或者宣告破产等情况，根据 2001 年最高人民法院《审理金融犯罪案件纪要》的规定，对于应当认定为单位犯罪的案件，检察机关只作为自然人犯罪案件起诉的，人民法院应当与检察机关协商，建议检察机关对犯罪单位补充起诉。如检察机关不补充起诉的，人民法院仍应依法审理，对被起诉的自然人根据指控的犯罪事实、证据及庭审查明的事实，依法按单位犯罪中直接负责的主管人员或者其他直接责任人员追究刑事责任，并应引用《刑法》分则关于单位犯罪追究直和其他直接责任人员刑事责任的条款。

九十八、巨额财产来源不明罪

第三百九十五条第一款　国家工作人员的财产、支出明显超过合法收入，差额巨大的，可以责令该国家工作人员说明来源，不能说明来源的，差额部分以非法所得论，处五年以下有期徒刑或者拘役；差额特别巨大的，处五年以上十年以下有期徒刑。财产的差额部分予以追缴。

（一）概述

1. 概念和构成要件

巨额财产来源不明罪，是指国家工作人员的财产、支出明显超过合法收入，差额巨大，不能说明来源的行为。

巨额财产来源不明罪的构成要件和主要特征是：

（1）本罪侵害的客体是国家工作人员职务行为的廉洁性。

（2）本罪在客观方面表现为，财产、支出明显超过合法收入，差额巨大，经有关机关责令说明来源，行为人不能说明。"财产、支出明显超过合法收入"，是指行为人的全部财产与能够认定的所有支出之和明显超过其各项合法收入之和。根据2003年《全国法院审理经济犯罪案件工作座谈会纪要》（以下简称《审理经济犯罪座谈会纪要》），在具体计算、认定时，应当注意以下问题：一是应把国家工作人员个人财产和与其共同生活的家庭成员的财产、支出一并计算，而且一并减去他们所有的合法收入以及确属与其共同生活的家庭成员个人的非法收入。二是行为人所有的财产包括房产、家具、生活用品、学习用品及股票、基金、债券、存款等动产和不动产；支出包括合法支出和不法的支出，包括日常生活、工作、学习费用、罚款及向他人行贿的财物等。三是为了便于计算犯罪数额，对于行为人的财产和合法收入，一般可以从行为人有比较确定的收入和财产时开始计算。此外，从司法实践看，在一些案件中，由于行为人担任国家工作人员的时间较长，要一一查明每一笔收支的具体数额并非易事。对相关收入、支出的数额存在疑问时，根据疑义有利被告的原则，对于收入的认定应当就高不就低，对支出的认定则应就低不就高。

关于"差额巨大"，1999 年《最高人民检察院关于人民检察院直接受理立案侦查案件立案标准的规定（试行）》规定，涉案巨额财产来源不明，数额在 30 万元以上的，应予立案。由于上述标准只是追诉标准，且制定于 20 多年前，近年来，《刑法修正案（九）》及相关司法解释对贪污、受贿定罪量刑标准作了重大调整，因此，不宜将其作为定罪标准。"差额巨大"的标准具体如何把握，有待司法解释作出明确。

"不能说明"，根据《审理经济犯罪座谈会纪要》规定，包括四种情形，一是拒不说明财产来源；二是无法说明财产的具体来源；三是所说的财产来源经查证不属实；四是所说的财产来源因线索不具体等原因，无法查实，但能排除存在来源合法的可能性和合理性。

（3）本罪的主体是特殊主体，只有国家工作人员才能构成本罪。

（4）本罪在主观方面表现为故意。

2. 法定刑

依照《刑法》第388条之一的规定，犯巨额财产来源不明罪的，处五年以下有期徒刑或者拘役；差额特别巨大的，处五年以上十年以下有期徒刑。财产的差额部分予以追缴。

（二）疑难问题精析

1. 如何具体理解和认定"不能说明来源"

（1）被告人对巨额财产来源的说明达到何种程度，可认定其说明了来源？《刑法》第395条关于巨额财产来源不明罪的规定是典型的推定规范，[①] 即在国家工作人员的财产、支出明显超过合法收入，差额巨大的情

---

① 究竟何谓"推定"？推定是仅限于法律推定还是也包括事实推定，推定（presumption）与推论（inference）有何区别，在理论上还存在不同认识（参见龙宗智：《推定的界限及适用》，载《法学研究》2008 年第 1 期）。但对于《刑法》第 395 条规定属于推定规范，是各方共识。

况下，如果经责令，该国家工作人员不能说明来源，则推定差额部分系非法所得，进而可以依法以本罪追究刑事责任。推定是克服诉讼中的证明困难从而实现一定的政策目的的有效工具。采取这种立法模式，能够适度减轻控方的证明责任，表现在本罪设立后，即便巨额财产的来源无法具体查清，仍然可以对行为人进行追诉，进而能够实现从严反腐的政策目的。

其一，在理论上，对于如何看待《刑法》第 395 条规定，有关规定是否是无罪推定原则的例外，[①] 是否意味着证明责任转移或者倒置，[②] 尚存在认识分歧。对此，我们认为，《刑法》第 395 条规定确有特殊之处。表现在，如果是非国家工作人员，即便其一夜暴富，除非已发现其涉嫌犯罪的具体线索、证据，也不能对其进行调查，要求其说明财产来源，更不能因其不能说明来源即推定其财产来源非法，进而追究其刑事责任。而对于国家工作人员，如果其财产、支出明显超过合法收入的，法律却为其设定了说明义务，并规定不能说明的，则差额部分以非法所得论。从此角度看，或可认为，该条规定是无罪推定原则的例外情形。

其二，通常认为，在刑事诉讼中，证明责任或者是举证责任，专指证明被告人有罪的责任。根据《刑事诉讼法》第 51 条的明文规定，"公诉案件中被告人有罪的举证责任由人民检察院承担"。本罪也不例外。证明被告人有罪，即被告人的行为符合巨额财产来源不明罪全部构成要件的责任，仍然由检察机关承担。具体而言，检察机关必须证明被告人具有国家工作人员身份，证明其财产、支出明显超过合法收入且差额巨大，

---

① 《联合国反腐败公约》有关资产非法增加的条款，在适用中受到以下因素的制约：无罪推定等原则的制约（占 20%）、刑事举证责任等法律制度的特殊性（15%）等。《美洲反腐败公约》也规定有资产非法增加条款，美国、加拿大对该条款提出保留，认为其违反本国宪法及无罪推定原则。参见联合国反腐败公约缔约国会议第五届会议对《联合国反腐败公约》第 20 条实施情况的审议情况；Margaret K.Lewis, Presuming Innocence, or Corruption, in China, 50 Colum.J.Transnat' l L. 287 2011–2012, p.293. 转引自陈娜：《巨额财产来源不明罪证明责任实证分析》，载《证据科学》2016 年第 24 卷。

② 对巨额财产来源不明罪的证明责任，有"共同承担说""控方承担说""责任倒置说""辩护权说"几种不同观点。参见劳东燕：《揭开巨额财产来源不明罪的面纱——兼论持有与推定的适用规制》，载《中国刑事法杂志》2005 年第 6 期。

证明其不能说明来源；且对相关事项的证明必须达到证据确实、充分的法定标准。因此，似不能认为证明责任已经转移或者倒置。但本罪在证明方面也确有不同于其他犯罪的特殊之处。表现在，在刑事诉讼中，通常情况下，除非提出正当防卫等积极的辩解事由，被告人本不负证明自己无罪的责任，但在本罪中，根据《刑法》第395条的明文规定，被告人则对差额部分财产的来源负有说明义务。被告人为履行此一义务，通常要提出一定的证据，至少是相应的线索。这似意味着，在巨额财产来源不明案件中，被告人实际承担着一定的证明责任。当然，此种情形下，被告人所承担的证明责任，与检察机关依法承担的证明被告人有罪的证明责任，在性质上有本质差异。被告人所承担的证明责任，更多类似于在提出正当防卫等积极抗辩的情况下，所需承担的提出证据（或者是线索）的责任；尽管也有观点认为此种情形下，被告人仅提出证据还不够，还需承担一定的说服责任，但无论如何，都不能要求承担被告人像检察机关证明有罪那样的证明责任，即不能要求被告人必须就财产来源合法提供确实、充分的证据，才认为其履行了其说明义务。

具体如何把握"不能说明来源"？被告人对财产来源的说明必须达到什么样的程度？在一些规定有资产非法增加的国家和地区，要求被告人应当对财产来源承担"优势证据"的说服责任。例如，在我国香港地区，当控方证明被告人生活水准或金钱财产不相称时，被告人应以盖然性权衡（balance of probabilities）的标准来解释其如何维持水准或者如何控制金钱财产；在我国台湾地区，有学者认为，被告人的说明义务要达到"释明"之程度，即要提出足以令检察官或法官大致相信的过半心证的相关事证。[①] 对此，我们倾向于认为：被告人对财产来源的说明，只要达到可以形成合理怀疑的程度即可，即只要被告人提出证据或者线索后，

---

① 参见 The Queen v.Mok Wei-Tek and Another,【1986】HKCU 335；邱忠义：《财产来源不明与贪污所得拟制之评析》，载《月旦法学杂志》2009年第1期。转引自陈娜：《巨额财产来源不明罪证明责任实证分析》，载《证据科学》2016年第24卷。

导致财产来源合法的合理怀疑不能排除的，即应认为被告人已履行其说明义务，不能再对有关财产以非法所得论。如此把握，一方面是逻辑上的必然结论：对巨额财产来源不明犯罪，证明有罪的责任仍由检察机关承担，且检察机关对相关事实，包括被告人不能说明财产来源的证明必须达到证据确实充分、排除合理怀疑的程度。如根据被告人提供证据或者线索，令人相信财产来源合法的可能性不能排除，则意味着对财产系非法所得的证明存在合理怀疑，检察机关对被告人有罪的证明未达到法定的排除合理怀疑的标准，依法就不能认定被告人有罪。另一方面，在理论上、在概率上，形成合理怀疑的标准与盖然性标准、优势证据标准或许存在一定差异，但从实践看，这样的差异实际是无法量化、无法测算的，进而也是难以区分的。此外，《审理经济犯罪座谈会纪要》规定，"所说的财产来源因线索不具体等原因，无法查实，但能排除存在来源合法的可能性和合理性"，属于"不能说明"。据此，如不能排除来源合法的可能性和合理性的，则不能认定"不能说明"。显然，就被告人的说明义务而言，《审理经济犯罪座谈会纪要》也是采纳形成合理怀疑的标准。

（2）如何看待和把握《刑法修正案（七）》对"不能说明来源"要件的修改？ 1997年《刑法》第395规定，"本人不能说明其来源是合法的，差额部分以非法所得论"，《刑法修正案（七）》将其修改为"可以责令该国家工作人员说明来源，不能说明来源的，差额部分以非法所得论"。

这一修改有合理、必要之处，体现在：按照修改前的《刑法》规定，从字面看，只要不能说明财产来源合法的，差额部分均可计为巨额财产来源不明罪的犯罪数额，但其中可能有部分财产实际是来源于一般违法行为（如赌博），对此，涉案的国家工作人员作了详尽说明，经查，有确实、充分的证据支持，此时，再将该部分财产计入巨额财产来源不明罪的犯罪数额，明显有失妥当。

这一修改也带来了新的问题，主要是：国家工作人员详细说明了有关财产来源于受贿等犯罪行为，但认定受贿等犯罪的证据尚达不到确实、充分标准的，能否将该部分财产计入巨额财产来源不明罪的犯罪数额？例如，国家工作人员甲拥有超过合法收入的200万元现金，在责令其说明来源时，甲说明了该200万元来源于乙的行贿，而且具体说明了受贿的详细时间、地点、原因、经过，也说明了乙的具体身份，但由于乙移居国外后死亡，司法机关不能查实该笔受贿。对此，有学者指出，如依修改前的《刑法》规定，由于甲"不能说明其来源是合法的"，就可以认定巨额财产来源不明罪；但依修改后的《刑法》规定，由于甲"能说明其来源"，从字面解释，似乎就不能再对甲以巨额财产来源不明罪处理。这明显不当。倘若为了认定甲的行为成立巨额财产来源不明罪，认为甲的行为依然属于"不能说明来源"，则既不符合事实，也意味着甲必须以确实、充分的证据证明自己犯受贿罪，这便明显违反了人权保障的基本要求。因此，"在行为人说明了巨额财产来源于犯罪行为（完全履行了说明义务），但按照犯罪的证明标准不能查证属实的，应认定为巨额财产来源不明罪"。"对'不能说明来源'应限制解释为'不能说明合法来源'"。① 我们赞同这一分析。在上述情形下，对"不能说明来源"作限制解释，是必要的、合理的、符合实际的，否则明显会导致不适当的结论。

2. 如何把握本罪的主体范围

（1）"其他依照法律从事公务的人员"能否成为本罪主体？从《刑法》第93条规定看，国家工作人员包括四种：一是国家机关工作人员，二是国有公司、企业、事业单位、人民团体中从事公务的人员，三是国家机关、国有公司、企业、事业单位委派到非国有公司、企业、事业单位、社会团体从事公务的人员，四是其他依照法律从事公务的人员。第一种属于当然的国家工作人员，后三种理论上统称为"准国家工作人员"。前三种国家工作人员可以成为巨额财产来源不明罪的主体，对此没有大的争议。有争议的主要是第四种国家工作人员，即其他依法从事公务的人员能否成为本罪主体？

① 参见张明楷：《刑法学（下）》（第五版），法律出版社2016年版，第1197~1198页。

有学者提出，"其他依照法律从事公务的人员"虽然是《刑法》第93条规定的国家工作人员的一种，但这些人从事公务往往是临时性的，如各级人大代表、政协委员，以及人民陪审员等，他们只有在执行公务活动中，才属于其他依照法律从事公务的国家工作人员；又如村委会、居委会成员等，他们可能依照法律受委托从事某些公务，但大量的工作是从事村委会、居委会内部事务的管理。他们可能拥有的巨额财产的积累不一定发生在从事公务的活动中，平时也没有申报财产的法定义务，从权利义务均衡的角度看，让他们在刑法上承担与其他国家工作人员一样的义务是不公平的。①

我们认为上述观点是合理的。由于其他依照法律从事公务的人员多具有双重身份，其日常身份、主要身份是非国家工作人员，让其承担与其他三种国家工作人员一样的财产来源说明义务，有失妥当。当然，如有证据证明其在依法从事公务期间，利用从事公务的便利实施贪污、受贿等行为的，可以以贪污、受贿等对其进行追究。

（2）国家工作人员离职后，能否成为本罪主体？有观点认为，国家工作人员退休或者辞职后，发现其有巨额来源不明的财产，由于其不具有国家工作人员身份，不能以本罪论处。②上述观点值得商榷。我们认为，如果发现离职的国家工作人员有巨额来源不明的财产，同时又有证据证明有关财产积累于其担任国家工作人员期间，则对其可能适用本罪。理由是：

其一，职务犯罪普遍以国家工作人员（或者国家机关工作人员，下同）为主体。对相关犯罪的适用，不应该以行为人在被查处仍具有国家工作人员身份为要求。即便行为人已经离职，只要查证其有关行为是在担任国家工作人员期间实施，仍在追诉期限内，就完全可以依法追究。实践中，对已离职的国家工作人员追究贪污、受贿等罪责的案例可谓比

---

① 参见孙国祥：《巨额财产来源不明罪主体范围探究》，载《法学论坛》2005年第3期。
② 参见张明楷：《刑法学（下）》（第五版），法律出版社2016年版，第1196页。

比皆是。

其二，持上述观点的论者或是认为国家工作人员一旦离职，对其财产来源就不再负有说明义务，因而不能成立本罪。实践中，离职的国家工作人员，包括从国家工作人员岗位上退休的人员，确实不需要再填报"个人有关事项"（包括财产、收入情况）。但仅此并不足否认离职的国家工作人员可以构成本罪。因为国家工作人员在任职期间所负有的填报"个人有关事项"的义务，与构成本罪所要求的、对在担任国家工作人员期间的财产来源作出说明的义务并不完全是一回事。前者是常规性填报，与具体案件无涉，一定级别以上的国家工作人员均需定期填报；后者则是针对具体人员、具体案件，即发现国家工作人员有可疑的巨额财产时，责令其说明来源。后者的说明义务产生于其国家工作人员这一特定身份，但并非与国家工作人员的身份一同消失，至少目前并无这样的法律、政策。换言之，即便已经离任，如发现其所拥有的巨额财产可能产生于其担任国家工作人员期间的，仍可要求说明来源；如不能说明，且查明有关财产确系积累于其担任国家工作人员期间的，仍应对其以本罪论处。

其三，在国家工作人员离职后，对其依法适用本罪，并不存在认定上的困难。操作上需要注意的只是，对行为人财产、支出、收入的计算，均应以其离职时为时点，对离职后的财产状况不应再要求行为人予以说明。如对某些财产究竟是产生于任职期间还是离职以后不能查实的，则一般按疑义有利被告的原则处理。

其四，对离职的国家工作人员保留依法适用本罪的可能，也是从严反腐政策精神的要求。如认为国家工作人员一旦离职，就意味着"平稳着陆"，所聚敛的不义之财就可以"入袋为安"，哪怕只是退休后几个月、几天，就不能对其适用本罪，显然与从严反腐的政策精神不符，也有违社会公众的公平正义观念。

3. 关于本罪共同犯罪的认定

（1）国家工作人员的近亲属或者关系密切的人，如不具有国家工作人员身份的，能否成为本罪共犯？我们认为，从理论上说，尽管本罪是特殊主体，但根据无身份者与有身份者可以构成共同犯罪的通行学说和实践，非国家工作人员可以成立本罪共犯。类似于女性可以构成强奸罪共犯。但应当注意的是，本罪的构成要件行为是国家工作人员财产、支出明显超过合法收入，差额巨大，经责令不能说明来源，其中，不能说明来源是核心要素，而相关的说明来源义务是针对国家工作人员提出的要求，对非国家工作人员而言，即便与国家工作人员共同生活、财产共有，也不负有说明义务。因此，如果非国家工作人员只是对国家工作人员拥有巨额财产的事实知情，或者与国家工作人员共同持有、支配巨额财产，但未教唆、帮助国家工作人员不履行说明义务的，则不能对其以本罪共犯论处；只有在非国家工作人员教唆、帮助国家工作人员不履行说明义务的情况下，才能对其以共犯论处。此外，非国家工作人员教唆、帮助国家工作人员不履行说明义务的，常常还会实施转移、隐匿财产，作假证明（如谎称有关财产是自己做生意所得）等行为，可能另构成洗钱、伪证等罪。考虑到有关行为的关联性，宜按从一重处断原则处理。

以上是基于共同犯罪理论所作的分析。有鉴于《刑法》设立本罪的意旨主要是从严治官，实践中，从政策考虑，对非国家工作人员以本罪共犯认定宜慎重、从严把握。一般而言，对非国家工作人员单纯言语唆使国家工作人员不履行说明义务，或者给国家工作人员不履行说明义务打气壮胆的，不宜以本罪共犯论处；如非国家工作人员的行为符合伪证、洗钱等犯罪构成的，可以相关犯罪论处。

（2）夫妻二人均是国家工作人员，家庭共有财产数额巨大，经责令，双方都不能说明来源的，应当如何处理？第一种观点认为，对此应当区别对待：一是如只有一人有贪污受贿等犯罪行为的，则只认定一方对巨额财产负刑事责任；二是如二人均有贪污受贿等犯罪行为的，不能简单地一概肯定或者否定为共犯，应考虑每个人可能起的作用以及财产由谁控制、保管、经手和各人的一贯表现，分别处理；三是如二人均无贪污受贿等犯罪行为的，同样应具体分析，包括地位、权力、工作性质等因素。①第二种观点则认为，上述主张应用于实际操作随意性太大。尽管目前查处的巨额财产来源不明案大多与贪污受贿相伴，很少有单独以巨额财产来源不明罪定案的情况，但在理论上，巨额财产来源不明罪有独立的构成要件，并不具有伴随性。既然都是国家工作人员，家庭财产又都是共有的，那么，无论他们是否涉及其他的贪污贿赂罪行，都有说明财产来源的义务，说不清楚的，应该都具备了巨额财产来源不明罪的构成要件。如只对涉及贪污受贿的人员才能定巨额财产来源不明罪，实际是否定了该罪的独立性，直接与刑法规定相悖。②

我们认为，从理论角度看，上述第二种观点有合理的一面，第一种观点确有与《刑法》规定不尽相符、且难以具体操作的问题；但从实践角度看，第一种观点又有其合理的因素，而第二种观点则失之理想化、绝对化，用以处理具体案件，可能结论会让人难以认同。仍分三种情形予以具体探讨：

第一种情形，夫妻双方均是国家工作人员，一方因贪污、受贿等被查处，同时查明其家庭共有财产数额巨大，经责令，夫妻双方都不能说明财产来源。对此，我们倾向于认为，宜只让有贪贿行为的一方对来源不明的巨额财产承担罪责，不宜同时对另一方以共犯论处。主要考虑：理论上，巨额财产来源不明罪确实具有独立性，但从该罪的设立背景看，其也具有堵截性，即是为了解决贪污、受贿等犯罪查证困难所设立的罪名；是因为有关财产大概率来自犯罪所得，才"以非法所得论"。如夫妻双方均是国家工作人员，一方有贪污受贿，另一方完全没有（包括个人实施的，也包括共同实施的），则从经验看，巨额的家庭共有财产大概率是来自于有贪污受贿行为一方的非法所得。在此情形下，对没有贪污受

① 参见杨兴国：《贪污贿赂犯罪法律与司法解释应用问题解疑》，中国检察出版社2002年版，第290~293页。
② 参见孙国祥：《巨额财产来源不明罪主体范围探究》，载《法学论坛》2005年第3期。

贿的另一方，如因其也是国家工作人员，对家庭共有财产的来源也负有说明义务，便追究其共犯责任，似与巨额财产来源不明罪的立法精神不符，有违责任主义原理，在事理、情理上也难以为社会公众所理解。

第二种情形，夫妻双方均是国家工作人员，双方因贪污受贿等被查处，同时查明家庭共有财产数额巨大，经责令，夫妻双方都不能说明财产来源。对此，我们倾向于认为，宜对夫妻双方以共犯论处，对来源不明的家庭共同财产双方需共同负责；同时，应结合各自的贪污受贿情况以及地位、权力等，分别恰当裁量刑罚。主要考虑：其一，由于双方都有贪污受贿行为，有理由推论双方对家庭共同财产都"作出了贡献"，加之双方对财产来源都有说明义务，因此，对双方以本罪共犯论处，符合共同犯罪的法律规定和理论。当然，考虑到双方对来源不明的共同财产的实际"贡献"有大有小，在量刑时应当有所体现。其二，对此情形，如不以共犯而以二人分别、单独犯罪论处，则从实践操作看，则将形成犯罪数额无法认定的问题。

第三种情形，夫妻双方均是国家工作人员，均不能认定双方成立贪污受贿等罪，但查明家庭共有财产数额巨大，经责令，夫妻双方都不能说明财产来源。此种情形理论上有可能，实践中尚未有见。果真出现此类案件，宜结合双方地位高低、权力大小，涉嫌贪污受贿的程度等，作出妥当处理。一般情况下，宜只追究地位更高、权力更大、贪污受贿涉嫌程度更深一方的罪责。这更多是从政策角度考虑，理论上如何作出周全、合理的解释尚需进一步研究。

另需指出的是，以上讨论的是夫妻双方对家庭共有财产均知情的情形，如一方聚敛了巨额财产，另一方完全不知情（如背着另一方藏了很多现金），则不能要求不知情的一方对有关财产承担责任。

4. 关于本罪的自首问题

各种犯罪都存在自首可能，巨额财产来源不明罪也不例外。例如，国家工作人员被责令说明来源时不能说明来源，为逃避刑事责任而逃跑，但后来又主动归案，承认自己不能说明来源的，对此应当认定自首。[①]

关于巨额财产来源不明罪的自首，需要讨论的主要是如下情形：行为人自动投案，并如实交代自己有不能说明来源的财产，或者在因贪污、受贿等犯罪被采取强制措施、服刑期间，如实供述自己有司法机关尚未掌握的来源不明的巨额财产的，应否认定自首？有学者持肯定意见，认为应认定成立巨额财产来源不明罪的自首。[②]有学者则提出有质疑，认为根据《刑法》第 67 条的规定，自首只能是在"犯罪以后"；"犯罪以后"显然是指犯罪成立之后。在犯罪成立之前不可能有自首。在国家工作人员尚未被责令说明巨额财产来源的情况下，其拥有巨额财产的行为还不可能成立犯罪，既然如此，国家工作人员在此之前主动交待自己拥有巨额财产来源不明财产的，不可能成立自首。[③]我们也认为对上述情形不应认定自首，主要考虑：通常认为，本罪是不作为犯罪，构成本罪以行为人能够说明巨额财产的来源而不说明为前提。据此，如行为人主动交待有巨额财产，但又不说明来源的，就不可能符合自首之"如实供述自己的罪行"的成立条件，依法不应当认定自首。否则，在逻辑上必然存在自相矛盾之处。

5. 关于本罪的追诉时效

根据《刑法》规定，国家工作人员仅拥有巨额财产并不构成犯罪，只有经责令不能说明来源的，才构成本罪。相应地，本罪的追诉时效应当自国家工作人员不能说明来源之日起计算。

如前所述，国家工作人员离职后亦可构成本罪。由此可能出现贪污、受贿等罪已过追诉期限，而巨额财产来源不明罪仍可追诉的现象。这是否有失协调？我们认为这并不是问题。其一，追诉时效只有在犯罪构成

---

① 张明楷：《论巨额财产来源不明罪的实行行为》，载《人民检察》2016 年第 7 期。

② 参见鲜铁可、赵志华：《巨额财产来源不明罪的修改与适用》，载《中国检察官》2009 年第 4 期。

③ 张明楷：《论巨额财产来源不明罪的实行行为》，载《人民检察》2016 年第 7 期；时延安、刘伟：《巨额财产来源不明罪适用中若干问题研究》，载《国家检察官学院学报》2002 年第 3 期。

要件齐备时才能起算，因此，客观上会导致对一些轻罪的追诉看似比重罪还要严格。例如，根据《刑法》第137条规定，违规降低工程质量标准的，只有"造成重大安全事故"时，才构成工程重大安全事故罪，而重大安全事故可能是在工程竣工若干年后才发生，发生时才能对行为人进行追诉。其二，即便是在任的国家工作人员，也可能出现查处时贪污、受贿等罪已过追诉期限，而巨额财产来源不明罪的追诉时效刚开始起算的现象。这是由不同犯罪追诉时效起算标准不同所必然导致的，不能以此作为否定对离职的国家工作人员仍可适用本罪的理据。

九十九、滥用职权罪

第三百九十七条 国家机关工作人员滥用职权或者玩忽职守，致使公共财产、国家和人民利益遭受重大损失的，处三年以下有期徒刑或者拘役；情节特别严重的，处三年以上七年以下有期徒刑。本法另有规定的，依照规定。

国家机关工作人员徇私舞弊，犯前款罪的，处五年以下有期徒刑或者拘役；情节特别严重的，处五年以上十年以下有期徒刑。本法另有规定的，依照规定。

（一）概述

1. 概念和构成要件

滥用职权罪，是指国家机关工作人员违反法律规定的权限和程序，滥用职权，致使公共财产、国家和人民利益遭受重大损失的行为。

滥用职权罪的构成要件和主要特征是：

（1）本罪侵犯的客体是国家机关的正常管理活动。国家机关通过一定程序的权力运作组织和管理社会事务，确保社会的正常、有序运行。国家机关工作人员违反法定权限和程序，滥用职权，不仅侵犯国家机关的正常管理活动，妨碍公务活动的合法、公正、有效执行，破坏公众对公务行为的期待和信赖，还会侵害国家和人民的利益。

（2）本罪的客观方面表现为超越职权、违法决定、处理其无权决定、处理的事项，或者违反规定处理公务，致使公共财产、国家和人民利益遭受重大损失的行为。

具体而言，本罪的客观方面包括以下三个特征：

第一，以作为或者不作为的形式滥用职权。本罪客观方面一般为作为，特殊情况下为不作为，对此，后文将予以专门论述。"滥用"，是指超越限定的范围或者胡乱、随意运用权力，或者明知没有授权而作出决定。具体表现为两个方面：一是违反规定处理其职权范围内的公务，即不正当行使其职务范围内的权力；二是超越其职权范围，违法决定、处理其无权决定、处理的事项。"职权"，是指职务范围内的权力，职务范围内的权力一般由法律、法规和规章作出具体规定。职权须是实质性的，能够对社会事务、当事人的权利和义务产生实质性的影响。

实践中，行为人经常以"集体研究"为借口推诿责任，逃避处罚。对此，2012 年《最高人民法院、最高人民检察院关于办理渎职刑事案件适用法律若干问题的解释（一）》[以下简称《办理渎职刑事案件解释（一）》] 第 5 条规定："国家机关负责人员违法决定，或者指使、授意、强令其他国家机关工作人员违法履行职务或者不履行职务，构成刑法分则第九章规定的渎职犯罪的，应当依法追究刑事责任。以'集体研究'形式实施的渎职犯罪，应当依照刑法分则第九章的规定追究国家机关负有责任的人员的刑事责任。对于具体执行人员，应当在综合认定其行为性质、是否提出反对意见、危害结果大小等情节的基础上决定是否追究刑事责任和应当判处的刑罚。"

第二，行为人滥用职权的行为，致使公共财产、国家和人民利益遭受重大损失。这是本罪的结果要件。所谓"重大损失"，根据《办理渎职刑事案件解释（一）》第 1 条第 1 款的规定，"致使公共财产、国家和人民利益遭受重大损失"是指具有以下情形之一：①造成死亡 1 人以上，或者重伤 3 人以上，或者轻伤 9 人以上，或者重伤 2 人、轻伤 3 人以上，或者重伤 1 人、轻伤 6 人以上的；②造成经济损失 30 万元以上的；③造成恶劣社会影响的；④其他致使公共财产、国家和人民利益遭受重大损失的情形。《办事渎职刑事案件解释（一）》第 8 条还明确："本解释规定的'经济损失'，是指渎职犯罪或者与渎职犯罪相关联的犯罪立案时已经实际造成的财产损失，包括为挽回渎职犯罪所造成损失而支付的各种开支、费用等。立案后至提起公诉前持续发生的经济损失，应一并计入渎职犯罪造成的经济损失。债务人经法定程序被宣告破产，债务人潜逃、去向不明，或者因行为人的责任超过诉讼时效等，致使债权已经无法实现的，无法实现的债权部分应当认定为渎职犯罪的经济损失。渎职犯罪或者与渎职犯罪相关联的犯罪立案后，犯罪分子及其亲友自行挽回的经济损失，司法机关或者犯罪分子所在单位及其上级主管部门挽回的经济损失，或者因客观原因减少的经济损失，不予扣减，但可以作为酌定从轻处罚的情节。"

第三，行为人滥用职权的行为和对公共财产、国家和人民利益造成的重大损失之间具有刑法上的因果关系。这里的"因果关系"是指行为和结果之间具有引起和被引起的条件关系，即以行为时的一切客观事实作为判断基础来评价行为是否引发结果的原因力。

实践中，一般在两种情况下可以否定本罪因果关系的存在：一是结果的发生与行为人的职权行为无关。比如夜间巡逻的警察强奸过路的女性，强奸行为和职权行为无关。二是虽然行为人实施了滥用职权的行为，但是行为不是引发结果的原因。比如，被告人包某在担任某市劳动局局长期间，未经集体研究，擅自决定以劳动局的名义，为下属企业某公司出具鉴证书，致使该公司以假联营协议的形式，先后向3家企业借款人民币3700万元，后该公司破产，造成3家企业共计人民币3440余万元的损失。本案一审判决被告人构成滥用职权罪，二审认为被告人的行为和结果之间不具有刑法上的因果关系，不成立滥用职权罪，予以改判。

实践中，判断行为是否具有引发结果的原因力，即行为与结果是否具有刑法上的因果关系，应注意把握两点：一是行为和结果之间是否具有"没有前者就没有后者"的条件关系；二是从一般社会生活经验出发，行为引发结果是否具有相当性。本案中，被告人包某超越职权，以劳动局名义出具鉴证书的行为，促成了下属企业和其他3家企业的借款合同，客观上确实是造成3家企业损失的一个诱因。但是，一方面，从鉴证的性质上看，鉴证不具有担保的性质，既不是借款合同成立的必经程序，也不对合同的履行起法律上的保证作用，劳动局无须对3家企业的资金拆借损失承担赔偿责任。另一方面，造成借款无法偿还的直接原因是该公司经营不善导致破产，这一点与鉴证书促成借款行为无关，促成借款行为与该公司还贷能力强弱没有关系，该公司的还贷风险不能归责于包某以鉴证书形式促成借款的行为。因此，被告人滥用职权的行为与结果之间不具有刑法上的因果关系，不成立滥用职权罪。

（3）本罪的主体是特殊主体，只有国家机关工作人员才能构成本罪。1997 年修改《刑法》时，将本章所规定的犯罪主体由"国家工作人员"修改为"国家机关工作人员"，主要考虑是国家机关工作人员行使着国家公权力，这些人员如果玩忽职守、滥用职权或者徇私舞弊，社会危害较大。为使国家机关工作人员正确行使权力，有必要对国家机关工作人员的渎职行为单独作出规定。对于国有公司、企业、事业单位等国家工作人员的渎职犯罪规定在其他有关章节。

根据《宪法》规定，国家机关包括国家权力机关、行政机关、监察机关、审判机关、检察机关、军事机关。国家机关工作人员应是在上述机关中从事公务的人员。近年来，在司法实践中遇到一些新情况：一是法律授权规定某些非国家机关的组织，在某些领域行使国家行政管理职权。如根据《证券法》的规定，证券业和银行业、信托业、保险业实行分业经营、分业管理。证券公司与银行、信托、保险业务机构分别设立。国务院证券监督管理机构依法对全国证券市场实行集中统一监督管理。《保险法》也作了修改，规定国务院保险监督管理机构依法对保险业实施监督管理，国务院保险监督管理机构根据履行职责的需要设立派出机构。派出机构按照国务院保险监督管理机构的授权履行监督管理职责。而这些权力过去法律规定是由中国人民银行行使的。二是在机构改革中，有的地方将原来的一些国家机关调整为事业单位，但仍然保留其行使某些行政管理的职能。三是有些国家机关将自己行使的职权依法委托给一些组织行使。四是实践中有的国家机关根据工作需要聘用了一部分国家机关以外的人员从事公务。上述这些机构、组织中行使管理职权或从事公务的人员，虽然在形式上未列入国家机关编制，但实际是在行使国家机关工作人员的权力，应当成立滥用职权罪犯罪主体。对此，2002 年通过的《全国人民代表大会常务委员会关于〈中华人民共和国刑法〉第九章渎职罪主体适用问题的解释》规定："在依照法律、法规规定行使国家行政管理职权的组织中从事公务的人员，或者在受国家机关委托代表国家机关行使职权的组织中从事公务的人员，或者虽未列入国家机关人员编制但在国家机关中从事公务的人员，在代表国家机关行使职权时，有渎职行为，构成犯罪的，依照刑法关于渎职罪的规定追究刑事责任。"按照全国人大常委会上述立法解释的精神，最高人民检察院作出批复，指出合同制民警在依法执行公务期间，属其他依照法律从事公务的人员，应以国家机关工作人员论。经人事部门任命，但为工人编制的乡（镇）工商所所长，依法履行工商行政管理职责时，属其他依照法律从事公务的人员，应以国家机关工作人员论。企业事业单位的公安机构在机构改革过程中虽尚未列入公安机关建制，其工作人员在行使侦查职责时，实施渎职侵权行为的，可以成为渎职侵权犯罪的主体。海事局及其分支机构工作人员从事海事管理公务活动时，滥用职权或者玩忽职守的，以滥用职权罪和玩忽职守罪论。

（4）本罪的主观方面由过失构成，即应当预见到自己滥用职权的行为可能致使公共财产、国家和人民利益遭受重大损失，因为疏忽大意而没有预见，或者已经预见但是轻信能够避免，以致发生损失。本罪滥用职权的行为是故意，但对结果发生的心态是过失。

2. 法定刑

依照《刑法》第 397 条的规定，犯本罪的，处三年以下有期徒刑或者拘役；情节特别严重的，处三年以上七年以下有期徒刑。

国家机关工作人员徇私舞弊犯本罪的，处五年以下有期徒刑或者拘役；情节特别严重的，处五年以上十年以下有期徒刑。

作为适用从重处罚的"情节特别严重"，根据 2012 年《办理渎职刑事案件解释（一）》第 1 条第 2 款的规定，具有下列情形之一，应当认定的《刑法》第 397 条规定"情节特别严重"：（1）造成伤亡达到前款第 1 项规定人数 3 倍以上的；（2）造成经济损失 150 万元以上的；（3）造成前款规定的损失后果，不报、迟报、谎报或者授意、指使、强令他人不报、迟报、谎报事故情况，致使损失后果持续、扩大或者抢救工作延误的；（4）造成特别恶劣社会影响的；（5）其他特别严重的情节。

鉴于食品、药品的特殊性，《办理渎职刑事案件解释（一）》明确了对食品、药品监管领域的渎职犯罪予以从严惩处的原则。《办理渎职刑事案件解释（一）》第 9 条规定："负有监督管理职责的国家机关工作人员滥用职权或者玩忽职守，致使不符合安全标准的食品、有毒有害食品、假药、劣药等流入社会，对人民群众生命、健康造成严重危害后果的，依照渎职罪的规定从严惩处。"

（二）疑难问题精析

1. 本罪的行为是否包括不作为

滥用职权的行为是否包括不作为？理论上存在两种相反的观点。否定说认为，滥用职权只能是积极的作为，不包括不作为。肯定说认为，滥用职权可以包括故意不履行职责的行为。我们认为，从文义上理解，滥用职权是指任意、过度使用职权，国家机关工作人员依照法定权限和程序履行其职责是法定义务，故意超越职权、不正确履行职权和不履行职权，这三种行为方式都可以涵盖在"任意、过度使用职权"的文义范围之内。实践中，滥用职权的行为多以作为形式构成，但是也不能排除特殊情况下，行为人超越职权指使他人不履行应当作为的职责义务，滥用职权构成犯罪。

2. 滥用职权行为导致债权无法实现，能否认定为滥用职权罪中的"重大损失"

滥用职权罪中的"经济损失"，是指渎职犯罪或者与渎职犯罪相关联的犯罪立案时已经实际造成的损失，包括为挽回渎职犯罪所造成损失而支付的各种开支、费用等。立案后至提起公诉前持续发生的经济损失，应一并计入渎职犯罪造成的经济损失。正如前文所述，《办理渎职刑事案件解释（一）》第8条第2款规定，无法实现的债权部分应当认定为渎职犯罪的经济损失。对于经济损失的定位是已经实际造成而且确定可计算的财产损失。实践中，债权的实现与否具有复杂性和不确定性，只有经宣告破产，债务人去向不明或者超过诉讼时效，债权已无实现的条件和可能，才能认定为渎职行为造成的损失。尽管一些渎职案件中，渎职行为对债权实现造成了严重的潜在危险，但危险不同于结果，如无从确定具体损失的，则不宜纳入经济损失的计算范畴。

3. 滥用职权行为导致国有土地出让金无法收回能否认定造成"重大损失"

当前城乡建设中，由于行为人滥用职权，违规发放土地证，导致国家应收的国有土地出让金实际未能收取，应当认定为滥用职权给国家造成的损失，达到《办理渎职刑事案件解释（一）》第1条规定的"重大损失"标准的，应当追究滥用职权罪的刑事责任。

例如，陈柏槐滥用职权案。被告人陈柏槐，原系湖北省政协副主席，曾任湖北省农业厅党组书记、厅长。被告人陈柏槐在担任湖北省农业厅党组书记、厅长期间，违反国有资产和土地管理有关规定，徇私舞弊，授意、批准将农业厅下属事业单位湖北省畜禽育种中心（以下简称育种中心）的国有划拨土地非法转让用于经营性开发，给国家造成经济损失人民币6.1059297亿元。具体事实如下：

（1）2004年底至2005年8月，被告人陈柏槐违反《城镇国有土地使用权出让和转让暂行条例》《行政事业单位国有资产管理办法》等国家及湖北省有关规定，多次召集湖北省农业厅党组会议、厅长办公会议，研究决定育种中心与深圳泰然（集团）股份有限公司（以下简称深圳泰然公司）非法转让、合作开发国有划拨土地400亩（实测面积402.54

亩），并签批了两份协议，其中100亩土地（实测面积106.97亩）以每亩63.8万元的价格转让，其余300亩土地（实测面积295.57亩）由双方合作开发，按3∶7比例分配收益。经陈柏槐批准，育种中心与深圳泰然公司违反《招标挂牌出让国有土地使用权规定》等法规，采取虚设交易条件、劝退竞买人、出具虚假证明文件等手段，使武汉泰然房地产开发有限公司（深圳泰然公司下属公司，以下简称武汉泰然公司）以挂牌底价3.6229亿元取得该宗土地，并办理了土地使用权证。为此，陈柏槐多次收受深圳泰然公司董事长马新建等人贿赂。案发后，武汉市国土资源和规划局认定，涉案地块交易过程违法，土地使用权证依法应予以注销。截至案发，武汉泰然公司缴纳了国有土地出让金1.81145亿元，向育种中心支付土地转让及收益分配款共计3.421655亿元。经评估，涉案土地价值共计10.6572347亿元，违规转让该国有划拨土地使用权给国家造成经济损失5.4241297亿元。

（2）2007年9月至2008年1月，被告人陈柏槐违反国家及湖北省有关规定，多次召集农业厅厅长办公会议，研究决定将育种中心240亩国有划拨土地以每亩83万元的价格转让给湖北星海房地产开发有限公司（以下简称星海公司），并签批了协议。经陈柏槐批准，育种中心出具虚假收款证明等文件，两次帮助湖北国海房地产开发有限公司（星海公司关联公司，以下简称国海公司）以挂牌底价共计2.813亿元取得其中86.47亩土地的使用权，并办理了土地使用权证。按有关规定，国海公司应向育种中心支付土地补偿款1.4065亿元，但实际仅按协议支付7247万元。截至案发，违规转让该国有划拨土地使用权给国家造成经济损失6818万元。

2015年4月17日，福建省福州市中级人民法院认定被告人陈柏槐犯滥用职权罪，判处有期徒刑八年，另因受贿罪被判处有期徒刑十二年，合并执行十七年，并处没收个人财产的附加刑。

4. 本罪与国有公司、企业、事业单位人员滥用职权罪的区别

1999年《刑法》修正案将《刑法》第168条修改后，增设了"国有

公司、企业、事业单位人员滥用职权罪"。本罪与后罪的区别在于犯罪主体不同：前者为国家机关工作人员，后者为国有公司、企业、事业单位的工作人员。

5. 关于滥用职权罪与特殊型滥用职权罪的处理原则

我国《刑法》分则的渎职犯罪一章中，除了一般的滥用职权罪之外，还规定了多达十几种的特殊型滥用职权犯罪，如"故意泄露国家秘密罪""民事、行政枉法裁判罪""私放在押人员罪""滥用管理公司、证券职权罪""违法发放林木采伐许可证罪"等。对特殊型滥用职权罪与滥用职权罪的关系，《刑法》第397条中规定："本法另有规定的，依照规定。"特殊型滥用职权罪与一般的滥用职权罪构成法条竞合关系，属于一般法与特殊法的关系。对滥用职权罪与特殊型滥用职权犯罪竞合的处理适用"特别法优于一般法"原则，当滥用职权罪与其他特殊滥用职权罪发生竞合时，应当按另有规定的罪名进行定罪处罚。

6. 关于渎职犯罪与相关共犯的处理

根据《办理渎职刑事案件解释（一）》第4条的规定，国家机关工作人员实施渎职行为，放纵他人犯罪或者帮助他人逃避刑事处罚，构成犯罪的，依照渎职罪的规定定罪处罚。国家机关工作人员与他人共谋，利用其职务行为帮助他人实施其他犯罪行为，同时构成渎职犯罪和共谋实施的其他犯罪共犯的，依照处罚较重的规定定罪处罚。国家机关工作人员与他人共谋，既利用其职务行为帮助他人实施其他犯罪，又以非职务行为与他人共同实施该其他犯罪行为，同时构成渎职犯罪和其他犯罪的共犯的，依照数罪并罚的规定定罪处罚。

7. 如何把握本罪的追诉时效问题

本罪的追诉时效计算具有一定的特殊性，实践中滥用职权罪、玩忽职守罪等渎职犯罪经常会出现犯罪的行为和结果不是发生在同一时间（隔时犯）的问题。如工程建设监管人员滥用职权、违规许可，若干年后发生责任事故，这种情况下如何计算追诉期限，较为复杂。《刑法》第

89条第1款规定"追诉期限从犯罪之日起计算"，犯罪之日究竟是犯罪行为发生之日，还是犯罪结果发生之日，对此，《办理渎职刑事案件解释（一）》第6条规定："以危害结果为条件的渎职犯罪的追诉期限，从危害结果发生之日起计算；有数个危害结果的，从最后一个危害结果发生之日起计算。"

8. 滥用职权并收受贿赂的行为如何处理

行为人在实施滥用职权等渎职犯罪行为的同时又收受贿赂，具备两个犯罪构成要件的，除刑法有特别规定的以外，应当认定为两罪，实行数罪并罚。对此，《办理渎职刑事案件解释（一）》第3条规定："国家机关工作人员实施渎职犯罪并收受贿赂，同时构成受贿罪的，除刑法另有规定外，以渎职犯罪和受贿罪数罪并罚。"最高人民检察院通过指导性案例"检例第8号，杨某玩忽职守、徇私枉法、受贿案"也明确：国家机关工作人员实施渎职犯罪并收受贿赂，同时构成受贿罪的，除《刑法》第399条有特别规定的外，以渎职犯罪和受贿罪数罪并罚。上文所举的陈柏槐案中，陈柏槐收受贿赂后滥用职权造成国家财产重大损失，即被以滥用职权罪和受贿罪数罪并罚。

一百、玩忽职守罪

第三百九十七条 国家机关工作人员滥用职权或者玩忽职守，致使公共财产、国家和人民利益遭受重大损失的，处三年以下有期徒刑或者拘役；情节特别严重的，处三年以上七年以下有期徒刑。本法另有规定的，依照规定。

国家机关工作人员徇私舞弊，犯前款罪的，处五年以下有期徒刑或者拘役；情节特别严重的，处五年以上十年以下有期徒刑。本法另有规定的，依照规定。

（一）概述

1. 概念和构成要件

玩忽职守罪，是指国家机关工作人员玩忽职守，致使公共财产、国家和人民利益遭受重大损失的行为。

玩忽职守罪的构成要件和主要特征是：

（1）本罪侵犯的客体是国家机关的正常管理活动。国家机关工作人员依法履行职责，既是国家机关正常运行的当然要求，也是国家有效管理公共事务的必要条件。如果国家机关工作人员严重不负责任，怠于、疏于履行职责，既违背了其职责要求，也妨碍了国家机关的正常管理活动，侵害了国家和人民的利益。因此，出于预防和惩治的需要，应当追究严重玩忽职守行为的刑事责任。

（2）本罪的客观方面表现为严重不负责任，不履行或不正确履行职责，致使公共财产、国家和人民利益遭受重大损失的行为。具体而言，本罪的客观方面包括以下三个特征：

其一，行为人实施了玩忽职守的行为。玩忽职守行为包括两种类型，一是不履行职责，行为人应当履行而且能够履行，但没有履行其职责。比如擅离职守，在工作时间从事与工作无关的活动，未从事本职工作，等等。二是不正确履行职责，行为人工作时，没有按照职责要求行事，而是不认真、懈怠、马虎草率地工作。行为人玩忽职守的行为，不仅是指没有实施职责要求的行为，而且包括没有尽到职责要求的注意义务的行为。如果行为人实施了职责要求的行为，但是由于不负责任，没有尽到职责要求的注意义务，造成损害后果，也属于玩忽职守行为。

比如，重庆虹桥坍塌事故，原中共綦江县委书记、被告人张开科辩称，自己在虹桥发生异响后，在林世元（县委副书记）、贺际慎（副县长）表态"可以继续使用"的情况下，才作出继续上人通行的决定，且事后对查找异响原因有布置，落实情况有汇报，对质量安全采取了措施，对虹桥垮塌只负有领导责任，但不构成玩忽职守罪。经查证，被告人在虹桥发生异响后，尽管实施了一定的查验行为，但是其在明知虹桥未进行竣工验收即投入使用的情况下，仅凭县委副书记和副县长"可以继续使用"的表态，就草率地作出继续上人通行的决定。与此同时，尽管被告人要求找设计方、施工方的技术专家对异响进行了分析，对查找异响原因作了简单的布置，听取了简单的汇报，但是并没有进一步督察落实。所以，涉及桥梁安全这样重大的事项，被告人的行为仍然属于严重不负责任，不正确履行职责的玩忽职守行为。

其二，行为人玩忽职守的行为，致使公共财产、国家和人民利益遭受重大损失。2012年《最高人民法院、最高人民检察院关于办理渎职刑事案件适用法律若干问题的解释》[以下简称《办理渎职刑事案件解释（一）》]对玩忽职守罪构罪要件的"重大损失"，作出了与滥用职权罪相同的规定。

其三，行为人玩忽职守的行为和对公共财产、国家和人民利益造成的重大损失之间具有刑法上的因果关系。

（3）本罪的主体是特殊主体，只有国家机关工作人员才能构成本罪。同时，根据2012年《办理渎职刑事案件解释（一）》规定，在依照法律、法规规定行使国家行政管理职权的组织中从事公务的人员，或者在受国家机关委托代表国家机关行使职权的组织中从事公务的人员，或者虽未列入国家机关工作人员编制但在国家机关中从事公务的人员，在代表国家机关行使职权时，有玩忽职守行为，构成犯罪的，也应当依照《刑法》关于玩忽职守罪的规定追究刑事责任。此外，最高人民法院、最高人民检察院司法解释、批复等关于滥用职权罪主体的相关规定，均适用于玩忽职守罪。

（4）本罪的主观方面由过失构成，即应当预见到自己玩忽职守的行为可能致使公共财产、国家和人民利益遭受重大损失，因为疏忽大意而没有预见，或者已经预见但是轻信能够避免，以致损失发生的心理态度。对玩忽职守罪的罪过形式，行为人不正当履行职责可能是故意的，也可能是出于忘记履职，或因其他原因来不及履职，但是，对危害后果的发生，是过失的，《刑法》中罪过的认定，应当以行为人对危害后果的认识为依据，该罪行为人对危害后果因为疏忽大意而没有预见，或者对危害后果已经预见但是轻信能够避免，因而决定其主观方面罪过形态为过失。

2.法定刑

依照《刑法》第397条的规定，犯本罪的，处三年以下有期徒刑或者拘役；情节特别严重的，处三年以上七年以下有期徒刑。

国家机关工作人员徇私舞弊犯本罪的，处五年以下有期徒刑或者拘役；情节特别严重的，处五年以上十年以下有期徒刑。

（二）疑难问题精析

1.如何认定本罪的行为表现形式

玩忽职守罪的行为方式是否包括作为，理论上存在分歧。一种观点认为，玩忽职守罪"不履行或不正确履行职责"的行为方式是不作为。理由在于玩忽职守罪的行为人不负责任，行为消极。另一种观点认为，玩忽职守行为既可以是作为，也可以是不作为。理由是："不履行职责"的行为固然是消极行为，属于不作为没有疑问；而"不认真履行职责"

的行为则难说是消极行为，因为尽管行为人不认真，但却具有履行职责的行动，显然属于积极行为。

我们认为，玩忽职守罪的行为表现形式是不作为。作为与不作为的分类，是以行为违反的规范类型为标准，而不是以行为的动与静、积极与消极为标准来区分。法律规范分为三种类型——授权规范、禁止规范和命令规范，行为违反禁止规范的是作为，即不当为而为之；违反命令规范的是不作为，即当为而不为。国家机关工作人员依法正确履行职责是法定义务。应当履行职责而不履行，应当认真履行职责而不认真履行，都是违反了命令规范，属于不作为。上述第二种观点认为，玩忽职守行为直接违反了禁止性的刑法规范，如民事、行政枉法裁判行为就直接违反了严禁故意违背事实和法律作枉法裁判的刑法规范。我们认为，这种认识混淆了玩忽职守行为和滥用职权行为的界限，论者举的例子——民事、行政枉法裁判行为违反的是禁止性的刑法规范，但是该行为属于滥用职权行为，而不是玩忽职守行为。

2. 如何认定本罪的因果关系

本罪是结果犯，成立犯罪，除了有危害行为和危害结果外，行为和结果之间还要有刑法上的因果关系。实践中，判断行为和结果是否具有刑法上的因果关系，应注意把握两点：一是行为和结果之间是否具有"没有前者就没有后者"的条件关系；二是从一般社会生活经验出发，行为引发结果是否具有内在必然性。判断是否具有"内在必然性"，应从社会一般人的认识程度出发，判断某一行为在通常情况下是否会引起某一结果。

比如，在原法官莫兆军玩忽职守案中，被告人原法官莫兆军依照法律规定的民事诉讼简易程序审理了原告李某兴诉被告张某石、陆某芳、张某娇、张某金借款纠纷案。原、被告双方均到庭参加诉讼。被告人莫兆军在庭审的过程中，依照法律规定进行了法庭调查、质证、辩论和调解。经调查，原、被告双方确认借条上"张某石、陆某芳、张某娇"的签名均为其三人本人所签，而签订借据时张某金不在现场，其签名为张某娇代签。但被告张某娇辩称，借条是因其装有房产证的手袋被一名叫冯某雄的人抢走，其后由冯带原告李某兴到张家胁迫其一家人签订的，实际上不存在向原告借款的事实；事发后张氏一家均没有报案。庭审后，被告人莫兆军根据法庭上被告张某娇的辩解和提供的冯某雄的联系电话，通知冯某雄到人民法院接受调查，冯某雄对张某娇提出的借条由来予以否认。后法院作出民事判决，判令被告张某石、陆某芳、张某娇于判决生效后10日内清还原告李某兴的借款1万元及利息，并互负连带清还欠款责任；被告张某金不负还款责任。判决书送达双方当事人。原告李某兴表示没有意见，被告一方认为判决不正确，表示将提出上诉。但直至上诉期限届满，被告一方始终没有提交上诉状和交纳诉讼费用，该民事判决发生法律效力。李某兴向法院申请执行。法院依程序向被告张某石等人送达了执行通知书，责令其在同月20日前履行判决。后被告张某石、陆某芳夫妇在四会市人民法院围墙外服毒自杀。检察院认为被告人在审理民事纠纷时有严重不负责任、不正确履行职责的玩忽职守行为，且与造成重大损失之间具有刑法上的因果关系，以玩忽职守罪提起公诉。法院最终判决无罪。

法院认为，被告人莫兆军在审理民事纠纷时，并没有程序违法行为，而且被告人莫兆军充分考虑了其审理案件中原被告的诉讼主张，调查核实了原被告双方的证据，在此基础上作出的判决符合事实和法律，不存在严重不负责任、不正确履行职责的玩忽职守行为，因此，该行为与民事诉讼被告不服判决服毒自杀的结果之间没有刑法上的因果关系。从社会一般人的认识程度来看，案件如果没有明显的程序违法行为，迫使有关当事人受到严重不公平对待或者有冤难伸，通常情况下，民事诉讼败诉不会引起败诉一方自杀的结果。所以，综合以上两个方面，本案被告人的行为不成立玩忽职守罪。

3. 警务辅助人员是否符合第397条玩忽职守罪的主体

公安协勤人员是指公安机关聘用的合同制、临时性辅助警察工作的人员，也称协警、辅警。从性质上说，协勤人员没有人民警察（公务员）编制，不具有人民警察身份，是在与用人单位（公安机关）签订劳动合同的基础上而成立的劳动关系，通常合同期届满用人关系即予解除，双方均愿意延续劳动关系则需续签合同。根据 2002 年《全国人大常委会关于〈中华人民共和国刑事〉第九章渎职罪主体适用问题的解释》，对于非国家机关人员编制但在国家机关中从事公务的人员，可以以国家机关工作人员论处。2000 年《最高人民检察院关于合同制民警能否成为玩忽职守罪主体问题的批复》指出："合同制民警在依法执行公务期间，属其他依照法律从事公务的人员，应以国家机关工作人员论。对合同制民警在依法执行公务活动中的玩忽职守行为，符合刑法第三百九十七条规定的玩忽职守罪构成条件的，依法以玩忽职守罪追究刑事责任。"根据立法解释和司法解释精神，警务辅助人员玩忽职守，导致发生严重后果的，应当以玩忽职守罪论。

4. 在社团中兼职的国家机关工作人员，因玩忽职守导致社团法人遭受重大损失的，能否认定玩忽职守罪

行为人作为国家机关代表，在社会团体中兼任职务的，如果依据法律授权，在社会团体中行使的是行政管理职权，如在律师协会、中国足球运动协会中，行使行政管理职权过程中玩忽职守致使公共财产、国家和人民利益遭受重大损失的，构成玩忽职守罪。否则，不构成玩忽职守罪。

5. 如何把握本罪多因一果的情形

司法实践中，一些玩忽职守案件，危害结果的发生往往是由多人的行为综合作用造成，即"多因一果"的情形。比如"渤海 2 号"沉船事件。

1979 年 11 月份，海洋石油勘探局计划将"渤海 2 号"钻井船由原井位迁至航距 117 海里的新井位。为安排"渤海 2 号"迁移拖航任务，11 月 22 日上午由局总调度室负责人主持召开了拖航会议。会前，11 月 12

日"渤海2号"队长曾自海上发来电报，告知平台上的3号潜水泵落水，要求派潜水员打捞。"渤海2号"迁移任务确定后，11月20日、21日，"渤海2号"队长两次从海上发来电报，向局、钻井处要求派潜水员打捞估计落在浮力（沉垫）舱上的潜水泵、卸载和用三条船拖航，即8000马力拖轮主拖，另两条左后、右后帮拖，指出这样稳性好，拖速快。拖航会议上，读了"渤海2号"队长20日、21日的电报，经过讨论决定：不在原井位卸载和捞潜水泵［为避免潜水泵将平台顶破，确定浮力（沉垫）舱与平台之间留1米间隙］，为了能够就位，在距新井位4海里处设过渡点升船一次，捞泵卸载，如新井位水深可以直接就位，就不再设过渡点，不再捞泵卸载；拖船只用一条8000马力的282号拖轮。

11月23日上午，在局领导干部碰头会上，局总调度室另一位负责人简要地汇报了拖航会议决定的事项，局领导对此未提出异议，表示同意。当晚，282号拖轮驶抵"渤海2号"处，抛锚待拖。

11月24日晨，天津、河北和山东气象台均发布大风警报，局总调度室这位负责人向局领导干部碰头会作了汇报，并估计"渤海2号"不会降船。与此同时，钻井处调度值班人员也向主管负责人提出"渤海2号"不应降船的建议，但处主管负责人只指示将气象处情况告知"渤海2号"，而没有作出不降船的决定。

11月24日8点3分，282号拖轮靠近"渤海2号"，准备带缆，因涌浪大，失败；8点59分，第二次带缆成功，随即降船。10点44分开始拖航。当时"渤海2号"干舷高度约1米左右（应为3米以上）。20点以后，风力逐渐增强，达8至9级，阵风10级。由于干舷低，甲板浸没在水里。

11月25日凌晨2点10分，"渤海2号"通风筒被打断，海水大量涌进泵舱内，全船职工奋不顾身，英勇排险，终因险情严重，抢堵无效，船体很快失去平衡，于3点35分在东经119度37分8秒、北纬38度41分5秒处海面倾倒沉没。船上74名职工，除2人得救外，其他同志全部遇难。

"渤海2号"钻井船翻沉后，282号拖轮没有按照航海规章立即发出国际呼救信号并测定沉船船位，迟迟报不出沉船准确位置。船上救生艇、救生筏也均未投放救人。

事故发生后，经过认定，造成这次事故的主要原因是，拖航时没有打捞怀疑落在沉垫舱上的潜水泵，以致沉垫与平台之间有1米的间隙，两部分无法贴紧，丧失了排除沉垫压载舱里的压载水的条件。这就使得"渤海2号"载荷重，吃水深，干舷低，稳性差，破坏了"渤海2号"拖航作业完整稳性的要求，严重削弱了该船抗御风浪的生存能力，违反了该船制造厂制订的《自升式钻井船使用说明书》的规定，也违反了该局制订的《渤海2号钻井船使用暂行规定》中关于拖航应排除压载水的规定，不符合拖航状态的规则和要求等。

实践中这种"多因一果"的情形虽不多见，但时有发生，应注意区分不同主体的责任，分清谁承担主要责任、谁承担次要责任，谁不需要追究责任。责任的分担应以法定职责为根本依据，以个人违背职责的性质、程度、情节（主客观的因素，包括行为人的主观心态、行为表现及其后果）等综合判定。应当突出主要责任人，不宜不分主次和责任大小，平均追究责任。因为实践中某一特定岗位的法定职责并不是平均分配，能够也必须区分主次和大小。而且，从贯彻宽严相济刑事政策、分清主次矛盾、做到罪责刑一致、有效预防渎职犯罪的角度出发，也应当分清主次责任。

6. 如何认定本罪的罪过形式

关于本罪的罪过形式，理论上主要存在两种不同的观点。通行的见解认为，玩忽职守罪的主观方面只能由过失构成，即行为人应当预见到自己玩忽职守的行为会致使公共财产、国家和人民利益遭受重大损失，因为疏忽大意没有预见，或者已经预见但是轻信能够避免。另外一种观点认为，玩忽职守罪既可以由过失构成，也可以由间接故意构成，主要是由过失构成。

我们认为，玩忽职守罪的罪过形式只能由过失构成。首先，《刑法》以处罚故意为原则、处罚过失为例外，故意和过失是两种主观可谴责性差异明显的行为心态。在我国《刑法》立法中，并不存在一个罪名既是故意又是过失的情形。其次，从文义上看，玩忽职守罪，"玩"是指不严肃，"忽"是指疏忽大意，玩忽职守是对职责疏于注意，未尽到应尽的注意义务，因此行为人对结果的发生应是过失的心态。最后，同滥用职权罪一样，从本罪的法定刑设计来看，普通型玩忽职守罪的法定最高刑为七年有期徒刑，即便是徇私舞弊型玩忽职守罪法定最高刑也不过为十年有期徒刑。从罪刑相当的原则考量，本罪的行为心态也不应当是故意。

7. 如何把握本罪罪与非罪的界限

司法实践中，应当注意把握本罪与一般玩忽职守行为以及工作失误的界限。本罪与一般玩忽职守行为都表现为不负责任，不履行或者不正确履行职责，但是两者造成的损害程度不同，玩忽职守造成的损失，如果达到《办理渎职刑事案件解释（一）》规定的"重大损失"标准，即应予以刑事追诉，如果没有达到则属于一般玩忽职守行为。本罪与工作失误的区别在于，前者是不负责任地履行职责而造成重大损失；后者尽管认真负责地履行职责，但是因为工作能力、经验不足等原因造成了工作失误，与玩忽职守行为最根本的区别是，行为人主观上不存在疏忽大意或者过于自信的心态。对于一般玩忽职守行为和工作失误，可以根据具体情节和损失后果等给予行政处分。

例如，郑筱萸受贿、玩忽职守案。被告人郑筱萸在担任国家药监局局长、国家食品药品监督管理局局长，直接分管药品注册司工作期间，在专项工作中，不认真履行职责，失职渎职，造成严重后果。2000年10月，国家药监局为整顿药品市场，发布了《规范药品包装、标签和说明书管理规定（暂行）》，即国家药监局第23号局令（以下简称23号局令）。因2011年12月1日即将实施的修订后的《药品管理法》规定药品必须符合国家标准，将取消药品的地方标准。为配合该法的实施，2001

年 3 月 1 日，国家药监局药品注册司请示郑筱萸，把贯彻 23 号局令与专项工作结合起来，并提出总体工作方案。郑筱萸没有认识到该项工作的重要性、复杂性，违反有关规定，在没有深入调查研究，没有认真听取有关部门和地方药品监督管理部门的意见、没有经过集体研究决定、没有向国务院请示报告的情况下，于 2001 年 4 月 10 日草率签发了国药监注〔2001〕187 号文件，启动了涉及全国范围的专项工作。郑筱萸没有将专项工作作为国家药监局的重要工作来组织、领导和实施，仅安排药品注册司一名副司长担任专项工作领导小组组长，成员大多临时抽调，且更换频繁。由于前期工作部署不周，导致无法在限定时间内完成任务。为此，郑筱萸在没有认真审核的情况下，又于 2001 年 12 月 31 日草率签发了国药监注〔2001〕582 号文件，将 187 号文件明确规定的"专项小组对上报材料进行汇总与复核"改为"企业申报时可以提供的有关材料可为复印件，由省级药监部门重点审核其原生产批件和原始档案，专项小组仅对上报的资料进行形式审核，并对原始档案进行抽查核对"，从而降低了审核把关标准，削弱了对下监管力度，致使大量不符合国家标准的药品获得批准文号。

辩护人认为：郑筱萸不正确履行职责，草率同意给违规审批的药品换发了药品批准文号，在专项工作后期，郑筱萸不正确履行监管职责，对违反国务院、卫生部以及国家药监局有关规定获得批准文号的药品，于 2003 年 3 月 25 日签批同意仅以《药品生产质量管理规范》（GMP）为标准，给其中绝大部分药品换发了国家标准文号。被告人郑筱萸辩称其不是长期从事药品监管工作，对"重大问题"药监局没有明确定义，且各副局长没有向其提出专项工作属"重大问题"。其在签批 582 号文件时不明知审核程序有变化，且 582 号文件中规定有网上公布一节，故并未降低药品文号审批的标准。并强调其积极做了一些工作，涉案事实及造成属工作失误造成，其应承担领导责任，但不是玩忽职守犯罪。

本案中，涉案事实的争议在于行为性质属于玩忽职守还是工作失误。

我们认为，区别两者，首先应判断行为人的职责范围，其次判断行为人所负职责要求其承担何种注意义务，最后判断行为人不履行或者不正确履行职责是主观不愿还是客观不能。本案被告人郑筱萸作为长期从事国家药品监管工作的主要领导，对于专项工作的重要性以及如何开展专项工作应当是明知的。其明知专项工作涉及对全国范围内药品标准的审查，与人民群众生命健康关系密切、关乎民生和社会稳定及政府管理能力，应当将专项工作列为国家药监局的一项重要工作，应当预见一旦专项工作处置失当将会造成严重后果，但其却将这一重要工作当作该局注册司的一项常规工作来对待，严重违反国家药监局《国家药品监督管理局工作规则（试行）》中关于"国家药监局工作中的重大问题，须经局党组会议，局务会议研究讨论决定"，"工作中的重要情况或重大问题，及时向党中央、国务院请示、报告，对重要工作和重大问题，必须在深入调查研究、认真听取和充分尊重有关部门和地方意见的基础上，提出切实可行的意见和建议，经国务院批准后部署实施，并加强监督检查"的规定，没有向国务院请示，没有召开局党组会议、局务会议研究，没有调研，没有听取有关部门和地方的意见，草率签发了187号文件，启动了专项工作，并将这一全局性的重要工作交由注册司一个部门来承担。因此，本案被告人的行为不属于因客观原因造成的工作失误，而是严重不负责任、不正确履行职责，并造成严重危害后果的玩忽职守犯罪。

8. 如何把握本罪和滥用职权罪的界限

玩忽职守罪和滥用职权罪的界限问题，理论上聚讼纷纭。第一种观点认为，两罪主观方面不同。故意实施的违背职责的行为，是滥用职权罪；过失实施的违背职责的行为，是玩忽职守罪。至于行为人出于故意还是过失，则应通过违背职责的行为内容进行判断。第二种观点认为，两罪的区别体现在客观方面，滥用职权罪表现的是积极的作为，玩忽职守罪表现的是消极的不作为。第三种观点认为，两罪主客观方面均有所不同。在主观方面，滥用职权罪表现为过失或间接故意，而玩忽职守罪表现为过失；在客观方面，滥用职权罪表现为滥用手中职权或者超越职权，通常表现为批条子、擅自作出违法决定，而玩忽职守罪表现为不履行或不正确履行职责。以上三种观点中，以主观心态作为区分两罪的观点是通说。

我们认为，玩忽职守罪和滥用职权罪的区别体现在客观方面。第一种观点以违背职责的行为是故意还是过失区分玩忽职守罪和滥用职权罪，司法实践中往往很难加以区分。玩忽职守的行为，比如擅离职守，工作中不认真履行职责，很难说行为人不是故意违背职责。因此，不能认为只有过失实施的违背职责的行为才是玩忽职守行为。实际上，无论是滥用职权还是玩忽职守，行为人实施的违背职责的行为基本上都是故意的。第二种观点以行为表现形式是作为还是不作为区分两罪，滥用职权罪表现的是积极的作为，玩忽职守罪表现的是消极的不作为。如上一节滥用职权罪所述，我们认为，滥用职权罪既包括作为也包括不作为，玩忽职守罪则表现为不作为，这是两罪的一个重要区别。第三种观点认为，滥用职权罪的主观方面表现为过失或间接故意，而玩忽职守罪表现为过失，我们认为两罪的主观方面都表现为过失。

两罪的真正区别主要体现在客观方面：玩忽职守罪的行为只能是不作为，而滥用职权罪既可以是作为也可以是不作为。对于超越职权，违法决定、处理其无权决定、处理的事项的行为，只能是滥用职权而非玩忽职守。对于不履行职责或者不正确履行职责，滥用职权在这一点上是积极的，行为人具有利用职权的特定意图；玩忽职守则是消极的，行为人并没有利用职权的特定意图。实践中，对于行为既有积极的成分，也有消极的成分，行为特征不明，就事论事难以准确界定的，可综合案件主客观事实认定为玩忽职守罪。因为从立法修改的过程来看，滥用职权罪也是源自原《刑法》中的单一玩忽职守罪，尽管滥用职权罪和玩忽职守罪法定刑一样，但是两罪的社会评价不一样，前者往往被认为主观恶性重于后者，根据事实存疑有利被告原则，也可以将这种情形认定为玩忽职守罪。例如，张某某玩忽职守案。被告人张某某系山东省济南市某交通局工程建设指挥部负责人，负责济南机场路施工质量问题。机场路建成通车后，张某某知道机场路存在窨井盖缺失、损坏等情况，市民多有投诉，但其不认真履行职责，不查清窨井盖缺失情况并及时修复，致使机场路路段存在重大安全隐患。2015 年 9 月，刘某甲驾驶电动两轮车在机场路跌入窨井摔死。案发后，张某某积极赔偿损失、认罪悔罪。2018 年 6 月，张某某被人民法院判处犯玩忽职守罪，被免予刑事处罚。